中国历代兵法

精粹

ZHONGGUO LIDAI
BINGFA JINGCUI

少林木子◎编著

内蒙古文化出版社

图书在版编目(CIP)数据

中国历代兵法精粹 / 少林木子编著 .—呼伦贝尔 : 内蒙古文
化出版社，2009.9
ISBN 978-7-80675-753-6

Ⅰ.中…Ⅱ.少…Ⅲ.兵法—中国—古代 Ⅳ.E892.2

中国版本图书馆 CIP 数据核字（2009）第 162778 号

中国历代兵法精粹
ZHONGGUO LIDAI BINGFA JINGCUI

少林木子　编著

责任编辑　白　鹭
装帧设计　博凯设计

出版发行　内蒙古文化出版社
地　　址　呼伦贝尔市海拉尔区河东新春街4－3号
直销热线　0470－8241422　　**邮编**　021008

排版制作　北京鸿儒文轩文化传播有限公司
印刷装订　三河市华东印刷有限公司
开　　本　710mm×1000mm　1/16
字　　数　420千
印　　张　25
版　　次　2009年10月第1版
印　　次　2022年4月第2次印刷
印　　数　8001—13000 册
书　　号　ISBN 978-7-80675-753-6
定　　价　68.00元

战争,对军事家而言是一种艺术,对一个国家来说却是生死大事。

可以说,人类进步的历史就是一部战争史,因为要获得更大的生存空间和更多的物质财富,唯一的办法就是掠夺和侵略,无论是黄帝大战蚩尤还是汉尼拔翻越阿尔卑斯山,都是为了能更好地生存下去。

也正是为了更好地生存下去,才有了诡诈奇谋的军事谋略。《孙子兵法》成书于两千五百年前,是世界上最早的一部军事理论著作,比欧洲克劳塞维茨的《战争论》早了两千三百年。

《孙子兵法》作为中国古代最伟大的军事理论著作,也是中国古籍在世界影响最大、最为广泛的著作之一。其所阐述的谋略思想,被广泛地运用于军事、政治、经济等各领域中。

正是因为军事家为了自己的理想,国君为了自己的生命,这两者结合才产生了无数的奇谋妙策,并且用文字的形式为我们留下了军事上的无价之宝。

这些兵书是用血肉换来的经验,是先民智慧的结晶。因为有了它们的存在,才让历史上那些战争除了血腥还有一种理性的悲壮的美。这些兵书培养了一代又一代的伟大的将帅,更难能可贵的是它们早在一千多年前就流传到国外,为国外的军事家、政治家所推崇。它们代表着中华民族的智慧,为世界了解中华文明起到了桥梁纽带的作用。尤其是《孙子兵法》等一些著名的军事著作,以其博大精深的军事学说、卓绝超世的奇谋伟略、质朴幽邃的哲学道理,受到国内外读者的关注和喜爱,这些兵书是中国传统文化的重要组成部分,也是中国对世界文明的一大贡献。

本书精选了历史上有名的兵书,进行了详解,并在《孙子兵法》、《吴子兵法》、《孙膑兵法》、《诸葛兵法》、《三十六计》每篇后面都配有战争故事,以使读者更好地理解书中谋略。

目　录

孙子兵法

始计第一 ……………………………… 1
作战第二 ……………………………… 6
谋攻第三 ……………………………… 12
军形第四 ……………………………… 18
兵势第五 ……………………………… 23
虚实第六 ……………………………… 29
军争第七 ……………………………… 36
九变第八 ……………………………… 43
行军第九 ……………………………… 47
地形第十 ……………………………… 56
九地第十一 …………………………… 62
火攻第十二 …………………………… 74
用间第十三 …………………………… 79

吴子兵法

图国第一 ……………………………… 86
料敌第二 ……………………………… 96
治兵第三 ……………………………… 105
论将第四 ……………………………… 114
应变第五 ……………………………… 120
励士第六 ……………………………… 129

孙膑兵法

上　编

禽（擒）庞涓 ………………………… 135

［见威王］ …………………………… 140
威王问 ………………………………… 144
问　垒 ………………………………… 151
篡　卒 ………………………………… 155
月　战 ………………………………… 159
八　阵 ………………………………… 161
地　葆 ………………………………… 164
势　备 ………………………………… 169
兵　情 ………………………………… 172
行　篡 ………………………………… 175
杀　士 ………………………………… 178
延　气 ………………………………… 180
官　一 ………………………………… 183
强　兵 ………………………………… 188

下　编

十　阵 ………………………………… 192
十　问 ………………………………… 197
略　甲 ………………………………… 202
客主人分 ……………………………… 205
善　者 ………………………………… 209
五名五恭 ……………………………… 213
兵　失 ………………………………… 216
将　义 ………………………………… 218
将　德 ………………………………… 220
将　败 ………………………………… 223
将　失 ………………………………… 224
雄牝城 ………………………………… 228
五度九夺 ……………………………… 230
积　疏 ………………………………… 232
奇　正 ………………………………… 234

诸葛兵法

兵　权 …………………………… 238
逐　恶 …………………………… 240
知人性 …………………………… 241
将　材 …………………………… 242
将　器 …………………………… 244
将　弊 …………………………… 245
将　志 …………………………… 246
将　善 …………………………… 248
将　刚 …………………………… 249
将骄吝 …………………………… 250
将　强 …………………………… 252
出　师 …………………………… 253
择　材 …………………………… 255
智　用 …………………………… 257
不　陈 …………………………… 258
将　诚 …………………………… 260
戒　备 …………………………… 262
习　练 …………………………… 263
军　蠹 …………………………… 265
腹　心 …………………………… 266
谨　候 …………………………… 267
机　形 …………………………… 268
重　刑 …………………………… 269
善　将 …………………………… 270
审　因 …………………………… 272
兵　势 …………………………… 273
胜　败 …………………………… 274
假　权 …………………………… 275
哀　死 …………………………… 277
三　宾 …………………………… 278
后　应 …………………………… 279
便　利 …………………………… 280
应　机 …………………………… 281

揣　能 …………………………… 282
轻　战 …………………………… 284
地　势 …………………………… 285
情　势 …………………………… 286
击　势 …………………………… 287
整　师 …………………………… 288
厉　士 …………………………… 289
自　勉 …………………………… 290
战　道 …………………………… 291
和　人 …………………………… 292
察　情 …………………………… 293
将　情 …………………………… 294
威　令 …………………………… 295
东　夷 …………………………… 296
南　蛮 …………………………… 297
西　戎 …………………………… 298
北　狄 …………………………… 299
八阵总述 ………………………… 300
匹阵赞 …………………………… 301
天阵赞 …………………………… 301
地阵赞 …………………………… 302
风阵赞 …………………………… 302
云阵赞 …………………………… 303
飞　龙 …………………………… 303
翔　鸟 …………………………… 303
蛇　蟠 …………………………… 304
虎　翼 …………………………… 304
奇兵赞 …………………………… 305
游　军 …………………………… 305
金　革 …………………………… 306
d　鼓 …………………………… 306
麾　角 …………………………… 307
兵　体 …………………………… 307

中国历代兵法精粹

三十六计

第一套　胜战计

第一计　瞒天过海 …………… 311

第二计　围魏救赵 …………… 313

第三计　借刀杀人 …………… 314

第四计　以逸待劳 …………… 317

第五计　趁火打劫 …………… 318

第六计　声东击西 …………… 320

第二套　敌战计

第七计　无中生有 …………… 322

第八计　暗度陈仓 …………… 324

第九计　隔岸观火 …………… 326

第十计　笑里藏刀 …………… 329

第十一计　李代桃僵 …………… 330

第十二计　顺手牵羊 …………… 333

第三套　攻战计

第十三计　打草惊蛇 …………… 334

第十四计　借尸还魂 …………… 337

第十五计　调虎离山 …………… 340

第十六计　欲擒故纵 …………… 344

第十七计　抛砖引玉 …………… 346

第十八计　擒贼擒王 …………… 349

第四套　混战计

第十九计　釜底抽薪 …………… 351

第二十计　混水摸鱼 …………… 354

第二十一计　金蝉脱壳 …………… 357

第二十二计　关门捉贼 …………… 358

第二十三计　远交近攻 …………… 361

第二十四计　假道伐虢 …………… 363

第五套　并战计

第二十五计　偷梁换柱 …………… 366

第二十六计　指桑骂槐 …………… 368

第二十七计　假痴不癫 …………… 370

第二十八计　上屋抽梯 …………… 374

第二十九计　树上开花 …………… 376

第三十计　反客为主 …………… 378

第六套　败战计

第三十一计　美人计 …………… 380

第三十二计　空城计 …………… 382

第三十三计　反间计 …………… 384

第三十四计　苦肉计 …………… 386

第三十五计　连环计 …………… 388

第三十六计　走为上计 …………… 390

目
录

孙子兵法

　　孙武,字长卿,是春秋末期齐国人,是原陈国公子完之后。公元前672年,陈国发生内乱,陈完逃奔齐国,被齐桓公任为负责管理手工业生产的"工正"。陈完后改称田完。齐景公时,田完的第四代孙田桓子已是齐国大夫,并以这一身份与公室争权收买人心,采用大斗借粮、小斗收进的方法,使百姓"归之如流水"。到了田完的五世孙田书时,因"伐莒有功",被齐景公赐孙姓,并赏乐安城为封邑。田书就是孙武的祖父。后来齐国发生内乱孙武就逃到了吴国,并由伍子胥推荐给吴王阖闾,吴王为试其统兵能力就"试以妇人",让孙武教练一百八十位美女。孙武将这一百八十位美女分为两队,让吴王的两位宠姬为两队的队长。在操练队形时,孙武两次"三令五申"演练要求,可这两位美人队长大笑而不守法纪,孙武就斩杀了这两位吴王的宠姬。虽有吴王力保,但孙武以"将在外,君命有所不受"为由执行了军法。但也因此使吴王知其善用兵而拜为将军。后来孙武佐吴王,向西攻破强楚,一直打到了楚的都城郢;北震齐晋,使吴国成为当时的大国,而他本人也扬名天下。《尉缭子·制谈》载:"有提十万之众而天下莫当者谁? 曰桓公也。有提七万之众而天下莫当者谁? 曰吴起也。有提三万之众而天下莫当者谁? 曰武子也。"这就可见孙武用兵艺术的高妙。

　　孙子以其所著的《孙子兵法》十三篇而被后世尊为兵圣,而这部兵书也被后世尊为兵经。这部兵法书是我国古代最负盛名的兵书,也是世界上现存最古老的军事理论专著。书中系统地总结了当时及之前的战争经验,在论述战争的本质及战争与政治、战争与经济关系的同时又揭示了普遍的战争规律。在孙子的著作中不仅仅是计谋与争战,其中所包含的心理学内容和其中的一些应用价值,早已渗透到中国人的生活中。而且到了现代,依旧被应用到没有硝烟的战争——经济竞争中。《孙子兵法》不仅仅是一部兵书,更是一部心理学著作,一部管理学的著作。

始计第一

【本篇主旨】

　　本篇并不涉及具体的计谋,它是总领全书的纲。它阐述了军家所应关注的最基本的问题和法则。本篇的叙述可以说是一种基本的军事思想,这种思想贯穿于全书的各个篇章之中。本章可以当作军事院校的必修课。它讲述了军事对国家和人民根本利益的重要性,指出它是关系人民生死、国家存亡的根本大事。本篇提出了一个统帅所要注意的五个重要的事项。一为道(顺乎民心的治国方法),二为天(天时),三为地(地利),四为将(将领),五为法(治军的法令),这五者可以说是取得战争胜利的基本要素。如果作为一个统帅在战斗打响前对自己所处的状况没有深入的了解,那等待他的不仅是失败,还有耻辱。

文中着重强调了用兵要因地制宜,灵活地运用诡计,所谓兵不厌诈,一切都应是为目的服务,战争的目的就是胜利。最后强调的就是运筹帷幄之中,决胜千里之外。

【原文】

孙子曰:

兵者①,国之大事,死生之地②,存亡之道③,不可不察也。

故经④之以五事,校之以计而索其情⑤。一曰道,二曰天,三曰地,四曰将,五曰法⑥。

道者,令民与上⑦同意,可与之死,可与之生,而不畏危也。天者,阴阳、寒暑、时制也。地者,远近、险易、广狭、死生也。将者,智、信、仁、勇、严也。法者,曲制、官道、主用⑧也。凡此五者,将莫⑨不闻,知之者胜,不知者不胜。故校之以计而索其情,曰:主孰有道?将孰有能?天地孰得?法令孰行?兵众孰强?士卒孰练⑩?赏罚孰明?吾以此知胜负矣。

将听吾计,用之必胜,留之⑪;将不听吾计,用之必败,去⑫之。计利⑬以听,乃为之势,以佐其外。势者⑭,因利而制权也。兵者,诡道⑮也。故能而示之不能,用而示之不用,近而示之远,远而示之近;利而诱之,乱而取之,实而备之,强而避之,怒而挠⑯之,卑而骄之,佚而劳之,亲而离之。攻其无备,出其不意。此兵家之胜,不可先传也。

夫未战而庙算⑰胜者,得算多也,未战而庙算不胜者,得算少也。多算胜,少算不胜,而况于无算乎!吾以此观之,胜负见矣。

【注释】

①兵者:兵士、兵器。这里指军事。《左传·成公十三年》:"国之大事央祀与戎。"张预注:国之安危在兵,故讲武练兵,实先务也。

②地:地形、地势、地域。这里引申为领域。贾林注:"地,犹所也。亦谓陈师振旅战阵之地,得其利则生,失其利则死,故曰死生之地。"

③道:道理。贾林注:"道者,权机立胜之道,得之则存,失之则亡,故曰不可不察也。"

④经:分析研究。

⑤校之以计而索其情:校,通较、比较。计,此处指下文所说的"主孰有道"等七事。索,探索。贾林注:"校量彼我之计谋,搜索两军之情实,则长短可知,胜负易见。"

⑥法:法令、制度。

⑦上:上级,这里指代君主。本句的意思是,要使民众与君主的意愿相一致。张预注:"以恩信результ义抚众,则三军一心,乐为上用。"

⑧曲制、官道、主用:曲制,指军队的组织编制。官道,各级将吏的统辖管理制度。主用,关于军需物资的供应管理制度。梅尧臣注:"曲制,部曲队伍分画必有制也。官道,禅校道统率必有道也。主用,主军之资粮万物必有用度也。"

⑨莫:没有。张预注:"以上五事,人人同闻,但深晓变极之理则胜,不然则败。"

⑩练:训练有素。

⑪将听吾计句:如果听从我的计谋,作战就能取得胜利,我就留下来。"将"另一解释是

用作名词,即将领之意。

⑫去:离开。

⑬计利:分析双方的利害条件。杜牧注:"计算利害是军事的根本。"

⑭势者:有利的形势。

⑮诡道:计谋与方法,诡,诡诈。曹操注:"兵无常形,以诡诈为道。"

⑯挠:挑逗,挑衅。张预注:"彼性刚忿,则辱之怒,志气挠惑,则不谋而轻进。"

⑰庙算:庙堂。张预注:"古者兴师命将,必致斋于庙,授以成算,然后遣之,故谓之庙算。"

【译文】

孙子说军事是国家的大事,是关系人民生死、国家存亡的大事,因此不能不深入地加以研究与考察。所以作为掌握国家命运的军事家们必须从五件事上来深入地研究、比较和谋划。

第一件就是道,所谓的道就是能让人民和君主同心同德的治国方针和政策,有了顺乎民心的治国方针和策略,那就可以让老百姓为了自己的国家出生入死,而不畏惧任何的危险了。

第二件就是天时,用兵时一定要考虑到当时的天气情况,看当时的状况是阴还是晴,是冷还是热,这是天气对作战的影响,看这些情况对我军作战有什么利弊。

第三件就是地势,就是看所处之地离敌人是远还是近,地形是险峻还是平坦,是宽阔还是狭窄,这些可是关系到生死的条件。

第四件就是将了,所谓将就是指统率三军的将领,看他是否具备足够的智谋,赏罚是否有信,是否怀仁爱人,是否勇敢果断身先士卒,治军是否严明。

第五件就是法,所谓法就是指军队的编制、法令及对各级主管官员的任用和职责的明确划分,并且要保障军需的供给。

以上这五种情况,作为三军之首领者没有不深入了解与研究的,全面了解了这些情况,作战就会胜利,反之则会失败。故一定要多方谋划深入了解,对敌我双方要深入地比较,哪一方的政治比较清明,治国之策更得民心? 哪一方的将领更有才能? 天时地利谁更占有优势? 军队的法令哪方得到了更好的执行? 哪方的士兵更强壮,训练更有素,赏罚更严明? 了解了这些也就知道哪一方会赢得胜利了。

如果主帅听从我的计谋并应用到实战中去,就一定会取得胜利,那我就会留下来;如果不听我的计谋那打起仗来也会失败,那我还是赶紧离开的好。

分析谋划双方的利害得失,意见如果已被采纳,这就已形成一种有利的形势,这是有助于实现军事目的的外在条件。而所谓的有利的形势就是在有利的情况下,根据实际,采取灵活机动的措施而形成的。也就是人为的。所谓用兵之道也就是诡诈之道。如果自己这方的军事力量很强那就要装出能力不够而不想行动的样子。如果想要攻打敌人的近处,那就要伪装成攻打他们远处的样子;如果要攻打他们的远处那就要装作攻打他们近处的样子。要用小的利益为诱饵去迷惑敌人,乘他们混乱之时去攻取他们。对实力雄厚的敌人要有充分的应战准备。对战斗力强的敌军要暂时避开他们的锋芒,对于易怒冲动的敌军要设法激怒他们,使他们失去理智,对于胆小谨慎的敌人要使他们骄傲轻敌,丧失警惕。而对于休息充分、精力充沛的敌人,就要设法使他们疲惫;对于内部团结的敌人就要离间他们。要在敌人没有准备时就发起进攻,使我军的进攻出乎敌方的意料。所有这一切都是为将的用兵取胜之道,而这些又都是因时因地灵活运用的,是无法作预先的规定的。

用兵打仗之前,在庙堂之上谋划得周密,胜利的机会就多,而在庙堂之上就已感觉胜算不大那是因为谋划不完备。可以说谋划得多胜利机会就会大,谋算得少,胜利的机会就小,何况那些没有经过谋划就开始的战事呢。我们只要在战争双方事先的谋划准备工作中就可以预知谁胜谁负了。

【故事论述】

话说吴王阖闾任孙武、伍子胥治国安邦,吴国迅速崛起,柏举之战大败楚国,攻入楚国都城郢,威震华夏。而地处浙北的越国在楚国的扶植下也强大起来,这样吴越两国又开始了长期的争战。后来勾践继位为越王,吴国率军攻越,吴军大败,吴王阖闾身死,子夫差立。

公元前494年,越王勾践得知夫差正积极扩军准备攻越的消息后,决定先发制人,教训一下夫差。大臣范蠡以为不可,勾践过去能打败阖闾,那是因为越军是正义之师,进行的是卫国战争,而现在攻吴,师出无名,但这时的吴人却是为报君仇与雪国耻,一定会奋勇决战的,那越军就很难取胜了。勾践不听一意孤行,结果大败,退守会稽山。眼看越国已临灭国之灾,这时的范蠡又给勾践出主意,干脆忍辱求和。这时我们可以看到作为商人祖师的范蠡确实是能谋算,因为无论是经商还是治国都是以最后的成功为目的。这时的勾践也只能依计行事了,于是就派文种去面见夫差请和,同时又派人用金银财宝贿赂吴太宰伯嚭,让他在吴王面前斡旋。这也可以看出范蠡作为一个有经济头脑的谋士,知道金钱对人的诱惑力,这样吴国的太宰就被收买了。文种就对夫差说:"请大王您不要灭了越国,我国愿为吴国的附庸国,我们愿意年年进贡,若您不许,我们国家的百姓就会齐心协力地与吴血战到底,到时也只能落得个两败俱伤。"而这时伯嚭也在旁边说好话,并说越已臣服,何必斩尽杀绝,北上与齐争雄以称霸中原才是首要目标。夫差被说动了。但伍子胥直谏恳请灭越,并指出越卑辞厚礼背后隐藏的是灭吴的野心,万不能答应求和。但这时夫差已无心再战,而伍子胥作为前朝老臣怎能不苦谏,这令夫差很烦,加之太宰忌伍子胥说其收受贿赂则又在旁中伤其目无君主,这个倒霉的夫差竟让伍子胥自裁了。可以说伍子胥的死也就标志着吴的灭亡。真不知当时的夫差是怎么想的,勾践可是杀父仇人,他怎么能饶恕他呢?难道他当时只是想让勾践体味更大的屈辱?

于是夫差就撤兵回国了,这可以说是给了越国喘息之机,而勾践下罪己诏,委国政于大夫文种,由范蠡陪着给吴王当奴仆去了。这时的勾践真可谓是忍辱负重,为夫差驾车养马,卑言慎行,甚至尝夫差的粪便来表其忠心,终于他得到了夫差的信任,也可以说是麻痹了夫差,竟被放回国了。这个可怜的夫差可能没想到勾践所得羞辱最后都变成了他颈项上的剑。归国后,勾践立誓要灭吴,让文种治政,范蠡整军,而自己食不加肉,衣不重彩,又给吴国送去绝色美女西施、郑旦。实施"十年生聚,十年教训"之强国计划。减轻刑罚、赋税,鼓励开荒种地,十年没有征收赋税,百姓家都有了三年的余粮。勾践"去民之所恶,补民之不足"的政策,得到了人民的拥护。也就是做到了"主有道",君民关系情同父子。这也可以说是勾践为自己收买了一个生死军。这时他还给夫差送上大量的礼物,以表臣服之心,使吴国对其失去戒心。而且为了破坏吴国的经济大量高价收购吴国粮食,造成吴国的粮食短缺。这里我们是不是又看到范蠡的影子了呢。可以说吴国真正是为范蠡所灭。这是一个真正看透人性,识得利害的人。

再来看看夫差,越国励精图治之时,他却纵情声色,穷兵黩武,民不聊生。公元前484年,他得知北面强国的国君齐景公已死,便倾兵北上伐齐。当大败齐师后则认为称霸中原的时机已到,就于前482年7月7日约诸侯会盟黄池。而太子支提醒他当心勾践会趁机乘虚而入,而这时的夫差哪里还听得进去这话,于是率精兵3万北进中原。

这时的勾践已是羽翼丰满,听说夫差北上,姑苏城只有1万老弱之兵守城,认为灭吴雪耻的时机终于到了。公元前482年,勾践调集越军4.9万人兵分两路,一路由范蠡率领由海路入淮河,切断夫差归路;一路由畴无余等为先锋,自己率主力继后。从陆路直捣姑苏。吴太子支率兵到泓上阻击越军,他感到兵力不足,主张坚守待援。但吴将弥庸擅自率5000人出击,击败畴无余部,于是轻敌,防范松懈。后勾践主力抵达,对吴发起猛攻,越攻克姑苏,太子支被俘。时吴王夫差正在与晋定公争霸主之位,僵持间得知吴都沦陷,夫差为封锁消息,七次杀死信使。吴王夫差威胁晋让步,勉强做了霸主,而后日夜兼程回国。而这时姑苏已失守,吴军已是怨声载道,夫差感觉反击越军没有把握,就派人向越求和。勾践借此摆脱了臣属地位,但灭吴实力还不足,于是就接受和议,撤军回国。勾践利用缴获的吴国的财物充实本国,国力已强过吴国。

可能上天真的是要亡吴吧,公元前478年,吴国发生了空前的饥荒,勾践认为灭吴的时机已成熟,于是举兵伐吴。3月,进至笠泽,夫差忙率姑苏全部军队迎战,两军隔水对阵。勾践命左右军卒隐于江中,半夜时鸣鼓呐喊,假装要攻击。夫差误认为越军兵分两路渡江进攻,即令大军一分为二,左右分军迎敌。勾践乘机率主力偃旗息鼓,潜行渡江,向吴军因调兵往左右而已经空虚薄弱的中间部位发起突袭。夫差军溃败下来,勾践率军步步紧逼,使得夫差退守姑苏城。因姑苏城池坚固,越军一时不能攻破,勾践决定长期围困,这样一困就是三年,使吴军粮绝。这时的越军才发动进攻,占领了姑苏城,而夫差逃到了姑苏台,这时他又向勾践求和,但勾践怎么会犯夫差曾犯的错误。夫差最后的话是:"吾老矣,不能事君王也。吾悔不用子胥之言,自令陷此。"于是自杀了。好像他最后还保留了一个王族的尊严。后来勾践把那个不忠的太宰伯嚭给杀了。这里要提一下,范蠡在助越灭吴后就归隐江湖了,并在齐国给文种信让其离开勾践,但文种不听最终为勾践所杀。

这是春秋时代最后一次战争,这场战争可以说是在《孙子兵法》系统论述下的用计最多的一场战争。一开始就说到阖闾的死,因为他当时对越的战争可以说是一场不义之战,这就免不了失败的下场,而阖闾在这一战中也失去了性命,临终他对夫差说:"尔而忘勾践杀汝父乎?"夫差对曰:"不敢!"于是夫差用了三年时间就把勾践逼得跑到了会稽山,最终不得不求和。从这里看出夫差并不是一个无能之辈,而对于《礼记》中对孝子的要求"父之仇弗与共

孙子兵法

戴天"之完成可以说是尽了全力,不然怎能在三年就把勾践逼到绝路上了呢?

夫差落得个自杀的结果完全是他不听伍子胥之言,竟留下了勾践的命,让他作一附属国的国君,这等于是给了勾践东山再起的机会。他这样做是不是也有其先祖遗风,因他是周之后人,而周武王在灭商之后也是留商之子孙为"兴灭国,继绝世"。但那时的周之所以要留商之王族是因为这个民族掌握着自己所没有的文化知识,可这时的夫差不彻底灭掉越国不等于是在替自己挖坟墓吗? 而他也不了解勾践身边人的情况,勾践身边有范蠡、文种,这两人可谓是足智多谋,忠义之士。范蠡在让勾践屈辱求和之时,自己也随主子一起去吴国为奴,如果夫差足够聪明,他就应该考虑到这个誓死为主的人的潜在危险。可能他到死也没醒悟他最后是死在了谁的手里。他就是死在了文种给勾践设计的复国计划上,当然有些计划更可能是范蠡所设计,但范蠡更看重金钱所以把智慧之名送与了文种,可能范蠡早有功成身退之意。这个复国计划为九术:"一曰尊天事鬼以求其福;二曰重财币以遗其君;三曰贵籴粟稿以空其邦;四曰遗之好美以荧其志;五曰遗之巧匠,使其宫室高台,以尽其财,以疲其力;六曰贵其谀臣,使之易伐;七曰疆其谏臣,使之自杀;八曰邦家富而备利器;九曰坚甲利兵以承其弊。"从这个计划可以看出全部是一个生意人的思维方式,这也只能是范蠡的计谋,但他之所以会让文种去说与勾践,可能就是防着最后也会为勾践所杀吧。

这一战争中也使用了美人计,后来人们把西施的作用给夸大了,其实在《史记》中并没有特别提到西施的作用,在《吴太伯世家》中我们可以看到其实是夫差的权力欲把他给毁了。而他最不应该的是在饶恕勾践存其社稷之后还让他蒙受那样的羞辱,这也给他后来的死埋下了祸根。而后来的勾践是与民如父子兄弟,法纪严明,避实就虚最终一举灭吴。

【名家论战】

虎钤经·困敌

敌有谋臣,以间疏之;敌有积聚,细人焚之;敌有种植,欺而刈之;敌有民人,强而虏之。阴赂敌之密人,使进敌美女以惑其意,献良犬骏马以荡其心,多方以误之。迨其外困而内惑,则国事懈矣。然后举兵伐之,可不劳而功立矣。善用兵者,常谋困敌。敌困则我逸矣,以逸击困,尚何敌之不克哉!

作战第二

【本章主旨】

本篇主要阐述了军队已经进入实战中所要注意的问题,在两军作战中一定要速战速决,不要打持久战,那样会消耗掉大量的兵力与财力。如果打远征消耗战如不能迅速取胜,那对于作战是十分不利的。所以一个将军一定要考虑到在作战中的方方面面,尤其是要考虑实战中的不利因素，要把凡事作最坏的打算而向最好的方向努力。一个肩负重任的将军可以说掌握着这个国家百姓的命运，而国家社稷也是托付给他了。所以他应该尽可能地保证老百姓的物质和生命的安全，而这一切只能在作战迅速取胜的基础上才能达到。孙子在这一篇主要不是设计什么战术，而是让作战者全面考虑战事的准备工作，也要考虑到战争对经济的影响，战争在没有取得胜利时其破坏力是巨大的，也只有迅速地结束战争才会对国家有利。从作战的实际运作中我们可以清楚地知道他在《计篇》中所说的"将孰有能，天地孰得，法令孰行，兵众孰强，士卒孰练，赏罚孰明?"之具体内容也是其第一篇《计篇》的具体说明。

【原文】

孙子曰：

凡用兵之法，驰车千驷[1]，革车千乘[2]，带甲[3]十万，千里馈粮[4]。则内外之费[5]，宾客之用[6]，胶漆之材[7]，车甲之奉[8]，日费千金，然后十万之师举矣[9]。

其用战也胜[10]，久则钝兵挫锐[11]，攻城则力屈[12]，久暴师则国用不足[13]。

夫钝兵挫锐，屈力殚货，则诸侯乘其弊而起[14]，虽有智者，不能善其后矣。故兵闻拙速，未睹巧之久也[15]。夫兵久而国利者，未之有也。

故不尽知用兵之害者，则不能尽知用兵之利也[16]。善用兵者，役不再籍[17]，粮不三载[18]，取用于国[19]，因粮于敌[20]，故军食可足也。

国之贫于师者远输[21]，远输则百姓贫；近师者贵卖[22]，贵卖则百姓财竭，财竭则急于丘役[23]。力屈、财殚，中原[24]内虚于家，百姓之费，十去其七；公家之费，破军罢[25]马，甲胄矢弓，戟盾蔽橹[26]，丘牛[27]大车，十去其六。

故智将务食于敌[28]，食敌一钟[29]，当吾二十钟；萁秆[30]一石[31]，当吾二十石。故杀敌者，怒也[32]；取敌之利者，货也[33]。车战得车十乘以上，赏其先得者，而更其旌旗[34]。车杂而乘之，卒善而养之[35]，是谓胜敌而益强。故兵贵胜，不贵久。故知兵之将，民之司命[36]，国家安危之主也。

【注释】

①驰车千驷：驰车，古代作战用的一种大型战车，又叫攻车或轻车。千驷，我国古代战车，每辆有四匹马驾车，故曰驷，即千乘。

②革车：古时作战用的一种辎重车。由皮革缦其轮，所以叫革车，也叫守车。

③带甲：古代的戎衣多用皮革或金属物质做成，所以叫甲或甲胄。带甲即是穿着戎装。

④千里馈粮：千里，泛指路途远。馈粮，运送粮食。

⑤内外之费：国内外的各种费用。

⑥宾客之用：各诸侯国交往的费用。

⑦胶漆之材：胶漆，制作和修理弓箭甲盾的物资，这里泛指修造作战器具所需的各种物资。

⑧车甲之奉：战车及铠甲的保养费用。奉，费用、花费。

⑨然后十万之师举矣：举，出动，梅尧臣注："举师十万，馈粮千里，日费如久，师久之戒也。"本句意为十万之兵师可以发动进攻了。

⑩其用战也胜:意为大规模动用兵力的情况下,作战则要求速胜。

⑪久则钝兵挫锐:钝兵,即使兵钝;挫锐,即使锐挫。本句意为作战持久则会使军队疲惫,锐气受挫。贾林注:"战虽胜人,久则无利,兵贵全胜,钝兵挫锐,士伤马疲则屈。"

⑫攻城则力屈:屈,竭尽、耗尽。张预注:"千里攻城,力必困屈。"意为进攻城池就会使兵力耗尽。

⑬久暴师则国用不足:暴,通曝,露。孟氏注:"久暴师露众千里之外,则军国费用不足相供。"本句意为长期使军队在外就会造成国家供应的困难。

⑭则诸侯乘其弊而起:弊,疲惫,薄弱。这句的意思是别的诸侯国就会趁国家疲于争战的时候前来攻打进攻。

⑮故兵闻拙速,未睹巧之久也:拙,笨拙。速,迅速。巧,灵巧。本句意谓只听说用兵宁拙而求速胜的,没见过为求用巧技而长期拖延的。杜牧注:"攻取之间,虽拙于机智,然以神速为上,盖无劳师费财钝兵之患,则为巧矣。"

⑯则不能尽知用兵之利:本句意谓不能完全明了用兵的好处。

⑰役不再籍:役,兵役。再,两次。籍,户籍、名册。本句意即征集兵役不用两次。张预注:"籍,谓调兵之符籍,故汉制有尺籍伍符。言一举则胜,不可再籍兵役于国也。"

⑱粮不三载:三载,指多次运送。意谓粮草不用多次运送。曹操注:"始载粮,后遂因食于敌,还兵入国,不复以粮迎之也。"

⑲取用于国:武器装备从国内取用。张预注:"器用取于国者,以物轻而易致也。"

⑳因粮于敌:因,依靠。意谓军需粮草在敌国境内就地征发。何延锡注:"兵出境钞聚掠野,至于克敌拔城,得其储积也。"

㉑国之贫于师者远输:远输,国家因用兵而导致贫乏皆因军需物资的长途运输。

㉒近师者贵卖:贵卖,物价上涨。本句意为离军队近的地方物价会上涨。贾林注:"师徒所聚,物皆暴贵,人贪非常之利,竭财物以卖之。初虽获利殊多,终当力疲货竭。"

㉓丘役:丘,古代地亩面积单位,作为征收赋税徭役的计算单位。丘役,军赋。《司马法》注:"六尺为步,步百为亩,亩百为夫,夫三为屋,屋三为井,四井为邑,四邑为丘。"

㉔中原:指国内。

㉕罢:通疲。

㉖戟盾蔽橹:戟,具有戈与矛两种功能的兵器。蔽橹,蔽,古代战车用以遮蔽风雨的车蔽。橹,古代作战用的一种大盾。

㉗丘牛:丘役中征发的大牛。

㉘故智将务食于敌:务,一定、尽力。本句意为聪明的将帅力求在敌国就地取粮。

㉙钟:古时容量单位,一钟相当于六十四斗。

㉚萁秆:牲畜饲料。

㉛石:古重量单位,一石相当于一百二十斤。

㉜故杀敌者,怒也:怒,这里指士气。意为杀敌主要靠的是一种士气。

㉝取敌之利者,货也:杜牧注:"使士见取敌之利者,货财也。谓得敌之货财,必以赏之,

使人皆有欲,各自为战。"意为夺取敌人的资财,必须以财货奖赏将士。

㉞更其旌旗:夺取敌军的车辆并换上我军的旗帜。

㉟车杂而乘之,卒善而养之:杂,掺杂、混合。乘,驾驭、使用。善,优待。本句意为把缴获的车辆与我军的车辆混而用之,对俘虏要优待而为我所用。

㊱司命:《楚辞·九歌·大司命》:"司命,星名,主知生死。"这里意为命运的主宰者。

【译文】

孙子说:说到用兵作战之法,一定是要动用战车千辆,辎重车千辆,兵士十万之众,要有运送粮草于千里之外的准备。而国内国外的费用,各诸侯国交往的花销,补充修理器械的胶漆之材,供给车辆铠甲的保养等,每天都可以有巨大的财力支持。只有在这样的情况下,十万大军才可出动。

说到用兵作战则贵在速胜,如果作战旷日持久则会使兵士疲惫,而士气也会受挫。这样攻城已是力不从心,会慢慢耗尽兵力,也就没有了胜算的把握。而一个国家如果长期有军队在外作战就会造成国家的财政困难。

而一个国家的兵士过于疲惫士气不振,无论兵力还是财货都消耗殆尽,那另外的诸侯国就会乘其国势衰微之际而侵犯它,这时即使有多谋之士,也回天乏力了。

所以,在用兵上,只听说有用兵宁拙而求速胜的情况,却没见过为讲求技巧而久拖不决的。用兵旷日持久而对国家有利的情况却从来没听说过。所以如果不知用兵之危害的人,就没办法来知道如何用兵会得到最大的利益。

善于用兵的人,征兵不会征集两次,粮草也不会在国内多次调集。在战争中,他们只从本国取用武器,而粮草给养就会在敌国就地解决。这样军用的粮食就没有后顾之忧了。

国家会因为要供应远征军的需求而贫困。物资的大量远调就会使百姓穷困。而靠近军队的地方物价就会大幅上涨,这样国库就会枯竭。而老百姓又因物价上涨而大量抛售物品,可国库无银就会向老百姓征收赋税。于是人力耗尽,财力枯竭,使整个国家十室九空。而对老百姓来说战争给他们的负担会耗去其收入的十分之七;而对于国家来说,为修战车,供养战马,制备甲胄弓矢,各种长矛盾牌,就会耗去国家财政的十之六七。

所以,一个聪明的将帅总是求在敌国境内筹集粮草。因为消耗敌国1钟粮食就等于是从本国运送了20钟粮食,消耗敌国1石草料,就等于是从本国运送了20石草料。

而要想使战士们英勇杀敌,就一定要激发起他们的斗志,要想让士卒勇于夺取敌军的物资,就一定要给予物质奖励。在车战中,凡夺取敌方战车10辆以上的,应奖赏首先夺取战车的人,并一定要换上自己军队的旗子,然后混合编入本军战车的行列。同时还要善待俘虏,保证他们的生活供给。这样做,才能既战胜敌人,又增强自己军队的战斗力。

所以用兵作战贵在速战速决,万不可旷日持久。所以说一个懂得用兵打仗的将领,就是百姓命运的掌控者,也是国家安危的主宰者。

【故事论述】

秦始皇曾挫败匈奴族而下,但楚汉战争时,匈奴乘机进入河套以南,冒顿单于当时势力正盛,刘邦建汉后曾攻伐之,被围困于白登。这之后汉朝对匈奴采取"和亲"政策并积极防御,经过几代人的努力,到了武帝时国力达到了鼎盛,于是就为反击匈奴打下了雄厚的物质基础。

公元前121年,匈奴骑兵万余攻入上谷,同年3月,汉武帝刘彻派骠骑将军霍去病率精骑万人出陇西,翻过了乌鞘岭,进击河西地区的匈奴。霍去病采用突然袭击而后连续进击的战术,长驱直入,马进匈奴修濮部落;又渡过狐奴河,转战六天,连破匈奴五小王国,降服者赦之,反抗者杀之。匈奴军猝不及防,向北退走。

霍去病知道大军长途跋涉而来,宜速战速决。于是不敢逗留,即刻率军翻过焉支山(今甘肃大黄山),向西北急驰千余里以寻匈奴主力决战。在皋兰山下与匈奴浑邪王、休屠王军队相遇,两军展开一场恶战,汉军是挟余威而来,愈战愈勇。而匈奴军却是败兵迎战,士气就已输了,更是阵脚大乱,对于与霍去病军队相遇就像是草遇上了严霜,根本就没有招架的能力。两个匈奴王自知不敌,便下令匈奴军后退,但汉军却步步紧逼使其军队在败逃中自伤惨重。逃跑的兵士在逃亡的时候践踏严重,这又给了汉军屠杀他们的机会。这一战匈奴损伤惨重,被斩首的就有8900余人,浑邪王子、相国、都尉等多人被俘,休屠王的祭天金人也被汉军缴获。霍去病自敦煌凯旋班师。回到了长安,汉武帝亲自出城迎接,加封2200户。这一年霍去病二十岁。

汉武帝此次派霍去病征匈奴的初衷本是要试探一下霍去病的军事能力,不曾想霍去病竟是如此的骁勇善战,一举击溃河西匈奴。武帝感谢上天又赐给他一个比卫青还优秀的大将。其实霍去病能如此用兵可能也有遗传因素在里面,因为他是卫青的外甥。而卫青则是武帝的小舅子,作为外戚,这样舍身卫国也可以说是为了自家而战。而他们频频被派到边关可能也不仅仅是因为善用兵吧。

借着这次胜利的东风,同年夏天,武帝再次派霍去病统军北击匈奴,为了防止东北方向的匈奴伺机进攻,他又派李广、张骞率军出右北平,攻打匈奴以配合霍去病主力军的行动。匈奴伊稚斜单于闻知亦不甘示弱,他亲率大军侵入代郡、雁门。霍去病自宁武渡河翻贺兰山后至居延海,然后转兵南下至小月氏(今酒泉)陈兵张掖,挺进2000里至祁连山一带,迂回到河西走廊北面敌人的后方,而后以秋风扫落叶之势率部对匈奴发起猛攻,大破匈奴主力军。

河西之战的胜利主要在于当时的西汉国力已是十分雄厚,当时的刘氏政权经过了五代人的巩固,而文景二帝又大力发展国家的经济,到了武帝时可以说只等向外扩张了。而这时那些匈奴人还不知死活的来汉边境骚扰,他们还不知道汉经过几代人的努力,在科技、文化上有了多大的进步,首先匈奴的兵器就可以说是落后汉人的,因为他们那里是没有冶炼工艺的。他们又不懂得作战技巧,只是对草原大漠的熟悉占有一些优势。而当时的汉人的冶铁工艺已是相达发达了。这使得他们在兵器上就已输了一成。又因汉军的辎重装备又能得到源源不断的补充,最重要是小小年纪的霍去病竟知作战贵在神速,使善于在草原大漠作战的匈奴人没有一丝喘息的机会,使匈奴逃向大漠深处,其生存之地年降水量只有15英寸。这也是他们再次冒犯中原的根本原因。他们知道中原地带的物产富饶,这怎能不令其心生羡慕?而汉人又不可能长期在大漠深处留守。到了公元前120年,匈奴又从右北平,定襄(今内蒙和林格尔)进犯汉境,杀掠千余人;还用汉降将赵信之计,欲把汉军引至漠北歼之。

公元前 119 年，汉武帝震怒于匈奴在漠南、河西地遭受重创竟然是贼心不改，遂决定来一次更大规模的军事行动。经过充分的准备，武帝命大将军卫青、骠骑将军霍去病备统骑兵 5 万、4 万及随军私人马匹、几十万步兵和转运者，分别从定襄、代郡（今河北蔚县）出发，深入漠北，寻歼匈奴主力。这也见出了汉对匈奴作战的不易，因为他们没有固定的地点，其实这时只要匈奴人躲起来，打消耗战就能拖垮汉军。而这时的匈奴人的确也是这样做的，"远其辎重，以精兵待于漠北"。这时卫青率精兵出塞，寻歼单于本部，同时令李广、赵食其从东南迂回策应。到漠北后见"单于陈兵而待"。到这里我们可以想如果这时的匈奴人躲起来而不是迎敌，那将是什么一种情况呢？卫青见找到了敌人，当机立断，创造性地运用车骑协同的新战术，命令部队将战车"自环为营"，以防匈奴骑兵突袭，又令 5000 骑兵进击匈奴。而伊稚斜单于乃以万骑迎战。这次战斗可以说是十分的惨烈，从黎明一直战到黄昏。因为汉人本身并不善马上作战，这次的战斗中斩杀和俘虏匈奴人是 1.9 万人，那可知汉军的死亡也应是十分惨重的。在近日落时，突然又刮起大风，飞沙走石，已是不辨敌我。而汉军当时因为后备力量雄厚，伊稚斜单于见不能一时取胜，就骑上一匹千里马，率数百壮骑杀出重围向西北方向逃走了。

而这时的"飞将军"李广和赵食其在迂回截击匈奴的行程中却迷了路，于是就折回，这就使伊稚斜单于得以逃脱。卫青挥师挺进，在赵信的守城缴获了匈奴屯集的大批粮食和军用物资。也就是在这次战役中，李广因迷路没有配合卫青围歼单于，对于卫青的催逼感到十分羞辱，于是拔剑自杀了。这可能也是一山不能存二虎吧。名丧敌人胆的飞将军没有死在匈奴的手里却死在了自己人的手下。

回过头来看少年无畏的霍去病，率兵从代郡出发，一路深入 2000 余里，凭借兵精马壮的优势，对匈奴左贤王发起猛烈攻击。霍去病身先士卒，而这时的左贤王已是垂暮之年，怎会是他的对手？战不多时，就率亲信弃军而逃，匈奴大溃。霍去病即率众追击，一直追到狼居胥山，歼匈奴精锐，斩杀北车旨王，俘屯头王、韩王等三王及将军、相国、当户、都尉等 83 人，俘虏 70443 人，并封狼居胥。这样的战绩足以使他彪炳史册。

无论是河西之战还是漠北大捷，最主要的原因还是因为强大的西汉国力，让远征军没有后顾之忧。而我们看每次的少数民族来犯也莫不是因为要获得更多生存空间和更多的物质财富。这也应了那句话"如果你的邻居没饭吃那你就不应该有安宁。"而每次战役的胜利都在于一个快字。本来汉军是不适宜沙漠草原作战的，但凭着雄厚的武器装备，迅速的作战计划，使得匈奴遭受重创。如果这时匈奴的将领熟读《孙子兵法》，就不会和汉军作正面的交锋，他们完全可以凭借对地形的熟悉，把作战时间与作战路线拉长，在汉军前锋疲惫，后援不到之时反攻，但他们没有这样做，那等待他们的只有失败了。

【名家论战】

草庐经略·将谋

三军之事，以多算胜少算，以有谋胜无谋。而孔子言："行三军"，亦曰"好谋而成"。故

孙子兵法

昔人论将之失者，不曰好谋无断，则曰议论多而成功少。斯言盖中兵家之膏肓矣！凡为将，攻不必取不苟出师，战不必胜不苟接刃。夫必胜必取而后攻战者，即《孙子》所谓"胜兵先胜而后战"，言先得胜算也。岂知庸将，不料彼我之势，不决制敌之机，不设奇谲之变，不讲地形之利，统军而进，偶尔合战，亦偶尔分胜负，而将不能自主也哉！夫胜负之数，将不先定，安能为三军之司命？如果敌势方强，未可与角一朝之胜负，必坚守而不轻为一战。及其得机决策，则策胜如神矣。故敌不能诱，亦不能激。中诏让之，而不以为嫌；众人非之，而不为之转者，盖谋先定也。

谋攻第三

【本篇主旨】

本篇着重论述用兵打仗力求全胜的战略思想和策略。对如何取得全胜又提出了一系列的主张，认为最重要的一点就是要以计谋取胜，这里再次重申了用兵之法则是"诡道"，最好是能在不战的情况下就让敌人屈服。如果不能做到就要使用外交手段使对方做附庸，最糟糕的情况就是通过流血来占领对方的领土。而必须用兵的情况那还是要讲究策略的。本章就讲了一些实际的战术并且对三军统帅所应具备的知识与素质也提出了要求。当一个将帅拥有了文中所具有的能力之后那一个军队的胜利几乎是可以预测的。最重要的一点就是"知己知彼，百战不殆。"

【原文】

孙子曰：夫用兵之法，全国为上①，破国次之②；全军为上③，破军次之；全旅为上④，破旅次之；全卒为上⑤，破卒次之；全伍为上⑥，破伍次之。是故百战百胜，非善之善者也；不战而屈人之兵⑦，善之善者也。

故上兵伐谋⑧，其次伐交⑨，其次伐兵⑩，其下攻城。攻城之法，为不得已。修橹轒辒⑪，具器械，三月而后成；距堙⑫，又三月而后已。将不胜其忿而蚁附之⑬，杀士卒三分之一而城不拔者，此攻之灾也。

故善用兵者，屈人之兵而非战也，拔人之城而非攻也，毁人之国而非久也，必以全争于天下⑭，故兵不顿而利可全⑮，此谋攻之法也。

用兵之法，十则围之⑯，五则攻之⑰，倍则分之⑱，敌则能战之⑲，少则能逃之⑳，不若则能避之㉑。故小敌之坚，大敌之擒也㉒。

夫将者，国之辅也㉓。辅周则国必强，辅隙则国必弱㉔。

故君之所以患于军者三㉕：不知军之不可以进而谓之进，不知军之不可以退而谓之退，是谓縻军㉖；不知三军之事而同三军之政，则军士惑矣；不知三军之权而同三军之任，则军士疑矣。三军既惑且疑，则诸侯之难至矣㉗。是谓乱军引胜㉘。

故知胜有五：知可以战与不可以战者胜，识众寡之用者胜，上下同欲者胜，以虞待不虞者胜^㉙，将能而君不御者胜^㉚。此五者，知胜之道也。

故曰：知己知彼，百战不殆^㉛；不知彼而知己，一胜一负；不知彼不知己，每战必败。

【注释】

①全国为上：全，全部、完整。这句意思是迫使敌国完整的降服最是上策。

②破国次之：破国，指攻破敌国。意为经过战争交锋攻破敌国的就要差一等。

③全军为上：《司马法》："一万二千五百人为军。"此句意，能使敌军完整地降服是上策。

④全旅为上：旅，春秋时以五百人为旅。此句意为使敌人整个旅降服为上策。

⑤全卒为上：张预注："百人为卒"。

⑥全伍为上：伍，古代军队中的基本编制单位，五人为伍。何延锡注："自军之伍，皆次序上下言之，此意以策略取之妙，不惟一军，至于一伍，不可不全。"

⑦不战而屈人之兵：屈，使动法，使屈服、降服。本句意为不用经过交战而迫使敌军投降。

⑧故上兵伐谋：上兵，上乘的用兵之法。伐，攻伐。伐谋，以谋略战胜敌人。本句意为用兵的最上乘之法是在谋略上战胜敌人。杜佑注："敌方设谋，欲举众师，伐而抑之，是其上。故太公云：善除患者理于未生，善胜敌者胜于无形也。"

⑨其次伐交：交，外交。此句意为通过外交手段分化瓦解敌国的联盟扩大巩固自己的联盟，以孤立敌人，但这是次一等的作法。

⑩其次伐兵：也可以通过交战来战胜敌人。李筌注："临敌对阵，兵之下也。"

⑪修橹轒辒：修造盾牌及攻城用的兵车。

⑫距堙：构筑用以攻城的小土山。张预注："积土与城齐，使士卒上之，或观其虚实，或毁其楼橹，欲必取也。"

⑬将不胜其忿而蚁附之：指挥攻城的将领忿予焦躁，驱使士卒像蚂蚁一样去爬攻城的云梯。蚁附，像蚂蚁一样附在上面。

⑭必以全争于天下：一定要以全胜的谋略争得胜利。全，指以上所举的全国、全军、全旅、全卒、全伍。

⑮故兵不顿而利可全：顿，通钝，受挫。利，利益。本句意为军队不会有大的损伤，而利益却能保全。

⑯十则围之：在数量上有十倍于敌人的兵力，就采取包围的战术。

⑰五则攻之：有五倍的兵力就进攻。

⑱倍则分之：分，分开。本句意为有一倍的兵力，应设法把敌军兵力分散。

⑲敌则能战之：敌，匹敌。敌我双方兵力相等的情况就一定要设法来战胜他们。曹操注："己与敌人众等善于者，犹当设伏，奇以胜之。"

⑳少则能逃之：逃，摆脱。兵力数量上少于敌人时，要设法摆脱敌人。张预注："彼众我寡，宜逃去之，勿与战。"

㉑不若则能避之：不若，不如。本句意为实际力量不如敌人时，要避免与敌人交战。杜佑注："强弱不敌，势不相若，则引军避之，待利而动。"

㉒故小敌之坚，大敌之擒也：小敌，力量弱小的军队。坚，指坚守硬拼。大敌，力量强大的军队。擒，俘获。本句意为如果弱小的军队坚守硬拼，那就会被强大的军队所俘获。

㉓夫将者，国之辅也：辅，辅木，用以增强车轮支力，引申为辅佐。本句意为将帅是国君的助手。

㉔辅周则国必强，辅隙则国必弱：周，周密。隙，缺失。本句意为辅佐周密国家就会强盛，辅佐有疏漏缺失，国家就会危弱。

㉕故君之所以患于军者三：作为国君对军队行动的危害有三种情况。

㉖縻军：束缚军队。縻，束缚。

㉗则诸侯之难至矣：难，这里指战乱。别的诸侯国就会乘机进犯。

㉘乱军引胜：扰乱了自己的军队而使敌人胜利。

㉙以虞待不虞者胜：虞，有准备。以有充分准备对付没有准备。

㉚将能而君不御者胜：御，制约、干预。意为使将帅充分发挥他的才能而君主不干预就可获胜。张预注："将有智勇之能，则当任以责成功，不可从中御也。故曰：闻外之事，将军截之。"

㉛知己知彼，百战不殆：殆，危险。意为了解对方也了解自己，那打起仗来就不会有危险。杜牧注："以我之政料敌之政，以我之将料敌之将，以我之众料敌之众，以我之食料敌之食，以我之地料敌之地。较量已定，优劣短长皆先见，然后兵起，故有百战百胜也。"

【译文】

孙子说：大凡用兵作战，以能完整的占有敌国领土为上策，而经过交战击破敌国就次一等了，能使敌人的一军之众完整的降服为上策，而通过对决使对方降服就略逊一筹了。使敌人的一旅之众完全降服为上策，而通过武力使其屈服则为次等之策，使敌人的一"卒"之众完全降服为上策，而通过交战让其屈服则为次等。使敌人的一"伍"之众完整的降服为上策，而用武力解决则为下策。也就是说在战争中百战百胜并不是最好的，只有不动一兵一卒而使对方降服才是最好的。

所以，用兵的最高境界是以谋略战胜敌人，其次是通过外交手段取胜，再次就是用武力打败敌人，最下策是攻打敌方的城邑。可以说攻打城邑是实在不得已而为之。因为修造攻城的大盾和大型战车、筹备攻城的器械，要三个月才能完成。堆筑攻城用的土山，又要用三个月才能完成。到时将帅又抑制不住焦躁和忿怒，驱使士卒如蚂蚁般爬梯攻城，可这时却是士卒伤亡三分之一，城却没有被攻下来，这就是攻城的不可取之处。

而一个善于用兵的人，却能不靠直接交战来使敌人屈服。夺人城邑而不是靠强攻，使敌国灭亡却不是靠长久的作战。而是务求以全胜的战略来赢得天下。只有这样，军队才不会受重创，而胜利又可完全取得，这就是以谋略取胜的法则。

用兵的原则是，兵力十倍于敌就包围他们，兵力五倍于敌就进攻他们，兵力两倍于敌就要设法分散他们，若兵力与敌相等就要使计谋抗击他们，兵力少于敌就要善于摆脱他们，实力比敌人弱就要避免与其交战。如果一支弱小的军队不知死活的固守硬拼，那就会成为强大敌人的俘虏。

将帅就是国君的助手,辅助的周密,国家就会强盛,而辅佐有所缺失那国家就会衰弱。

而一个国君对军队行动的危害有三种情况:一为不了解军队不宜前进而命令军队前进,不了解军队不宜后退而命令军队后退,这就是束缚了军队;二为不了解军队内部的事务,而干预军队的行政,将士们就会困惑;三是不知道军队行动的权变,而干预军队的指挥,将士们就会产生疑虑。军队既困惑又有疑虑,就会招致别的诸侯国的进犯。这就是扰乱自己而使敌人获胜。

如果想预见胜利可以依据下面五种情况:知道可以打或不可以打的,可以获胜;懂得根据双方兵力多少而正确选不同战术的,可以获胜;全军上下齐心协力的,可以获胜;自己有充分的准备而来对付没有准备之敌的,可以获胜。将帅有才能而君主不加以牵制的,可以获胜。这五条就是预见胜利的方法。

所以说了解敌人,又了解自己,即可百战百胜。如果不了解敌人但了解自己则会有胜利有失败。如果既不了解自己也不了解敌人那每次作战都会有危险。

【故事论述】

子贡姓端木赐,卫人,子贡是他的字。是孔子的弟子。这个人很会作生意。这个人也很是能言善辩,为他的这种能力孔子还总是教训他。但孔子认为他是宗庙之贵器。

当时齐国的田常想作乱,但又害怕忌惮国中的贤臣,就准备移兵伐鲁。当时的孔子是鲁国的太宰,听到这个消息后就对他的弟子们说:"鲁国是我的祖国,我将生于斯逝于斯,现在国家有难,为什么没有人去为国效命呢?"孔子弟中最为勇敢的子路请命,孔子制止了他。另外两个弟子子张、子石,希望为国效命,孔子也没有答应。子贡要求去解决国家之危难,孔子答应了。

于是子贡就出发了,首先到了齐国,对田常说:"您进攻鲁国是错误的,鲁国是一个不值得你去讨伐的国家,它的都城贫而不坚固,它的土地又窄又贫瘠,而他们的国家的君主愚昧又不懂得仁爱,大臣虚伪而无能,而这个国家的人又讨厌用兵作战,这些都是你不能伐它的原因。您不如去攻打吴国。吴之都城城墙又高又厚,土地宽广肥沃,兵坚刃利,士大夫贤而满腹的才学,国家武器精兵都在城中,又有精明之大夫守城,这才是容易讨伐的国家。田常忿然作色道:"您所说的难正是别人认为容易的,而您所认为容易的却是别人认为难的,你给我出这样的主意究竟是为什么?"子贡就回答说:"我听说担忧之事在国内者就应攻打强敌,而担忧之事在国外的就攻弱敌。今天大人您的忧虑之事是在国内。我听说您三次封赏而三次没有成功的事,这是大臣中不听的。今天您要攻占鲁国而扩大齐国的疆域,如果这次您打胜了,只会让齐君骄傲,如果真的攻占了鲁国那也只会让其他的大臣更加尊贵,而您却不会有什么功劳,而齐君就会对您日益疏远。这样您是上使国主骄傲,下使群臣放肆,而要想达到您自己的目的就很难了。如果君主骄横就会不尊重你,而臣骄就会相互争斗。假如您上与国君不亲,下又与大臣们争斗,那您在齐国立足就难了。所以说你不如去攻打吴国,攻吴不胜,那会大量的兵士死掉,使大臣失去了兵力,这样您就是在庙堂之上没有强臣与您为敌的,而下又无人能指责你的过错,而齐君治国也只能依靠您了。"田常一听很高兴地说:"这确实是一个好主意,可是,我已把兵派到鲁国去,如果这时离开而去攻打吴国,那些大臣就会怀疑我,这将怎么办呢?"这时的子贡就说了:"您先按兵不动,让我先去吴国,让吴国来救鲁国而来和你对战,这时你不就可以和吴交火了吗?"田常就答应了子贡,这样子贡就跑到南方的吴国去见吴王去了。

从上面一段的叙述中我们可以看出,孔子是因为是鲁国的太宰而要为保护自己的国家而战。但他是一介儒生,他一生的主要工作就是为人治丧相礼,但他又有帝王之梦,而鲁又是他的祖国,其祖坟也都在鲁,如果齐国的田常真是要打进来的话,那不仅仅是对鲁国不利,也更因为齐国人对孔子的那一套不屑,也更因为因其名贤为齐所忌会对其本身有伤害。这时孔子已是师名满天下,而他的众多弟子也大多在各国为官。

开始时子路想去解鲁国之围,孔子没有同意,这是因为子路不善言辞,而子张、子石也要去解围,孔子也没有答应,这是因为此二人是孔武有余而智谋不足。当子贡出来要求来解鲁国之围时,孔子就答应了,因为子贡不仅善言辞,而且还善经商,这也可以说是孔子知人善任,因为一个商人是最会晓人以利弊的,而子贡的财富又可以使其不会受辱于他人。

这样子贡就去游说田常让其放弃攻鲁,从上面的对话中可以看出子贡作为一个商人也作为一个谋臣所具有的智慧。因为一个商人绝不会让自己的努力而让别人得到好处,子贡可以说就是在这一点说动了想要作乱的田常,因为他的攻鲁可能让别人得利。其实这也是他作为一个鲁之臣民在为保全鲁国而使用的计谋。

接下来我们再看子贡跑到吴国是怎么说的。他对吴王说:"我听说,一个真正的王者是不会使一个国家彻底地灭绝了的,一个真正的霸主也绝对不会存有强敌,千钧之重加上一点点的份量就会偏移。今天作为万乘之国的齐国却想去占有小小的鲁国,这等于是和吴争霸主的地位,我私下里很是为王担心。况且您救了鲁国,是显仁德之名,而讨伐齐国却是有更大的利益。可以抚恤各弱小的诸侯,而诛杀残暴的齐国还可以使国势强大的晋国屈服,还有比这更大的好处吗?名誉上是为了救鲁国,其实却是困住了强大的齐国,这可是一个智者绝对不会犹疑的事。"这时吴王就说:"好是好,可是我曾和越国打仗并使勾践困于会稽山,并对其受辱,这时的越王正苦其心志养其子民要报复我。你先等我先讨伐越国之后再依你之计行事;"子贡一听心里可是暗暗着急,如果吴国不出兵那他的计策就不会成功,于是就说:"越的实力还不如鲁国,而吴国的国力并不比齐国强多少,如果这时大王您不攻齐而攻越,到时齐国就已占领鲁国了。而且一个真正的王者,尤其是大王您的先人周武王是以'兴灭国,继绝世而扬名诸侯,如果这时您去讨伐弱小的越国而畏惧强大的齐国,这可不是勇敢的行为。一个真正的勇者是不会躲避困难的,一个真正的仁者是不会迫使人到难堪的境地的,一个真正的智者是不会错过上天赐与他的大好时机的,一个真正的王者不使一个宗室灭绝,这才是真正的存在的道义。今天您保留越国而显示您的仁慈,救鲁伐齐,使晋国害怕吴的威力,这时各诸侯一定会来向您称臣,那您霸主的地位也就确立了。我知道大王您一定认为越国是您的后顾之忧,请让我代您出使越国。让他们出兵随你一起去讨伐齐国,这样越国的境内就没有军队了,说说这是他们作为一个臣属国应该做的。"于是吴王大悦,就让子贡出使越国。

从这一段中我们是不是发现了我们平常不曾发现的历史,原来吴国的灭亡不仅仅是范蠡和文种的计谋,这里竟然还有子贡的功劳。我们接下来看子贡是怎样一步步让吴国掉进他设的陷阱的。

越王勾践听说名闻天下的孔子的弟子,鲁国的贤大夫来了,就远到郊外去迎接,谦卑地问道:"我这样的蛮荒之国,大夫您何以屈尊大驾来这里呢?"子贡就说了:"我已说服吴王去伐齐救鲁,但他又害怕越国对他不利,就要先伐越。如果这样那就会很快灭掉越国的,而且你受辱于吴王而没有报仇之心,这实在是一笨人所为,而有报复之心却让人知道就不能成功了,而你还没有去做就让人知道了那实在是太危险了。这三者可是一个想要举事之人的大患。"这话一说,勾践看子贡并无恶意就再拜说:"我过去不知自己的实力而与吴国发生战争,并被困于会稽山,一想到这事我就会痛入骨髓,日夜不眠,口干舌燥,只想能和吴王相拼,哪怕是相残而死。"就问子贡有何计策。子贡说:"吴王残暴令群臣无法忍受,国家穷兵黩武,让兵士困乏,百姓怨恨他,大臣之间不和,而太宰嚭又是个只会讨吴王欢心而满足自己私利之人,这就是使国家衰微的治理方法。今天大王诚心地让您的军队去帮助吴国去讨伐齐国,给他珍贵的宝物让他高兴,用谦卑的语言来尊其礼,那他一定会出兵伐齐的。如果这一战吴王没有赢那就是大王您的福气,如果他战胜了,那他一定还会向晋国发兵,现在就让我代表您去出使晋国,让晋与齐一起去攻打吴国,那吴之力量就会很弱了。因为这时的吴国的精锐部队已全部用于对齐的作战,而辎重部队又全部困在晋地,而大王您只要去攻打其薄弱的国家,那吴一定会灭亡的。"越王勾践听了这个高兴,给了子贡好多钱,还有一把宝剑,两把长矛。子贡没要就离开了越国。这也看出当时的冶炼技术不是很发达,所以铁器还是很贵重的。

子贡回到吴国对吴王说:"我把大王的话传达给了越王,越王十分惶恐,说,我不幸过早的失去了先人而没人好好教育,使我不自量而获罪于吴国,赖于大王的赏赐,使我得以修礼而可以祭先王,这是到死都不会忘的恩情,我哪里敢有报仇之心呢?"又过了五天,越国又派大夫文种出使吴国说:"臣子勾践今听说大王您要兴正义之师,诛强救弱,伐齐而安抚周王室,请让我带上我境内的全部兵士三千人做先锋为大王您效力。又让我的小臣文种带着先人留下的珍宝,好剑良矛来祝大王出征成功。"吴王很高兴,就问子贡越王欲跟随他一起出征是否可以呢?子贡认为这是不可以的,让一个国家成为空城,而又让其君主跟随这是不义之举。可以接受他的钱,用他的兵士,但一定不要让他的国君跟随。这样吴王就放心的倾九郡之兵伐齐。

看来子贡一开始就是要让吴王死掉,不然他为什么会出这样的主意呢?是不是他和范蠡有生意的往来而有意帮越一把呢?

这时的子贡又跑到晋国,对晋国君说:"我听说考虑不周不可以发兵,而没有辨明交战之情况就不会胜利,现在齐国与吴国要打仗了,如果吴败了,那越国就会攻吴,如果吴胜了,那他一定会兵临晋境。现在你要做的就是整兵休卒观看势态。"晋君认为这是对的。

把一切都安排好了,子贡就回到了鲁国。吴王果然和齐人打起来了并大败齐军,他也真的没见好就收,又发兵晋国,这时吴是疲惫之师,而晋是以逸待劳,大败吴师,而这时越又乘机发难,使吴腹背受敌,不到数年,吴国就被越所灭了。

看看这一段精采的历史,本来开始的主角只有两个,齐和鲁,而如果没有子贡的话那鲁肯定是被齐吞掉了。但齐国忘了鲁国有个孔子,鲁又是周公旦的封地,而孔子对周王室是深有感情的,他不允许这个埋葬了自己父母的土地被践踏,而他又因生计问题也为了自己的梦想收了那么多的弟子,而这些弟子个个都不是等贤之辈,这一段历史就是记载了他的弟子子贡的一段辉煌的业绩。子贡凭着自己的智慧与辩才,使齐国出现了内乱,而亡了吴国。本来应是齐鲁之间的战争,最后的主角竟变成了吴越。而改变了历史的竟是一个儒士。

本来我们知道吴国的灭亡是勾践的卧薪尝胆和范蠡、文种的辅佐而为,现在看来,最根本的原因是因为子贡出的主意。他没动用鲁国的一兵一卒而使这个国家得以保全。从这段历史也看出吴王夫差是死在了两个商人的手里。

《史记》:子贡一出,存鲁,乱齐,破吴,强晋而霸越。子贡一使,使势相破,十年之中,五国各有变。

【名家论战】

虎钤经·围寇

逐寇于城隍垒堡,逼而围之者,逾数旬不变,非克敌之术。如围中士马精壮,兵器坚利,刍粮丰溢,外有援可俟者,宜树土山,浚渠地,去围百里广途间道筑壁备之。人数不可多,随地大小用之。盛其游兵,分部往来提举,遇急则救应之。围中寇敌穷匮,虑以可守复生他计,则伏精兵于敌路以待(敌路者,谓敌人要路及归路也)。本围实三面,兵士严为备御,开围一角,令得生路。敌不奔则战(在围一收死守,出围则心散各求生路),奔则伏兵民,战则志散,此可以必克矣。是故围寇之道,不可以时守为事。《易》曰:穷则变,变则通。此之谓也。

军形第四

【本篇主旨】

本篇主要是论述战争中的攻守问题,着重论述如何造成一种守必固、攻必克的一种利我的形势。在文中首先提出了在进攻与防守所必须坚持的基本原则。也就是守要守得住,攻要攻得破。其次就是要认清战争的形势,要充分了解敌我双方,而赢得最大的胜利,应是运筹帷幄之中才能决胜千里之外。最后又说到一个善用兵的人应该政令清明严肃,使内部的综合实力足可以使敌方畏惧,确认已有必胜形势后,就可用兵。

【原文】

孙子曰:昔之善战者,先为不可胜①,以待敌之可胜②。不可胜在己,可胜在敌③。故善战者,能为不可胜,不能使敌之必可胜④。故曰:胜可知而不可为⑤。不可胜者,守也;可胜者,攻也。守则不足,攻则有余。

善守者藏于九地之下⑥,善攻者动于九天之上⑦,故能自保而全胜也⑧。见胜不过众人之所知⑨,非善之善者也;战胜而天下曰善⑩,非善之善者也。故举秋毫不为多力⑪,见日月不为明目⑫,闻雷霆不为聪耳⑬。

古之所谓善战者,胜于易胜者也⑭。故善战者之胜也,无智名,无勇功,故其战胜不忒⑮。不忒者,其所措胜⑯,胜已败者也⑰。故善战者,立于不败之地,而不失敌之败也⑱。是故胜兵先胜而后求战⑲,败兵先战而后求胜⑳。善用兵者,修道而保法,故能为胜败之政㉑。

兵法:一曰度,二曰量,三曰数,四曰称,五曰胜。地生度,度生量,量生数,数生称,称生胜。㉒

故胜兵若以镒称铢㉓,败兵若以铢称镒。胜者之战民㉔也,若决积水于千仞之溪者,形㉕也。

【注释】

①先为不可胜:先,首先。为,造成。本句意为作战首先要造成一种不可被敌军战胜的形势。

②以待敌之可胜:待,等待。敌,敌方。本句意等待敌人可能被我战胜的机会。梅尧臣注:"藏形内治,伺其虚懈。"

③不可胜在己,可胜在敌:使自己不被敌人所胜的主动权在己;而要想战胜敌人,那就看敌人有没有给我们留下可乘之机。杜牧注:"自整军事,长有待敌之备,闭迹藏形,使敌人不能测度。因伺敌人有可乘之便,然后出而攻之。"

④能为不可胜,不能使敌之必可胜:能创造不被敌人战胜的条件,但也万不可去迫使敌人去留给我们胜利的机会。张预注:"若敌强弱之形不显于外,则我岂能必胜于彼。"

⑤胜可知而不可为:胜利可以预见,但不能强求。张预注:"已有备则胜可知,敌有备则不可为也。"

⑥善守者藏于九地之下:善于防守的人,如同藏在极深的地下一样,可以巧妙地隐蔽军队的行动,使敌人难以探明实情。杜佑注:"善守备者,务因其山川之阻丘陵之固,使不知所攻,言其深密藏于九地之下。"

⑦善攻者动于九天之上:善于进攻的人,如同自高空而降一样,使敌人来不及防备。杜佑注:"善攻者,务因天时地利水火之变,使敌不知所备,言其雷震发动若于九天之上也。"

⑧故能自保而全胜也:既能保全了自己又能取得完全的胜利。张预注:"守则固,是自保也。攻则取,是全胜也。"

⑨见胜不过众人之所知:可以预见大多数人都可预见的胜利。杜牧注:"众人之所见,破军杀将然后知胜;我之所见庙堂之上樽俎之间已知胜负者矣。"

⑩胜而天下曰善:经过交战而取胜,天下人都夸赞。张预注:"战而后能胜,众人称之曰善,是有智名勇功也,故云非善。若见微察隐,取胜于形,则真善者也。"

⑪故举秋毫不为多力:秋毫,兽类在秋天新生的细毛,比喻极轻微的物体。本句意为举起轻如秋毫的物体根本就不算有气。

⑫见日月不为明目：能看到日月并不能说明眼睛就是明亮的。

⑬闻雷霆不为聪耳：能听到响雷也不能说明耳朵很灵敏。

⑭胜于易胜者也：取胜于容易战胜的对手。

⑮故善战者之胜也，无智名，无勇功，故其战胜不忒：善于用兵作战的人取得了胜利但却不显出有智谋的名声和勇武的战功。张预注："阴谋潜运，取胜于无形，天下不闻料敌制胜之智，不见搴旗斩将之功，若留侯未尝有战斗功也。"其战胜不忒，意为打胜仗没有差错。

⑯其所措胜：措，措施，举措。意为这样的行动举措就会胜利。

⑰胜已败者也：战胜的是已经处于失败境地的敌人。李筌注："师老卒惰，法令不一，谓已败也。"

⑱而不失敌之败也：失，失去。本句意为不会放过一次使敌人失败的机会。

⑲胜兵先胜而后求战：胜兵，打胜仗的军队。先胜，这里指事先取得必胜的形势。本句意为一个打胜仗的军队总是事先取得必胜的布局而后才向敌国宣战。《尉缭子·攻权》："兵不必胜，不可以言战；攻不必拔，不可以言攻。"

⑳败兵先战而后求胜：打败仗的军队总是贸然交战，然后妄图侥幸取胜。何延锡注："若不先谋而欲恃强，胜未必也。"

㉑修道而保法，故能为胜败之政：修道，修明治道。保法，严明法度。政，此处为主宰决定之意。本句意为，只有修明法度严守治军之道才是决定打仗胜败的关键。

㉒一曰度，二曰量，三曰数，四曰称，五曰胜。地生度，度生量，量生数，数生称，称生胜：度，指土地幅员的大小。量，数量，指人口和物资的数量。数，这里指明兵员的数量。称，衡量，这里指双方实力的对比。胜，胜利，这里指取胜的可能性。

㉓故胜兵若以镒称铢：胜利的军队对失败的军队拥有实力上的绝对优势，就像镒与铢的对比一样。一镒等于五百七十六铢。

㉔民：战士。

㉕形：此处指军事实力。

【译文】

孙子说：过去善于用兵作战的人，总是首先做到自己不会被敌人战胜，然后等待战胜敌人的时机。要想不被敌人战胜，那主动权就在自己；而要想战胜敌人就一定要趁敌方有可乘之机。所以善于用兵的人，能创造不被敌人战胜的有利条件，绝不会去奢求敌人一定会为我所败。这就是说胜利可以去提前谋划而不能强求。

要使自己不被敌人战胜，在于防守得当；要想战胜敌人，在于进攻适时。采取防守是因为兵力不足；而要进攻则是因为兵有有余。善于防守的军队，隐蔽自己的行动像深藏于地下，善于进攻的人，行动时像是自九霄而降。既出其不意，又锐不可当，这样的军队既能在防守中保全自己，又能在进攻时获得全胜。

预见胜利不超过一般人所能预见的，不是最理想的胜利。打了胜仗，天下的人都说好，也不是最理想的胜仗。因为能举起极轻的的兽毛并不能算是力量大；能看见太阳和月亮的光辉也并不能算是眼睛明亮；听得到响雷的声音更不能算是耳朵灵敏。古时候所谓善于用兵的人,总是战胜那些容易取胜的敌人。所以善于用兵的人取得胜利,并不显露有智谋的名声和勇武的战功。但他们每战必胜而不会有差错。之所以会这样,是因为他们采取了必要的措施,战胜那些已经处于必败之地的敌人。所以,善于打仗的人总是使自己立于不败之地。同时不放过任何可以战胜敌人的机会。

因此善于打胜仗的军队总是先去创造胜利的条件然后才向敌国宣战;而打败仗的军队则是贸然作战想靠侥幸取胜。善于用兵的人,注重修明治道,严肃法度,所以能够成为决定战争的主宰。

用兵的法则一是度,二是量,三是数,四是称,五是胜。敌我双方土地大小的差异决定了双方人口和物质资源不同的量。而双方不同的人口和物质资源的量又决定着双方军队和兵员不同的数。而敌我双方军队和兵员的不同的数又决定着双方的实力,而就是实力的不同才决定的战争的胜负之结局。所以胜利的军队和失败的军队相比就像镒和铢一样,优势劣势自见分晓。打胜仗的人指挥士兵作战,就像是从千尺高的山顶决开山涧积水往下猛冲那样势不可挡,这正是形——实力强大的表现。

【故事论述】

齐桓公死后,就再也没有哪个国家可以和楚国抗衡了,这时的楚国东侵北扩势力渐渐渗入中原,真可谓是咄咄逼人。而在外流亡了十九年的晋公子重耳即位后勤于政事,积极发展生产,晋国实力一跃成为了华夏诸侯之首,是中原唯一能与楚国抗衡的国家。而晋的迅速崛起引起了楚的不安。人类就是这样,要么你就绝对的强大,要么你就绝对的懦弱,才都不可能引起争斗。而如果同时存在着两个强者那就只有斗争,这时的楚国就对晋的崛起感到不安了。到了公元前 633 年,楚成王率楚军及陈、蔡、许诸国联合部队去攻打宋国,包围了宋的国都商丘。五年前楚国也攻打围困了商丘并且还挟持了当时的国君宋襄公。过了五年又来攻打宋了。宋成公派大司马公孙固到晋国求救,晋大夫先轸认为这正是“报施救患,取威定霸”的大好机会,力主文公出兵救宋,文公的舅舅也十分赞同。于是文公就采纳了他们的建议,并制定出战略方案。

晋文公将部队编为上中下三军即三阵(指中军和左翼、右翼三部分相配置的宽正面横向阵形,一般以中军为主力,以两翼相配合)。于前 632 年 1 月渡过黄河。根据战略方案,晋军进攻卫国并将其占领,又于当年 3 月攻克曹都陶丘,俘虏了其国君曹共公。因为曹、卫是楚的附庸国,文公以为楚军必会弃宋而北上救这二国。然而楚不为所动,仍在全力的围攻宋都,宋这时再次向晋告急。

这时晋文公感到进退两难,如果不救宋,就对不住当年逃亡途径中宋襄公对自己的礼遇。(《史记》载重耳在逃亡途中:“过卫,卫文公不礼。”“过曹,曹共公不礼。”“过宋,宋襄公新困兵于楚,伤于泓,闻重耳贤,乃以国礼礼于重耳。”)而且宋敌不过楚而降的话会使晋国失去一个盟友,对晋称霸中原的计划不利。如果这时移兵救宋,则使原定诱楚决不战曹、卫之地的战略意图不能实现,且南下主动攻楚一是违背了自己流亡在楚时对成王的许诺:“即不得已,与君王以兵车会平原广泽,请辟王三舍。”(如果真到了不得已而与君王您在战场上相遇,我一定会退后九十里。)二是如果让晋军远离本土,不仅劳师耗财,而对手又是强大的楚国,也不一定会取胜,这可真是让晋文公犯了难。这时他的谋臣又献良策,他主张让宋国贿赂齐、秦两国,由齐、秦出面让楚罢兵,并把曹、卫的一部分土地赠送于宋,使宋坚定抗楚的决心,楚与曹、卫盟友,看到自己盟国的土地为宋所拥有了,更不会放过宋国,齐、秦再善意的能解楚也不会听的,齐、秦这样一定怨恨楚国不给面子,就会放弃中立而站到晋国这边来,这样晋国的实力就会压倒楚国,楚军就须小心了。

文公大赞这一妙谋,立即实行。楚国果然不听齐、秦的劝解,继续攻打宋之都城。齐、秦恼怒楚国目空一切,于是宣布与晋国结盟抗楚。

楚成王见晋军占了曹、卫二国,深知实力已不同寻常,而现在又和齐、秦两国结盟,形势已明显的对楚国不利,于是就命令楚军退到申地,并撤回了戍守齐国谷邑的申叔军,令尹子玉也被要求撤去围宋的军队,避免与晋军发生正面冲突。他训诫子玉,晋文公德高望重,并非等闲之辈,现在的晋军也不好对付,凡事要量力而行,适可而止。但骄傲自负的子玉对其言不以为然,坚持要与晋军决一死战,并派伯芬去向楚王请战,要求增兵。这时的楚王也是优柔寡断,最后他抱着侥幸心理同意了子玉的请求,但他又害怕晋国的强大,怕失败了元气大伤,只派了西广、东宫、若敖之六卒等人的少量兵力北上增援。

子玉得到了支援,更坚定了与晋作战的决心。他派大夫宛春使晋,提出休战的条件:璋让曹、卫复国,楚则撤离宋国。晋大夫子犯认为子玉太无礼,晋应主动南下击楚。晋中军主帅先轸认为不妥,他再次向晋文公献计,这回他要让楚师铩羽而归。

晋文公私下答应曹、卫复国,但前提是曹、卫必须与楚绝交,并扣留宛春以激怒子玉北上挑战。子玉见曹、卫附于晋,而楚使被扣,认为受到了巨大的侮辱,勃然大怒,就下令撤去宋之围兵,移军北上伐晋。文公见子玉中计真是暗暗高兴,怒气冲天的子玉率军逼近曹都陶丘,文公传令晋军"退避三舍",众将不解,这仗怎么还没打就后退?晋文公说:"楚军锋芒正盛,应暂先避开,这样可以诱敌深入,后发制人,同时也算履行了我当日对楚成王的诺言,没有人会说我身为一国之君,言而无信。"众将深为文公的谋略与气度所折服。

子玉见晋军不战而退,以为文公胆怯,不过徒有虚名,于是下令追逐。楚军中有人感到事有蹊跷,建议慎重行事,持重收兵,伺机再追,子玉斥责他们当断不断会贻误战机,他认为这是聚歼晋军,夺回曹、卫之地指日可待。这样楚军一路追晋军到了城濮。

晋军在城濮屯兵,齐、秦两军和刚被解围的宋国之军队赶来会合。而这时楚军是军分三阵,严阵以待。就在公元前632年4月4日,晋军向楚军发起了攻击,晋下军佐次胥臣把驾车马匹罩上虎皮,突然攻向楚右军,这是由陈、蔡军队组织起来的战斗力最差的军队。这支杂合军遭此突袭,又被虎皮所迷惑,顿时溃散。

接着晋军又"示形动敌",晋上军主将将狐毛在战车上竖起两面大旗,引车后撤佯装退却;晋下军主将栾枝也用战车拖曳树枝使尘土飞扬,造成晋后军也退却的假象以诱楚军出击。求胜心切的子玉不知是计,命楚左翼子西进击。晋中军主帅先轸见楚军上当,便于佐将□臻率最精锐的中军迎击楚左军,而狐毛、栾枝也乘机回军侧击楚左翼。楚左军陷入重围,后退又无路,只以接受被歼的命运。子玉见两翼均被消灭,自知无力挽回败局,无奈只好下令中军脱离战场才使得没有全军覆灭。晋文公见楚军败,下令晋军乘胜追击,楚军之残众最后逃到连谷。子玉也自杀以谢罪。晋之霸主地位确立。

从这段历史我们可以看出，晋公子重耳可以说是先以德威于诸侯。他是晋献公的儿子，从小好养士，当他只有十七岁时身边就有了五个贤能之士，赵衰、狐偃子犯，贾佗、先轸、魏武子。在过去的那个时代，一个人只要身边的人有贤名就一定会被人尊重，而且他是周武王的后人。在他经过多年的流亡之后终于回到晋国，曾经的苦难岁月可以说是他人生的宝贵财富，这也是他成为春秋霸主的资本。不出兵前就已谋划好要打一场胜仗，而且不仅是一场胜仗，而是要在这场胜仗中赢得霸主的地位。他的这次出兵救宋可以说是名正言顺，而他那个时代凡事都要有个名，也就是孔子所说的"必也正名"，因为同为周室所封诸侯，尤其是宋是武王特意关照的继殷祠的国家，而且当时可以说宋也是一小国，而楚的出兵可以说是师出无名，而宋又是以"仁"为治国之本，这样晋的出兵可以说是为保护周之"仁爱"之遗风而战，这次的出兵是既报当年自己流亡不遇之仇，又赢得仁爱之名，最重要的是使自己成了一代霸主。

当时他要想成为霸主，首先就必须让楚低头，而要想打败楚国最好的办法就是使他的附庸国先归附于晋。而这时楚又自己送来机会，跑来攻打宋，本来军队袭远就对国家不利，楚可能没想到会有别的国家来敢对付他。而楚之谋士将领更是没有好好的筹划，使自己在战场上处于被动的局面，最后只能落得了个失败的下场。

【名家论战】

虎钤经·先谋

用兵之法，先谋为本。是以欲谋行师，先谋安民；欲谋攻敌，先谋通粮；欲谋疏阵，先谋利地；欲谋胜敌，先谋人和；欲谋守据，先谋储蓄；欲谋强兵，先谋正其赏罚；欲谋取远，先谋不失其迹。苟有反是而用兵者，未有不为损利而趋害者也。是故圣王之兵，先务其本，本壮则末亦从而茂矣。苟能知利害之本，谋以御敌，虽有百万之众，可不劳而克矣。

兵势第五

【本篇主旨】

本篇的"势"，着重分析在对敌军实施战略进攻中，如何从实际中运用奇正结合的原则，创造一种出奇制胜的态势。

在两军作战中一个纪律严谨的编制管理是最重要的，这可以说是在实际战斗中决定生死存亡的根本。提出"凡战者，以正合，以奇胜。指出，用兵打仗无非是正与奇两种态势，这两种态势是相互依存、相互转化，随机而变，幻化无穷的，以出奇制胜为上；强调出奇制胜的特点和优点。而在这里可以说又再次强调了用兵之法之诡道的具体实行。强调用兵之法在于所处的形势,而一种宽容的对下的态度也是一种势。一个有魅力的将领会因势而行,兵士出会以死报之,其战将无不胜。

【原文】

孙子曰:凡治众如治寡[1],分数[2]是也;斗众如斗寡,形名[3]是也;三军之众,可使必受敌而无败[4]者,奇正[5]是也;兵之所加,如以碫投卵[6]者,虚实[7]是也。

凡战者,以正合,以奇胜[8]。故善出奇者,无穷如天地,不竭如江海。终而复始,日月是也。死而更生,四时是也[9]。

声不过五,五声之变,不可胜听也[10];色不过五,五色之变[11],不可胜观也;味不过五,五味之变[12],不可胜尝也;战势不过奇正,奇正之变[13],不可胜穷也。奇正相生,如循环之无端[14],孰能穷之哉[15]!

激水之疾[16],至于漂石[17]者,势也;鸷鸟之疾[18],至于毁折[19]者,节[20]也。故善战者,其势险,其节短。势如扩弩,节如发机。

纷纷纭纭[21],斗乱而不可乱[22];浑浑沌沌[23],形圆而不可败[24]。乱生于治[25],怯生于勇[26],弱生于强[27]。治乱,数也[28];勇怯,势也[29];强弱,形也[30]。

故善动敌者,形之,敌必从之[31];予之,敌必取之[32]。以利动之,以卒待之[33]。故善战者,求之于势,不责于人,故能择人而任势[34]。任势者,其战人[35]也,如转木石。木石之性[36],安则静,危则动[37],方则止,圆则行。故善战人之势,如转圆石于千仞之山者,势也。

【注释】

①治众如治寡:众、寡,这里指军队人数的多少。意为治理人数众多的军队与治理人数很少的军队是一样的。

②分数:军队的组织编制。杜牧注:"分者,分别也;数者,人数也。言部曲行伍皆分别其人数多少,各任偏裨长伍,训练长降,皆责成之,故我所治者寡也。"

③形名:军队的军事号令。形,指目所见者;名,指耳可闻者。

④必受敌而无败:必,即使。意为即使遭到敌军的攻击,也不致失败。

⑤奇正:古代兵法中的重要术语,含义颇广。在兵力部署上,正面受敌者为正,机动突击者为奇。在作战方式上,正面攻击为正,迂回侧击为奇。按一般原则作战为正,采取特殊方法作战为奇等等。

⑥以碫投卵:用坚硬的石头投击鸡蛋。碫,一种坚硬的石头。这里比喻以实击虚。

⑦虚实:古代兵法中的重要术语。指军事力量上的强弱。

⑧以正合,以奇胜:正,这里指的是正兵。奇,奇特。这里指奇兵。本句意为以正兵交战,以奇兵制胜。曹操注:"正者当敌,奇兵从旁击不备也。"

⑨死而更生,四时是也:死、生,这里指本季的更替。

⑩五声之变,不可胜听也:五声,即五音。古时以宫、商、角、徵、羽五个基本世纪末的音阶表示乐音的高低。胜,穷尽。本句意为五音之变化无穷是让人永远听不够的。

⑪五色之变:古以青、赤、黄、白、黑五种基本颜色为正色。

⑫五味之变:甜、酸、苦、辣、咸五种味道的变化。

⑬奇正之变:奇正之间的相互依存和转化的关系。

⑭如循环之无端:就像顺着圆环旋转一样,无止无休。何延锡注:"奇正生而转相为变,如循历其环,求首尾之莫穷也。"

⑮孰能穷之哉:谁能探索尽奇正的变化莫测呢?

⑯激水之疾:激,湍急。疾,迅猛。意为湍急的流水飞速奔泻。杜佑注:"水性柔弱,石性刚重,至于漂转大石,投之洿下皆由急疾之流,激得其势。"

⑰漂石:漂,使动用法。意为使石漂起。

⑱鸷鸟之疾:鸷鸟,凶猛的飞禽。猛禽迅飞搏击。

⑲毁折:这里指鸷鸟捕杀鸟兽。

⑳节:指好的时机。

㉑纷纷纭纭:这里指旌旗杂乱的情形。

㉒斗乱而不可乱:斗乱,在乱中作战。在混乱的状态中作战却要做到有序不乱。杜佑注:"视之若散,扰之若乱,然其法令素定,度帜分明,各有分数,扰而不乱者也。"

㉓浑浑沌沌:混乱迷蒙不清的样子。

㉔形圆而不可败:阵势部署首尾呼应,能应付各方面的攻击。梅尧臣注:"形无首尾,应无前后,阳旋阴转,欲败而不能败。"

㉕乱生于治:乱,混乱。治,治理。引申为严格有序的管理。本句意为,能够示敌以乱是来源于严格有序的军事训练和军事管理。贾林注:"恃治则乱生。"

㉖怯生于勇:怯,怯弱,畏怯。勇,勇敢。这里的意思是说,能够示敌以怯来源于将士们有勇敢顽强的素质。杜牧注:"欲伪为怯形以伺敌人,先须至勇,然后能为伪怯也。"

㉗弱生于强:弱,懦弱。强,强大。本句意为能够示敌以弱,是来源于军队有强大的实力。张预注:"能示敌以羸弱,必己之强也。"

㉘数也:王皙注:"治乱者数之变。数,谓法制。"

㉙势也:态势。

㉚形也:显示,示形。

㉛敌必从之:敌人就会跟着走。

㉜敌必取之:敌人就会来取。

㉝以利动之,以卒待之:动,调动。卒,这里意为伏兵。本句意为用小利去调动敌人,用伏兵伺机破敌。何延锡注:"敌贪我利,则失行列,利既能动,则以所待之卒击之,无不胜也。"

㉞择人而任势:择,选择,挑选。任势,利用或创造形势。本句意为选择适宜的人才,充分驾驭形势。李筌注:"得势而战,人怯者能勇。故能择其所能任之。夫勇者可战,谨慎者可守,智者可说,无弃物也。"

㉟战人:指挥军队与敌人作战。

㊱木石之性:性质。安,安稳。本句意为有木、石之特性。

㊲安则静,危则动:静,平静、静止。危,危险、陡峭,此处指险峻的地势。本句意为在地势平坦之处则静止,在地势陡峭之地则滚动。梅尧臣注:"木石,重物也,易以势动,难以力

移。三军,至众也,可以势战,不可以力使。自然之道也。"

【译文】

孙子说:管理人数众多的军队,能够像管理人数少的军队那样应付自如,这是由于军队的编制和组织合理。指挥大部队作战能够像指挥小部队作战那样得心应手,这是由于旗帜鲜明,号令严肃。能使整个部队受敌而不会慌乱溃败,这是由于善于运用奇正结合的战术,对敌军进攻能够像以石击卵那样一触即溃,这是因正确运用了虚实的策略。

大凡用兵作战,都是以正兵迎敌,用奇兵取胜。所以善于用奇兵的人,其战法的变化有如天地运行一样,永不止息。也像江河水一样,永不枯竭。终而复始,这是日月运行的规律,死而复生,这是四时更迭的法则。音调不过是宫、商、角、徵、羽五种,但用这五音编的音乐却是无穷尽的,让人听不够。世上的颜色不过只有青、黄、赤、白、黑五种,但用这五色调配成的各种色彩却是看不尽的。滋味不过就酸、甜、苦、辣、咸五种,可用这五味调和而成的各种佳肴却是尝不尽的。战争的态势不过奇正两种,但这奇正的变化却是莫测无穷的。奇与正相互依存,相互转化,就像沿着圆环绕行一样,无始无终,谁又能穷尽它呢?

湍急的流水冲击力之强,足以漂走石头,那是由于水势迅猛造成的;猛禽从高空往下猛烈搏击,以至能捕杀鸟雀,那是由于抓住了时机。所以说,善于作战的人,他们造成的态势总是十分险峻,他们抓住的时机总是非常短促。他们造成的态势就像已经张开的弓弩一样,险恶异常;他们抓住的时机就像正要用手扳动机纽一样,瞬间即发。

在战旗纷乱的混杂状态中作战,要做到队伍严整不乱。在浑沌迷蒙的情况下,要部署阵势首尾呼应,对各方面的攻击应付自如。军队要示敌以混乱,是出自本军队有严密的军事管理;示敌以怯懦,必须具备勇敢的素质。示敌以弱小,必须拥有强大的实力。军队建设的严整或混乱,取决于组织纪律是否严明。军队建设的勇敢或怯懦,取决于作战态势在必行的优劣。军队的强大或弱小,取决于双方的实力。所以,善于"调动"敌人的指挥者,就会以假象迷惑欺骗敌人,敌人就会上当。只要伪装给予敌人以利,敌人就会受骗。用小利去调动敌人,同时以伏兵伺机攻击它。所以善于用兵作战的人,总是致力于创造有利的作战态势,而不去苛求下属,因此他能够选择适宜的人才以充分驾驭形势。善于利用军事态势的将领指挥作战,就像滚动木、石一样。木石的特性是放在安稳平坦的地方就静止,放在险峻陡峭的地方就滚动。方形的东西静止不动,圆形的东西容易滚动。所以,一个真正会用兵作战的将领造成的有利态势,就如同把圆石从千丈高峰滚落下来一样,这就是所谓的"势"。

【故事论述】

魏元帝景元四年(263年)司马昭的灭蜀,使司马氏势力进一步加强。咸熙二年(265年)八月,司马昭病死,子司马炎嗣相国、晋王位,继掌魏国朝政。同年十二月,司马炎废魏元帝曹奂,自登皇位(即晋武帝),改国号为晋(史称西晋),改元泰始,都洛阳。这样,魏灭蜀、晋代魏,变三国鼎立为晋与吴的南北对峙。

司马昭曾有灭蜀之后三年就灭吴平天下的设想,但灭蜀后,因师老民疲,又缺乏灭吴所必不可少的一支强大水军,灭吴之举暂停。司马氏转而整顿内部,如任用贤能,废除苛法,减免赋役,劝课农桑,兴修水利,以缓和社会矛盾,恢复经济,加强实力。司马氏还特意厚待归降的蜀国君臣。如封刘禅为安乐公,后来还征用诸葛亮孙诸葛京"随才署吏",其他蜀国降臣封侯者有 50 余人,以此稳定巴蜀之众,又示意东吴收买吴国人心。晋代魏后,晋帝司马炎又遣使与吴讲和,作缓兵之计。但与此同时,司马炎抓紧时间,开始做进攻吴国的军事准备。

晋泰始五年(269 年),晋武帝以羊祜都督荆州诸军事,镇守襄阳(今湖北襄樊);卫傲都督青州诸军事,镇临淄(今山东临淄北);司马仙都督徐州诸军事,镇下邳(今江苏邳县西南),以这些地区作为进军的基地。羊祜是极力主张并参与密谋灭吴的主要大臣之一,他曾在襄阳与东吴名将陆抗对峙,善施恩惠,如主动送还吴军俘虏、吴国禾麦、吴人射伤的禽兽等,使"吴人翁然悦服"。吴人北来归降者不绝。迫使陆抗只得采取"各保分界,无求细利"的方针,不敢贸然行事。另一方面,羊祜率部众又练兵,又生产,以提高晋军的战斗力,使晋军由"军无百日之粮"变为"有十年之积"。羊祜死后,继任者杜预继续练兵习武,囤积军粮,加紧备战。

泰始八年(272 年),司马炎以王浚为益州刺史,密命他制造大船,训练水军,"为顺流之计"。王浚遂着手作"大船连舫,方百二十步,受两千人,以木为城,起楼橹,开四出门,其上皆得驰马往来……舟楫之盛,自古未有。"一支强大的水军在长江上游逐渐建立起来了。

正当晋朝国力日盛,积极准备平吴的时候,江东的孙吴却是每况愈下。早在孙权晚年,由于赋役苛重,吴国人民的不满和反抗已有所发展,社会矛盾加剧。晚年的孙权,"性多嫌忌,果于杀戮",搞得朝臣人不自安。孙权死后,围绕继位和权力问题,引发了一连串的宫廷内争和帝位更迭,进一步加剧了吴国的混乱。及至吴元兴元年(264 年),孙权之孙乌程侯孙皓被迎立为帝后,情况更加不可收拾。孙皓昏庸无道,即位后尽情享乐,好酒色,兴土木,搞得吴国"国无一年之储,家无经月之蓄",人民揭竿而起,朝臣离心离德。孙皓对西晋的威胁毫无戒心,有时也派兵攻晋,但多因草率而无功。他迷信长江天险可保平安,从未认真在战备上下工夫。名将陆抗觉察到晋有灭吴的意图,曾不止一次上书要求加强备战,他还预见到晋兵会从长江上游顺流而下,特别要求加强建平(今湖北秭归)、西陵(今湖北宜昌东南、西陵峡口)的兵力。王浚在蜀造船所剩碎木顺江而下,吴建平太守吾彦取之以呈孙皓说:"晋必有攻吴之计,宜增建平兵。建平不下,终不敢渡。"孙皓对陆抗、吾彦的建议和警告,一概不予重视。陆抗也在忧虑中死去。吴国的衰落,孙皓的昏庸,为晋的顺利灭吴提供了难得的机会。

咸宁五年(279 年),王浚、杜预以吴主孙皓"荒淫凶虐",上书建议司马炎"宜速征伐",举兵平吴。司马炎即于这年十一月开始了平吴的大进军。晋军基本上按羊祜生前制定的作战计划,分六路出击:镇军将军、琅琊王司马仙自驻地下邳向涂中(今安徽滁河流域),安东将军王浑出江西(由和州出击),建威将军王戎向武昌方向进攻,平南将军胡奋出击夏口(属今湖北武汉),镇南大将军杜预自驻地襄阳进军江陵(今湖北江陵),龙骧将军王浚、广武将军唐彬率巴蜀之卒顺江流而下晋军东西二十余万,以太尉贾充为大都督、行冠军将军杨济为副,总统众军。为了协调行动,司马炎命王浚的军队下建平时受杜预节度,至秣陵(即吴都建业,今江苏南京)时受王浑指挥。晋军分路出击,意在迅速切断吴军联系,各个击破,其中西面晋军主攻,东面晋军牵制吴军主力,最后夺取吴都建业。

这年十二月，王浚、唐彬率军七万沿江而下。明年（即太康元年，280 年）二月克丹杨（今湖北秭归东），寻进逼西陵峡。吴军于此设置铁锁横江，又做铁锥暗置江中，以为以此即可阻止晋军前进，竟不派兵防守。王浚早已预作大筏数十个，缚草为人，立于筏上，使水性好的士卒以筏先行，筏遇铁锥，锥即着筏而去，又用大火烧熔铁锁。晋军顺利排除了障碍，一路势如破竹，进克西陵，继克夷道（今湖北宜都）乐乡（今湖北松滋东北，长江南岸）。

与此同时，杜预率领的晋军，几乎兵不血刃，夺取了江陵，胡奋克江安（今湖北公安西北），所到立处，大多不战而胜。随即司马炎又命王浚都督益梁二州诸军事，要他和唐彬率军继续东下，扫除巴丘（今湖南岳阳）。同时命杜预南下镇抚零陵（今湖南零陵）、桂阳（今湖南郴县）、衡阳（今湖南湘潭西）。于时王浚遵命即克夏口，与王戎联军夺取武昌，随后又"泛舟东下，所在皆平"。至此，晋军主力已完全控制了长江上游地区。

至于东面，太康元年正月，王浑率晋军已抵横江（今安徽和县东南）一带，准备渡江进逼建业。吴主孙皓这时才知道害怕了，急令丞相张悌、丹阳太守沈莹、护军孙震等率兵三万，渡江迎击，结果大败。晋军临阵斩杀张悌、沈莹、孙震等吴将士近六千人。吴国上下大震，王浑率军逼近江岸，部将建议他乘胜直捣建业。但王浑以司马炎只命他守江北，拒纳建议，停军江北，等待王浚。这时琅琊王司马伷的晋军也进抵长江，威胁建业。

三月，王浚军东下抵达三山（在今江苏南京西南）。吴主孙皓遣游击将军张象率舟军万人抵御，但吴军毫无斗志，"望旗而降"。孙皓企图再凑两万兵众抵抗，这些士众却在出发前夜，尽数逃亡。至此，吴国已无兵可守。各路晋军兵临建业。孙皓用大臣薛莹、胡冲计，分别遣使奉书于王浚、司马伷、王浑处求降，企图挑拨离间。按司马炎原先的规定，这时的王浚晋军应由王浑节度，而王浑屯兵不进，又以共同议事的名义也要王浚停止进军。但王浚不顾王浑阻拦，于三月十五日以戎卒八万，方舟百里，鼓噪而进建业。吴主孙皓面缚出降于王浚军前，吴亡。晋统一全国。

此战，西晋准备周密充分，善择战机，兵分多路，水陆并进，发挥强大水军作用，临机果断，一举获胜。吴主昏庸，防备松弛，将士离心，缺乏统一对策，招致节节失败。晋灭吴后，东汉末年以来分裂数十年的中国复归统一。

【名家论战】

武经总要·风角占

五音之法：一言土，三言火，五言水，七言金，九言木。子午庚，丑未辛，寅申戊，卯酉己，辰戌丙，巳亥丁。假令甲子金从甲数至庚得七，即纳音是金也。假令乙数至辛得七，即纳音是金也。此乃大挠五音，配五行之音，它仿此以求之。地有配十二辰属五音之法：子为阳宫，午为阴宫，丑寅为阳徵，未申为阴徵，卯为阳羽，酉为阴羽，辰为阳商，戌为阴商，巳为阳角，亥为阴角。

虚实第六

【本篇主旨】

本篇主要论述作战中的虚实原则,用兵常胜者应采取避实就虚,以实击虚的作战策略。虚主要是指兵力虚,防卫虚。而实则主要是兵力实,攻击有力。而实行虚实之策的根本就是要牢牢抓住战场的主动权,使敌人受制于我,不使我受制于敌。这里也讲到用兵应如水势,顺其势而获其利。在战场上要因时因地制宜,灵活用兵,一成不变的对敌作战模式是没有的。

【原文】

孙子曰:凡先处战地而待敌者佚①,后处战地而趋战者劳②。故善战者,致人而不致于人③。

能使敌人自至者,利之也④;能使敌人不得至者,害之也⑤。故敌佚能劳之⑥,饱能饥之⑦,安能动之⑧。

出其所必趋⑨,趋其所不意⑩。行千里而不劳者,行于无人之地也⑪;攻而必取者,攻其所不守⑫;守而必固者,守其所必攻⑬。故善攻者,敌不知其所守;善守者,敌不知其所攻。微乎微乎,至于无形⑭;神乎神乎,至于无声⑮,故能为敌之司命。

进而不可御者,冲其虚也⑯;退而不可追者,速而不可及也⑰。故我欲战,敌虽高垒深沟,不得不与我战者,攻其所必救也⑱;我不欲战,虽画地而守之,敌不得与我战者,乖其所之也⑲。

故形人而我无形⑳,则我专而敌分㉑。我专为一,敌分为十,是以十攻其一也㉒。则我众敌寡,能以众击寡者,则吾之所与战者约矣㉓。吾所与战之地不可知㉔,不可知则敌所备者多㉕,敌所备者多,则吾所与战者寡矣㉖。故备前则后寡,备后则前寡,备左则右寡,备右则左寡,无所不备,则无所不寡㉗。寡者,备人者也;众者,使人备己者也。

故知战之地,知战之日,则可千里而会战㉘;不知战之地,不知战日,则左不能救右,右不能救左,前不能救后,后不能救前,而况远者数十里,近者数里乎!以吾度之㉙,越人之兵虽多,亦奚益于胜哉㉛!故曰:胜可为也。敌虽众,可使无斗㉜。

故策之而知得失之计㉝,作之而知动静之理㉞,形之而知死生之地㉟,角之而知有余不足之处㊱。故形兵之极,至于无形㊲。无形则深间不能窥,智者不能谋㊳。因形而措胜于众㊴,众不能知。人皆知我所以胜之形㊵,而莫知吾所以制胜之形㊶。故其战胜不复㊷,而应形于无穷㊸。

夫兵形象水㊹,水之行避高而趋下,兵之形避实而击虚;水因地而制流,兵因敌而制胜㊺。故兵无常势,水无常形㊻。能因敌变化而取胜者,谓之神㊼。

故五行无常胜㊽,四时无常位㊾,日有短长,月有死生㊿。

中国历代兵法精粹

【注释】

①凡先处战地而待敌者佚：处，占据、占领。佚，通逸，从容意。张预注："形势之地，我先据之，以待敌人之来。则士马闲逸，而力有余。"本句意为凡先到达战地等待敌人前来的就从容主动。

②后处战地而趋战者劳：趋，急走，这里有仓促之意。趋战，即仓促应战。劳，疲惫。孟氏注："若敌已处便势之地，那方赴利，士马劳倦，则不利矣。"本句意在战争中如有利地形和时机被敌人占据而仓促之间应战，则易陷于被动。

③致人而不致于人：致，招致。杜佑注："言两军相远，强弱俱敌，彼可使历险而来，我不可历险而往。必能引致敌人，己不往从也。"本句意为可以调动对方而不被对方所左右。

④能使敌人自至者，利之也：自至，自动前来。利之，诱之以利。本句意为以利益诱使敌人前来。

⑤能使敌人不得至者，害之也：害之，阻挠。杜佑注："出其所必趋，攻其所必救，能守其险害之要路，敌不得自至。"意为使敌人无法到达战地，是由于己方的一些行为扰乱他们。

⑥故敌佚能劳之：劳，疲惫。本句意为使敌人由安逸变为疲惫。

⑦饱能饥之：饥之，使它饥饿匮乏。本句意为使敌人由供应充足而变为供给匮乏。曹操注："绝粮道以饥之。"

⑧安能动之：设法扰乱敌人，使之不得安宁。李筌注："出其所必趋，击其所不意，攻其所必爱，使不得不救也。"

⑨出其所必趋：趋，奔赴。指进军。此句意为进军要指向敌人不及救援的地方。曹操注："使敌不得不相往而救之也。"

⑩趋其所不意：进攻敌人意料不到的地方。

⑪行千里而不劳者，行于无人之地也：无人之地，指敌人没防备的地方。意为虽行军千里而不感到疲惫是因为到了敌人没防备的地方。杜牧注："言不劳者，空虚之地，无敌人之虞，行止在我，故不劳也。"

⑫攻其所不守也：本句意为进攻而必定取得胜利，是由于进攻的是敌人防守不严的地方。张预注："善攻者动于九天之上，使敌人莫之能备，则吾之所攻者，乃敌之所不守也。"

⑬守其所必攻也：坚守敌人一定会攻击的地方。杜牧注："不攻尚守，何况其所攻乎。"

⑭微乎其微，至于无形：微，微妙。张预注："攻守之术，微妙神密，至于无形之可睹。"

⑮神乎神乎，至于无声：神，神奇。杜佑注："言变化之形倏忽若神，故能料敌死生，若天之司命也。"

⑯进而不可御者，冲其虚也：御，抵御。冲，冲击，攻击。虚，空虚。意为进攻而令敌人无法抵御，是因为攻击它最薄弱的地方。张预注："对垒相持之际，见彼之虚隙，则急进而搞之，敌岂能御我也。"

⑰退而不可追者，速而不可及也：及，追上。撤退而不能让敌对人追上的原因是速度快。杜牧注："既攻其虚，敌必败。败丧之后，安能追我，我故得以疾退也。"

⑱得不与我战者，攻其所必救也：本句意为使敌人必须与我方作战是因为我们攻击它的

必救之地。

⑲乖其所之：乖，违背。这里有改变、诱导之意。李筌注："乖，异也。设奇异而疑之，是以敌不可得与我战。"意为令敌改变其进攻的方向。

⑳故形人而我无形：形，此处为动词，使之暴露。第二个形是名词，意为形迹。本句意为让敌人显露其兵力部署情况，却不让对方看到我方的行迹。

㉑则我专而敌分：专，集中。分，分散。意为我方兵力集中而敌人的兵力分散。梅尧臣注："他人有形，我形不见，故敌分兵以备我。"

㉒是以十攻其一也：杜佑注："以我之专，击彼之散是为十共击一也。"

㉓则吾之所与战者约矣：约，少。意为和我方作战的敌人兵力少。张预注："夫势聚则强，兵散则弱。以众强之势，击寡弱之兵，则用力少而成功多矣。"

㉔吾所与战之地不可知：让敌人无法预知我们要在什么地方与其交战。

㉕不可知则敌所备者多：因为敌人不了解情况就要处处设防。

㉖敌所备者多，则吾所与战者寡矣：敌人兵力分散，则便于我军集中兵力各个击破。曹操注："形藏敌疑，则分离其众备我也。言少而易击也。"

㉗则无所不寡：杜佑注："言敌人所备者多，则士卒无不分散而少。"

㉘故知战之地，知战之日，则可千里而会战：本句意了解了战场、战时，那么千里之外的仗也可以去打。张预注："凡举兵伐敌，所战之地，必先知之。师至之日，能使人人如期而来，以与我战。"

㉙以吾度之：以我推测来看。度，推测。

㉚越人之兵虽多：当时吴国正和越国交战。孙子是吴王阖闾的参谋。

㉛亦奚益于胜哉：奚，何。益，帮助。本句意为那对胜利有什么好处呢？

㉜可使无斗：没有机会来作战。贾林注："敌虽众多，不知己之兵情，常使急自备，不暇谋斗。"

㉝故策之而知得失之计：策，筹算。等失之计，作战计划的得失利害。本句意为谋算得当就能知道作战的得与失。杜佑注："策度敌情，观其所施，计数可知。"梅尧臣注："彼得失之计，我以算策而知。"

㉞作之而知动静之理：作，此处指诱使、挑动。本句意为有意挑动敌人，以了解敌人的行动规律，也就是使对方示形。

㉟形之而知死生之地：形，以假象示敌。本句意为示敌人以假的军事行动而知敌人的兵力部署。张预注："形之以弱，则彼必进。形之以强，旨彼必退。因其进退之际，则知彼所据之地死与生也。"

㊱角之而知有余不足之处：角，较量。本句意为以试探性的进攻来侦察敌人的虚实强弱。张预注："有余，强也；不足弱也。角量敌形，知彼强弱之所。"

㊲故形兵之极，至于无形：形兵，军队部署有意表现的假象。本句意部署兵力造成假象但却不让敌人看出来。杜牧注："此言用兵之道，至于臻极，不过于无形。"

㊳深间不能窥，智者不能谋：深间，隐藏很深的间谍。窥，窥测。本句意为即使隐藏很深

的间谍也不会窥测到,而再聪明的敌人也算计不到。

㊴因形而措胜于众:因形,凭借敌情变化而应变。本句意为因为对敌人形迹判断而让大家看到胜利。

㊵人皆知我所以胜之形:形,形态。意为人们都看到了我军取得胜利的情况。

㊶莫知吾所以制胜之形:人们并不知道我军获胜的原因。

㊷故其战胜不复:获胜的方法不重复。李筌注:"不复前谋以取胜,随宜制变也。"

㊸应形于无穷:应形,依据敌情。张预注:"但随敌之形而应之,出奇无穷也。"意为根据敌情而制定作战计划。

㊹兵形象水:兵形,用兵作战的规律。孟氏注:"兵之形势如水流,迟速之势无常也。"本句意用兵作战的方法是多种多样的,应像水一随势而走。

㊺因敌而制胜:根据敌情而制定胜利的方案。

㊻故兵无常势,水无常形:本句意用兵没有固定不变程式,就像水流没有固定不变的形态一样。

㊼能因敌变化而取胜者,谓之神:神,神奇。曹操注:"势盛必衰,形露必败,故能因敌变化,取胜若神。本句意为能根据敌情变化运用谋略而取得胜利的人可谓是用兵如神。

㊽故五行无常胜:五行,金、木、水、火、土。本句意为金木水火土没有哪一样是永恒占优势的。

㊾四时无常位:没有哪一季是是常驻不动的。

㊿日有短长,月有死生:白昼的时间因季节而有长有短,月亮有盈有亏。杜佑注:"兵无常势,盈缩随敌。日月盛衰,犹兵之形势,或弱或强也。"

【译文】

孙子说:用兵打仗的一般规律是,先进入战地等待敌人,就会显得安逸从容,而后进战地仓促应战,就会非常被动而疲劳。所以善于用兵的人表现出的特点之一,便是能调动敌人而不会被敌人所左右。他们之所以能使敌军自己到来,是因为诱之以利;之所以能使敌军不敢前来,是因为设法阻挠它。正是由于这个原因,所以安逸的敌军可以使它变得很疲劳,如果敌军粮饷供应充足,就设法使它变得匮乏。如果敌人守备安稳就要设法调动它。

我军出击之处应是敌军无法支援的地方,这军发起奔袭应能出于敌方意料之外。行军千里而不致劳累,是因为行进在敌军没有设防的地区。我军进攻必能成功,是因为攻打的是敌军防守空虚的区城,防守使阵地稳固,是因为防守的是敌人无法攻破的地方。所以善于进攻的人,让敌人不知道如何防守。善于防守人,让敌人不知如何进攻。隐藏的是如此微妙,以至敌人察觉不到一点形迹;谋划的是如此神妙,以至敌军听不到一丝声音,只有这样,才能成为敌军命运的主宰。

我军发起进攻之所以不可抗御,是因为所攻之处是敌军防守空虚的地方。我军撤退之所以不会被追击,是因为行动迅速,敌军无法追上。

所以说我军想出战,敌军主力即使修筑了高垒深沟也不得不出来与我军交锋,这时因为我军进攻的是敌人必须救援的地方。相反,如果我军不想战,虽然是画了个地方在那里防

中国历代兵法精粹

守,敌军也不会来进攻,这是因为我军诱使敌军搞错了进攻的方向。

我们要察明敌人的情况而自身不显露形迹,这样我们就可以集中兵力而敌人却不得不分散兵力。我军的兵力集中在一处,而敌人的兵力分散在十处,那么我军就能以十倍的兵力去进攻敌人,以造成我众敌寡的局势。能够集中优势兵力进攻少数敌人,这样与我们作战的敌人力量就相对小了。我军所要进攻的地方敌人无从知道,既然无从知道,那敌人所要防备的地方就很多。敌人防备的地方多,与我们交战的兵力就必然会少。所以说敌军防御了前面,那后面的兵力就会减少;调动兵力防御了后面,前面的兵力便会减少;防御了左面那右面的兵力便会减少;防御了右面那左面的兵力就会减少;处处都设防,便会到处兵都薄弱。之所以兵力薄弱,是由于到处分兵设防;之所以兵力集中,是由于迫使敌人处处设防。

所以说,只要能够知道应该在什么地方作战,应该在什么时候作战,哪怕是千里出师也无所畏惧。相反,如果不了解作战地点的地形,也不知什么时候交战,那就会陷入左军不能救援右军,右军也无法救援左军,前军不能救后军,后军无法救前军的被动局面,更何况要在远至数十里近至数里的距离内互相救援呢?依我的分析,越国军队数量虽然多,但对于作战取胜又有什么帮助呢?所以说,胜利是可以经过努力来争取的。敌军虽然很多,却可以使得他们没有机会与我军主力交锋。

用兵打仗要通过认真的筹算来了解敌方计谋的得与失,要通过诈术挑动来了解敌军活动的规律。通过佯动示形,以掌握敌人地形的有利及不利。通过试探性的进攻,以探明敌人兵力的虚实强弱。

我军伪装示形要达到不显露一点形迹的最佳状态,以至藏在我军内部的间谍也无法窥见底细。深于谋略的敌人也无计可施。我军根据敌情,灵活地采取对敌措施取得了成功,即便把胜利摆在人们面前人们也无法领略其中的奥妙。人们只知道我军克敌制胜的作战方法,却不能知道我军所以能取胜的奥妙。因为每一次作战取胜所采用的战法都不是简单的重复,而是适应不同的敌情灵活运用,变化无穷。

用兵打仗的规律就像流水,水流的规律是避开高处流向低处,而用兵的规律是避开敌人坚实的地方而攻击其虚弱之处。水因地势的高低而制约其流向,用兵则应根据敌情制定不同的取胜方法。所以,用兵没有一成不变的形式,水流也没有固定不变的形态;能够根据敌情的变化采取措施夺取胜利,就可称为用兵如神。所以用兵也像自然规律一样,一行相生相克没有固定的常胜,四季依次更替没有哪一个季节是永驻不动的。一年之中的白天,有时长,有时就短,而一月之内月亮就有盈有亏啊。

【故事论述】

199年夏,袁绍消灭了盘踞幽州的公孙瓒,统一了河北后,自恃地广兵多,便想进军许昌消灭曹操,统一北方后图取全国。这时的曹操是挟天子以令诸侯,如果这时谁把曹操给灭了那不仅是为汉除奸,而且也就可以挟天子了。当时政治可说乌烟瘴气。可对袁绍的这一战略决策,其内部又发生了分歧:沮授认为,刚破公孙瓒,将士连年征战,身心疲惫,加之仓廪空虚,百姓困苦,不宜劳师远征。应务农息民,待机再取中原。被胜利冲昏头脑的袁绍根本听不进去这一良言,只想着据天下为己有。好像任何时代一定会有溜须拍马的要人,而这样的

孙子兵法

朝臣一定会出一些馊主意。这时袁绍手下审配、郭图趁机进言："以明公之神武,跨河北之强众,灭掉曹氏易如反掌。"这话袁绍爱听,于是决定南渡黄河,妄图一口吞掉曹操。

这话让曹操听到了,自是不敢掉以轻心,各路军马严加防范。199 年 9 月,曹操派军 2 万至官渡(今河南中牟境)筑垒备战。次年 2 月袁绍派步兵 10 万、骑兵万人攻占黎阳,派大将颜良率一拨人马渡过黄河围刘延于白马。刘延军伤亡惨重,白马岌岌可危。曹操紧急召开会议,商议对策,荀攸献计,让他派军至延津渡口佯渡,袁绍忙派兵阻截,这时曹操却趁袁军一心集中于黄河岸时亲领轻骑,以骁将关羽为先锋急奔白马。袁将颜良怎么也没想到这时曹军会来他这里,仓促应战,怎奈关羽马疾手快,没等他拉开阵势,就用他那把著名的青龙偃月刀把颜良剃于马下。袁军一见主帅已死,自己何必在这里等死,于是就四处溃散,白马这样轻而易举的被解围了。这里又上演了一场声东击西的好戏。历史上这样的计谋可以说是屡屡被用但每次却几乎都成功了,这一计的使用必须如进化境,即微乎微乎,至于无形;神乎神乎,至于无声。

曹操又率部向延津回撤,曹操在延津献故意丢弃财物辎重然后离开,袁军追到这里,纷纷纵下马抢夺财物。从这点可以看出袁绍是个小气鬼,如果他足够大方,那他的将士是不可能去犯这样的错误的。如果有兵士胆敢妄动,那将官也是不允许的,可能这时从上到下都穷,袁绍这一脾气可能曹操也知道,不然他怎么会有此计呢? 曹操一看他们只知抢钱而不要命全不防备,就开始回击。袁军顿时大乱,而袁军的又一大将文丑被杀。这一仗打得惊心动魄,就连惜墨如金的《三国志》在描述中说"大破之"。而颜良和文丑是袁手下勇武之士。这等于砍掉了袁绍的臂膀。这两战曹操大挫袁绍的锐气,但敌众我寡的劣势并未扭转,于是曹操决定避免硬扛,而是诱敌深入,伺机发动反攻。他命令军队后撤,退守官渡。因为退守官渡既可以集中兵力,又可以节约财力,最重要的是可以诱敌深入发动反攻。只要敌军一深入,补给线就会拉长,补给线一拉长,战争成本就会增加,胜利的可能性就减少。

这一年七月,袁绍军进阳武。八月袁军又向前推进,逼近官渡,沿沙丘安营扎寨,东西绵延数十里。两军这就相持上了。沮授给袁绍出主意:我军兵多,但战斗力不如曹军,毕竟是远征军。可曹军这时粮食却不足,敌军不利久战,我军可围而不攻,消耗敌军实力,定可取胜。这个狂妄自大的袁绍怎么会听呢? 这个人只要自己认为对的就要干,而且特别喜欢和自己的谋士的正确的意见对着干,这在历史上可以说也是一大奇观。于是他就下令猛攻官渡。好像袁绍就是为了成就曹操,也是为成就历史上这场著名的战役而一定要这样做。作为一个将军,这可以说是基本的常识,可能他的谋士不给他出主意可能他还不这样做吧,谁知道呢,当一个人自负到和一切作对时,那等待他的只能是失败了。曹操这时是深沟固垒,严守阵地。袁绍就在城下堆土山,筑高楼,用强弩射曹营,曹军这边就造霹雳车发石摧毁高楼,可以说人类的许多发明都和战争有关,包括我们现在。这个霹雳车是不是像现在的大炮呢? 袁军又挖地道攻曹营,曹军就挖壕沟相拒。战斗是异常的惨烈。两军在官渡相持了一个多月。在这期间,袁绍部将张郃和谋士许攸建议袁绍应趁曹军大集于官渡,派奇兵迂回到曹军右侧。再南向袭击许昌而介袁绍可能就是被倒霉催的,一定要攻下官渡,并扬言一定要先杀死曹阿瞒。这就和刘备一定要替张飞、关羽报仇一样,置大局于不顾,一定会落个倒霉的结局,而这个结局一定还有许多倒霉的人在里面。

曹操这方面,部队本来就少,粮食又不足。让这个袁绍狂攻了一个多月,已是士卒疲惫不堪,军心开始动摇。对此曹操万分焦急,他知道,这样下去部队会抵挡不住袁绍的攻势,会全军崩溃的。于是就致书许昌的荀彧,表示想放弃官渡,退守许昌。但荀彧坚决反对:此一退就会给敌人以可乘之机,而这时曹操已扼袁绍数日,正是出奇制胜的好机会,如果退却将是功亏一篑。曹操认为荀之言有理,于是就在官渡坚守伺机破敌。这就看出袁曹二人的不同,人家曹操是听人劝,而自己也思考,是谁说得对就听谁的,袁绍是一个另类人士,总是和一切对着干。可又让人不明白的是他一定是和对自己有利的那种意见对着干,他的这种行为可以说是让史学家都难以理解。

这时袁绍的谋士许攸又进言袁绍绕过曹操袭许昌,这个许攸可说是吃多少豆子不嫌豆腥气,为什么总是向这样一个心理有障碍的人出主意呢? 这又招袁绍腻烦,指责许攸与曹操是一伙的,这可是真让人寒心,得,这个许某人还真就跑到曹方去了。这等于是给曹军送去了个告密者,可能许攸也不愿看到老百姓受战争之苦,想要早点结束这场战争,不然他为什么要冒一骂名而去给曹操效力呢? 再看看曹操一听许攸来降,不穿鞋子就出来迎接。许攸问曹军中粮食还有多少,可曹操就是不说实话。许攸一看就直接给他点破,知道军中已无粮食。这可吓坏了曹操。因为只要许攸知道,那就等于袁绍也知道。也就是自己已走到绝路了,可人家许攸就是为了和平而来的,他给曹操献上一计,让曹操派兵往乌巢偷袭袁绍的粮草。曹操于是依计而行。这个袁绍可能是疯了,如果他不采纳许攸的意见,那他就干脆杀了他算了,为什么要让他跑到曹营去呢,这不等于是在给自己挖坟墓吗?

曹操听说了袁绍的粮草所在地,就亲率5000精骑,乘夜抄小路奔乌巢,放火烧了袁绍的屯粮,天明又集中兵力攻破袁军淳于琼部,击退袁绍援军还师官渡。袁绍的生命线一断,军心大为动摇,而当初力主强攻官渡反对张郃主张派重兵救护乌巢的郭图却不承担责任,又在袁绍面前诬陷张郃,这时即使没人推波助澜都不能保证袁绍的人不投降曹操,因为袁绍太让他的部下看不到光明了,又有人为袁绍出这种馊主意,本来就是英雄惜英雄,当时的曹操是以广招贤才而名闻天下的,这样张郃就跑到曹操那边去了。这就让曹操见出了袁绍军的不稳定,频繁的有高级将领叛降,就知反击时机成熟了。于是就向袁绍发起猛攻,这时的袁军早已不堪一击了,最后被曹操打得是落花流水。易中天对这段历史是这样说的:"战争,是一件有着极大风险的事情。尤其是在冷兵器时代,很难说谁就有必胜的把握。因此将帅的意志和决策,就往往是成败的关键;而最后的胜利,则往往存在于再坚持一下的努力中。具体到这场战争,曹操一方无疑是要以寡敌众,以弱胜强,这就需要意志,更需要坚持,需要在坚持中抓住机遇。"袁绍在这一战中是彻底地完结了他的历史使命,只是让曹操成就了一世功名。到了207年袁绍家族就彻底地灭亡了。

其实对于袁绍的结局有两个人早就预见到了,他们就是袁绍的谋士沮授和田丰。沮授和田丰都是坚决反对打这场战争的。据《三国志·袁绍传》田丰曾对袁绍说:"曹公善用兵,变化无方,众虽少,未可轻也。"因此他提出应打持久战和游击战。首先要发展壮大自己,然后再派小股部队去骚扰曹操"分为奇兵,乘虚迭出"。意为曹操救援东边我们就打西边,救西边我们就打东边,"使敌疲于奔命,民不得安业"。这样"我未劳而民已困",用不了两年就可坐享其成。袁绍不听,田丰强谏,袁绍又把田丰给杀了。袁绍既失民心于内外用不懂用兵之法,最后成了历史的笑话。官渡之战可以说是当时历史的转折点,这一战之后曹操成了中国历史上的主人公,可以说曹氏基业是从官渡始。

这一战中曹操用兵真可谓是出其所不趋,趋其所不易,因兵无常势,水无常形,因敌而变化,最终成就了自己的一世英名。

【名家论战】

虎钤经·袭虚

袭虚之术有二焉:一曰因,二曰诱。何谓因?曰:敌兵所向,我亦佯应之;别以精兵潜出虚地,或攻其垒,或断其后,或焚其积聚也。何谓诱?曰:欲敌之要地则不攻而佯攻其邻,大其攻具,盛其师旅,以诱敌兵;敌兵到则勿与战,复于壁守,潜以精锐袭所出兵之城而掩其内。此二者,皆袭击虚之道也。

军争第七

【本篇主旨】

本篇主要论述在两军对恃中,为将的所必须把握的基本战略战术,本篇是对奇正结合。出奇制胜和虚实结合之兵法做了进一步的引申与说明。在《孙子兵法》中核心问题其实就是一个"上兵伐谋"。关键就在一个"谋"字。要迂直交合,在不利的情况下找到有利的因素,不仅要明白己方的意图,最重要的是也要看透对方的意图。不要被对方所左右。兵家交战开始打得可能是战术,最后可能就是拼军备的实力。所以强调了辎重与粮草的重要性。而这一点也贯穿孙子思想的始终。提出了在作战中用兵速度之重要性。在对敌作战中有八种情况是必须注意的——高陵勿向;背丘勿逆;佯北勿从;锐卒勿攻;饵兵勿食;归师勿遏;围师必阙;穷寇勿追。

【原文】

孙子曰:凡用兵之法,将受命于君①,合军聚众②,交和而舍③,莫难于军争④。军争之难者,以迂为直,以患为利⑤。故迂其途,而诱之以利⑥,后人发,先人至⑦,此知迂直之计者也⑧。军争为利,军争为危⑨。举军而争利则不及⑩,委军而争利则辎重捐⑪。是故卷甲而趋⑫,日夜不处,倍道兼行⑬,百里而争利,则擒三将军⑭,劲者先,疲者后,其法十一而至⑮;五十里而争利,则蹶上将军,其法半至⑯;三十里而争利,则三分之二至⑰。是故军无辎重则亡,无粮食则亡,无委积则亡⑱。

故不知诸侯之谋者,不能豫交⑲;不知山林、险阻、沮泽之形者,不能行军⑳;不用乡导㉑者,不能得地利。故兵以诈立㉒,以利动㉓,以分和为变者㉔也。故其疾如风㉕,其徐如林㉖,侵掠如火㉗,不动如山㉘,难知如阴㉙,动如雷震㉚。掠乡分众㉛,廓地分利㉜,悬权而动㉝。先知迂直之计者胜㉞,此军争之法㉟也。《军政》㊱曰:"言不相闻,故为之金鼓㊲;视不相见,故为之旌旗㊳。"夫金鼓旌旗者,所以一民之耳目㊴也。民既专一,则勇者不得独进,怯者不得独退,此用众之法也。故夜战多火鼓,昼战多旌旗㊵,所以变人之耳目㊶也。

三军可夺气㊷,将军可夺心㊸。是故朝气锐,昼气惰,暮气归㊹。善用兵者,避其锐气,击其惰归,此治气者也㊺。以治待乱㊻,以静待哗,此治心者也㊼。以近待远,以佚待劳,以饱待饥,此治力者也㊽。无邀正正之旗㊾,无击堂堂之陈㊿,此治变者也[51]。

故用兵之法,高陵勿向[52],背丘勿逆[53],佯北勿从[54],锐卒勿攻[55],饵兵勿食[56],归师勿遏[57],围师必阙[58],穷寇勿迫[59],此用兵之法也。

【注释】

①将受命于君:主将接受国君的命令。

②合军聚众:召集民众,组织军队。张预注:"合国人以为军,聚兵众以为阵。"

③交和而舍:交,两军相对。和,古时军门称"和门"。舍,扎营。两军营垒对峙。张预注:"军门为和门。言与敌对垒而舍,其门相交对也。"

④莫难于军争:最难莫过于在作战中争取夺得胜利的条件。

⑤军争之难者,以迂为直,以患为利:迂,迂回、曲折。直,径直。争夺制胜条件的难点在于通过看似曲折的途径以达到迅便直接的目的,把不利变为有利。

⑥故迂其途,而诱之以利:故意绕道迂回,并以小利引诱敌人。杜佑注:"己外张形势,回从远道,敌至于应,争从其近,皆得敌情诳之以利。"

⑦后人发,先人至:后、先均用作动词。意为比敌人后出发,却能先到达战略要地。

⑧此知迂直之计者也:这是掌握以迂为直之计谋的人。

⑨军争为利,军争为危:军争既有其有利的一面,也有其危险的一面。曹操注:"善者则以利,不善者则以危。"

⑩举军而争利则不及:举军,全军连同装备辎重。全军带着辎重去争利,就会无法及时赶到预定地点。张预注:"竭军而前,则行缓而不能及利。"

⑪委军而争利则辎重捐:委,丢掉。捐,损失。如丢弃辎重轻装前进,那军备就会受到损失。杜佑注:"举一军之物行,则重滞迟缓不及利,委弃辎重轻兵前趋,则恐辎重因此而捐也。"

⑫是故卷甲而趋:于是收起铠甲轻装行进。

⑬日夜不处,倍道兼行:处,停止、休息。倍道,加倍的速度。兼行,昼夜兼程。

⑭则擒三将军:三将军,三军将帅。春秋时大国一般有三军。晋设中军、上军、下军。楚设中军、左军、右军。本句意为那么三军的主将可能被俘。

⑮劲者先,疲者后,其法十一而至:人马强壮的先到,体质弱的就落后,这样做只有十分之一的兵力能够赶到。

⑯五十里而争利，则蹶上将军，其法半至：蹶，挫败。上将军，前军将军。如果急趋五十里去争利，则先头部队的将领会受挫，这样做只会有半数的兵力可以到达。

⑰三十里而争利，则三分之二至：急奔三十里去争利，则能有三分之二的兵力能够到达。杜佑注："道近则至者多，故不言死败，胜负未可知也。"

⑱是故军无辎重则亡，无粮食则亡，无委积则亡：因此，军队如果没有辎重装备，没有粮草，没有物资储备，就无法生存。

⑲故不知诸侯之谋者，不能豫交：豫交，与申请专利侯结交。本句意为如果不了解诸侯列国的战略谋划的，就不能与之结交。张预注："先知诸侯之实情，然后可以结交。不知其谋，则恐翻覆为患。"

⑳不知山林、险阻、沮泽之形者，不能行军：沮泽，水草丛生的沼泽地。本句意为不了解山林等形情况，就无法行军。曹操注："高而崇者为山，众树所聚者为林，坑堑者为险，一高一下者为阻，水草渐洳者为沮，众水所归而不流者为泽。"

㉑乡导：即向导。

㉒故兵以诈立：用兵作战以多变诡诈用奇的办法取胜。张预注："以变诈为本，使敌不知吾奇正所在，则我可为立。"

㉓以利动：用兵以是否有利来采取适当行动。

㉔以分和为变者：分，分散兵力。合，集中兵力。作战时应根据情况变化，以兵力的分散或集中来变换战术。杜牧注："分合者，或分或合，以惑敌人，现其应我之形，然后能变化以取胜也。"

㉕故其疾如风：疾，迅速。指军队行动迅速时如疾风一般。

㉖其徐如林：徐，舒缓。意为军队行动舒缓时，如森然不乱之林木。杜牧注："言缓行之时，须有行列如林木也，恐为敌人之掩袭也。"

㉗侵掠如火：侵掠，进攻。本句意为向敌军发起攻击时如同燎原之烈火，猛不可挡。

㉘不动如山：部队驻军防守时像山岳一样不可动摇。张预注："若山石之不可移，犯之者其角立毁。"

㉙难知如阴：我军的作战意图使敌人猜测不到，就像阴云蔽天难辨日月。李筌注："其势不测，如阴不能睹万象。"

㉚动如雷震：军队行动时如迅雷闪电，使敌人不知所避。

㉛掠乡分众：分兵多路以掠取敌国乡间之粮秣、财物。杜佑注："因敌而制胜也，旌旗之所指向则分离其众。"

㉜廓地分利：廓，原为扩，因南宋避宁宗赵扩讳改为廓。本句意为开疆拓土，分别利害轻重而据守。李筌注："得敌地，必分守利害。"

㉝悬权而动：权，秤锤。悬权，把秤锤挂在秤杆上，比喻衡量利害关系。本句意为权衡敌我形势之利弊得失来决定如何中采取行动。张预注："如悬权于衡，量知轻重，然后动也。"

㉞先知迂直之计者胜：率等了解和运用迂直之计的人会取得胜利。杜牧注："言军争者，先须计远近迂直，然后可以为胜。"

㉟此军争之法：这是两军较量中争胜的法则。

㊱《军政》：上古兵书，已佚。

㊲言不相闻，故为之金鼓：战场上难以听清语言命令，所以设置锣鼓作为指挥的号令设施。擂鼓进军，鸣金收兵。

㊳视不相见，故为之旌旗：作战时，以动作指挥人们看不清楚，所以设置旗帜作为联络的信号。杜佑注："瞻见指麾，以为目候。"

㊴所以一民之耳目：（金鼓、旌旗）是用来统一军队行动的。张预注："夫用兵既众，占地必广，首尾相辽，耳目不接，故设金鼓之声，使之相闻；立旌旗之形，使之相见。视听均齐，则虽百万之进退如一矣。"

㊵夜战多火鼓，昼战多旌旗：夜间作战多用火、鼓，白天作战多用旌旗指挥。

㊶所以变人之耳目：变此处意为适应。杜牧注："令军士耳目皆随旌旗火鼓而变也。"适应兵士在夜间或白天视听感觉不同的特点。

㊷三军可夺气：夺，打击。意为三军的勇锐士气可以打击。

㊸将军可夺心：心，决心。设法扰乱动摇敌将的意志和决心。张预注："心者，将之所主也。夫治乱勇怯，皆主于心。故善制敌者，挠之使之乱，激之而使惑，迫之而使惧，故彼之心谋可以夺也。"

㊹是故朝气锐，昼气惰，暮气归：朝，早晨。锐，旺盛。昼，白昼，中午。惰，懈怠。暮，傍晚。归，衰竭。军队早晨士气最旺盛，中午士气就懈怠，傍晚的士气就已衰竭。梅尧臣注："谓兵始而锐，久则惰而思归，故可击。"

㊺此治气者也：这是掌握士气规律的方法。

㊻以治待乱：以我军之井然有序来对付敌人的混乱。贾林注："以我之整治，待敌之挠乱。"

㊼以静待哗，此治心者也：以镇静沉着来对付噪动，这是掌握将帅心理的法则。贾林注："以我之清静，待敌之喧哗。"

㊽此治力者也：这是掌握运用军队战斗力的法则。

㊾无邀正正之旗：无，通勿。邀，拦击，截击。不要迎击部署严整、旗帜整齐的故军。

㊿无击堂堂之陈：陈，同阵。不要攻击阵容壮大，实力雄厚的敌人。

51此治变者也：这是掌握临机应变，因敌制胜的办法。

52故用兵之法，高陵勿向：陵，山地。向，此处指仰攻。不要进攻已经占据高地的故军。张预注："敌处高为阵，不可仰攻，人马之驰逐，弧矢施发，皆不便也。"

53背丘勿逆：背，倚靠。逆，迎击。不要正面进攻背靠丘陵地势的故军。梅尧臣："背丘勿逆者，敌自高而来，不可逆转战，势在必行不便也。"

54佯北勿从：佯，假装。北，败逃。不要追击假装战败而走的故军。贾林注："知未衰，忽然奔北，必有奇伏要击我兵，谨勒士，勿命逐追。"

55锐卒勿攻：不要进攻锐气正盛的敌人。

56饵兵勿食：不要领图敌人故意引诱的小利。饵兵，诱人就范的小股敌军。张预注："夫饵兵非止谓置毒于饮食,但以利留敌,皆为饵也。"

⑤归师勿遏:不要拦截正向其本国撤退的敌人。杜佑注:"若穷寇退还,依险而行,人人怀归,故能死战,徐观其变,而勿遏截之。"

⑤围师必阙:阙,通缺。本句意为包围敌军作战时要留有缺口。李筌注:"夫围敌必空其一面,示不固也。若四面围之,敌必入守不拔也。"

⑤穷寇勿迫:不要紧逼已陷入绝境的敌人。梅尧臣注:"困兽犹斗,物理然也。"

【译文】

孙子说:综看用兵的法则,将帅们领受国君的命令,征集民众,编成军队,一直到与敌军对垒,这其中没有比争夺胜利的条件更难的了。争夺胜利的条件中的难点,又在于通过迂远曲折的途径达到近而直的目的,把困难转化为有利。所以要有意绕道迂回,并用小利引诱敌人,这样就能做到比敌人后出动而先到达所要争夺的要地。这才是真正懂得了以迂为直的计谋。

所以说争夺制胜条件,既有利也有危险。如果全军带着所有辎重去争利,就不能按时达预定的地域;若是丢下辎重去争利,那就会损失了辎重。因此,如果让将士们卷起盔甲,轻装急进,昼夜不停,一天走两天的路。那么,这样急行军一百里去争夺先机之利,那稍有闪失三军统帅就有被俘的可能。因为这样的急行军,往往是体力强壮的先到,体力羸弱就会落在后面,而且一般也只会有十分之一的人能够到达目的地。若从五十里远的地方赶去争利,可能因只有一半的兵力到达而前军的将领就会损折。如果从三十里远的地方赶去争利,也只能有三分之二的人能按时到达目的地,依然难以取胜,更何况军队如果没有随军辎重就要歼灭,没有储备军用物资器材作补充也会要被歼灭呢。

因此,不了解各诸侯国的战略意图,就不能与其结交,不了解山林、险阻、沼泽的地形,就不能行军。没有向导,就无法取得有利的地形。所以说用兵作战要靠诡诈取胜,根据是否有利来决定行动,随情况的变化而分散或集中使用兵力。要做到军队的行动快起来如疾风般迅速,行动舒缓时如森林一样严整,攻击敌人时如燎原之烈火,坚守阵地时如巍然之山岳。变化莫测如阴云蔽天,进攻起来如雷霆万钧。掠夺敌人的粮食要分兵行动,对占领区要分兵据守,总之一切都要权衡利害而后相机行动。只有率先懂得以迂为直方法的人才会赢得胜利。这是争夺制胜条件的一般法则。

《军政》中说:因为作战中用语言指挥,人们听不清楚,所以要使用金鼓,为使人们能看清楚指令而使用旗帜。鼓和旗是为统一军队的行动。既然军队上下行动已一致,那么勇敢的就不能单独前进而怯懦的也不能独自后退。这就是指挥千军万马作战的方法。所以夜间作战,多用火炬和锣鼓;白天作战多用旗帜,都是为了适应将士们耳目视听的需要。

三军将士,要尽量夺去它的锐气,军队将领要动摇他的意志。这是因为军队初战士气旺盛,继而渐趋懈怠,最后就会疲乏衰竭。所以善用兵者,一定会避开敌人的锐气,等敌人士气松懈疲惫后再去攻击,这就是掌握军队士气的方法。以我军的严整有序对付敌军的混乱无序,以我军的沉着对付敌军的浮躁不安,这是掌握心理的用兵方法。以自己靠近战场之利对付敌人的长途跋涉,以我军的休整安逸等待敌军的奔走疲劳,以我军的粮饷充足来对付敌人饥饿不堪,这是掌握战斗力的方法。不要截击旗帜严整、队列整齐的军队。也不要去攻打阵容强大、实力雄厚的敌人。这是掌握机变的用兵方法。

所以,用兵的法则是:不仰攻占据高地的敌人;不迎击兼背靠丘陵的敌人;不追击伪装打败的敌人,不进攻士气旺盛的敌人;不理睬敌人留下的小利;不阻击撤兵回国的敌军;包围敌军要留下一个缺口,不要过于逼迫已陷于绝境的敌军。这些都是最基本的用兵之道。

【故事论述】

唐朝建立后,李世民东出攻伐盘踞洛阳的王世充,因为这时的隋王朝虽完了,可还有很多起义军没有降李氏王朝。这无疑是对唐王朝的一个隐患。李世民大军和王世充大军在洛阳城下激战了半年,王世充遭重创而围困在洛阳城中不得出。这一困守就等于是断了粮道,熬了些时日实在不行了,就向河北夏王窦建德连连派使求救。窦建得明白"唇亡齿寒"的道理,知道如果王世充被消灭,那下一个就该轮到自己了。所以说政治上虽没有朋友但因有共同的敌人也会组成联盟的。于是窦建德决定出兵相救。看历史可以了解,起义军开始时只是为了吃饱饭而战斗的,可随着势力壮大可能就会为权力而战了。如果只是为了消灭黑暗的隋王朝那目的已达到了,为什么这些起义军不解散回家呢?原来权力有着更大的诱惑,看来我们不要随便相信哪个政治家是为了我们吃饱饭来领导革命的。

窦建德为了自己的权力不被唐王朝所侵害决定出兵救王世充。621年春,夏王窦建德带着十多万兵马西援洛阳,一路上是攻克了管州、荥阳、阳翟等地,真可谓是士气风发,很快进抵虎牢以东的东原一带。这时的窦军气势可谓如日中天,这令秦王李世民在攻城未下、兵疲马倦的情况下很是着急。于是赶紧召开紧急会议,大多数将领怕遭内外夹攻而主张退兵以避敌人正劲的风头,只有宋州刺史郭孝恪、记室薛收反对退兵。如果这时退兵就等于是让窦、王联合了,那势力就更强了,完成统一大业则无期。他们主张应留一部分兵力来围攻洛阳,即便不是真的强攻,但也不要给洛阳城内的敌军以喘息的机会,这会让城内的兵士因不见救兵而应战无心。这时再派主力去虎牢扼拒窦军,只有窦军被破,那洛阳城就会不战而下了。因为现在的洛阳城只有等待的力量,如果希望没有了那他们还打个什么劲呢。李世民一听确实有理,于是就让齐王李元吉、大将屈突通继续围洛阳,自己则率精兵3500人赴虎牢迎拒敌军。从这里我们可以看出李世民的王者风范,率那样少的兵力准备去对抗敌人的十多万人马。

到了虎牢,李世民一面令唐军坚守城防,一面率小拨人马骚扰试探窦军,尽数掌握了敌军的虚实。李世民知敌军现在士气正旺,决定耗一下他们的锐气。于是他是拒守不出,无论窦军是怎样叫阵就是不予理睬。窦军只能在虎牢城外屯扎,又攻不破,又不能打,无法向西挺进,心情自是不爽,士气也在这长时间的等待中一点点消耗掉了。4月,李世民又派人截袭了窦军的粮道,这对远途征战的窦军可谓是致命一击。本来将士们在河北过得很滋润,现在却跑来河南受罪,自是思乡之情渐浓。见此情状,窦军谋士凌敬献策,让窦建德转攻怀州、河阳,再越过太行山,向汾晋进军,从北面威胁唐都城长安,则洛阳围可解。也想把围魏救赵之奇术重演一遍。可是历史的天平在当时已偏向了李唐一边。窦的部将多不愿,可能他们认为这一计被太多人用过了而达不到预期效果。而这时王世充也快挺不住了频频告急,本来窦建德想用一下这个千年古计的,但这时他又发现唐军粮草快要用尽了,于是决定趁唐军到河北岸牧马之机袭击虎牢。李世民得到了这个情报,遂将计就计,他派了一部分兵马过河,故意留下千余匹战马于河渚以诱窦军来袭。这时的窦军还以为自己神机妙算,于是全军出动,在汜水东岸布阵,依河背山,准备进攻唐军。看现原地形可以说是对窦军有利的,因其是背山而战,可以说是没有后顾之忧。可这又出现前面出现过的情况,那就是人家李世民又不迅速迎战。因为李世民分析了一下形势,认为窦军犯险而进,逼城而阵,有轻视唐军之意,因为轻视可能其士气就锐,于是他令军士严阵以待,又开始用疲劳战术,因为只有拖垮敌军,因为这时李世民的人马是非常少的,他只能靠智慧取胜。窦建德一看李世民又玩这一套很是不耐烦,就遣将向唐军挑战。李世民命王君廓率200长矛兵出战,这一下双方短兵相接,格斗数次也没分出胜负。这一耗就到了中午时分,因为窦军是沿河列阵而战的,时间长了自然是又累又渴,浑身没劲,很多人就倒在地上。又有很多人抢水喝,队形开始混乱。这可以看出了农民子弟兵的天然之性,也见出了他的领导者亲民之情,不然在战场上怎么可能出现这种情况呢?李世民观察到了这些迹象后,即遣宇文化率300精骑经敌人阵西先做了一番试探,并指示说:如窦军严整不动,即回军返阵,若敌阵有动,则继续东进。

宇文化及于是领军至窦军阵前,窦军没想到唐军会突然来到有些骚动,李世民见状当机立断,下令唐军倾巢而出,自己率骑兵在先,主力步兵随后跟进,冲过汜水直扑敌人大本营。窦军被突如其来的精骑这样一冲,立时大乱。而这时预备抵抗唐军的战骑通道又被退避的回大本营的兵士所阻塞。窦建德急令众人闪开,但这时人们已是六神无主,根本没法来反应主帅号令,等他们反应过来时,唐军已冲了过来。从这里我们可看出窦军的无组织性,而为他们这无组织所付出的代价就是死亡。窦建德见此情景只好领军撤退,但唐军这时已是如虎下山,怎肯放弃这样的机会。一路追杀到窦军的大本营,这时窦军可以说是被唐军这气势吓坏了,就为这瞬间的恐惧就被唐军杀得丢盔弃甲。李世民又遣大将秦琼,程咬金率军迂回抄窦军的后路,分割窦军。窦建德见大势已去,便令全军撤退,而唐军又追击30里,斩杀房窦军五万余人,而窦建德也被唐军俘获,他的部属也都纷纷溃散,最后只有他的妻子领着数百骑逃回了河北。到这里我们就很奇怪窦建德出兵打仗还带着老婆干什么,军队出兵作战带过多的辎重就已是不便,孙子在其《作战篇》中就提出"智将务食于敌",而这个窦建德竟敢出兵远伐而带着老婆。这不得不怀疑其智商了。在这一战唐军可谓一箭双雕,击灭了两大割据势力,为统一中国奠定了基础。

【名家论战】

武经总要·教例

凡教为阵,少者在前,长者在后;其还,则长者在前,少者在后。长者持弓矢,短者持戈矛,力者持旗,勇者击鼓。刀捅为前行,持稍者次之,弓箭为后行。将帅先告士众,使习见旗指挥之节,旗作则跪,举则起;习知金鼓动止之节,击鼓则进,鸣金则止;知刑罚之苦(或作明),赏赐之利,持五兵之便,战斗之备,习惯跪起及行列险隘之路。凡步骑二军之士,备则满数,省则半之,损益随时,唯不得减将帅。凡相拟击,皆不得以刃及。凡步七,逆退限过中表二十四步而止,不得过也。

九变第八

【本篇主旨】

前一篇主要是论述迂直之计,本篇则进一步论述在实战中如何灵活的运用这一原则,尤其是对为将者提出了这一原则的运用,前一篇开篇即说"将受命于君",但这一篇中又提出,一个将帅还必须根据地形和敌情的变化要随机处理,在特殊情况下可以"君命有所不受"。因为战机只有当事人可以感觉得到。本篇分析了战场之上会遇到种种需要变通的情况,同时也对军队将领所应具备的一些基本素质进行了具体的论述。

文中用辩证的观点提出凡事有它有利与不利的两面,所以在打仗之前一定要先考虑好它不利的一面。这样才会尽量去做到防备。但也要充满信心,只有将帅充满信心,士气才会昂扬。历来战争斗的就是士气。只有根据情况分别晓以利害才能使各诸侯国为我所折服。用兵打仗只有充分的准备才可能胜利。

【原文】

孙子曰:凡用兵之法,将受命于君,合军聚众。圮地无舍①,衢地合交②,绝地无留③,围地则谋④,死地则战⑤,途有所不由⑥,军有所不击⑦,城有所不攻,地有所不争,君命有所不受⑧。

故将通于九变之利者,知用兵矣⑨;将不通九变之利,虽知地形,不能得地之利矣;治兵不知九变之术,虽知五利⑩,不能得人之用矣⑪。

是故智者之虑⑫,必杂于利害⑬,杂于利而务可信也⑭,杂于害而患可解也⑮。

是故屈诸侯者以害⑯,役诸侯者以业⑰,趋诸侯者以利⑱。故用兵之法,无恃其不来⑲,恃吾有以待之⑳;无恃其不攻,恃吾有所不可攻也㉑。

故将有五危,必死可杀㉒,必生可虏㉓,忿速可侮㉔,廉洁可辱㉕,爱民可烦㉖。凡此五者,将之过也㉗,用兵之灾也。覆军杀将,必以五危,不可不察也。

【注释】

①圮地无舍:圮,倒塌、毁坏。圮地,梅尧臣注:"山林、险阻、沮泽之地。"舍,住舍。本句意为在山林险阻沼泽的地方不能宿营。

②衢地合交:衢,四通八达之地。交合,与诸侯相结。本句意为在四通八达的地区要结交诸侯以求援助。张预注:"四通之地,旁有领国,先往结之,以为交援。"

③绝地无留:绝地,没有泉、井,缺乏柴草的地方。意为在难以生存的地方不宜停留。

④围地则谋:谋,谋划奇计。张预注:"居前隘后固之地,当发奇谋,若汉高为匈奴所围,有陈平计得出,兹近之。"本句意在容易被围困的地区要设计以求脱身。

⑤死地则战：在没有退还生路的地方就要拼死一战。李筌注："置兵于必死之地,人自为私斗。韩信破赵,此是也。"

⑥途有所不由：由,经过。部队行军时有的道路不能走。贾林注："途且不利,虽近不从。"

⑦军有所不击：对于有的敌军不能进行攻击。曹操注："军虽可击,以地险难,久留之,失前利,若得之则利薄,因穷之兵,必死战也。"

⑧城有所不攻,地有所不争,君命有所不受：有的城邑不要去攻占,有的地方不要去争夺,即使是国君的命令,因为情况的不同也可以不接受。王晳注："谓地叶要害,故已据之,或得之无所用,若难守者。"张预注："苟便于事,不从君命。……但临时制宜,故统之以君命有所不受。"

⑨故将通于九变之利者,知用兵矣：通,通晓。九变,指从"圮地无舍"到"地有所不争"的九事。变,权变。引申为变通处理。杜佑注："九事之变,皆临时制宜,不由常道,故言变也。"本句意为将领能通晓各种机变的利弊,就算得上是懂得用兵之道了。

⑩虽知五利：五利,指"途有所不由,军有所不击,城有所不攻,地有所不争,君命有所不受。"

⑪不能得人之用矣：张预注："凡兵有利有变,知利而不识变,岂能得人之用?"

⑫是故智者之虑：智者,聪明的人。虑,思虑。意为聪明的人思考问题。

⑬必杂于利害：杂,兼顾。张预注："智者虑事,虽处利地,必思所以害;虽处害地,必思所以利,此亦通变之谓也。"本句意为思考问题既考虑到有利的一面,也要考虑有害的一面。

⑭杂于利而务可信也：信,通伸,此处指伸展,达到务,指作战的任务。本句意为在不利的情况下要考虑到有利的一面,事情才能顺利进行。张预注："以所害而参所利,可以伸己之事。"

⑮杂于害而患可解也：患,祸患。解,消除。意为在有利的情况下要考虑到不利的一面,危险才可以被消除。张预注："以所利而参所害,可以解己之难。"

⑯屈诸侯者以害：屈,屈服,此处做使动词。害,危害。本句意为要想使别的诸侯屈服就必须用他们最害怕的事情去威胁他。杜牧注："言敌人苟有所恶之事,我能乘而害之,不失其机,则能屈敌也。"

⑰役诸侯者以业：役,驱使。业,此处指危险的事情。本句意为以消耗国力的事情驱使敌国为之疲于奔命。杜佑注："能以事劳役诸侯之人,命不得安逸。"

⑱趋诸侯者以利：趋,趋附。以小利引诱迫使诸侯归从。杜牧注："言以利诱之,使自来至我也,堕我画中。"

⑲无恃其不来：恃,依靠。其,代指敌军。不来,指不来进犯。不要指望敌人不来进犯。

⑳恃吾有以待之：待,意为有准备。本句意为要依靠自己有充分的准备。

㉑无恃其不攻,恃吾有所不可攻也：不要指望敌人不来进攻,而是要依靠我们确有实力使敌人不能攻克。杜佑注："安则思危,存则思亡,常有备。"

㉒必死可杀：必死,指有勇无谋,固执死拚。杀,诱杀。本句意为死拼硬打就会遭到敌人

的诱杀。张预注:"勇而无谋,必欲死斗,不可与力争,当以奇伏诱致而杀之。"

㉓必生可虏:将帅临阵畏怯,贪生怕死就有可能被敌人俘获。

㉔忿速可侮:忿速,指性情急躁,容易愤怒。本句意为将帅如急躁易怒,就可以设计轻侮他。杜牧注:"忿者刚怒也,速者偏急也,性不原重也。若敌人如此,可以凌侮使之轻进而败之也。"

㉕廉洁可辱:将帅如过分地追求名节,清廉自守,就容易受到污辱。

㉖爱民可烦:将帅如一味地爱惜民众,就容易因之而劳烦。杜牧:"言仁人爱民者,唯恐杀伤,不能舍短从长,弃彼取此。不度远近,不量事力,凡为我攻,则必来救。如此,可以烦之,命其劳顿而后取之也。"

㉗将之过也:这些都是将领的过失。

【译文】

孙子说:用兵打仗的一般法则是,将帅领受国君的命令,征集民众、组成军队,出征后遇到山林险阻、沼泽等难以通行的"圮地",不可宿营;在几国交界、四通八达的"衢地",要注意与临国诸侯结交;在没有水草、粮食,交通困难、难以生存的"绝地",千万不可停留;遇到四面地势险要、道路狭窄,进出困难的"围地",要巧设计谋,出奇制胜;陷入前无进路,后有追兵,战则存、不战则亡的"死地",要坚决奋战,殊死拼争。有的道路不要去走,有的敌人不要去打,有的城池不要去攻,有的地方不要去争,即使是国君的命令,因为情况的不允许也不能执行。

所以,将帅如果精通在各种情况下机智应变的利弊,就真正懂得用兵了;如果不懂得在各种情况下机智应变的利弊,即使是熟悉地形,也不能得到地形之利。统帅指挥军队而不知道各种机变的方法,纵然了解五种地形(即圮、衢、绝、围、死)的利弊,也还是不能充分发挥全军将士的战斗力。

因此,聪明的将帅考虑问题时,必定兼顾到利害两个方面。在不利的情况下充分考虑到有利的因素,战事就可以顺利进行;在有利的情况下充分考虑到不利的因素,各种可能发生的祸患便可以预先排除。

要使别的诸侯国屈服,就要用他们最害怕的事情去威胁他们;要使别的诸侯国任你驱使,就要用各种他不得不做的事去烦扰他;要使别的诸侯国听你的调遣,就要用各种利益去引诱他。

所以,用兵打仗的一般原则是,不寄希望于敌人不来进犯,而要依靠自己做好充分的准备,严阵以待;不寄希望于敌人不会攻击,而要依靠自己防守坚固,敌人不可攻破。

所以说,将帅有五种弱点是致命的:只知道死拼硬打,就有可能被诱杀;只顾贪生活命,就有可能被俘房;性情暴烈、急躁易怒,就有可能被敌人的侮辱激怒而中计;廉洁好名,就有可能被流言中伤而落入圈套;过分溺爱民众,就有可能被烦扰而陷入被动。以上这五种情况,是将帅的过错,也是用兵的灾难。全军覆灭、将帅被杀,都是由这五种危险引起的,对此,不能不予以充分的注视。

【故事论述】

楚汉相争时,汉大将韩信,在平定魏国以后,又率兵进攻赵国。赵王歇和他的将相成安君陈余、广武君李左君率领大军二十万,守住井陉口,准备上前迎击韩信。

当时军政实权,操在成安君陈余的手里,广武君李左君为他千里运送粮食,若不能按时送到,士兵都有遭受饥饿的可能。广武君对成安君说:"井陉的道路狭窄难行,粮食不易运输,倘若经我三万大兵,从小路去阻断韩信的粮道,你的大军深沟高垒,守住营阵坚决不出战,那时候他就是前不能攻,后不能退,我率兵从后面攻击,那不到十天,他就会全军覆灭的。"从这一段话可以看出这个广武君是懂得用兵之道的,可成安君却是个只知书中春秋的人,还在讲究"军礼",所谓的军礼就是要讲仁义道德,不应用阴谋诡计,他有这种思想还真是难得,因为这样的精神只在周时存在过,而在宋襄公时就已被人彻底的破坏掉了。而宋襄公也因他的迂腐送了命。而《孙子兵法》的出现可以说是对人性的一次彻底的剖析,因为在利益面前,诡诈奇谋被赋予了智慧的光环。不知到了汉时怎么还会有成安君这样熊猫级的人物。

他认为韩信的人马,虽然号称数万之多,实际也不过几千而已,又从千里之外赶来,一定会疲倦困乏不堪,像这种情形,再逃避而不进攻,未免被人取笑胆小了。认为根本就没必要去截什么粮道,从后面包抄。一个死读书的人终于有机会在实际中露一次脸,怎么还会听进去一些有益的意见呢?

而韩信听说那个要命的计划没有被采纳,心里就别提有多高兴了,于是就大胆地领着他的军队直奔赵军而来,在离井陉口三十里的地方宿营。这里让人觉得一个英雄的出现一定是一个蠢才成就了他。如果在这里广武君的计划被采纳那韩信就会损兵折将。可历史就是这样的。

到了半夜,韩信突然间发出一道紧急命令,要军中选出轻快的骑兵两千人,每人带着一面代表汉军的大红旗,从小路登上山,绕道到井陉山后,埋伏在丛林中,注意偷看赵军动静,并且警告军士说:"赵国军队发现我们的军队后,我军要立即退回,对方一定会空营来追击我军,那时候,你们就要冲进赵军营地,把赵国的军旗拔下来,挂上我们汉军的大红旗子。"兵士于是去执行他的任务。

韩信接着吩咐手下副将,叫做饭的吏卒准备供应一些餐点给士兵们吃,而且要很快去做,而且还说:"这只是临时充饥,等到明天打败了赵军,大家再回来饱餐一顿。"其实这时的汉军已没有多少粮食了,即使韩信这样说,兵士们已没有几人相信了。而这时韩信又有了一个奇怪的举动,那就是背着一条叫抵水的河流准备列队作战,这可以说是犯了兵家之大忌,因为这样就是让自己处在了死地。而这正是韩信之将才的体现,他知道处在没有退路的情况下人们只能向前冲。而赵军看到汉军是背水布阵,都觉得很好笑,他们当时的将领竟没有想到已是汉军大将的韩信如果是这样布阵那一定是有其原因的。隔天,两军就展开了较量,可在没分出胜负的情况下,汉军突然把旗鼓抛下跑回河岸,一副失败的样子。赵军一看这种情形,所有的将士都想立个头功,于是空营而出,追上来抢夺汉军的旗鼓。可这些跑回汉营的兵士知道后面是河,已不能再退,于是只能又回过头来去和赵军死拼。而这时山上埋伏的汉军见敌营已空就冲了进去,把赵军的旗子拔去,竖起了两千面红色的汉旗。

那些追出去和汉军混战的兵士见取胜无望,就想退回赵营,可回头一看不要紧,是真真吓了一跳,因为自己的营区已经是遍地竖起了汉军的旗帜,以为汉军已经俘虏了赵王和自己的将帅,于是军心大乱,当兵的可不就是这样吗,本来就是为了吃饭或是为了服役来当兵的,有哪几个是真的想来卫国的,有几个会为自己永运也见不到的国王去拼命呢?于是就各寻生路,即使有大将阻止,但人们已是彻底地为了自己活命而努力了,那什么样的指挥都不起作用了。而现在的汉军当时是为活命而拼力,而因为士气的原因又为可能获得战功而战了,于是愈战愈勇,两面夹击,赵军大败,韩信又把成安君捉住,在抵水上杀了,把赵王歇也俘虏了。这个成安君用自己的血祭奠了自己那仁义的灵魂。

事后诸将问韩信:"兵法上说,要尽量避免水泽在作战中有不利的影响,而今日之战你却背水布阵,这是为什么呢?"韩信说:"在兵法还有'陷之死地而后生,置之亡地而后存。'的说法,我就是利用现在的的情势,使将士们能各自奋战啊!"

【名家论战】

虎钤经·死地

死地者,谓背山负水,粮道、生路皆绝也。死地虽曰兵家之害,可以用战者四焉:将之恩威未著,吏士未服,一也;我兵与敌等,我力战则利,畏战则害,欲令吏卒死战者,二也;为敌所逼,粮刍将竭,三也;前军既破,后军尚固,四也。其不可用者三焉:彼众我寡,一也;利害未审,矫众强为,二也;将心犹豫,三也。

行军第九

【本篇主旨】

本篇主要论述作战行军的各种问题。对行军于山地、临水,所要注意的问题。首先要抢占有利自己的地形,之后还要利用其不利的一面来对付敌人。对于沼泽地那一定是要远离它。而平原地带那就更要谨慎察看了,两军相若的情况下胜负有时就在于谁占有利的地势。

健康在军队中也是最应引起关注的问题,占有了好的地形,还要保证兵士的健康,除了对于疾病的预防还要小心敌人投毒,所以如果扎营就不要选择下游。而下游还有一个最大的弊病就是敌人若决堤就会对军队造成巨大的损失。

而对于野外作战就一定要学会观察,各种自然现象都可能是敌人将至的信号,如尘土的飞扬,鸟雀的飞翔,军队动态,敌使的语言,这些都是了解敌情的方法。

文中再一次强调了军队作战的胜利就是一种人性的胜利,只有得到兵士们的拥护,有一个明确的赏罚制度才能有胜利的保障。

孙子曰：凡处军相敌①，绝山依谷②，视生处高③，战隆无登④，此处山之军也⑤。绝水必远水⑥，客绝水而来⑦，勿迎之于水内⑧，令半济而击之，利⑨；欲战者，无附于水而迎客⑩，视生处高，无迎水流⑪，此处水上之军也。绝斥泽，唯亟去无留⑫，若交军于斥泽之中，必依水草而背众树⑬，此处斥泽之军也。平陆处易⑭，右背高⑮，前死后生⑯，此处平陆之军也。凡此四军之利⑰，黄帝之所以胜四帝也⑱。

凡军好高而恶下⑲，贵阳而贱阴⑳，养生而处实㉑，军无百疾，是谓必胜㉒。丘陵堤防，必处其阳而右背之㉓，此兵之利，地之助也㉔。上雨，水沫至㉕，欲涉者，待其定㉖也。凡地有绝涧、天井、天牢、天罗、天陷、天隙㉗，必亟去之，勿近也。吾远之，敌近之㉘；吾迎之，敌背之㉙。

军旁有险阻㉚、潢井、蒹葭、小林、翳荟者㉛，必谨覆索之㉜，此伏奸之所处也㉝。

敌近而静者，恃其险也㉞；远而挑战者，欲人之进也㉟；其所居易者，利也㊱；众树动者，来也㊲；众草多障者，疑也㊳；鸟起者，伏也㊴；兽骇者，覆也㊵；尘高而锐者，车来也㊶；卑而广者，徒来也㊷；散而条达者，樵采也㊸；少而往来者，营军也㊹；辞卑而备者，进也㊺；辞强而进驱者，退也㊻；轻车先出居其侧者，陈也㊼；无约而请和者，谋也㊽；奔走而陈兵者，期也㊾；半进半退者，诱也㊿；杖而立者，饥也[51]；汲而先饮者，渴也[52]；见利而不进者，劳也[53]；鸟集者，虚也[54]；夜呼者，恐也[55]；军扰者，将不重也[56]；旌旗动者，乱也[57]；吏怒者，倦也[58]；杀马肉食者，军无粮也，悬缶不返其舍者，穷寇也[59]；谆谆翕翕，徐与人言者，失众也[60]；数赏者，窘也[61]；数罚者，困也[62]；先暴而后畏其众者，不精之至也[63]；来委谢者，欲休息也[64]。兵怒而相迎，久而不合，又不相去，必谨察之[65]。

兵非贵益多也[66]，惟无武进[67]，足以并力料敌取人而已[68]。夫惟无虑而易敌者，必擒于人[69]。

卒未亲附而罚之则不服[70]，不服则难用。卒已亲附而罚不行，则不可用。故令之以文[71]，齐之以武[72]，是谓必取[73]。令素行以教其民，则民服[74]；令素不行以教其民，则民不服。令素行者，与众相得也[75]。

【注释】

①凡处军相敌：处军，指在各种地形条件下，对军队行军布阵、屯驻宿营的处置。处，安顿、部署。相敌，观察判断敌人的情况。相，观察。

②绝山依谷：绝，穿越。依，靠近。意为通过山地，要靠近溪谷前进。

③视生处高：生，阳。意为居高向阳。曹操注："生者，阳也。"

④战隆无登：隆，高地。无，同勿，不要、不可之意。本句意为不要去仰攻处在高地的敌人。

⑤此处山之军也：这是部署在山地作战的原则。

⑥绝水必远水：渡河作战时，必须远离江河驻扎。

⑦客绝水而来：客，指敌军。本句意为敌人涉水而来。

⑧勿迎之于水内：迎，这里指迎击。水内，这里指水边。本句意为不要在敌人刚到河边时就迎击他们。

⑨令半济而击之,利:令,使。济,过河。本句意为让敌军渡河过半时再发起进攻。利,有利。

⑩无附于水而迎客:附,靠近。本句意不要靠近水边去迎敌。

⑪无迎水流:本句意不要逆水驻扎,也就是不能让敌人的军队处于上游而自己在下游扎营,以防敌人决水或投毒。

⑫绝斥泽,唯亟去无留:斥,盐碱地。泽,沼泽地。亟,迅速。本句意渡过盐碱地和沼泽地时要迅速离去,不要停留驻扎。

⑬依水草而背众树:依,依傍。背,背靠。本句意为要傍着水草,背靠着树林宿营。

⑭平陆处易:平陆,平原旷野。易,平地。本句意为在开阔的平原地带,要选择平坦的地方设营。

⑮右背高:右,上,古人以右为上,此指主要翼侧、主力部队。本句意为主要侧翼要背靠高地作为依托。

⑯前死后生:死,死地。这里指地势较低,易攻难守的之地。生,这里指地势较高的险峻之地。本句意为在平原城带作战,要选择背靠山险,面向平易的地势。

⑰四军之利:四军,指山地、河川、盐碱沼泽之地、平原四种行军作战之地。利,益处。本句意为在四种地带行军作战的原则。

⑱黄帝之所以胜四帝也:黄帝,传说中的汉族的祖先轩辕氏。四帝,指黄帝时代四周的部落首领。本句意为这是黄帝所以胜四帝的原因。

⑲凡军好高而恶下:军,这里指驻军扎营。本句意为大凡军队扎营都是喜欢选择地势较高的干燥的地方而讨厌地势低下而潮湿的地方。

⑳贵阳而贱阴:贵,重视。阳,向阳。贱,轻视不喜欢。阴,阴暗。本句意为重视向阳明亮之处而不喜欢阴暗背光之地。

㉑养生而处实:养生,指水草丰盛,粮食充足,军队容易休养生息。处实,这里指军需物资供应方便的地方。本句意为军队扎营要选择水草丰盛,粮食充足,军需物资供应方便的地方。

㉒军无百疾,是谓必胜:百疾,各种疾病。本句意为只有军中将士不染各种疾病就可以有胜利的保证。

㉓必处其阳而右背之:处,占据。本句意为在丘陵堤防地带行军打仗,军队要占据向阳的一面,并且将主要侧翼背靠着它。

㉔地之助也:地,地形。本句意为利用地形来辅助。

㉕上雨,水沫至:上,这里指河的上游。上雨,河的上游下雨。水沫,河水的泡沫。为洪水欲来的表现。本句意为如果在下游看到有泡沫泛起,那就表明上游在下暴雨而洪水将来。

㉖欲涉者,待其定:如果想要涉水渡河,就一定等水势稳定后再渡。杜佑注:"恐半渡水而遽涨,上雨,水当清,而反浊沫至,此敌人权遏水之占也,欲以中绝军。凡地有水欲涨沫先至,皆为绝军,当待其定也。"

㉗绝涧、天井、天牢、天罗、天陷、天隙:绝涧,两岸山势峭峻,水流其间的险恶地形。贾林

注:"两岸深阔,断人行,为绝涧。"天井,四周高中间低的地形。杜牧注:"地形坳下,大水所及,谓之天井。"天牢,指四周地势险恶易进难出的地形。贾林注:"四边涧险,水草相兼,中央倾侧,出入皆难,为天牢。"天罗,指四周荆棘丛生,军队进入后如同陷入罗网难以摆脱的地形。张预注:"林木纵横,葭苇隐蔽者为天罗。"天陷,指地势低洼泥泞易陷的地形。杜牧注:"涧水澄阔,不测深浅,道路泥泞,人马不通,谓之天陷。"天隙,指两边高山壁立,中间道路狭窄难以行军的地形。贾林注:"两边险绝,形狭长而数里,中间难通人行,可以绝塞出入为天隙。"

㉘吾远之,敌近之:我们要远离这种地形,而要引诱敌人靠近它。张预注:"六害之地,我既远之向之,敌自近之倚之,我则行止有利,彼则进退多凶也。"

㉙吾迎之,敌背之:我们要面向这些不利地形,而要让敌人背靠它。

㉚军旁有险阻:意为如果行军途径中有山川险阻、沼泽丛林险恶的环境。

㉛潢井、蒹葭、山林、蘙荟者:潢井,低洼沼泽地带。葭苇,此处指芦苇丛生之处。山林、蘙荟,草木繁茂的山林之地。杜佑注:"山林者,众木所居也,蘙荟者,可以屏蔽之处也。"

㉜必谨覆索之:一定要反复仔细地加以探察。

㉝此伏奸之所处也:这些地方都是敌军暗探或伏兵容易隐藏的地方。杜佑注:"蘙荟草木之相蒙蔽,可以藏兵处,必覆索之也。"

㉞敌近而静者,恃其险也:敌军近而不动,是有险要的地势为依恃。王皙注:"恃险故不恐也。"

㉟远而挑战者,欲人之进也:敌人驻扎在远处而派兵前来挑战,是想引诱我军前进。

㊱其所居易者,利也:易,指平易之地。敌人不占据险要之处却驻扎于平地,那一定是因为对它是有利的。张预注:"敌人舍险而居易者,必有利也。或曰,敌欲人之进,故处于平易,以示利而诱我也。"

㊲众树动者,来也:若许多树木摇动就说明有军队前来。张预注:"凡军必遣善视者登高觇敌,若见林木摇动者,是斩木除道而来也。"

㊳众草多障者,疑也:在杂草丛生的地方布有很多障碍那是敌人疑兵之计。张预注:"或敌欲追我,多为障蔽,设留形而遁,以避其追,或欲袭我,丛聚草木,以为人屯,使我备东而击西,皆所以为疑也。"

㊴鸟起者,伏也:林中鸟雀惊飞,说明下面有伏兵。杜佑注:"下有伏兵往藏,触鸟而惊起也。"

㊵兽骇者,覆也:覆,覆盖,此处化铺天盖地。张预注:"凡欲掩覆人者,必由险阻草木中来,故惊起伏曾奔骇也。"野兽突然四处奔逃是因为有敌军大举进攻。

㊶尘高而锐者,车来也:锐,直。尘土高扬直升是战车驰来的原因。杜牧注:"车马行疾,仍须鱼贯,故尘高而尖。"

㊷卑而广者,徒来也:卑,位置低。徒,步卒。地面上大面积的飞起灰尘这是有步兵前来。张预注:"徒步行缓而迹轻,又行列疏速,故尘低而来。"

㊸散而条达者,樵采也:条达,纵横断续的样子。飞尘散乱而细长,并断断续续,是敌人

在坎柴。张预注:"分遣厮役,随处樵采,是故尘埃功乱。"

㊹少而往来者,营军也:飞尘少而时起时落,是敌人在察看地形,准备安营。杜佑注:"欲立营垒,以轻兵往来为斥侯,故尘土少也"。

㊺辞卑而备者,进也:益,增强。敌人的使臣言词谦卑,而实际中敌人却在加强作战准备,这说明敌人是想来进攻。杜牧注:"敌人使来言辞卑逊,复增垒坚壁,若惧我者,是欲骄我使懈怠,必来攻我也。"

㊻辞强而进驱者,退也:敌人的使臣措辞强硬并摆出军队有进攻状态的,其实往往是要撤退。王晳注:"辞强示进形,欲我不虞其去也。"

㊼轻车先出居其侧者,陈也:陈,同阵。先派战车在旁边是为了掩护军队布阵。张预注:"轻车,战车也。出军其旁,陈兵欲战也。按鱼丽之阵,先偏后伍。言以车居前,以伍次之,然则是欲战者,车先出其侧也。"

㊽无约而请和者,谋也:约,困顿屈弱之意。敌人没有到困顿之境却要求讲和,这一定是另所谋。

㊾奔走而陈兵者,期也:期,期待。敌军往来奔走而且摆成阵势,是期待和我军交战。贾林注:"寻常之期,不合奔走,必有远兵相应,有晷刻之期,必欲合势同来攻我,宜速备之"。

㊿半进半退者,诱也:似近似退,这是在引诱我们。

(51)杖而立者,饥也:杖,拄杖,此处指倚兵器而立。本句意为倚兵器而站立,说明敌人饥饿缺粮。张预注:"凡人不食则困,故倚兵器而立。"

(52)汲而先饮者,渴也:汲,从井中取水。负责汲水的人自己先喝水,表明敌军干渴缺水。杜牧注:"命之汲水,未汲而先饮者,渴也。睹一人,三军可知也。"

(53)见利而不进者,劳也:发现在战术上有机可乘,可敌军并不积极前进,就表明他们已疲惫不堪。张预注:"士卒疲劳,不可使战,故虽见处,将不敢进也。"

(54)鸟集者,虚也:敌军营地鸟雀群集,说明敌营空虚。陈(白皋)注"此言敌人若去,营幕必空,禽鸟既无畏,乃鸣集其上。"

(55)夜呼者,恐也:若敌军夜间惊呼,就表明其军心不稳,心怀恐惧。张预注:"三军以将为主,将无胆勇,不能安众,故士卒恐惧而夜呼。"

(56)军扰者,将不重也:军中惊扰混乱是因为将领缺乏威严。杜牧注:"言进退举止轻佻率易无威重,军士亦扰乱也。"

(57)旌旗动者,乱也:军中旗帜动摇说明阵脚混乱。张预注:"旌旗所以齐众也,而动摇无定,是部伍杂乱也。"

(58)吏怒者,倦也:军官经常发怒,表明敌军已厌烦。杜牧注:"众悉倦弊,故吏不畏而忿怒也。"

(59)杀马肉食者,军无粮也,悬缶不返其舍者,穷寇也:把战马杀掉来吃是因为军中无粮,不再收拾炊具也不再返回营房,这表明敌人要孤注一掷。

(60)谆谆翕翕,徐与人言者,失众也:谆谆翕翕,指敌军长官对士卒讲话显出一副诚恳和气的样子。徐,缓慢。本句意为低声下气委婉温和地与士卒讲话是因为已经失去了军心。

(61)数赏者，窘也：屡次犒赏士卒，表明穷于应付困难。杜牧注："势力穷窘，恐众为叛，数赏以悦之。"

(62)数罚者，困也：不断惩罚部下，表明已陷入困境。王皙注："众困而不精勤，则数罚以胁之也。"

(63)先暴而后畏其众者，不精之至也：对部下先粗暴无礼而后又害怕的，这是最不精明的将领。张预注："先刻暴御下，后畏众叛己，是用威行爱不精之甚。"

(64)来委谢者，欲休息也：敌军派人来婉言谈判，说明他们是想休战。梅尧臣注："力屈欲休兵，委质以来谢。"

(65)久而不合，又不相去，必谨察之：合，交战。敌人长时间不来交战，但又不撤兵，这种情况就一定要仔细地探察了。杜牧注："盛怒出阵，久不交刃，复不解去，有所待也，当谨伺察之，恐有奇伏旁起也。"

(66)兵非贵益多也：兵并不是越多越好。贾林注："不贵众击寡，所贵寡击众。"

(67)惟无武进：武进，恃武轻进。本句意为万不可恃勇轻进。王皙注："不可恃武也，当以计智料敌而行。"

(68)足以并力料敌取人而已：只要是能集中力量，判明敌情善于用就能取胜。李筌注："兵众武，用力均，惟得人者胜也。"

(69)夫惟无虑而易敌者，必擒于人：不能深谋远虑而又轻敌的人，一定会被敌人俘获。张预注："不能料人，反轻敌以武进，必为人所擒也。"

(70)卒未亲附而罚之则不服：对于士卒他们还没有完全亲附于将帅就加以处罚，他们就会不服。张预注："骤居将帅之位，恩信未加于民，而遽以刑罚齐之，则怒恚而难用。"

(71)故令之以文：用道义来教育。

(72)齐之以武：用军纪军法来约束。

(73)是谓必取：取，取胜。意为一定可以取胜。梅尧臣注："命以仁恩，齐以威刑，恩威并著，则能必胜。"

(74)令素行以教其民，则民服：平素以认真严格的要求来管教士卒。张预注："将令素行，其民已信，教而用之，人人听服。"

(75)与众相得也：与士卒相互信任。

【译文】

孙子说：军队在行军、扎营、作战和观察、判断敌情时，都必须注意：通过山地，要沿着有水草的山谷行进；要在居高向阳、视野开阔的地方驻扎；不要去仰攻占领了高地的敌人。这是在山地部署军队的原则。横渡江河后，要在远离江河处驻扎；敌人渡河来战，不要在敌人刚入水就去迎击，而是让敌军渡过一半时再去进攻，最为有利；想要同敌人决战，就不能紧靠水边列阵布兵，而应当居高向阳，不要处于敌人的下游。这是在江河地带部署军队的原则。通过盐碱沼泽地带，要迅速离开，不可停留；如果与敌人遭遇于盐碱沼泽地带，那就必须靠近水草，背靠树林。这是在盐碱沼泽地带部署军队的原则。在平原上，要占领开阔的地域，主要侧翼要依托高地，做到面向平易、背靠山险，前低后高。这是在平原地区部署军队的原则。

以上这四种部署军队的原则的成功运用,正是黄帝之所以能战胜其它"四帝"(一说泛指炎帝、蚩尤等四方之帝;一说指东方青帝、南方赤帝、西方白帝、北方黑帝)的原因。

在一般情况下驻军,总是喜欢干燥的高地,厌恶(避开)潮湿的洼地;重视向阳之处,轻视阴暗之处;靠近水草丰茂、军需给养充足的地方,将士们百病不生,这样就有了胜利的保障。在丘陵堤防地带,必须占据它向阳的一面,而以主力侧翼背靠着它。这些对于用兵有利的措施,都是以地形条件做辅助才完成的。上游降雨,洪水突至,若要涉水过河,应等水流平稳之后再过。凡是遇到绝涧、天井、天牢、天罗、天陷、天隙这样的地形,必须迅速离开,切不要靠近;要使自己远离这些地形,而让敌人靠近它;使自己面向这些地形,而让敌人背靠它。军队行军和驻扎的附近有险峻的道路、湖泊沼泽、芦苇、山林和草木茂盛的地形,必须谨慎地反复搜索,这些都是敌人可能设下埋伏和隐藏奸细的地方。

敌人逼近而保持安静的,是依仗它占领着险要地形;敌人离我们很远而前来挑战的,是想引诱我军前进;敌人有意驻扎在平坦地带,其中必定有利可图;许多树木摇曳摆动,这是敌人前来袭击;草木中有许多遮障物,是敌人布下的疑阵;群鸟惊飞,是下面有伏兵;野兽惊骇奔逃,是敌人大举进袭;尘土飞扬得又高又尖,是敌人的战车来了;尘土飞扬得低而宽广,是敌人的步兵来了;尘土稀散、缕缕上升,是敌人正在砍柴;尘土较少且时起时落,是敌人正在安营扎寨。敌人的使者措辞谦卑而又在加紧战备的,是准备进攻;措辞强硬且军队做出进攻姿态的,是准备撤退;敌人的战车先出动,部署在两翼的,是在布兵列阵;敌人尚未受挫而主动来讲和的,必定另有阴谋;急速奔跑并排兵列阵,是期待与我决战;半进半退的,是企图引诱我军。敌兵依靠兵器站立,是饥饿的表现;打水敌兵的自己先喝,是干渴的表现;眼见有利但不进兵争夺的,是疲劳的表现;营寨上空飞鸟聚集,说明下面是空营;敌人夜间惊慌喊叫,是内心恐惧的表现;敌营惊扰纷乱,是敌将没有威严的表现;敌阵旗帜摇动不整齐,是因为队伍已经混乱;军官容易发怒,是全军疲劳的表现;杀马吃肉的,是军中没有粮食了;收拾炊具,士卒不再返回营房的,是准备拼死突围的穷寇。敌将低声下气同部下讲话,表明他已失去了人心;不断犒赏士卒,表明敌军已无计可施了;不断惩罚部属的,是敌军处境困难的表现;原先对部下粗暴凶狠,后来又害怕部下的,是最不精明的将领。敌人派使者来送礼言好,是敌人想休兵息战;气势汹汹地同我对阵,可是长时间不与我交锋而又不撤退的敌人,必须谨慎地观察了解他的意图。

兵力不在于愈多愈好,只要不轻敌武断冒进,能够集中兵力,判明敌情,取得部下的信任和支持,也就足够了。那种既没有深谋远虑,又自负轻敌的人,一定会被敌人所俘虏。士卒还没有亲近归附就施行惩罚,他们就会不服,心不服就很难指挥使用士卒;士卒已经亲近归附了,仍不执行军法军纪,也无法指挥他们行动。所以,用怀柔宽仁的手段去教育士卒,用严格的军纪军法去管束规范士卒,这样必定会取得部下的敬畏和拥戴。平素管教士卒严格执行命令,士族就能养成服从命令的习惯;平素不重视严格执行命令,管教士卒,士卒就养不成服从的习惯。平时的命令能得到贯彻执行,这表明将帅与兵卒之间相处融洽,互相信任。

【故事论述】

汉高帝元年(公元前206年)八月至五年(公元前202年)十二月,项羽、刘邦为争夺政权

孙子兵法

进行了一场大规模战争,称为楚汉战争。

刘邦和项羽苦战了五年,大战七十余次,小战四十余次。刘邦在一再失败之后,逐渐转为优势。项羽曾一度提出和刘邦"中分天下",以鸿沟(今河南贾鲁河)为界,河东属于楚,河西属于汉(象棋盘上的"楚河汉界"由此而来)。楚汉战争因此而来。

秦末,陈胜、吴广农民起义失败后,楚地义军分两路攻秦。项羽在关东(指函谷关以东地区)聚歼秦军主力;刘邦乘隙攻入咸阳,秦亡。依据楚怀王"先入定关中者王之"(《史记·高祖本纪》)的约定,刘邦欲称王关中(指函谷关以西地区),派兵驻守函谷关(今河南灵宝老城东南北寨村之北,因在山谷中,险如函,故名),以防诸侯入关。同时,宣布废除秦朝苛政,与关中父老"约法三章":杀人者死,伤人及盗抵罪(《史记·高祖本纪》)

项羽于钜鹿(今河北平乡西南平乡镇)歼灭秦军主力,取得诸侯上将军地位,实力雄厚。亦率诸侯军四十万、秦军降卒二十万直奔关中。中途,项羽恐秦降卒哗变,在新安(今河南渑池东)将他们全部坑杀。元年十二月(汉初承秦制,十月为岁首),项羽命英布攻破函谷关,进驻鸿门(今陕西临潼东),意图消灭刘邦集团。刘邦军不足十万,自料力量不敌,竭力拉拢项羽的叔父项伯请为调解,并亲赴鸿门,表示诚意,动摇了项羽决心。战争没有立即爆发。

同年二月,项羽凭借其军事上的压倒优势,裂土分封十八个诸侯王,恢复封建割据。自立为西楚霸王,定都彭城(今江苏徐州)。封刘邦为汉中王,定都南郑(今陕西汉中东)。将关中分为三部,封秦降将章邯、司马欣、董翳分别为王,企图通过他们控制关中,将刘邦困锁在边险地区,刘邦采纳萧何建议,确定了收用巴(郡治江州,今重庆北嘉陵江北岸)蜀(郡治成都,今属四川)还定三秦。东向以争天下的方略。四月,忍忿前往汉中就国。途中烧毁所过栈道,防止诸侯军偷袭,并借此表示无东向之意。以麻痹项羽。项羽亦于同时班师彭城。

五月,未被项羽封王的田荣于齐地(今山东大部)起兵反楚,自立为齐王,项羽发兵击齐。刘邦乘项羽无暇西顾和三秦王立足未稳之机,"决策东乡(向),争权天下"(《史记·高祖本纪》)。令萧何收取巴、蜀租赋补给军队,以韩信为大将、曹参为前锋统兵数万,积极部署东进。八月,汉军潜出故道(因临故道水得名,治今陕西凤北凤州之西),袭击雍地,进围章邯军于废丘(雍都,今陕西兴平东南)。同时分兵攻取陇西(郡治狄道,今甘肃临洮南)、北地(郡治义渠,今甘肃宁县西北)、亡郡(郡治肤施,陕西榆林鱼河堡),迫降塞王司马欣、翟王董翳,迅速还定三秦,袭占关中大部地区;随后,命部将薛欧出武关(今陕西丹凤东南)向楚地进军,被楚军阻于阳夏(今河南太康)。项羽在两面受敌的情势下,采取先齐后汉方针,继续攻齐,主力被牵制在齐地。刘邦再度抓住战机,一面巩固关中,一面扩张势力,亲自率军由函谷关出陕县(今河南三门峡西)东进。迫降河南于申阳、韩王郑昌;魏王豹率军归附,继而俘虏殷王司马,迅速占领了今河南及山西中、南部广大地区,造成东进的有利态势。

二年四月,刘邦乘齐、楚两军胶着之际,在洛阳接受董公"兵出无名,事故不成","明其为贼,敌乃可服"(《资治通鉴·卷九·高帝二年》)的建议,以项羽杀害楚怀王为口实,为义帝报仇讨逆为政治号召,联络各地诸侯王,率联军五十六万攻楚,一举袭占楚都彭城。项羽留部将继续击齐,自率精兵三万疾驰南下乘刘邦陶醉于胜利毫无戒备之际,以少胜多,大败汉军;收复彭城。刘邦仅率数十骑突出重围,逃回荥阳(今河南荥阳东北古荥镇)。此役,汉军被歼数十万,元气大伤。

刘邦战败,诸侯纷纷背汉向楚。为摆脱被动局面,刘邦争取英布,重用韩信、彭越,从各方面联合反楚力量。军事上,则利用荥阳、成皋(今河南荥阳西北汜水镇)有利地形,分兵扼守险要,以争取时间,发展自己,待机再战。同年五月,刘邦在荥阳得到萧何征得的关中兵员补充,韩信亦率援军赶到,在荥阳东战败楚军,阻遏了楚军西进攻势。楚汉双方在荥阳、成皋一线相持,战局相对稳定。六月,刘邦回返关中,引水攻破废丘,消灭章邯,尽占关中。随之采取立太子、赦罪人、立法令、设县邑,加强边塞守备等措施,以建立稳固的后方基地。八月,又回到荥阳前线。

三年初,楚军对汉军正面防线发动攻势,数次切断汉军运粮通道,攻占荥阳、成皋。刘邦败逃关中。为使项羽分散其兵力,摆脱固守城池、被动挨打的局面,刘邦采纳谋士辕生建议。于五月率军出武关,兵至宛(今河南南阳市)、叶(今河南叶县西南)。项羽急于寻汉军主力作战,果然率军自荥阳、成皋南下宛、叶。汉军坚壁不战。此时,彭越攻占楚后方重镇下邳(今江苏睢宁北古邳镇),迫使项羽回师解救。汉军乘机迅速北上,收复成皋。六月,项羽回军,对汉军发动第二次攻势,再占荥阳、成皋,并挥军西进。汉军败至巩县(今河南巩义西南),深沟高垒,阻击楚军。为减轻正面压力,刘邦遣刘贾,卢绾率兵两万增援彭越,在楚后方攻城略地,断楚粮道,迫项羽第二次回兵东击彭越,汉军再次收复成皋。

二年八月,魏王豹踞河东(郡治安邑,今山西夏县西北禹王城)反汉,威胁汉军侧翼。刘邦先派郦食其游说未成,即命韩信率军进攻。韩信突袭安邑,生擒魏豹。刘邦继而采纳韩信"北举燕、赵,东击齐,南绝楚少粮道,西与大王会于荥阳"(《汉书·韩信传》)的建议,给韩信增兵三万,开辟北方战场。同年闰九月,韩信首先破代。

三年十月,越过太行山,与赵军战于井陉口(今河北井陉东南),韩信一反常规,背水设阵,大败赵军。随之乘势不战而降燕。四年十一月,又大破齐、楚联军于潍水(今山东潍河)之滨,平定齐地。至此,韩信东进两千余里,从东、北两面形成对楚军的战略包围态势,直接威胁楚大后方。三年十一月,刘邦在正面对楚作战的同时,遣谋士随何游说九江王英布叛楚附汉。英布据有九江(郡治寿春,今安徽寿县)、庐江(郡治舒县今安徽庐江西南)二郡,具有相当的实力。英布归汉,项羽侧翼危急,忙遣龙且进攻九江军。刘邦达到了在南方牵制、分散楚军之目的。项羽第二次率军东击彭越,兵至睢阳(今河南商丘南),闻汉军再次收复成皋,急忙引兵回救。汉军据险坚守,双方在广武(今河南荥阳东北)形成对峙。是时,楚军北有韩信据齐地威胁都城;腹地有彭越游动作战,又须分兵南据九江,以致兵力分散,腹背受敌,粮草匮乏,欲战不能。刘邦则据荥阳、成皋之地坚守不战。四年八月,楚军粮尽,被迫与刘邦订立和约"中分天下"(《史记·项羽本纪》),划鸿沟(古运河,位于今河南荥阳以东)为界,东归楚、西属汉。楚汉两军在荥阳、成皋一线相持两年零五个月后,休兵罢战。

四年九月,项羽遵约东撤,刘邦亦欲西返。张良、陈平认为"汉有天下太(大)半,而诸侯皆附之。楚兵罢(疲)食尽,此天亡楚之时也",建议"不如因其机而遂取之"(《史记·项羽本纪》)。刘邦遂背约,向楚军突然发起追击,并约集韩信、彭越南下合围楚军。五年十月,刘邦追击楚军至固陵(今河南太康南),因韩信、彭越按兵不动,未如期会师,遭楚军回击,大败,被迫坚壁自守。刘邦从张良计,分别给韩、彭割地封王。十二月,调集韩信、彭越、英布、刘贾等各路大军四十万人,将十万楚军包围于垓下(今安徽灵璧,一说今河南淮阳、鹿邑间)。楚军兵少食尽,屡战不胜。夜闻楚歌四起,军心瓦解。项羽率八百骑突围南逃,刘邦派兵追击。项羽至乌江(今安徽和县东北苏皖界上的乌江镇)兵败自刎。垓下一战,刘邦全歼楚军,获得了最后胜利,建立了西汉王朝。

楚汉战争,战域之辽阔,规模之巨大,用兵韬略之丰富,前所未有,在中国古代战争史上占有重要地位。名将韩信在战争中显示了其卓越的统帅才能。先有还定三秦之战、再有破代、攻赵、降燕、伐齐,最后在垓下全歼楚军。其还定三秦之战暗渡陈仓;井陉之战背水设阵、拔旗易帜;潍水之战以水冲敌、半渡而击;垓下之战四面楚歌、十面埋伏。韬略之丰富,用兵之灵活,在中国战争史上写下了光辉的篇章,亦为历代兵家所推崇借荐。

【名家论战】

虎钤经·料敌阵

敌阵稍长心薄者,我军当自坚其阵。先以劲兵力冲敌阵之心,力困则益兵进之;俟敌阵稍动而来救于心,则退冲心之兵,复坚我阵;俟敌阵稍动,则麾我两稍之兵乘之。若敌阵心实而稍圆,不可轻击,俟变而后动焉。若敌阵于死地,部伍齐肃如一者,此将贤而兵精也,不可轻击焉。阵于死地,部伍不肃,多动多哗,旗帜撩乱,此皆将军愚昧,不能择地利,使士伍心动故也,可迫而击之,必胜也。若阵于生地,人马利于出入,行列严整,旌旗如画,金鼓应节,人无喧嚣,此将有谋而善于得地利者也,不可轻击。敌阵于生地,令不严肃,行列不整,进退不节,此盖将内不能晓军政,外不能择地利故也。吏士之心必不固,可放兵击之,必胜也。若敌阵左右山峡而不能盈者,可击也;列阵不能顺其地势者,可击也。是知善战者,莫不能此而能料其胜负也。

地形第十

【本篇主旨】

本篇主要论述作为将领如何善于利用地形之利,以克敌制胜。两军对垒,要知己知彼,这一观点可以说是孙子兵法的主旨。在每一篇中都强调了知己知彼的重要性。上一篇对行军中的地形就有详解,而这一篇又对各种地形加以阐述,也见出有利的地势对兵家是多么的重要。有六种情况是临阵要注意的,通、挂、支、隘、险、远。知道了这六种地形就要了解士卒的各种情况,他们的情绪、他们举动,他们与将帅的关系都是决定作战胜负的因素,而对这些如果不能明察,就会造成惨痛的后果。

【原文】

孙子曰:地形有通者①、有挂者②、有支者③、有隘者④、有险者⑤、有远者。我可以往,彼可以来,曰通。通形者,先居高阳⑥,利粮道,以战则利⑦。可以往,难以返,曰挂。挂形者,敌无备,出而胜之⑧,敌若有备,出而不胜,难以返,不利。我出而不利,彼出而不利,曰支。支形者,敌虽利我,我无出也⑨,引而去之,令敌半出而击之⑩。隘形者,我先居之,必盈之以待敌⑪。若敌先居之,盈而勿从,不盈而从之⑫。险形者,我先居之,必居高阳以待敌⑬;若敌先居之,引而去之,勿从也。远形者,势均难以挑战⑭,战而不利。凡此六者,地之道⑮也,将之至任,不可不察也。

凡兵有走者⑯、有驰者、有陷者、有崩者、有乱者、有北者。凡此六者,非天地之灾,将之过也。夫势均,以一击十,曰走⑰;卒强吏弱,曰驰⑱;吏强卒弱,曰陷⑲;大吏怒而不服⑳,遇敌怼而自战㉑,将不知其能,曰崩;将弱不严㉒,教道不明㉓,吏卒无常㉔,陈兵纵横㉕,曰乱;将不能料敌㉖,以少合众,以弱击强,兵无选锋㉗,曰北。凡此六者,败之道也,将之至任,不可不察也。

夫地形者,兵之助也㉘。料敌制胜㉙,计险隘远近㉚,上将之道㉛也。知此而用战者必胜,不知此而用战者必败。故战道㉜必胜,主㉝曰无战㉞,必战可也;战道不胜,主曰必战,无战可也。故进不求名,退不避罪,唯人是保㉟,而利合营于主,国之宝也㊱。

视卒如婴儿㊲,故可以与之赴深溪;视卒如爱子,故可与之俱死。厚而不能使,爱而不能令㊳,乱而不能治㊴,譬若娇子,不可用也。

知吾卒之可以击,而不知敌之不可击,胜之半也㊵;知敌之可击,而不知吾卒之不可以击,胜之半也;知敌之可击,知吾卒之可以击,而不知地形之不可以战,胜之半也㊶。故知兵者,动而不迷㊷,举而不穷㊸。故曰:知彼知己,胜乃不殆㊹;知天知地,胜乃可全㊺。

【注释】

①地形有通者:地形,即地理形势。通,四通八达。

②挂者:易进难返的地形。梅尧臣注:"网罗之地,往必挂缀。"

③支者:敌我双方可以据险对峙而不宜进攻的地形。

④隘者:两山之间的狭窄险要地带。

⑤险者:形势险要的地带。

⑥先居高阳:首先占领地势高而向阳的地方。

⑦利粮道,以战则利:保持运粮通道的畅通,就能有利于作战。杜牧注:利粮道者,每于津肥隘或敌人要冲,则筑垒或作函甬道以护之。"

⑧形者,敌无备,出而胜之:在易进难退的挂形地带,敌没有防备时,就可以出击以取胜。杜牧注:"挂者,险阻之地,与敌其有犬牙相错,动有挂碍也,往攻敌,敌若无备,攻之必胜,则虽与险阻相错,敌人已败,不得复邀我归路矣。"

⑨虽利我,我无出也:敌军即使以利引诱,我军也不要出击。利,以利相诱。无,通"勿"。梅尧臣注:"各居所险,先出必败,利而诱我,我不可爱,伪去引敌,半出而击。"

⑩令敌半出而击之:让敌人出动至一半时再回击。陈(白皋)注:"我若引去,敌止则已。

若来袭我,候其半出,则急袭之。"

⑪必盈之以待敌:必须以足够的兵力堵守隘口,以便等敌军到来。杜佑注:"盈,满也。以兵陈满隘形,欲使敌不得进退也。"

⑫盈而勿从,不盈而从之:敌人在隘形地带如已派充足的兵力防守,就不可去攻打;如敌人虽已占领该处,但兵力并不充足,就可以去攻打。张预注:"敌若先居此地,盈塞隘口而陈者,不可从也。若虽守隘口,俱不满齐者,入而从之,与敌共此险阻之利。"

⑬险形者,我先居之,必居高阳以待敌:遇到险要地形,我军应抢先到达占领向阳的制高点,以待敌军。杜佑注:"居高阳之地以待敌人,敌人从其下阴而来,此之则胜。"

⑭远形者,势均,难以挑战:两军相距较远而且势力相当的情况下,不宜主动挑战。

⑮地之道:关于利用地形行军作战的原则。

⑯兵有走者:这里的"兵"系指败兵,走,败走,奔逃。

⑰夫势均,以一击十,日走:双方势均力敌的情况下,一方以一击十而失败的,就叫做"走"。杜牧注:"夫以一击之十之道,先须敌人与我将之智谋、兵之勇怯、天时地利、饥饱劳佚,十倍相悬,然后可以奋一击十。若势均力敌,不能自料,以我之一,击敌之十,则须奔走,不能返舍复为驻止矣。"

⑱卒强吏弱,日弛:士卒强悍而军吏懦弱,不能指挥得当,军纪松弛而失败的,就叫做"弛"。

⑲吏强卒弱,日陷:军吏刚强而士卒怯弱,队伍涣散而失败的,叫做"陷"。张预注:"将吏刚勇欲战,而士卒素乏训练,不能齐勇同奋,苟用之,必陷于败亡。"

⑳大吏吏怒而不服:偏将怨怒,不服从主将指挥。大吏,小将,偏裨将佐。

㉑遇敌怼而自战:遇到敌军时心怀怨愤,擅自率领所部出战。梅尧臣注:"小将心怒而不服,遇敌怼怼而不顾,自取崩败者,盖将不知其能也。"

㉒将弱不严:将领懦弱无能而军纪不严。

㉓教道不明:对部下缺乏教育和训练。

㉔吏卒无常:军中下级将佐与士卒不道法纪、军规。常,常法,军纪。

㉕陈兵纵横:出兵列阵横冲直撞,没有章法。张预注:"将弱不严,谓将帅无威德也;教道不明,谓教阅无古法也;吏卒无常,谓将臣无久任也;陈兵纵横,谓士卒无节制也。为将若此,自乱之道。"

㉖将不能料敌:将帅不了解和分析敌情。

㉗兵无选锋:不能挑选英勇善战的士卒组成的精锐部队

㉘地形者,兵之助也:地形是用兵作战的重要辅助条件。贾林注:"战虽在兵,得地易胜,故曰兵之易也。山可障,水可灌,高胜卑,险胜平也。"

㉙料敌制胜:准确地分析判断敌情以制定取胜计划。

㉚计险隘、远近:考察地势的险易虚实,计算道路的远近。

㉛上将之道:高明将领的用兵之道。杜牧注:"馈用之费,人马之力,攻守之便,皆在险阻远近也。言若能料此以制敌,乃为将臻极之道。"

㉜战道:战争的必然规律。

㉝主:国君,君主。

㉞无战:不要交战。无,通"勿"。

㉟唯人是保:人,民众。王晳注:"战与不战,皆在保民利主而已矣。"

㊱国之宝也:国家的宝贵财富。张预注:"进退违命,非为己也。皆所以保民命而合主利。此忠臣,国家之宝也。"

㊲视卒如婴儿:把士兵们像自己的婴儿一样看待。张预注:"将视卒如子,则卒视将如父,未有父在危难而子不致死。"

㊳厚而不能使,爱而不能令:对士卒只知厚待而不善于使用,只一味溺爱而不知教育。张预注:"恩不可以专用,罚不可以独行。专用恩,则卒如骄子而不能使。"

㊴乱而不能治:发生违犯军纪的混乱情况而不能惩治。

㊵知吾卒之可以击,而不知敌之不可击,胜之半:只知道我军方面的情况可以出战,而不了解敌军方面的情况不可出战,胜利与失败的可能性各占一半。梅尧臣注:"知己而不知彼,或有胜耳。"

㊶不知地形之不可以战,胜之半也:不了解地形因素不宜出战,即使知己知彼,胜利的可能性也只有一半。张预注:"既知己又知彼,但不得地形之助,亦不可全胜。"

㊷知兵者:真正通晓用兵之道的将领。

㊸动而不迷:举措不会受迷惑。

㊹举而不穷:行动方案变化无穷。陈(白皋)注:"穷者,困也。我若识彼此之动否,量地形之得失,则进而不迷,战而不困者也。"

㊺胜乃不殆:胜利而不会有危险。

㊻胜乃可全:全,完全。可以取得完全的胜利。

【译文】

孙子说:地形有通形、挂形、支形、隘形、险形、远形六种。我军可以往,敌军也可以来的地域,叫通形。在通形地域,先占领地势高而且向阳,又有利于补给、道路畅通的阵地,就会对作战有利。可以前往,但难以返回的地域,叫挂形。在挂形地域,如果敌军没有防备,我军就可以出击取胜;如果敌军有了防备,出击又不能保证取胜,就难以返回,那就不利了。我军前出不利,敌军也前出不利的地域,叫支形。在支形地域,敌军虽然以利引诱我,也不要出击;应率军佯装撤退,引诱敌军前出一半时突然回军攻击,这样就会有利。在隘形(两山之间的狭窄山谷地带)地域,我军应该抢先占领,并用重兵封锁隘口,以等待敌军的到来;如果敌军先占领了峡谷,并用重兵把守隘口,就不可以进击;如果敌军没有用充足的兵力把守隘口,我军就可以去进攻。在险形(地势险峻、行动不便的地带)地域,我军应该抢先占领,一定要占据地势较高、向阳一面的制高点,等待敌军来犯;如果敌军已先期到达,占据了有利地形,我军就应该主动撤退,千万不要进攻。在远形(距离遥远之地)地域,敌我双方实力相当时,不便于挑战,如果勉强出战,就会不利。以上这六点,是利用地形的法则,也是将帅们重大责任之所在,不可以不认真考虑研究。

军队打败仗有"走"、"弛"、"陷"、"崩"、"乱"、"北"六种情形。这六种情况的发生，不是天时地理等自然条件造成的灾害，而是将帅用兵的错误造成的。凡是双方实力相当，却要以一击十，必然导致失败而临阵败逃，叫做走。士卒强悍而军官怯懦，必然指挥不灵，士气松懈，叫做弛。军官强悍而士卒怯懦，必然战斗力差，以至全军陷灭，叫做陷。高级将领怨怒而不服从主帅指挥，遇到敌军只凭一腔仇恨而擅自出战，主帅却不知道他的能力，必然导致溃败而如土崩瓦解，叫做崩。将帅怯懦无威严，训练教育士兵没有章法，致使官兵关系不正常，布阵杂乱无章，部队混乱不堪，叫做乱。将帅不能正确判断敌情，用少数兵力去迎击敌人重兵，以弱击强又没有精锐的前锋部队，必然失败，叫做北。以上六种情况，是造成失败的必然规律，也是将帅的重大责任之所在，不可以不给予认真的考察研究。

地形是用兵打仗的辅助条件。判断敌情，争取克敌制胜的主动权，考察地形的险易，计算路程的远近，这些都是高明的优秀将帅必须掌握的基本方法。懂得这些方法去指挥打仗，就必然胜利；不懂得这些方法而去指挥打仗，就一定失败。

所以，按战争规律分析，必定会取得胜利的仗，即使国君说不要打，也可以坚持去打；按战争规律分析，必然失败的仗，即使国君说一定要打，也可以不打。所以说，将帅进攻不是为了求得个人声名，退不回避违命的罪责，唯一的追求是保全百姓，而有益于国君的利益。这样的将帅正是国家的宝贵财富。

对待士卒就像对待婴儿那样百般呵护，士卒就可以与将帅一起共赴患难（磎即溪。深溪，指危险地带）；对待士卒就像对待儿子那样关怀疼爱，士卒就可以与将帅一起同生共生。如果厚待士卒而不使用他们，爱护士卒而不用法令约束他们，士卒违法乱纪而不去惩治他们，那么，士卒就会像娇惯的孩子一样，是不能用来作战的。

只知道自己的军队可以打仗，而不了解敌人不可以攻打，胜利的可能只有一半；只知道敌军可以攻打，而不了解自己的军队不能去攻打，胜利的可能也只有一半；知道敌军可以攻打，也知道自己的军队可以去攻打，但不了解地形条件不宜于向敌军发起攻击，胜利的可能同样只有一半。因此，真正懂得用兵的将帅，行动起来不会迷惑，战术措施变化无穷。

所以说：知彼知己，取胜就不会有差错；知道天时，知道地利，那么，就能取得完全的胜利了。

【故事论述】

晋阳之战，是春秋、战国之际，晋国内部四个强卿大族智、赵、韩、魏之间为争夺统治权益，兼并对手而进行的一场战争。这场战争历时两年左右，以赵、韩、魏三家联合携手，共同攻灭智伯氏，瓜分其领地而告终。它对中国历史的发展具有较大的影响，因为在这场战争后，逐渐形成了"三家分晋"的历史新局面，史家多将此战视为揭开战国历史帷幕的重要标志。

春秋以来长期延绵不断的争霸兼并斗争，严重地消耗了各大国的实力；而社会经济、政治形势的发展，又使各大国内部的各种矛盾日趋尖锐，各大国都感到难以为继。而各小国久苦于大国争霸战争带来的灾难，更希望有一个和平的喘息间歇。在这种形势下，弭兵之议随之而起。向戍弭兵就标志着大国争霸战争从此接近尾声，各国内部的倾轧斗争上升为当时社会的主要矛盾。

历史进入了春秋晚期。这一时期社会政治生活的主要形式是诸侯国中卿大夫强宗的崛起和国君公室的衰微。当时各大国的诸侯，均被连绵不断的兼并、争霸战争拖得精疲力竭，这样就给各国内部的卿大夫提供了绝好的机会，得以榨取民众的剩余劳动积累财富和损公室利民众的方式收买人心。这种情况的长期发展，使得一部分卿大夫逐渐强大起来，西周时期"礼乐征伐自天子出"的政治格局，在春秋前中期一变为"礼乐征伐自诸侯出"，这时乃再变为"自大夫出了"。

强大起来的卿大夫之间，也不可避免地互相兼并，进行激烈的斗争。这在晋国表现得最为典型。在那里，首先是十多个卿大夫的宗族的财富和势力一天天扩展，而其互相兼并的结果，则只剩下韩、魏、赵、智、中行、范六大宗族，是为"六卿"。这时，晋君的权力已基本被剥夺，国内政治全由"六卿"所主宰。尔后，"六卿"之间又因瓜分权益产生矛盾而进行火拼，火拼导致范、中行两氏的覆灭。晋国于是只剩赵、韩、魏、智四大贵族集团。可是"四卿"之间也不能相安，更大的冲突很快就来临了，这样，便直接导致了晋阳之战的爆发。

剪灭范、中行两氏之后，智氏的智伯瑶专断了晋国的国政，在四卿中具有最雄厚的实力。智伯瑶是一个没有政治眼光、贪得无厌的贵族，这时，就凭借自己的优势地位，强行索取韩氏和魏氏的万家之县各一。韩康子、魏桓子无力同智伯瑶抗争，只好被迫割让自己大片领地献给智氏。智伯此举得手后，得陇望蜀，又把矛头指向了赵襄子，狮子大开口向赵襄子索取土地。赵襄子不甘心受制于智伯，就坚决拒绝了智伯索地的无理要求。

赵襄子不屈服的态度大大惹怒了智伯。他乃于周贞定王十四年(公元前455年)大举发兵攻赵，并胁迫韩、魏两氏出兵协同作战。赵襄子见三家联军前来进攻，自度寡不敌众，便采纳谋臣张孟谈的建议，选择民心向赵，并预有准备的晋阳城(今山西太原西南)进行固守。

智伯统率三家联军猛攻晋阳三月不下，又围困一年多未克。联军顿兵坚城之下，渐渐趋于被动。而晋阳城中军民却是同仇敌忾，士气始终高昂。智伯眼见战事拖延两年而进展甚微，不禁焦急万分。他苦苦思索，终于想出引晋水(汾水)淹灌晋阳城的计策，企图用它来攻破晋阳坚城。

于是，智伯命令士兵在晋水上游筑坝，造起一个巨大的蓄水池，再挖一条河通向晋阳城西南。又在围城部队的营地外，筑起一道拦水坝，以防水淹晋阳的同时也淹了自己的人马。工程竣工后，正值雨季来临，连日大雨不止，河暴涨，把蓄水池灌得满满的智伯下令，掘开堤坝，一时间大水奔腾咆哮，直扑晋阳城。很快地晋阳全城都被浸没在水中了。城内军民只好支棚而居，悬锅而炊，病饿交加，情况十分危急。但尽管这样，守城军民始终没有动摇斗志，仍坚守着危城。

韩、魏参与攻打赵氏，原先就是出于被胁迫，这时对智伯的残暴更有了亲身的感受，开始感到赵如果灭亡后，自己也难免落得被兼并的下场，于是便对作战行动采取消极应付的态度。赵襄子看出了韩、魏两氏与智伯之间这种滋长中的矛盾，决心巧妙加以利用。便派遣张孟谈乘夜潜出城外，秘密会见韩康子和魏桓子，用唇亡齿寒的道理，说服韩、魏两家暗中倒戈。

孙子兵法

赵、韩、魏三家密谋联告就绪后,便在一个约定的夜间展开军事行动:赵襄子在韩、魏的配合下,派兵杀死智伯守堤的官兵,掘开了卫护堤坝,放水倒灌智伯军营。智伯的部队从梦中惊醒,吼作一团。赵军乘势从城中正面出击,韩、魏两军则自两翼夹攻,大破智伯军,并擒杀智伯本人。三家乘胜进击,尽灭智氏宗族,瓜分其土地。为日后"三家分晋"奠定了坚实的基础。

在晋阳之战中,赵襄子善于利用民心,激发士气,挫败了智伯围攻孤城、速战速决的企图;当智伯以水灌城,守城斗争进入最艰巨的阶段时,赵襄子及守城军民又临危不惧,誓死抵抗,并利用韩、魏与智伯的矛盾,加以争取,瓦解智伯的战线,使其陷于彻底的孤立,为尔后的决战创造了有利的态势。当"伐交"斗争取得成功后,赵襄子又能制定正确的破敌之策,巧妙利用水攻,以其人之道还治其人之身,用水倒灌智伯军营,予敌以出其不意的打击。并及时把握战机,迅速全面出击,取得了聚歼敌人的彻底胜利。由此可见,赵襄子在晋阳之战中表现出卓越的政治、外交、军事才能,不愧为当时杰出的政治家和军事家。

智伯的失败,在很大程度上是他咎由自取。他恃强凌弱,迷信武力,失却民心,在政治上陷入了孤立。四面出击,到处树敌,在外交上陷入了被动。在作战中,他长年屯兵坚城之下,白白损耗许多实力;他昧于对"同盟者"动向的了解,为敌所乘。当对方用水攻转而对付自己时,又惊恐失措,未能随机应变,组织有效的抵御,终于身死族灭,一败涂地,为天下笑。

【名家论战】

卫公兵法辑本

凡是贼徒,好相掩袭。须择勇敢之夫,选明察之士,兼使乡导,潜历山原,密其声,晦其迹;或刻为兽足而印履于中途,或上托微禽而幽伏于丛薄;然后倾耳以遥听,竦目而深视,专智以度事机,注心而候气色。见水痕则可以测敌济之早晚,观树动则可以辨来寇之驱驰也。故烟火莫若谨而审,旌旗莫若齐而一,爵赏必重而不欺,刑戮必严而不舍。敌之动静而我必有其备,彼之去就而我必审其机,岂不得保其全哉?

九地第十一

【本篇主旨】

本篇主要从人的心理因素和情绪因素论述它们对战事的影响。论述如何利用有利因素,如地形、将士的积极性,来达到作战胜利的目的。其中最突出的思想也是孙子最为看重的理论就是治军之法纪和人性中求生的理念。这两点可以说是关系到人之生死。文中首先总论"九地'的特点和战法。其次论述将要出征时,政府应采取什么样的方略。第三即对已深入敌境的兵士应如何指挥才能充分发挥人的全部能动性。这也是考验一个将领的时刻。

【原文】

孙子曰:用兵之法,有散地,有轻地,有争地,有交地,有衢地,有重地,有圮地,有围地,有死地。诸侯自战其地者,为散地①;入人之地不深者,为轻地②;我得则利,彼得亦利者,为争地③;我可以往,彼可以来者,为交地④;诸侯之地三属⑤,先至而得天下众者,为衢地6;⑥入人之地深,背城邑多者,为重地⑦;山林、险阻、沮泽,凡难行之道者,为圮地⑧;所由入者隘,所从归者迂,彼寡可以击吾之众者,为围地⑨;疾战则存,不疾战则亡者,为死地⑩。是故散地则无战⑪,轻地则无止⑫,争地则无攻⑬,交地则无绝⑭,衢地则合交⑮,重地则掠⑯,圮地则行⑰,围地则谋⑱,死地则战⑲。

古之善用兵者,能使敌人前后不相及⑳,众寡不相恃㉑,贵贱不相救㉒,上下不相收㉓,卒离而不集㉔,兵合而不齐㉕。合于利而动,不合于利而止㉖。敢问敌众而整将来,待之若何曰:先夺其所爱则听矣㉗。兵之情主速㉘,乘人之不及㉙,由不虞之道㉚,攻其所不戒也㉛。

凡为客之道㉜,深入则专㉝。主人不克㉞,掠于饶野㉟,三军足食。谨养而勿劳,并气积力㊱,运兵计谋,为不可测㊲。投之无所往㊳,死且不北。死焉不得㊴,士人尽力。兵士甚陷则不惧㊵,无所往则固㊶,深入则拘㊷,不得已则斗㊸。是故其兵不修而戒㊹,不求而得,不约而亲㊺,不令而信,禁祥去疑㊻,至死无所之㊼。吾士无余财,非恶货也㊽;无余命,非恶寿也㊾。令发之日,士卒坐者涕沾襟㊿,偃卧者涕交颐[51],投之无所往,诸、刿之勇也[52]。

故善用兵者,譬如率然[53]。率然者,常山之蛇也。击其首则尾至,击其尾则首至,击其中则首尾俱至。敢问兵可使如率然乎?曰可。夫吴人与越人相恶也,当其同舟而济而遇风,其相救也如左右手。是故方马埋轮,未足恃也[55];齐勇如一,政之道也[56];刚柔皆得,地之理也[57]。故善用兵者,携手若使一人[58],不得已也。

将军之事[59],静以幽[60],正以治[61],能愚士卒之耳目,使之无知[62];易其事,革其谋,使人无识[63];易其居,迂其途,使民不得虑[64]。帅与之期,如登高而去其梯[65];帅与之深入诸侯之地,而发其机[66]。焚舟破釜[67]若驱群羊,驱而往,驱而来,莫知所之。聚三军之众,投之于险,此谓将军之事也。九地之变,屈伸之利[68],人情之理,不可不察也。

凡为客之道,深则专,浅则散[69]。去国越境而师者,绝地也[70];四达者,衢地也;入深者,重地也;入浅者,轻地也;背固前隘者,围地也[71];无所往者,死地也。是故散地吾将一其志[72],轻地吾将使之属[73],争地吾将趋其后[74],交地吾将谨其守[75],衢地吾将固其结[76],重地吾将继其食[77],圮地吾将进其途[78],围地吾将塞其阙[79],死地吾将示之以不活[80]。故兵之情:围则御[81],不得已则斗,过则从[82]。

是故不知诸侯之谋者,不能预交;不知山林、险阻、沮泽之形者,不能行军;不用乡导,不能得地利。四五者,一不知,非霸王之兵也[83]。夫霸王之兵,伐大国,则其众不得聚[84];威加于敌,则其交不得合[85]。是故不争天下之交[86],不养天下之权[87],信己之私[88],威加于敌,则其城可拔,其国可隳[89]。施无法之赏[90],悬无政之令[91],犯三军之众[92],若使一人。犯之以事,勿告以言[93];犯之以利,勿告以害[94]。投之亡地然后存,陷之死地然后生[95]。夫众陷于害,然后能为胜败[96]。故为兵之事,在顺详敌之意[97],并敌一向,千里杀将[98],是谓巧能成事者也。

是故政举之日[99],夷关折符[100],无通其使[101],厉于廊庙之上,以诛其事[102]。敌人开阖,必亟入之⑩,先其所爱⑩,微与之期⑩,践墨随敌⑩,以决战事。是故始如处女,敌人开户⑩;后如脱兔,敌不及拒⑩。

【注释】

①诸侯自战之地,为散地:战争如在诸侯自己的领土上进行,因离家较近,士卒在遇到危急时容易溃散逃亡,所以叫做"散地"。杜佑注:"战其境内之地,士卒意不专,有溃散之心,故曰散地。"

②入人之地而不深者,为轻地:军队在进入敌方境内不远的地区作战,由于士卒离本土不远,遇有危害就会逃亡返回,所以叫做"轻地"。杜牧注:"师出越境,必焚舟梁,示民无返顾之心。"

③我得则利,彼得亦利者,为争地:敌我双方谁先占领谁就有利的地方叫做争地。陈(白皋)注:"彼我若先得其地者,则可以少胜众,弱胜强也。"

④我可以往,彼可以来者,为交地:敌我双方都可以往来,地势平坦、交通便利的地区叫做"交地"。张预注:"敌有数道往来,通达而不可阻绝者,是交错之地也。"

⑤诸侯之地三属:敌我双方均与其他诸侯国相连之地。曹操注:"我与敌相当,而旁有他国也。"

⑥先至而得天下之众者,为衢地:先到达的一方就能得到周边诸侯的帮助,这样的地带叫做"衢地"。杜佑注:"先至其地,交结诸侯之众为助也。"

⑦入人之地深,背城邑多者,为重地:背,此处有依靠,占领之意。深入敌国境内,有敌方的很多城镇的地区,叫做"重地"。杜牧注:"入人之境已深,过人之城已多,津梁皆为所恃,要冲皆为所据,还师返斾,不可得也。"

⑧行山林、险阻、沮泽,凡难行之道者,为圮地:山林、险要通路、水网地、湖泊沼泽等难以通行的地带,叫做"圮地"。梅尧臣注:"水所毁圮,行则犹难,况战守乎?"

⑨围地:进入的道路狭窄,退回的道路迂远,敌军以少数兵力即可战胜我军的地带,叫做"围地"。杜佑注:"所从入隘险,归道远也。持久则粮乏,故敌可以少击吾众者,为围地也。"

⑩死地:只有极力拼搏才能生存,不奋勇作战就面临绝路的地带,叫做"死地"。

⑪散地则无战:在"散地"上不宜交战。然此说不可绝对,如贾林注:"地无关阔,卒易散走,居此地者,不可数战。地形之说,一家之理,若号令严明,士卒爱服,死且不顾,何散之有",甚为有理。

⑫轻地则无止:军队在"轻地"上不可停留。

⑬争地则无攻:如敌人已先占领必争之地,就不可再强行攻取。王晳注:"敌居形胜之地,先据乎利,而我不得其处,则不可攻。"

⑭交地则无绝:军队在"交地"要做到各部之间互相策应,保持联系。杜牧注:川广地平,四面交战,须车骑部伍首尾联属,不可使断绝,恐敌人因而乘伐。

⑮衢地则合交:在交通便利的"衢地"上要加强与周围诸侯国的外交活动,以结外援,孤立敌军。张预注:"四通之地,先结交旁国也。"

⑯重地则掠:深入敌方的"重地",要掠取当地的粮草物资以供给自己的军队,这是"因

中国历代兵法精粹

粮于敌"的理论,王皙注:"深入敌境,则掠饶野,以丰储也,难地食少则危。"

⑰圮地则行:遇到"圮地"应该设法迅速通过。李筌注:"不可为沟隍,宜急去之。"

⑱围地则谋:在"围地"中必须善于运用奇谋以摆脱被动局面。张预注:"难以力胜,易以谋取也。"

⑲死地则战:在"疾战则存,不疾战则亡"的死地,必须拼死作战以求脱险。陈(白皋)注:"陷在死地,则军中人人自战,故曰:置之死地而后生。"

⑳前后不相及:及,照应。前后部队不能相互策应。

㉑众寡不相恃:众,此处指主力部队。寡,此处指小分队。主力部队与小分队之间无法相互依靠,协同作战。

㉒贵贱不相救:贵贱,身份高贵和卑微的人,此处分别指将官和士卒。本句意为官兵之间不能相互援助。

㉓上下不相收:收,聚集,收拢。由于军队部署被打乱,上下级之间失去联系,不能集结。

㉔卒离而不集:士卒离散混乱不能聚集。

㉕兵合而不齐:即使士卒集合起来也不能做到行动统一。综合前几句,张预注为:"出其不意,掩其无备,骁兵锐卒,猝然突击,彼救前则后虑,应左则右隙,使仓皇散乱,不知所御,将吏士卒,不能相赴,其卒已散而不复聚,其兵虽合而不能一。"

㉖合于利而动,不合于利而止:符合于我军利益的就可采取相应行动,反之则止。

㉗先夺其所爱,则听矣:爱,此处指要害所在。听,顺从。本句意为应首先夺取敌军要害之处,敌人就不得不听从我军的摆布了。杜牧注:"据我便地,略我田野,利其粮道,斯之者,敌人之所爱惜倚恃者也,若能俱夺之,则敌虽强,进退胜败皆须听我也。"

㉘兵之情主速:情,主旨。本句意为为用兵贵在神速。

㉙乘人之不及:乘敌人措手不及的时候。张预注:"乘人之仓卒,使不及为备也。"

㉚由不虞之道:不虞,意料不到。从敌人意料不到的路径通过。

㉛攻其所不戒也:戒,戒备。攻打敌人不加戒备的地方。梅尧臣注:"兵机贵速,当乘人之不备。乘人之不备者,行虞之道,攻不戒之所也。"

㉜为客之道:客,即离开本国到敌境内作战的军队。本句意为离开本土进入敌国境内作战的原则。

㉝深入则专:深入到敌国境内,士卒无法轻易逃散,就会专心地作战。

㉞主人不克:主人,在本国境内作战的军队。克,战胜。本句意为在本国领土作战的一方就无法战胜客军。张预注:"深入敌境,士卒心专,则为主者不能胜也。客在重地,主在轻地故耳。"

㉟掠于饶野:在敌国富饶的田野上夺取粮草。

㊱谨养而勿劳,并气积力:利用作战间隙休整兵力,不可使队伍过分疲劳,提高士卒斗志,积蓄作战锐气。杜牧注:"深入敌人之境,须掠田野,使我足食,然后闭壁守之,勿使劳苦,气全力盛,一发取胜。"

㊲运兵计谋,为不可测:调动军队,谋划军机,使敌人难以判断。测,推测。王皙注:"形

藏谋密,使敌不测,俟其有可胜之隙,则进之。”

㊳投之无所往:把军队放在无路可走的绝境。投,放置。杜牧注:“谓前后进退皆无所之。”

㊴死焉不得:焉,什么。焉不得,怎么会得不到呢?本句意为士卒连死都不怕,还有什么不能做到呢?梅尧臣注:“兵焉得不用命。”

㊵兵士甚陷则不惧:兵士们越是深陷危险的境地,反而不再恐惧了。杜牧注:“陷于危险,势不独死,三军同心,故不惧也。”

㊶无所往则固:在无路可走的情况下军心就会稳定。梅尧臣注:“投无所往,则自然固,入深,则自然志专也。”

㊷深入则拘:深入敌方境内,军心就会专一而不散漫。张预注:“动无所之,人心坚固,兵在重地,走无所适,则如拘系也。”

㊸不得已则斗:到了万不得已的时候就会殊死拼斗。

㊹其兵不修而戒:军队不用整治督导就会主动加强戒备。张预注:“危难之地,人自同力,不修整而戒慎。”

㊺不约而亲:不用故意去约束就会自然亲密团结。杜牧注:不待约令而亲信也。”

㊻禁祥去疑:祥,吉凶的预兆,指占卜等迷信活动。禁止迷信活动,消除谣言疑虑。梅尧臣注:“妖祥之事不作,疑惑之言不入,则军士必不乱,死而后已。”

㊼至死无所之:之,往直到战死也不会逃避。

㊽吾士无余财,非恶货也:恶,厌恶。货,财货,财物。我们的将士没有多余的财物,并非不喜爱财物。杜牧注:“若有财货,恐士卒顾恋,有苟生之意,无必死之心也。”

㊾无余命,非恶寿也:没有多余的命(不怕死战),并非不爱惜生命,不想长寿。张预注:“货与寿,人之所爱也。所以烧掷财宝,割弃性命者,非憎恶之也,不得已也。”

㊿令发之日,士卒坐者涕沾襟:颁布军令的时候,坐着的士卒涕泪沾湿了衣襟。李筌注:“弃财与命,有必死之志,故感而流涕也。”

(51)偃卧者涕交颐:偃,躺倒。颐,面颊。躺着的士卒泪流满面。

(52)诸、刿之勇:像专诸与曹刿一样英勇无畏。张预注:“人怀必死,则所向皆有专诸、曹刿之勇也。”诸,专诸,春秋时吴国勇士。公元前515年,被伍子胥推荐,在吴公子光(即后来的吴王阖闾)为吴王僚特设的宴席上,从鱼腹中取出暗藏的短剑刺杀吴王僚,当吴王卫士用长矛刺中他的背部时,他仍奋力把吴王僚杀死。为公子光取代吴王僚而自立为吴王立了首功。刿,曹刿,又名曹沫,春秋时鲁国武士。鲁庄公十年(公元前684年),随鲁庄公与齐军战于长勺,大胜。齐鲁两国在柯(今山东东阿)会盟时,曹刿持剑相从,劫持齐桓公订立盟约,收回鲁国失地。

(53)率然:古代传说中的一种蛇的名字。据《神异经·西荒经》:“西方山中有蛇,头尾差大,有色五彩。人、物触之者,中头则尾至,中尾则头至,中腰则头尾并至,名曰率然。”张预注:率,犹速也,击之则速然相应,此喻阵法也。八阵图曰:以后为前,以前为后,四头八尾,独处为首。敌冲其中,首尾相救。”

(54)常山：即恒山。在山西浑源南，为五岳中之北岳。西汉为避汉文帝刘恒之讳，改称“常山”。北周武帝时复称恒山。

(55)方马埋轮，未足恃也：把马并排拴在一起，把车轮埋住，想以此来防止士卒逃跑，是靠不住的。方，并列，此处指系在一起。杜牧注：“缚马埋轮，使为方阵，使为不动，虽如此，亦未足称为专固而足为恃。须任权变，置士于必死之地，使人自为战，相救如两手，此乃守固必胜之道，而足为恃也。”

(56)齐勇若一，政之道也：要使士卒齐心协力奋勇作战才是治军的原则。政，此处指治理、管理。张预注：“要使士卒相应如一体也。”

(57)刚柔皆得，地之理也：让强者和弱者都能各尽其力，关键在于恰当地利用地形。张预注：“得地利，柔弱之卒可以克敌，况刚强之兵乎。刚弱俱获其用者，地势使之然也。”

(58)携手若使一人：使全军携手作战像一个人一样协调。携手，拉着手。贾林注：“携手翻迭之道，便于回运，以后为前，以前为后，以左为右，以右为左，故百万之众如一人也。”

(59)将军之事：将，统率之意。统率军队作战的事。

(60)静以幽：沉着冷静而幽深莫测。梅尧臣注：“静以幽邃，人不能测。”

(61)正以治：严正而有条理。杜牧注：“平正无偏，故能致治。”

(62)能愚士卒之耳目，使之无知：对于作战意图，不能让士卒了解真情。李筌注：“为谋未熟，不欲令士卒知之，可以乐成，不可与谋始，是以先愚其耳目，使无见知。”

(63)易其事，革其谋，使人无识：改变行动，更新计谋，让别人不能识破内情。易，改变。革，改变。王皙注：“已行之事，已施之谋，当革易之，不可再也。”

(64)易其居，迂其途，使人不得虑：变动驻军位置，进军路线迂回，使人们无法得知其意图。迂，迂回。虑，图谋。张预注：“其居则去险而就易，其途则这而从远。人初不晓其旨，及取胜乃服。”

(65)帅与之期，如登高而去其梯：主帅向部队授予作战任务时，要如同使人登高然后抽去梯子一样，断绝其归路，使士卒们义反顾地前进。梅尧臣注：“可进而不可退也。”

(66)帅与之深入诸侯之地，而发其机：主帅率领军队深入敌国境内，要像击发弩机而射出箭矢一样勇往直前。机，弩机。张预注：“发其机，可往而不可返。”

(67)焚舟破釜：烧毁渡江的船只，打破做饭的炊具，即破釜沉舟，以示决一死战。李筌注：“还师者皆焚舟梁，坚其志，既不知谋，又无返顾之心，是以如驱羊也。”

(68)九地之变，屈伸之利：对各种地形条件下的应变处置，根据实际情况使军队屈伸自如。王皙注：“明九地之利害，亦当极其变耳言屈伸之利者，未见使则屈，见便则伸。”

(69)深则专，浅则散：在敌国境内作战，深入士卒专心一致，浅进士卒则容易离散。梅尧臣注：“此下重言九地者，孙子勤勤于九变也。”

(70)去国越境而师者，绝地也：离开本土，跨越别国边界进入敌境作战的，就是进入了“绝地”。张预注：“去己国越人境而用师者，危绝之地也。”

(71)背固前隘者，围地也：背后地势险要而前面进路狭隘，前进困难而后退受阻的地区，叫做围地。张预注：“前狭后险，进退受制于人也。”

⑫散地，吾将一其志：在"散地"作战，我军要做到上下统一意志。一，统一。梅尧臣注："保城备险，可一志坚守，候其虚懈，出而袭之。"

⑬轻地，吾将使之属：在"轻地"作战，要使自己的部队部署连贯。属，连接。杜牧注："部伍营垒，密近联属，以轻散之地，一者备其逃逸，二者恐其敌至，使易相救。"

⑭争地，吾将趋其后：在"争地"作战，要迅速前进，抄到敌军的后面。

⑮交地，吾将谨其守：在我可以往、敌可以来的"交地"，要严密戒备，谨慎守卫。

⑯衢地，吾将固其结：在"衢地"用兵，要巩固与周围诸侯国的结盟。张预注："则帛以利之，盟誓以要之，坚固不渝，则必为我助。"

⑰重地，吾将继其食：在"重地"，要注意保障粮草给养的补充。梅尧臣注："道既退绝，不可归国取粮，当掠彼以食军。"

⑱圮地，吾将进其涂：在"圮地"行军，应该迅速通过。杜佑注："疾过去也，疾行无留。"

⑲围地，吾将塞其阙：陷于"围地"，要堵塞缺口，使士卒放弃幻想，不得不拼死而战。阙，缺口。杜牧注："兵法围师必阙，示以生路，令无死志，因而击之。今若我在围地，敌开生路以诱我卒，我返自塞之，令士卒有必死之心。"

⑳死地，吾将示之以不活：在"死地"作战，要向军队及敌人表示死战的决心。示，表示，宣示。贾林注："焚财弃粮，塞井破灶，示必死也。"

㉑兵之情，围则御：士兵们的心理状态是，被包围就会奋起抵抗。杜牧注："兵在围地，始乃人人有御敌持胜之心。"

㉒过则从：陷入危险境地的士卒就会服从指挥。过，此处指深陷危境。从，服从，听从。张预注："深陷于危难之地，则无所不从。"

㉓四五者，不知一，非霸王之兵：九地的利害，有一不知就不能成为霸者、王者的军队。霸，称霸诸侯的强国。王，号令天下的共主。张预注："四五，谓九地之利害，有一不知，未能全胜。"

㉔其众不得聚：被进攻的国家来不及动员集中民众。杜牧注："权力有余也，能分散敌也。"

㉕威加于敌，则其交不得合：以强大的声威加之于敌人，使各诸侯国不敢与之结成联盟。梅尧臣注："威加敌，则旁国惧；旁国惧，则敌交不得合也。"

㉖不争天下之交：不必争着与其他国家结交为盟。

㉗不养天下之权：不必在别的国家中培植自己的势力。养，培养、培植。杜牧注："不蓄养机权之计。"

㉘信己之私：应当施展自己的战略意图。信，通展。私，自己的意图。

㉙威加于敌，故其城可拔，其国可隳：将兵威施加于敌国，就能够攻占敌人的城邑，摧毁敌人的国都。拔，攻占。国，都城。隳，通"毁"，摧毁。

㉚施无法之赏：实行法外之赏，即超出惯例规定的奖赏。无法，不合于常法。曹操注："军法令不应预施愚也。《司马法》曰：见敌作誓，瞻功作赏，此之谓也。"

㉛悬无政之令：颁布政外之令，即打破常规的命令。悬，此处意为颁布。无政，不合于常

规。张预注："政不预告，皆临事立制，以励士心。"

㉒犯三军之众：指挥全军上下行动。犯，此处指使用、驱使。梅尧臣注："犯，用也。赏罚严明，用多若用寡也。"

㉓犯之以事，勿告以言：让士卒去执行任务，但不要告诉他们这样做的意图。张预注："任用之于战斗，勿谕之以权谋，人知谋则疑也。"

㉔犯之以利，勿告以害：让士卒执行任务时，只可告诉他们有利的方面，而不要告诉有害的方面。张预注："人情见利则进，知害则避，故勿告以害也。"

㉕投之亡地然后存，陷之死地然后生：把军队置于危亡之处，反而能够保存；使士卒陷入死绝之地，反而可以得生。张预注："置之死亡之地，则人自为战，乃可存活也。"

㉖众陷于害，然后能为胜败：将军队放在险恶的境地中，然后才能决定胜败。梅尧臣注："既陷危难，然后胜，胜败在人为之耳。"

㉗为兵之事，在于顺详敌之意：指挥作战，在于谨慎地考察敌军的意图。顺，通"慎"，谨慎。详，详细考察。曹操、李筌等以"详"为"佯"，全句解作：佯顺敌之意。

㉘并敌一向，千里杀将：集中兵力向敌人的一点进攻，长驱千里，擒杀敌将。王皙注："并兵一力以向之，可以覆其军，杀其将。"

㉙政举之日：举，举措，决断。决定进行战争行动的时候。政，此处指军政大事。《左传》："国之大事，在祀与戎。"

㉚夷关折符：符，符志、证件。封锁关口，废除通行符志。杜绝边境双方居民来往。夷，夷平，此处指封闭，封锁。杜牧注："夷关折符者，不令国人出入，盖恐敌人有间使潜来。"

㉛无通其使：使，使节、使臣不许敌国的使节来往。梅尧臣注："使不通者，恐泄我事也。"

㉜厉于廊庙之上，以诛其事：在庙堂之上认真研究，以决定战争行动方案。厉，通"砺"，此处指反复推敲、琢磨。廊庙，即庙堂，此处借指国家最高决策机构。诛，即治，此处指商议决策。张预注："兵者大事，不可轻议，当惕厉于庙堂之上，密治其事，贵谋不外泄也。"

㉝敌人开阖，必亟入之：敌人如有可乘之机，必须急速乘隙而入。阖，门扇。

㉞先其所爱：爱，珍爱，此处指关键、要害。首先夺取敌人最重要的关键地方。杜牧注："凡是敌人所爱惜倚恃以为军者，则先夺之也。"

㉟微与之期：不微，没有，此处作"勿"字解。本句意为不要和敌人约定交战日期。

㊱践墨随敌：践，通"剪"，破除。墨，墨守成规。一说践墨即遵循法度，梅尧臣注："举动必践法度。本句意不要墨守成规，而应随敌情变化需要决定作战方案。王皙注："践兵法如绳墨。"

㊲始如处女，敌人开户：开户，开门，此处指放松戒备，露出空隙。开始时要像处女一样沉静，不露声色，以诱使敌人放松戒备。张预注："守则如处女之弱，令敌懈怠，是以启隙。"

㊳后如脱兔，敌不及拒：在敌人"启隙"之后，要像脱逃的兔子那样迅疾采取行动，使敌人来不及抵抗。张预注："攻则犹脱兔之疾，乘敌仓卒，是以莫御。"

【译文】

孙子说：按照用兵的原则，战场可分为散地、轻地、争地、交地、衢地、重地、圮地、围地、死地九种类型。在本国境内作战的地区，叫做散地；进入敌国境内作战，但没有深入的地区，叫做轻地；我方占领是有利的地区，敌人占领也有利的战场，叫做争地；敌我双方都可来到的战场，叫做交地；同时与几个国家接壤，谁先占有就可以与各国结交从而得到援助的地区，叫做衢地；深入到敌国腹地，可以占有敌国许多城镇的地区，叫做重地；山岭、森林、险阻、沼泽、水网，以及一切难以通行的地区，叫做圮地；进路狭窄，退路迂远，敌军用少数兵力就可以袭击我大部队的地区，叫做围地；奋起拼战就能生存，不奋起速战就可能全军覆灭的地区，叫做死地。因此，在散地不宜轻易进行战争，在轻地尽量不要停留，在争地不要发动进攻，在交地要保证行军序列不脱节断绝，在衢地应主动结交邻国，深入重地就要掠取敌国粮食，遇到圮地要迅速通过，陷入围地要设奇谋突围，到了死地就要奋勇作战，死里求生。

　　古代善于指挥作战的人，能使敌军前队与后队不能互相策应，主力部队与小分队不能相互依靠，长官与士卒不能相互救援，上级与下级失去联络不能协调，士卒溃散就再难聚合，即使集合起来也不能做到行动统一；对自己的军队来说，则是有利就战，无利就不战。有人问："假如敌人众多而且阵容齐整来向我进攻，该如何应付呢？"回答是："抢先夺取敌人最重视最关键的地方和东西，敌人就不得不听从摆布了。"用兵的原则重在快速，乘敌人措手不及的时候，走敌人意想不到的道路，攻击敌人没有戒备的地方。

　　进入敌国境内作战的一般规律是：深入腹地作战，将士们就会意志专一，敌人将不能战胜我们；在丰饶的田野上掠取粮草，使全军人马有足够的食物；一定要注意休整，不要让军队过于疲劳，凝聚士气，积蓄力量；部署兵力，巧用计谋，使敌人无法揣测我军的动向和意图。把部队投入无路可走的绝境，士兵就会宁死不退；士兵既然连死都不怕，还有什么事情不能办到呢？那样，全军将士必然会竭尽全力与敌人殊死作战。士卒们因为深陷绝境，反而会无所畏惧；无路可走了，军心反而能稳固；越是深入敌境，部队的凝聚力就会越强；在不得已的情况下，将士们就会殊死战斗。正因如此，这样的军队不需要整治督导就会自觉加强戒备，无需强求就能完成自己的任务，无需多加约束便能亲密团结，不需要三令五申，就能遵守纪律。一定要破除迷信，消除疑虑，部下就能至死不会逃跑。我军的将士不存多余的钱财，并不是他们不爱财物；他们将生死置之度外，并非是厌恶长寿。从出征命令颁布之日，士卒坐着的，眼泪流湿了衣襟，躺着的，眼泪流满了脸颊的情形就可以看出他们是多么的不忍舍弃这些。可把他们投到无路可走的绝境，他们就会像专诸、曹刿一样的勇敢了。

　　善于统帅军队的人，能使部队像灵蛇率然一样。率然是常山的灵蛇。如果打蛇的头，它的尾巴就会来救应；打它的尾巴，头就会来救应；打它的腰，头尾都会来救。试问："可以让军队也像常山灵蛇一样吗？"回答是："可以。吴国人和越国人本来相互仇恨，但当他们同坐一条船渡河，遇到风暴时，他们相互救援也会像一个人的左手和右手一样。"因此，想用把马拴在一起、深埋车轮来向士卒表示死战的决心，是靠不住的。只有全军上下齐心协力、英勇奋战如同一人，才是治理军队应遵循的原则。使刚强的和柔弱的都充分发挥作用，关键在于合理利用地形。所以，善于用兵的人，总是能使全军上下携手团结的像一个人，这是由于客观形式迫使不得不如此。

　　主持军政大事，要做到沉着冷静、幽深莫测，公正严明而有条不紊。要能蒙蔽士兵的耳

中国历代兵法精粹

目,使他们对军事行动一无所知;变动军队部署,改变原定计划,使别人无法识破机关;经常改换驻地,故意迂回行军路线,让别人无从推测自己的意图。将帅向部下布置作战任务,要像让他登上高处就抽掉梯子一样,断其退路。将帅与士卒深入敌国领土作战,要像扣动弩机射出的箭一样,一往无前;烧毁船只,砸破炊具,表示必死决心。指挥士卒像驱赶羊群一样,赶他们去就去,赶他们来就来,而不让他们知道究竟要到哪里去。聚合三军将士,把他们投于险恶的境地,迫使全军拼死奋战,这是将帅统率军队的重要任务。对于九种地形的变化处置,攻防进退的利害得失,将士们心理情感的变化规律,将帅们都不能不认真研究考察。

在敌国境内作战的一般规律是,越是深入敌国腹地,全军的意志便越是专心一致,进入敌国越浅,军心越容易涣散。离开本国越过敌境作战的地区,叫绝地;四通八达的地区,叫衢地;深入敌国的地区,叫重地;进入敌境较近的地区,叫轻地;后有险固前为隘路的地区,叫围地;无处可走的地区,叫死地。因此,在散地,我们就要统一部队的意志;进入轻地,我们就要使阵营紧密相联;进争地,要使后续部队迅速跟进;过交地,要谨慎严密防守;临衢地,要巩固与临国的结盟;在重地,要重视保证粮草不断;经圮地,要加快速度通过;陷围地,就要堵塞缺口;到死地,就要表现出与敌死战到底的决心。因为,将士的心理是,陷入了包围,便会奋力抵抗;迫不得已的情况下,便会拼死奋争;深陷绝境,就会听从指挥。

如果不了解各诸侯国的战略企图,就不能预先与他们结交;不了解山林、险阻、湖沼等地形,便不能行军打仗;不使用当地人做向导,便不能得到地形之利。这些方面,有一方面的情况不了解,就不能成为争王称霸的军队。真正强大的军队,进攻大国,能使敌人的军民来不及动员集中;威力加在敌人头上,就使别国不敢与其结交。因此,不必争着与天下诸侯结交,也不用在别的诸侯国培植自己的势力。只要施展自己的战略计策,把兵威加在敌国之上,就可以攻占他们的城池,摧毁他们的国家。

施行破格的奖赏,颁布非常的号令,指挥全军上下就能像指挥一个人一样。向部下布置作战任务,不要向他们说明意图;只告诉他们有利的条件,无需指出不利因素。把士卒投进最危险的地区,才有可能转危为安;陷士卒于死地,才能起死回生;全军将士陷入危难之中,然后才能赢得胜利。

所以,指挥战争,在于假装顺从敌人,却仔细了解敌人的战略意图,然后集中兵力攻击一点要害,便可以千里奔袭,擒敌杀将,这就是说,巧妙用兵能成大事。因此,在决定对敌作战、举兵出征时,要封锁关口,废除通行证件,不许敌国使者往来;召集群臣,在朝廷反复商讨征伐大计。敌人一旦有懈怠,一定要迅速乘机而入,首先夺取敌人最看中的战略要地,不要轻易与敌人约期决战。破除陈规,一切根据敌情变化,灵活机智地行动。因此,在战前要像处女那样娴静,不露声色,诱使敌人松懈警惕,门户大开;一旦战争开始以后,就要像个兔子一样,迅速出击,使敌人措手不及,无从抵抗。

【故事论述】

隋开皇元年(581年)九月至十一年春,隋文帝杨坚出兵北击突厥、南灭陈朝及平定江南的统一战争。

南北朝末期,北周、突厥和陈朝三个主要政权并存。北周大定元年(581年)二月,总揽

孙子兵法

北周大权的大丞相杨坚废周立隋，是为隋文帝。时隋疆域大体为长江以北，长城以南，东至沿海，西达四川的广大地区。拥有一千一百余县、二千九百余万人口，社会经济、文化较发达。

杨坚为统一中国，革除弊政，发展生产，亲自讲武，整顿军队，并陆续采取一些改革措施，不断增强国力、军力。北方突厥为游牧奴隶社会，自6世纪中期崛起，至沙钵略可汗时，控制着长城以北，贝加尔湖以南，兴安岭以西，黑海以东的辽阔地域，拥有骑兵数十万。因隋王朝停止对其献礼、和亲，不断兴兵南犯，威胁隋的统治。但当时突厥有四可汗，各拥重兵，沙钵略与阿波、达头等可汗不和，为隋制胜突厥提供了有利条件。江南陈朝传至后主陈叔宝时，保有长江以南、西陵峡以东到东南沿海的四百余县、二百余万人口。政治腐朽，上下猜忌，赋税繁重，府库空虚，刑法残暴，人民怨声载道；后主沉湎于酒色，疏于戒备，凭借长江阻遏隋军进攻。

杨坚曾准备先灭陈朝，后击突厥。为巩固北部边防，防止突厥侵扰，在边境增修亭障，加固长城，并命上柱国阴寿镇幽州（治蓟县，今北京西南），京兆尹虞庆则镇并州（今太原西南），屯兵数万以备之。开皇元年三月，即派大将贺若弼、韩擒虎分任吴州和庐州总管，镇江北要地广陵（今江苏扬州西北）、庐江（今合肥），做灭陈准备。

九月，陈将周罗睺攻占江北隋的胡墅（今江苏六合西南）。杨坚命尚书左仆射高□节度行军元帅长孙览、元景山率军伐陈。此际，突厥沙钵略可汗因其妻为北周千金公主，便以为北周复仇为借口，联合原北齐营州刺史高宝宁，于十二月攻占临榆镇（今河北抚宁东，一说今河北山海关）。并联络各部，准备大举攻隋。杨坚根据隋朝新立，边防不固，实力尚不够强等情况，决定变更原来计划，改取南和北战，先败突厥，后灭陈朝的战略。

二年春，杨坚调整部署，于并州置河北道行台尚书省，以晋王杨广为尚书令；在洛阳（今河南洛阳城东）置河南道行台尚书省，以秦王杨俊为尚书令；在益州（今四川成都）置西南道行台尚书省，以蜀王杨秀为尚书令；并不断调兵遣将加强北方各要地守备，以御突厥。在元景山部击败陈将陆纶水军，攻占损口（今湖北汉川东北损水入汉江之口）、沌阳（今湖北汉阳东），陈被迫归还胡墅、遣使请和后，又诏令高□撤军，与陈朝结好，准备北击突厥。杨坚利用突厥各可汗间的矛盾，采纳奉车都尉长孙晟建议，实行"远交而近攻，离强而合弱"的策略，先后派出使臣结好西面的达头可汗和东面的处罗侯（沙钵略之弟），以分化、削弱沙钵略的力量。

二年五月，沙钵略率本部与阿波等各可汗兵四十万突入长城，分路攻掠北方要地。隋军曾分别在马邑（今山西朔县）、可洛赅（甘肃武威东南）击败来犯突厥军，但未能阻止其攻势。

十二月，突厥大军深入到武威（今属甘肃）、金城（今甘肃兰州）、天水（今属甘肃）、上郡（今陕西富县）、弘化（今甘肃庆阳）、延安（今陕西延安东北）等地，大掠牲畜、财物等。在周槃（今甘肃庆阳南）之战隋军顽强抗击沙钵略主力后，突厥达头可汗不愿继续南进，引兵自去。长孙晟乘机通过沙钵略之侄染干诈告：铁勒等反，欲袭其牙帐。沙钵略恐其后方生变，遂撤兵北返。隋经三年防御作战，争取了时间，基本上完成了反攻准备；而突厥则因隋之分化、离间政策，内部矛盾加深，加以灾荒严重，其势愈加不利。

三年春,沙钵略再率各可汗兵南犯。四月上旬,杨坚下达"清边制胜"诏令,命卫王杨爽等为行军元帅,率隋军主力二十万分道反击突厥,以从根本上击破沙钵略,稳固北部边防。隋军先后在白道(今内蒙古呼和浩特西北)、高越原(今甘肃武威北)、灵州(治回乐,今宁夏灵武西南)、和龙(今辽宁朝阳)等地各个击败突厥各部,并乘机说服阿波可汗归隋,进一步促成突厥内乱,使沙钵略与阿波等相互攻战不止。四年春,达头降隋。秋,沙钵略因屡为隋军所败和阿波军不断攻击,也向隋求和称藩。隋军反击突厥获胜,北部边患基本消除,解除了南下灭陈的后顾之忧。

隋文帝加紧灭陈准备。继续推行均田制和租调力役制,在中央建立三省六部制,在地方推行州、县制,改革府兵制等措施,以利于发展社会经济,加强中央集权,提高军队战斗力。又经过几年励精图治,国力、军力显著增强。

七年,杨坚君臣多次谋议灭陈之策,决定采纳高颖、赣州刺史崔仲方等人的建议,根据长江地理形势与陈军分散守备之特点,实行多路进兵而置重点于长江下游的部署;在战前多方误敌、疲敌,破坏其物资储备,欲乘敌疲惫懈怠之机,然后突然渡江,东西呼应,一举突破取胜;在长江上游大造战船,加强水师;向江南大量散发诏书,揭露陈后主之罪,以争取人心。

八年十月,隋文帝在寿春(今安徽寿县)置淮南道行台省,以晋王杨广为行台尚书令,主管灭陈之事。命杨广、山南道行台尚书令杨俊、清河公杨素为行军元帅,高颖为晋王元帅长史,右仆射王韶为司马,集中五十二万人的水陆军,统由杨广节度,从长江上游至下游,分八路攻陈。十二月,隋军向陈发起大规模进攻。杨素率舟师出巴东郡(治今四川奉节东)顺江东下,与荆州刺史刘仁恩军相配合,一举袭占狼尾滩(今湖北宜昌西北),继而攻克岐亭、延洲(今长江西陵峡口、湖北枝江附近江中),击破上游陈军防御。由公安(今湖北公安西北)东撤之陈军也被杨俊军阻于汉口(今湖北汉水入长江之口)以西,为下游隋军主力进攻陈都建康(今南京),创造了有利形势。

九年正月,下游隋军主力乘陈朝欢度元会(即春节)之机,分路渡江。行军总管韩擒虎、贺若弼两军配合钳击建康,至行军总管宇文述军占据石头(今南京城西清凉山),隋军主力已完成对建康的包围。随后,贺若弼军与陈军主力激战于白土冈(今南京城东),陈军全线溃退。韩擒虎军首先进入建康城,俘陈叔宝。杨广入城后,令陈叔宝以手书招降上游陈军。吴州(治吴县,今江苏苏州)、湘州(今长沙)等地陈将拒降,二月间均为隋军击破。岭南数郡共奉高凉(今广东阳江西)冼夫人为主,保境拒守。隋派使臣安抚岭南,杨广亦命陈叔宝致书冼夫人,劝其归隋。冼夫人以其孙率众迎接隋使,岭南诸州悉为隋地。至此,结束了东晋以来二百七十余年南北分裂的局面,完成了隋文帝统一南北的大业。

隋灭陈后,在江南地方推行抑制士族豪强的政策,引起士族豪强势力不满。他们利用隋欲移民关中的流言,乘机煽动民众叛隋。十年十一月,婺州(治金华,今属浙江)汪文进、越州(治会稽,今浙江绍兴)高智慧、苏州沈玄侩等;均举兵叛隋,并自称天子。乐安(今浙江仙居)蔡道人、温州沈孝彻、泉州(治今福州)王国庆等,亦自称大都督,起兵响应,杀官吏,攻州县,致使原陈故地多数皆反。隋文帝遂命内史令杨素为行军总管领兵攻讨。杨素率水陆,分路进击,逐个歼灭,至次年春,所有叛军均被消灭,江南遂安。

孙子兵法

隋统一战争在战略运用上的特点为：集中使用兵力，力避两面作战。当决定先南后北时，即采用北守南攻方针，先巩固北部边防，并部署一定数量的战略机动部队，以保障南进时后方稳定。当突厥突然大举进犯，对隋王朝构成严重威胁时，立即变更战略，改为先北后南，采用南和北攻方针，撤回南进大军，与陈结好谈和，待击败突厥后，再转兵攻陈。从而保证主要战略方向上的兵力优势。以军事打击与政治分化密切结合，充分运用外交策略，扩大彼方内部矛盾，使其相互攻战，自行削弱，从而增大胜利概率。

【名家论战】

虎钤经·料地

用地之法，考地之形势有六焉：一曰通，二曰挂，三曰支，四曰隘，五曰险，六曰远。我可以往，彼可以来，曰通。居通地，利乘高待敌，后通粮运，障其间道，绝敌之潜来，用战则利也。我可以往，彼难以反，曰挂。居挂地，先详敌无备，伏兵绝其归路，则利焉；敌有备而出，则自颠焉。我出而不利，彼出而不利，曰支。居支地，若敌引兵而去，是诱我也，勿击之；待其自出薄我则击之，利焉。守山谷之口，界乎两向峭绝，曰隘。我先居隘地，整其营阵待敌，绝冲突之患；若敌先居之，盈阵待之（言盈阵者，实阵绝隘口）；如攻不盈，则从其它攻之，利焉。处高待下，处安待危，曰险。居险地，我先居之，利以战；若敌先居之，勒兵退，乃见其利焉。与敌相去营垒之遥，曰远。敌不先进，但挑战，战则不可进，必有伏焉；敌不战而引退，亦不可逐，逐则不利。故古人云：用兵之道，地利为宝。此之谓也。

火攻第十二

【本篇主旨】

本篇专门论述向敌军进行火攻的各种问题，诸如火攻的对象、作用、条件、方法、以及在用此计时应注意的事项。对所要攻击的对象要在战略上有充分的准备，这不仅是在对器具的准备上，而且一定要顺应天时，如果不能对天象有了解那这一计还是不用的为好。

用此计时要考虑好环境与地点，要灵活运用。文中还提到了水攻一策，但认为火攻更具杀伤力，而且文中再一次提到了只有一个赏罚分明的军纪才是胜利最佳的保障。

【原文】

孙子曰：凡火攻有五①：一曰火人②，二曰火积③，三曰火辎④，四曰火库⑤，五曰火队⑥。行火必有因⑦，因必素具⑧。发火有时，起火有日⑨。时者，天之燥也⑩。日者，月在箕、壁、翼、轸也⑪。凡此四宿者，风起之日也。

凡火攻，必因五火之变而应之⑫：火发于内，则早应之于外⑬；火发而其兵静者，待而勿

中国历代兵法精粹

攻⑭，极其火力⑮，可从而从之，不可从则止⑯。火可发于外，无待于内，以时发之⑰，火发上风，无攻下风⑱，昼风久，夜风止⑲。凡军必知五火之变，以数守之⑳。

故以火佐攻者明㉑，以水佐攻者强。水可以绝㉒，不可以夺㉓。夫战胜攻取而不修其功者，凶㉔，命曰"费留"㉕。故曰：明主虑之㉖，良将修之㉗，非利不动㉘，非得不用㉙，非危不战㉚。主不可以怒而兴师㉛，将不可以愠而攻战㉜。合于利而动，不合于利而止。怒可以复喜，愠可以复悦，亡国不可以复存，死者不可以复生㉝。故明主慎之，良将警之㉞。此安国全军之道也㉟。

【注释】

①凡火攻有五：火攻可分为五种情况。

②火人：火，焚烧，用作动词。火烧敌军人马。张预注："焚彼营舍，以杀其士，火攻之先也。"

③火积：积，积储，这里指粮草。以火烧毁敌人的粮草储备。杜牧注："积者，积蓄也，粮食薪刍是也。"

④火辎：焚烧敌军的辎重装备。杜牧注："器械财货及军士衣装，在车中上道未止，曰辎，在城营垒已有止舍，曰库。"

⑤火库：焚烧敌军的库室仓储。库，仓库、府库。张预注："焚其府库，使财货不充。故曰，军无财则士不来。"

⑥火队：焚烧敌军的后勤运输设施。队，通"隧"，即道路，此处指运输设施。贾林注："烧绝粮道及转运。"

⑦行火必有因：行，实行，进行。使用火攻必须具备相应的条件和环境。

⑧烟火必素具：烟火，火攻用的器材。素具，平时就有准备。火攻所需的器具燃料等物必须经常准备好。杜牧注："艾蒿荻苇薪刍膏油之属，先须修事以备用。兵法有火箭、火帘、火杏、火兵、火兽、火禽、火盗、火弩，凡此者皆可用也。"

⑨发火有时，起火有日：时，季节、时令。放火要根据季节气候方面的条件。

⑩时者，天之燥也：用火攻要在气候干燥的季节进行。张预注："天时旱燥，则火易燃。"

⑪日者，月在箕、壁、翼、轸也：日期要选定在月亮运行到箕、壁、翼、轸的方位时。箕、壁、翼、轸，四宿之名，同属于二十八星宿。二十八宿都在赤道附近，中国古代天文学用作测天象的方位标准。古时天文学家认为月亮行经箕、壁、翼、轸这四个星宿时多风。梅尧臣注："箕，龙尾也；壁，东壁也；翼、轸，鹑尾也。宿在者，谓月之所次也。四宿好风，月离必起。"所以下文说：凡此四宿者，风起之日也。

⑫必因五火之变而应之：因，利用。五火，即五种火攻的方法。必须根据五种火攻所引起的敌情变化，及时地采取相应的措施。张注："因其火变，以兵应之。"

⑬火发于内，则早应之于外：火从敌军内部引发，要及早在外面用兵策应。杜佑注："以兵应之，使间人纵火于敌营内，当速以攻其外也。"

⑭火发而兵静者，待而勿攻：火烧起来而敌军安静不乱，应先不急于发动进攻。张预注："火虽发而兵不乱者，故有备也，复防其变，故不可攻。"

孙子兵法

⑮极其火力:使火势达到最旺的程度。

⑯可从而从之,不可从则止:杜佑注:"见利则进,知难而退。"王皙注:"伺其变乱则乘之;终不变乱,则自治而蓄力。"从,跟从,此处指进攻。

⑰火可发于外,无待于内,以时发之:若从外面放火,可不必等待内应,但要在适当的时候放火。陈(白皋)注:"以时发之,所谓天之燥,月之宿在四星也。"

⑱火发上风,无攻下风:火势若在上风口,就不要从下风处进攻。张预注:"烧之必退,退而逆击之,必死战,则不便也。"

⑲昼风久,夜风止:白日里风刮得时间久,夜间就会风停。梅尧臣注:"凡昼风必夜止,夜风必昼止,数当然也。"

⑳以数守之:数,季节特点及星宿运行情况等条件。要等待具备火攻的条件。张预注:"不可只知以火攻人,亦当防人攻己。推四星之度数,知风起之日,则严备守之。"

㉑以火佐攻者明:佐,辅佐、帮助。明,梅尧臣注:"明白易胜。"用火来辅助攻战,可取得明显效果。

㉒水可以绝:用水可以隔断敌军。曹操注:"可以绝敌道分敌军。"

㉓不可以夺:不能夺走敌军的物资积蓄。张预注:"水止能隔绝敌军,使前后不相及,取其一时之胜,然不若火能焚夺敌之积聚,使之灭者。"

㉔夫战胜攻取而不修其功者,凶:打了胜仗,夺取了城邑土地,而不能巩固胜利成果,是很危险的。梅尧臣注:"欲战必胜攻必取者,在因时乘便,能作为功也。作为功者,修火攻水攻之类,不可坐守其利也。"

㉕命曰费留:费留,耗费资财和时日。本句意为若不能修功则就等于是耗费资财。杜牧注:"徒留滞费耗,终不成事也。"

㉖明主虑之:虑,谋虑。明智的君主要认真考虑用兵之事。

㉗良将修之:修,治理、处理。贤良的将帅要慎重处理征战之事。张预注:"君当谋虑攻战之事,将当修举克捷之功。"

㉘非利不动:于国家民众没有好处则不要行动。梅尧臣注:"凡兵非利于民,不兴也。"

㉙非得不用:得,得胜、取胜。用,用兵。没有胜利把握就不用兵。

㉚非危不战:不到危急关头不开战端。李筌注:"非至危不战。"

㉛主不可以怒而兴师:国君不能单凭愤怒而发兵。张预注:"因怒兴师,不亡者鲜。"

㉜将不可以愠而致战:将帅不能仅凭恼怒而开战。愠,恼怒。

㉝合于利而动,不合于利而止:合乎国家利益才行动,不合乎国家利益就停止。张预注:"见胜则兴,不见胜则止。"

㉞亡国不可以复存,死者不可以复生:杜佑注:"凡主怒兴军伐人,无素谋明计,则破亡矣;将愠怒而斗,仓卒而合战,所伤杀必多。怒愠复可以悦喜,言亡国不可复存,死者不可复生者,言当慎之。"

㉟明君慎之,良将警之:国君和将帅应当以慎重警惕的态度对待用兵作战。

㊱此安国全军之道也:这是使国家安定保全军队的根本道理。全军,保全军队。张预

注:"君常慎于用兵,则可以安国。将常戒于轻战,则可以全军。"

【译文】

孙子说:火攻的形式一般有五种。一是火烧敌军人马,二是火烧敌军储备的粮草,三是火烧敌军辎重,四是火烧敌军仓库,五是火烧敌军的通道与运输设施("队"通坠,指坠道)。实施火攻必须具备一定的条件,火攻的器材必须事先准备就绪。放火要看准天时,起火要选好有利日子。火攻的天时,是指气候干燥;火攻的时间,是月亮经行其、壁、翼、轸四个星宿的时候。凡是月亮经过这四个星宿的时候,就是容易起风的日子。

凡是用火攻敌,都必须根据以上五种情况所引起的不同变化,灵活运用兵力接应。如果从敌营内部放火,就应该及早派兵从外部接应攻击。如果敌营内已经起火,但敌军仍然保持镇静时,就应该耐心等待观察,而不可马上进攻;等到火势十分旺盛时再根据情况决策,可以进攻就发起进攻,不可以进攻就停止进攻。也可以从敌营外部放火,这样就不必等待有人从内部策应,只要时机适合就可以放火攻击。火攻应从上风处发起,不能从下风头进攻敌人。白天风刮得很久,到夜晚风就会停止。凡是领兵打仗都必须懂得五种火攻形式的变化,并根据天时气候变化的规律,等待火攻的时机。

用火攻辅助军队进攻,效果十分明显;用水攻辅助军队进攻,可以大大增强攻势。水攻可以隔断敌军的阵形、联系和运输,但不能像火攻那样毁灭敌军的兵马和军需。

如果打了胜仗,占领了敌人的阵地,但不能巩固胜利成果,是很危险的,这就叫做"费留"。所以说,明智的国君应该慎重考虑这一问题,贤良的将帅要认真处理这一问题。没有好处就不采取行动,没有取胜的把握就不用兵,不是到了不得已的危急关头就不开战。国君不能因为一时的愤怒而发动战争,将帅不能因为一时的怨恨而出阵交战。符合国家的利益就可以用兵,不符合国家的利益便停止行动。因为愤怒之后还可以重新欢喜,怨恨之后也可以再有高兴,但是,国家灭亡了不可能复存,人死了就不会再生。所以,对于战争,明智的国君要慎重对待,优秀的将帅要小心警惕,这是安定国家、保全军队的重要原则。

【故事论述】

曹操东征西讨,统一北方后更加雄心勃勃,他准备要像秦始皇和汉高祖一样一统天下。208年7月他率雄师南下征伐割据荆州的刘表和据有物富人杰的扬州及会稽六郡的孙本台。时刘表新丧,次子刘琮被外戚蔡瑁拥立为荆州之主,蔡瑁畏曹操之势,就胁迫刘琮降了曹操。这时刘备正驻樊城,闻讯忙率部向江陵退却。曹操害怕物资补给基地江陵落入刘备手中,便亲自带了五千轻骑星夜兼程赶来,在当阳长坂坡击败刘备占据了江陵。刘备无奈与张飞、赵云只好会合关羽、诸葛亮退守樊口一线。

唇亡齿寒,孙权知道曹操的下一个目标就会是自己,但又自感力量单薄,于是就派遣鲁肃去见刘备,希望能和其共同抗曹。这时的刘备也为自己的处境自危,听此建议便欣然接受。就派诸葛亮和鲁肃一同去见孙权。可当时孙权之大臣都希望和曹操讲和,认为胜算的机会不大,大不了就是向其称臣,但总比生命不保强。诸葛亮见此情状就使激将法。他一见孙权就劝孙权投降曹操。孙权就问了:"你家主公刘备为什么不降?"诸葛亮说:"我家主公乃当世英雄,怎么能投降呢?"孙权被这样的话气坏了,这等于说他不如刘备有气魄,于是一

孙子兵法

甩袖子就走了。鲁肃赶忙追至内室说，诸葛亮是因为破曹妙计才拿话激主公的，让孙权可不能使气而误了大事。孙权这才恍然大悟，忙又出来给诸葛亮赔礼并请其讲抗曹良策。诸葛亮亦化孙权赔礼以谢刚才言语冒犯之罪，然后就给孙权分析时况：刘备虽新败，但尚有水陆兵士两万余众；曹操虽兵多，但连续作战又长途跋涉，已是强弩之末。再则曹军多为北方人，不善水战，而又新占荆州，人心未定，因此不足为惧；只要孙刘齐心协力，定可破曹。孙权对诸葛亮之言很是赞同。

可是东吴吴士族官僚张昭等人怕吴军一旦战败，自己的富贵安逸生活就不复存在了。他可能没想过不战难道曹操就让他保有他的富贵吗？认为以吴三万之兵力抵挡二十三万曹军无异于以卵击石，他们主张趁早投降还有讨价还价的资本。孙权一听又受了影响，动摇起来。鲁肃又密劝孙权召回军事统帅周瑜商量对策。周瑜奉命从鄱阳赶回柴桑见孙权。这时的周瑜正是意风发魄力无限之时，他十分蔑视投降派，力主与曹操一决雌雄，并对孙权说自己手下的武将黄盖、韩当、甘宁等将皆骁勇善战，并不怕曹操，周瑜还就兵力、天时、地利、人和等几个影响战争的重要因素作了精辟的分析，说战胜敌军不是没有可能。这就见出一个英雄与平庸之辈的差别。孙权一听就不犹豫了，因为做一国之君总比做一投降的臣子要舒服，而且真要投降还不一定能否做得成臣子呢，搞不好连命都活不成。这就是在两国交战中，为王的大多都力主抗战的原因。因为老百姓在哪一方都是百姓，尤其是当时的诸侯争霸的状态中，反正都是炎黄子孙，可一个国君怎么可能放弃他的地位呢，而且历史的经验也告诉他们，他们或是胜或是死，没有第三条路。于是孙权就命周瑜、程普为左右都督，鲁肃为赞军校尉，统率精兵三万沿长江西下与樊口的刘备会合，联手防御曹操。

208年10月，周瑜会合刘备，尔后继续挺进，前锋部队在赤壁遭遇曹军，两军交战，曹军前锋军就被联军打败。想一下曹军没个不败，远行军至此，虽收了刘表那一点兵力，但这些兵士怎能愿意为一北人所统率呢？而他们若不卖力那曹操的北方军又怎么是孙刘两家的对手呢？曹操一看初战不利，便引军退至江北的乌林屯驻，这样两军是隔江对峙。

不久曹军中出现了传染病，而北方人又不适应水上颠簸，船的左右摇晃，使他们食无味口，睡无安意；曹操便令人把数百条战船用铁环首尾相接以求平稳。本以为这一个完美的措施，可也因为这一点差点要了曹操的命。周瑜的部将黄盖一看这种情形就建议用火攻奇袭曹军战船，而这意见与周瑜不谋而合。周瑜便决定"以火佐攻，因乱击之。"

可是这个计划如果得以实施就必须有一个人打入曹军内部，这时就需要一个人诈降，这时又是黄盖表示愿意去。因为黄盖是周瑜的得力部将，如果就这样去怕曹操不相信，这二人又使用了"苦肉计"将黄盖打得是皮开肉绽，然后让他写信给曹操请降。曹操接信不知是计，很是高兴，以为他一路杀将过来已让吴国军心动摇了，就与黄盖约定降期。到了这一天，黄盖率斗舰十艘，载满浸灌油脂的干柴，上蒙布料，插上投降的旗号，又预备快船系挂在这些船的后面以便放火后换乘，然后向江北进发。当时江上正猛刮着东南风。战船的速度很快。曹军望见江上来船还真以为这是黄盖如约来降，都很高兴，哪里还会做什么防备呢？当黄盖在船距曹军战船一公里处时，下令各船同时点火。这时的曹操一看黄盖船全部着火，才明白了对方只是诈降，急令自己的船退却散开，可是这些被铁环相连的战船退速极慢，一时又打

中国历代兵法精粹

不开这些铁环，这时黄盖的船转眼就到了，一时间火烈风猛，借着东南风火船如箭般就到了曹军船旁，瞬间曹军战船就变成一片火海。火借风势，风助火威，火开始向岸上蔓延，很快就烧到了江北岸的曹营。曹军让这突如其来的大火烧得乱成一片，混乱中有烧死的，有淹死的，有相互踩死的，死伤不计其数。而这时的孙刘联军主力舰队又乘机渡江北进，这一战是曹军大败，曹操率残部由陆路经华容道，狼狈退回江陵。这可以说他是大伤元气，这是他纵横沙场二十年来未有的惨败，于是就撤回北方了。从这里我们看曹操的失败认为可能是其运气不好，首先是大面积的瘟疫流行，第二是在大冬天刮起了东南风，事实上可没这么简单。据易中天先生讲："曹操的失败，有客观原因也有主观原因。本来，曹操的优势是很明显的，第一，曹操挟天子以令诸侯，诸侯不敢与之争锋，有政治上的优势；第二，曹操夺得荆州，威震四海，许多人闻风丧胆，有心理上的优势；第三，曹操南下势如破竹，军心振奋，以新胜之军战丧胆之师，有气势上的优势；第四，曹操兵力数倍于孙刘联军，有军事上的优势。那么曹操为什么败了呢？"易先生认为他的目标出了问题。就是他不应冒口那样大想连孙权一起干掉，其实他只要在当阳大败刘备之后，乘胜追击，赶在刘备逃往夏口之前将其一举歼灭就可以了。应该隔断他和江东的联系。只要孙刘不联盟他还是不会败的。他败在了他的轻敌。而当时的孙刘联军虽然兵少，但他们一开始就认识到了这种不足，并且认识到只有两家联合才是唯一的出路，因为当时的其他诸侯因为自相残杀而让曹操得了利，他们两家因为有了共同的敌人而成了朋友。而这一次的联盟可以说是有着历史性的意义，也是这一把大火奠定了魏、蜀、吴三国鼎立的局面，对中国后来的政权格局有着决定作用。

【名家论战】

武经总要·火攻

兵法曰："凡火攻有五，一曰火人，二曰火积，三曰火辎，四曰火库，五曰火队。"所谓火人者，焚其营栅，及其士卒，骇而攻之，必溃也。所谓火积者，焚其粮食薪刍，军无以存也。所谓火辎者，器械、财货及军士衣装在道未止者也。所谓火库者，军在营垒，已有止舍也。二者焚之，使其乏绝也。所谓火队者，焚其行伍，因乱击之，可覆也。此五者，灭敌之大利也。

用间第十三

【本篇主旨】

本篇专题论述间谍在战争中的作用，也可以说是孙子为自己著书打破周之"军礼"而作的一番辩解。在他之前人们虽然也用间但都是羞于承认的。本中提出两军作战间谍的重要意义，并予以分类，而为将者如善于用间那对于克敌制胜具有非凡的意义。文中首先提出如何才能用人为间，强调只有不吝惜爵禄才可以让人为之卖命。只有间谍的真心为探才可能了解敌情。而对各类间谍的特点也有详述并应采取何种态度与其交往,而两军相交若能用反间则可为上选。

【原文】

孙子曰:凡兴师十万,出征千里,百姓之费,公家之奉①,日费千金,内外骚动②,怠于道路③,不得操事者④,七十万家⑤。相守数年,以争一日之胜⑥,而爱爵禄百金⑦,不知敌之情者,不仁之至也⑧,非民之将也⑨,非主之佐也,非胜之主也⑩。故明君贤将所以动而胜人⑪,成功出于众者,先知⑫也。先知者,不可取于鬼神⑬,不可象于事⑭,不可验于度⑮,必取于人,知敌之情者也⑯。

故用间有五:有因间,有内间,有反间,有死间,有生间。五间俱起,莫知其道⑰,是谓神纪⑱,人君之宝也⑲。因间者,因其乡人而用之⑳;内间者,因其官人而用之㉑;反间者,因其敌间而用之㉒;死间者,为诳事于外㉓,令吾闻知之而传于敌间也㉔;生间者,反报也㉕。

故三军之事,莫亲于间㉖,赏莫厚于间㉗,事莫密于间㉘,非圣智不能用间㉙,非仁义不能使间㉚,非微妙不能得间之实㉛。微哉微哉㉜!无所不用间也。间事未发而先闻者,间与所告者兼死㉝。

凡军之所欲击,城之所欲攻,人之所欲杀,必先知其守将、左右、谒者、门者、舍人之姓名㉞,令吾间必索知之。

敌间之来间我者㉟,因而利之㊱,导而舍之㊲,故反间可得而用也;因是而知之㊳,故乡间、内间可得而使也㊴;因是而知之,故死间为诳事,可使告敌㊵;因是而知之,故生间可使如期㊶。五间之事,主必知之,知之必在于反间,故反间不可不厚也㊷。

昔殷之兴也㊸,伊挚在夏㊹;周之兴也,吕牙在殷㊺。故明君贤将,能以上智为间者㊻,必成大功。此兵之要也㊼,三军之所恃而动也㊽。

【注释】

①公家之奉:公家,公室、国家。奉,供奉,此处指军队费用。国家负担的军费开支。

②内外骚动:全国上下动乱不安。内外,指前方与后方。

③怠于道路:在路上运送军需物资兵疲惫不堪。杜牧注:"怠,疲也。言七十万家奉十万之师,转输疲于道路也。"

④不得操事者:事,此处指农事。不能进行农事劳作的。

⑤七十万家:曹操注:"古者八家为邻,一家从军,七家奉之。言十万之师举,不事耕稼者七十万家。"这里说明用兵对广大民众生产生活的影响。

⑥相守数年,以争一日之胜:相守,相持。双方相持多年,为的就是夺得一朝的胜利。

⑦而爱爵禄百金:而,如果。爱,吝啬。爵,爵位、官位。禄,俸禄。若是吝惜爵禄和钱财。杜牧注:"言不能以利使间也。"

⑧不仁之至也:不讲仁德达到了极点。

⑨非人之将也:梅尧臣注:"非将人成功者也。"意为不是懂得用人的将领。

⑩非胜之主也:主,主宰者、主人。一说为君主。不是胜利的取得者。

⑪动而胜人:动,举动,这里指出兵、用兵。动用兵力就可以战胜敌人。梅尧臣注:"主不

中国历代兵法精粹

妄动,动必胜人。"

⑫先知:事先察明敌军情况。

⑬不可取于鬼神:不能通过占卜、祭祀鬼神等迷信方法达到先知。张预注:"不可以祷祀而取。"

⑭不可象于事:不能用对相似事物进行机械类比的方法去推测敌情。张预注:"不可以事之相类者拟象而求。"

⑮不可验于度:验,验算、验证。度,度数,此处指日月星辰运行的位置。不能靠推算日月星辰的运行位置去判断敌情。

⑯必取于人,知敌之情者也:本句意为从熟悉了解敌军情况的人那里取得。

⑰五间俱起,莫知其道:五种间谍同时发挥作用,能使敌人无法摸清其中的规律。梅尧臣注:"五间俱起以间敌,而莫知我用之道。"

⑱是谓神纪:是,这。纪,法则、道理。神纪,神秘莫测的道理。这可称作神秘莫测的法则。贾林注:"纪,理也。言敌人俱莫知我以何道,如通神理也。"

⑲人君之宝:人君,国君。是国君的法宝。

⑳因间者,因其乡人而用之:因,凭借、根据,此处指利用。乡人,本地之人,一说即乡大夫的略称,是春秋战国时的地方官。本句意为所谓因间,是利用敌国的当地人作为间谍。杜佑注:"因敌乡人,知敌表里虚实之情,故就而用之,可使伺候也。"

㉑内间者,因其官人而用之:官人,此处指敌国的官僚吏员。所谓内间,是利用敌国的官吏为间谍。杜牧注"敌之官人,有贤而失职者,有过而被刑者,亦有宠嬖而贪财者,有屈在下位者,有不得任使者,有欲因败丧以求展己之才能者,有翻覆变诈常持两端之心者。如此之官,皆可以潜通问遗,厚赐金帛而结之,因求其国中之情,察其谋我之事,复间其君臣使不和同也。"

㉒反间者,因其敌间而用之:所谓反间,就是收买敌方的间谍为我所用,成为我方的间谍。张预注:"敌有间来,或重赂厚礼以结之,告以伪辞。或佯不知,疏而慢之,示以虚事,使之归报,则反为我利也。"

㉓为诳事于外:有意向外散布虚假情报,以欺骗和迷惑敌人。杜佑注:"作诳诈之事于外,佯泄漏之。"

㉔令吾间知之,而传于敌间也:让我方间谍知道故意散布泄漏的虚假情报,并传给敌方间谍,以使敌人中计。因为事发之后我方间谍往往不能生还,故称之为死间。王皙注:"诈而间,使敌得之,间以吾诈告敌,事决必杀之也。"

㉕生间者,反报也:反,同"返",返回。所谓生间,就是能够活着回来报告敌情的人。杜佑注:"择己之有贤材智能,能自开通于敌之亲贵,察其动静,知其事计所为,已知其实,还以报我,故曰生间。"

㉖三军之事,莫亲于间:全军上下应该是对间谍最为友善。杜佑注:"若不亲抚,重以禄赏,则反为敌用,泄我情实。"

㉗赏莫厚于间:赏赐没有比间谍更优厚的。张预注:"非高爵厚利,不能使间。"

孙子兵法

㉘事莫密于间：了解军务内情没有比间谍更为机密的。杜佑注："间事不密,则为己害。"

㉙非圣智不能用间：没有超人的智慧,是不能使用间谍的。圣智,超凡杰出的才智。王皙注："圣,通而先识;智,明于事。"

㉚非仁义不能使间：如若吝惜赏赐,就不能以诚相,就不要使用间谍。仁义,此处指不吝封赏,以诚相待。

㉛非微妙不能得间之实：微妙,精细巧妙。实,实情。本句意为如不是用心精细、手段巧妙,就不能从间谍那里获取真实的情报。梅尧臣注："防间反为敌所使,思虑,故宜几微臻妙。"

㉜微哉微哉：微妙啊,微妙! 梅尧臣注："微之又微,则何所不知。"

㉝间事未发,而先闻者,间与所告者皆死：先闻,事先听说。本句意为用间的计谋尚未施行,如果走露了消息,那么间谍和知情者必须处死。陈(白皋)注："间者未发其事,有人来告其闻者,所告者亦与间者俱杀以灭口,无令敌人知之。"

㉞守将、左右、谒者、门者、舍人：守将,守城将领。左右,守城将领的身边亲随。谒者,负责通报传达的官吏。门者,负责守门的官吏。舍人,守将的幕僚、门客。杜牧注："凡欲攻战,必须知敌所用之人贤愚巧拙,则量材以应之。"

㉟必索敌人之间来间我者：必须搜查出敌方派来刺探我情报的间谍。

㊱因而利之：乘机收买并利用敌方间谍。

㊲导而舍之：导,劝导、开导。舍,释放。设法对敌方间谍进行开导,然后交给他任务,放他回去。

㊳因是而知之：从反间那里了解敌方情况。是,此处指反间。杜佑注："因反敌间而知敌情。"

㊴乡间、内间可得而使也：乡间、内间可以得到更有效的使用。

㊵死间为诳事,可使告敌：这样就可以使死间把假情报传给敌人。张预注："因是反间,知彼可诳之事,使死间往告之。"

㊶生间可使如期：如期,按期。可以使生间按时返回汇报敌情。张预注："因是反间知彼之情,故生间可往复如期也。"

㊷反间不可不犀也：厚,厚待。本句意为五种间谍中,反间是最重要的,所以不能不给予优厚的待遇。杜牧注："乡间、内间、死间、生间四间者,皆因反间知敌情而能用之,故反间最切,不可不厚也。"

㊸昔殷之兴也：殷,殷朝,即商朝。兴,兴起。公元前17世纪,商汤灭夏桀,建立商朝,以亳(今河南商丘北)为都。商王盘庚迁都至殷(今河南安阳),所以又称殷。

㊹伊挚在夏：伊挚,即伊尹。原为夏桀的臣下,商汤任用他为相,打败了夏桀。夏

㊺吕牙在殷：吕牙,即吕尚,叫姜尚,字子牙。曾为殷纣王的臣下。周武王姬发伐纣时,任用他为"师",打败了商纣王。

㊻以上智为间者：上智,有高超智谋的人。用间谍要用那些有高超智谋的人。

㊼此兵之要：要,要害、关键。本句意为这是用兵最为关键的地方。

㊽三军之所恃而动也：整个军队都要依靠间谍提供的情报来采取行动。恃,依靠。杜牧

注:"不知敌情,军不可动。知敌之情,非间不可,故日:三军所恃而动。"

【译文】

孙子说:大凡兴兵十万,出征千里,平民百姓的物质耗费,国家公务的开支费用,每天都需要花费数目巨大金钱;全国上下内外,因之而动乱不安,民夫兵卒奔波耽搁于路途,不能正常从事自己的工作的,就会有七十万家之众。敌我两军相持数年,为的是争求有朝一日的胜利。所以,那些吝惜钱财官爵,不肯通过用间谍而了解敌情的将帅,实在是没有仁爱之心到了极点。这样的人,不配做军队的统帅,不配做国君的辅佐,也不能成为战争胜败的主宰。英明的国君,优秀的将帅,他们之所以一出兵就能战胜敌人,取得的成功超过一般人,就在于用兵之前便了解掌握了敌情。要事先了解敌情,决不能依靠鬼神的启示,也不能用某些事件现象的类比推测,更不可用日月星辰运行的度数去验证,而只能从那些真正熟悉敌情的人那里获得。

间谍的运用方式有因间、内间、反间、死间、生间五种。五种间谍同时活动,使敌人不能知道我国用间谍的规律和途径,这就是所谓的神秘莫测的方法,是国君克敌制胜的法宝。所谓"因间",是利用敌国居民中的普通人做间谍;"内间",是利用敌方的官员做我方的间谍;"反间",是利用敌人的间谍来为我们做间谍工作;"死间",是潜入敌营,将假情报送给我方间谍,然后传给敌方间谍的特殊间谍(因真情一旦败露,此类间谍难免被杀,故称死间):"生间",是指能活着回来报告敌情的间谍。

所以,对于统领三军、用兵打仗的国君和主将来说,全军上下没有比间谍更该亲近的人,奖赏没有比间谍更优厚的,交待处理的事务没有比间谍更机密的。不是睿智聪明的人不能使用间谍;不是仁慈慷慨的人不能指使间谍;不是精细算计的人,不能获得间谍的真实情报。微妙呀,微妙! 没有什么地方不可以使用间谍。如果间谍工作尚未进行就泄露了用间的消息,那么,间谍和告密者都应该处死。

凡是我军想要攻击的敌军,想要攻打的城堡,准备刺杀的敌方官员,都应该事先了解敌方的守将及其左右亲信、掌管通讯联络和把守门户的官员、以及幕僚门客的姓名,这些情况我方的间谍一定要侦察清楚。

必须查出来侦察我方情况的敌方间谍,用优厚待遇和金钱收买他们,对他们进行引诱开导,然后交给他们任务,放他们回去,这样就可以使他们成为反间,为我所用了。因为有了反间提供的情报,所以就可培植、利用乡间和内间了。同样,根据反间提供的情报,死间传播的假情报,就可以通过反间而告知敌人。也是因为有了反间,我方的生间就可以按预定的时间回来汇报敌情。对于五种间谍的情况,君主必须清楚地知道,而更应该懂得,关键又在于利用反间,所以,对反间的赏赐待遇不能不是最优厚的。

从前,殷商的兴起,得力于伊尹(伊挚即伊尹,商汤任他为相)曾在夏朝做过官;西周的兴起,得力于姜尚(姜尚又名吕尚,号子牙,武王伐纣时为军师)曾在殷商为臣。所以,明智的国君,贤良的将帅,能使用智慧高超的人做间谍,一定能取得极大的成功。这是用兵作战的要诀,整个军队都要依据他们提供的情报来决定军事行动。

【故事论述】

公元前265年前后,秦国日益强盛,不断向四周扩张,而北方的赵国成为秦王的心腹之患。因为,赵国出了个赵武灵王,此人文韬武略,大胆向少数民族学习,在全国推行"胡服骑射",让士兵穿北方民族服装,学他们骑马射箭的绝技。赵国军事力量逐渐壮大,足以与秦国相抗衡。

公元前262年,秦国首先向韩国不宣而战,韩国连战连败,最后只好割地求和,韩王献上党郡(今山西长治市)十七县求和。上党地处韩、赵交界地区,秦国占领上党就等于打到赵国的家门口了,赵王(赵武灵王之子)很为此事发愁。

说来也巧,上党郡守冯宁却违背韩王的圣旨,不愿投降秦国,愿将上党献给赵国,请赵抗秦。赵国不费力就取得上党十七座城邑,但也引来了灭国之祸。

赵国接受上党,引起秦的不满。大臣范雎趁机向秦王建议说:"赵国是秦成霸业的最大敌人,必须早早地除掉它,现在就是最好的理由。"秦王采纳了他的意见。

公元前261年秦派大军攻赵,上党的赵军兵力薄弱,很快被秦消灭。赵王派老将廉颇到长平拒秦,廉颇不愧是一名老将军,他看到秦强赵弱,于是采取固守有利地形、坚垒不战的方法。秦国劳师远征,哪能经得起这样旷日持久的消耗,秦王急得夜不得安。大臣范雎又向秦王提出一计说:"赵王此人不懂得军事,并且生性嫉妒,对老将廉颇的赫赫战功一直不屑一顾。可用……"他附在秦王耳边窃窃私语,秦王听罢开怀大笑。

很快便有人在赵王面前说:"廉颇已经老了,在前线不思进取,从不敢向秦国发起攻击,连秦国人都说我赵国没人用一个老头来支撑局面。"也有人传言:"廉颇准备投降了!"原来秦国采用了离间计,派人携千金到邯郸去活动赵王左右权臣,散布流言。

秦国还放风说:秦国的将军根本不把廉颇放在眼中,最害怕赵国老将赵奢的儿子赵括。赵王听了对廉颇更加不满。

赵括是赵国名将赵奢的儿子,赵奢当年曾打败过秦兵,将门出虎子,赵括从小熟读兵法,问起他用兵之道,他总能对答如流。

一日,赵王向丞相蔺相如提出撤换廉颇的事,相如说:"今秦强我弱,廉颇的作战方法是对的。"赵王听了很不高兴;他又派人到赵家去询问赵括的母亲,就连赵括的母亲也说:"我儿虽谙熟兵书,但只知'纸上谈兵',千万不可用赵括去代替廉颇。"这就是成语"纸上谈兵"的由来。

赵王求胜心切,几次派人催促廉颇转守为攻,廉颇未听。赵王错误地认为是廉颇胆怯了。公元前260年7月,赵王派赵括统率一部援军来到长平,接替廉颇为将。赵括一到便更换部队将领,改变军中制度,弄得官兵人心涣散,斗志消沉。为了执行赵王的意图,他改变了廉颇的防御部署,积极做进攻准备企图一举击败秦军。

秦国得知赵王派赵括代廉颇为将,便增加兵力,调任白起为上将军,并令军中严守秘密,以麻痹赵括。

白起是秦国最负盛名的将领,此人果断勇猛,智勇双全,手段狠毒。针对赵括没有作战经验,鲁莽轻敌的特点,他采取后退诱敌,伏兵围歼的作战方法,一支部队担负诱敌任务,待赵军出击后,即向预设壁垒撤退,引诱赵军深入;以主力坚守营垒,阻止赵军的进攻;以25000人的奇兵,布置在壁垒两翼断赵军退路;以骑兵5000人插入赵军中间;分割赵军。

这年 8 月，赵括果然率军大规模出击，秦军佯退，赵括不察虚实，向众人说："秦军已是疲惫之师，不堪一击。"于是挥师追击。

赵军进至秦的壁垒时，遭到秦军的坚强抵抗。这时秦军两翼奇兵插到赵军的后方，截断了出击赵军与本部的联系。秦军的 5000 骑兵就像一把锋利的宝剑，将赵军一分为二。赵军被困在秦军的包围圈中，数战不利，被迫就地构筑营垒，转为防御，等待救援。

赵王心乱如麻，后悔不该更换廉颇，丞相蔺相如建议向齐国请求援助。齐臣周子建议齐王援赵退秦兵，他说赵国是齐、楚两国的屏障，唇亡齿寒。但目光短浅的齐王摇摇头说："赵国过去一直与我齐因为敌，我怎能出兵。"

秦王听到这个消息，觉得灭赵的时机已到，亲自到河内（今河南黄河以北），把当地 15 岁以上的男子编组成军，调到长平战场，占据长平以北（今山西高平丹朱岭）及其以东一带高地，断绝了赵国的援军和粮运，保障白起歼灭被围的赵军。

9 月，赵军断粮已 46 天，饥饿情景可想而知，以致到了内部相互暗杀而食的地步，情况异常严重。赵括组织了四支突围部队，进行轮番冲击，企图打开一条出路，但未成功。绝望之余，他亲率精锐部队强行突围，结果被秦军射死。

赵军因无主将指挥 40 万人全部解甲投降。白起认为，赵国士兵反复无常，容易发生变乱，因此，他命令秦军：将所有赵国降兵一律坑埋。

就这样，白起坑杀降卒 40 万，只留下幼小的 240 人放回赵国，以宣扬秦国的军威。长平一战，歼赵军 45 万人，赵国从此由强变弱，秦灭赵国只是早晚的事了。

【名家论战】

虎钤经·使间

《周礼》巡国传谍，反间也。用间之道，圣人以用兵决胜，不可不间。用间决中，不可不密。苟非大智，孰能臻于是乎？故间之行也，观事而举，其术有八焉。其一曰：两国相拒，兵抗其境，诈为疲困畏惧，潜漏其言，厚货诒敌所爱幸，因以所求中之；次使使者致玉帛子女与骏马精佩之饰以求和解；觉其骄慢，阴选精兵分道，早夜兼时，以乘不备，此以使者为间者也。其二曰：获敌生口，以所谋漏之（谋皆虚者，非实也），俾得闻焉，阴缓使遁去，令敌得所谋而信之，我行则不然也，此以敌人为间者也。其三曰：敌来间，我诈为不知也，反事示之，敌将为事，我则出不意而击之，此反求来言以为间也。其四曰：敌以间来，厚赂之，令反其言以间敌，此反以来人为间也。其五曰：与敌人战，佯为小败，亟引兵深壁示以惧色，乃选出语言鄙钝、无智虑者使于敌，令盛张皇我军之强盛，俾敌知为间者，必以我为惧，以强词来间也；既行，即举奇兵随而袭击之，此以明间而为间者也。其六曰：敌有内宠，令心腹者以金宝馈其家，使潜构敌情，此以内嬖为间者也。其七曰：敌有谋臣，则潜行赂敌亲信，构谗于内，外以事应谗者言，使君臣相疑，自相残害，此以谗人为间也。其八曰：求敌所委信者，副其所欲，阴求其动静言语者，此以乡人为间者也。是以知间者，兵家之要妙也。苟非贤智，莫能用之。故用间之道，在乎微密潜诚，此良将之所注意也。

孙子兵法

吴子兵法

    吴起(公元前440年~前381年),战国初期卫国人。据《史记》记载吴起是重名之人,想获得高官显爵。为成就功名,不惜破家杀妻。吴起曾学于曾子,又学兵法,使他具有政治家和军事家的眼光。吴起善于用兵,战功显赫。在鲁,"将而攻齐,大破之。"在魏,"击秦,拔五城。"在楚,"南屏百越,北并陈蔡,却三晋,西伐秦。"任西河守,政治上强调德治;为楚相,又重视法治。兼有儒法的思想。

    由此可知,吴起不仅是一位军事家,也是一位政治家。他不仅能够带兵打仗,还能够从政理财,"治百官,亲万民,实府库"。他的政治思想,较为复杂一些,兼有儒家法家的成分。他对魏武侯说的话,是儒家的德治观点,他在楚国的改革措施,又是法家的做法。吴起在楚国的改革,因为楚悼王死亡而中断,由于宗室大臣阻挠而夭折,楚国未能进一步强盛起来。后来商鞅到秦国主持变法,秦国力量逐渐强大,终于灭了楚国。此即后人所谓"楚不用吴起而削弱,秦用商君而富强"。从军事上来说,他比商鞅高出一筹;从政治上来说,他似乎是商鞅的前驱者。但他们的结局是相同的,都是悲剧性的人物。

    他跟前辈孙武不同的是他更多像一个政治家,孙武把军事和政治、经济联系起来考察,仍然着眼于战争,着眼于打胜仗,着眼于不战而屈人之兵。吴起把军事和政治联系起来谈论,是着眼于治理国家,具有政治家的特色。他认为文武都很重要,不可偏废,但二者的关系,吴起认为是政治重于军事,政治决定军事。因而吴起很重视民心的向背,强调国君要爱护人民,人民才能保卫国家,效死于战场。

    孙武认为战争是要死人亡国的,是很残酷的,但并没有区分战争的性质。吴起在这一方面,又前进了一步。

    他分析了引起战争的五种原因:名位、利益、积怨、内乱、饥荒。他也给战争划分了种类:道义出兵、强占出兵、蛮横出兵、暴乱出兵、叛逆出兵。因为这种区分就使得出师有名,也就能分出战争的正义与否,就知道如何用兵并且也就知道战争的可能结局。

图国第一

【本篇主旨】

    本篇是全书的总纲,概括全书的战略思想。其主要内容是"内修文德,外治武备"。即对内要以仁来统领百姓,对外要以强大的军备来示威于诸侯。这种治国的思想是在总结历史经验教训的基础上提出来的,若只是重视一个方面就会有丢掉政权的可能。所以,文治和武备两方面都要抓好。只有国家安定才能用兵打仗。

要想安定国内，在吴起看来首先要以"德、义、礼、仁"这四德去教化百官与民众，使全民和睦，团结一致，做到爱戴他们的国君，坚决服从命令，为国家不怕牺牲，奋勇杀敌，以为国捐驱而感到荣耀。

而一个国君要做到"贤者居其上，不肖者居下"，让那些德才兼备的人做重要的工作，要撤换掉那些贪官污吏，只有这样才能治国安民。

有了好的吏治风气还要让老百姓安居乐业，发展生产，使官民关系融洽。即"民安其田宅，亲其有司。"这才是图霸诸侯者所应做到的。

【原文】

吴起儒服，以兵机见魏文侯①。文侯曰："寡人不好军旅之事。"起曰："臣以见②占隐，以往察来，主君何言与心违。今君四时使斩离皮革③，掩以朱漆，画以丹青，烁以犀象。冬日衣之则不温，夏日衣之则不凉。以长戟二丈四尺，短戟一丈二尺。革车④奄户⑤，缦轮笼毂⑥，观之于目则不丽，乘之以田⑦则不轻，不识主君安用此也？若以备进战退守，而不求用者，譬犹伏鸡之搏狸，乳犬之犯虎，虽有斗心，随之死矣。昔承桑氏⑧之君，修德废武，以灭其国；有扈氏⑨之君，恃众好勇，以丧其社稷⑩。明主鉴兹，必内修文德，外治武备。故当敌而不进，无逮⑪于义也；僵尸而哀之，无逮于仁也。"

于是文侯身自布席，夫人捧觞，醮⑫吴起于庙，立为大将，守西河⑬。与诸侯大战七十六，全胜六十四，余则钧解⑭。辟土四面，拓地千里，皆起之功也。

吴子曰："昔之图国家者，必先教百姓⑮而亲万民。有四不和：不和于国，不可以出军；不和于军，不可以出陈⑯；不和于陈，不可以进战；不和于战，不可以决胜。是以有道之主，将用其民，先和而造大事⑰。不敢信其私谋，必告于祖庙，启于元龟⑱，参之天时，吉乃后举。民知君之爱其命，惜其死，若此之至，而与之临难，则士以（尽）[进] 死为荣，退生为辱矣。"

吴子曰："夫道者，所以反本复始⑲；义者，所以行事立功；谋者⑳，所以违害就利；要者㉑，所以保业守成。若行不合道，举不合义，而处大居贵，患必及之。是以圣人绥㉒之以道，理之以义，动之以礼，抚之以仁。此四德者，修之则兴，废之则衰，故成汤讨桀而夏民喜悦，周武伐纣而殷人不非。举顺天人，故能然矣。"

吴子曰："凡治国治军，必教之以礼，励之以义，使有耻也。夫人有耻，在大足以战，在小足以守矣。然战胜易，守胜难。故曰：天下战国，五胜者祸，四胜者弊，三胜者霸，二胜者王㉓，一胜者帝。是以数胜得天下者稀，以亡者众。"

吴子曰："凡兵者之所以起者有五：一曰争名，二曰争利，三曰积（德）恶㉔，四曰内乱，五曰因饥。其名有五：一曰义兵，二曰强兵，三曰刚兵，四曰暴兵，五曰逆兵。禁暴救乱曰义，恃众以伐曰强，因怒兴师曰刚，弃礼贪利曰暴，国乱人疲，举事动众曰逆。五者之（数）[服]，各有其道，义必以礼服，强必以谦服，刚必以辞服，暴必以诈服，逆必以权服。"

武侯㉕问曰："愿闻治兵、料人㉖、固国之道。"起对曰："古之明王，必谨君臣之礼，饰上下之仪，安集吏民，顺俗而教，简募良才，以备不虞。昔齐桓㉗募士五万，以霸诸侯；晋文㉘召为前行四万，以获其志；秦缪㉙置陷陈三万，以服邻敌。故强国之君，必料其民。民有胆勇气力者，聚为一卒。乐以进战效力，以显其忠勇者，聚为一卒③。能逾高超远，轻足善走者，聚为一卒。王臣失位而欲见功于上者，聚为一卒。弃城去守，欲除其丑者，聚为一卒。此五者，军之练锐也。有此三千人，内出可以决围，外入可以屠城矣。"

武侯问曰："愿闻陈必定、守必固、战必胜之道。"起对曰："立见且可，岂直闻乎！君能使贤者居上，不肖③者处下，则陈已定矣；民安其田宅，亲其有司，则守已固矣。百姓皆是吾君而非邻国，则战已胜矣。"

武侯尝谋事，群臣莫能及，罢朝而有喜色。起进曰："昔楚庄王②尝谋事，群臣莫能及，退朝而有忧色。申公③问曰：'君有忧色，何也？'曰：'寡人闻之，世不绝圣，国不乏贤，能得其师者王，得其友者霸。今寡人不才，而群臣莫及者，楚国其殆矣！'此楚庄王之所忧，而君说③之，臣窃惧矣。"于是武侯有惭色。

【注释】

①魏文侯：战国七雄之一，魏国的建立者，姬姓，名斯。原为晋国大夫，与赵籍，韩虔一同三分晋地列为诸侯。公元前446～前397年在位。

②见：通假字，同"现"。

③斩离皮革：斩离，用刀具剥取。皮革，各种兽类的皮，用来制作铠甲、盾牌及战车的防护层。

④革车：古代战车的一种。《孙子·作战篇》："驰车千驷，革车千乘。"曹操注："驰车，轻车也；革车，重车也。"革车在军队行军时可装运辎重，宿营时可供士卒休息，另外还可以用作军垒布阵等。

⑤奄户：奄，通"掩"；户，通"护"。用兽皮将战车覆盖保护。

⑥缦轮笼毂：用皮革把车轮及车毂都加以包裹遮护起来，目的是使战车可以抵御作战时的箭射石击。《直解》："缦笼，以皮蒙罩于外也，所以备箭石、便战斗也。"

⑦田：同"畋"，田猎，打猎。

⑧承桑氏：相传为神农时的一个部落。

⑨有扈氏：相传为夏禹时的一个部落。

⑩社稷：社，土神；稷，谷神。古时国家的代称。《礼记·曲礼下》："国君死社稷。"又《檀弓下》："能执干戈以卫社稷。"

⑪逮，及，到。《汉书·文帝纪》："能直言极谏者，以匡朕之不逮。"

⑫醮：古代嘉礼中的一种仪节。主人向宾客敬酒，宾客不须回敬。《仪礼·士冠礼》："若不醴，则醮用酒。"郑玄注："酌而无酬酢曰醮。"

⑬西河：位于黄河西岸，今陕西东部。

⑭钧解：钧，通"均"。《孟子·告子上》："钧是人也，或为大人，或为小人，何也？"此处意为不分胜负，打成平局。

⑮百姓：春秋时对贵族的总称。《诗·小雅·天保》："群黎百姓。"郑玄笺："百姓，百官族姓也。"战国以后渐用作平民的通称。

⑯陈：通"阵"。

⑰大事：此处指战争，军事。《左传·成公十三年》："国之大事，在祀与戎。"

⑱元龟：大龟。古时认为龟为灵物，可用龟甲来问吉凶祸福。

⑲反本复始：回复到人们原来的本性。《汇解·直解》："反本，反于根本也；复始，复还其所禀受之始也。反，通'返'。"

⑳谋：谋划。《汇解·直解》："谋者，计虑筹度也。"

㉑要：主旨，主要问题。《汇解·直解》："要，约也，政事枢要也，持其要领也。"

㉒绥：车上的绳索，用于登车时拉手。引申为引导之意。

㉓王：成就王业。《孟子·梁惠王上》："保民而王，莫之能御也。"

㉔恶：交恶。《汇解·直解》："两国君臣素积交恶也。"

㉕武侯：魏文侯之子，名击，公元前396～前371年在位。

㉖料人：也称料民，指查清户口、人力。

㉗齐桓：指齐桓公，春秋时齐国国君，姜姓，名小白，公元前685～前643年在位。齐襄公之弟。襄公被杀后，从莒回国取得政权，任用管仲进行改革，国力富强，以"尊王攘夷"相号召，帮助燕国打败北戎，制止了戎狄对中原的进攻。联合中原诸侯进攻蔡楚，与楚国在召陵会盟。还平定了东周王室的内乱，多次与诸侯会盟，成为春秋五霸之首。

㉘晋文：指晋文公，春秋时晋国国君，姬姓，名重耳。晋献公的儿子。公元前636～前628年在位。曾出奔在外十九年，由秦送回国。即位后整顿内政，增强军队，使国力强盛。又平定了周王室的内乱，迎接周襄王复位，以"尊王"相号召；在城濮之战中大胜楚军，并在践土（今河南荥阳东北）大会诸侯，成为霸主。

㉙秦缪：缪，通"穆"。指秦穆公，春秋时秦国国君，姬姓，名任好。公元前659～前621年在位。任用百里奚等人为谋臣，击败晋国，俘晋惠公，灭梁、芮两国，后在崤（今河南三门峡东南）被晋军袭击，大败，转而向西发展，灭十二国，称霸西戎。

㉚卒：古代军队编制单位，周制一百人为卒。

㉛不肖：不贤。《礼记·中庸》："贤者过之，不肖者不及也。"《汇解·直解》："不肖者，不得与贤者为伍。"

㉜楚庄王：春秋时楚国国君，芈姓，名旅（一作"吕""侣"）。公元前613～前591年在位。曾整顿内政，兴修水利。楚庄王三年（前611年）攻灭庸国（在今湖北竹山西南），国势大盛。继又进攻陆浑之戎，陈兵周郊，派人询问象征天子权威的九鼎之轻重。后在邲（今河南荥阳北）大败晋军，陆续使鲁、宋、郑、陈等国归服，成为霸主。

㉝中公：指申叔时，楚国官吏。《汇解·直解》："申公，申叔时也，楚县尹，僭称公者也。"

㉞说：通"悦"。

【译文】

吴起身穿儒士的服饰，要以治军方略进见魏文侯。文侯说："我不喜好用兵打仗的事情。"吴起说："我从表面观察的现象可以推测隐藏的本质，从过去可以推测将来，国君您为什么要言不由衷呢？现在国君一年四季都派人捕获野兽剥取皮革，涂上朱红油漆，画上彩色图案，烙上犀牛、大象的形状。冬天穿着这些东西不暖和，夏天穿着不凉爽。制成的长戟有二丈四尺,短戟一丈二尺。用皮革包起辎重车,并且把车轮连轴都覆盖住,这些车辆看起来并不华美,乘坐它去打猎也不轻便快捷,不明白国君您要这些有什么用途?若是用来进攻时作战,退守时防卫,却又找不到善于运用它们的人,那就如同母鸡要和野猫搏斗,小狗要向老虎挑战,虽然有争斗的决心,但结果只能是死路一条。

过去承桑氏的国君,只重文德,不重武备,因而国家灭亡。有扈氏的国君,倚仗人多势众好逞武勇,也丢掉了江山社稷。贤明的君主以此为鉴,对内修明文德,对外整治武备。因此,面对敌人不能进战,不能说是义。面对阵亡将士的尸体只知哀痛,不能说是仁。"

于是魏文侯亲自布设坐席,国君夫人亲自捧着酒杯,告祭于宗庙,任用吴起为大将,驻守魏国西河。与各诸侯国大战七十六次,全胜六十四次,其余的未分胜负而和解。魏国向四面开辟疆土,扩张版图千里,都是吴起的功劳。

吴起说:"过去谋划治理国家的君主,必须先教育百官并亲近广大民众。有四种情况不宜作战:国家上下意志不统一时,不可以出兵;军队内部不协调一致时,不可以布阵;临阵行伍布列不整齐时,不可以进攻作战;战斗中行动不协调时,不会取得胜利。因此贤明的君主将要动用民众的时候,必须先统一协调才能从事战争。国君不会相信自己的谋划一定正确,必须还要祭告于祖庙,占卜于龟甲,参看天时,得到吉兆然后才出兵。民众知道国君爱惜他们的生命,不忍心他们去死,如能做到这种程度,再和他们一起共赴国难,将士们就会以进攻战死为光荣,以逃脱偷生为耻辱了。"

吴起说:"所谓道,是用来反璞归真的。所谓义,是用来建功立业的。所谓谋,是用来趋利避害的。所谓要,是用来保全功业守住成果的。如果行为不合乎道,举措不合乎义,而身处位高权重的话,祸患就会到来。所以圣人用道来引导,用义来治理,用礼来激励,用仁来安抚。这四项德行,能够倡导实行国家就会兴盛,废弃不用国家就会衰亡。所以成汤讨伐夏桀,受到夏朝人民的欢迎,周武王讨伐殷纣,殷朝的民众不加反对。这是因为他们的举动上顺天意下合民心,所以才会这样。"

吴起说:"凡是治理国家和军队,必须用礼来教育民众,用义来激励民众,让他们懂得廉耻。人有了廉耻之心,国力强大时足以对外攻战,弱小时也足以自守。不过作战获胜比较容易,保住胜利成果比较难。所以说,天下从事战争的国家,五战五胜的是灾祸,四战四胜的会导致国力疲弊,三战三胜的可以称霸,二战二胜的可以称王,一战一胜的可以称帝。所以靠多次赢得战争胜利而得到天下的比较少,却是因此而亡国的比较多。"

吴起说:"战争的起因大概有五种:一是争名,二是争利,三是积仇,四是内乱,五是饥荒。用兵的名义也有五种:一是义兵,二是强兵,三是刚兵,四是暴兵,五是逆兵。禁除暴虐、挽救危乱的叫做义,依仗兵多攻伐别国的叫做强,因为愤怒兴兵的叫做刚,背弃礼法贪求利益的叫做暴,在国家危乱民众疲弊的时候发动战争的叫做逆。对待这五种不同的战争,各有相应的方法。对待义兵要用礼法来折服,对待强兵要用谦抑来折服,对待刚兵要用言辞来说服,对待暴兵要用奇谋来制服,对待逆兵要用权变来制服。"

魏武侯向吴起说:"我想听您讲一下治理军队、清查人力、巩固国家的方法。"

吴起回答说:"古时候贤明的君主,都是谨守君臣之间的礼法,维系上下的规范,安抚聚

中国历代兵法精粹

集官员和民众,顺应习俗实行教化,选募优秀的人材以防备突发事件。过去齐桓公招募军士五万人,靠他们称霸诸侯。晋文公招募先锋军队四万人,靠他们实现了自己的意愿。秦穆公建立能冲锋陷阵的军队三万人,靠他们制服了邻近的敌国。所以一个强大的国家的君主,必须清楚民力的状况,把民众里面勇敢强壮的编成一队,把愿意进攻作战效力国家显示忠勇的编成一队,把能登高攀越长途行军轻捷善走的编成一队,把官员被免职而希望立功报效的编成一队,把曾经丢弃城池离开守地而想洗雪耻辱的编成一队。这五种编队是军队中的精锐。有这样的三千人,从里面出击可以突围,从外面进攻可以摧毁敌方的城池。"

武侯问道:"我想听您讲讲出兵列阵一定能稳定、守御一定能坚固、攻战一定能取胜的道理。"

吴起回答说:"立即见到这些效果都可以,岂止是听听而已!国君能做到让有德行才能的人居于上位,没有德行才能的居于下位,那么军阵就可以稳定了。民众安居乐业,亲附官吏,那么守御就可以坚固了。百姓都听从自己的国君而反对邻国,那么攻战就可以取胜了。"

武侯曾经谋划国家大事,各位臣下的见解都不如他,退朝后露出得意的样子。吴起进言说:"从前楚庄王曾经谋划国家大事,各位臣下的见解都不如他,他退朝后露出忧愁的样子。申公问他说:'君王面带忧愁,是什么原因?'楚庄王回答:'我听说过,世间不会没有圣人,国家不会缺少贤人,能得到圣贤为师的可以称王,能得到圣贤为友的可以称霸。如今我没有本事,然而各位臣下还不如我,楚国的将来就危险了!'这是楚庄王忧虑的地方,而您却因此而高兴,我私下感到恐慌不安。"于是武侯面露惭色。

【故事论述】

谋国有不同的手段,朱元璋用了一个缓字,他选择了等待,他避开了所有对手的锋芒,最后成了王者。

在朱元璋的反元活动取得初步的胜利后,如何发展今后的事业,是摆在朱元璋面前的首要问题。至正十七年(1357)他占领了徽州后,朱元璋亲自到石门山拜访老儒朱升,请教夺取天下的计策。

朱升只送给他三句话:"高筑墙,广积粮,缓称王。"就是说,要巩固国防,发展生产,暂不称王。朱元璋认为朱升的话很有道理,即设定了一个在两淮、江南地区"积粮训兵,待时而动"的行动计划。

"兴国之本,在于强兵足食。"按照老儒朱升的提示,朱元璋首先抓紧军队建设,提高军队的作战本领,尤其重视军事纪律的训练和整顿,强调"惠受加于民,法度行于军,同时,朱元璋大抓农业生产。他设置营田司,任命营田使,负责兴修水利。并且还抽出一部分将士,在训练之余开荒垦田;推行民兵制度,组织农村壮丁,一面练武,一面耕种。(这一点也为后来的毛主席所借鉴)这样一来,所生产的粮食不仅能自给自足,还能支援贫苦的百姓,改变了军队历来吃粮靠百姓的习惯,这就使朱元璋政权赢得了民众的支持。

为了发展自己的势力,朱元璋还礼贤下士,广招人才。刘基、叶琛、宋濂、章溢四大名士被应聘至应天,朱元璋称他们为"四先生",特别设置礼贤馆,让他们居住。

朱元璋为了避免树大招风、过早地暴露自己,防止在自己力量脆弱的时候被吃掉,他在形式上一直对小明王保持臣属关系,用的还是宋政权的龙凤年号,打的还是红巾军的红色战旗,连斗争的口号也不改变。直到朱元璋改称吴王后,发布文告,第一句话仍是"皇帝圣旨,吴王令旨"表示自己仍是小明王的臣属,朱元璋经过如此数年卧薪尝胆,积蓄力量,在外人毫不留意的情况下,培养了一支足以与元军相抗衡的军事力量。

随着朱元璋势力的一天比一天强大,曾经的盟友,为了各自的利益,也逐渐变成了对头,变成了朱元璋改朝换代的强大阻力。这样朱元璋在同元军进行殊死搏斗的同时,还得对盘踞在周围的敌对势力进行清除。当时四周敌对势力有陈友谅、张士诚、方国珍、陈友定部,而陈友谅部的势力最大。

至正二十年五月,陈友谅攻下了南京外围的重镇太平,杀了朱元璋的养子朱文逊及守将花云。他还在太平立国,自称皇帝,并调集水陆兵马,从江州向东直指应天。对外宣称此役有张士诚配合,攻陷应天,指日可待。在陈友谅的嚣张气焰面前,朱元璋的部将感到局势十分紧张。有的主张出城决一死战,有的主张弃城转移,也有的主张献城投降。众说纷纭,莫衷一是。朱元璋也一时拿不定主意,便问站在一边沉默不语的刘基。刘基斩钉截铁地回答,先斩主降者和言逃者,才能破敌获胜。他说,陈友谅劫主称帝,骄横一世,其心时刻不忘金陵。现在顺江东下乃是向我示威,想让我们退让。我们不能让他得逞,只能坚决抵抗。他又说,常言道,后举者胜,陈友谅虽兵骄将悍,但他们行军千里来犯我,既是疲军,又是不义之师,我们只要以逸待劳,待敌深入后,后发制人以伏兵击之,一定会取胜。这一仗对我们来说关系重大,一定要打好。刘基的一番话,坚定了朱元璋抗击的决心,他采纳了刘基的计策,巧出奇兵打败了陈友谅的进攻。朱元璋不仅取得了保卫应天的胜利,还一鼓作气收复了太平,巩固了金陵这块根据地。

陈友谅虽退守江西、湖北一带,但他和张士诚仍然是朱元璋的主要劲敌。为了扫平群雄,北定中原最后推翻元朝政权,朱元璋军中对如何消灭陈张这两个劲敌,持有不同的看法。多数将领主张先易后难即先打张士诚。这一战略思想对朱元璋也产生了影响。

刘基的主张则相反,他认为张士诚生性怯弱,胸无大志,只求自保,这种人不足为虑。陈友谅野心勃勃,力量又强大,而且盘踞长江上游,对我威胁最大。若先打张士诚,陈友谅定会乘虚攻我;而如果先讨伐陈友谅,张士诚则不一定敢轻举妄动。故当先除陈。陈氏一灭,张氏自孤,存亡便由我了。陈张既平,就可麾师北上,席卷中原,大业便可成了。刘基高瞻远瞩,审时度势,应该说是朱元璋扫平四海、建立大业最大功臣。朱元璋采纳刘基之计,决定先征陈友谅再攻张士诚,在全面胜利的道路上迈出了决定性的一步。

至正二十三年(公元 1363 年)四月,陈友谅战死。消灭陈友谅势力以后,朱元璋马不停蹄,立即又挥戈东进,征伐张士诚。至正二十七年(公元 1367 年)九月,攻占平江(今江苏苏州市),张士诚走投无路,自缢身死。自此长江中下游地区尽归朱元璋所有。

朱元璋在围攻张士诚的同时派大将廖永安去滁州假意迎接小明王至应天,从瓜州(今江苏六合东南)渡江时,廖乘机把船弄翻,使小明王溺死江中。这样,又为朱元璋以后的登基,除掉了一个绊脚石。

与此同时,朱元璋还制服了浙江的方国珍,平定了福建的陈友定,又乘胜南进攻克了广

中国历代兵法精粹

东、广西。在实现了整个南部中国除四川、云南外的统一后不失时机地调集精锐部队实施北伐,同元朝政权展开了最后的大决战。

元朝政权虽然依靠地主武装,于至正十九年(1359)攻陷了宋政权都城汴梁(今开封),后又拔掉了宋最后一个据点安丰(今安徽),把北方红巾军也镇压下去。但它的统治基础,也在各起义军,特别是北方红巾军的沉重打击下已成江河日下之势。此时,它仅仅依靠几支地主武装支撑残局,且内部派系林立,矛盾重重,已是摇摇欲坠、不堪一击了。

至正二十七年(1367)十月,朱元璋派徐达、常遇春率二十五万大军北伐,大军出发前,他亲自制定了一个周密的作战计划:"先取山东,扫除大部分的障碍;再回师河南,剪掉元的羽翼;夺取潼关,占据它的门户。如此一来,天下形势为我所掌握,然后进兵大都,元朝势孤援绝,不战可亡。"

北伐战争按照朱元璋的计划顺利实施了。当年十一月徐达就率军推进到山东,平定了山东全境;继而兵分两路,又胜利进军河南,所向披靡,元朝将领纷纷归附。至第二年三四月间,北伐军包围元大都的战略已告完成。

元朝最后的一个皇帝——元顺帝眼看援军无望,孤城难守,慌忙带后妃、太子北逃。八月,徐达率领大军攻进大都,统治近百年的元朝政权宣告灭亡。

虽然朱元璋从骨子里想登基做皇帝,但却不好自己提出来,好在有一批贴心的下属早已看出了他的心思。

早在七月间,在朱元璋兴致勃勃地与熊鼎等文臣研究庆典雅乐时,李善长便率群臣上表,劝朱元璋即皇帝位。朱元璋认为时机尚不成熟,"一统之势未成,四方之途尚便",而没有采纳。到了十二月,在战场上南北大局已定时,李善长又率文武百官奉表劝进。朱元璋假惺惺地说自己"功德浅薄,还不足以当造福万民的皇帝重任",而再一次推辞不就。第二天,李善长再率百官恳请,说道:"殿下谦让之德,已经著于四方,感于神明。愿为生民百姓的利益着想,答应群臣的要求。"朱元璋这才终于同意登基做了皇帝。

图国之举乃是一个伟大的目标。朱元璋在这个过程中,谨小慎微,步步为营,充分体现出他出色的战略决策意识。这也见出了一个王者的气度与风范。

谋取一个国家当然有不同的战略方法,而作为汉朝的伟大将领韩信则另有其高明的方略。

汉高祖二年(前204年),刘邦在与项羽的较量中,遭受到了一连串的打击。韩信在这样的形势下,向刘邦提出了他的作战方略:"请大王允许我率领一支军队,我将北取燕、赵,再向东攻击齐地,然后就可以向南方用兵去阻断项羽楚军的粮道。如果这几步计划都能实现,我就可以向西和大王您相会于荥阳(今河南荥阳)了。"刘邦于是就给了韩信三万人马,让韩信和张耳去实现韩信的军事计划。

韩信与张耳领兵越过太行山,进攻赵国。井陉口一战,韩信以三万人马全歼赵国二十万大军,俘获了赵王歇,杀死赵国统帅成安君陈余。起初,赵国谋士李左车建议陈余分出一支军队去阻断韩信的粮道,而陈余认为自己有礼兵之理念而没有采纳,他的下场就和那个不擒二毛的宋襄公一样,最后的结局是惨死。韩信在攻击赵军的同时又在军中下令,不准杀害赵国的谋士李左车,并高价悬赏,活擒李左车者奖赏千金。

结果,李左车被韩信的兵卒俘获。韩信亲自为他解开绳子,并请李左车上座,以师礼对待,进而向李左车询问攻燕伐齐的策略。李左车在推让一番后,就分析了韩信军队在目前情况下的利弊长短。他说:"将军您自渡西河以来,俘获魏王,擒夏说,再一举攻下井陉,不到一天又歼灭赵国二十万大军,俘赵王,斩杀成安君陈余。一连串的胜利,使将军您名闻海内,威震天下,天下的农民没有不停止耕作的,整天苟且度日,深恐性命朝不保夕,因此,人们都在等待您的安排。这种形势就是将军您的长处。然而,将军您的部队经过多日征战,人马已经疲惫到了极点,其实很难再让他们很好地打仗了。现在将军您企图带领疲惫到极点的兵卒,停顿在燕国坚固的城池下,如果作战恐怕兵力不足不能攻下燕国的城池,从而影响士气。一旦久攻不下,您的军粮就会面临用完的危险,而燕国却不归服,齐国也一定会在自己的国境内加强戒备。燕国和齐国攻不下来,那么刘邦和项羽的争斗就分不出高下。如果是这样,就是将军您的短处。我虽然愚笨,却认为此时不宜出兵燕国。因为善于用兵之人不以自己的短处攻击敌人的长处,而是以自己的长处攻击敌人的短处。"

韩信进一步询问取胜的计策,李左车说:"现在依我看来,最好的办法不如攒甲休兵,先镇抚赵国,安抚孤幼,取得人心,这样,百里以内的人就带着牛和酒来慰问您的军队,然后派遣一个能言善辩的人,去给燕国奉送上一封信,表明您的优势,燕国一定不敢不从。燕国服从您了,再派遣使者向东去说服齐国,齐国也一定闻风而服从;此时就是再有智谋的人,也不知如何为齐国出谋划策了。如果这样,天下的大事就可定下来了。用兵的所谓先声夺人,说的就是这个道理。"韩信听从了李左车的建议,派使者到燕,燕国立刻就归顺了。

在对燕的作战方略就是不战而屈人之兵,这可以说是图国最理想的用兵之道。

而商汤的谋取夏的方法则更是高明。

夏朝末年,统治集团愈加腐朽,朝廷上下只知寻欢作乐,根本不管人民的死活。夏朝最后一个国君叫夏桀,他荒淫无度,整日沉湎于饮酒和宴乐之中。据记载,他宫中的"女乐"有三万人之众,她们每天早晨在宫廷之中演奏,声音之大,站在大街上都能听到。为了让自己看着舒服,玩得痛快,夏桀要求"女乐"必须身着漂亮的丝织衣裙才能演奏和歌舞。

当时社会生产力低下,织绸生产全靠手工劳作,尽管夏国的农民奋力植桑养蚕,夏国的妇女日夜缫丝织帛,但仍无法满足宫廷的需求。于是,夏桀便加重对夏民的剥削与掠夺,然后再用掠夺来的粮食去和别的方国部落交换丝绸和其他珍贵物品。夏桀的"女乐"虽然个个打扮得花枝招展,飘飘欲仙,夏民却日益贫困,不少人卖妻鬻子,甚至饿死在道旁,使社会矛盾更加激化。夏王朝已濒临灭亡的边缘。

在夏王朝统治的诸方国中,有一个叫做商的部落。商部落不但农业和畜牧业比较发达,而且很重视商业发展,所以日益强盛。到了部落领袖商汤即位时,商部落组织已经演变成国家组织。商汤表面上虽然仍臣服于夏王,实际上已具有了国王的权力,并准备伺机推翻夏朝,由自己来担任中原地区的共主。

在宰相伊尹的建议下,商汤对夏桀属下的方国部落采取分化、瓦解和逐个吞并的政策,并设法削弱夏桀的经济实力。所以当他们得知夏桀为了使"女乐"能穿上漂亮的丝绸衣裙,不惜从人民那里搜刮粮食以大量换取丝绸时，就让自己部落的妇女都从事丝绸生产，然后运到夏国去交换粮食。经过全部落上下的共同努力，第一批输往夏国的丝绸生产出来了。商汤接受伊尹的建议，挑选了一名精明能干，能言善辩的使臣押运丝绸去了夏国。

一到夏国，商部落的使臣就去拜见夏桀，并对夏桀说："我们的部落首领听说大王需要丝绸，特地命部落妇女日夜赶制。现在，第一批成品已运抵都城，其余的随后陆续运到。"说着献上一部分丝绸请夏桀过目。

看着商部落送来的漂亮丝绸和各种考究的绦子花边，以及其他五光十色的丝织物，夏桀开心极了，根本没有想到这是商部落采用的削弱夏国经济实力的丝绸战。商部落的一匹丝绸，可以换取夏国一百钟(每钟合640升)粮食。其结果是夏桀的"女乐"都穿上了镶嵌着漂亮花边的丝绸衣裙，而夏国的粮食却如流水一样流向了商部落。商部落因为有大量存粮，粮价平稳，人民生活安定；夏国则因为粮食大量外流，粮食奇缺，价格高扬。时间一久，忍饥挨饿的夏民也和粮食一起纷纷逃离夏国流向了商部落。

人民的背离，使夏桀的势力更趋衰弱；人民的归附，使商汤的力量日益增强。后来，夏桀不但拿不出粮食去交换丝绸，他的帝王宝座也摇摇欲坠。不久原来只拥有方圆不过70里土地的商汤取代夏桀成了天下的共主。

商汤用丝绸换取了一个国家。

而赵匡胤则为了稳固自己帝王的位置，只用一杯酒就把那些他所忌惮的将领的兵权给收了回来。

北宋初年的时候太祖赵匡胤问赵普："自唐末数十年以来，帝王前后共换了十多个，而且战争不断，是什么缘故呢？"赵普回答道："这是由于节度使的权力太大，君主软弱而臣下太强，现在只要稍微削夺一点他们的权力，把钱粮控制起来，收回他们麾下的精兵，天下自然就太平了。"十分精明的太祖不等赵普把话说完就开口说："爱卿不必再多说，我已经知道该怎么办了。"

没过多长时间，太祖赵匡胤和老朋友石守信等几位饮酒，当饮至酒酣的时候，太祖赵匡胤命令左右随从退下，对石守信等几位说："若不是你们的鼎力相助，我今日不能达到这样的地位，我非常感激大家对我的恩德，这些我都始终不会忘记的。可做皇帝也有做皇帝的难处啊，完全没有做节度使快乐，如今我从早到晚没有睡过一天的安稳觉。"

石守信等人说："是什么事让陛下感到烦恼呢？"

太祖说："这是很明显的事情，谁不想坐天子之位呢？"

石守信等人惶恐不已地叩头说道："陛下为什么说出这样的话？"

太祖说："虽然说大家并没有这个想法，但你们的部下将领谁不想富贵？有朝一日，他们将黄袍披在你们的身上，即使你们不想做，也由不得你们了。"

石守信等人连连叩头哭泣着说："臣等愚昧无知，还没想到这一步，只求陛下怜悯给我们指条生路。"

太祖说："人生一世就如白驹过隙，以求富贵之人，不过希望得到很多金钱，自己尽情欢乐，让子孙不受贫困而已。你们何不舍掉兵权，买下好的土地，给子孙后代留下永久的基业？

多多置办一些歌童舞女,每日饮酒取欢,以终天年。君臣之间互不猜疑,不也是很好吗?"

石守信等叩首再拜,说:"陛下对臣等关爱备至,就如同臣等再生父母啊!"

到了第二天,石守信一行都称自己有病不能朝见拜谒,并且请求太祖解去他们手中的兵权。

宋太祖的手段实在是高明,他把自唐中期以来的军事和政治存在的弊端以一场酒局而彻底地解决掉,谋虑不可谓不远。这也避免了国内可能出现的斗争。

虎钤经·天功第一

天道变化,消长万汇,契地之力,乃有成尔。天贵而地贱,天动而地静,贵者运机而贱者效力。上有其动,而下行地矣。是以知天之施地匪专也,知地之应天有常也。生机动则应之以生,气机动则应之以气。机正则泰,机乱则否。万物列形而否泰交著,见之于地焉,岂止地之为乎?盖天道内而地道外者也。王者,天也;将,地也。将者,天也;士卒,地也。我,天也;敌,地也。由此观其所动,故负胜可知矣。王之于将也,阃外之寄,择贤授柄,举无所疑。将必内应其正,外务其顺。应以正则师律严,务以顺则臣节贞。举而御敌,讵有舆尸之患乎?君恃智以自用,倨礼而傲下,授柄匪人,任人不信,将不正应,内包犹豫之惑,外丧驭众之威矣。举而御敌,宁免失律之凶乎?师之成败见之于将焉,岂将之为乎?将之为任也,智敌万人,苟无万人之用,与愚者同矣;勇冠三军,苟无三军之用,与懦者同矣。善为将者正而能变,刚而能恤,仁而能断,勇而能详,以策驭吏士,未有不振拔勋业,以戡祸乱者也。反是,则吏士外无攻,内多离散之势。勇怯见之吏士焉,岂之为乎?我这于敌也,夫功拔战胜,使敌不敢抗衡者,岂敌怯乎?由我威令整,进退肃,赏罚明也。覆兵杀将,弱国削地者,岂敌强威乎?由我不严师律故也。夫如是,亦自上而及下,自内而迨外,其犹天地之用乎。故天必藉地力,然后运四气,正生杀也;贵必藉贱力,然后能立元功而建王业也。

料敌第二

【本篇主旨】

本篇主要论述作战思想,强调必须"审敌虚实"重视应变,要在考察敌情虚实的情况下给予不同的应战措施。只有随机应变才可能重创敌人,夺取最后的胜利。

文中提出平时就要考察敌国的国情和敌军的阵势特点,在临阵之时才不会慌乱。要"趋其危",就是攻击敌人的弱点,击其要害,并且指挥要做到勇敢果断。对勇于杀敌、不怕牺牲之勇士要给以重赏,这样的是人可以决定作战胜负的人。要抓住战机,当机立断。另外还总结出"击之勿疑"的八种情况和"避之勿疑"的六种情况。他强调对我军有利时就打,对我军不利时就避开,不能硬拼,以存实力。战争是千变万化的,没有一成不变的模式。

【原文】

武侯谓吴起曰："今秦①胁吾西,楚②带吾南,赵③冲吾北,齐④临吾东,燕⑤绝吾后,韩⑥居吾前,六国兵四守,势甚不便,忧此奈何?"起对曰："夫安国家之道,先戒为宝。今君已戒,祸其远矣。臣请论六国之俗:夫齐陈重而不坚,秦陈散而自斗,楚陈整而不久,燕陈守而不走,三晋⑦陈治而不用。"

夫齐性刚,其国富,君臣骄奢而简于细民,其政宽而禄不均,一陈两心,前重后轻,故重而不坚。击此之道,必三分之,猎其左右,胁而从之,其陈可坏。

秦性强,其地险,其政严,其赏罚信,其人不让,皆有斗心,故散而自战。击此之道,必先示之以利而引去之,士贪于得而离其将,乘乖猎散,设伏投机,其将可取。

楚性弱,其地广,其政骚,其民疲,故整而不久。击此之道,袭乱其屯,先夺其气,轻进速退,弊而劳之,勿与战争,其军可败。

燕性悫⑧,其民慎,好勇义,寡诈谋,故守而不走。击此之道,触而迫之,陵⑨而远之,驰而后之,则上疑而下惧,谨我车骑必避之路⑩,其将可虏。

三晋者,中国⑪也,其性和,其政平,其民疲于战,习于兵,轻其将,薄其禄,士无死志,故治而不用。击此之道,阻陈而压之⑫,众来则拒之,去则追之,以倦其师。此其势也。"

"然则一军之中,必有虎贲⑬之士,力轻扛鼎,足轻戎马,搴⑭旗斩将,必有能者。若此之等,选而别之,爱而贵之,是谓军命。其有工用五兵⑮、材力健疾、志在吞敌者,必加其爵列,可以决胜。厚其父母妻子,劝赏畏罚,此坚陈之士,可与持久,能审料此,可以击倍。⑯"武侯曰:"善!"

吴子曰:"凡料敌有不卜而与之战者八。"一曰:疾风大寒,早兴寤⑰迁,刊木济水,不惮艰难。二曰:盛夏炎热,晏兴无间,行驱饥渴,务于取远。三曰:师既淹久,粮食无有,百姓怨怒,妖祥数起,上不能止。四曰:军资既竭,薪刍既寡,天多阴雨,欲掠无所。五曰:徒众不多,水地不利,人马疾疫,四邻不至。六曰:道远日暮,士众劳惧,倦而未食,解甲而息。七曰:将薄吏轻,士卒不固,三军⑱数惊,师徒无助。八曰:陈而未定,舍而未毕,行坂⑲涉险,半隐半出。诸如此者,击之无疑。""有不占而避之者六。一曰:土地广大,人民富众。二曰:上爱其下,惠施流布。三曰:赏信刑察,发必得时。四曰:陈功⑳居列,任贤使能。五曰:师徒之众,兵甲之精。六曰:四邻之助,大国之援。凡此不如敌人,避之勿疑。所谓见可而进,知难而退也。"

武侯问曰:"吾欲观敌之外以知其内,察其进以知其止,以定胜负,可得闻乎?"起对曰:"敌人之来,荡荡无虑,旌旗烦乱,人马数顾,一可击十,必使无措。诸侯(大)[未]会,君臣未和,沟垒未成,禁令未施,三军匈匈㉑,欲前不能,欲去不敢,以半击倍,百战不殆。"

武侯问敌必可击之道。起对曰:"用兵必须审敌虚实而趋其危㉒。敌人远来新至,行列未定,可击;既食未设备,可击;奔走,可击;勤劳,可击;未得地利,可击;失时不从,可击;旌旗乱动㉓,可击;涉长道后行未息,可击;涉水半渡,可击;险道狭路,可击;陈数移动,可击;将离士卒,可击;心怖,可击。凡若此者,选锐冲之,分兵继之,急击勿疑。"

【注释】

①秦:战国七雄之一。开国君主为秦襄公,因护送周平王东迁有功,被分封为诸侯。地

在今陕西中部、甘肃东南一带，秦孝公时迁都咸阳(今陕西咸阳东北)。

②楚：战国七雄之一。战国时地包括今湖北全部及湖南、河南、山东、安徽、江西、广西等省各一部分。先后建都于郢(今湖北江陵县北)、陈(今河南淮阳)、寿春(今安徽寿县)。

③赵：战国七雄之一。开国君主为赵烈侯，原为晋大夫赵衰之后，与魏、韩三分晋国。公元前403年被周威烈王承认为诸侯。建都晋阳(今山西太原东南)，前386年迁都邯郸(今属河北)。地在今山西中部、陕西东北部、河北西南部。

④齐：战国七雄之一。开国君主是姜尚。春秋时齐桓公称霸。齐威王时进行改革，国力强盛，打败魏国，开始称王，此后长期与秦国东西对峙。地在山东泰山以北、河北东南，建都于临淄(今山东青州市西北)。

⑤燕：战国七雄之一。开国君主是召公□。地在今河北北部和辽宁西部，建都蓟(今北京城西南隅)。

⑥韩：战国七雄之一。开国君主是韩景侯(名虔)，原为春秋时晋国大夫韩武子后代，与魏、赵三分晋国。公元前403年被周威烈王承认为诸侯，建都阳翟(今河南禹县)，后迁都新郑(今属河南)。地在今山西东南角和河南中部，介于魏、秦、楚三国之间。

⑦三晋：指韩、赵、魏三个诸侯国。因三国原由晋国瓜分而来，故习称三晋。

⑧愻：忠厚，诚笃。

⑨陵：通"凌"欺侮，欺凌，侵犯。

⑩谨我车骑必避之路：秘密地将车骑埋伏在敌人退避所必经的道路上。《汇解·纂序》："谨伏我车骑于敌人必避之路。"

⑪国：中原的诸侯国。

⑫阻陈而压之：《汇解·直解》："阻陈者，阻压其前往之势也。"阻陈，能阻止敌军的阵势，即坚强的阵势。压，迫近。全句意为以坚强的阵势迫近敌军。

⑬贲：指勇士。《尚书·牧誓序》："武王戎车三百两(辆)，虎贲三百人。"孔颖达疏："若虎之贲(奔)走逐兽，言其猛也。"

⑭搴旗：搴，夺。《汇解·直解》："搴旗，能夺敌之旗也。"

⑮五兵：《汇解·直解》："五兵，戈、盾、戟、夷矛、酋矛也。"《考工记》中车兵五兵为戈、殳、戟、酋矛、夷矛，插在战车侧面备用。步兵之五兵为戈、殳、戟、酋矛、弓矢。也泛指各种兵器。

⑯击倍：打败成倍的敌人。《汇解·直解》："击倍者，以吾之一而击敌人之倍也。"

⑰寤迁：寤，睡醒。《史记·赵世家》："七日而寤。"寤迁，指夜间行动。

⑱三军：军队的统称。《孙子·军争》："故三军可夺气，将军可夺心。"周制，天子六军，大国三军。春秋时，大国多设三军，如晋设中军、上军、下军，以中军之主将为三军统帅。楚设中军、左军、右军。

⑲阪：山坡。

⑳陈功：论功。陈，宣扬，表彰。

㉑匈匈：同"汹汹"，扰攘不安状。《史记·项羽本纪》："天下匈匈数岁者，徒以吾两

人耳。"

㉒趋其危:冲击它的虚弱之处。《汇解·直解》:"趋危,趋敌人虚弱之处也。"

㉓旌旗乱动:意为阵列混乱《汇解·直解》:"旌旗乱动,无节制也,陈数移动,人心未定也。"

【译文】

武侯对吴起说:"现在秦国威胁我国西边,楚国围在我国南边,赵国扼守着我国北边,齐国紧逼我国东边,燕国截断我国的后边,韩国据守在我国前边,六个国家的军队从四面包围,形势对我国很不利,我对这事很忧虑,应当怎么办呢?"

吴起回答说:"保障国家安全的方法,预先有所戒备是最重要的。如今您已经有了戒备,祸害就会远离了。请让我来分析一下六国的情况,齐国军阵庞大但不坚固,秦国军阵分散但却各自为战,楚国军阵整固但难以持久,燕国军阵善于防守但不利于机动,韩国和赵国军阵严整但不实用。"

"齐国人性情刚烈,国家富足,君臣上下骄纵奢侈,不顾普通民众的利益,政令宽松而官吏待遇不均,一支军队有两种思想,兵力的部署上前重后轻,所以军阵庞大但不坚固。进攻这样国家的方法,必须把兵力分为三部分,分别袭击它的左右两侧,并乘其后退时正面追击,它的军阵就可以击溃。秦国人性情强悍,地势险要,政令严酷,赏罚分明。军士们互不相让,都具有旺盛的斗志,因而善于分散而各自为战。进攻这样国家的方法,必须先以利益引诱它,当军士们贪图获利而脱离将领时,乘其混乱袭击分散的兵力,布设伏兵伺机取胜,就可以捉住其将领。楚国人性情柔弱,国土广袤,政令烦乱扰民,百姓疲困,所以军阵虽整固但难以持久。进攻这样国家的方法,要袭击扰乱它的驻地,先动摇它的士气,然后迅速进攻又迅速撤退,使之疲弊劳困,不必与之决战争锋,它的军队就可以被打败。燕国人性情忠厚诚朴,行为谨慎,好勇尚义,缺少机变智谋,所以善于防守而不利于机动。进攻这样国家的方法,以军队相接触而施加压力,突然进犯它之后再撤离,它后退又快速追击,这样就会使它上层疑虑而下面畏慎,把我军人马秘密埋伏在它撤退必经的道路上,它的将领就会被我军俘获。韩国和赵国,属于中原的国家,它们的民风温顺,政令平和,民众被战祸困扰,久经争战,不重视将领,对军饷微薄而不满,军士没有拼死的斗志,所以说军阵严整但不实用。进攻这样国家的方法,用强大的阵势来压迫它,如果其前来攻战就抗击它,退却时就追击它,使它的队伍劳顿不堪。这是他们的大概形势。"

"然而在一支军队当中,一定会有勇猛如虎的军士,力大足以轻易扛起重鼎,腿快足以轻易追上战马,夺取敌军旗帜,斩杀敌军将领,必须要有这样的能人。像这样的人物,要选拔出来另眼相待,爱护并敬重他们,这是军中的生命所在。那些擅长使用多种兵器,身手健壮敏捷,志在灭敌者,一定要提高其爵位等级,可以使他们决胜。厚待他们的父母妻儿,用奖赏相勉励,用惩罚相警诫。这些是坚守军阵的勇士,可以持久作战。如能审慎地了解这些方面,就能够打败比我军多一倍的敌人。"

武侯说:"很好!"

吴起说:"分析敌情不用卜问吉凶就可以作战的有八种情况。一种是有狂风严寒,昼夜行军,伐木架桥过河,不顾队伍艰苦困难的。第二种是盛夏酷暑,行军较晚而不休息,不顾饥渴驰驱奔袭,一意要赶往远地的。第三种是军队在外滞留太久,军粮用尽,百姓怨愤,谣言四起,主将不能加以制止的。第四种是军需资财耗尽,柴薪饲料缺乏,天气又多阴雨,想掠取又找不到地方的。第五种是部队兵力不足,水土和地形对之不利,人和马遭受疾病瘟疫,四面邻近的援军不能到达的。第六种是路远天晚,队伍疲劳而且慌乱,困倦而且没吃上饭,解下衣甲在休息的。第七种是将领缺乏威重,军心不稳,全军多次受到掠扰,而且孤立无援的。第八种是兵力没有部署好,宿营地没有安排好,或是翻山涉水正过了一半的。像这类情况,可以毫不迟疑地攻击他们。"

"还有不用卜问吉凶就应当避开的六种情况。一种是国土广大,人多而且富足的。第二种是君主爱惜臣下,恩惠普及的。第三种是奖赏守信有罪必罚之行为及时的。第四种是按功授职,选贤任能的。第五种是人马众多,装备精良的。第六种是四周邻国帮助,有大国支援的。凡是在这些方面不如敌人的,就应当避免与之作战,不用迟疑。这就是见可而进,知难而退。"

武侯问道:"我想通过观察敌人的外在表现了解其内部情况,通过观察敌人的行动了解其目标所在,以此来判定胜负,可以听听你的见解吗?"

吴起回答说:"如若敌人来时,行动散漫而无章法,军旗纷乱,人马东张西望,这样以一击十就会使敌人手足无措。敌方各路军队还没有会齐,君臣意见没有统一,工事没修好,军中禁令没有实施,全军人心不定,想要前进不能前进,想要撤退又不敢撤退,这时可以用半数的兵力攻击,能够百战不败。"

武侯问在什么情况下一定要攻击敌人的道理。

吴起回答说:"用兵必须切实弄清敌方虚实而指向它的弱处。敌人远途而来刚到新的环境,队列还没有整顿好,可以攻击。刚吃完饭还没来得及防备时,可以攻击。狂奔乱走的,可以攻击。队伍疲劳的,可以攻击。没有占据有利地形的,可以攻击。失去战机部下不听指挥的,可以攻击。军旗混乱的,可以攻击。长途跋涉,后边的队伍还没得到休息的,可以攻击。队伍渡水刚到一半时,可以攻击。正在经过险要道路的,可以攻击。阵势多次移动的,可以攻击。将领离开队伍的,可以攻击。军心恐慌的,可以攻击。凡是这些情况,应当选派精锐之师冲击它,并陆续派兵力相接应,迅猛攻击不可犹豫。"

【故事论述】

战争的胜利并不在于兵力的多少,而在于奇正谋略运用得是否得当。张巡就多次运用了奇袭的方式以少胜多。

755年,发生了安禄山、史思明之乱,十万叛军攻占了都城长安,皇帝唐玄宗逃往成都。唐朝真源县县令张巡没有临阵逃脱,而是去攻打真源县附近的雍丘(今河南杞县)县城,因为雍丘县令令狐潮投降了安禄山。张巡占领了雍丘,却被令狐潮的叛军重重包围了。

身穿盔甲的张巡在雍丘城的城头上巡视。城中只有千余守卒,而城下却有四万敌军。雍丘十万火急!张巡身为唐朝臣子,他誓与朝廷共存亡。

血战两个多月,雍丘的城墙虽然有些破损,站在城头上的守军一个个眼窝深陷,布满血丝,但他们都抱着拼死一战的决心。

张巡在城头上巡视了一番,了解到大家手中的箭都差不多用完了,这对守城是十分不利的。他正在冥思苦想忽然看见一个不肯下火线的伤兵坐在一个稻草捆上休息,他盯着稻草看了一阵,忽然有了主意。

明月当空,朦胧的月光静静地注视白日的战场。夜,是如此的宁静。叛将令狐潮睡得正熟,忽然一个部将把他叫醒了:"报告雍丘城头上有情况!"

令狐潮披衣而起,借着月光向城头望去,果然隐隐约约见静悄悄的城墙上,有无数身穿黑衣的士兵从城头上沿着绳索滑下城墙。

"哼!张巡想来袭营!"令狐潮判断道,于是下令弓箭手对准黑影万箭齐发。射了好久好久,黑影终于全掉到了地上,令狐潮正要命令停止,见那黑影复又起身,纷纷往上爬,令狐潮忙又命令弓箭手继续将他们一顿乱箭。这样一直折腾到天蒙蒙亮,令狐潮才看清,吊上城头的"士兵"原来是一个个身穿黑衣的稻草人。

就这样张巡用"草人借箭"之计,白白赚了令狐潮几十万支箭。

几天后,又是月夜,张巡把五百勇士缒下城去。令狐潮的哨兵这回以为又是"草人"不再去报告主将。谁知那五百勇士下得城后,匍匐着摸到敌营,一通偷袭,杀死叛军无数。令狐潮慌乱之中已顾不得部队,自己先逃跑了。部下也跟着逃到十多里之外。

张巡杀退令狐潮叛军的第二年(757 年),进驻睢阳城(今河南商丘南),援助睢阳太守许远。

而睢阳城下是安禄山的另一员大将尹子奇。他率领十三万大军兵临城下。睢阳太守许远召集张巡和将军南霁云等商议对策。他说:"诸位,城中的粮草、弓箭已不多了,只有火速杀退叛军,才能解睢阳之围。可是,敌人的兵力是我们的几十倍,他们即使不战,也能把我们困死啊!"

张巡说:"太守大人,俗话说'擒贼先擒王',我们只要杀死尹子奇,让他们群龙无首,就是最好的退兵之计。"

神箭手南霁云说:"只要我们接近敌营,认出尹子奇,就能射中他!可是我们谁也不认识尹子奇怎么办呢?"

张巡沉思片刻,说:"我有一计。"

这天夜间,睢阳城里响起阵阵战鼓,城外的叛军以为张巡要出城突击,于是通宵达旦准备还击。可是到了凌晨鼓声停止了,也没见一人出城。城外尹子奇的哨兵在搭起的飞楼上察看城中动静,只见城楼上一个人影也没有。尹子奇听到汇报后,就命令部下继续回去睡觉。

就在他们睡得正香时,张巡和南霁云十几个将领,各带数十人,突然打开城门,以迅雷不及掩耳之势,一直冲到尹子奇的住所。叛军营中顿时大乱,数千士兵在混乱中被杀死。

张巡和南霁云等已经接近了叛军主帅营前,尹子奇和几个部将带领附近一些军营的士兵与他们展开了厮杀。谁是尹子奇呢?南霁云拉开弓箭,在搜索目标。旁边张巡已指挥其他将领射出一支支"箭"这是用青蒿削尖后做成的,轻飘飘的,射不远,即使射到身上也伤不

吴子兵法

了人,只有射到人的脸部才有些作用。

尹子奇的部下见对方射来的箭没什么杀伤力,拾起箭一看,原来是"青蒿箭",忙跑到尹子奇跟前报告这一重要情况。尹子奇想:原来睢阳城里没箭了。正在狂喜之际,南霁云这时已判断出谁是尹子奇了,搭上真正的利箭,"嗖"地一声射将过去,正中尹子奇的左眼。尹子奇"啊呀"一声,跌下马来,立即昏死过去。趁叛军混乱不堪之时,张巡等一齐掩杀过去,直杀得叛军血流成河。

尹子奇受了重伤,无心再战,只得下令撤军。

战争的胜利并不在于兵力的多少,而在于奇正谋略的运用是否得当。清朝的马慧裕在他的著述《武备集要》中这样说道:"兵力少,必须出没无常,行动轻快敏捷,使敌人来不及抵抗,也无法实施追击。适于暗袭,不适于明攻;适于夜晚行动,不适于白天行动;适于出奇制胜,不适于常规战法;适于袭扰,不适于死打硬拼。"这也算是以寡敌众的一个总结性纲领吧。

诸葛亮是一个军事奇才,是一千载难得一现的人物,他在军事史上创造的奇迹,是后世人谈不完的话题。

三国时期,蜀兵挺进汉中,曹操亲率大军前来抵御,两军于汉水两岸隔河相对。诸葛亮查看了地势,吩咐赵云道:"你带兵五百人,携带战鼓号角,埋伏在上游的丘陵地带。只要听到我军营中的炮响,便擂鼓助威,只是不许出战。"赵云领命去了。

第二天,曹兵前来挑战,见蜀兵坚守不出,只好悻悻回营。晚上,诸葛亮见敌军灯火熄灭,命人放响号炮。赵云听到后,也吩咐鼓角齐鸣。曹兵以为蜀兵来劫寨,急忙起床应战,但未发现一个蜀兵。刚刚睡下,蜀兵那边又擂起战鼓,曹兵还是未发现一个人影。一连三夜,夜夜如此,搞得曹兵筋疲力尽。曹操心里发怵,便退后30里扎寨。

诸葛亮又请刘备渡过汉水,然后在岸边扎营。次日,曹操领兵向刘备挑战。蜀将刘封出战,曹操命徐晃出战。刘封假装战不过徐晃,拨马便跑。蜀兵向水边逃走,军器马匹散落满地。曹兵追赶过来,争相拾取,不战自乱。曹操见势不好,忙下令鸣金收兵。

正在这时,只见诸葛亮号旗举起,刘备领兵杀回,黄忠、赵云从两翼杀来。曹操逃到南郑,见南郑已被张飞、魏延攻占,只好逃往阳平关。

诸葛亮抓住时机,急令张飞、魏延截断曹兵粮道,又叫黄忠、赵云去放火烧山。曹操在阳平关听说粮道被截、山野被烧,知道后勤方面已无保障,遂领兵出阳平关,希望以一战之功杀败蜀兵。蜀兵出阵的仍是刘封,战了几个回合便败走,曹操追了一阵,怕中埋伏,退回阳平关。

这时蜀兵又返身杀回,东门放火,西门呐喊,南门放火,北门擂鼓。

曹操心中大惧,急忙弃城突围,到斜谷界口驻扎。蜀兵杀了过来,曹操勉强出战,被魏延一箭射掉两个门牙,于是仓皇率军逃奔许都,将整个汉中丢给了刘备。

用兵作战本就是一个诡诈奇谋的较量。在这场战役中,诸葛亮几番用计都十分精妙。他先是布置疑兵,瞒天过海,夜间擂鼓疲惫敌人,迫使曹操退后30里。继而,又过河背水结营,引诱曹操前来进攻,然后设伏兵杀敌。曹操退守阳平关后,诸葛亮又釜底抽薪,放火烧山,截断粮道。此后又打草惊蛇,在阳平关四座城门放火呐喊,弄得敌人心惊肉跳。一切水到渠成后,终于迫使曹操放弃阳平关和斜谷界口,整个汉中遂落入刘备之手。

作战最重要的是掌握战争的主动权。"调动敌人而不被敌人所调动"。奇袭是出敌不意、攻敌无备,使我方掌握主动权、使敌方陷入被动挨打的制胜之道。

而对于如何瓦解掉敌人的防线,又如何得到敌方的民心,魏将羊祜就做得很好,他知道一个国家的老百姓不过是为了过上安稳的日子罢了,只要能得到对方百姓的心,那攻占一个国家就是很容易的,他在攻取吴的战略中采取了怀柔政策。

魏国在灭掉蜀国以后,又派了羊祜去镇守襄阳,以防止东吴的镇东将军陆抗的进犯。羊祜接到圣旨以后,立即整顿兵马,预备迎击敌人。

羊祜镇守襄阳以后,很受当地驻军百姓的欢迎。吴国有投降过来的人又想回国的,羊祜都听其自便。他又减少了在边境巡逻的士兵,用来垦田种地。他初来的时候,军队里连一百天的军粮都没有,可等到年底,军粮积存足够用上十年。

羊祜在军营中,经常是身着轻便的皮衣,腰系宽宽的带子,不穿戴铠甲,身边的警卫也不过十几个人。有一天,一部将到军帐之中向他禀告:"侦察的人报告说,吴国的士兵防守十分懈怠,我们可以乘他们没有准备去袭击他们,一定能够取得大胜。"

羊祜笑着说:"你们这些人小看陆抗吗?这个人足智多谋,前些日子,吴国的国君命令他去攻打西陵,他斩了步阐及其将士好几十人,我去救援都赶不上。这个人做将军,我们就只好守住边境,等到他国内情况发生了变化,才能攻取;如果不考虑时势而轻率进攻,就等于自投罗网了。"

众位将领很信服他的这一番言论,于是便一心一意守卫自己的边界,也没有别的想法了。

一天,羊祜带领众位将领出外打猎,正巧赶上陆抗也出来打猎。羊祜命令道:"我方的军队不许超过边界。"

众位将领接到命令,便只在晋国(这时司马炎已经代魏称帝了)的地界内围猎,不侵犯吴国边境。陆抗见到此情此景,赞叹道:"杨将军有纪律,不能冒犯他呀!"当天晚上,各自退回自己的驻防地。

羊祜回到军营,查问所猎到的禽兽,如果有被吴方先射伤的,全都送还对方。吴方的人自然高兴,连忙来向陆抗报告。

陆抗将送还猎物的人召了进来问道:"你们的主帅能喝酒吗?"

来人回答:"必须有好酒他才饮。"

陆抗笑道:"我有一斗酒,藏了很久了。现在交给你带回去,请转告羊将军,这是我陆某亲自酿造供我自己饮用的,特此奉上一壶,以表达昨日出猎时以礼相待之情。"

来人答应了携酒回去。陆抗身边的人问他:"将军送酒给他,是什么用意?"

陆抗说:"他既然对我们表现出礼遇,我怎么能不予以答谢?"大家都感到十分吃惊。

再说来人回去见了羊祜,将陆抗的问话以及送酒的事,全都报告给了羊祜。羊祜笑着问:"他也知道我善饮酒吧?"便命令当场打开酒壶取出饮用。

他的部将陈元说:"其中只怕有奸诈,将军还是别饮的好。"

羊祜笑道："陆抗哪里是给酒下毒药的人！不必疑虑。"竟倒出就喝。从此双方使者往来，彼此互通问候。有一天，陆抗派人去看羊祜，羊祜问："陆将军身体好吗？"

来人回答："主帅卧病在床，好几天没有出来了。"

羊祜说："他的病大概跟我的一样。我已经制好了成药，送给陆将军服用吧。"

吴国的使者就把药带回来交给了陆抗，手下将领都说羊祜是我们的敌人，他给的药怎么能吃呢，都认为里面会有毒。

陆抗说："羊将军的药怎么会有问题呢？你们不要多疑。"就把羊祜所赠之药喝了下去。第二天他的病就好的，众部将都表示祝贺。

陆抗说："羊祜之举总是施行恩德，我们总是施行强暴，这样他就会不战而胜我。从今以后，各自保卫好自己的边界，不要贪图一些小利。"

因为陆抗深知羊祜之图谋，所以就以其人之道还至其人之身，使当时已是弱小之国的吴国没有很快被灭掉。

英雄本色勇者先。人们常把英雄与骁勇相连，却很少与智谋相关。勇而无谋，非可取也。三国时，吕布可谓是十足的英雄，连刘关张三雄联袂，也奈他不何。可惜吕布豪勇有余，智谋不足，最后落得个身首异处的结局。英雄短识，是古代勇士们的通病，这就注定了他们既悲且壮的命运；他们在历史上留下了千古英名，也给我们留下了无尽的悲哀，给未来抹上了一道道阴影。

在战争中，以军事力量相威胁固然很重要，但是如果只知一味动用武力那就错了。历史经验表明在某些情况下，采用怀柔、拉拢和安抚的办法，往往要比剑拔弩张、干戈相向容易使对方心服。故《礼记·中庸》上说："柔远则四方归之，怀诸侯则天下畏之。"意思是讲：抚慰远方之人，则四方民众归附，关怀各地诸侯，则天下人更加畏惧。你看，这"柔"和"怀"，虽然是一种阴柔的手段，却具有无坚不摧的力量。

俗话说："得人心者得天下，失人心者失天下。"为将之道在于攻心。羊祜采用攻心战术，化解了东吴军民的仇恨之心、戒备之心，直到晋咸宁五年（公元279年），晋军伐吴，吴军不战自溃，旋即灭亡。故《资治通鉴》高度评价羊祜说："成伐吴达计者，祜也。"

虎钤经·防敌

深入敌境，寂然不逢一人，不可轻动，防有伏焉。宜详审四冲之云气，秣马励士，坐甲以俟结营之地。夜于营数里四围，各以劲勇之士伏强弩利盾，多列鼓鼙。有贼遽发，击鼓为号。贼击卫兵，则中营出轻兵援之。贼击中营，则四面夹攻之。中营坚阵，坐以俟变而已。贼退则随之，勿逼之。中营亦随而进焉。夫顿兵敌境，暇则秣食，不常其时，备不测之寇。所行之地遇平川大泽，分五方之师，左右前后人等差随时，去中军不可过远。大将军处于中军，随军刍粟处于中军，赏赐资货处于中军。若山川险狭，则敛左右二军前后如故焉。与贼相遇，不可忽遽周章，当寅畏戒严，俾吏士若临大祭。鼓则进，金则止。不金不鼓，湛如渟渊。虽使之奔冲驰突，不可妄动。何也？曰："凡深入敌境，与常战不同，地形我不细究其逆顺，丛林我不深晓厚薄。且坚其大阵于阵中，数出奇兵，左右掩逐，利则进，不利则止，货则掠，人则杀而已。此皆深入之道也。苟不先备而俟之，必有惊挠却夺之困。可不慎哉！

治兵第三

【本篇主旨】

本篇主要论述如何建立一支训练有素的军队。主要提出了几点措施。首先要以"教戒为先"，也就是要做好思想工作，要"教之以礼，励之以义"使他们懂得什么样是光荣和耻辱。但要做到这一点就要使他们得到很好的技能训练。

文中还提出治军要严罚重赏。强调一个绝对服从命令的军队是对战争胜利的关键。而做到这一点就是有一个严明的赏罚制度。

对于如何发挥军队的最大作用他提出要把人按不同的特点给以明确的分工。编制上也要一定的策略。

文中还格外提到对军队来说非常重要战备——战马的喂养与训练。

吴子兵法

【原文】

武侯问曰："进兵之道何先？"起对曰："先明四轻、二重、一倍。"曰："何谓也？"对曰："使地轻①马，马轻车，车轻人，人轻战。明知（阴阳）[险易]，则地轻马；刍秣②以时，则马轻车；膏铜有余③，则车轻人；锋锐甲坚，则人轻战。进有重赏，退有重刑，行之以信。（令制远）[审能达]此，胜之主也。"

武侯问曰："兵何以为胜？"起对曰："以治为胜。"又问曰："不在众寡？"对曰："若法令不明，赏罚不信，金之不止，鼓之不进④，虽有百万，何益于用？所谓治者，居则有礼，动则有威，进不可挡，退不可追，前却有节，左右应麾⑤，虽绝成陈，虽散成行。与之安，与之危，其众可合而不可离，可用而不可疲，投之所往，天下莫当，名曰父子之兵。"

吴子曰："凡行军之道，无犯进止之节，无失饮食之适，无绝人马之力。此三者，所以任其上令⑥，任其上令，则治之所由生也。若进止不度，饮食不适，马疲人倦而不解舍⑦，所以不任其上令，上令既废，以居则乱，以战则败。"

吴子曰："凡兵战之场，立尸之地，必死则生，幸⑧生则死。其善将者，如坐漏船之中，伏烧屋之下，使智者不及谋，勇者不及怒⑨，受敌可也⑩。故曰：用兵之害，犹豫⑪最大，三军之灾，生于狐疑⑫。"

吴子曰："夫人（当）[常]死其所不能，败其所不便。故用兵之法：教戒为先。一人学战，教成十人；十人学战，教成百人；百人学战，教成千人；千人学战，教成万人；万人学战，教成三军。以近待远，以佚待劳⑬，以饱待饥。圆而方之，坐而起之，行而止之，左而右之，前而后之，分而合之，结而解之。每变皆习，乃授其兵。是为将事。"

吴子曰："教战之令，短者持矛戟，长者持弓弩，强者持旌旗，勇者持金鼓，弱者给厮养⑭，智者为谋主。乡里相比^⑮，什伍相保^⑯。一鼓整兵，二鼓习陈，三鼓趋食，四鼓严办^⑰，五鼓就行。闻鼓声合，然后举旗。"

武侯问曰："三军进止，岂有道乎？"起对曰："无当天灶，无当龙头^⑱。天灶者，大谷之口；龙头者，大山之端。必左青龙^⑲，右白虎^⑳，前朱雀^㉑，后玄武^㉒。招摇^㉓在上，从事于下。将战之时，审候风所从来，风顺致呼而从之，风逆坚陈以待之^㉔。"

武侯问曰："凡畜（卒）［车］骑，岂有方乎？"起对曰："夫马，必安其处所，适其水草，节其饥饱。冬则温（烧）［厩］^㉕，夏则凉庑。刻剔毛鬣，谨落四下^㉖，戢其耳目，无令惊骇，习其驰逐，闲其进止，人马相亲，然后可使。车骑之具，鞍、勒，衔、辔，必令完坚。凡马不伤于末，必伤于始；不伤于饥，必伤于饱。日暮道远，必数上下，宁劳于人，慎无劳马，常令有余，备敌覆我。能明此者，横行天下。"

【注释】

①轻：轻便。此处作利于、便于解。

②刍秣：饲养牛马的草料。《周礼·天官·大宰》："刍秣之式。"郑玄注："刍秣，养牛马禾谷也。"

③膏锏有余：膏，油脂。锏，车轴上的铁，用以减少车轴与车毂之间的摩擦。《释名·释车》："锏，间也，间缸轴之间使不相摩也。"膏锏，把油脂涂抹在车轴上。有余，足够。《汇解·直解》："膏，以脂膏全其车轴也。锏，以铁饰车也。有余，言足用也。"

④金之不止，鼓之不进：金、鼓，金属的乐器和鼓。古代军队用作指挥军队行动的器具。鸣金为军队停止，击鼓为军队前进。金、鼓在这里用作动词。《周礼·地官·鼓人》："掌教六鼓四金之音声，以节声乐，以和军旅，以正田役。"《吕氏春秋·不二》："有金鼓，所以一耳。"高诱注："金，钟也。击金则退，击鼓则进。"

⑤麾同"挥"。

⑥任其上令：使士卒保持充分的体力，能胜任上司的命令。《直解》："军中士卒听将之命令也。"《汇解》："三者皆指行军时言，行军之时，为将者能无犯、无失、无绝，如此休养，则士卒之气力全，自然任服将之驱使，而呼吸相应也。"

⑦解舍：《汇解·直解》："不解舍者，不解甲。舍：止，休息也。"解舍即为解甲休息。

⑧幸生：幸，侥幸。本句意为侥幸求生。

⑨勇者不及怒：怒，军威。《礼记·曲礼上》："急缮其怒。"注："坚劲军之威怒也。"

⑩受敌可也：《汇解·直解》："吾能奋勇以受敌，庶可保全而无败也。"

⑪犹豫：据《汇解·直解》，犹为兽名，"犹性多疑，闻有声则豫登木，上下不一"。

⑫狐疑：怀疑。传说狐性多疑，因称多疑为狐疑。

⑬佚：同"逸"。

⑭给厮养：负责供应、割草饲养马匹及炊事等杂役。《汇解·直解》："给，供应也；厮，刈草也；养，炊爨也。使老弱者充之。盖老弱者不能战，惟可充牧马、取薪之役也。"

⑮相比：比，邻近，此处指编在一起。

⑯什伍相保：同什同伍的人互相联保。五人为伍，十人为什，是古代军队编制的基层

中国历代兵法精粹

单位。

⑰严办:《汇解·直解》:"严办,严整装束也。"

⑱无当天灶,无当龙头:天灶,山谷口。龙头,山顶。《汇解·直解》:"无当谷口而营,恐为敌所冲,水所浸也。无当山巅而营,恐为敌所围,且水草不便也。"又《汇解》:"太公曰:处山之高,则为敌所栖处山之下,则为敌所回。即龙头天灶之意。"

⑲青龙:四象之一,由东方七宿的角宿、亢宿、氐宿、房宿、心宿、尾宿、箕宿组成龙象。又为古代神话中的东方之神,与白虎、朱雀、玄武合称为四方四神。《礼记·曲礼上》:"行前朱鸟而后玄武,左青龙而右白虎。"孔颖达疏:"朱鸟、玄武、青龙、白虎,四方宿名也。"此处为军旗名,青色,上绘龙形,用作左军旗帜。

⑳白虎:四象之一,由西方七宿的奎宿、娄宿、胃宿、昴宿、毕宿、觜宿、参宿组成虎象。此处为军旗名,白色,上绘虎形,用作右军旗帜。

㉑朱雀:四象之一,由南方七宿的井宿、鬼宿、柳宿、星宿、张宿、翼宿、轸宿组成鸟象。此处为军旗名,红色,上绘鸟形,用作前军旗帜。

㉒玄武:四象之一,由北方七宿的斗宿、牛宿、女宿、虚宿、危宿、室宿、壁宿组成龟蛇相缠之象。此处为军旗名,黑色,上绘龟蛇形,用作后军旗帜。

㉓招摇:星名,属氐宿。《星经》:"招摇星在梗河北,主边名。"《礼记·曲礼上》:"招摇在上。"《春秋运斗枢》中说招摇为北斗七星中的第七星,又名摇光。此处为军旗名,黄色,上绘北斗七星,用作中军指挥旗。

㉔风顺、风逆:此处讲在作战中利用风向的方法。《汇解》:"风,所以助势也。"风顺,则旌旗可以前指,人马可以鼓行,胜势无非我操;风逆,则气力必为所绝,心志必为所疑,胜势悉为敌握。"

㉕厩:马房。

㉖谨落四下:四下,指马的四蹄。落,削去。谨落四下,非常小心地修铲马之四蹄生出的老茧。《汇解·直解》:"四下,四蹄也,易于生(女石)肉,谨慎刊落,勿伤其足,使其便利也。"

【译文】

武侯问道:"进军的方法中以什么为首?"

吴起回答说:"先要明确四轻、二重、一信。"

武侯说:"这些说的是什么?"

回答说:"要使地形便于驰马,战马便于驾车,战车便于载人,士卒便于作战。明确的了解地形的险要或平易,知道所在地是否利于驰马。按时饲养,战马就会便于驾车。车轴上有足够的油脂来保持润滑,战车就能便于载人。兵器锋利,衣甲坚固,士卒就会便于作战。前进有重赏,逃跑有重刑,对行动赏罚必信。果真能做到这些,就会成为胜利的主宰者。"

武侯问道:"用兵靠什么来取胜?"

吴起回答说:"靠治理取胜。"又问道:"不在兵力的多少吗?"

回答说:"如果法令不严明,赏罚不守信,鸣金时不停止,击鼓时不前进,就是有百万之众,又有什么用处呢?所谓治理,就是平日遵守法令,作战时有威势,前进时不可阻挡,撤退时不可追击,前进、后退有章法,左右调动服从指挥,虽然被截断仍能保持阵形,虽然被分散仍能成队列。全军同安共危,能够合作一致而不会被离散,能被驱使而不知疲倦,把兵力投向之处,天下无人可以阻挡,这叫做父子兵。"

吴起说:"大凡行军作战的原则,不可违反前进与停止的节奏,不可失去适度的饮食,不可耗尽人马的力量。这三条做到了,就会胜任上司的命令,这是治理军队的基础。如果前进与停止失去节奏,饮食供应不适度,马疲人倦而得不到休息,队伍就不会胜任上司的命令。上司的命令不能执行,驻扎之时就会混乱,作战就会失败。"

吴起说:"凡是军队交战的地方,都是流血牺牲的场所,抱着勇往直前的决心就可以求生,贪生怕死就会死路一条。那些善于领兵的将帅,就像坐在漏船上,伏在燃烧的房屋下,有智慧的人也来不及谋划,勇猛的人也来不及发威,只能奋力与敌人搏杀。所以说,用兵的害处,以犹豫不决为最大,军队的灾难产生于疑虑不定。"

吴起说:"人们往往死于自己没有技能,失败在于自己不知战法。因此用兵的方法,首先在于训练,一个人学会作战,可以再教会十个人。十个人学会作战,可以再教会上百人。上百人学会作战,可以再教会上千人。上千人学会作战,可以再教会上万人。上万人学会作战,可以再教会整个军队。以我之近待敌之远,以我之逸待敌之劳,以我之饱待敌之饥。圆阵变成方阵,坐阵变成立阵,前进变成停止,向左变成向右,向前变成向后,分散变成集结,集结变成分散。每种变化方法都熟悉了,才把兵器交给他们。这是将领的职责。"

吴起说:"教练作战的原则,身材矮的人用矛和戟,身材高的人用弓弩,强壮的人扛旗帜,勇敢的人操金鼓,身体弱的人负责杂役给养,聪慧的人出谋划策。把同乡同里的人编在一块,同什同伍的人相互救援。第一遍鼓响,整顿兵器;第二遍鼓响,演练阵列;第三遍鼓响,赶去吃饭;第四遍鼓响,严整装束;第五遍鼓响,整队待发。全军鼓声齐鸣,举旗发兵。"

武侯问道:"三军的行进与驻扎有什么原则吗?"

吴起回答说:"不可在'天灶'驻扎,不可在'龙头'屯兵。所谓天灶,就是大山的谷口。所谓龙头,就是大山的顶端。必须左军用青龙旗。右军用白虎旗。前军用朱雀旗,后军用玄武旗,中军用招摇旗在上边指挥,军队在下边行动。将要作战之时,要观察风从何方来。风向顺就呼喊并且进攻,风向逆就坚守阵地以待变化。"

武侯问道:"关于驯养军马保养战车,有什么原则吗?"

吴起回答说:"对军马,一定要使其饲养场所安适,水草喂养适宜,饥饱有所节制。冬季要使马厩温暖,夏季要使马棚凉爽。注意剪刷鬃毛,修整马蹄钉掌,使马熟悉多种声音、颜色,不使它受到惊吓。使它习惯于奔驰追逐,熟练地掌握行进与停止等动作。人与马相亲近,然后可供驱使。战车及战马的装具,马鞍、笼头、嚼子、缰绳,必须让它完整坚固。一般情况下,马不是在使用结束时受伤,就是在使用之初时受伤。不是伤于过饥,就是伤于过饱。天色已晚而路途尚远,要骑坐一段步行一段交替进行。宁可让人疲劳一些,千万不要让马太过疲劳。要经常使马保持余力,以防备敌人的袭击。能够明白这些方法的,就可以天下无敌。"

【故事论述】

孙子说:"兵者,国之大事。"拥有一个强大的军队是国家安全稳定的保障。有了这样一个强大的军队又如何使其发挥最大的能动性,秦将王翦给了我们一个生动的战争实例。

公元前225年秦国已消灭了韩、魏、赵、燕等国,控制了中原,秦的主要对手是南方的楚国和东方的齐国。

是先出兵楚国,还是先征服齐国呢?秦王嬴政在宫廷之上向年轻的大将李信如此询问。

李信认为应该先弱后强:"楚地广,齐地狭,楚人勇,齐人怯,请先从事易。"很显然,李信主张先征服齐国。

秦王听完,沉思很久,他摇摇头说:"齐国一向是秦远交近攻战略中的交好对象,一直保持着良好的关系,四十多年来,在秦与各国的战争中,齐国一直保持中立,秦攻楚国,齐不会帮助楚;若先攻齐国,秦军远征,楚国就可能乘机攻秦。而且楚强齐弱,破楚后再攻齐,会易如反掌。"老将王翦同意秦王的看法。

秦王又问大家灭楚需要多少兵力。李信说:"楚国虽然地盘很大,但是它的兵力不强,而且早在十几年前秦国就出兵夺取了楚国的巴蜀地区,如果顺江而下,只要二十万兵力就可以征服楚国。"但是老将军王翦却不以为然,他认为,楚国是个大国,虽然屡次战败,但是实力犹存,用二十万人去消灭楚国是不现实的。要灭亡楚国,至少要六十万兵力,而且要稳扎稳打,才能成功。可是秦王认为王翦是年老怯战,没有听取王翦的意见,他委派李信为统帅,带领二十万兵力南征楚国。王翦见秦王不听他的意见,就告病还乡了。

前线传来的消息完全证明了王翦意见的正确,李信的二十万大军在长江一线遭到楚军的顽强阻击,因为后援不及,只得大败而回。秦军损失惨重,兵士死伤无数,多位久经沙场的勇将也战死了。

秦王闻讯大怒,把李信革职,亲自跑到王翦的家乡请他复出带兵,并且向王翦认错。王翦认为,楚国地广人多,要动员百万大军也不难,而且是本土作战,以逸待劳。秦国军队虽然作战勇敢,但是也要六十万才行。秦王最后下定决心,派遣王翦率六十三万大军再次远征。公元前223年,王翦的大军浩浩荡荡向楚国进发,楚国也动员全国兵力进行抵抗。

秦王以为,王翦一定会以泰山压顶之势,一举消灭楚国,在最短的时间内,把胜利的消息送到京城,让秦国的百姓举国欢庆。他万万没有想到的是,王翦率大军刚至秦、楚两国交界的地方,就立即下令军队停止前进了。接着,他又指挥将士们建立营寨,修筑堡垒,丝毫没有要进攻楚国的样子。

楚国大将项燕天天派人向秦军挑战,王翦就是不理,仍然按兵不动。项燕早就听说,王翦不愿再带兵打仗,他亲自挂帅是迫于秦王的压力。项燕又看到王翦闭门不出,断定王翦是怯战。

王翦决定将计就计。秦军将士们纷纷向他请战,但这位老将军却下了一道命令:坚守营垒,不准出战,违令者按军法处置。后方的秦王知道了此事。派人来催王翦出战,王翦让来使转告秦王说:"事先我们之间曾有'将在外君命有所不授'的约定,请大王遵守诺言。"秦王只好作罢。

楚军无数次挑战,王翦一直不予理睬。慢慢地,楚军都认为王翦年老胆小,不敢跟他们打仗了。

王翦把军队驻扎下来,亲自查看各个军营,叫士兵们把床铺收拾得整整齐齐,让大家好好休息。他还想办法改善军营里的伙食让大家吃得饱饱的。

将士们吃饱了,睡足了,王翦还让他们在军营里搞一些有趣味的军事游戏,大家蹦蹦跳跳玩得很开心。王翦还在一旁鼓励大家说:"好啊好啊!你们只管痛痛快快地玩吧!"

就这样,秦军一驻就是一年多,军营里每天热闹得很。时间一长,楚国的军队可受不住了。他们看着王翦无心打仗的样子,慢慢地自己的斗志就日见低落了。在一个黑夜里,他们在项燕的带领下,开始向东转移。

王翦得知消息后,决定顺势歼敌。他马上召集部队说:"你们天天盼望出战,要求出战,今天机会来了,你们一定要奋力杀敌!"

经过一年多时间的休整和训练,将士们个个养得身强体壮浑身好像有使不完的劲。听了王翦这么一动员,大家都跃跃欲试。王翦突然发起攻势,六十万人马排山倒海似的冲向楚军,楚军迅速溃散。秦军乘胜一直打到寿春(今安徽寿县西),俘虏了楚王负刍。项燕得知楚王被俘的消息,渡过长江,想继续抵抗。王翦不给项燕以喘息之机,迅速打造船舰,训练水军,渡江追击。项燕见大势已去,只得拔剑自杀,楚国正式宣告灭亡。

在秦攻楚的这场战役中,王翦养兵,而敌军耗气,他灵活用兵,在该出手时勇敢出击,赢得了战争的胜利。

严明的法纪是军队战斗力的保障,而若想保证法纪的顺利实施,就要从将帅做起。为了使兵士对军纪的敬畏,若有重臣在军中犯纪能给予惩治,那就可以取得更好的效果。最早使用这一方法的是孙子初见吴王时,他以杀掉吴王的宠妃来说明军纪的神圣。而田穰苴的治兵之法也是惩上戒下,使军纪严整,军队充满强大的战斗力。

齐国在景公时代(前547~前490年)曾经受到晋国和燕国的讨伐。晋国攻打齐国阿(今山东东阿)、甄等地区,燕国攻打齐国河上地区。一时间,齐国形势危机,齐景公对此深为忧虑。晏婴就向齐景公推荐了田穰苴,并说:"田穰苴这人文能安抚众人,武能威慑敌人,是个不可多得的文武全才,希望国君能考验考验他。"齐景公听后,立刻召见田穰苴,与他交谈了一些国际国内的形势,以及对即将发生的战争的看法。会见结束后,齐景公十分高兴,就任命田穰苴为将军,领兵前去反击来犯的晋国和燕国的军队。

田穰苴在出兵之前对齐景公说:"微臣向来卑贱,地位低下,国君您提拔微臣我于军旅之中,位在大夫之上,给了我如此高的荣誉,但是军队中的士兵并不服从我,百姓也不信任我,我依然是人微权轻,因此,我希望得到一个您所宠信的、地位尊贵的人,到军队中做监军,这样,我才可以出兵迎敌。"景公答应了,并派他的宠臣庄贾任监军。田穰苴遂与庄贾约定:第二天中午时分在军营大门相见。

第二天一大早,将军田穰苴早早来到军营,立木桩,置水漏,计算时间,等待庄贾的到来。而庄贾依仗景公的宠信,素来骄横,认为自己带领国家的军队,又是军队的监军,也就对田穰苴和他的约定不放在心上。

这一天,他即将出任监军,亲戚朋友都来钱行,他就留下来与送行者饮酒话别。田穰苴在军营中等庄贾到中午时分,见时间已过,就命令放倒木桩,放出水漏中的水。田穰苴进入

中国历代兵法精粹

军营,召集全体官兵,申明军队纪律,令行禁止,继续等待监军的到来。到了傍晚,庄贾才姗姗来迟。田穰苴问庄贾:"为什么我们已经约定好了时间,你还来晚了?"庄贾歉道道:"我的亲戚朋友来为我饯行,与他们饮了几杯酒,所以来晚了。"田穰苴却严厉地说:"将军受命的那一天就应当忘掉自己的家庭,到军队中申明纪律则应当忘掉自己的亲人,在战场上手操鼓捶槌急促地擂鼓就应该忘掉自己的身家性命。现在敌人的军队已经深入我国的领土,国内骚动,人心不安,士兵已经集结来到前线严阵以待;国君为此睡觉不安稳,吃饭不香甜,百姓的命运安危都操纵在您的手中,您怎么还说来晚了是亲友相送的缘故。"说完他叫来军法官问道:"军法中规定,军队集合迟到者应当如何处置?"

军法官简洁地回答:"应当杀头。"听到杀头,庄贾害怕了,急忙派亲信飞快地去向景公报告,请求景公救援。亲信飞一般地去了还没有等庄贾的亲信回来,田穰苴就已经将庄贾的头砍下来并向全军巡行示众。

三军将士见国君的宠臣因为违约而被杀头,上下震惊深感田穰苴的军纪严明,谁也不敢大口出气。过了好大一会儿,景公派的使者坐车飞驰闯入军中,手持命令要求赦免庄贾。田穰苴说道:"将军在军队中,国君的命令有时可以不接受。"又问军法官:"在军营中坐车奔驰应当如何处置?"军法官还是简洁地回答说:"应当杀头。"使者一听,惧怕万分,连忙请罪。穰苴说:"国君的使者不可以轻易杀掉。"遂命令杀死使者的仆从,并将使者的车上左边的立木砍下一段,杀死左边的一匹马,又巡视全军。然后让使者回去向景公复命,并开始指挥军队进发。在行军路上,部队安营住宿、吃饭饮水、生病士兵的病情及吃药情况,田穰苴亲自一一过问。他还命令将官们把自己的粮食拿出来全部分给士兵,他自己也与士兵一样平分食物。几天后,再度整顿军队,那些生病的士兵都争着要求奔赴前线,与敌人决一死战。晋国军队听到这一情况后连忙退兵。燕国军队也渡过黄河北去。齐国军队乘势追击,一举收复了境内失陷的所有土地。

王昌龄《出塞》诗说:"秦时明月汉时关,万里长征人未还。但使龙城飞将在,不教胡马度阴山。"谁是真正的长城?这长城不是深沟壁垒,不是险关要塞,而是人,是真正的将才。

在春秋战国时期,地理位置最不好的就是赵国了。因为赵国不仅要同其他诸侯国进行你争我夺的殊死搏斗,还要应付来自北方匈奴的骚扰和入侵。赵国为治国安邦仅长城就修了数千里长,后来秦始皇修长城就是在赵国长城的基础上连接延伸而成的。赵武灵王提倡胡服骑射,也是为了对付北方游牧民族的进攻而采取的一项在中国历史上非常有名也非常成功的改革。

在这个特殊的历史时期赵国出了一个非常著名的将领,这个人就是李牧。

赵孝成王时,任李牧为将,镇守北部边疆,帅府驻在代雁门郡(今山西省西北部宁武县以北)。赵王规定,为便于抗击匈奴,李牧可以根据战争的需要设置官吏,而且一郡的田赋税收也全部归帅府用作军事开支。

李牧每天宰杀几头牛犒赏士卒,加紧训练骑马射箭技术;同时派精兵严守烽火台,以备随时报警;又派出大量侦察敌情的情报员,以便有军情及时报告。全军战士得到李牧的厚遇,人人奋勇,个个争先,愿为国家出力效劳。

吴子兵法

平时李牧总是明令部下："匈奴如果侵入边境掠夺物资,赶快把物资收拾起,退入城堡内防守,如有人擅自出战捕杀匈奴者,斩首示众。"

每当匈奴入侵边境,烽火台一报警,李牧即下令收拾物资退入城堡,从不出战,这样过了几年,李牧没有人员伤亡也没有损失过物资。然而,时间一长,匈奴兵将总以为李牧胆小怯战,根本不把他放在心上;就连赵国的士兵们也在下面窃窃私议,以为李牧胆小怯战,有的愤愤不平。

李牧一意坚守不主动出击的消息传到赵孝成王那里,赵王派使者责备李牧,要李牧出击。李牧却仍然如故,匈奴一来,即深沟高垒,坚守不出。匈奴往往满怀期望而来,却一无所获而归。

赵王听说李牧仍然一味防守,认为他胆怯无能,灭了自己威风很生气,立即派另外一员将领来代替李牧,免去了李牧雁门守的职务。

新将领一到任,全部废弃了李牧的规定,只加紧训练,准备抗击入侵的匈奴。一年多以来,每当匈奴入侵,边将都下令出战,每次出战都不利,人员伤亡很大,物资损失也很多,而且边境上的百姓没有办法耕种和放牧,都纷纷逃亡。

赵王只得又派使臣去请李牧重新担任代雁门郡郡守,李牧借口有病,坚决不肯就任。赵王不得已,只得下令强迫李牧出来。

"大王,"李牧对赵王说:"如果一定要为臣重新任北边守将,那就必须答应还照我从前的办法,我才敢接受命令。"

"寡人答应。"

李牧又来到雁门,下令还照以前的办法坚守。几年内匈奴几次入侵,都一无所获,总以为李牧胆小怯战。边疆将士因为天天得到犒赏,却没有出力的机会,都希望能在战场上为国家效力。李牧看条件成熟了,于是准备了经过严格挑选和修理好的战车一千三百辆,又挑选出精壮的战马一万三千匹,勇敢善战的士兵五万人,优秀射手十万人,然后把挑选出来的车、马、战士统统严格编队,进行战斗训练。一切就绪之后,让百姓满山遍野去放牧牲畜,引诱匈奴入侵。

不久,情报员来报,有小股匈奴到了离边境不远的地方。李牧派了一支小部队出战,刚一跟匈奴兵接触,就佯败拼命逃窜,丢下几十名百姓和牛羊让匈奴俘虏去。

匈奴单于听到前方战报,十分高兴,满心以为李牧怯懦可欺,于是调动大部队侵入赵的边境,准备大肆掳掠。

李牧从烽火台报警和情报员报告中熟悉了敌情,早在匈奴来路埋伏下奇兵,当匈奴大部队一到,还没等单于布阵,李牧一声令下,左右两翼生力军早冲杀过去。将士们经过几年的养精蓄锐,个个生龙活虎,勇猛无比。匈奴兵将素来不把李牧放在眼里,一心想着俘获女子玉帛回去享受,猛然受到赵军凶猛的进攻,阵脚很快被打乱,纷纷拼命后退;李牧看到匈奴队列一乱,立即命令军中击鼓,中军主力也冲杀过去。李牧左右翼出击获胜,单于本来已经惊恐不安,眼看中军又冲杀过来,鼓声、人群喊杀声、战马嘶鸣声滚滚而来,单于吓得顾不得部下,自己掉转马头就跑。主帅一乱,匈奴兵更是一个个只顾逃命,哪里还有力量抵抗。李牧指挥部队,一路追杀。匈奴逃兵中途遇到李牧埋伏下的军队拦击,前后夹击,匈奴兵被杀得落花流水。这一仗,杀死匈奴十几万骑兵缴获大量马匹。

李牧大败匈奴之后,又趁势灭了在赵北部的匈奴属国襜褴、东胡、林胡等王国,迫使单于向遥远的北方逃去,完全清除了北方的忧患。这次战役以后,过了十几年,匈奴兵还不敢来入侵赵的边境。

公元前245年,赵孝成王逝世,悼襄王即位。悼襄王元年(前244),让乐乘代替廉颇,廉颇一怒之下,领军攻击乐乘,乐乘逃走,廉颇也就带领自己部下,投奔魏国去了。

不久,赵王派李牧带兵入侵燕国,攻下燕国的武遂(今河北徐水县遂城镇)、方城(今河北固安县南)。过了两年(前242),赵王派兵侵燕,杀死燕将剧辛。

公元前235年,悼襄王逝世,赵王迁即位。第二年(前234),秦国派将军桓齮领兵入侵赵国武遂,赵王派扈辄领兵十万去救援,结果两军大战,扈辄阵亡,十万兵全军覆灭。桓齮杀死扈辄以后,乘胜进击,大军深入赵国境内,直向邯郸进军。赵王迁从代雁门调回李牧,任命他为大将军,迎击入侵的秦军。两军在宜安(现在河北省藁城县西南)相遇,李牧趁秦军立脚不稳,发起进攻,杀得秦军丢盔弃甲,大败而逃,桓齮也只带着几个亲随逃去。

这是李牧第一次却秦军。由于李牧却秦功大,赵王迁晋封李牧为武安君。武安君本来是秦国著名将领白起的封号,李牧击退秦军以后,赵王迁说:"李牧是寡人的白起"因而封为武安君。由此也可以看出赵王迁当时对李牧的器重态度。

赵王迁四年(前232),秦军入侵,进到番吾(现在河北省平山县南),李牧再次击败秦军,解除秦的威胁。这就是李牧第二次却秦军。

赵王迁七年(前229),秦王嬴政派大将王翦领兵几十万进攻赵国,赵王又任命李牧为大将军,司马尚为副将,领兵抵抗入侵秦军。王翦知道,李牧是自己的劲敌,李牧不除,赵国难于灭亡,王翦禀告秦王,派奸细入赵国都城邯郸,用重金收买了赵王迁近臣郭开,让郭开散布流言蜚语,说什么李牧、司马尚勾结秦军,准备背叛赵国。赵王迁一听到这些谣言,不加调查证实。立即委派宗室赵葱和齐人投奔过来的颜聚去取代李牧和司马尚。李牧接到这道命令,知道赵国已不可为,只得离军私自出逃,半路上被赵使臣捕获杀死。司马尚则被废弃不用。

又过了三个月,到了赵王迁八年(228),王翦大败赵军,杀死赵葱,攻下邯郸,赵王被俘,灭亡了赵国,邯郸成了秦国一个郡治。

一个国家的兴与亡就在于其用兵的正确与否。有时一个将领的悲哀就是一个国家的悲剧。

虎钤经·军令

大将既受命,总专征之柄,犒师于野,毕而下令焉,不从令者必杀之。夫闻鼓不进,闻金不止,旗举不起,旗低不伏,此谓悖军。如是者斩之。呼名不应,召之(一作引)不到,往复愆期,动乖师律,此谓慢军。如是者斩之。夜传刁斗,急而不振,更筹乖度,声号不明,此谓懈军。如是者斩之。多出怒言，怨其不赏，主将所用，倔强难治，此谓横军。如是者斩之。扬声笑语，若无其上，禁约不止，此谓轻军。如是者斩之。所学器械，弓弩绝弦，箭无羽镞，剑戟涩钝，旗蠹凋敝，此谓欺军。如是者斩之。妖言诡辞，撰造鬼神，托凭梦寐，以流言邪说恐惑吏士，此谓妖军。如是者斩之。奸舌利嘴，斗是攒非，攒怨吏士，令其不协，此谓谤军。如是者斩之。所到之地，凌侮其民，逼其妇女，此谓奸军。如是者斩之。窃人财货，以为己利；夺人首级，以为己功，此谓盗军。如是者斩之。将军聚谋，逼账属垣，窃听其事，此谓探军。如是者斩之。或闻所谋及军中号令，扬声于外，使敌闻知，此谓背军。如是者斩之。使用之时，结舌不应，低眉俯首而有难色，此谓狠（一作恨）军。如是者斩之。出越行伍，争先乱后，言语喧哗，不驯禁令，此谓乱军。如是者斩之；托伤诡病，以避艰难，扶伤异死，因而遁远，此谓诈军。如是者斩之。主掌财帛给赏之际，阿私所亲，使吏士结怨，此谓党军。如是者斩之。观寇不审，探寇不详，到而言不到，不到而言到，多言而少，少言而多，此谓误军。如是者斩之。营垒之间，既非犒设，无故饮酒，此谓狂军。如是者斩之。此令既立，吏士有犯之者，当斩断之时，大将以问，诸将曰罪当斩，遂令吏士扶之于外斩之。斩断之后，使传令告诸吏士曰："某人犯某罪，适与诸将议当斩。已处断讫，公等宜观此以自戒。"是大将以礼行罚，使士卒无冤死，众有畏心矣。故军法者，将之大柄也，可不重乎！是以吕蒙涕泣而斩乡人，穰苴立表而诛庄贾。此皆尊法令，后收功名者也。

论将第四

【本篇主旨】

本篇主要论述一个好的将领对于一军队的重要性。文中对将领提出了极高的要求。一个将领只有文武全才，有勇有谋才能担任军队的最高统帅。这样统帅作战时要做到"五慎"，掌握"四机"。文中再次提到德对于将领的重要，只因将有文德才会有将威，有将威才可以使其将才得以应用。将领应做到身先士卒，在战场上要视死如归，并且要和士卒如兄弟。

文中也告诉了如何才能知道对方将领的才能，因为只有知此知彼才能百战不殆。

【原文】

吴子曰："夫总文武者①，军之将也，兼刚柔者，兵之事也。凡人论将，常观于勇，勇之于将，乃数分之一尔。夫勇者必轻合，轻合而不知利，未可也。故将之所慎者五：一曰理，二曰备，三曰果，四曰戒，五曰约。理者，治众如治寡；备者，出门如见敌；果者，临敌不怀生；戒者，虽克如始战②；约者，法令省而不烦。受命而不辞，敌破而后言返，将之礼也。故师出之日，有死之荣，无生之辱。"

吴子曰："凡兵有四机：一曰气机，二曰地机，三曰事机，四曰力机。三军之众，百万之师，张设③轻重，在于一人，是谓气机。路狭道险，名山大塞，十夫所守，千夫不过，是谓地机。善行间谍，轻兵往来，分散其众，使其君臣相怨，上下相咎，是为事机。车坚管辖④，舟利橹楫，士习战陈，马闲驰逐，是谓力机。知此四者，乃可为将。然其威、德、仁、勇，必足以率下安众，怖敌决疑。施令而下不[敢]犯，所在[而]寇不敢敌。得之国强，去之国亡。是谓良将。"

吴子曰："夫鼙鼓金铎⑤，所以威耳；旌旗麾帜⑥，所以威目；禁令刑罚，所以威心。耳威于声，不可不清；目威于色，不可不明；心威于刑，不可不严。三者不立，虽有其国，必败于敌。故曰：将之所麾，莫不从移，将之所指，莫不前死。"

吴子曰："凡战之要，必先占其将而察其才，因形用权，

则不劳而功举。其将愚而信人，可诈而诱。贪而忽名，可货而赂。轻变无谋，可劳而困。上富而骄，下贫而怨，可离而间。进退多疑，其众无依，可震而走。士轻其将而有归志，塞易开险，可邀而取。

进道易，退道难，可来而前⑦。进道险，退道易，可薄而击。居军下湿，水无所通，霖雨数至，可灌而沈⑧。居军荒泽，草楚幽秽⑨，风飙数至，可焚而灭。停久不移，将士懈怠，其军不备，可潜而袭。"

武侯问曰："两军相望，不知其将，我欲相之，其术如何？"起对曰："令贱而勇者，将轻锐以尝之，务于北，无务于得。观敌之来，一坐一起，其政以理，其追北佯为不及，其见利佯为不知，如此将者，名为智将，勿与战矣。若其众嚣哗，旌旗烦乱，其卒自行自止，其兵或纵或横，其追北恐不及，见利恐不得，此为愚将，虽众可获。"

【注释】

①总文武：总，综合，兼备。总文武，兼具文才武略。《汇解·直解》："总，兼也，合而有之，体备不偏也。文者上知天时，下知地利，中知人事，谨君臣之礼，饰上下之仪……武者受命忘亲，临阵忘身，进死为荣，退生为辱，信赏罚，明法令，威震天下是也。"

②虽克如始战：克，克敌，打败敌人。即使打了胜仗还是像初战时一样谨慎。《汇解》："叶伯升曰：人当临战之始，则胜负未分，孰不兢兢戒之。惟于既胜之后犹如始战之时一般，毫不敢骄肆怠忽，斯真为能戒者。"

③张设：安排，掌握。

④辖：战车轴两头的金属制插销，用来防止车轮从车轴上脱落。

⑤鼙鼓金铎：均为古代军队指挥器具。《汇解·直解》："鼙鼓，马上小鼓也。金铎，金铃也。"

⑥旌旗麾帜：古代指挥军队的旗帜。

⑦前：通"翦"，翦灭，消灭。

⑧沈：同"沉"，淹没。

⑨草楚幽秽：楚，灌木。秽，田中多草，荒芜。草楚幽秽，杂草、灌木丛生的样子。《汇解·直解》："草，茅草也；楚，荆楚小木也。幽秽，幽暗芜秽也，繁密也。"

【译文】

吴起说："具备文才武略的人，是统领军队的将领。刚柔并用，是用兵的条件。一般人议论将领，常常看他的勇敢，其实勇敢之于将领，不过是多种应具备的条件之一罢了。一般勇

猛的人常常会轻率交战,轻率交战而不明白利害,是不可取的。因此将帅应当谨慎把握的有五个方面:一是理,二是备,三是果,四是戒,五是约。所谓理,就是治理人多的军队和治理人少的军队一样。所谓备,就是军队一出动就像遇到敌人一样有戒备。所谓果,就是临阵对敌把自己的生死置之度外。所谓戒,就是即使打了胜仗也还是像刚作战时一样谨慎。所谓约,就是法令简洁明了而不繁琐。接受命令而不推诿,战胜敌人才谈得上凯旋,这是将领应当遵守的规矩。因此,从出征之日起,便只有为国损躯的荣耀,而没有苟且偷生的羞辱。"

吴起说:一般情况下,用兵有四大关键:第一是把握士气,第二是利用地形,第三是运用机谋,第四是充实力量。三军之众,百万之师,部署把握士气的盛与衰,全在将领一人,这就是所谓'气机'。在路狭道险之处,名山要塞之间,安排十人守卫,纵有千人也无法通过,这就是所谓'地机'。善于运用间谍,派轻装部队往来于敌阵,分散敌军兵力,使敌人君臣之间互相怨恨,上下之间互相指责,这就是所谓'事机'。战车坚固车轴牢靠,战船便利橹、桨适宜,士卒熟习于战阵,战马熟习于驰骋追逐,这就是所谓'力机'。明白这四大关键,就可以做将领。但是他的威望、品德、仁厚、勇武,必须足以统帅属下安抚全军,震慑敌军,并可以决断疑难。下达军令部属不敢违反,所到之处敌军不敢抵挡。得到他国家就会强盛,失去他国家就会危亡,这就是优秀的将领。"

吴起说:"鼙鼓金铎用来统一军队的听觉,旌旗麾帜用来统一军队的视觉,禁令刑罚用来统一军队的思想。听觉要统一于声音,不可不清晰。视觉要统一于颜色,不可不鲜明。思想统一于刑罚,不可不严格。这三项如果不确立,纵然拥有国家也一定会败在敌人手上。所以说,将领所向,没有人不跟着行动。将领所指,没有人不冒死向前。"

吴起说:"一般情况下,作战首要的是预先知道敌人的将领而且了解其才能。根据情况采用机变谋略,不用太大力气就能获得成功。敌方将领愚蠢而且轻信别人,可以采用诈术诱其上当。敌方将领贪婪而不看重名节,可以利用财物加以收买。轻率改变计划而没有智谋的,可以让他疲困。上司富足而且骄横,下级贫困而且怨恨,可以采用离间的办法加以分化。进退之间行动犹疑不定,部队感到无所依从,可以军威震慑使敌人逃走。士兵们轻视其将领而心里想着回去,可以阻断平坦之处,放开艰险之处,在中途加以拦击。敌军前进的道路便易,后退的道路艰难的话,可以诱敌前来加以歼灭。敌军前进的道路艰险,后退的道路便易的话,可以逼近去攻击它。敌军驻军的地低洼潮湿,水路不通,雨水屡降的话,可以放水来淹没它。敌军驻军的地方是荒野草泽,草木丛生繁密,经常有大风的话,可以放火来消灭它。敌军驻扎在一地过久而不移动,将领和士卒都已懈怠,军队失去戒备的话,可以悄悄地加以偷袭。"

武侯问道:"如果两军对阵,不知对方将领的情况,我方想要了解,应该用什么方法?"

吴起回答说:"派职位不高但是勇敢的军官,率领轻捷善战的队伍去试着与敌军接触,一定要败退,不求得胜,观察敌军前来,若是前进与停止之间,指挥很有条理,追击败退的军队装作追不上,见到小利假装没看到,像这样的将领,可以称作有智谋的将领,不要与他交战。若是敌军吵闹喧哗,旗帜混乱,士兵们自由行动,武器横七竖八,追击败退的军队惟恐追不上,见到小利惟恐得不到,这是愚蠢的将领,军队虽然众多也可以抓住他。"

【故事论述】

一个王者不是他本身有多大的本事,他只要有一种本事就会有百年基业,那就是能识人能择人用人。所以欲成大事者,无不注重用人方略;天下之争也就是人才之争。孙策就是用人的高手,这从用张昭与太史慈就可以看出来。孙家王朝之所以能立足东吴而三世这与他用人的本事是分不开的。

三国时代的孙策,被许多人称为英雄中的英雄,他的雍容气度,他的识才能力,他的用人智慧,是帝王中少有的。

知道三国史的朋友都知道,吴国有个臣子叫张昭,常常倚老卖老,在吴主孙策面前,劝阻这个,劝阻那个,孙权对这个人很头大,却不敢发脾气,因为张昭的个性直率耿介,又是孙策时留下的遗臣。

张昭在孙策刚创业时,就跟着孙策南征北讨。孙策把政治、军事都交付给他全权处理,他不负所托,政绩斐然,名闻南北。常有北方士大夫写信给他,表达慕名之意。张昭接到这些信,一则以喜,一则以忧。喜的是政绩受到肯定,忧的是不知该不该公布这些信的内容。公布嘛,好像在炫耀什么,也有点功高震主的疑虑;不公布嘛,怕有人误以为信里头有什么不可告人、勾结敌人的秘密。张昭进退不安,左右为难。

孙策知道这件事后,哈哈一笑,举管仲和齐桓公的故事说明立场。

齐桓公重用管仲,大小事都交给管仲定夺,每次臣子有事请示齐桓公齐桓公便叫他问管仲去,左右的人便问齐桓公,怎么事事都听管仲的,做国君怎么这样容易? 其实这是齐桓公高明之处,政事委托有才能的人处理,国君当然好做,国政也因此蒸蒸日上。

孙策引管仲和齐桓公为例,说:"子布(张昭字子布)贤能,我任用他,统一天下的功业不就在我身上吗?"说得多豪迈。

后来孙策遇刺身亡,弥留之际,便把弟弟孙权托付给张昭。

再说孙策如何对待太史慈的。

孙策攻打刘繇时,和刘繇部将太史慈相遇,两人骑马大战,孙策刺中太史慈的马,钩住太史慈的手戟,太史慈也夺下孙策的头盔,在难分难解之际,双方人马及时赶到救援,两人未能分出高下。

三年后孙策攻打刘繇,生擒太史慈。孙策解开太史慈的绳索,追忆起三年前两人单挑的情景,便好奇问说:"如果当时你捉拿住我,你会怎么办?"太史慈回答说:"很难说。"孙策哈哈一笑,并不认为太史慈冒犯了自己,反而说:"我知道你是忠勇、有胆识的人可惜跟错了人,我是你的知己,想和你共创大业。"于是任用太史慈为将。

后来,刘繇死了,一万多名部众群龙无首,不知何去何从,孙策派太史慈前去安抚。左右的人不放心,担心太史慈是放虎归山,会据地为王,东山再起,因此纷纷劝阻说:"太史慈此去一定不会回来。"孙策自信自满,也很自负地表示:"太史慈除了我,还能跟谁?"

孙策在和太史慈握手送别之时问他几时能回来,太史慈回答说六十天就会回来。

太史慈走后,大多数人仍认定他不会回来,孙策说:"各位不要再说了。太史慈虽然勇猛大胆,但他一诺千金,重道义,不是个反复无常的人。一旦视你为知己,必然生死相随。"

孙策从不担忧太史慈会不回来。果然太史慈如期回来，圆满完成任务。这就可见出一个王者最重要的是如何用人。东吴政权到了孙权时代，也因其承孙策遗风而在前期得到了很好的发展。

孟子曾经说过："以天下与人易，为天下得人难。"可见人才难得。其实人才并不难得，难得的是能够识别人才的伯乐。三国时期东吴的后起之秀陆逊，所以能够登上历史舞台，火烧连营，打败刘备，成为一名光照千古的军事家，正是因为遇到了吕蒙和阚泽这两个伯乐。当然这也是因为孙权更愿意相信他的将领的原因。

建安二十年，西蜀大将关羽坐镇荆州，一方面与曹魏争夺樊城、襄阳，另一方面又与东吴斗智，企图长期占领荆州。这时驻守陆口的东吴大都督吕蒙给孙权写了一封密信。信中的大意是说，请求孙权以治病为名将他调回建业，用以麻痹关羽，待关羽集中全部力量攻打襄阳的时候，便乘虚攻打关羽的后方，以便夺回荆州。

不久，吕蒙便称病回到了建业。年轻的将领陆逊去见吕蒙，关心地问："大都督不在前线驻守，怎么回到后方来了？"吕蒙回答说："我回来养病呀！"陆逊说："关羽骄傲，盛气凌人。他刚刚建立了水淹七军的大功，正是志得意满的时候，一心北进，并不把我们放在眼里。这次听说您病了，必然更不防备我们。如果趁此时机，发动出其不意的攻击，一定可以实现夺回荆州的夙愿。"由于吕蒙的用心只有孙权一个人知道，所以他不露声色，只是淡淡地对陆逊说了些不痛不痒的话，但是心里却很欣赏这位具有军事才干和政治眼光的年轻人。

随后，吕蒙回到了建业，向孙权建议，由陆逊代他去驻守陆口，这实际上就是将陆逊推向了军事斗争的主战场，事实上，陆逊也没有辜负吕蒙的器重。他一到任便敛其锋芒，以无名小辈的口气给关羽写了一封极尽奉维的信。盲目自大的关羽哪里会看得上书生小将，便把用来防备东吴的军队抽调到襄、樊方面去了。当陆逊看到关羽把留守的部队确实调走以后，便建议孙权抓住这个有利的战机突袭荆州。于是孙权紧急命令吕蒙和陆逊为前部，溯江而上，一举攻占了南郡、荆州。而关羽腹背受敌，只得败走麦城。

荆州失，关羽死，彻底激怒了刘备。于是刘备不顾诸葛亮、赵云等人的劝阻，立即组织了所有精锐部队，亲自率领，长驱直入，浩浩荡荡杀奔东吴而来。偌大东吴，顿时危急万分。

恰当此时，吕蒙病故了。大敌压境，大都督之职由谁接任呢？孙权一时陷入深深的忧虑之中。他曾考虑到陆逊，但想到陆逊太年轻了，再者荆州之战时他只是副手而已，怎能驾驭得了纵横几百里的战场呢？

正当孙权左右为难、举棋不定的时候，阚泽大胆地向孙权建议："东吴现有一个擎天大柱，完全能够挑得起这副重担，请您不要再迟疑了。"阚泽所说的擎天大柱，指的就是陆逊。接着他又说："陆逊虽然年轻，但是有学问，有才干。依我看，论才干并不比周瑜、鲁肃、吕蒙三位大都督差；若论沉着持重，也许比他们还略胜一筹呢！他的卓越才能在夺荆州、捉关羽的战争中表现得很清楚。大王如能重用他，粉碎刘备的进攻是不成问题的。"

这一番话却引起了张昭、顾雍、步骘等一批老臣的非议。认为陆逊太年轻又是一儒生，认为不可让其担任国家存亡之重任。

就在这决定东吴成败兴亡的重要时刻，阚泽无所畏惧地表现了他对吴主的一片忠诚，他

中国历代兵法精粹

站起来,振臂疾呼说:"要是不重用陆逊,东吴的失败将是不可避免的!对于我的这项举荐,我敢以身家性命担保!"

话说到这个地步,足以见得阚泽保举陆逊,全然是以国事为重。唯有襟怀坦白、没有半点私心的人,才敢于在历史关头痛下断言,这才是社稷之臣的本色!

事实证明阚泽是正确的。陆逊登临将位以后,不急不躁顶住了来自内部的种种压力,冒着酷暑潮湿,把刘备在战场上拖得疲惫不堪,而后出其不意地采用了火攻的办法,使蜀军的四十多万人马葬身火海,大获全胜。

陆逊的军事才干和政治远见是早经历史证明了的,无需多论。而今,值得深思、令人起敬的是吕蒙的慧眼和阚泽力排众议的勇气。

一个将领有才能重要,而一个能任用他的国主则更重要。如果没有伯乐,那千里马也就只能拉开车驾辕。

虎钤经·论将

《万机论》曰:虽有百万之师,恃吞敌在将者,恃将也。夫举国之利器以授之,苟非其人,是轻天下。将何以为?谓小大者各有四焉。八者皆无,何足以谓之将乎?其大者:一曰天将,二曰地将,三曰人将,四曰神将;其小者:一曰威将,二曰强将,三曰猛将,四曰良将。凡兴师举众列营结阵,视旌旗之动,审金鼓之声,揆日度时,以决吉凶;随五行运转,应神位出入,以变用兵,敌人不测其所来,以神用兵,我师不知其所为;动有度,静有方,胜负在乎先见,持天地鬼神之心以安士众:此之谓天将者也。所至之境,详察地理(一作利),山泽远近、广狭险易、林薮之厚薄、溪涧之深浅,若视诸掌;战阵之时,前后无阻,左右无滞,步骑使其往来,戈戟叶其所用,指挥进退皆顺其情,人马无逼塞之困,攻守获蓄之利,振野得水草之饶,使人马无饥渴之色,陷死地而能生,攻亡地而能存,逆地而顺用之,顺地而逆用之,不择险易皆能安而后动,动而决胜者:此之谓地将者也。又若廉于财,节于色,疏于酒,持身以礼(一作公),奉上以忠,忧乐与士卒同,获敌之货略而不蓄,得敌之妇女而不留,纳谋而能容,疑而能断,勇而不陵物,仁而不丧法,匿其小罪,决其大过;犯令者不讳其亲,有功者不忌其仇,老者扶之,弱者抚之,惧者宁之,忧者乐之,讼者决之,滥者详之,贼者平之,强者抑之,懦者隐之,勇者使之,横者杀之,服者原之,失者扶之,亡者逐之,来者爵之,暴者挫之,智者昵之,谗者远之;得我城不攻,得地不专;敌浅以待变,敌诡以顺会,逆势则观,顺势则攻,此之谓人将者也。又若以天为表,以地为里,以人为用,举三将而兼之,此之谓神将者也。行师之时,无失天时,无失地利,无失其人,无有勇怯,闻command而即行,心无疑虑;犯令者罪无大小,必绳以刑,敌闻之即畏,当之即破,此之谓强将者也。师无多少,敌无强弱,三军顺令,若臂使指;往复万变,出其敌不意,举动如神,匹马单剑,摧锋先入,使敌人失措惧而远遁,此之谓猛将者也。夫能以威为表,以猛为里,以强居中,兼三将而有之,此之谓良将者也。国之任将也,得天将,可以当违天之敌;得地将,可以当逆地之敌;得人将,可以当悖人之敌;得神将,可以当天下之敌,举无遗算矣。威将可附天将(上能顺天,下壮威武,所宜附也),强将可以附地将(上明地利,下知进退,所宜附也),猛将可附人将(上明人心利害,下以精敢御敌,所宜附也),良将可保四方。曰:虽有敏捷之用,然皆不可以独用焉。如是者,将之体也。

应变第五

【本篇主旨】

本篇主要论述严明的政令对于军队的重要性。"不从令者诛"。对敌众我寡之状况提出了具体的应对方案,在这种情况下就要选择有利的地形,使我军可以以众击寡。尤其是对已处在优势的敌军提出了有效的组织兵力的方法。以弱击强是以为圣人之谋,这也是考验一个将领的应变之能力。如果是己军出现恐惧情绪,那更是要有一正确的对抗措施来取得胜利。本篇也对行军作战中出现的天气、地理、人心的可能变化都做了深入的分析并提出了制胜的方案。若已取得了胜利,就要以仁政来安抚其百姓,这也是成为霸主的条件。

【原文】

武侯问曰:"车坚马良,将勇兵强,卒遇敌人,乱而失行,则如之何?"起对曰:"凡战之法,昼以旌旗幡麾为节,夜以金鼓笳笛为节。麾左而左,麾右而右。鼓之则进,金之则止。一吹而行,再吹而聚。不从令者诛。三军服威,士卒用命,则战无强敌,攻无坚陈矣。"

武侯问曰:"若敌众我寡,为之奈何?"起对曰:"避之于易,邀之于隘。故曰:以一击十,莫善于隘;以十击百,莫善于险;以千击万,莫善于阻。今有少(年)[卒]卒起,击金鼓于隘路,虽有大众,莫不惊动。故曰:用众者务易①,用少者务隘。"

武侯问曰:"有师甚重,既武且勇,背大险阻,右山左水,深沟高垒,守以强弩,退如山移,进如风雨,粮食又多,难与长守,[则如之何]?"

[起]对曰:"大哉问乎!此非车骑之力,圣人之谋也。能备千乘万骑,兼之徒步,分为五军,各军一衢②。夫五军五衢,敌人必惑,莫之所加。敌人若坚守以固其兵,急行间谍以观其虑。彼听吾说,解之而去;不听吾说,斩使焚书。分为五战,战胜勿追,不胜疾归。如是佯北,安行疾斗,一结③其前,一绝其后,两军衔枚④,或左或右,而袭其处。五军交至,必有其(力)[利]。此击强之道也。"

武侯问曰:"敌近而薄我,欲去无路,我众甚惧,为之奈何?"

起对曰:"为此之术,若我众彼寡,各分而乘之;彼众我寡,以方从之,从之无息,虽众可服。"

武侯问曰:"若遇敌于溪谷之间,傍多险阻,彼众我寡,为之奈何?"

起对曰:"[遇]诸丘陵、林谷、深山、大泽,疾行亟去,勿得从容。若高山深谷,卒然相遇,必先鼓噪而乘之,进弓与弩,且射且虏。审察其政,乱则击之无疑。"

武侯问曰:"左右高山,地甚狭迫,卒遇敌人,击之不敢,去之不得,为之奈何?"起对曰:"此谓谷战,虽众不用。募吾材士⑤与敌相当,轻足利兵以为前行,分车列骑隐于四旁,相去

中国历代兵法精粹

数里,无见其兵,敌必坚陈⑥,进退不敢。于是出旌列旆,行出山外营之⑦,敌人必惧。车骑挑之,勿令得休。此谷战之法也。"

武侯问曰:"吾与敌相遇大水之泽,倾轮没辕,水薄车骑,舟楫不设,进退不得,为之奈何?"

起对曰:"此谓水战,无用车骑,且留其傍。登高四望,必得水情,知其广狭,尽其浅深,乃可为奇以胜之。敌若绝水,半渡而薄之。"

武侯问曰:"天久连雨,马陷车止,四面受敌,三军惊骇,为之奈何?"

起对曰:"凡用车者,阴湿则停,阳燥则起;贵高贱下,驰其强车;若进若止,必从其道。敌人若起,必逐其迹。"

武侯问曰:"暴寇卒来,掠吾田野,取吾牛羊,则如之何?"

起对曰:"暴寇之来,必虑其强,善守勿应。彼将暮去,其装必重,其心必恐,还退务速,必有不属。追而击之,其兵可覆。"

吴子曰:"凡攻敌围城之道,城邑既破,各入其宫⑧,御⑨其禄秩⑩,收其器物。军之所至,无砍其木、发其屋,取其粟、杀其六畜、燔⑪其积聚,示民无残心。其有请降,许而安之。

【注释】

①务易:易,平易,指平坦之地。务易,务必要选择利用平坦地形。《汇解·直解》:"平坦之地为易,道路狭窄为阨,阪峻绝曰险,坑坎高下曰阻。"《汇解·大全》:"平易之地便于驰纵,故用众敌寡者务焉。狭窄之地便于诡谲,故用寡敌众者务焉。"

②衢:街道,道路。此处指方向。

③结:同"节",节制,牵制。

④衔枚:枚,形如筷子,两端有带,可系于颈上。古代进军袭击敌人时,常令士兵衔在口中,以防喧哗。《周礼·夏官·大司马》:"徒衔枚而进。"

⑤材士:《汇解·直解》:"材士,有力之士也。"应指有才能的人,精锐士卒。

⑥坚陈:陈同"阵",坚守阵地。

⑦营:驻扎。《汇解·直解》:"营之,移营于山谷之外,示敌人也。"

⑧宫:此处指官府。

⑨御:治理,统治。《国语·周语上》:"百官御事。"

⑩禄秩:官吏的俸禄。《荀子·荣辱》:"是官人百吏之所以取禄秩也。"此处指官吏。

⑪燔:焚,烧。

【译文】

武侯问道:"战车坚固,军马优良,将领英勇,士卒强壮,然而一旦突然遭遇敌人,阵容混乱而不成队列,那么应当怎么办?"

吴起回答说:"一般来说,指挥作战白天用旌旗幡麾,夜里用金鼓茄笛。指挥向左就会向左,指挥向右就会向右。击鼓就前进,鸣金就停止。用茄笛吹第一次时就要行动,吹第二次时就要会合,不听从号令的就杀掉。全军服从于这种威严,士卒听从命令,作战就没有强过自己的敌人,进攻就没有攻不下的坚固阵地了。"

武侯问道："若是敌军多而我军少，该怎么办呢？"吴起回答说："要避免在平易的地形上和对方作战，而在险要的地形上拦击它。所以说，以一击十，最好不过于利用狭窄地形；以十击百，最好不过于利用险要地形；以千击万，最好利用阻断的地形。以少量兵力突然出击，在狭窄的道路上敲锣鸣鼓，敌军虽然人多，也没有不惊惶骚动的。所以说，如果要用的兵力多务必选择平易的地形，如果要用的兵力少，务必选择险要的地形。"

武侯问道："敌军很多，既训练有素又很勇敢，背靠大山，前有险阻，右依山，左临水；壕沟深而壁垒高，又有强弩守卫；后退时稳如山移，前进时迅如风雨，粮食也很多，难以与它长期相持，应当怎样办呢？"

吴起回答说："您的问题大大了！这不是凭战车骑士所能解决的，要靠高超的计谋才行。要能动员战车上千骑士上万，再加上步兵，分成五军，每军负责一个方向。五军分为五个方向，敌军一定会感到困惑，不知道我军要攻击它的什么地方。敌军如果坚守阵地，想要巩固军队，我军要迅速派间谍探听其意图。如果敌军听从我方劝说，就让其撤兵解围而去，则我军也撤兵离开。若不听我方劝告，杀我使节并烧我书信，就兵分五路，战胜后不要追击，如果不胜就迅速撤回。如伴为败退，就要安稳地行动，与敌战斗速战速决，以一支军队牵制敌人前方，一支军队截断敌人后路，另外两军悄悄行动，一左一右袭击敌人。五军轮番攻击，一定可获得胜利，这是打击强大敌军的方法。"

武侯问道："敌军靠近与我交战，我军想撤退又没有去路，军心恐慌，应当怎么办？"

吴起回答说："应对这种状况的方法，如果我众敌寡，就分兵包围它。如果敌众我寡，就要集中兵力攻击它，不停地攻击，敌军虽然人多也会被制服。"

武侯问道："如果与敌人在溪谷之间相遇，旁边多为险阻地带，敌众我寡，应当怎么办？"

吴起回答说："要是遇上丘陵、森林谷地、深山、大泽，应当快速行军尽早离开，不能迟缓滞留。如在高山深谷地带与敌人突然相遇，一定要抢先击鼓呐喊乘势冲击，让弓弩手行进在前面，一面放箭，一面擒获敌人，同时注意观察敌军的阵势，敌方如果混乱，就要果断地发起进攻。

武侯问道："如果左右都是高山，地形狭窄，突然遭遇敌人，既不敢进攻它，又不能撤走，应当怎么办？"

吴起回答说："这种叫谷战，兵力虽然多也施展不开，这时要挑选精锐军士与敌军抗衡，以身轻体捷之兵持锐利兵器做先锋，把战车马匹分散隐藏在四周，两者之间离开几里地，不要全部暴露自己的兵力，敌军必然要坚守阵地，既不敢前进也不敢后退。这时我军可打出旗帜，走出山外扎营，敌军一定会恐慌，再派车骑挑战，不让其得到休息。这是谷战的方法。"

武侯问道："我与敌军在大水沼泽地带相遇，车轮倾覆，车辕被淹，车骑将被大水吞没，又没有船只，既不能进又不能退，应当怎么办？"

吴起回答说："这种叫水战，不要使用车骑，暂时放在一旁。登上高处往四处观察，一定会弄清水情，了解水的宽窄和深浅，然后可以出奇兵战胜敌人。敌军如果渡水攻来，应当乘其渡过一半时发起攻击。"

武侯问道："如果接连下雨，军马被陷战车难行，四面都有敌人，全军惊恐，应当怎么办？"

吴起回答说:"一般用车作战,遇上阴雨泥泞就要停止,天晴地干再行动,在地形上首选高处而避开低处。使强悍的战车驰骋纵横,或前进或停止,一定要利用易行的道路。敌军战车如果出动,一定要沿着车辙追赶它们。"

武侯问道:"凶暴的敌人突然袭来,抢掠我方的庄稼,夺取我方的牛和马,应当怎么办?"

吴起回答说:"凶暴的敌人突然袭来,一定要估计到它的强大,要善于防守而不要应战。敌军将会在天黑时分撤回,它的装载必然会沉重,心理上必然会恐慌,退走时务求迅速,一定会出现前后脱节的地方,我军追赶并攻击它,敌军就会被歼灭。"

吴起说:"凡是攻打敌方被我围困的城池的方法,城邑攻破之后,分兵进入官府,掌握控制各级官吏,收缴其贵重物资。军队所到的地方,不要砍伐树木、损坏房宅、抢夺粮食、宰杀牲畜、焚烧积聚的东西,这是向当地百姓表明没有残暴的行为。如果要求降服的,要允许并加以安抚。"

【故事论述】

兵法上说:敌则能战之,少则能逃之,不若则能避之。鳌拜专权多年,羽翼已成,十六岁的康熙知道要是与他硬碰硬的话,吃亏的势必是自己。所以他采取了"不若则能避之"、"欲取先予"的手段,又是封官,又是赏钱,然后再出其不意,一举拿下。

康熙皇帝名叫玄烨,是清朝入关后的第二位皇帝。

玄烨登基的时候年纪还很小,虽然经过祖母的悉心培养可称得上是少年持重,但担负国家的重任还为时过早。好在顺治在遗诏中已命索尼、苏克萨哈、遏必隆和鳌拜辅佐朝政,而且还有祖母鼎力相助。四大臣在顺治帝的灵前曾立下誓言:竭尽忠诚,不谋私利,不结党羽,不受贿赂,忠心仰报皇恩,全力辅佐君主。孝庄皇太后在玄烨登基之初,便向王室宗亲、文武大臣发出谕旨:要报答我儿子顺治皇帝的恩情,就要偕四大臣同心协力共辅幼主,这样才能在历史上名垂不朽。

在刚开始辅政的时候,四大臣遇事协商,凡遇上奏之事,一同晋谒皇帝或太后待太后决策后,再以皇帝或太后的名义发布谕旨。辅政大臣虽无决策权,但他们可以入值、草拟并代幼帝御批,后来鳌拜就是利用这一权力而专权乱政了。

鳌拜是镶黄旗人,他的父亲是清朝的开国元勋。此人野心勃勃善于玩弄权术,骄横跋扈,很多人都很怕他。索尼是正黄旗人,四朝元老,德高望重,但这时已年老体弱,力不从心。遏必隆与鳌拜同属一旗,为人怯懦没有什么主见,常跟在鳌拜后面亦步亦趋。苏克萨哈是正白旗人,虽在四大臣中位置仅次于索尼,且与鳌拜有姻亲关系,但资浅望低,又与索尼有隙,与鳌拜也经常反目,所以常常处于孤立无援的境地。这样四大臣共同辅政的局面不久便被打破,大权逐渐就落到鳌拜一人手中。他任人唯亲,广置党羽。大学士班布尔善、吏部尚书噶褚哈、工部尚书济世都是他安插在宫廷中的亲信。凡遇政事,他们常常私下商定对策,然后才上奏皇帝,有时甚至拦截奏章,阻碍玄烨同大臣的联系,好方便他们把持朝中大权。

针对四大臣的所作所为,特别是鳌拜的专权行径,孝庄皇太后急于让幼孙举行大婚以作为玄烨亲政的过渡性措施。康熙四年九月初八,年仅12岁的玄烨遵照祖母懿旨在紫禁城内的坤宁宫与索尼之女赫舍里氏举行大婚典礼。玄烨大婚不久,即开始直接处理政务,其广泛接触满汉大臣的机会进一步增多,这无疑为鳌拜等人的专权设下了不可逾越的障碍。

玄烨亲政的步伐很快,鳌拜也加快了他专权干政的步伐。康熙五年,鳌拜制造圈换土地事件。原来早在顺治初年,摄政王多尔衮将镶黄旗应当分得的好地,强行拨给了自己的正白旗,同时另拨他处较差的土地给镶黄旗。这本来是很不公正的举动,但事隔二十多年,两旗百姓早已各安生业,鳌拜却旧案重提,在索尼、遏必隆支持下,将正白旗的大部分土地让给镶黄旗,又圈占大量民田,补给正白旗。玄烨坚决反对,但鳌拜一意孤行,私改圣旨将反对圈换土地的阁臣、督抚大员朱昌祚、王登联等人处死,而其他反对圈换土地的大臣,有的被降职,有的被治罪,没有一个人逃过这场劫难。

圈换土地这件事,在朝内朝外造成了很坏的影响,有许多汉族农民因土地被圈占而流离失所,满汉间的民族矛盾进一步加剧,部分旗人也深受其苦。不少大臣对鳌拜心怀不满,要求玄烨亲政的呼声日渐高涨。康熙六年三月,鳌拜内心极不情愿地与索尼等人上奏:世祖章皇帝于14岁亲政,如今主上年龄功德与先皇相同对天下事务可以应付自如,恳请亲政。玄烨往奏太皇太后允准后,遂于同年七月七日在太和殿举行亲政大典。第二天,14岁的玄烨端坐在太和殿上,全体宗室王公及满汉文武百官,上表行庆贺礼。与此同时,玄烨特宣诏天下,意为"政在养民"。玄烨亲自执掌政权以后,辅臣们"仍行佐理",权势还和以前一样大,并没有减弱。这一年六月,索尼去世,七月苏克萨哈被杀,鳌拜终于独掌辅政大权。为了达到能够篡位的目的,鳌拜借口身体不好不能上朝,要求康熙帝亲自去看望他。康熙仔细考虑了一下,决定去看他。进入鳌拜的卧室后,御前侍卫发觉鳌拜神色异常,急忙冲到鳌拜的榻前,揭开席子,里面有明晃晃的利刃一把。玄烨是何等聪明机智之人,只见他不动声色地笑了笑说:"刀不离身,这是满族人的习惯,不值得大惊小怪。"意识到鳌拜的谋反之心,玄烨返回宫中以后,就开始着手策划除去鳌拜的事宜。为此,他从宫中众多的小内监中,选择了部分身强力壮者玩一种叫"布库"的游戏,这是一种争斗赌力的运动,在当时十分流行。鳌拜每次进入宫内奏请政事的时候,玄烨也从不避开他,继续带领小内监玩"布库"。这就给鳌拜造成了错觉:康熙是软弱可欺的,不谙政务,仍然是个贪玩的小毛孩子,谁也拿自己没办法。这样一想,鳌拜更加肆无忌惮,毫无畏惧之心,不管做什么事都是自己想怎样就怎样。

玄烨早已无法忍受鳌拜的种种专权行径,在孝庄祖母的支持下,他拟定了清除鳌拜集团的计划并一步一步地付诸到实际行动中。

在所有的举措中,舆论是其中的先导力量。针对鳌拜把持下朝政紊乱、吏治腐败现象,玄烨令科道等言官"据实指参",鼓励朝臣各抒己见。玄烨的这一举措,使大臣们耳目一新,人心振奋,鳌拜却因此无法再安静。

"擒贼先擒王",这是兵家一贯的主张。为稳妥、彻底的解决问题,最大限度的减少动荡和不必要的损失,玄烨做出智擒鳌拜的具体部署。首先,玄烨从各个王府中挑选了将近百名亲王子弟做自己的侍卫,并且把他们组成善扑营,统领是索尼之子索额图。其次,玄烨又将鳌拜的部分党羽,先后遣往外地办事,以分散其力量。一切准备就绪后,玄烨才迈出最后、也是最关键的一步。在康熙八年五月十六日这天,鳌拜奉召进宫,很快被善扑营擒拿住,鳌拜的主要党羽随后也被接二连三地逮捕归案。

中国历代兵法精粹

没有过多长时间，玄烨就把鳌拜结党专权的三十条罪状公布了出来。最后念其当年搭救清太宗皇太极有功赦免了他的死罪，让他在监禁中度完了余生。玄烨还依据罪行轻重惩处了鳌拜党羽，罪大恶极的被处死，其余的则被革职降级。与此同时，玄烨还为遭诬陷的苏纳海等人平反昭雪，让他们的子嗣承袭了他们的爵位或世职。另外，玄烨还把各级官员进行了一次大规模的调换，并且下达《圣谕十六条》，意图是对朝政进行刷新，从根本上清除鳌拜的恶劣影响。

年仅 16 岁的玄烨在战胜鳌拜集团的斗争中，采用的战术是"藏忍"，运筹帷幄，显示出一种惊人的魄力和才智。从此，他便将朝政牢牢掌握在了自己的手中，开始充分施展自己的政治才能。

审时度世是一个王者必须要具备的能力。

东汉末年，曹操和孙权对江淮地区展开了激烈的争夺。汉献帝建安十九年（214 年）七月，曹操率领十万大军南征孙权，但并没有得到多少便宜，十月从合肥返回。他留下将军张辽、乐进、李典，带领七千多兵马屯守合肥。

建安二十年（215 年），曹操率领军队征伐汉中的张鲁。其实在行军之前，他已经估计到，在他出兵定汉中的时候，孙权会乘机夺取江淮。因此，在出兵前，曹操交给驻守在合肥的护军薛悌一封密信，信封上写着："贼至乃发"。意思是，孙权带兵来攻击就打开此信。果不其然，在曹操出兵后不久，孙权乘机出兵十万包围了合肥，一场大战迫在眉睫。

孙权带领大将吕蒙、蒋钦、凌统、甘宁等，兵多将广，声势浩大，向合肥围拢过来。屯守在合肥的三位将军和护军面临来势汹汹的敌人，自知寡不敌众。那么，如何能守住合肥？这时，他们自然想起了曹操的密信就一起开启密信。信中说："如果孙权前来侵犯，张将军、李将军带领士兵出城迎敌作战，乐将军守城，护军不得参与战斗。"各位将领对此信的计策都有所疑惑，拿不定主意。

而且，当时'三位将军相互之间不和睦，张辽恐怕他们不听从命令，遂激奋地说："曹公出兵远征在汉中，等待他的救兵来到这里，敌人一定早就攻破我们了。曹公信中这是在指示我们：在敌人还没有将我们完全包围起来的时候，应主动出击迎战，杀他个下马威，挫挫敌人的锐气，以此来安抚我军士兵守城的决心，然后合肥才可以固守。成功还是失败，就在此一战，各位将军还有什么不放心的？"李典也愤然地说："这是国家大事就看您的计策怎么样安排了，我难道会因私人的恩怨而忘掉公事吗？"于是，在大敌之前，曹操的几位主要将领空前团结，坚定了一致抗敌的决心。

当天夜里，张辽招募兵士中的勇敢者，总共招募到八百人，组成敢死队，杀死数十头牛犒赏他们，准备明天大战一场。

第二天一早，张辽穿上铠甲，拿着长戟，率军冲入吴军阵中。他自己杀死了几十个敌人并斩杀了敌方的两位将官。张辽高呼着自己的名字一直往前冲，几乎冲到了孙权的面前。孙权大惊，吴军众将被曹兵不要命的打法吓懵了，一时都不知如何应敌，就纷纷退到附近的高地上，用长戟自守。张辽高声叫阵，要孙权下来决战，孙权哪里敢下来。吴军见张辽所带领的士兵并不多，就想用围攻战术，吴军慢腾腾地向前将他们包围起来。张辽勇气倍增，左冲右杀。冲开了人墙,所向披靡,无人敢挡。激战从早晨一直持续到中午,吴军在曹兵的凶猛打击面前胆战心惊,好不气馁。曹兵见第一仗就取得了胜利,将军张辽又英勇了得,也不再为人少担忧。而诸位将军也对张辽大加赞赏,十分佩服。

孙权攻了十几天,最终也没有将合肥攻克,后来听说曹操率领大军前来救援,就退兵了。张辽又乘机率领兵马追击,在逍遥津北袭击了吴军,吴军这一仗被打得落花流水,孙权在凌统、甘宁等大将的拼死保护下才得以逃脱。

后人孙盛对此战评论说:防守合肥之战,曹兵孤立无援,如果曹操专任勇敢的人防守,他就会喜好作战而有失败的忧患;如果专任能守的人防守,他就会心生胆怯而难以守住。况且寡不敌众,人多势众的一方就自然有贪惰之心,用有必死之心的军队攻击有贪惰之心的军队,其势一定能取胜,胜利后再严加防守,防守也就稳固了。所以曹操精选将军,使他们之间相互配合,又给他们密信,布置各自的任务。战事来了,情况恰如所料。曹操在此派兵用将正体现了孙子"择人而任势"的精神从而取得了合肥保卫战的胜利。

一个将领的应变能力也是他为官的魄力。所谓"将在外,君命有所不受"。

公元前154年(汉景帝三年),吴、楚等地诸侯反叛朝廷。危急关头,汉景帝刘启脑中闪过父亲文帝的临终嘱咐:"我死后,如果国家有什么紧急事件发生你可派周亚夫统率汉兵平定乱事。"

朝廷正是用兵之时汉景帝忙把汉初名将周勃的儿子周亚夫从中尉一下子晋升为太尉,掌握全国大军。周亚夫临行前,汉景帝再三重托:"如今七国叛乱,情况紧急,国家安危全望将军独挽狂澜!"

周亚夫接受命令后,统领着三十六位将军,率领部队浩浩荡荡地向东直指吴、楚等七国而来。周亚夫风尘仆仆到达淮阳,察明形势后,亲自向汉景帝呈上一份紧急奏章:"吴、楚的军队轻装简从,行动极其神速,无法跟他们正面交战。希望陛下行欲擒故纵之计,暂时放弃保卫梁地,让叛军占领,然后断绝吴、楚的粮道才能制服这股叛臣贼子。"汉景帝答应了他的要求。

周亚夫率兵集结在荥阳。吴国叛军正猛攻梁国,梁国吃紧,屡屡向周亚夫求援。周亚夫置之不理,却偏偏亲率军队向东北驻扎于昌邑城,挖深城池,坚守不出。

梁孝王急了,天天派人向周亚夫求救。每次,周亚夫耐心地听完总是"嘿嘿"一笑却仍按兵不动。

梁孝王恼了,直接上书汉景帝。他派人将一纸告急文书星夜送到京城。汉景帝仔细摊开阅读:"陛下,梁国危在旦夕,周太尉拒不救援!"

汉景帝也有点着急,认为周亚夫也太过分了,要求他马上出兵救梁。京城使者到达荥阳军营,宣读汉景帝诏书才毕,周亚夫凛然一声发话:"将在外,君命有所不受。若不能铲除叛贼,周某一人承担罪责!"他仍固守壁垒,不出兵救梁,那宣读诏书的使者只好干瞪眼。

几乎在同时,周亚夫却已派遣精干的轻骑兵,长驱直入,悄悄断绝了吴、楚军队后面的粮道。吴国军中缺粮,他们在饥饿威胁下仍然强挺着屡屡向汉军挑战,汉军却仍纹丝不动。

一天晚上,汉朝军队内为是否出兵的事吵闹不停,直至闹到周亚夫帐下。但是,帐内鼾声正浓,周亚夫并没有起床。

　　周亚夫旷日持久的消耗战,把吴国军队拖疲了,他们急着要寻找突破口。吴王刘濞调兵遣将,围住了昌邑城。一天叛军蜂拥而至袭击昌邑城的东南角。听完军情汇报,周亚夫"嘿嘿"一笑:"刘濞,你瞒得了我? 你在声东击西,你佯攻东南,实欲攻西北!"

　　周亚夫调动汉营士兵悄悄加强西北角的防备。不过一袋烟工夫,吴国精锐部队果真猛攻西北角。周亚夫手下兵将迅速涌现在城头,矢石如雨而下、吴军哪里攻得进去。刘濞直气得翻白眼,加上手下将士腹内空空饥饿难当,士气一落千丈,大败而走。

　　此时,周亚夫长剑一挥,早就准备好的一支精锐劲旅呼啸而出,追击吴兵。吴王刘濞见势不妙,马上抛弃大队人马,只率数千壮兵仓皇逃窜。他们直逃到丹徒县,建筑工事,龟缩自保。一个多月后吴王被越国人斩下了脑袋。吴国叛乱彻底平息。

　　历经三个月大小战事,吴、楚等七国叛乱终于平定了。汉景帝也不得不对周亚夫刮目相看。

　　用兵的规律是,防守者或进攻者,没有固定不变的态势;进攻或防守,没有固定不变的形式;分散或集中,没有固定不变的原则;前进或后退,没有固定不变的限度;行动或静止,没有固定不变的时间。

　　一百多年前,在新疆西边有个小国名叫浩罕。这个小国本来接受清朝封号,是中国的藩属。后来,俄国人不断向东扩张,侵占了浩罕国的大片领土,引起了浩罕国首领阿古柏的不满。俄国就唆使阿古柏侵占我国新疆,以此作为它侵占浩罕的补偿。1865年阿古柏在俄国的纵容下,率兵占领了南疆地区,接着又向北疆扩张,占领了乌鲁木齐。阿古柏的野心越来越大,他宣布在新疆建立"哲德沙尔国"自称国王,扬言要把新疆从中国领土上分裂出去。

　　趁阿古柏宣布建国称王的时候,俄国军队也出兵占领了新疆西部的伊犁和附近地区。他们在这里征收赋税,行使国家主权,完全排斥了清朝对伊犁地区的统治。

　　1875年5月初,朝廷任命左宗棠为钦差大臣,督办新疆军务。

　　1876年4月7日,左宗棠率领大军离开兰州经过河西走廊向新疆进发。到了肃州(今甘肃酒泉)后,他把将领召集起来说:"诸位将军第一次到西北边疆,大概对新疆的情况不太熟悉吧? 我自幼爱读史地书和兵书,对新疆的山川地形和历史沿革略知一二。新疆中部有一条大山脉,叫做天山,把新疆分成南北两大部分,山南叫南疆,山北叫北疆。我们这次进兵,要先攻交通比较便利、我们容易到达的北疆,直取乌鲁木齐,在乌鲁木齐站稳脚跟以后,再收复其他地方。"将领们齐声说:"一切听从大人指挥。"左宗棠说:"既然如此,诸将听我的命令:大将刘锦棠指挥都统金顺一军,担任主攻;提督徐占彪、张曜一军,把守哈密,配合金顶。从湖广来的楚军驻守敦煌、安西、玉门一线,严防敌军向内侵犯。我在肃州指挥,各军有事,随时前来禀报。"

　　部署完毕,左宗棠举行了隆重的祭旗仪式,在庄严的"左"字大旗下全军宣誓:不怕艰难险阻,誓与敌人血战到底,收复祖国河山。然后各军按照左宗棠宣布的作战任务和目标整装出发。

　　4月26日,刘锦棠在肃州正式受命出关时,左宗棠又授以"先迟后速,缓进急战"的八字方针。

这就是左宗棠根据实际情况制定的战略部署:先北路后南路。出关后,第一个战役是攻占北疆,收复乌鲁木齐至玛纳斯一带,扼全疆总要之处,为下一步南进准备后方基地。进攻的指导方针则是"缓进急战"。

左宗棠深谙以静待哗的道理,他所制定的战略部署和作战指导方针是完全正确的。从敌情来看,先打北路之敌,做到了先挑弱敌打,因为阿古柏比沙俄弱,北路的白彦虎等部又比南路阿古柏滴系弱。从地理上看,先打北路之敌,清军既可依托哈密、巴里坤、古城一带后方基地,又可以割断阿古柏与沙俄的联系,制止沙俄继续东侵,形成对南路阿军的东、北两面逼攻之势。而"缓进急战"的策略则正确地解决了新疆这种特殊的地理条件下作战的后勤保障问题。

1876 年 8 月,左宗棠指挥清军发起了北疆战役。清军将领刘锦棠按照"缓进急战"的原则,率清军乘夜间敌人睡觉的机会,急速发起猛攻,很快就占领了古牧地,乌鲁木齐守将——投顺阿古柏的中国人白彦虎见势不妙,先行逃跑了。其他敌军见主将临阵逃脱,也跟着败下阵去。清军仅花了 10 天时间就顺利地占领了乌鲁木齐,很快就收复了伊犁以外的北疆地区。左宗棠的第一步计划顺利实现了。接着就准备向南疆进军。

1877 年 4 月中旬,左宗棠适时地发起了天山战役。刘锦棠一部攻达坂城,仅用 4 天时间就全歼守敌,无一漏网。接着分兵一部与他部清军攻克吐鲁番城,前后不到半个月就顺利结束,总计歼敌两万余人,救出百姓两万余人。至此,清军完全打开了进军南疆的门户。

天山战役结束后,左宗棠又命令部队"缓进",因为筹运粮草、军饷需要时间。

清军的"缓进"以及阿古柏因战败恼怒突然中风而死,又客观上促进了阿古柏营垒的分化瓦解,其内部为争权夺利而爆发了一场内乱。这给清军继续进兵造成了新的有利条件。

左宗棠抓住有利时机部署了南疆战役计划。

1877 年 9 月下旬,刘绵棠受命发起了南疆战役。他亲率精锐步骑,一个月驰驱 3000 里,在维吾尔族人民的支持和协助下,一举收复了东四城,十二月又收复了西四城。阿古柏部属除一小部投奔沙俄外,余部全被歼灭。

这样沦陷十多年的天山南北终于回到了祖国的怀抱,在新疆这块土地上彻底消灭了阿古柏的侵略势力。

兵法中有急进快击,但也可反其道用之,所以说凡事没有固定不变的程式,只有灵活运用才会常立不败之地。

虎钤经·任势

兵之胜败,非人之勇怯也。勇者不可必胜,怯者不可必败,率由势焉耳。势之任者有五:一曰乘势,二曰气势,三曰假势,四曰随势,五曰地势。势之败者有三焉:一曰挫势,二曰支势,三曰轻势。凡新破大敌,将士乐战,威名隆震,闻者骇惧,回其势而击人者,此之谓乘势者也。将有威德,部伍严整,士有余勇,名誉所加,慑如雷霆,此之谓气势者也。士卒寡少,盛其

中国历代兵法精粹

鼓、张其旗为疑兵，使敌人震惧，此之谓假势者也。因敌疲倦懈怠袭击之，此之谓随势者也。合战之地，便其干戈，利其步骑，左右前后无有陷隐，此之谓地势者也。用兵者乘此五势，未有不能追亡逐败，以建大功也。又若累战累败，吏士畏于战敌，此之谓挫势者也（挫势者，言曾于敌控辱，故言势不利也）。将无威德，谋虑赏罚不当，吏士之心率多离散，此之谓支势者也。吏士喧哗，不循禁令，部伍不肃，此之谓轻势者也。凡用兵有此三者，未有不败军杀将者焉。是故乘势在，可以指挥进攻矣；任势在敌，我当有道，反能击之。若夫敌有乘势而到者，未可与战，坚壁固守，待之旷日持久，敌心必缓于始到矣；俟其攻无所拔，掠无所得，敌之众心益以慢矣；当于中夜潜令骁勇袭其营垒，攻其无备，乘其乱出精兵两道击之（地势便则两道出，不便则一道出），壁中鼓噪应之。如此，则可以破其敌者矣。敌有恃气势而到者，可以后潜精兵，伪示以老弱；敌进攻则发伏击之，必胜矣。何谓也？许洞曰：精势在人者，止用勇敢疾速为务，鲜能精谋虑。彼见老弱，必轻进轹陵之，坚阵以俟，一鼓不胜，锋必挫，反为乘矣。敌有以假势而到，旗鼓之盛，埃之多矣（旗鼓或露众或以曳战）。预料敌国兵；如国有十万之众，侵伐之地不及五万之师矣，降之不溢三万矣；国有百万之众，侵伐之地不及五十万之师矣，降之不溢三十万（谓其各有屯授之地及死亡之所，或征兵不能尽到侵伐之地）。以此料之，百万之国，其众来者有百万、六十、七十、八十、九十万之旗鼓与号令者，必不溢四十万矣，馀皆疑兵也；十万之国，其众来者有四万、五万之旗鼓号令者，此必不溢三万矣，馀皆疑兵也；（敌国大小、敌众多寡，皆以此类数知之也）。是以知旗鼓多者，其兵少矣，不可怖。但以精兵出其不意，必败矣。或敌探我动静，为我所知，即诈示以疲倦懈怠，使知之。敌必随势而来，预于诸间道及通衢阴伏锐兵俟之（先令细人密探敌人举兵之期，然后设伏以待，亦可），过半则邀击之。敌得地势以薄我，未可与战，坚壁观之，持久则众心息。夫得敌有挫势者，可以自外击之；敌有支势者，可以自内击之（内攻为用间得其敌心，然后击之也）；敌有轻势者，可以突击之（掩不备也）。此随敌三败势攻之也。以此言之，是故多胜者非强也，多败者非弱也，率由势尔。夫水之柔弱，方圆任性而能蹶堤漂石者，水之势也；火之刚炎，亘天而起者，火之势也；薪木既灰而灭影者，木之势也。故用兵之道，既知水火之道，既知水火之旺败，则尽于势之用矣。

吴子兵法

励士第六

【本篇主旨】

文中主要强调严明的赏罚制度对于一个军队是多么的重要。但这还不是使军队必胜的保障。应该让兵士乐于去为国作战。并不惧怕死亡。对于如何让兵士能乐死战场，文中提出了要以激励之方法而让人视荣誉为生命。让有功和无功之人同席而座但要给予不同的待遇，这样就会让那些还没建立功业的勇士生发出为国效命的决心。而且要给予那些功臣的家属以照顾，使战士杀敌之时无后顾之忧。

本篇其实就是对士气之对于军队作战的决定性给了更详细的说明。

【原文】

武侯问曰:"严刑明赏,足以胜乎?"

起对曰:"严明之事,臣不能悉。虽然,非所恃也。夫发号布令而人乐闻,兴师动众而人乐战,交兵接刃而人乐死。此三者,人主之所恃也。"

武侯曰:"致之奈何?"

[起]对曰:"君举有功而进飨之,无功而励之。"于是武侯设坐庙廷,为三行,飨士大夫。上功坐前行,肴席兼重器①、上牢②;次功坐中行,肴席器差减;无功坐后行,肴席无重器。飨毕而出,又颁赐有功者父母妻子于庙门外,亦以功为差。有死事之家,岁遣使者劳赐其父母,著不忘于心。行之三年,秦人兴师,临于西河。魏士闻之,不待吏令,介胄③而奋击之者以万数。

武侯召吴起而谓曰:"子前日之教行矣。"

起对曰:"臣闻人有短长,气有盛衰。君试发无功者五万人,臣请率以当之。脱其不胜,取笑于诸侯,失权于天下矣。今使一死贼伏于旷野,千人追之,莫不枭视狼顾④。何者?忌其暴起而害己。是以一人投命,足惧千夫。今臣以五万之众,而为以四贼,率以讨之,固难敌矣。"

于是武侯从之,兼车五百乘,骑三千匹,而破秦五十万众,此励士之功也。先战一日,吴起令三军曰:"诸吏士当从受[敌]。车骑与徒,若车不得车,骑不得骑,徒不得徒,虽破军皆无(易)[功]。"故战之日,其令不烦而威震天下。

【注释】

①重器:国家的宝器,这里指宴席上陈设的鼎、爵、觚等贵重器具。

②上牢:又名太牢,古时祭祀时,牛羊猪三牲齐备者为太牢。此处意为高规格的宴席。

③介胄:介,铠甲;胄,头盔。介胄,此处用作动词,指穿戴起甲胄。

④枭视狼顾:枭,猫头鹰。枭视,因其白天视力极差,所以频频察看。狼顾,狼性多疑,行走时常回头看。顾,回头。《注解·直解》:"枭,恶鸟也,昼不见物,故数视。狼顾,狼性慎于行,故数顾。"

【译文】

武侯问道:"运用严厉的刑罚和公平的奖赏,就足以取得胜利吗?"

吴起回答说:"赏罚严明的事,我无法详尽地加以说明,虽然如此,并不能完全依赖于它。发号施令时人们乐于听从,兴师动众时人们乐于参战,冲锋陷阵时人们乐于献身。这三条是君主所依靠的。"

武侯说:"如何才能做到这些呢?"

吴起答道:"国君您挑选有功之臣,举行盛宴来慰劳他们,激励没有功劳的人。"

于是武侯在宗庙之上设席,分三排宴请士大夫。立过上等功勋的坐于前排,酒菜加上等礼器。立次等功勋的坐于中排,酒菜加次一等的礼器。没立过功的坐于后排,有酒菜而无礼器。宴会结束后,又在宗庙门外赏赐立功人员的父母妻儿,也都按立功等级为差别。对死

中国历代兵法精粹

于国事的家属,年年派使者慰劳赏赐他们的父母,以表示没有忘记他们。

这种方法实行了三年,秦国出动军队临近西河边境,魏国的将士听到这个消息,不等上司发令,就有上万人穿上盔甲奋勇进攻敌人。

武侯召见吴起,对他说:"先生以前教导的方法现在见到成效了。"

吴起对答说:"我听说人有长处和短处,士气也有盛和衰。国君您试着选派五万名没有战功的人,由我率领去抵挡敌军。假如不能取胜,将会被诸侯讥笑,在天下丧失权威。假如现在有一个不怕死的盗贼潜伏在旷野中,派上千的人追捕他,没人不瞻前顾后。什么原因会这样呢?这是因为害怕盗贼突然出来伤害自己。所以一个人拼命足以威慑千人。现在我以这五万人作为不怕死的盗贼,率领着他们去征讨敌军,敌军当然难以抵抗了。"

于是武侯听从了他的建议,加上战车五百辆,战马三千匹,战胜了秦军五十万人,这是激励将士的功效。

在开战的前一天,吴起向三军发布命令说:"各位吏士应当服从命令与敌人作战,不论战车和步兵,如果车兵不能俘获敌军的战车,骑士不能俘获敌军的战马,步兵不能俘获敌军的步兵,即使打败敌人也都不算有功。"因此开战的时候,他的号令不多却威震天下。

【故事论述】

聪明的用兵者总是善于以己之长,克人之短。

楚汉之争刘邦和项羽一度在广武长期对峙。

广武,位于荥阳东北20余里处,本是山谷。广武山,西接汜水,东连荥泽,地势高耸,非常险峻。山中一道涧水,也叫广武。广武涧旁,坐落着两座山峰,相距只有50余米。

刘邦粮食补给从敖仓源源不断地运来,而项羽却要从南方运粮,并经常受到彭越游击队的烧杀抢掠,所以情况越来越不妙。

项羽粮草缺乏,忙与项伯、钟离昧等人商议说:"粮草缺乏,难以久待,诸位有何良策?"

项伯说:"刘邦之父刘太公拘禁在此已经几年,何不请他来,叫他修书给刘邦,令他退兵,然后放他回去。如果刘邦不依,就将太公诛戮,让刘邦成为千古罪人!大王若依此计,可抵百万师!"

项羽依项伯之计,令人将刘邦的父亲太公从彭城押来。项羽对太公说:"你儿子刘邦一直拥兵反抗我,一点都不顾及你的处境。我今天叫你来,只要你修书一封,令你儿子罢兵息战,我就放你和吕雉回去,让你们父子夫妻团聚,你认为怎么样?"

刘太公说:"刘邦从小贪财好色,不顾及父母家小,如今以富贵为重,把我们丢在这里不管不问,恐怕写封信没有什么用处。"

项羽说:"你先写书寄去看他如何。"

刘太公只得修书一封交给项羽。

项羽看完说:"刘邦见书如不退兵,真是衣冠禽兽不如。"即差人将书送给刘邦。

刘邦听说楚使送刘太公家书到来,忙唤张良、陈平问计。

张良说:"太公送来家书,必是项羽退兵之计。大王见书,不可哭泣,只需如此……"

刘邦装着酒醉未醒的样子,看完家书,两眼朦胧,随随便便地说:"我与项王北面侍奉怀王,结拜为兄弟,我的父亲就是他的父亲。我父亲在楚地就跟在汉营一样,何必分什么彼此?如果项王杀我父亲天下人不只骂我,也会照样骂他!前日项王杀了义帝,天下诸侯至今咬牙切齿;如果今天又杀我父亲,难道不怕被天下人唾骂?孟老夫子曾说:杀人之父,人亦杀其父。你回去对太公说,宽心在项王那里住些日子,就像在我身边一样……"

说着说着,刘邦两眼微垂,两个女人扶从后面歇息去了。

楚使回国将所见报告给项羽,将具体过程详述一遍。

项伯说:"看刘邦的所作所为,最终也成不了什么气候!大王只管准备与他交战,刘邦不可能取得胜利。"

项羽说:"刘邦这个酒徒,视父母妻子如草芥,怎么能跟他谈论是非?我自有妙计。"项羽下令在峰顶修筑了一个方台,台中放一大俎,把刘老太公押上高台,置于俎上。

项羽带领众将齐上峰顶,大呼:"请刘邦答话!"

汉兵见此情景,急忙报告刘邦。

刘邦振作精神,在众将簇拥下登上峰顶。刘邦看到太公被绑缚在俎上,心如刀绞,但是脸上却装着若无其事的样子。

项羽见刘邦上来,高声大吼:"刘邦听着,你如果不快快投降,我将煮了你的父亲!"汉兵一听,都吃了一惊,项羽杀人如麻,凶残无比,于是都将目光一齐投向刘邦。

刘邦镇静自若,略微向前移移,也大声说,"项羽听着,我与你都北面受封于怀王,早已结为兄弟。我的父亲就是你的父亲,今天你如果定要烹杀你的父亲,烹了之后,不要忘记分给我一杯羹!"

刘邦一副无所谓的样子,两军将士一听此言,都感到一惊,继而窃笑不已。

项羽一听,顿时找不到恰当的语言,不可想象,天下居然有如此禽兽不如的人,气得面皮变青,用手一指刘邦"你……你……"抽出佩剑要斩太公。

项伯急忙劝阻:"天下之事尚未可知,不要做得太过分。想争夺天下之人,哪一个会顾及家口。如今杀人之父,有何益处?只不过惹人更加仇恨罢了。"

项羽大喝一声:"关起来!"

回头又对刘邦说:"天下大乱已经多年,都是因为我俩的缘故。与其让天下百姓遭受如此苦难,不如今天我俩'单挑'一决雌雄免去天下苦难。"

刘邦自知不是项羽对手,当即笑着说:"我愿意斗智不愿意斗力。"

项羽遇到了这样一个软硬不吃的刺头,却也无可奈何,只得令三位勇士向前挑战。刘邦手下有一位神箭手叫楼烦,箭无虚发,百步穿杨,连放三箭,三名楚军将士被射杀洞前。

项羽大怒,跃马横枪,亲到洞边挑战。楼烦看见项羽马骏人威,目如闪电,声如震雷,目不敢视,未射先惧,双臂发抖,拉不开弓,迈不开步,抖抖退回营中。

刘邦看到这种情况,十分吃惊。

项羽到了洞边指着刘邦说,"刘邦,我跟你斗三合,你若胜了我收兵回去!"

刘邦也上前,骂道:"项羽,你不要逞匹夫之勇!自从反秦以来,你犯有十大罪行你知道不知道?第一大罪背叛义帝入关盟约,把我封到巴蜀;第二大罪,残杀大将军宋义,篡夺军权,目无尊长;第三大罪,奉怀王之命救赵,得胜不报,劫持天下诸侯入关;第四大罪,焚烧秦国宫室,挖掘秦始皇帝陵墓,劫取天下财宝;第五大罪,擅杀秦降王子婴,窃取灭秦大功;第六大罪,诈坑秦兵降卒二十万人于新安城南,残暴不仁;第七大罪,擅自分封天下,任人唯亲,分割不均,你的亲信,尽封好地,故将功臣,被逐被杀;第八大罪,放逐义帝,建都彭城,将韩、魏土地占为己有;第九大罪,弑杀义帝,神人共愤;第十大罪,为政不平,主约不信,昏庸无道,天理难容。我亲率仁义之师,联合天下诸侯,共诛人民公敌,你只配与刑徒罪犯交手,你有什么资格跟我对阵?"

刘邦这一顿数落,把项羽气得眼冒金星,根本不想跟刘邦再说什么,霸王鞭一挥,早就埋伏在涧边的弓弩手,一齐发弩射箭,箭如急雨,纷纷向刘邦飞来。

刘邦见到情况不妙,正想回马逃走,一箭早射在胸上,一阵疼痛钻心。刘邦害怕搅乱了军心,忙提起右脚,用手摸摸,说:"贼兵射中了老子的脚趾。"

左右卫士保镖已知汉王用意,忙扶着刘邦,急回大帐,召来医官,取出箭头,敷上金疮药。幸好伤得不重,不至于危及性命。

项羽看到射中刘邦,心中大喜,由于深涧相隔,无法挥兵追杀,眼看汉兵退去,只好怏怏收兵回营,派人打探刘邦受伤的消息。

刘邦受伤躺在床上呻吟,张良强劝刘邦带伤巡行军中,稳定军心。刘邦知道事关重大,只得裹好胸伤,左右心腹扶持上车,巡视军营。汉军大小将士见刘邦尚能巡视,放下了一颗悬着的心。

项羽探听到刘邦仍在军中巡视,大失所望,不久只得撤兵。

刘邦这一励士之举,为其成就帝王基业奠定了基础。

神机制敌太白阴经·励士

经曰:激人之心,励士之气,发号施令,使人乐闻;兴师动众,使人乐战;交兵接刃,使人乐死。其在以战劝战,以赏劝赏,以士励士,木石无心,犹可危而动,安而静。况于励士乎? 古先帝王伯有天下,战胜于外,班师校功,集众于中军之门。上功赐以金璋紫绶,锡以锦彩,衣以缯帛,坐以重研,享以太牢,饮以醇酒,父母妻子皆赐纹绫,坐以重席,享以少牢,饮以酎酒。大将军捧赐,偏将军捧觞。大将军令于众曰:"战士某乙等奋不顾身,功超百万,斩元戎之首,搴大将之旗,功高于众,故赏上赏,子孙后嗣,长称卿大夫之家。父母妻子皆受重赏。牢席有差,众士咸知。次功赏以银璋朱绶、纹绫之衣,坐以重席,享以少牢,饮以酎酒;父母妻子赠以缯帛,坐以单席,享以鸡豚,饮以醑酒。偏将军捧赐,子将军捧觞。大将军令于众曰:"战士某乙等勇冠三军,功经百战,斩骁雄之首,搴虎豹之旗,功出于人,赐以次赏,子孙后嗣,长为励给之家;父母妻子,皆受荣赏。牢席有差,众士咸知。"下功赏以布帛之衣,坐以单席,享以鸡豚,饮以醑酒,父母妻子立而无赏,坐而无席。子将军捧赐,卒捧觞,大将军令于众曰:"战士某乙等戮力行间,劬劳岁月,虽无搴旗斩将,实以跋涉疆场,赐以下赏子孙后嗣无所庇诸"。父母妻子不及坐享,众士咸知。令毕,命上功起,再拜大将军,让曰:"某乙等忝列王臣,敢不尽节,有愧无功,叨受上赏。"大将军避席曰:"某乙等不德,谬居师长,赖尔之功,枭悬凶逆,盛绩美事,某乙等无专善。"退而复坐。命次功再拜上功。上功曰:"某乙等无谋无勇,遵师长之命,有进死之荣,无退生之辱,身受殊赏,上光父母,下及妻子,子其勉旃。"退而复坐。命下功再拜次功。次功坐受曰:"某乙等少猛寡毅,遵师长之命,决胜负于一时,身受次赏,上光父母,下及妻子,子其勉旃。"下功退而复坐。夫如是励之,一会则乡勉党,里勉邻,父勉子,妻勉夫;二会则县勉州,师勉友;三会则行路相勉。闻金革之声相践而出,邻无敌国,邑无坚城,何患乎不勉哉?

孙膑兵法

孙膑,战国中期齐国著名的军事家。他是春秋时期军事家孙武的后人,生于今山东阳谷、鄄城一带,大约和商鞅、孟子是同时代的人。他与魏国将军庞涓同时在高人鬼谷子门下学习。后来庞涓做了魏惠王的将军,因为怕孙膑也来魏国而抢了自己的风头,就把孙膑骗来并设计挖去了孙的膝盖骨,也有一种说法是斩掉了双脚,总之是孙膑这时是不能走路了。并且还在他的脸上刺上耻辱的字。孙膑在这种情况下只能装疯得以活命,后来他求助齐国出使魏国的淳于髡帮他逃到了齐国。他在齐国为齐国的将军田忌所赏识,被尊为贵宾。在熟为人知的"田忌赛马"的故事中,孙膑就以不凡的才识为田忌赢得赌注。田忌于是就把他推荐给正在选有贤才、改革内政、励精图治的齐威王,成为齐国的军师。这之后他帮田忌打了几次胜仗。最著名的就是"围魏救赵"的桂陵战役,这在《擒庞涓》一文中可以读到。另一次马陵之战,这一战使得孙膑报了自己的仇,庞涓在这一役中自杀,详细内容也可以在《陈忌问全》中了解到。由于孙膑帮田忌取得了辉煌的战绩,遭到齐国大臣邹忌的嫉妒。邹忌设诡计使得齐威王不信任田忌,逼得田忌逃亡到楚国,孙膑随往,后来他隐居到楚、越交界地带莒县甲子山终其天年。他在隐居期间与弟子们探讨古今军事作战理论,为后人留下了《孙膑兵法》。

《孙膑兵法》在汉代突然失传,直到1972年在山东临沂银雀山汉墓中人们才再一次见到了这部残缺的兵书。《孙膑兵法》的出土,具有珍贵的史料价值,弥补了我国文献资料中对古代阵法记载的不足,为研究古代兵家提供了可靠的史料。

上　编

禽(擒)庞涓①

【本篇主旨】

本篇以故事体裁叙述齐魏桂陵之战,通过叙述战役经过概括了孙膑的军事思想。从行文语气看,大概是由孙膑弟子辑录的,非孙膑自著。本篇史料价值很高,对桂陵之战过程的记述很多地方为《史记》所没有的。

昔者②,梁君③将攻邯郸④,使将军庞涓⑤、带甲⑥八万至于茌丘⑦。齐君⑧闻之,使将军忌子⑨、带甲八万至……竞⑩。庞子攻卫⑪□□□,将军忌[子]……□卫□□,救与……曰:"若不救卫,将何为?"孙子曰:"请南攻平陵⑫。平陵,其城小而县大,人众甲兵盛,东阳战邑⑬,难攻也。吾将示之疑。吾攻平陵，南有宋⑭，北有卫，当途有市丘⑮，是吾粮途绝也。吾将示之不知事⑯。"于是徙舍而走平陵⑰。

□□陵，忌子召孙子而问曰："事将何为？"孙子曰："都大夫⑱孰为不识事⑲？"曰："齐城、高唐⑳。"孙子曰："请取所……二大夫㉑以□□□臧□□□都横卷四达环涂㉒□横卷□所□阵也㉔。环涂（车皮）甲㉕之所处也。吾末甲㉖劲，本甲㉗不断。环涂击柀㉘其后，二大夫可杀也㉙。"于是段㉚齐城、高唐为两，直将蚁附㉛平陵。挟世㉜环涂夹击其后，齐城、高唐当术㉝而大败。

将军忌子召孙子问曰："吾攻平陵不得而亡齐城、高唐，当术而厥㉞。事将何为？"孙子曰："请遣轻车㉟西驰梁郊㊱，以怒其气。分卒㊲而从㊳之，示之寡㊴。"于是为之。庞子果弃其辎重㊵，兼趣舍㊶而至。孙子弗息㊷而击之桂陵㊸，而擒庞涓㊹。故曰，孙子之所以为者尽㊺矣。四百六㊻。

子曰："吾。"

孙子曰："毋待三日。"

【注释】

①禽（擒）庞涓：禽：即"擒"字，这里是"制服"的意思。本文篇题，写在本篇第一简简背。

②昔者：从前。

③梁君：指魏国国君惠王〈公元前369～前319年在位〉，名莹。魏国在魏惠王三十一年（公元前340年）时由国都安邑迁都大梁（今河南开封），所以魏又称梁。

④邯郸：赵国都城，在今河北邯郸。

⑤庞涓：战国时人，早年曾与孙膑同学兵法，后被魏惠王任为将军。

⑥带甲：穿有铠甲的士兵，此处泛指军队。

⑦茌丘：地名，其地未详。

⑧齐君：指齐威王（公元前356～前320年在位）。

⑨忌子：即田忌，也就是《陈忌问垒》篇中的陈忌，陈是原姓，他是齐国的将军，曾把孙膑推荐给齐威王。

⑩竞：通"境"，这里指齐魏边境，大约在济阳（今山东定陶）附近。

⑪卫：国名，原建都朝歌（今河南淇县），春秋时迁都帝丘（今河南濮阳）。

⑫平陵：地名，即襄陵，是宋襄公所葬之地，原属宋，后归魏，在今河南睢县一带，是大梁（今河南开封）的东方门户，为战略要地。

⑬东阳：地区名，指卫国（都城在今河南濮阳）以南、大梁以东的平原地带。战邑：指平陵。意谓平陵是东阳地区军事上的重要城邑。

⑭宋：国名，原建都商丘（今河南商丘），战国初期迁都彭城（今江苏徐州）。

⑮币丘：地名，在魏国，其地理位置应在今河南商丘（周代原为宋国都城）附近。

⑯不智事：即糊涂事。

⑰徙舍：拔营。古代行军日行三十里停下来休息叫"舍"，拔营前进叫"徙舍"。走：急行军，奔向。

⑱都:齐国称统辖十个州的大城邑为都。都大夫:指治理"都"的长官。这里似指那些率领自己都邑军队跟从田忌的都大夫。

⑲孰:谁。不识事:即上文的"不智事",指不识大体,糊涂。

⑳齐城、高唐:齐国的两个都邑。齐城:疑是齐都临淄(在今山东临淄)。高唐:在今山东高唐、禹城之间。一说为两人名。

㉑二大夫:原简"夫"写字下有合文符号,读为"大夫"因"夫"字包含"大"字。这是先秦的成文习惯。

㉒横卷:二邑名。横:通"黄",指战国时的黄邑。卷:指当时的卷邑。

㉓环涂:下文屡见,可能是魏军驻地或将领之名。一说"环涂"即"环途",迂回的意思。另一说为:距国都二百里内为环涂,二百里外为野涂,这是古代的道路制度。

㉔□横卷所□陈:横字上缺文疑为"惟",思念之意;陈字上缺文疑为"遣"字。陈:即今"阵"字。

㉕(车皮):战车,这里疑借为彼此之"彼"字。或疑为"被"字,被甲,指士兵。

㉖末甲:前锋部队。

㉗本甲:后续部队。

㉘(木皮):疑借为"破"。

㉙二大夫可杀也:意谓要牺牲"不识事"的二大夫,以此迷惑魏军,使魏军产生齐军软弱无能的错觉。

㉚段:借为"断",意谓把齐城、高唐二大夫带领的军队分成两路。

㉛蚁附:指攻城,形容军士攻城时攀登城墙,如蚂蚁附壁而上。

㉜挟世:疑是魏军驻地或将领之名。一说借为浃渫,形容军队相连不断。

㉝术:道路,意谓齐城和高唐二大夫的军队在行军的道路上大败。

㉞厥:通蹶,率倒,败,崩溃。

㉟轻车:轻便的战车。意谓请派遣轻快的战车向西直趋魏国国都大梁城郊。

㊱梁郊:指魏国国都大梁的城郊。

㊲分卒:指古代一种战斗编组,主要是派出一支兵力,其任务是占领重要地形,追击败退之敌,近似于现在的先遣部队。这里可以理解为派遣少数部队跟随战车前进。

㊳从:随行。意谓分散兵卒以从轻车。

㊴示之寡:故意向敌人显示自己兵力不足而诱敌来追。

㊵辎重:军用物资器材。

㊶趣舍:趣同趋,行进。舍,停止,休息。趣舍指行军。"兼趣舍"就是急行军,昼夜不停。

㊷弗息:不停息。

㊸桂陵:地名,在今山东荷泽东北。

㊹禽庞涓:《史记·魏世家》记魏惠王十八年齐、魏桂陵之战,没有提到庞涓;其后十三年的马陵之战时,说庞涓被杀,太子申被虏(《史记·孙子吴起列传》所记略同,但谓庞涓自杀)。这里说庞涓于桂陵之役被擒,与《史记》所记不同。

㊺尽:终,极。意思是称赞孙膑的作为尽善尽美。

㊻四百六:指有四百零六个字。

【译文】

从前,魏惠王将要进攻赵国都城邯郸,派将军庞涓率领八万大军进驻茌丘。齐威王听到这个消息,派将军田忌带兵八万到齐魏边境(今山东定陶附近)……庞涓攻打卫国的都城帝丘(今河南濮阳)。齐将田忌想直接领兵去赵国,救援赵、卫。孙膑说:"想解开纠缠杂乱的绳子,不能乱抓乱扯,排解战斗的人,不要自己也卷入战斗,而要避实击虚,攻其所必救,形成一种迫使敌人改变行动企图的局势,就自然能解围了。"田忌说:"如果不去救赵、卫,该怎么办呢?"孙膑说:"请你向南攻平陵(今河南睢县西)。平陵这个地方,城虽然很小,但辖区很大,人口多,军力强,是东阳地区的军事重镇,难以攻取。我准备用假象来迷惑敌人。我们攻取平陵,南有宋国,北有卫国,进军途中有巿丘(今河南商丘),我们的粮食补给道路肯定会被切断。但我们要假装不懂这样做的利害的样子。"于是,齐军拔营开赴平陵。

到了平陵附近,田忌把孙膑请来,问他说:"现在该怎么办呢?"孙膑说:"你看派哪个都大夫去担任这个不懂兵法的角色好呢?"田忌说:"齐城、高唐两位大夫。"孙膑说:"请你命令这两位大夫,各率所属部队……从四面绕过环涂,列阵直攻平陵,把阵势的侧背对着环涂。环涂是敌军驻地。我们的前锋要猛攻平陵,后续部队不断增援。环涂的敌军必然攻击两位大夫的后方,这两位大夫就可以都败退下来。"于是齐城、高唐的部队兵分两路,由两位都大夫率领着,直奔平陵城,像蚂蚁一样爬城进攻。这时环涂和挟世两地的魏军由侧后夹攻这两支部队,齐城、高唐两支部队就惨败在大路上。

将军田忌又召见孙膑,问他说:"我们进攻平陵没有得手。齐城、高唐两支部队也进攻时大败。现在该怎么办呢?"孙膑说:"请您立刻派遣轻快的战车向西直奔魏国都城大梁的城郊,以激怒敌人。只派少数兵力跟随战车前进,使敌人误认为我们兵力不多。"于是田忌就这么办了。庞涓果然把军用物资、器材丢掉。日夜兼程赶到大梁,孙膑不等庞涓的军队喘过气来,就在桂陵给魏军以狠狠的打击,活捉了庞涓。所以说,孙膑这一仗可算是打得尽善尽美了啊!

【故事论述】

战国时期,齐、韩、魏三国联合起来攻打燕国,燕国眼看危在旦夕,就派太子去楚国请求救援。楚王和燕王很好,立即命景阳为将,率兵前往,以解燕国之围。

在当时的情况下,直接杀向前线,与三国联军对阵虽然能起到援助燕国的作用,但是,楚国的军队并非十分强大,若贸然向三国联军发起进攻,事必冒极大的风险。

机智的景阳并没有直接发兵救援燕国,而是选择了三国军队中最为强大,但后防最为空虚的魏国为目标,用一支精干的轻骑偷袭魏国的雍丘,结果,没费多大气力就取得了胜利。

在魏国的城镇中,虽然雍丘算不上显赫的城市,可一旦被楚军夺去,国内的民心就开始混乱,前线的士气也必然会受到影响。在攻打燕国的作战时,魏军思乡心切,作战也不如往常英勇了,这就间接地支援了燕国。

攻占雍丘之后,楚王十分高兴,准备重赏军中将领。可是,景阳却坚持要把雍丘做为礼物奉送给宋王。楚王非常气恼，派人去质问景阳。

景阳答道："我们这次发兵的目的，本来是去救援燕国，以解燕国之围的，又怎能为了一座小小的城镇而使亡国的危险降临到我们楚国的头上呢？"

来人不理解景阳之意，问："难道我们占据一座小城就会亡国吗？这简直是危言耸听。"

景阳耐心地解释说："表面上看，我们占领了雍丘之后，于一方面援助了燕国，另一方面已经占领了一座城市，可称得上一举两得了。可是，如若这样做，祸事也就临头了。楚国虽然是兵强马壮，国力殷实，但与齐、韩、魏三国联军相比，实力还相差甚远。魏国见楚国乘机夺走一座城，也不会甘心，定会回师声讨。到那时，燕国战乱刚停，肯定不能援助我们，我国将独立与三国联军作战，难道战败的危险不就可能降临在我们的头上吗？一旦战败，国家还怎能存在呢？怎能说这是危言耸听呢？假使我们把它送给宋国，宋国的国君一定会特别感激我们，因为他们早就欲得这座城市了。这样，在我们遇到困难时，他们或许会出兵支援我们。除此之外，还有什么更好的办法吗？"

来人被劝说得心悦诚服，回去如实地向楚王做了禀报，楚王决定将雍城送给了宋国。

果真，没过多久，三国联军就不再攻打燕国，转而攻打楚国了。魏国的大军驻扎在楚国的西边，齐国的军队驻扎在楚国的东边，楚军的后路也被阻断了，形势非常危急。

聪明机智的景阳，再次运用"围魏救赵"之计谋，采用了联齐打魏、和东打西的策略，黑夜白昼，景阳不停地派出使者徉往齐军的营地进行谈判，每次去都大肆张扬。白天去时驾着马车，带着丰厚的礼品；晚上去时则点燃灯笼火把，同时还派出疑兵往返于楚韩两军之间。三国的军队看到此情此景之后，均以为楚军在同另外两国在谈判，担心盟军做出不利于自己的行动。于是，齐军率先撤兵，接着韩国也撤了军。最后只剩下魏国一支军队。他们看到孤军难战，且楚军又很难攻破，也就只好言归于好，罢兵讲和了。

景阳如此这般地运用"围魏救赵"之计，不仅帮助燕国解除了灭国之危，而且还巧妙地使三国联军不战自退，轻松地取得了胜利。

【名家论战】

草庐经略·击虚

良将之用兵也，何以战无不胜哉？《孙子》曰："其所措胜，胜已败者也。"势虚易于至敌，故良将恒击人之虚焉。所谓虚者，非值其兵之寡弱也。凡守备之懈弛，粮食之匮乏，人心之怯慑，士众之涛乱，城隍之颓淤，兵力之劳倦，壁垒之未完，禁令之未施，贤能之未任，阵势之未固，谋画之未定，群情之未协，地利之未得，若此者，皆虚也。亟选锋冲之，潜兵袭之，未有不得志于敌者。贵在知之极审。一或不审，敌伪虚以诱我，我尝试以漫报，非计矣。如吴子姬光所谓"前者去备撤威，后者敦阵整旅"，则外虚而中实也。如宋将吴璘所谓"弱者出战，强者继之"，则先虚而后实也。如甲士精锐，而外示羸弱；部伍整肃，而佯为散乱；欲进攻而伪不敢争，实严备而虚若弛慢；移军而减灶以示寡，合营而掩旗以示孤；频托忠告以示相亲，显示厚赂以示相悦。凡若此类，兵多诡道，将有奇谋，勿误以为虚而击之也。

[见威王]^①

【本篇主旨】

本篇记述孙膑初见齐威王时所陈述的自己对战争的看法。它集中反映了孙膑的战争观,核心思想是"战胜而强立",认为只有通过战争才能制止战争,这和毛泽东所说的枪杆子底下出政权是一个意思。是对儒家以"仁义"应战的思想的否定。

【原文】

孙子见威王,曰:"夫兵者^②,非士恒势也^③。此先王之傅道^④也。战胜,则所以在亡国而继绝世也^⑤。战不胜,则所以削地而危社稷^⑥也。是故^⑦兵者不可不察。然夫乐兵^⑧者亡,而利胜者辱^⑨。兵非所乐也,而胜非所利也。事备^⑩而后动。故城小而守固者,有委^⑪也;卒寡而兵强者,有义^⑫也。夫守而无委,战而无义,天下无能以固且强者。尧有天下之时,黜^⑬王命而弗行者七,夷有二^⑭,中国四^⑮,素佚而致利也^⑯。战胜而强立,故天下服矣。昔者^⑰,神戎战斧遂^⑱;黄帝战蜀禄^⑲;尧伐共工^⑳;舜伐□□□而并三苗^㉑,管;汤放桀^㉒;武王伐纣^㉓;帝奄^㉔反,故周公浅之^㉕。故曰,德不若五帝^㉖,而能不及三王^㉗,智不若周公,曰我将欲责^㉘仁义,式^㉙礼乐,垂衣裳^㉚,以禁争抌^㉛。此尧舜非弗欲也,不可得,故举兵绳之^㉜。"

【注释】

①见威王:这个篇题本来没有,是后人整理竹简时加上去的。此篇主要记载孙膑初见齐威王时,陈述他自己对战争的看法。

②兵:指战争。

③士:借为"恃",意谓军事上没有永恒不变的有利形势可以依赖。

④傅:借为"敷",布,施,意谓这是先王所传布的道理。一说"傅"为"传"字之误。

⑤在:存。

⑥社:土地之神。稷:五谷之神。社稷:即代表国家。

⑦是故:因此,所以。

⑧乐兵:好战。兵:指战争。

⑨利胜:贪图胜利。辱:受辱。

⑩事备:做好战争的准备。

⑪委:委积,即物资储备。

⑫义:正义。

⑬黜:废,去。

⑭夷:指古代我国东方地区的部族。夷有二:指少数民族九黎和三苗。

⑮中国:中原地区。中国四:指汉族中的浑敦、穷奇、共工饕餮四凶和鲧。四:疑当作

"五"。

⑯此句上文残缺，原文大概是说帝王不能无所作为而致利。素：平日。佚：同"逸"，安闲，安逸。

⑰昔者：从前。

⑱神戎：即神农。据《帝王世纪》记载，炎帝神农"初都陈（今河南淮阳），后徙鲁（今山东曲阜）"。斧遂：或作补遂，或作辅遂，是两个氏族，补在今河南新郑，遂在今河北安肃。据《路史·后纪三》记载，神农氏时，补、遂不听命，就"伐补、遂，而定万国"。这是我国传说中最早的一次战争。神农进军路线大致是从豫东平原出发，渡睢水先与斧战，得胜之后，再沿古大野泽（今山东钜野县北）向东北继续前进，渡汶水再与遂战，获胜后，定居曲阜。

⑲黄帝：传说中中原各族的共同祖先，姓姬，号轩辕氏、有熊氏。蜀禄：一作独禄（《逸周书》），即涿鹿，地名，在今河北涿鹿县东南。《战国策·秦策》记载："黄帝伐涿鹿而禽蚩尤。"《史记·五帝本纪》也有所记载。

⑳尧：传说中父系氏族社会后期部落联盟领袖，陶唐氏，名放勋。共工：传说中的部落首领。相传尧曾与共工作战。《史记·五帝本纪》有"流共工于幽陵（今北京市密云县西北）"的记载。

㉑舜：传说中父系氏族社会后期部落联盟领袖，姓姚，有虞氏，名重华。□，疑是古代部落名，一说是三苗首领名。并：借为"屏"，屏除，放逐。三苗：古代部落名，也叫有苗、苗民。传说舜曾征伐过南方部落三苗，把他们驱逐到西方。

㉒汤：商朝开国国君。桀：夏朝最后的国君。放：流放。汤灭夏后，将桀流放到南巢（今安徽巢县东北）。

㉓武王：指周武王，周王朝的建立者。纣：即商纣王，商朝最后一个王。公元前1066年周武王率兵伐纣，在牧野（今河南汲县北）一战击败商军，商纣自杀，商灭，周王朝建立。

㉔帝：疑是"商"字之误。奄：商的同盟国，在今山东曲阜东。

㉕周公：周武王弟，名旦。武王死后，其子成王年幼，周公辅政。浅：通"践"，有毁灭之意。据《史记·周本纪》记载，周灭商后，被封为诸侯的纣王之子武庚又联合奄、徐等国叛周，被周公征服。

㉖五帝：关于"五帝"，历来说法不一，一般有三种说法。一、据《史记·五帝本纪》，指黄帝、颛顼、帝喾、尧、舜。二、据《礼记·月令》，指大皞（伏羲）、炎帝（神农）、黄帝、少皞、颛顼。三、据《尚书序》，指少皞、颛顼、高辛（帝喾）、尧、舜。

㉗三王：指夏、商、周三代开国的君主，即夏禹、商汤、周文王和周武王。

㉘责：通"积"，指推行。

㉙式：用。

㉚垂衣常：指安居无为，譬喻雍容礼让，不进行战争。衣常：即衣裳。

㉛扰：强取。争扰：即争夺。

㉜绳：纠正，意谓以战争解决问题。

【译文】

孙膑拜见齐威王，对齐王说："军事上没有永恒不变的有利形势可以依赖，这是先王传下来的道理。打了胜仗,可以挽救危亡的国家和宗族,使其继续生存下去。打了败仗,就要割让土地,危及国家和宗族的生存。所以用兵的人不能不懂得这个道理。可是好战一定会亡国,一味追求胜利的人,也一定会蒙受失败的耻辱。打仗不是好玩的,而胜利更不该一味的追求。只有在做好了战争的一切准备之后,才可以行动。这就是之所以城池虽小,而能够坚固防守,是因为有了充足的物资储备。兵卒很少,可军队的战斗力却很强,是因为自己所进行的是正义战争。那些固守却没有物资储备的,或者进行的战争是非正义的,天地之间就没有人能够使它防守坚固,战斗力强大。尧统治天下的时候,违抗他命令的有七个诸侯国,少数民族有两个,在中原有五个……(可尧却能拥有天下)这就是说明帝王不能无所作为而致利。打了胜仗,国家强盛了,天下就都服从他。从前,神农讨伐补、遂,黄帝在涿鹿打蚩尤,尧讨伐共工,舜讨伐□并且驱逐三苗放逐于远方……商汤流放夏桀,周武王讨伐商纣王,商纣的儿子武庚与徐国、奄国一齐叛乱,周公就用武力消灭了他们。所以说,那些品德不如五帝,才能不及三王,智慧不如周公的人,还说什么‘我要推行仁义,崇尚礼乐,雍容礼让以消除战争’,这些办法尧舜并不是不想使用,而是事实上难以做到,所以迫不得已才用战争解决问题。

【故事论述】

1853年,太平天国发生内讧,各将领之间相互残杀。清军乘天京内讧的大好时机,加紧了对天京的围困,在长江南北各建一个兵营,屯兵数万,隔江呼应,并且截断了天京的交通和粮道,天京之势岌岌可危。

在这种情况下,洪秀全只好重用洪仁玕及李秀成、陈玉成等年轻将领。重新获得平静的天京上下一片沉闷,天京内讧的阴影像一块大石头压在人们心上,太平军必须要用军事上的胜利来振奋一下人心。

1860年初,驻军江南的清军活动猖獗,在天京城外不停地添筑堡垒,增掘长壕,修建大量工事,加紧对天京的进攻。洪仁玕和李秀成多次到城外远眺清军的工事,李秀成凭着他多年在前线拼杀的经验,认为太平军不能与清军硬拼,他说:“敌人的战壕已把天京团团围住,我们要冲出去,恐怕要死伤过半。”

洪仁玕听了点点头叹息说:“只要敌人的江南大营存在一天天京就会被围一天,如今是战不能战,守不能长久,天京的粮食马上要面临困难……”

洪仁玕的话还未说完,李秀成突然插了一句:“敌人断我粮道,我为何不能断敌粮道呢?”

这句话提醒了洪仁玕,他略加思考,高兴地说:“对,我们也可以切断敌人的粮道啊。敌人的粮饷出自苏南和浙江,我只要派一部兵力去攻打杭州、湖州等地,江南大营必然分一部分兵力去救。然后我们乘敌分兵之际,突然回师,杀个‘回马枪’,与京城的守军里应外合一定能击溃江南大营。”

李秀成也认为这是一条妙计,他说:“对啊,这不正是古代兵法所说的‘攻其必救’吗!”

洪秀全虽然觉得这一行动有些冒险,但他见李秀成态度坚决、胸有成竹,况且他本人也实在是无计可施,最后就同意了这个方案。

1860年2月10日,李秀成率领精锐由芜湖出发,昼夜疾驰,3月5日占领湖州,缴获大量清军军装和旗帜;他又让所有人化装成清军,避开大道,沿莫干山东麓直向杭州。

3月11日,李秀成突然出现在杭州城下,吓得杭州官员惊慌失措,守城的清军将领不得不火速向江南大营报告:"守城无策,退敌无兵。"请求火速支援。

3月19日,李秀成攻破杭州城门,清军见城门已破,立即溃不成军,李秀成率军占领全城,并处死浙江巡抚。

杭州的失守,使清军江南统帅深感恐慌:杭州不仅是天京的门户,也是保障清军粮食的要道,杭州被太平军占领就像清军的喉咙被捅了一刀,于是清军统帅急忙令总兵张玉良自天京率军救援杭州。

23日,清军进抵杭州城下,在杭州城周围扎营十多座。第二天清军总兵张玉良见杭州城上遍插旗帜,城墙上的卫兵军容整齐,斗志昂扬,而且他早知李秀成作战勇敢,于是打消了攻城的念头。他哪里能想到,这些人是城中仅有的几百名太平军,大部队在李秀成率领下已连夜回天京去了。

4月8日,李秀成率部攻下通向南京的要地——建平(今安徽宣城市郎溪),他立即会合太平军主将杨辅清、李世贤等人召开军事会议,商议如何进援天京。大家一致认为,当前清军部分主力被吸引到杭州,正是破清军江南大营的最好时机,应分路向天京进攻,打敌人一个措手不及。根据大家的提议,李秀成把太平军分为四路,分别由杨辅清、李世贤、刘官芳和他本人率领,采取大包围的方法,从四个方向直攻天京。

4月29日,太平军各路大军秘密进至天京周围,并与城里的太平军约定内外夹击的时间。5月1日,他们城里城外相互接应,一夜之间,清军有"万里长壕"之称的江南大营灰飞烟灭。

智破江南大营是太平天国在对清军作战中最成功,最出色的一次战役,他们通过攻打杭州城来调动清军,分散了清军实力,然后内外夹击,一举突破了清军对天京的长期围困。这次胜利,暂时缓解了天京外围的压力,也让内乱过后的太平军缓了一口气。可见"势"的转换是多么的微妙,本来已处死地的太平军上下齐心竟战胜了当时非常强大的清军。

【名家论战】

草庐经略 · 誓师

《吴子》有言:"百姓是吾君而非邻国,则战胜。"未有义声煌煌,而三军之锐气不倍为鼓舞者也。故出兵之际,则陈师而誓之也。其声罪欲明,约束欲严,赏格欲厚,刑章欲肃。夫声罪明则军威张,约束严则纪律正,赏格厚则士乐趋,刑章肃则人警畏。此自《甘誓》、《汤誓》以来,所必重也。故为将者,毋以为故事而漫尝之。忠义慷慨,激扬吏士,庆赏刑罚,申饬再三,争先用命,同立功名,贵贱相忘,祸福与共,自可目无强敌,威自百倍矣。

孙膑兵法

威王问①

【本篇主旨】

本篇记述孙膑与齐威王、田忌关于用兵的问答。前一部分讨论战术指挥问题,就敌我兵力对比的不同情况,提出不同的作战方法。后一部分集中论述"必攻不守"的战略思想,以及治军、地形、阵法的一些问题。

【原文】

齐威王问用兵孙子②,曰:"两军相当,两将相望③,皆坚而固,莫敢先举④,为之奈何?"

孙子答曰:"以轻卒尝之⑤,贱而勇者将之⑥,期于北⑦,毋期于得⑧。为之微阵以触其侧⑨。是谓大得⑩。"

威王曰:"用众用寡有道乎?"

孙子曰:"有"。

威王曰:"我强敌弱,我众敌寡,用之奈何?"

孙子再拜曰:"明王之问。夫众且强,犹问用之,则安国之道也。命⑪之曰赞师⑫。毁卒乱行⑬,以顺其志,则必战矣。"

威王曰:"敌众我寡,敌强我弱,用之奈何?"

孙子曰:"命曰让威⑭。必臧其尾,令之能归⑮。长兵在前,短兵⑯在□,为之流弩⑰,以助其急者⑱。□□毋动,以待敌能⑲。"

威王曰:"我出敌出,未知众少,用之奈何?"

孙子[曰]:"命曰险成⑳,敌将为正,出为三阵,一□□□□能相助,可以止而止,可以行而行,毋求……"

威王曰:"击穷寇㉑奈何?"

孙子[曰]可以待生计矣㉒。"

威王曰:"击均㉓奈何?"

孙子曰:"营而离㉔之,我并卒㉕而击之,毋令敌知之。然而不离,按而止㉖。毋击疑㉗。"

威王曰:"以一击十,有道乎?"

孙子曰:"有。攻其无备,出其不意㉘。"

威王曰:"地平卒齐㉙,合而北者㉚,何也?"

孙子曰:"其阵无锋也㉛。"

威王曰:"令民素听㉜,奈何?"

孙子曰:"素信㉝。"

威王曰:"善哉!言兵势不穷㉞。"

田忌问孙子曰:"患兵者㉟何也?困敌者㊱何也?壁延不得者㊲何也?失天者何也?失地

中国历代兵法精粹

者何也？失人者何也？请问此六者有道乎？"

孙子曰："有。患兵者地也，困敌者险也。故曰，三里沮洳㊳将患军，涉将留大甲㊴。故曰，患兵者地也，困敌者险也，壁延不得者渠塞㊵也，奈何㊶？"孙子曰："鼓而坐之㊷，十而揄之㊸。"

田忌曰："行阵已定㊹，动而令士必听㊺，奈何？"

孙子曰："严而示之利㊻。"

田忌曰："赏罚者，兵之急者㊼耶？"

孙子曰："非。夫赏者，所以喜众，令士忘死也。罚者，所以正乱㊽，令民畏上㊾也。可以益胜㊿，非其急者也。"

田忌曰："权、势、谋、诈[51]，兵之急者耶？"

孙子曰："非也。夫权者，所以聚众也。势者，所以令士必斗也。谋者，所以令敌无备也。诈者，所以困敌也。可以益胜，非其急者也。"

田忌忿然作色[52]："此六者，皆善者所用[53]，而子大夫[54]曰非其急者也。然则其急者何也？"

孙子曰："缭敌计险[55]，必察远近，将之道也。必攻不守[57]，兵之急者也。骨也。"

田忌问孙子曰："张军[58]毋战有道？"

孙子曰："有。萃险增垒[59]，诤戒[60]动，毋可□□毋可怒。"

田忌曰："敌众且武，必战有道乎？"

孙子曰："有。埤垒广志[61]，严正辑众[62]，避而骄之，引而劳之，攻其无备，出其不意，必以为久。"

田忌问孙子曰："锥行者[63]何也？雁行者[64]何也？篡卒[65]力士者何也？劲弩趋发[66]者何也？飘风之阵[67]者何也？众卒[68]者何也？"

孙子曰："锥行者，所以冲坚毁锐也。雁行者，所以触侧应□[也]。篡卒力士者，所以绝阵取将[69]也。劲弩趋发者，所以甘战持久也。飘风之阵者，所以回□□□[也]。众卒者，所以分功有胜也。"

孙子曰："明主、知道[70]之将，不以众卒几[71]功。"

孙子出而弟子问曰："威王、田忌臣主之问何如？"孙子曰："威王问九，田忌问七[72]，几[73]知兵矣，而未达于道[74]也。吾闻素信者昌，立义，用兵无备者伤，穷兵[75]者亡。齐三世[76]其忧矣。"

* * *

"善则敌为之备矣。"孙子曰……

……孙子曰："八阵已陈……

……孙子……

……倍人也，案[77]而止之，盈而待之，然而不□……

……无备者困于地，不□者……

……士死□而傅……

【注释】

①威王问：此篇主要记载孙膑与齐威王、田忌关于用兵的问答。

②齐威王问用兵孙子:齐威王向孙子请教用兵的道理。

③相望:对峙。

④举:采取行动。

⑤轻卒:干练迅猛的部队。尝:试探。

⑥贱:通"践",实践。将:带领。

⑦期:希望,企图。北:败。

⑧得:得胜。

⑨微:隐蔽的。即用一部分隐蔽的兵力袭击敌军的侧面。

⑩大得:很大的收获,也就是最好的办法。

⑪命:名。

⑫赞师:出师,兵法术语,指引诱敌人出战。

⑬卒:古代军队组织的一种单位,一百人为一卒。行:古代军队组织的一种单位,二十五人为一行。

⑭让威:兵法术语,避开敌人锋芒,防止硬拼,对敌示弱,出其不意地进行攻击。

⑮臧:疑为"藏"。意谓隐蔽好后面的部队,以便随时可以撤退。

⑯长兵:长柄兵器,如戈、矛、戟等。短兵:短柄兵器,如刀剑、匕首、斧钺等。

⑰流:流动的。弩:用机械发箭的弓。流弩:即机动的弩兵。意思是在危急时刻,以机动的弩兵救援。

⑱急:危急。

⑲能:通"罴","罴"通"疲",疲惫。

⑳险成:险阵之意。

㉑穷寇:走投无路的敌人。

㉒可以待生计矣:等待生存的机会。

㉓均:势均力敌。

㉔营:迷惑。离:分离。指迷惑敌人,使之分散兵力。

㉕并卒:集中兵力。

㉖案而止:指我方按兵不动。案通按。

㉗疑:指情况不明的敌人。

㉘攻其无备,出其不意:此二句见于《孙子·计篇》。

㉙平:平坦。齐:严整。本句意为地形和士卒条件都很好,却打败仗。

㉚合:交战。北:败。

㉛锋:刀刃。《十阵》篇用剑解释阵势,也是此意。

㉜素:平时,一贯。听:服从命令。

㉝信:守信用。

㉞不穷:指奥妙无穷。

㉟患:妨碍。

㊱困：困窘。

㊲壁延：坚固的工事和退却之路。

㊳□洳：即沮洳，指沼泽泥泞地区。本句意思是周围若有三里沼泽泥泞地带，则将成为军队作战的隐患。

㊴大甲：重型装备，指车马辎重。

㊵□塞：疑借为"渠憶"，即渠幨，是张设在城上防矢石的设备。一说是蒺藜。

㊶"……壁延不得者□塞也……"是孙膑的话，"奈何？"应是田忌的话，其间有脱字。

㊷鼓：击鼓，古代击鼓表示进攻。坐：疑借为"挫"。此句可能是说用进攻来挫败敌人。

㊸揄：引诱，调动。

㊹行陈(阵)：阵势。

㊺动：指作战。听：听从。

㊻严：指军纪严明。视：借为"示"，表示，让……看到。利：利益，奖励。

㊼急者：最要紧的事情。

㊽正：纠正。乱：无纪律。正乱：整饬军纪。

㊾畏上：敬畏上级。

㊿益胜：有助于取胜。

51权：权变，权术。势：势力。谋：计谋。诈：欺骗。

52忿然作色：愤怒地变了脸色。

53善者：指善于用兵者。

54子大夫：敬称，此处指孙膑。

55缭：即"料"，估计，分析。

56察：审察。

57必攻不守：指攻击敌人没有防备的空虚之地。

58张军：即陈兵，摆开阵势。

59倅：借为"萃"，居止的意思。矰：增高。

60诤：通"静"，止。戒：戒备。

61埤：同"陴"，城垛。广志：发扬士气。

62正：通"政"。辑：团结。

63锥行：指锥形阵，可参见《十阵》。

64雁行：指雁行阵，可参见《十阵》。

65篡：选。选卒：经过挑选的善战士卒。

66劲弩：强弩。趋发：急速发射利箭。

67剽风之阵：阵形不详，可能是一种突击分队用以迂回袭击敌人的队形。

68众卒：与"选卒"相对，指一般士卒。

69绝：穿过，破。绝阵：冲锋陷阵。

70道：法则，规律。

⑦几：希冀。

⑦威王问九，田忌问七："九"和"七"疑指威王与田忌所问问题的数目。

⑦几：几乎，将近。

⑦达：明白，通达。道：规律，原则，要领。

⑦穷兵：指穷兵黩武，用兵过多。

⑦齐三世：指齐威王、宣王、湣王。威王、宣王时，国势很强，至湣王末年为燕国所败之后，国势逐衰。从威王至湣王，恰为三世。由此看来，《孙膑兵法》可能是孙膑后学在湣王以后写定的。

⑦案：即"按"，牵制的意思。

【译文】

齐威王向孙膑询问用兵的要领，说："两军旗鼓相当，双方将士互相对峙，阵势都很坚固，谁也不敢率先采取行动，该怎么办呢?"孙膑回答说："用轻装部队去试探敌军，用地位低下而勇敢的人担任指挥，只许败退，不要取胜。同时还要用少部分隐藏的兵力去袭扰敌人的侧面，这是最好的刺探敌情的方法。"

威王问："使用强大兵力和使用弱小兵力，在指挥作战上是各有其规律吗?"孙膑回答说："有。"威王问："我的兵力强，敌人兵力弱；我的部队多，敌人的部队少，怎么办呢?"孙膑连拜两次，然后说："这是英明的君主所提的问题啊! 兵多又强，还要考虑到如何指挥的问题，这就已经掌握了安邦定国的方法了。在这种情况下，应当采用'赞师'战术。要故意使队列显得很混乱，以迎合敌人求胜的愿望，就能诱敌来战了。"

威王问："敌人部队多，我的部队少；敌人兵力强，我的兵力弱，又该怎么办呢?"孙膑说："在这种情况下就要避开敌人的锋芒，妥善隐蔽好后方的部队，以便必要时能顺利撤退。把使用长兵器的士兵安排在前面，把使用短兵器的士兵安排在后面，再配合机动的弩兵，用来支援危急的部队。不要轻易行动，等到敌人疲惫后再和它决战。"

威王问："敌我同时出战，又不知敌兵的多少，该怎么办?"孙膑说："这要用险阵，险阵，就是当敌人采用常规战法时，一般部署为三阵，……可驻扎就驻扎，可前进就前进……"

威王说："攻击走投无路的敌人，该怎么办?"孙膑回答说："使敌人自以为有生路可寻。"

威王问："攻击与我兵力相当的敌人，该怎么办?"孙膑说："采取迷惑敌人的办法，使其兵力分散，而集中我军力量打击他，但万万不可让敌人知道我方这个意图。如果敌人不分散其兵力，我方就暂时按兵不动，不要贸然去攻击情况不明的敌人。"

威王问："和力量十倍于我的敌人作战，有办法吗?"孙膑说："有。要出乎敌人意料之外，攻击他们没有防备的地方。"

威王问："地形平坦，士卒严整，与敌人交锋却失败了，这是什么原因呢?"孙膑说："这是因为阵势中没有精锐的前锋。"

威王问："要使士兵们平时就养成服从命令的习惯，该怎么办呢?"孙膑说："作为将领的平时就要恪守信用。"威王问："你讲得很好，兵法真是奥妙无穷啊!"

田忌问孙膑说："什么会妨碍军队的行动? 什么可以使敌军陷于困境? 壁垒延道不能攻

中国历代兵法精粹

克的原因是什么？失掉天时是什么原因呢？失掉地利是什么原因呢？失掉人心是什么原因呢？请问这六个问题有什么规律吗？"孙膑回答说："有。给军队带来灾祸是不利的地形，使敌军陷于困境的是险要地形。所以说，周围若有三里沼泽泥泞的地带，就将成为军队的祸患……要通过沼泽的泥泞或渡过江河，会阻滞重兵士和战车的通过。所以说，不利地形是军队的最大妨碍，险地足以困住敌军。壁垒延道不能攻克，则是因为敌人建有防御设施，……"

田忌问："……怎么办呢？"孙膑说："采取攻势挫败敌人，用各种方法引诱敌人。"

田忌问："阵势确定后，要使将士行动完全听指挥，该怎么办呢？"孙膑说："要严格执行军纪，要论功行赏。"

田忌说："赏罚是用兵最要紧的事情吗？"孙膑说："不是。赏可以使士卒高兴，令他们拼死作战。罚可以用来整顿军纪，令部下敬畏上级。这些办法，虽然都有助于取得胜利，但还不是用兵最要紧的事。"

田忌说："权、势、谋、诈，是用兵最要紧的事情吗？"孙膑说："不是。权是用来调集部队的。势是用来使士兵勇敢作战。谋是用来使敌军放松警惕无法防备的。诈是用来使敌人陷于困境的。这些虽然都有助于取得胜利，但不是用兵最要紧的事情。"

田忌生气地说："这六样事情都是善于打仗的人所使用的办法，你却不这样认为。那么，最要紧的事情是什么呢？"孙膑说："分析敌情，研究地形，准确计算敌我距离的远近……这是统帅军队的主要任务。准确地打击敌人没有防备的地方，这才是用兵最要紧的原则……是核心问题。"

田忌说："摆开阵势而不要与敌人交战，有什么办法吗？"孙膑说："有。占据险要地形，增高壁垒，严加戒备，按兵不动，不可……，不可被敌人激怒。"

田忌问："敌军众多而且勇猛，又必须交战时，有什么办法可以取胜呢？"孙膑说："有。加强壁垒，激励士气，严明法令，整饬部队，团结士卒，但要避开敌人的锐气，使其骄傲，要使敌军频繁调动，使之筋疲力尽，然后攻其无备，出其不意，还要用这些办法跟敌人持久作战。"

田忌问："锥行阵作用是什么？雁行阵作用是什么？选拔善战的士卒作用是什么？强弩急射作用是什么？飘风阵有什么作用？一般士兵作什么用？"孙膑说："锥行阵是用来突破坚固阵地，摧毁敌人的精锐部队的。雁行阵是用来进攻敌人侧翼以应突变的。选拔善战的士卒是用来攻破敌阵，俘虏敌人将帅的。强弩急射是用以持久作战的。飘风阵是用来包围、迂回敌人的。一般的士兵是用来分担各项任务，同心协力，共同取得胜利的。"孙膑接着说："明智的君王和懂得作战规律的将帅，都不指望靠士卒众多而求得有功。"

孙膑出来后，他的学生问他说："威王、田忌君臣二人提的问题怎样？"孙膑说："威王问了九个问题，田忌问了七个问题，他们基本上懂得用兵，但还没有达到掌握战争规律的程度。我听说平时讲信用国家就会昌盛，讲仁义……，喜欢用兵而无所准备的必然受到损伤，穷兵黩武必遭灭亡。齐国三代以后就要令人担忧了。"

【故事论述】

公元1189年，27岁的成吉思汗初登汗位时就已是久经沙场的常胜将军了。

他根据历次遭受突袭的经验，成立了护卫队，以警卫他的营帐；建立了保护和照管马群的专门机构,日夜训练战马;设置了专管车辆的职司,"名为急使",以备发生重大事件时可以像"箭"一样差遣到各处去。这些措施迅速巩固了他的权力和地位,为其统一蒙古诸部落打下了坚实的基础。

成吉思汗首战札木合,虽以失败告终,但是,札木合凶残地虐待俘虏的兽行,激起了极大的民愤。许多人纷纷倒戈投靠铁木真,背弃札木合,从而,铁木真转败为胜,实力大增。札木合不甘心失败,纠合塔塔尔等十一个部落的三万余人,攻打铁木真。铁木真遂与脱里王汗联军,迎战札木合于海拉尔河一带,最后,大败札木合联军。

公元1202年,铁木真发动对塔塔尔部的征讨,他号令全军将士:"如果战胜敌人,不许贪财恋物,胜利后,财物由大家分配!"这一仗,彻底歼灭了塔塔尔部。随后,他开始为长子术赤向脱里王汗的女儿求婚,以加强两部落的联盟。但遭到脱里王汗狂妄无知的儿子桑昆的拒绝,并在札木合的挑唆下,企图诱杀铁木真。从此,脱里王汗与铁木真反目成仇,拉开了两人争夺蒙古江山战争的序幕。铁木真为了同脱里王汗决战,于是广收民心,争取时间,积极备战,一面派使者去议和。他在"议和书"上情真意切地写道:"汗父,可记得,你叔父古儿汗将你围困时,是我父也速该搭救,才使你安然脱险。这是我家有恩于你的第一回,之后,你又为乃蛮所攻,为蔑儿乞所逼,是我解救了你才恢复了你的部众。这是我家有恩于你的第二回……汗父,你当不会忘记我俩曾盟约发誓:如有毒蛇处在我们两人之间,进行挑拨,勿中其计。我作为你的儿子,从未说过'得之过少',或'得之过劣',而今天,你却要杀我,这究竟是谁的过错?"这份议和书,历数了两人之间多年的恩恩怨怨,以"哀兵必胜"的智谋,向脱里王汗宣战。

蕴酿许久的战争终于爆发了,两军经过三天激烈的浴血厮杀,铁木真一举打败了脱里王汗的主力,其子桑昆落荒而逃,后被突厥人杀死。王汗逃至乃蛮境内,被其部将所杀。王汗部覆灭后,成吉思汗成为蒙古最强大的统治者,然而,西部的乃蛮部仍与其对抗。为彻底粉碎这块统一蒙古的绊脚石,铁木真决定发兵进攻乃蛮部。

公元1204年春,铁木真亲率大军出征,突袭乃蛮部。该部太阳汗不把铁木真放在眼里,让儿子率军应战,自己与铁木真的宿敌札木合在杭爱山上观战。突然,蒙古军中冲出四员猛将,锐不可当,直扑乃蛮军。太阳汗心惊胆战地问札木合:"那几个像狼追逐群羊的人,是什么人?"扎木合答道:"那就是成吉思汗最凶猛的'四狗'哲别、忽必烈、者勒蔑和速不台!他们有铁一样的头骨,凿子一样的嘴,锐利的舌头,钢铁般的心……"正说着,速不台等四员大将已杀来,乃蛮将士纷纷成了阶下囚、刀下鬼。不到几回合,强盛一时的乃蛮部彻底毁灭了。太阳汗及许多将士战死,其子远逃西辽,最后被蒙古军所杀。1206年,铁木真又消灭了最后一个不肯降服的蔑儿乞人,征服了西抵阿尔泰山,东到黑龙江上游各部落。他以辉煌的战绩统一了长年混战的草原上的各部落,成为第一个统治蒙古的大汗王。但成吉思汗称王后,并不以此为满足,继续向外扩张。

公元1210年,成吉思汗开始向占据中原半壁江山的女真人发动进攻。此时,女真人建立的大金帝国已丧失了往日灭辽攻宋的气焰,在蒙军的强大攻势下完全没有反攻的能力,节节败退。蒙军毫不费力地占领了金国的都城中都(今北京)。

十年后,成吉思汗率军西征中亚,攻下花剌子模(今乌兹别克斯坦撒马尔罕)及都城玉龙杰赤(今土库曼斯坦乌尔根奇),还占领了呼罗珊全境,兵至克里木半岛和印度河。不久,他再次领兵出征西夏,获胜。第二年,西夏亡,成吉思汗亦病死于灵州(今宁夏灵武县)军中,享年65岁。

【名家论战】

草庐经略·远略

天下良将少而愚将多,故多狃近利而遗远略也。务远略者,虽无一时可喜之功,而有制胜万全之道。不以小胜而喜,不以小败而忧,不以小利而趋,不以小害而避。洞达利害,兼览始终。其静俟若处女,其秘密若神明。其期许也若落落难合,其持众也慎,其虑事也详,其料敌也审,其应变也舒,其投机也捷。非必取不出众,非全胜不交兵。缘是万举万当,一战而定,国无遗寇,勋无与匹。譬若弈者,高著低著,人谓可略,到头一著,则乾坤老而始信敌手之稀。譬若良医,平和之剂,似无速效,而起死生,则众不能,而独妙刀圭之用。为将亦然。

问 垒①

【本篇主旨】

陈忌即田忌。本篇记述田忌与孙膑之间的军事问答。主要说明在未能构筑壁垒时,如何组织、配备各种兵力进行作战。论述时以马陵之战为例,从而在战术部署方面补充了马陵之战的史实。

【原文】

田忌问孙子曰:"吾卒少不相见,处此若何?"曰:"传令趣驽舒弓②,弩□□□……不禁③,为之奈何?"孙子曰:"明将之问也。此者人之所过而不急④也。此□之所以疾……志也"田忌曰:"可得闻乎?"曰:"可。用此者,所以应卒⑤窘处⑥隘塞⑦死地⑧之中也。是吾所以取庞□而擒太子申⑨也。"田忌曰:"善。事已往而形不见。"孙子曰:"蒺藜⑩者,所以当沟池⑪也。车者,所以当垒⑫[也]。□□[者],所以当堞⑬也。发⑭者,所以当埤倪⑮也。长兵次之,所以救其隋⑯也。从⑰之者,所以为长兵□也。短兵次之者,所以难其归而徼其衰⑱也。弩次之者,所以当投机⑲也。中央无人,故盈之以……卒已定,乃具其法⑳。制㉑曰:以弩次蒺藜,然后以其法射之。垒上弩戟分㉒。法曰:见使牒㉓来言而动……去守五里置候㉔,令相见也。高则方之㉕,下则圆之㉖。夜则举鼓,昼则举旗。"

* * *

……田忌问孙子曰:"子言晋邦㉗之将荀息㉘、孙轸㉙之于兵也,未……㉚

……无以军恐不守。"忌子曰:"善。"田忌问孙子曰:"子言晋邦之将荀息、孙[轸]……
……也,劲将之阵也。"孙子曰:"士卒……
……田忌曰:"善。独行之将也。……
……言而后中。"田忌请问……
……人。"田忌请问兵情奈何? ……
……见弗取。"田忌服问孙……
……橐□□□焉。"孙子曰:"兵之……
……应之。"孙子曰:"伍……
……孙子曰:……
……见之。"孙子……
……以也。"孙……
……将战书,所以哀正也。诛□规旗,所以严后也。善为阵者,必□□
贤……
……明之吴越,言之于齐。曰知孙氏⑪之道者,必合于天地。孙氏者……
……求其道,国故长久。"孙子……
……问知道奈何。"孙子……
……而先知胜不胜之谓知道。□战而知其所……
……所以知敌,所以曰智,故兵无……

【注释】

①陈忌问垒:陈忌,即田忌,陈、田二字古代音近通用。垒:古代军营四周所作的防御工事。此篇主要记载田忌与孙膑关于筑垒和防守阵垒的军事问答。

②禁:制止。

③过:忽视。

④急:要紧的。

⑤应卒:应付突然发生的不利情况。卒,通"猝"。

⑥窘处:困难窘迫的境地。

⑦隘塞:指两旁高峻的窄地。

⑧死地:力战则生,不力战则死的地方。

⑨"庞"下所缺之字当为"子"或"涓"字。太子申:魏惠王的长子。本句所说可能是指齐魏马陵之战。公元前340年,田忌、孙膑领兵十万攻魏救韩。魏惠王命太子申为上将军,庞涓为将军率军迎击齐军。孙膑用"减灶诱敌,设伏围歼"之计,诱使庞涓兼程追赶齐军,在马陵道陷入齐军包围,十万大军全军覆没,庞涓自杀。太子申被俘。

⑩蒺藜:本为生于道路两旁的野生植物,秋天结果,大如酸枣,有能伤人的硬刺。军用蒺藜:古代用木或铁制成的带刺的障碍物,布在道路上以阻碍敌军前进,因与蒺藜果实形似,故也称"蒺藜"。

⑪沟池:护城河。

⑫垒:营垒,此处指作战时用战车设的临时营垒。

⑬堞(die):城上无孔的矮墙。又称女墙。

⑭发:疑借为"瞂(fa)",即盾。

⑮俾倪:即"埤堄",指城墙上有孔的矮墙,俗称城垛。

⑯隋:疑借为"隳",毁坏。

⑰从:借为"鏦",短柄小矛,介于长兵器与短兵器之间。

⑱徼:通"邀",截击。衰,疲惫。

⑲投机:抛石机。意谓弩的作用相当于抛石机。

⑳乃具其法:法,法则、条件。本句意即具备了城垒防御作战的条件。

㉑制:兵制,疑指某各古代军制佚书。

㉒弩戟分:分,半。本句意为弩和戟各占一半。

㉓牒:用以记事的竹板。

㉔去守五里置候:去,距离。候,斥候,即哨兵。意谓距守望之处五里设置哨兵。

㉕高则方之:在高处就建成方形。

㉖下则圆之:在你处就建成圆形。

㉗晋邦:晋国。

㉘荀息:春秋时晋国名将。

㉙孙轸(zhen):疑即"先轸",春秋时晋国名将。

㉚自此以下各简,字体与本篇前面的简文相似,内容也大都是记田忌与孙膑的问答,但所言之事似多与'问垒'无关。疑《陈忌问垒》篇原来包括数段,可能第一段记'问垒'之事,后面的段落另记他事。

㉛这里大概是把孙武、孙膑的军事理论作为一家的学说看待。"明之吴越",是说孙武运用此种军事理论于吴越。"言之于齐",是说孙膑以此种军事理论言之于齐威王。由于兼含两个孙子而言,所以称"孙氏",不称"孙子"。

【译文】

田忌问孙膑说:"我们的士卒少彼此又联系不上,在这种情况下该怎么办呢?"又说:"传令兵很快拉开弓箭,……不能禁止,该怎么办呢?"孙膑说:"这是明智的将领所提的问题啊!这也是一般人所忽略而不以为要紧的事情。但却是国家最急迫的问题……"田忌说:"可以讲给我听听吗?"孙膑说:"可以。采用这种办法,可以应付突然发生的不利情况,应付突然陷于窘迫处境和险隘之地状况的。这也就是我打败庞涓,活捉太子申所采取的办法。"田忌说:"好。可是这件事情已经过去,当时布阵设垒的情形已经不能再现了。"孙膑说:"蒺藜可以起到护城河的作用。战车排列起来可以当作城墙。车厢可以当城上的矮墙。盾牌可以作城垛。在其后面配置长兵器,用以援救危急。更其后配置小矛,用来辅助长兵器。然后配置短兵器,用作拦阻敌人退路和截击疲惫的敌人。然后配置弓弩,用以从远距离射击敌人。中可没有人,用以配置……完成了这样的部署就具备城垒作战的条件了。兵法规定:弓弩也可以布置在蒺藜后面,按照要求发射。壁垒上弩兵和持戟士兵各占一半。兵法说:要等侦察员报告的敌情而采取行动，……在离所守地区五里远的前方设置哨兵，使他和主力部队之间能相互看得见。哨所设在高处就建成方形，哨所设在低处就建成圆形。夜间要用鼓声报警，白天用旗号联络。"

【故事论述】

三国后期，魏蜀吴三国中，魏国地广人多，实力最强。公元263年，司马昭掌权后，准备一举消灭蜀国。于是他派出三路人马：邓艾和诸葛绪各统率3万大军，钟会带领10万大军分路出击。这时的邓艾已是一位身经百战、经验丰富的大将了。

魏军攻势凶猛，连连获胜，不久就攻占了蜀国许多座城池。邓艾一直攻到阴平一带。钟会联合诸葛绪的人马，率大军直逼剑阁。蜀军统帅姜维带领将士，凭借着剑阁险要的地势，顽强地抵挡住了钟会大军的进攻。钟会兵力虽强，却一时也拿姜维没办法，又加上军粮供应跟不上，于是就想退兵回去。

这时，邓艾从阴平赶来了。当时，邓艾手下只有3万人马，而钟会却统领着13万大军。他自恃兵多将广，根本不把邓艾放在眼里。

邓艾早就听说钟会在剑阁受阻。他心里暗自盘算：剑阁过不去，能否找到别的通道可直通蜀国都城呢？于是，在阴平时，他派出许多探马，让他们查明当地地形、环境，终于探得一条从阴平通往成都的小路。这条小路，四面崇山峻岭，很难行走。据说是汉武帝南征时开凿的，已有三四百年无人通行了。

邓艾闻报，心中大喜想：真乃天助我也！此路既是有好几百年无人行走，那蜀军必定疏于防范，做梦也想不到我会率军从这条路偷袭成都。

于是，他先赶到剑阁，把他的想法告诉了钟会。钟会本来就瞧不起邓艾，又听他讲出这种奇怪的令人匪疑所思的计策，更是嗤之以鼻，但他很想看邓艾出丑，于是也不加阻拦。

邓艾马上率人马回到阴平，集合队伍，给大家讲清了他的打算。众人士气很高都表示愿听邓艾吩咐，愿为国立功。邓艾派儿子邓忠率5000名精兵手执斧头、铁凿，做开路先锋。他带领大军，备足了干粮、绳索，紧随其后。途中道路非常险阻，但每个人都坚持下来了，大军每前进100里就留下几千士兵扎下一个营寨，以保证前进的军队能与后方保持联系。

大军最后只剩下2000余人了。这一天，邓忠匆匆地跑来向邓艾报告说前面碰到一座陡峭的悬崖人马难以通过。邓艾忙带领将士前去观看，果然看见那悬崖十分陡峭，崖下山谷深不见底。有些士兵胆怯了，想打退堂鼓。有人建议撤回。

邓艾见状，严厉地说："我们已经克服了那么多困难，现在胜利在望，成功与否，就在此一举了。我们要坚持住，就算再难，也一定要设法通过。"说到这儿，他忽然计上心来，转身下令让大家先把行装、兵器扔下悬崖，然后拿过一条毡毯，裹住身子，高喊一声："大家照我的样子，滚下悬崖！"话音未落，带头滚了下去。

将士们深受感动，都像邓艾那样，这样就越过了悬崖。邓艾重新集合队伍，未伤一兵一卒，轻而易举地拿下了江油城。接着又向绵竹进发，经过一番苦战，又胜利地占领了绵竹。

这时邓艾大军已迫近成都。蜀国皇帝刘禅接到战报，想调回剑阁姜维的人马，已经来不及了，也只能出城投降以求活命了，这就是被曹操称为英雄刘备的儿子，真不知诸葛亮为这样一对父子累死值不值得。

邓艾一举灭亡了蜀国。此时的钟会，还在剑阁城外与姜维对峙。

孙子说"凡战者，以正合，以奇胜"。这是奇正运用的基本原则和出发点。这里的奇正，既指兵力的部署，也指战法的运用。"以正合"，就是正兵以常规战法与敌人正面交锋。"以奇胜"就是奇兵以特殊战法给敌人以意外的打击。正兵以正合，反映了普遍性的作战规律和原则，有利于攻守兼备，发挥部队整体威力，立于不败之地，因而是胜利的基础所在。奇兵以奇胜，反映了特殊的作战规律和原则，有利于乘敌之隙，攻敌弱点，牵一发而动全身，因而是制胜的关键所在。

【名家论战】

草庐经略·袭人

兵家之有袭也，所以攻人之不备也。近则安，远则危。劳师而远袭，敌必闻而备之。吾以疲兵顿坚城之下，势孤粮竭，敌必乘之，虽有智者不能善其后矣。间亦有远袭者，非必得不可，又非便得不可。法宜详审虚实，按兵不动，先之以静息，韬之以秘密，出之以神速。静则敌不戒，秘则敌不闻，速则敌不支。袭城则城拔，袭险则险取，袭营则营破，袭阵则阵乱，然后为善袭人者。不观《六韬》之言乎？"鸷鸟将击，卑飞敛翼；猛兽将搏，弭耳俯伏；圣人将动，必有愚色。"用此术以袭人，真知个中之妙者。

篡 卒①

【本篇主旨】

篡，意为选择，篡卒即选卒。本篇论述有关战争胜负的一些重要因素，包括选卒、信赏、得众、用间、乘敌之弊等。其中主要探讨了军队建设问题以及对为将之道的要求。

【原文】

孙子曰：兵之胜在于篡卒，其勇在于制②，其巧在于势，其利在于信③，其德在于道④，其富在于亟归⑤，其强在于休民⑥，其伤在于数战⑦。

孙子曰：德行者，兵之厚积⑧也。信者，兵之明赏也。恶战⑨者，兵之王器⑩也。取众⑪者，胜□□□⑫也。孙子曰：恒胜⑬有五：得主专制⑭，胜。知道⑮，胜。得众，胜。左右和，胜。量敌计险，胜。孙子曰：恒不胜有五：御将⑯，不胜。不知道，不胜。乖将⑰，不胜。不用间⑱，不胜。不得众，不胜。孙子曰：胜在尽□⑲，明赏选卒乘敌之□。是谓泰武⑳之葆㉑。

孙子曰：不得主弗将也。……□□令，一曰信，二曰忠，三曰敢。安㉒忠？忠王。安信？信赏。安敢？敢去不善。不忠于王，不敢用其兵。不信于赏，百生（姓）㉓弗德。不敢去不善,百姓弗畏。

【注释】

①篡卒:篡,意为"选"。篡卒:挑选士卒。此篇本有235字,今仅存220字,主要记载孙膑对决定战争胜负的诸因素的论述。

②制:制度、法纪。

③其利在于信:利,锐。意为军队战斗力强,在于将帅言而有信。

④道:使士卒拥护上级的主张。

⑤其富在于亟归:指军用不匮乏,在于速战速决。亟,急。

⑥休民:休养生息,养精蓄锐。

⑦数战:频繁作战。

⑧厚积:丰富的储备。

⑨恶:厌恶。恶战:不好战。

⑩王器:王者之器。器,原则之意。意为不好战是处理军事战略问题的最高原则。

⑪取众:取得士卒的拥戴。

⑫空格内文字依句意可能是"之胜者"三字。克敌制胜之意。

⑬恒胜:常常取得胜利。

⑭专制:自主决断,不受约束。

⑮知道:知,知晓、明白。道,这里指天时、地理、民心、敌情等,也就是通晓兵法。

⑯御:驾驭、控制。

⑰乖:背离。

⑱间:间谍。

⑲□:此缺字当为"忠"。

⑳泰武:即大武,军队强大。泰,通"大",意谓大中之大。

㉑葆:与"宝"同,法宝。

㉒安:疑问代词,哪里。

㉓百生(姓):实指士卒,因为士卒皆来自百姓。

㉔指本篇应有的字数。

【译文】

孙膑说:军队能打胜仗在于精选士卒,士卒能勇敢作战在于军纪严明,作战的巧妙在于利用有利形势,军队作战能锐不可当在于将帅赏罚有信,军队有优良品质在于将帅懂得用兵之道,国家富足取决于战争速战速决,军队的战斗力强弱取决于休养生息,养精蓄锐,国家的衰微是因于频繁征战。

孙膑说:兵士优良的素质是军队建设的坚实的基础,信用是军队赏罚严明的保证,慎战是用兵的最高原则。获得士众的拥戴,是克敌制胜的法宝。

孙膑说:军队常打胜仗的条件有五个。将帅得到君主的信任获得指挥作战的全权,可以得胜。将帅懂得作战的规律,可以得胜。将帅得到士众的信赖拥戴,可以得胜。将帅团结一致,可以得胜。将帅善于分析敌情,充分了解地形,可以得胜。

孙膑说:军队经常打败仗的原因也有五个。将帅受君主的牵制,不能自主,就不能取胜。将帅不懂得作战的规律,就不能取胜。将帅不和,就不能取胜。不使用间谍,就不能取胜。将帅不得人心,就不能取胜。

孙膑说:取得胜利还在于将帅能够忠于国家,有功必赏,精选士卒,善于乘敌之隙。这些都是战争取得胜利的法宝。

孙膑说:得不到君主的信任就不要去统兵作战。

……命令,一是"信",二是"忠",三是"敢"。忠于谁? 忠于君主。怎么守信用? 赏罚要讲信用。如何做到敢作敢为? 敢于消除坏人坏事。(将帅)不忠于君主,也就不敢指挥君主的部队。(将帅)奖赏不守信用,士兵就不会感恩戴德。(将帅)不敢把坏人坏事去掉,士兵就没有畏惧之心。

【故事论述】

公元 618 年(唐高祖武德元年),北海郡(今山东潍坊等地)的明经(官位名)刘兰成投降了起义军首领綦公顺。投降后的第二天,刘兰成向綦公顺请战:"让我挑选 150 名壮士,去袭击北海郡城。"

綦公顺心中好笑:带这么少的兵去攻打,岂不是以卵击石? 今天我倒要见识一下你刘兰成的手段。他脸露微笑道:"好,就按你的要求去办。"

刘兰成带着 150 名壮士出发了,走到离郡城 40 里之地,留下 10 人。刘兰成让他们去割草,并把割下的草分成 100 多堆,接到命令,马上点燃。走到离城 20 里地的时候,他又命令 20 人留下,让他们每人手执一面大旗,一接命令,火速竖起。到离郡城只剩五六里时,他又留下了 30 人,让他们悄悄埋伏在险要之地,准备袭击敌人。刘兰成亲自率领 10 名壮士,借着夜色掩护,潜伏在距城仅一里左右的小树林里。余下 80 人分别隐蔽在有利地形上,刘兰成命令他们听到鼓声,一定要迅速冲出去,抓敌人、抢牲畜后火速撤离。

到了第二天早晨,城里士兵远望没有敌人来袭所扬起的烟尘,就快快活活地出城打柴放牧。接近中午,阳光越来越毒,刘兰成率领 10 个人直扑城门下。城上卫兵大惊失色,立即击鼓报警。刘兰成布置下的那 80 名游击士兵听到鼓声,迅速四处活动,大抢牲畜,活捉一些正在打柴、放牧的敌兵后立即离开了。

城下的刘兰成估计自己的人已经得手,突然放慢了脚步,领着那 10 名士兵大摇大摆离开城门,从容不迫地往回走。城里冲出了大批将士,可看到刘兰成逛街一样镇定,生怕有埋伏,哪还敢轻举妄动。他们远远地跟在后面,尾随观察动静。一会儿,他们看到前面战旗飘扬,更远的地方冒起一股股的浓烟。这些官军个个胆战心惊,认为有大批伏兵,马上掉头返回。

刘兰成不费吹灰之力,俘获了那些敌兵和牲畜,并达到了以小股部队骚扰大批敌人的目的。

不久后綦公顺占领北海。海陵起义军首领臧君相为争北海这块地盘,马上亲率 5 万将士浩浩荡荡直扑北海。

孙膑兵法

綦公顺兵少将寡,惊闻此讯,当即吓得背出冷汗,连声传令:"请刘兰成将军来!"

刘兰成拜见綦公顺后不慌不忙地说:"将军我们先发制人即可取胜。臧君相现在离这儿很远,一时想不到我们会去攻打,一定防备不严。将军带兵偷袭,定会马到成功。我愿前往,见机行事。"

綦公顺连连点头:"好主意。我同将军带5000精兵,带好干粮,马上出发,袭击贪心不足的臧君相!"

大队人马快进入目的地时刘兰成领着20人组成的敢死队走到最前面。离臧君相军营只有50里地时,臧君相的士兵正背着抢掠的财物奔回军营。

刘兰成灵机一动,马上吩咐那20名敢死队员:"快换上带来的敌兵服装,插进敌群。"他们乔装打扮后,也跟敌人一样背着、挑着一些蔬菜、粮米、锅灶走。他们边走边偷听敌人对话,观察敌人举动,很快摸清了敌人的口令和将领姓名。

天渐渐黑了,刘兰成等人和臧君相的士兵有说有笑,肩并肩跨进营区大门。卫兵们只顾说话,谁也没想到会有敌兵混进。

刘兰成和20名敢死队员肩挑担子,在敌营区里转悠着;渐渐摸清了里边的部署。半夜三更,"嘭嘭嘭!"更鼓清脆地敲了三下。这20人突然如天降神兵,闯入敌人主将住处,飞刀舞剑,乱剁乱砍,杀死100多名敌人。敌军一下子晕头转向,人心大乱。

綦公顺的大队人马随后赶到,乘势攻入。敌人片刻间被杀得七零八落,臧君相只身潜逃。这一仗綦公顺和刘兰成俘获、杀死了几千名敌兵,满载缴获的粮食、武器等胜利返回北海城。

这里刘兰成能取得胜利完全在于他选对了敢死队的士兵,并能使疑兵之计,出敌不意的连获两次胜利。这种作战方式不仅要有胆,更要有谋。所以说战争就是人类智慧的比拼。

【名家论战】

草庐经略·丁壮

兵法曰:"兵无选锋曰北。"所谓选者,选其人于未教之先而教之,再选其人于既教之后而用之。以材力雄健者为众兵;仍于众兵之中选其勇武超群,一可当百者为选锋。所谓先登陷阵,势如风雨,全恃此辈也。善乎周世宗曰:"兵务精不务多,农夫百不能养甲士一,奈何取民之膏血,养此无用之物乎!且健怯不分,众何所惩乎!"于是大简诸军。其士卒精强,每战必胜。此选于既教之后者也。未教时之所选者,或以武力,或以强力,或以胆气,或以雄貌。须用乡野壮人,无取市井游猾。盖野人力作而性朴,力作则素习勤劳,性朴则畏法奉令。易以诚信感之,恩爱联之,不难就我彀中而不测我颠倒之术。市井游猾,不习勤劬,不畏法度。其在军中,巧为规避,潜倡邪说,引诱群辈,故不宜用。然市井中,果有武艺精熟,膂力轶众,胆勇过人者,又不在此论,在收用之得其术耳!

月　战①

【本篇主旨】

本篇主要论述战争胜败与天时的关系。古人认为月主阴、象征刑杀,所以用兵宜在月盛之时。本篇虽然持有类似观点,但仍然认为"间于天地之间,莫贵于人",特别重视人的作用。最后一段论述了打歼灭战的问题。

【原文】

孙子曰:间于②天地之间,莫贵于人。战□□□□不单③。天时、地利、人和,三者不得,虽胜有殃④。是以必付与而□战⑤,不得已而后战。故抚时⑥而战,不复使其众。无方⑦而战者小胜以付厤⑧者也。孙子曰:十战而六胜,以⑨星也。十战而七胜,以日者也。十战而八胜,以月者也。十战而九胜,月有……[十战]而十胜,将善而生过⑩者也"。一单……

……所不胜者也五,五者有所壹,不胜。故战之道,有多杀人而不得⑪将卒者,有得将卒而不得舍⑫者,有得舍而不得将军者,有覆⑬军杀将者。故得其道,则⑭虽欲生不可得也。

八十。⑮

【注释】

①月战:本篇主要记载战争胜负与日、月、星之间的关系,并特别强调了人在战争中的作用。

②间于:介于。

③战□□□□不单:此处有缺文,根据上下文义,可能是说战争胜利的因素不是单一的。

④殃:指灾祸。

⑤必付与而□战:"战"字上有缺文,原简尚存残痕,似"以"字。付,通"附",依倚,依靠。与,相与、一起。

⑥抚时:循时、顺时。此处指抓住有利时机。

⑦无方:方通傍。无方意谓为无傍、无依靠。此处指没有天时、地利、人和等有利条件。

⑧厤(li):西周时对奴隶、俘虏的称呼。

⑨以:因为,由于。

⑩过:疑借为"祸",过失、灾殃。古代军事家多认为多次打胜仗并不一定是好事,如《吴子·图国》说:"天下战国,五胜者祸,四胜者弊,三胜者霸,二胜者王,一胜者帝。"

⑪得:俘获之意。

⑫舍:营垒、营舍。

⑬覆:覆灭、歼灭。

⑭则:当为"敌"之误,或"则"下脱"敌"字。

⑮本篇字数。

【译文】

孙膑说:天地之间没有比人更宝贵的了。战争胜利的因素不是单一的,天时、地利、人和,这三个条件若不具备,即使胜利了,也会遗留后患。因此必须依靠这些条件才可作战,不得不战才去作战。所以要抓住有利时机,循时而战,要一战而胜,不要多次反复兴师动兵。没有获得天时、地利、人和这些有利条件,即便取得一些小的胜利,但终将成为敌人的俘虏。

孙膑说:十次作战有六次获胜,是由于星辰的关系;十次有七次获胜,是由于太阳的关系;十次中有八次获胜,是由于月亮的关系;十次有九次获胜……十战十胜,是好过了头要生灾祸。

……不能取胜的原因有五个,只要有其中的一个就不会胜利。所以作战可能出现各种情况:有杀人很多却不能俘虏敌人的将士的,有俘虏敌人的将士却不能攻占敌营的,有攻占敌营而不能俘虏敌人的将领的,也有歼灭敌军并杀其将领的。因此,如果掌握了战争规律,那么敌人就不可能逃脱失败的命运。

【故事论述】

公元前597年,楚国的国君楚庄王一心想争霸中原,就亲自率领大军对郑国进行围攻。郑国的君主郑襄公一面坚守城池,一面派人到结盟的晋国去求救。虽然郑国上下一心,进行了英勇顽强的抵抗,但郑国毕竟是一个小国,两相比较,力量悬殊,相持了三个月,晋国的援军也没有到达。郑国的国都终于被楚军攻破了,郑襄公只好屈辱地肉袒出降,手牵牛羊,打开城门迎接楚庄王的到来,臣服于楚。

就在郑国臣服楚军后,晋国的援军才迟迟赶到郑国。郑国原来是晋的同盟国,郑襄公十分担心晋国大军会拿郑国和楚国结盟这件事问罪于郑国,于是,他召集郑国的大臣们商讨应付的办法。

在商讨会上,郑国的大臣们议论纷纷。大夫皇成说:"晋国和楚国都是强国,现在我们郑国背叛了晋国,和楚国和好。晋的军队十分强大,如果晋国为这件事进攻郑国,郑国肯定不是晋国的对手,现在我们不如挑动晋军和楚军作战,我们隔岸观火,坐观成败。如果晋军胜利就和晋军结盟,楚军胜利还是臣服于楚国。"

郑襄公一听皇成的计策,认为很好,于是,他就派皇成前往晋军营寨中去,挑动晋国和楚国的矛盾,并鼓动晋军进攻楚国;同时,他又暗中派人到楚国去,怂恿楚庄王发兵与晋军决战。

楚庄王在和郑国结盟之后,就准备凯旋返回国内了。当他率军走到黄河岸边时,晋国的军队在荀林父的率领下,也来到了黄河对岸。

晋、楚两国大军相踞黄河两岸,荀林父看到郑国已经和楚国结盟,楚国军队也准备回国,他并不想和楚军交战,就想下令撤军回国算了。但是,中军副将先縠不同意这样做,他说:"晋国所以称霸诸侯,依靠的就是一支勇敢而强大的军队。现在看到郑国归顺了楚国,而不去救援,就不能说有强大的兵力;大敌当前不敢决战,就不能说是勇敢;见到强敌而往后退却,这不是大丈夫的行为。"说完,先縠不听荀林父的号令,私自率领部队渡过了黄河,要和楚军决战。荀林父害怕先轸打不过楚军，自己作为主帅回国后要担当重责，于是也干脆率领全体部队过了黄河。

楚庄王本来也是打算带领部队回国的，未想与晋军作战。他看见晋军过了黄河，还是想班师回国。但是，他的大将伍举一心想立功，就鼓动楚庄王同晋军作战。经伍举这么一鼓动，楚庄王就改变了主意，准备迎战晋军了。不过，楚庄王也担心打不过晋军，几次想派人和晋军和谈。就在这时，郑襄公急忙派皇戌连夜赶到晋军的驻地，拼命鼓动晋军进攻楚军。他说："我们郑国现在服从楚国并不是真心实意的，只不过是为了挽救国家的命运而已，对晋国并没有二心。现在楚国突然获胜，就骄狂了起来。其实，楚军并不强大，又没有什么防备，如果晋军前去攻打，我们郑国是会从楚军背后配合攻击的，这样两军夹击，楚军必定是会失败的。"晋军的统帅荀林父经皇戌这么一煽动，也就坚定了攻打楚军的决心。

正是在郑国的煽动挑拨下，晋国和楚国之间的矛盾不断激化，两军终于在泌这个地方发生了一场大战。郑襄公看到晋、楚两国军队打了起来，他却在一旁观看着，结果晋军被打败，郑国还是投靠了楚国，躲过了晋国的攻击。

这个郑庄公无论如何还是保住了他的国家与地位，虽然只是每年向楚国纳点贡，但这种损失完全可以在本国的老百姓那里搜刮来，做个缩头小诸侯总比没命强。后来的历史发展是，一般战败国的国君是不会有生存的可能的，他应该庆幸生活在一个礼的时代。

【名家论战】

神机制敌太白阴经·占月篇

经曰：月者，阙也。盈极必缺。太阴之精，积而成象，光以照夜。女主之义，比德刑罚、吉凶、休咎，以警戒于下土。月有晕，先起兵者胜。月晕抱戴，有赤色在外，外人胜；在内，内人胜。

月晕岁星，赤，色明，客胜。火入月守，色恶，客败，色明，客胜。月晕镇星，不明，主人胜；色明，客胜。月晕太白，色不明，主人胜，色明，客胜。月晕辰星，不明，主人胜，明，客胜。月晕亢，先起兵，有喜且胜。军出，月蚀，凶。月晕房糠，大风起。月晕参伐，兵起，有军不胜。

八　阵①

【本篇主旨】

本篇文字完整无缺，是全书中极少的完整篇之一。前一段论述"王者之将"应具备的条件，要求了解战争规律、智勇双全、具有实战经验。后一段论述阵法，具体讨论了布阵时的兵力配置和地形运用等问题。

【原文】

孙子曰:智不足,将②兵,自恃③也。勇不足,将兵,自广④也。不知道⑤,数战不足,将兵,幸⑥也。夫安万乘国⑦,广⑧万乘王,全万乘之民命者,唯知道。知道者,上知天之道,下知地之理,内得其民之心,外知敌之情⑨,阵则知八阵之经⑩,见胜而战,弗见而诤⑪,此王者之将也。

孙子曰:用八阵战者,因地之利,用八阵之宜。用阵三分,诲⑫阵有锋⑬,诲锋有后⑭,皆待令而动。斗一,守二⑮。以一侵敌,以二收⑯。敌弱以⑰乱⑱,先其选卒⑲以乘⑳之。敌强以治㉑,先其下卒㉒以诱之。车骑与㉓战者,分以为三,一在于右,一在于左,一在于后。易㉔则多其车,险则多其骑,厄㉕则多其弩。险易必知生地㉖、死地㉗,居生击死㉘。二百一十四。㉙

【注释】

①八阵:古人讲布阵之法多称"八阵",但"八阵"不是指八种不同的阵,为古代阵法的通称。

②将:统帅。

③自恃:自负。

④自广:自大。一说疑借为"犷",粗犷、刚猛。

⑤道:道理、法术、原则。此处指天道、地理、民心、敌情、军阵。

⑥幸:侥幸,碰运气。

⑦夫安万乘国:使兵车万乘的大国稳定。安,安稳、稳定。乘,指兵车。古代有万辆兵车就是大国了,因此万乘在古书中常常借指大国。

⑧广:借为"光",指发扬光大。

⑨情:指敌人的真实情况。

⑩经:规则、要领,即大道理。

⑪诤:止,引申为劝谏。《说文》:"《孝经》云'君有诤臣,不失其天下',谓其能止其失也。"

⑫诲:疑借为"每"。

⑬锋:指先锋部队,利于猛攻。

⑭后:后续部队,利于接应。

⑮斗一守二:斗,突击。守,机动、策应。本句意为以三分之一的兵力与敌交战,以三分之二的兵力等待时机。

⑯收:压阵,捕取(敌人)。

⑰以:犹言"而",下文"敌强以治"同。

⑱乱:指队形凌乱。

⑲选卒:选出的精锐部队。

⑳乘:进犯,凌犯。意谓先以精兵攻击敌人。

㉑治:指队形严整。意谓敌人战斗力强,阵容严整。

㉒下卒:战斗力弱的士卒。

㉓与：参与。

㉔易：地形平坦之处，平地。

㉕厄：厄通隘。指两边高峻的狭窄地带。

㉖生地：指有利的地形。

㉗死地：指不利的地形。

㉘居生击死：指占领生地，打击处于死地的敌人。

㉙本篇字数。

【译文】

孙膑说：智谋不足还要带兵打仗，那是自负。勇气不足还要带兵打仗，那是他自大。不懂用兵之道且缺乏战争经验还要带兵打仗，那就只能靠侥幸。要巩固万乘大国的地位，扩大大国君主的威信，保卫大国人民的生命财产安全，只有懂得战争规律才行。所谓懂得战争规律，就是要上通天文，下知地理，内得民心，外知敌情，布阵要懂得各种阵法的原则要领，看到能打胜仗就打，没有把握打胜仗就不打。这才是辅佐君主的将领所应具备的能力。

孙膑说：列阵作战，要根据地形的有利情况，而采用合适的阵势。布阵时把军队分为三部分，每阵要有前锋部队，每队前锋都要有后续部队做支援。也就是以三分之一的兵力与敌人交战，以三分之二的兵力等待接应；以三分之一的兵力突破敌阵，以三分之二的兵力扩大战果，从而歼灭敌人。敌军兵力薄弱且阵势混乱就先用精兵趁其混乱时进攻；敌军兵力强大且阵容整齐，就先用战斗力弱的士卒去引诱。参加战斗的战车和骑兵可分为三路，一路指向敌人的右翼，一路指向敌人的左翼，另一路指向敌人的后方。地势平坦就多用战车，地势险峻就多用骑兵，地势狭窄就多用弩兵。不管地形平坦、险峻，都要了解哪里是有利的地形，哪里是不利的地形，必须占据有利的地势，以打击处于不利地势的敌人。

【故事论述】

唐朝立国之初，东突厥屡屡侵扰中原，成为唐初的最大外患。当时，有人上奏皇帝唐高祖，认为东突厥之野心在于首都长安，建议迁都，并火烧长安城，东突厥见首善之地化为灰烬，自然不会骚扰中原。高祖居然也想接受此建议。但当时的秦王李世民却极为反对这种愚蠢的行为，他请求父皇，给他几年的时间，平定东突厥，如若战况不果，再举都迁徙，亦为时不晚。高祖批准了他的请求。

于是，李世民等待着时机的到来。果然，东突厥的颉利、突利二可汗出动全国的兵力，攻击关中，唐高祖即命李世民和他的弟弟李元吉率兵迎击。

东突厥的万余名骑兵在凉州摆开吓人的阵势，唐军将士震怒不已。李世民问李元吉："蛮虏直逼眼前，我们不能显得畏怯，应该与他们大干一场，你能与我并肩作战吗？"平时不可一世的李元吉，这时却吓得面无人色，不敢表态。

李世民则毫无惧色，他仅带领一百名骑兵向敌阵走去，他对着敌阵喊话说："我国已跟你们可汗和亲，为何现在又负约？我是秦王李世民，可汗如果真有本事，就出来和我单战；如果想打群架，我也只用这一百名兵力迎战。"

阵前的颉利可汗深恐李世民有诈，他担心除了眼前的一百人之外，另有埋伏，因此笑而不答。

李世民再度向前,派遣使者对突利可汗说:"你以前和我们有盟约,有难同当,如今反而引兵攻击,不守信用。"突利可汗也是一言不发。

李世民再次向前挺进。颉利可汗见李世民这般大胆前进,又听到他对突利可汗说的那番话,心里怀疑李世民和突利可汗暗中挂钩,他愈想愈不对,便下令军队后退,暂缓行动。

当时正是小雨不断,唐军的军粮供应受阻,士兵疲累,斗志消沉,从朝廷到军中,都觉得天时于唐军不利。李世民用巧计不战而退敌之兵,立即使得战况有了新的转机。

接下来几天,雨势更大,湿气重,对弓箭的影响不小,对以射箭为主要作战方式的突厥人尤为不利;反观唐军,由于在室内烧火煮食,空气较为干燥,兵器保养的十分细心,整体局势变得对唐军极为有利。因此,李世民在夜雨中挥军进击,突厥大吃一惊,在敌军闻风丧胆之际,李世民并未举兵痛击,而是派人向突利可汗分析利害。颉利可汗想出战,得不到突利可汗的支持,不得不与唐军和解。一场可怕的战争就在李世民的谋略下化解了。

【名家论战】

草庐经备·将勇

《吴子》曰:"勇者必轻合,轻合而不知利,未可也。此言血气小勇也。大勇者,能柔能刚,能弱能强。临之而不惊,加之而不惧;虽折而气不挫,虽小而不可欺。事机宜赴,有直往而不逗留;地所必争,无心摇而有死守。岂非神武之威,凌驾万夫,有以等摧锋陷阵者而上之也?脱若不然,见敌先惊,未阵思退。将而无勇,三军不锐,丧师覆众,职此之故。又不然而误认勇之说,第曰喑呜叱咤,所向披靡,戈挥千将,力敌万夫。此偏将之事,非大将任也。

地 葆①

【本篇主旨】

本篇基本完整,仅缺一字。主要从军事角度探讨地形问题。首先论述各种地形在军事上的优劣,其次探讨各种地形条件与作战的关系。

【原文】

孙子曰:凡地之道,阳为表,阴为里②,直者③为纲④,术⑤者为纪⑥。纪纲则得,阵乃不惑。直者毛产⑦,术者半死。凡战地也,日⑧其精⑨也,八风⑩将来,必勿忘也。绝水⑪、迎陵⑫、逆流⑬、居杀地⑭、迎众树者,钧举⑮也,五者皆不胜⑯。南陈⑰之山,生山也。东陈之山,死山也。东注⑱之水,生水也。北注之水,死水⑲。不流,死水也。五地之胜⑳曰:山胜陵,陵胜阜,阜胜陈丘,陈丘胜林平地㉑。五草之胜曰:藩㉒、棘㉓、椐㉔、茅㉕、莎㉖。五壤之胜:青胜黄,黄胜黑,黑胜赤,赤胜白,白胜青㉗。五地之败㉘曰:豀、川、泽、溯㉙。五地之杀㉚曰:天井㉛、天宛㉜、天离㉝、天隙㉞、天□㉟。五墓㊱,杀地也,勿居㊲也,勿□也。春毋降㊳,秋毋登㊴。军与阵皆毋政㊵前右,右周毋左周㊶。地葆二百。㊷

【注释】

①地葆:指地形对作战胜利的保障作用。"葆"同"保",指保有。此篇200字,保存完整,主要从军事上阐述各种地形、植被等的利害与优劣。

②阳:疑指高亢明敞的地形,山南水北。阴:疑指低洼幽暗的地形,山北水南。

③直者:指平整之地。

④纲:本义为大绳,引申为"主要的"。

⑤术:作"道路"讲,多指两旁高中间低的道路。

⑥纪:次要的。

⑦毛产:"毛"和"产"都有"生长"的意思,"毛产"与下文"半死"相对。

⑧日:太阳。一说解释为"吉凶之日"。

⑨精:日光清明,指晴天。

⑩八风:八方之风。古人认为风的方向、大小、疾徐都与战争胜负相关。

⑪绝水:渡水。

⑫迎陵:面向高山。

⑬逆流:指军阵处于河流下游,面向上游。

⑭杀地:极不利的地形。

⑮钧举:此处指都会被攻破。钧,通"均"。举,攻占,攻克。

⑯不胜:不利。

⑰陈:布列。南陈:即东西走向。后文中的"东陈"即南北走向。

⑱注:流往,流向。

⑲死水:据上下文,其后当脱一"也"字。

⑳五地之胜:五种地形的优劣比较。

㉑山:指高山。陵:指大土山。阜:指小土山。陈丘:指连绵起伏的小土山丘。林平地:指有树林的平地。

㉒藩:可做篱墙的草,或指长得像篱笆的丛树。

㉓棘:带刺的草木的通称。

㉔椐:即灵寿木,一种有许多肿节的树,古时多用作手杖,这里泛指小乔木。

㉕茅:就是茅草,多长在山坡上。

㉖莎:生长在低洼地带的三棱草,根部四周多毛。

㉗青胜黄,黄胜黑,黑胜赤,赤胜白,白胜青:古代以青、黄、黑、赤、白为东、中、北、南、西五方,配木、土、水、火、金五行。五色与五行相当。五色代表五种土壤相生相胜的性质,并非指五种土壤的颜色。此说带有浓厚的迷信色彩。

㉘五地之败:五种不利的地形。

㉙豁、川、泽、潟:简文仅列举此四地,疑漏抄一字,因前文说"五地之败"。豁:同"溪",指山间小河沟。川:大河。泽:沼泽,低洼地。潟:盐碱地。

㉚五地之杀:五种杀地,即五种极不利的地形。《孙子·行军》言险地种类有天井、天牢、天罗、天隙、天陷五类。

㉛天井:指四边高中间低洼的地形。

㉜天宛:疑与《孙子》中的"天牢"相当,即深山狭谷中烟雾朦胧、容易迷失方向的地方。

㉝天离:即《孙子》中的"天罗"(离、罗二字古代音近通用),指草木茂密如罗网之地,在此处行动十分困难。

㉞天隙:指通道少且极为狭窄的地形,沟坑交错,难以通过。

㉟天□:地势低洼、易遭攻击的地形。

㊱五墓:疑即指天井、天□等五种杀地。

㊲居:停留。

㊳春毋降:春夏草木茂盛,雨水较多,不宜处于低洼的地方。春,指春夏。

㊴秋毋登:秋冬草木凋落,雨水较少,高处干燥缺水,不宜安置军队。秋,指秋冬。

㊵政:通"正",面向。

㊶周:周匝环绕,这里疑指迂回。右,古人以"右"为上为好。左周、右周,疑指围绕在高地的下部或上部。

㊷本篇字数。

【译文】

孙膑说:通常利用地形的原则是,以高而向阳的地形为"表",低洼幽暗的地形是"里"。笔直的通达的大路为"纲",两旁高中间低的道路是"纪"。掌握了道路的分布情况,布阵作战就不会困惑迷乱。笔直的大路对作战有利,两旁高中间低的道路对作战有些不利。凡是作战的地区,日照条件很重要,但对风向的变化也不可忽视。横渡江河,面向高山,处在江河下游,驻扎在极不利的地势上,面向树林,这五种情况都对作战不利,都有可能因此战败。东西走向的山对作战有利。南北走向的山对作战不利。向东流的水是有利于作战的河流。向北流的水是不利于作战的河流。不流动的水也是不利于作战的。五种作战地形优劣的比较是:高山胜过大土山,大土山胜过小土山,小土山胜过起伏连绵的土丘,连绵的土丘又胜过树木的平地。对作战有利的五种植物的优劣比较是:篱笆似的丛树最好,其次是带刺的草木,再其次是小乔木和长在山坡上的茅草,最差的是长在低洼地带的莎草。五种土壤的优劣比较是:青土比黄土好,黄土比黑土好,黑土比红土好,红土比白土好,白土又比青土好。五种不利于作战的地形是:山涧、大河、沼泽地、盐碱地。五种极端不利的地形是:四边有高山中间低洼像天井那样的地形、深山狭谷中烟雾朦胧容易迷失方向的地形、草木茂密行动困难的地形、沟坑交错难以通过的地形、地势低洼道路泥泞的地形。这五种地形极为不利,军队不可在此驻扎停留,春天不要驻扎在低处,秋天不要驻扎在高处。驻军布阵都不要正面或侧正对山陵。要围绕高地的上部布阵,而不要围绕其下部布阵。

公元 222 年,三国时期的吴、蜀、魏三国还在相互争战。

这一年的 2 月,蜀国刘备率领 40 万大军沿着长江南岸,翻山越岭,准备攻打吴国。蜀军从巫山到湖北宜昌沿路扎下了几十个大营,又用树木编成栅栏,把大营连成一片,前后长达700 里。这种布阵方法让当时还很年轻的陆逊一看,就知道刘备是个军事白痴,但这阵势白天一眼望去是旌旗蔽日,夜间则是灯火通明,样子还挺吓人的。

那么,刘备为什么要如此大张声势来进击吴国呢?

原来在公元 219 年,吴国和蜀国在荆州打了一仗,这一仗,蜀国不仅丢失了重镇荆州,而且损失了一员大将——刘备的好兄弟关羽,从而使刘备准备分兵两路北取中原的计划破了产。这可让年老气盛的刘备动了肝火。于是,借口给关羽报仇,发动了对吴国的战争。

从当时的形势来看,魏国的曹操已经死了,他的儿子曹丕在洛阳做了皇帝,也正想趁机消灭蜀、吴两国。正因为这样,蜀国许多有见识的人都劝阻刘备不要轻易发动对吴国的战争,而要和吴国联合起来,共同对付魏国。可是刘备根本不听大家的建议。

其实,吴国对蜀国的进军早有准备。吴国的孙权一方面与魏国交好,以防止两面受敌,同时派陆逊为镇西将军,统领李异、刘阿进驻今天的巫山、林归,加强西线的防御。为了争取主动,孙权还写信给蜀国,要求言归于好,不要互相攻伐,以免两败俱伤。但刘备决心已定,一心想打败吴国,坚决不同意和好。于是,孙权就任命陆逊为大都督,率 5 万人马去阻止刘备的进军。

刘备出兵没几天,很快攻占了吴国土地二三百公里。他继续进军,随行的官员黄权劝阻他说:"吴国人打仗向来是很勇猛的,千万别小看他们。我们水军现在是顺流而下,前进容易,可是要退兵可就难了。而让我当先锋,在前面开路,陛下你在后面接应,这样比较稳妥。"谁知这时的刘备已是鬼迷心窍,一意孤行,哪里还肯听别人的话,他要黄权守住江北,自己亲自率主力直向宜昌方向而去。

陆逊是孙权手下的一个年轻将领,他在荆州之战中初露头角,受到了孙权的重用。但这时的陆逊所面临的形势是十分严峻的。无论兵力、士气和占有的地形他都不如刘备。如果要和蜀军硬拼,吴军肯定是要吃亏的,陆逊决定采取以静制动的计策,攻击刘备的蜀军。他命令吴军退出山地,将八百里崇山峻岭让给蜀军,把部队集中在宜昌西北。

面对蜀军的步步进逼,吴军将士心急如焚,人人都摩拳擦掌,想和蜀军尽快大战一场。他们看到陆逊不仅不进而且总是后退都很不满,认为陆逊是胆小鬼,不敢打仗。但是,陆逊仍然十分镇静,对大家说:"这次刘备带领大军前来进攻,士气旺盛,战斗力强。再说他们在上游占领了险要地方,我们一下子很难攻破,要是跟他们硬拼,万一失利,丢了人马,就要影响大局。现在我们还是养精蓄锐,等待形势变化。"

对陆逊这样一个年轻的军事指挥官,刘备更没有把他放在眼中。但是,陆逊总是坚守不战,使刘备很着急,于是,他采取激将法,每天派人到阵前辱骂挑战,可陆逊就是不理。

刘备见骂阵不起作用,就企图用诱敌出战的办法。他派一部分兵力在吴军阵前平地上扎营,向吴军挑战,自己亲率精兵 8000 埋伏在山谷里,等待着把吴军引诱出来,再来个两面夹击,陆逊还是没有上他的当。

这个时候,吴国的将士们更加不服,有人当面指责陆逊贻误战机。陆逊为了稳定军心,他向将士们解释说:"刘备想用激将法,引我出击。而我坚守不出,其实是在反用激将法,结果蜀军必疲惫不堪,这样刘备会更加着急,到时候我们再打他个措手不及。"

从2月一直到6月,陆逊一直按兵不动。天气一天比一天热了起来,蜀军士兵个个开始叫苦不迭,刘备没有办法,只得把驻扎在山谷里的军队开到谷外,把江面上的军队移到陆地,把军营驻扎在深山密林之中,决定暂时休整部队,等到秋后再大举进攻。看看刘备扎营的这个地方,丛草密林是兵家躲都来不及的地方,他竟特意跑里面避暑去了。

陆逊看到这种情况,知道反击的时候到了。他召集将士,宣布要向蜀军进攻。将士们都很惊讶,认为这时不是进攻蜀军的时机。陆逊对大家解释说:"刘备的战斗经验十分丰富,他的军队开始集结在我们境内的时候,士气很旺盛,这时我们不能与他们硬拼。现在他们在这里驻扎了半年之久,兵士们已经疲劳,斗志已经消沉,这正是我们打败蜀军的好时机。"

为了稳妥起见,陆逊先做了试探性的进攻,并想出了击破蜀军的办法。

当天夜晚,陆逊命令将士们每人各带一捆茅草和火种,预先埋伏在南岸的密林中。

这是一个漆黑的夜晚,伸手不见五指,而风声越来越大。

到了深夜三更时分,吴国四员大将率几万士兵冲向蜀军营房,一声军号,点燃了茅草和火把,一时间蜀军的营寨和两边树木顿时烧成一片。蜀军被这突如其来的打击搞得晕头转向,各自互相践踏,死伤无数。顺着火光往远处望去,蜀军700里营寨接连起火。在一片烟火之中,蜀军如惊弓之鸟,四散奔逃溃不成军。刘备在数名将领护卫下,拼命冲杀,这才逃了出去。

天色微明,惊魂未定的刘备眼望着四周烟火中仍被追赶的蜀军和江中的尸体不禁放声大哭。就这样刘备的40多个营寨和数万大军,一夜之间便让他给送上了天。刘备后来逃了白帝城,他想到这次失败,又羞又愧,简直无地自容,无名的怨恨化作双泪横流,在一声长叹之中,终于病倒了。第二年4月,刘备在白帝城永安宫去世。

兵法中强调不怒而师,诸葛亮虽帮刘备建立了功业,但刘备终不是一个真正的英雄,他哭来了自己的一世江山,却毁掉了诸葛亮一生的心血。

【名家论战】

草庐经略·度险

凡大山、大水、坎坷、狭隘、险阻、林木、沮泽之处,俱险也。敌人薄我,正惟此地。我欲渡之,其术安在?不得嚣行,必以次序。先为不可胜以待之而已,次选精锐,索其有伏与否,伺敌之隙,预涉其所,相地结营,坚立壁垒,度涉备御,然后大众徐徐整列,以次而济。敌虽善袭,我之家计业已先立,待重临之,彼计自诎。设奇制敌,又属后图;而严兵防后,倍宜留心。万一敌人狡谲,知我前军备则后必无虞,潜师间道,俟我半渡,从后反击,无有不克。此为将者所宜防也。而既渡之后,即须防遏,勿使敌兵阻塞,断其粮道,截我辎重,绝我归路。此尤为长虑而却顾者。

势　备①

【本篇主旨】

本篇以宝剑、弓弩、舟车、长兵为比喻,论述作战指挥上阵、势、权、变四项原则的重要性,其中"势"又是决定战争胜败的关键。

【原文】

孙子曰:夫陷齿戴角,前爪后距②,喜而合,怒而斗,天之道也,不可止也。故无天兵者③自为备,圣人之事也。黄帝作④剑,以阵象⑤之。羿⑥作弓弩,以势象之。禹作舟车,以变象之。汤、武作长兵,以权象之。凡此四者,兵之用也。何以知剑之为阵也?旦暮⑦服⑧之,未必用也。故曰,阵而不战,剑之为阵也。剑无锋⑨,虽孟贲[之勇]不敢□□□⑩。阵无锋,非孟贲之勇也敢将而进者,不知兵之至也。剑无首铤⑪,虽巧士⑫不能进□□。阵无后,非巧士敢将而进者,不知兵之情者。故有锋有后,相信⑬不动,敌人必走⑭。无锋无后,……券不道⑮。何以知弓弩之为势也?发于肩膺⑯之间,杀人百步之外,不识其所道⑰至。故曰,弓弩势也。何以[知舟车]之为变也?高则……何以知长兵之[为]权⑱也?击非高下非……卢⑲毁肩,故曰,长兵权也。凡此四……中之近……也,视之近,中之远。权者⑳,昼多旗,夜多鼓,所以送战㉑也。凡此四者,兵之用也。□皆以为用,而莫彻㉒其道。……功。凡兵之道四:曰阵,曰势,曰变,曰权。察㉓此四者,所以破强敌,取猛将㉔也。

……之有锋者,选阵□也。爵……

……得四者生,失四者死……

【注释】

①势备:势,力量。备,准备。意为具备有利的态势。

②陷:借为"含"。距,雄鸡爪后面突出来像脚趾的部分。含齿戴角,前爪后距意亦指有牙、角、爪、距的禽兽。

③天兵:指自然赋予动物的武器,如齿、角、爪、距等。无天兵者:指人。

④作:创造,发明。

⑤象:象征,比喻。

⑥羿:后羿,夏代有穷国的君主,相传他善于射箭。

⑦旦暮:早晚。

⑧服:佩带。

⑨锋:指剑端可刺人处。

⑩虽孟贲之勇不敢□□□:依据下文,此句当为"虽孟贲之勇不敢将而进"。孟贲:古代

孙膑兵法

著名的勇士,卫国人。

⑪首铤:剑的把柄。

⑫巧士:有技巧的人,此处指精于击技的人。

⑬信:陈列。

⑭走:败走。

⑮券:疑为"倦"。

⑯膺:胸部。

⑰道:由。意谓不知从何而来。

⑱权:此字上应有"为"字。

⑲卢:当为"顾"。

⑳权者:下脱"也"字。

㉑送:致。

㉒彻:通达。

㉓察:考察,研究,通晓。

㉔猛:大。

【译文】

孙膑说:有牙、角、爪、距的禽兽,高兴了便聚合在一起,发怒时就互相争斗,这是天性,是禁止不了的。人类没有天生的武器,就要自己制造兵器来自卫,这是圣人要做的事情。黄帝创造了剑,可用它象征布阵。后羿制造了弓弩,可用它象征兵势。夏禹制造了车船,可用它象征灵活多变。商汤和周武王制造了长柄兵器,可用它象征权衡利害。以上阵、势、变、权都为军事所用。

为什么说宝剑好比布阵呢?宝剑人们早晚佩带在身上,但不一定使用它。所以说,列好阵并不一定交战。这就是以佩剑象征布阵的道理。剑若是没有锐利的锋,那么即使有孟贲那样的勇力也不敢带着它去格斗。兵阵若是没有前锋,又没有孟贲之勇,而敢率队去进攻,那是不明军法到了极点。剑若是没有把柄,即使精于击技的人也不能去进击。布阵没有后备部队,又不是精于击技的人却敢率队去进攻,那也是不懂得用兵的常识。所以布阵要有前锋和后备,互相依靠阵势稳固,敌人就必定会被击败而逃走。布阵若没有前锋和后备……

为什么用弓弩比喻兵势呢?箭从肩、胸之间发射出去,却可以在百步之外杀伤敌人,而敌人还不知道箭是从什么地方射来的。所以说,弓和弩就好比是兵势。为什么说舟车象征军队灵活多变呢?……为什么可以用长柄兵器比喻作战的主动权呢?长柄武器可以在较远的距离上下左右自由挥舞搏击,……可以击中敌人头部或肩部。所以说,长柄武器好比是作战指挥的主动权。这四样(阵、势、变、权),……从近处瞄准,击中远方。掌握军权的人,白天多用旗,夜间多用鼓,用来指挥作战。这四件事都是作战时兵法的运用,现在人们虽然都还在用,但不一定能明白其中的道理。……用兵的要领有四:一阵,二势,三变,四权。通晓了这四条原则,就能打败强大的敌人,俘虏敌军的猛将。

中国历代兵法精粹

170

【故事论述】

在朱元璋登上权力巅峰的过程中,他的很多抉择都是艰难和睿智的。"一招不慎,满盘皆输",这一点他心里比谁都清楚。

至正十四年(1354年)春,朱元璋认定再纠缠在郭子兴、彭大、赵君用等几个红巾军大帅的矛盾里,不但毫无前途,而且早晚会成为牺牲品,于是,他就寻找独立发展的机会。这时正好定远张家堡的驴牌寨有3000兵马,孤立无援,想来投靠,又有些犹豫。机会难得,可是没有合适的人前往说降,朱元璋就自告奋勇,领了十几个人上路了。

刚走到边界,忽然间,见驴牌寨营中摆列出军阵。几个步卒十分恐慌,打算掉头逃跑,朱元璋一声喝住,说道:"彼众我寡,你们能跑到哪里去?他们只要放马过来,哪个也逃不掉。你们不要怕,都随我前去,各听命令,见机行事。"这样才使几个人镇静下来。这时营中走出两个将领问话。朱元璋高坐马上,命人回说是从濠州来,要与他们主帅议事!两个将领返回去,一会儿,出来请他们进寨。朱元璋对寨主说:"郭元帅听说将军粮饷艰难,别人想趁火打劫,特派我来相告:'能相从则一起到濠州同聚,不然,请暂时移兵躲避一下,免得遭人暗算。'"

朱元璋一席话说得很有策略,既有警告又有关心,打动了寨主的心,他决定准备一下前往濠州。朱元璋回到濠州三天后,有人报告说,那寨主反悔了正向别处转移。朱元璋急率300步骑赶了过去,对寨主说:"郭元帅派我带来300人马助你一臂之力。"寨主将信将疑,防备愈发严密。朱元璋见此情状,知道已非言语所能打动,便决定以计袭取。他让一个兵士向寨主报告说,寨中有人杀伤了朱总管的人,朱总管请寨主去验看现场。待寨主赶到,朱元璋的兵一下将他围住。朱元璋再次要他立即下定决心。寨主见大势已去,也就只好顺水推舟。驴牌寨营盘被一把火烧成废垒。经过改编,这3000兵马就隶属于朱元璋的麾下。

元至正十五年(1355年),元丞相率百万大军包围了郭子兴义军驻守的滁州城。此时,守城官兵仅数千人,形势十分危急。元军仗着人多势众,派使者进城招降郭子兴。在这危急时刻,朱元璋向郭子兴建议:"先接来书,后见来使。"郭子兴见到劝降书后,不知如何是好。朱元璋劝主帅不必担心,可用示威之法退敌。郭子兴道:"现在我们城内如此空虚,拿什么来示威?"朱元璋说:"大帅见到来使后要保持镇定。"随即朱元璋令士卒手持钢刀,排列在帅府门外两旁。来使被传进见,见到郭军威风凛凛,先失了几分傲气。但仍劝不要以几千人对抗百万军。两旁将士听到来使之言,纷纷拔出剑来,要斩来使,来使吓得心惊胆战。这时朱元璋道:"双方交战,不斩来使,马上把他赶走。"

来使被撵走后,郭子兴还担心元军第二天便会攻城,哪知数日过后,元军并没有行动。朱元璋向大家解释道:"诸公若杀来使,实为下策。杀死来使,元军必然以为我杀人灭口,势必派兵攻城。不杀来使,对之加以恫吓,使之回去后报告我军军威及将士拼死守城的决心,元军必然有所顾忌,这就是他们不敢贸然进攻的原因。"将士们听了他的一席话,心里都十分敬佩。

朱元璋在这里是用了攻心战法,让元人因惧军威而不敢贸然来犯。

至正二十一年(1361年),朱元璋坐镇江州,决意谋取江西。江西省会龙兴路(今南昌)

已在四面包围之中。城中守将主战主降，各持一端。行省丞相胡廷瑞犹豫不决，派郑仁杰到江州面见朱元璋。在谈判过程中，当朱元璋听到以不改编和解散原有部队为投降条件时，不禁勃然变色，这些都看在谋略奇才刘伯温的眼里，他急忙在朱元璋侧后踢了踢他的座椅。朱元璋立即醒悟了：投降是关键，条件是可以转变的，何必逞一时意气而坏了大事。马上就改换口气，满口应承并写了一封长信给胡廷瑞，以消除他们的疑虑。信中写道："大丈夫相遇，磊磊落落，一言相投，互见肝胆，我常以赤诚之心相对。至于兵少可以扩增，位低可以加官，缺钱可以厚赏，没有什么你我之分，我一贯待下如此。但得失之机，间不容发，你可要早做决定呀。"信中又是抚慰，又是信任。胡廷瑞得到书信的承诺，即派康泰到江州请朱元璋亲到龙兴受降。龙兴的降附，又带动了瑞州、临江、吉安等路纷纷归顺。江西大部分地面已在朱元璋的掌握之中。

朱元璋以一介草莽，争扎于底层，最后竟于群枭之中得天子之位，就可见其不凡的勇气与才略，也是得益于他能听谋臣刘基之言而得天下。

【名家论战】

草庐经略·诳敌

两敌相仇，言不足信。其信之者，必愚将也。惟智将不为人所诳，而能诳人焉。必因敌有阻绝之势，托或有之事，为莫稽之词，以疑敌之心。或用以恐之使惊，或用以诱之使趋，或用以急之使速，或用以缓之使懈，或使之观望踌躇，其心不决。而我亟乘其且疑且信，出其不意而攻之。若是者，因其可愚而愚之。如敌未可愚，必且因我之言，而还知我之意，迎我之意，而反以用彼之奇。是我不能愚彼，反为彼所愚也。

兵 情[①]

【本篇主旨】

本篇以矢、弩、发射者分别比喻士卒、将帅和君主，指出三方面必须同心合力、协调一致，从士卒的组织、将帅的指挥到君主的决策都合乎客观要求，才能克敌制胜。有人认为它可能是"势备"篇的后半部分。

【原文】

孙子曰：若欲知兵之情，弩矢其法也。矢，卒也。弩，将也。发者，主也[②]。矢，金在前，羽在后[③]，故犀而善走[④]。前……今治卒则后重而前轻，阵之则辨[⑤]，趣之敌则不听[⑥]，人治卒不法矢也。弩者，将也。弩张柄[⑦]不正，偏强偏弱而不和，其两洋之送矢也不壹[⑧]，矢虽轻重得，前后适，犹不中[⑨]［招也］……将之用心不和……得，犹不胜敌也。矢轻重得，前［后］适，而弩张正,其送矢壹,发者非也,犹不中招也。卒轻重得,前……兵……犹不胜敌也。故曰,弩之中彀⑩合于四⑪,兵有功……将也,卒也,□也。故曰,兵胜敌也,不异于弩之中招也。此兵之道也。……所循⑫以成道也。知其道者,兵有功,主有名。

【注释】

①兵情:治军之道。

②发者:指使用弓弩的射手。主:君主。

③金:箭镞。羽:箭羽。

④犀:犀利。走:疾行。

⑤辨:同"办",指事情能办成。

⑥趣:同"促"。听:听从。

⑦柄:指弩臂。

⑧洋:疑借为"翔"。两翔:两翼。此句意为由于弩臂不正,弩弓两翼发矢的力量就不一致。

⑨中:下当脱"昭也"两字。昭:箭靶。

⑩中彀:射程内的目标都能射中。

⑪四:指矢之轻重前后得,弩柄正,两侧送矢,发射的人正确等条件。

⑫循:遵循,遵照。

【译文】

孙膑说:若想懂得用兵之道,可以用弩和箭作比喻。箭,好比士卒。弩,好比将领。发射的人,好比君主。箭,金属的箭头在前,羽毛的箭尾在后,前重后轻,所以既坚锐又便于飞行……如今练兵,却重在后边的训练,而不重在鼓舞士卒一往无前的精神,所以让他们列阵,都能遵令照办,让他们冲锋陷阵杀敌,就不听指挥了。这就是由于治兵没有取法于箭的缘故。弩,好比将领。弩弓拉开时,若弩臂不正,偏强偏弱,发力不匀,即使箭的轻重恰当,前后适宜,还是不能射中靶子……将领们若思想上不协调,……,还是不能取胜的。箭的轻重恰当,前后位置合适,而且弩拉开时弓臂也很正,送箭的劲头也很均匀,但射箭的人若发射不当,也还是不能命中箭靶的。部署兵力主次比例得当,前后位置适宜,仍然不能战胜敌人。所以说,射箭要中靶必须符合上述四个条件。打仗要取胜……将帅、士卒、君主、都要正确无误。所以说:军队要战胜敌人,跟用弩射中箭靶没有什么区别。这就是用兵作战的道理……所应遵循的道理就是用兵的规律。懂得这些规律,作战就能取胜,君主就有威名。

【故事论述】

春秋战国时期,纷争不断,在各诸侯国争夺霸权的斗争中,大国兼并小国,扩张了土地。可是大国的诸侯不得不把新得到的土地分封给立了功的大夫。这样,大夫的势力大了起来,他们之间也经常发生斗争,于是大国内部的矛盾尖锐起来,都想把争夺霸权的战争暂时停下来。为了这个缘故,宋国大夫向戌在晋、楚两国之间奔走做调停人。

公元前96年,晋楚两国和其他几个国家在宋国举行了"弭兵会议"(弭是消除的意思)。在这次全议上,晋国的大夫和楚国之大夫代表南北两个集团讲了和,订了盟约。盟约规定除

孙膑兵法

齐、秦两个大国外,各小国也都要向晋、楚两国同朝贡。晋楚两国平分霸权,以后的五十多年里,没发生大的战争。

到楚庄王的孙子楚平王即位之后,楚国渐渐衰落了。公元前522年,楚平王要把原来的太子建废掉。这时候,太子建和他的老师伍奢正在城父(今河南襄城西)镇守。楚平王怕老臣伍奢不同意,先把伍奢叫来,这就等于是让太子建失去了自己的臂膀。楚平王诬说太子建正在谋反。伍奢自是替太子辩护,于是就被投进了监狱,其实他不辩护也是一样的结局,只是这样关起他来的名目比较明确罢了。

楚平王一面派人去杀太子建,一面又逼伍奢写信给他的两个儿子伍尚和伍子胥,叫他们回来,以便一起除掉。大儿子伍尚回到郢都(今湖北江陵西北),就跟父亲伍奢一起,被楚平王杀害了。太子建事先得到风声,带着儿子公子胜逃到宋国去了。

伍奢的另一个儿子伍子胥,也从楚国逃出来,他赶到宋国,找到了太子建。不巧宋国发生内乱,伍子胥又带着太子建、公子胜逃到郑国,想请郑国帮他们报仇。可是郑国国君郑定公不帮这个忙,这很让太子建恼火。竟勾结郑国的一些大臣想夺郑定公的权,被郑定公杀了。伍子胥只好带着公子胜逃出郑国,逃亡到了吴国(都城在今江苏苏州)。

楚平王早就下令悬赏捉拿伍子胥,叫人画了伍子胥的像,挂在楚国各地的城门口,嘱咐各地官吏盘查。

伍子胥带着公子胜逃出郑国后,白天躲藏,晚上赶路,来到吴楚两国交界的昭关(在今安徽含山县北)。关上的官吏盘查得很紧。传说伍子胥一连几夜愁得睡不着觉,连头发也愁白了。幸亏他们遇到了一个好心人东皋公,同情伍子胥,把他接到自己家里。东皋公有个朋友模样有点像伍子胥。东皋公让他冒充伍子胥过关。守关的逮住了这个假伍子胥,而那个真伍子胥因为头发全白,面貌变了,守关的认不出来,就被他混出关去了。

伍子胥出了昭关,害怕后面有追兵,急忙往前跑。前面有一条大江拦住了去路。伍子胥正在着急,江上有个打渔的老头儿划着一只小船过来,把伍子胥渡过江去。

过了大江,伍子胥感激万分,摘下身边的宝剑,交给老渔人,说:"这把宝剑是楚王赐给我祖父的,值100两金子。现在送给你,好歹表表我的心意。"

老渔人说:"楚王为了追捕你,出了5万石粮食的赏金、还答应封告发人大夫爵位。我不贪图这个赏金、爵位,难道会要你这把宝剑吗?"

伍子胥连忙向老渔人赔礼,收了宝剑,辞别老渔人走了。

伍子胥到了吴国,吴国的公子光正想夺取王位。在伍子胥帮助下,公子光杀了吴王僚,自立为王。这就是吴王阖闾。吴王阖闾即位之后,封伍子胥为大夫,帮助他处理国家大事;又用了一位将军孙武,他是个善于用兵的大军事家。吴王依靠伍子胥和孙武这两个人,整顿兵马,兼并了临近几个小国。

公元前506年,吴王阖闾拜孙武为大将,伍子胥为副将,亲自率领大军,向楚国进攻,连战连胜,把楚国的军队打得一败涂地,一直打到郢都。

那时,楚平王已经死去,他的儿子楚昭王也逃走了,伍子胥恨透了楚平王,刨了他的坟,还把平王的尸首挖出来狠狠鞭打了一顿。

吴军占领了郢阳。楚国人申包胥逃到秦国,向秦国求救。秦哀公没同意出兵。申包胥在秦国宫门外赖着不走,日日夜夜痛哭,竟哭了七天七夜。秦哀公终于被感动了,说:"楚国虽然暴虐无道,但是有这样好的臣子,怎能眼看他们亡国!"

秦哀公于是派兵去救楚国,击败了吴军,吴王阖闾才撤兵回国。

在自己处于弱势的时候,并不是磕头、哀求就可奏效的,有时候,需要奋争,才有可能达到目的。伍子胥借助吴国的力量报了父兄之仇,就充分运用了借势的智谋。借人之力,成己之功,这在古代兵家智慧里是非常常见的。

【名家论战】

草庐经略·贵和

《吴子》说:"不和于国,不可以出军;不和于军,不可以出阵;不和于阵,不可以进战;不和于战,不可以决胜。"信乎,师克在和也。三军既和,上下一心,贵贱同力,胜则相让以归功,败则各引以为过。投之所往,如臂之使指,可合而不可离,是谓"父子之兵"也。其不和者,有善归己,有失归人;有功则争,有急不救;名位颉颃,妒忌相仍;群帅猜疑,上下携二。即幸胜焉,败可立待也。然和辑之法,常在主将:势位相忘,过失相隐,强弱不较,嫌隙不生。人有不及,可以情恕;非意相干,可以理遣。主之以仁义,佐之以忠恕,出之以谦恭,成之以逊让。犹曰有不和者,吾勿信矣!

行 篡[1]

【本篇主旨】

篡,意为选。行篡,即选贤取良。本篇认为在提拔、任用、实行奖赏时,必须公平无私,以贤良为标准,这样才能使士卒、百姓心悦诚服,在战争中为统治者尽力。

【原文】

孙子曰:用兵移民之道[2],权衡[3]也。权衡,所以篡贤取良也。阴阳[4],所以[5]聚众合敌也[6]。正衡再纍……既忠[7],是谓不穷[8]。称乡县衡[9],虽[10]其宜也。私公之财[11]壹也。夫民有不足于寿而有余于货者[12],有不足于货而有余于寿者[13],唯明王、圣人知之,故能留之。死者不毒[14],夺者不愠[15]。此无穷……民皆尽力,近者弗则[16]远者无能[17]。货多则辨[18],辨则民不德其上[19]。货少则□,□则天下以为尊。然则[20]为民赇[21]也,吾所以为赇也,此兵之久也[22],用兵之国之宝也。

【注释】

①行篡:行,施行。篡,通选,选取之意。此文论述选取贤良之道,故题曰"行篡"。

②移民：移，归、顺从。意为使民归我。

③权衡：用天平衡量东西的轻重。权，砝码。衡，天平，秤杆。

④阴阳：中国哲学的一对范畴。古代思想家认为一切事物都有两个方面，并以之解释自然界两种对立和相互消长的物质势力。此处"阴阳"当指从正反两面全面地掌握情况。

⑤所以：用来……的。

⑥聚众：集结兵力，团结民众。合敌：同敌人交战。

⑦正衡再累……既忠：反复衡量达到准确公平。衡，天平。累，砝码。忠，准确公平。

⑧不穷：不缺乏，此处指依此道办事，则左右逢源，无所不通。

⑨称乡县衡：论功行赏。称，举，选拔。乡，借为飨，赏赐。县，同悬。县衡，悬平天平，指衡量轻重利弊。

⑩虽：疑借为"唯"，只要。

⑪私公之财："公"指侯王，"私"指大夫以下私属，此处指地位不同。财，同"材"，即人才。

⑫不足于寿而有余于货：指富有却贪生怕死。不足，感到不满足。寿，寿命。货，财物。

⑬不足于货而有余于寿：指因贫困而轻生。

⑭毒：怨恨，痛恨。

⑮夺：剥夺。愠：抱怨，恼怒。

⑯则：借为"贼"。

⑰能：当读"态"，借为"怠"。

⑱辨：疑借为"办"，使事成功。

⑲上：指君主。

⑳然则：既然这样，那么……

㉑赇：此处指行财货以有求于人。

㉒久：当读为"记"。

【译文】

孙膑说：治理军队和使民归附的道理，如同用秤称量东西一样。只有秤称得公平，才可以选拔出优秀的人才。占卜阴阳，掌握全局的情况，是为了集结兵力，与敌人交战。若能反复衡量达到准确公平，就能左右逢源，没有什么办不成的事。论功行赏，务必公平，衡量利弊，务求适当。对人才应一律看待，不分高低贵贱。老百姓中有富有而贪生怕死的，也有贫穷而不惜生命的。只有贤明的君主与圣人才能明白这个道理，从而使这些民众留下来为己所用。这样就使死者甘心而无遗恨，失了财物的人也无所抱怨。……这样民众都肯尽力，使与长官亲近的人不为贼人所害，对长官疏远的人也无所怠慢。民众财物多了往往会事皆办成，无求于君主，自然不认为君主有多少德。而贫穷之人就会尽力而求赏，这样民众就会尊崇君主。既然这样，那么给人民以财利，也就是让人民给我以财利啊。这是因为战争要长期进行。这是用兵所必须牢记的……

【故事论述】

秦末的陈胜、吴广农民起义推翻了秦王朝的统治后,项羽、刘邦为了争夺天下,展开了历史上有名的楚汉战争,垓下之战是双方最后的关键之战。

项羽、刘邦同为楚地(今江苏北部)人,同时从苏北起兵,一称楚王,一称沛公,但两人性格迥异:项羽勇猛过人,耿直自大;刘邦老谋深算,善于用人。公元前205年,楚汉两军对峙于荥阳、成皋(今河南省内)一带,项羽自恃强大,而刘邦在正面亲率大军主力坚守荥阳、成皋一线,与项羽周旋;在后方,命萧何镇守关中,做好保障;在北方,命大将韩信逐个歼灭黄河以北的分散势力,从侧后对项羽形成包围之势;在南方,争取九江王英布背楚归汉;在敌人内部,巧用离间计,分化项羽身边的人。

就这样,经过三年的成皋之战,项羽刚愎自用,众叛亲离,就连一向对他忠心耿耿的范增也被他赶出军营。而刘邦由弱转强,后方巩固,士兵情绪高涨。特别是北方的韩信凭借个人的军事才能,一路过关斩将,像一把锐利的尖刀直插楚军的腹地,并占领了项羽的老家下相(今江苏宿迁)。

公元前202年,刘邦用计,表面上与项羽谈判,楚汉两军以鸿沟(古代运河,在今河南境内)为界,订立和约罢战休兵。于是,项羽东撤,刘邦西退。但刘邦退兵是假,而追击才是真,他和他的谋士们都认为:楚军东撤之时正是向项羽发起攻击的最佳时机,于是暗中约韩信和彭越一齐向楚军发起最后的围击。刘邦率大军追赶项羽至固陵(今河南淮阳),但韩、彭二人仍按兵不动,刘邦大发雷霆。

项羽被刘邦的背信弃义之举气得暴跳如雷,他骂道:"好呀,你刘邦一次次不讲信用,昨天刚说罢兵,今天就来攻我,我要惩罚你这个小人。"他亲率大军向汉军猛冲过来。项羽有万夫不当之勇,汉军一看到项羽的大旗在风中飒飒作响,转头就跑,汉军大败,刘邦只好就地组织防守。

失败的刘邦对韩信不听指挥非常气愤,张良献计说:"破楚军非韩信不可,他按兵不动的原因是没有被封为王。"一句话解开了刘邦心中的疙瘩。原来前一段时间,刘邦给身边许多将领又封地又封侯,而忘记了在前线的韩、彭两员主将。刘邦立即给韩、彭加封王位。不久,两人均来会师,刘邦还当面向韩信道歉,并把所有的军队交予韩信指挥。

韩信重新调整部署,决定围歼项羽。项羽看到汉军从四面八方围来,遂率部退向他的都城彭城(今江苏徐州)。大军行至垓下(今安徽灵璧县),探马来报说:"楚王,大事不好,彭城已为韩信所占。"项羽大惊,只好在垓下就地扎寨。韩信趁机指挥汉军把垓下围得水泄不通。

九月的夜晚,寒气袭人,月色凄冷,项羽和官兵坚守在寨内,夜不能寐。这时,突然从周围的小山上传来一阵阵悲箫伴奏下的楚地歌声:

"九月深秋兮四野飞霜,天高水涸兮寒雁悲怆!最苦守边兮日夜彷徨,披坚执锐兮孤立沙岗。离家十年兮父母生别,妻子何堪兮独守空房……当此永夜兮追思反省,及早散楚兮免死珠方……"这就是历史上著名的"四面楚歌"。

楚军听到这熟悉的如泣如诉的旋律,个个泪流满面,以为楚地尽失,项羽军中的战斗力荡然无存。项羽决心趁早突围。他向跟随他的江东子弟作了最后一次动员,其言切切可想而知，楚军在一片哭声中拿起武器，向汉军冲去。项羽带头杀出一条血路，直奔乌江而去。

到达乌江，项羽收拢残兵，身边仅存800人。乌江太守早已备船等候，劝项羽立即上船，并说："江东地盘虽小，但地野千里，人口10万，还可以卷土重来，请大王快快上船，汉军将至。"

项羽尽可能让他的八百子弟上船，他望着悠悠的江水，想到起兵时，有10万江东人相随，而如今只有身边这些伤兵败将，又想到在鸿门宴上放过刘邦，自己不听范增的劝说，一错再错，真是后悔莫及。他对天长啸："难道这是天要亡我吗?! 纵然江东父老还要我项羽，我也无脸再见他们了。"他毅然拔剑自刎，一代豪杰就这样离开了人间。

一曲楚歌击败了项羽，汉王朝也由此开始了。

【名家论战】

草庐经略·训将

世之论兵者，以为不必用古法也。夫霍去病、张睢阳皆未尝仿古，而亦未尝不合古法。彼其天资甚高，心多灵变，故能自践悬合兵机，而岂可论于恒人哉！自古未有无方之医，斯无不依古法之兵，第合法而不胶于法可也。倘以古法为可废，则节制之师何从而有？所贵在无事之时，集世秀之子及勇武出群之人，教之古名将用兵之术，务精求其义，必可试之当事而不窘于应变，非徒诵其空文而已。万一有警，出其所知，以应事机，指挥操纵，料敌设奇，持重老成，才猷练达，虽畴昔未临战阵，而宿将有所不及。何患夫无将才也！尝观今日之将官，其下者目不识一丁；而其上者工诗作赋，坐消壮气，或习武场论策，拾人唾馀，以搏一第。其于兵家要义，终身不学，绝口不谈。即有谈兵者出于其间，反为楚咻。虽文藻翩然，议论有余，究其实用，终无一效。脱遇缓急，心惊意怖，缩首牖下，于敌忾何益哉！

杀 士①

【本篇主旨】

本篇内容严重残缺，仅存44字。其主旨可能是讲战场纪律与赏罚问题，认为善于用兵的将帅能使士卒为之效死。

【原文】

孙子曰：明爵禄②而……杀士则士……知之。知士可信，毋令人离之③。必胜乃战，毋令人知之④。当战毋忘旁毋……

……必审而行之⑤，士死……

【注释】

①杀士：意思是善于用兵的将帅能使士卒为其效死。杀，牺牲。杀士一语见于《孙子兵

法·谋攻》:"将不胜其忿而蚁附之,杀士三分之一而城不拔者,此攻之灾也。"《尉缭子·兵令》:"古之善用兵者,能杀士之半,其次杀其十三,其下杀其十一。能杀其半者,威立海内,杀十三者,力加诸侯,杀十一者,令行士卒。"

②明爵禄:公布封爵授禄的条件。

③知士可信,毋令人离之:大意是知道某个兵可靠就不要受人离间。离,离间。

④必胜乃战,毋令人知之:大意是有了必胜的把握才决心与敌作战,但这个决心却不可让敌人知道。

⑤审而行之:审,审慎。行,执行。

【译文】

因本篇文意不连,故不译。

【故事论述】

公元前270年,秦国出兵攻打韩国,两军相持于阏与。赵王召见廉颇,问他说:"可以发兵去救援韩国吗?"

廉颇说:"距离太远了,沿途道路狭窄险要,困难太大,不好办。"

回头又去问乐乘,乐乘的看法几乎与廉颇完全一致。唯独赵奢说:"道路遥远而且险要狭窄,这就如同两只老鼠在洞穴里打架,谁最勇敢谁就能取得胜利。"

赵王于是任命赵奢为将,命他率军去解阏与之围。

赵奢领兵走出邯郸30里后便不再往前去了,下令军中说:"谁如果就军事部署来向我提出什么建议或谏劝,处死刑。"

秦军在武安西鼓噪演练,气焰嚣张,声势震天。赵军中有一人提议应急救武安,立即被赵奢斩首。一连停留了28天不再前进,不断增修堡垒。赵奢还捕获了秦军的一名间谍,赵奢丝毫也没有为难他,招待他吃了一顿好饭就把他释放了。

间谍回去后把情况报告了秦军的将领,秦将十分高兴地说:"仅仅走出国门30里就停止前进了,在那里挖沟筑垒准备固守,像他们那样慢腾腾的什么时候才能赶到阏与,就是连边也沾不上啊!"

正在这时,赵奢忽然下令,全军偃旗息鼓,卷甲疾进,来了个急行军,仅用两天一夜的时间,就抵达距离阏与只有50里的阵地,以精于箭术的前锋部队为主,构筑起了防御工事。秦军闻讯后,急速朝赵军驻地蜂拥而来。

军士许历不畏禁令求见赵奢,说是要就军事部署向他提出谏劝。赵奢立即吩咐:"进来吧!"

许历对赵奢说:"赵军突然到达,出乎秦军意料。他们这样迅速地蜂拥过来,是憋着一股子劲的,士气高,战斗意志坚强。将军必须做好充分准备,严阵以待,否则将吃大亏。"

赵奢说:"还有什么要说的吗,继续谈下去啊!"

许历说:"不是有军令,不准就军事部署提出意见吗?我现在已违犯了军令,请求你惩罚我。"

赵奢说:"这个嘛,等到返回邯郸时再说吧!"

许历便又建议说："在我们阵地的北面有一座山,依我看,谁先占据了北山谁就将胜利,谁落在后面就得吃败仗。"

赵奢当即许诺照办,下令派遣一万人赶在秦军的前面将北山占领。秦军到达后,赵奢已全部布置停当。秦军发起攻击前去争夺北山,却怎么也攻不上去。赵奢纵兵出击,于是大败秦军,秦军被迫撤退,遂解阏与之围。赵奢凯旋归国,赵惠文王赐号他为马服君,而以许历为国尉。

古人说,"制人者,握权也,见制于人者,制命也"。可见,主动权就是军队的命脉。两军相斗,谁失去主动权,谁就面临着失败的危险。因此,兵法"千章万句,不出乎致人而不致于人而已"(《唐太宗李卫公问对》卷中),就是指要千方百计地夺取主动权。赵奢如果直接去救阏与,己方长途奔波,秦军也早有准备,主动权就会落在秦军手中;而赵奢故意装作在挖沟筑垒准备固守来迷惑秦军,又出其不意地偃旗息鼓,卷甲疾进,迅速地占据了战场优势,从而完全掌握了主动权。

主动权是达到克敌制胜的关键,所以善于用兵者把抓住主动权作为取胜的第一要素。

【名家论战】

草庐经略·军赏

将以诛大为威,赏小为惠。无不谓小者尚无遗赏,则肤功岂可忘心? 此三军之士所以毕命向前,计无反顾者矣。昔人有言:"赏不逾时。"故不独贵小而贵速,迟则为屯膏,而人怀观望;不独贵速而贵溢,溢则出望外,而人咸激劝;不独贵溢而贵公,公则如天地,而人咸倾服;不独贵公而贵信,信则不负人,而人思尽力。《三略》一书,惓惓重礼赏以驾驭英豪。良以人虽圣贤,必不效力于孤功之人,将虽明智,必不能得死力于不赏之士。赏不下及,而冀再用其人,虽慈父不能得之于子,而将顾可得之于三军乎? 故有功不赏,虽赏不速、不溢、不公、不信,均将之所忌也。然而犹贵不滥,滥则得者不以为荣,贪者辄图侥幸。有限之财源,既不胜其漏卮,膏泽之难遍,且将令其觖望。故勋劳宜赏,不吝千金;无功妄施,分毫不与。此魏武之所以称明啬举约,涓滴成泽,三军谅之,其心亦悦。此秦王世民所以一羊可以分食,而杨行密锡予将士,其帛不过数尺者,盖惟艰难之际,虽俭可以得人心也。

延 气 [1]

【本篇主旨】

本篇残缺也很严重,文辞断续不连贯。基本内容是论述激励士气、鼓舞斗志的问题。分激气、利气、历气、断气、延气五种情况,分别探讨了鼓舞士气的原则、方法和要求。

孙膑兵法

【原文】

孙子曰:合军聚众,[务在激气]②。复徙③合军,务在治兵④利气。临境⑤近敌,务在厉⑥气。战日有期,务在断气⑦。今日将战,务在延气⑧。……以威三军⑨之士,所以激气也。将军令……其令,所以利气也。将军乃……短衣絜⑩裘,以劝⑪士志,所以厉气也。将军令,令军人人为三日粮,国人家为……[所以]断气也。将军召将卫人者而告之曰:"饮食毋……[所]以延气……也。延气……营⑫也。以易⑬营之,众而贵武,敌必败。气不利则拙,拙则不及,不及则失利,失利……气不厉则慑,慑则众□,众……

……而弗救,身死家残。将军召使而勉之。击……

【注释】

①延气:意思是普遍提高士气。延,长、遍。

②务在激气:本为缺文,联系下文补足。激气:激发士气。

③徙:拔营。复徙:疑指逆发。

④治兵:整治士卒。利气:使士兵有锐气。

⑤境:此处指敌军边境。

⑥厉气:即励气,意谓鼓励士卒的斗志,使其有压倒敌人的气势。

⑦断气:使士卒果断而有决心,有断然不回之气。

⑧延气:指延展原有军气,使士卒有持续作战的准备,能持续保持高昂士气。

⑨三军:全军。

⑩絜裘:疑即裘褐,指用兽皮或粗麻制成的短衣,为古代贫贱之人所穿。

⑪劝:勉励。

⑫营:迷惑。

⑬易:轻视。

【译文】

孙膑说:动员民众组建军队时,重在激发士气。拔营进发时,重在整饬武器装备,增强士气。兵临敌境时,重在使军队有压倒敌人的气势。战期已定,重在使士卒有决一死战的果断勇气。在交战的这一天,重在继续保持高昂的士气。……以威震全军士卒,激励士兵,鼓舞锐气。将军下令……他的命令是用来增强士气的。将军就……暑穿麻衣,寒着兽皮,带头操练,以激发士卒的决心,这就是鼓励士卒的方法。将军下令:全军每人只准备三天的口粮,全国的老百姓每家……这是使士卒下定决心与敌人决一死战的办法。将军召集手下的将领、警卫、士兵,告诉他们:吃东西不要……这是使军队保持高昂斗志所采取的办法。

……是迷惑。迷惑敌人使其轻敌,敌人虽多,但骄傲轻敌,必然失败。如果我军没有一股锐气,部队就行动迟缓,这样就会贻误战机,导致失败,失败了就……

士气如果没有被鼓舞起来就会胆怯,胆怯就会使士卒畏缩不前,这样就……但不去救援,自己就会被杀,全家也要被治罪。将军命令使者去劝勉他们,进攻……

【故事论述】

隋炀帝大业十二年(公元615年),李渊被任命为山西、河东抚慰大使,奉命缉捕群盗。

对于一般的盗寇如毋端儿、敬盘陀等，李渊都能手到擒来，不费吹灰之力；但对于北邻突厥却一筹莫展，因突厥自恃有铁骑，民众又善于骑射，很是让人大伤脑筋。经过与突厥的多次交战，李渊屡战屡败，很少有获胜的机会。此时的突厥兵更是肆无忌惮，李渊把他们看成是不共戴天的敌人。

公元616年，李渊被诏封为太原留守，突厥竟然用数万兵马多次攻击太原城池，李渊遣部将王康达率领千余人攻打突厥，几乎全军覆没。后来因为巧使疑兵之计，才勉强吓跑了突厥兵。更加可恶的是，盗寇刘武周突然进击归李渊专管的汾阳宫（隋炀帝的离宫之一），掠取宫中妇女，献给突厥。突厥即封刘武周为定杨可汗。另外，由于突厥的支持和庇护，郭子和、薛举等纷纷起兵闹事，李渊简直是防不胜防。

人们都认为，李渊怀着满腔的仇恨，一定会与突厥决一死战。不料李渊竟派遣谋士刘文静为特使，向突厥屈节称臣并表示愿意把"美女玉帛"全部送给突厥可汗。

众人看到李渊的这种屈节让步的举动，都感到是莫大的耻辱。李渊却"众人皆醉我独醒"，他有自己的想法，屈节让步虽然样子上难看一点，但只有做到能屈能伸才可以成为大丈夫，才可以成就一番大业。

原来根据当时的天下形势，李渊已经下了起兵反隋的决心。要起兵成就大业，太原虽是一个军事重镇，但不是理想的发家之地，必须向西进入关中，才能号令天下，西入关中，太原又是李唐大军万万不可丢失的根据地。那么用什么办法才能保住太原，而又能顺利进入关中呢？

当时李渊手下也只有三四万人马，就算全部驻守太原，也难以应付突厥的侵袭和盗寇的扰乱。现在要进伐关中，显然不能留下重兵把守。唯一的办法是采取和亲政策，让突厥"坐受宝货"。所以李渊不惜屈节让步，俯首称臣，且与突厥约定，平定京师之后，土地归李渊，美女玉帛则全部都送给可汗。

俗话说："人为财死，鸟为食亡。"唯利是图的突厥可汗见有利可图，果然与李渊修好，依附突厥的刘武周等也收敛了很多。到了公元619年，刘武周攻克晋阳时，李渊早已在关中建立了唐王朝，拥有了新的幅员辽阔的根据地，此时的刘武周再也不是李渊的对手。李渊派李世民率兵出征很快就收复了太原。

由于李渊的屈节让步，他从突厥那里得到了很多的资助。突厥可汗一路上送给李渊不少马匹及士兵，李渊又乘机购来许多马匹，这不仅为李渊拥有一支战斗力极强的骑兵奠定了基础，而且因为突厥骑兵英勇善战，凭空为自己的军队增加了很大的声势，在一定程度上起到了威慑敌人的作用。

虽然许多人不齿于李渊的屈节让步行为，但在当时的情况下，可以说是一种明智的选择，它使弱小的李家军既平安地保住后方根据地，又顺利地西行打进关中，并最终成就了帝业。突厥在后来又不得不向唐求和称臣，突厥可汗还在李渊的使唤下顺从地翩翩起舞，所以说，李渊一时的忍辱其实是值得的。

古语云"小不忍则乱大谋"，由此看来，暂时的屈节让步，往往是养兵蓄锐、争取时机，然后反戈一击、克敌制胜的不二法门。

草庐经略·治气

尝谓尉缭之书,谓"国之所以战者民也,民之所以战者气也,气实则斗,气夺则走。"诚是矣!而"七书"独不言养气。《吴子》"气机"虽少露之而不竟其说,是穷其流而不溯其源也。何也?兵胜在气胜。士能负气,而不能自司其气。气有消有长,在司气者治之何如耳。入之壮气值大战后,败则必挫;即全捷而气必泄,后渐渐蓄之,渐渐鼓之,养之使盛,以图再举,庶几常盈而不竭矣。司气之道:休众享士,大将鼓舞而率作之,俾相勉以忠义,相贤以威武,相劝以建绩,相激以犯难,相惭以无功,相耻以退却,相怒以敌骄,相指以敌脆,人人无不眦裂发竖,万夫必往,则气斯胜矣。《吴子》曰:"三军之众,百万之师,张弛轻重,在于一人。是谓气机。"诚哉是言,将固不可诿其责矣。为将不尚节制,岂能尽谙养气之说?第曰"朝气锐,昼气惰,暮气归。善用兵者,避其锐气,击其惰气。夫是之谓治气"而已。岂能推广其义,发古人未尽之旨也哉!

吴起以三行享士大夫,士不待吏令而奋击秦者以数万。是相惭以无功也。

官 一①

【本篇主旨】

本篇正文部分文字脱漏虽不多,但辞句艰涩难解,内容也比较混乱、庞杂。具体包括军队组织方法和指挥手段,作战行动与指挥原则,以及行军、宿营、巡逻、警戒等军事常识。

【原文】

孙子曰:凡处卒利阵体甲兵②者,立官③则以身宜,贱令以采章④,乘削以伦物⑤,序行以□□⑥,制卒以州闾⑦,授正以乡曲⑧,辩疑以旌舆⑨,申令以金鼓⑩,齐兵⑪以从迹,庵结以人雄⑫,遝军以索阵⑬,茭肆以囚逆⑭,陈师以危□⑮,射战以云阵⑯,御裹以赢渭⑰,取喙以阖燧⑱,即败以包□,奔救以皮傅⑲,燥战以错行⑳。用□以正㉑,用轻以正散㉑,攻兼用行城㉒,□地□□用方,迎陵而阵用刲㉓,险□□□用圜,交易武退用兵㉔,□□阵临用方翼㉕,泛战接厝用喙逢㉖,囚险解谷以□远㉗,草驵沙荼以阳削㉘,战胜而阵以奋国㉙,而……

为畏以山胲㉚,秦怫以逶迤㉛,便罢以雁行㉜,险厄以杂管㉝,还退以蓬错㉞,绕山林以曲次㉟,袭国邑以水则㊱,辨夜退以明简㊲,夜警以传节㊳,盾入内寇以棺士㊴,遇短兵以必舆㊵,火输积以车㊶,阵刃以锥行㊷,阵少卒以合杂㊸。合杂,所以御裹也。脩行连削,所以结阵也㊹。云折重杂,所权趡㊺也。森凡振陈,所以乘疑也㊻。隐匿谋诈,所以钓战㊼也。龙隋陈伏,所以山斗也㊽。□□乖举,所以厌津也㊾。□□□卒,所以□□也。不意侍卒,所以昧战也㊿。遇沟口陈,所以合少也⁵¹。疏削明旗,所以疑敌也⁵²。剽阵辖车,所以从遗也⁵³。椎下移师,所以备强也⁵⁴。浮沮而翼,所以燧斗⁵⁵也。禅括繁避,所以莪蹑⁵⁶也。简练剽便,所以逆喙也⁵⁷。坚阵敦□,所以攻槽也⁵⁸。揆断藩薄,所以泫疑也⁵⁹。伪遗小亡,所以饵敌也⁶⁰。重害,所以茭□也。顺明到声,所以夜军也⁶¹。佰奉离积,所以利胜也⁶²。刚者,所以御劫也⁶³。更⁶⁴者,所以过□也。□者,所以御□也。……者,所以厌⁶⁵也。胡⁶⁶退入,所以解困也。

……令以金……云阵,御裹……肷秦怫以逶迤,便罢……夜退以明简,夜警……舆,火输积以车,阵……

……龙隋阵……也。简练□便,所以逆……断藩薄,所以眩……所以敌也。重害,所……奉离积,所以利……

【注释】

①官一:本篇篇首有"立官则以身宜"之语,故即以"官"为篇题。篇后所附残文均与本篇重复,可见此篇原有两本。篇题"官"后加"一"字,可能表示此为两本中第一种本子。篇后所附残文当为"官二",因为残损的厉害,这里附于"官一"篇后。官,官能之意。本篇指军队的官能。

②处卒:疑指选择有利地形驻军。利阵:使其阵形变化便利,对作战有利。体甲兵:疑指配置甲杖兵器,统帅军队。体,分配整治。

③立官:建立军队的官能。

④贱:疑借为"践",实行。采章:本指平日区别尊卑贵贱的衣服徽章,用在军队中则指五彩徽章,其随时随事而有所不同。

⑤乘:升。削:贬。伦:比较。物:职事。

⑥序:次序。行:行列。□□:缺文,疑是"卒伍"二字,《尉缭子·径卒令》可参证。

⑦制卒:组建军队,编制队伍。卒:队伍。州闾:州里,乡曲,是古代地方基层行政单位。

⑧正:长。授正:授予官职。

⑨辩:通"辨"。舆:疑借为"旟(yu)"。旌舆:绘有鸟图案的旗,古代用以区别各级指挥员的专用旗帜。

⑩金:指金属铙、铎等乐器。

⑪齐兵:队伍持兵器整齐一致。从:跟从。迹:脚印,足迹。从迹:紧跟前行的步伐。

⑫庵:同。结:收敛,集结。人雄:勇武过人的人。

⑬遄:践踏。遄军:粉碎歼灭敌军。索陈:即"索阵",与下文之囷逆、云陈、赢渭、皮傅、错行等,疑皆阵名。

⑭茭:一种用以校正弓的器具。肆:阵列。囷逆:阵名。

⑮危:高,险。□:疑为"势"字。

⑯射战:用弓矢作战。云陈:即云阵,阵名,此阵有利于射战。

⑰御:抵御。裹:包围。赢渭:疑为阵名。赢:缠绕。

⑱缘:鸟嘴,此处指部队的前锋。阖:封闭,阻塞。燧:通隧,指道路。

⑲即:接近,就。包□:疑为阵名。奔:急驰。

中国历代兵法精粹

⑳燥战:火战。错行:交错前进。

㉑用□以正□:据上下文可补为"用重以正轻"。重:重兵,即兵力众多,装备齐全的部队。轻:指轻兵,即兵力较少,装备精简的部队。散:溃散的敌兵。

㉒兼:指高峻的山崖。行城:攻城的器材或方法。

㉓方:指方阵。刲:指圭形之阵,一说为"分割,分散"。

㉔圜:环行防御,即圆阵。交:与敌交战。易:平原地。武:讨伐。退:指撤退的敌人。兵:指某种兵器。

㉕□:疑为"高"字。方翼:指军队的旁翼。方:当读"旁"。

㉖泛战:一般作战。接:接触。唇:当借为"错"。逢:即"锋",指军队的前锋。

㉗囚险:包围封锁占据险阻地形的敌人。解谷:意谓自己的军队不可擅入深谷与敌交战,应使敌出谷而战。□:可能是"制"字。

㉘草:指杂草。驵:指特别丰厚的杂草。沙荼:即莎荼,草名,营草属。草驵沙荼:泛指杂草丛生的地方。阳:借为"佯"。

㉙战胜而阵以奋国:意谓战争取得胜利就容易产生骄傲情绪,从而使军气懈惰,故严整阵容,以奋国威。

㉚而:在此处是衍文。畏:有戒心。山朌:与下文的逶迤、杂管、篷错、曲次等,疑皆阵名,此处指环山布阵。

㉛秦怫:指荆棘丛生,难以通行。逶迤:此处可能是阵名,指蜿蜒曲折而成阵。

㉜便罢:暂时停留。罢,疲。雁行:阵名,像雁飞一样的梯次配备。

㉝险厄以杂管:此处指自己的部队处于险境。险,地势险要。厄,地势阻塞。杂管:阵名,有包聚之意。

㉞还退以蓬错:撤退时要用蓬错阵。还退:后退。蓬错:阵名,阵形不详。

㉟曲次:指部队的次序。

㊱国邑:城邑。水则:水的规律,即由上而下,有势不可挡的意思,此处可能指利用水阵。辩:通办,治理。

㊲简:指简书,把命令写在竹简上,故称"简书"。

㊳警:警戒。节:符节,古代出入门关所用的凭证。

㊴厝:通"斮"。厝入内寇:即突入的敌人。棺士:即才士,汉称材官,即武艺超群的人。

㊵遇短兵以必舆:短兵,刀剑。必,借为似,密密排列。必舆:长柄的兵器和战车。本句意思是遇到使用短兵器的敌人就要以密排的长兵器和战车来抵御。

㊶输积:运输中的物资。积,指聚集的粮草。输,指辎重。

㊷阵刃:指阵势的前锋。锥行:即锥形阵。

㊸杂:聚合。合杂:此处指集中兵力。

㊹脩:通"修",整顿。行:行列。削:借为"□",旌旗下悬垂的饰物,这里指军队中的各单位。

㊺折:曲。重杂:重叠。权:此字上脱一"以"字,权衡,引申为"应付"。趡:举动急躁。

权趯:主动暴起。

㊻焱凡振陈:疑当读为"飙风振阵",比喻部队勇猛神速。乘疑:乘敌人疑惑。

㊼钩战:引诱敌人出战。

㊽龙:山势。隋:垂下。龙隋:山势起伏。陈伏:布置伏兵。

㊾厌:截断。津:渡口。

㊿不意:想不到。侍:即"待"。卒:疑借为"猝"。昧战:不宣而战。

51合少:用少数兵力作战。

52削:即"□"。疏削明旗:旗帜疏列鲜明,是疏阵以少击众的战法。

53剽:轻快。(车差)车:即驰车。从:追逐。遗:借为"逸"。从遗:追击逃跑的敌人。

54椎:疑即"摧"字,打击。移师:转移部队。备强:防备强敌。

55浮:漂在水上。沮:低湿的地方。浮沮:阵名。翼:军队的两侧。

56禅:单衣。禅括:指单衣光头、不甲不胄、随随便便的装束。縶避:借为"盘避",往返不止。芳蹋:借为"诱蹋",诱敌来追。

57简练:挑选训练。剽便:指骁勇敏捷。逆:抵抗。喙:敌人的前锋部队。

58□:疑为"旅"。坚陈敦旅:军队成形叫阵,未成阵叫旅。

59揌断:故意折断。藩:屏障。薄:草木。藩薄:草木构成的屏障。泫疑:即"眩疑"。

60饵敌:故意丢失一些财物引诱敌军。

61重害:严罚重刑。□:疑为"肆"。芟肆:规整。顺明到声:当读为"巡明致声"。

62佰奉:疑为"□蜂",控制。

63刚者:刚勇的部队。

64更:轮流。

65厌□:疑为"厌阵"。

66胡:借为"故"。

【译文】

孙膑说:凡是选择有利地形驻军、布列阵势、统帅部队的人,设官分职,一定是要委派称职的人来担任,用各色旗帜和车服标志其官阶品级,官阶的升降依照他们的工作成绩而定。士卒应按地方行政组织来编制,军官也按地方行政单位任命。用旗帜区分不同的建制单位,用鸣金、播鼓下达号令。使部队阵容整齐的办法是后行紧跟前行的步伐。掩护军队集结必须由勇武过人的人担任。为了粉碎敌军阵势,应采用似绳索般绵亘不断的队形。为防止混乱,要随时规整队形。配置军队要形成有利的态势。用弓矢交战应采用蜿蜒曲折的梯队、抵御敌人合围要布成连绵不断的环行阵势,狙击敌人的前锋应该封锁阻塞道路。追击败退之敌采用包抄,紧急驰援要从外面迫近并包围敌人。火攻时部队要采用交错的队形前进。用重兵攻击敌人的轻兵,用轻兵征剿溃散的敌人。攻城要用云梯等攻城器材。在平地交战用方阵。面向高地列阵用分散队形。据守险要用环行阵进行防御。在平原作战,需要急速撤退时,要边打边退……一般作战在短兵相接时要充分发挥先锋的作用,包围封锁占据险阻地形的敌人,从而打开谷地的通路,以便绕过险阻前进。在草木茂密的地方,要开阔通路。战

中国历代兵法精粹

胜了要整队凯旋以振国威。而……为了戒备,要环山列阵。通过荆棘丛生、难于通行的地段,要蜿蜒曲折地前进。军队暂时停留,宜用梯次配备。据守险要应集中兵力,作环形防御。撤退要隐蔽地交替进行。绕过山林要按单位依次通过。袭击城邑要高屋建瓴地以不可挡之势发动进攻。为了准备夜间撤退要事先下达明确的命令和规定。夜间警戒,用规定的符节为凭证。对突入阵内的敌人用武艺高强的有才之士去消灭他们。对使用短兵器的敌人,用长兵器和战车去对付。焚烧敌人运输中的物资,要用车辆去放火。前锋部队宜用锥形阵。兵力不足,布阵时要注意集中兵力。集中兵力是为了抵御敌人的围攻。整齐行列并使各单位连接起来,是为了形成阵势。采用密密重叠的队形,是为了应付紧急情况。采取勇猛神速的行动,是为了趁敌疑虑不定时进行袭击。隐蔽己方企图,运用计谋,是为了诱敌出战。依据山势起伏,设置伏兵,是为了利用山地进行战斗。采取异乎寻常的行动,是为了截断渡口……使连自己身边的侍从都猜测不到,是为了保守作战机密。凭沟布阵是为了节约兵力。疏散部队,大量树起旗帜,是为了迷惑敌人。使用轻装部队和战车是为了追击敌人。挫败敌军后迅速转移是为了保存实力防备其他强敌的。把军队配置在低洼潮湿的地方是为了便于火战。不穿铠甲,不戴头盔,往返迟疑地行动,是为了诱敌来追。精选剽悍敏捷的士卒,是为了迎击敌人的前锋。加强阵地整顿部队,是为了抗击敌人主力部队的进攻。故意破坏一些草木屏障,是为了迷惑敌人。故意丢失一些资财,是为了引诱敌人。严罚重刑,是为了整顿军队。顺着光亮,循着声音前进,是为了便于夜间行动。控制敌国境内各处的物资储备,是为了有利于取胜。刚强的士卒,可用以抗击敌人的袭击。更换士卒……是用来抵抗……用来歼敌。远远地摆脱敌人,是为了解脱困境。

【故事论述】

三国时,关东诸侯联合起兵,共推渤海太守袁绍为盟主,反对董卓专权。讨卓联军攻占洛阳后,各路诸侯便各打各的算盘,不仅不能同心协力,反而争权夺利、互相兼并,以致讨卓联盟迅即瓦解,各路诸侯各自为战,自谋发展。

当时洛阳一带几乎已成废墟,袁绍觉得在这里已无戏可唱,便于次年率军退屯河内(今河南武陟县西南),观望形势发展。

渤海郡属冀州,因而袁绍在名义上应算冀州牧韩馥的部下,所以韩馥经常派人运送粮草接济袁绍。谁知好心不得好报,袁绍及其部下却暗中算计起富庶的冀州来。谋士逢纪向袁绍献计说:"大丈夫当纵横天下,怎能靠人接济为生!冀州乃钱粮广盛之地,将军何不取之!"

得到袁绍赞同后,逢纪进一步谋划说:"可暗中派人送信给北平太守公孙瓒,约其共攻冀州,平分其地。他必定欣然起兵攻冀州。面对公孙瓒的进攻,韩馥这样的无谋之辈肯定会请您协助守冀州。您便可乘势行事,冀州唾手可得。"袁绍闻言大喜,立即依计送信给公孙瓒。公孙瓒收到信后,就应约发兵杀奔冀州而来。袁绍却又使人将公孙瓒发兵攻冀州的消息密报韩馥。韩馥得报后,即召集谋士荀谌、辛评二人商议对策。荀谌说:"公孙瓒率领燕、代之众,长驱而来,锐不可当。今袁绍智谋过人,手下名将极广,将军可请其同治州事,这样就不怕公孙瓒了。"韩馥以为得计,便差别驾闵纯去请袁绍。长史耿武谏曰:"袁绍孤客穷军,仰我鼻息,譬如婴儿在股掌之上,绝其乳哺立可饿死,怎能将州权委托给他?这等于引虎入羊

孙膑兵法

群啊!"忠厚的韩馥答道:"我本是袁家先世的故吏,才能又不如袁绍,让贤是自古以来的美德,现在我决计请袁绍与我一同治理冀州,诸位不要嫉妒!"耿武等人见韩馥固执己见,不听忠告,只能空自叹息。

数日后,袁绍应韩馥之邀率领大队人马来到冀州。忠于韩馥的耿武、闵纯不愿冀州落入袁绍之手,便伏于城外,想要刺杀袁绍,结果被袁绍大将颜良、文丑斩杀。袁绍入踞冀州后,即以韩馥为奋威将军,并以自己的亲信部下田丰、沮授、许攸、逢纪分掌州事,架空韩馥,逐渐篡夺韩馥之权,终将冀州据为己有。至此,韩馥懊悔不及,只得弃下家小,只身投靠陈留太守张邈去了。

公孙瓒见袁绍不讲信义,独吞了冀州,不肯平分其地,因而与袁绍结下仇怨,彼此攻伐。但公孙瓒哪里是袁绍的对手,屡战屡败,后来被袁绍围困于易京(今河北雄县西北),走投无路,自缢而死。这样,连公孙瓒割据的幽州也落入了袁绍之手。

按照当时的军事形势,袁绍完全有能力以武力夺取冀州。但那样做,不仅会损兵折将,而且名不正言不顺,会在道义上受到天下人的谴责。于是,袁绍便明智地采纳逢纪的计策,在应韩馥之邀的幌子下,名正言顺,兵不血刃地占据冀州,从而为日后的发展打下了基础。

【名家论战】

草庐经略·教部阵

昔人有言:"善师者不阵,善阵者不战。"若区区依古阵法以求胜,愚将也。夫阵亦何常之有,而可拘泥为哉!八阵、六花以前虽可考,而俱不能用。五行阵今虽可用,而亦不可拘。鸳鸯、奇正皆备,而迭进迭退使力不乏,而敌难乘,此其宜于今者也。大都陈师于野,部阵要整肃,队伍要分明。毋喧哗,毋越次,毋参差不齐,毋自行自止、或纵或横。使目视旌旗之变,耳听金鼓之声,手工击刺之方,足习步趋之法。能圆而方,能坐而起,能行而止,能左而右,能分而合,能结而解。每变皆熟,而阵法于是乎在矣!

尝按古史有云:孙吴善谈兵而不言阵。何也?或曰:《孙子》之"纷纷纭纭,斗乱而不可乱;浑浑沌沌,形圆而不可败"。《吴子》之"圆、方、坐、起"数语,皆言阵也。第孙、吴之所谓阵者,不泥法而法自在,非如今人侈谈古阵,胶柱鼓瑟也。

强 兵

【本篇主旨】

本篇记述齐威王与孙膑之间关于富国、强兵的问答。内容残缺比较严重,篇题为竹简整理者所加。整理者从文例、字体推断,怀疑它不是《孙膑兵法》本文,而是后人抄录附于其后的。

【原文】

威王问孙子曰:"……齐士教寡人强兵者,皆不同道①。……[有]教寡人以政教②者,有教寡人以……[有教]寡人以散粮③者,有教寡人以静者,……之教□□行之教奚……"[孙子曰]:"……皆非强兵之急④者也。"威[王]……孙子曰:"富国。"威王曰:"富国……厚,"威王、宣王以胜诸侯⑤,至于……

……将胜之,此齐之所以大败燕⑥……众乃知之,此齐之所以大败楚人⑦反……大败赵⑧……人于鄵桑而擒汜皋也⑨。……擒唐□⑩也……擒□……

【注释】

①道:道理,做法,原则。

②政教:以政教化,即加强教育。

③散粮:赈济孤贫,以收民心。

④急:最要紧。

⑤威王、宣王以胜诸侯:可参见《史记·孟子荀卿列传》:"齐威王、宣王用孙子(膑)、田忌之徒,而诸侯东面朝齐"。宣王:威王之子辟彊(公元前342年~前323年在位)。

⑥齐……败燕:当指公元前314年齐宣王伐燕之事。

⑦齐……败楚:疑指齐与韩、魏等国伐楚取重丘之战,是在公元前301年齐湣王初立时。

⑧大败赵:据《竹书纪年》,魏惠王后元十年(齐威王三十二年,公元前325年)齐败赵于平邑,俘获赵将韩举。

⑨人:"人"字上一字尚余残存笔画,似是"宋"字。据史书记载,齐湣王15年宋为齐所灭。此处所记可能是灭宋以前的某次战役。鄵(nie色)桑:今江苏沛县。

⑩唐□:疑即唐昧,人名。《史记·楚世家》记载,怀王28年(公元前301年),"齐、韩、魏共攻楚;杀楚将唐昧,取我重丘而去。"唐昧:有的书作"唐蔑"。如果唐□确实是唐昧,则此简与上文"大败楚人"一简所记当为同一件事。

【译文】

齐威王问孙膑:"……齐国的谋士向我提供强兵之道,办法各不相同。……有人教我用政治教化,有人教我用……有人教我散发粮食,有的教我清静无为……"孙膑回答说:"……这些都不是加强军备最要紧的事。"威王问:"那什么才是最要紧的事呢?"孙膑说:"让国家富足起来。"威王说:"国家富足……厚。"威王、宣王凭借国家富足战胜了各国诸侯,至于……

……将要战胜它,这是齐国大败燕国的原因……

……民众才知道这是齐国大败楚国人,反……

……活捉了唐□。

……大败赵国……

……活捉了□□……

……在鄵桑把宋国人打败,活捉了汜皋。

孙膑兵法

唐高祖即位以后,封李建成为太子,李世民为秦王,李元吉为齐王。三个人当中,数李世民功劳最大。太原起兵,原是他的主意;在以后几次战斗中,他立的战功也最多。李建成战功不如李世民,只是因为他是高祖的大儿子,才取得太子的地位。

李世民不但有勇有谋,而且手下有一批人才。在秦王府中,文有房玄龄、杜如晦等,号称十八学士;武有尉迟敬德、秦叔宝、程咬金等著名勇将。太子建成知道自己威信比不上李世民,心里妒忌,就和弟弟齐王元吉联合,一起排挤李世民。

建成、元吉知道唐高祖宠爱一些妃子,就经常在这些宠妃面前拍马送礼,讨她们的欢喜。李世民没有这样做。李世民平定东都之后,有的妃子私下向李世民索取隋宫里的珍宝,还为她们的亲戚谋官做,都被李世民拒绝了。于是,宠妃们常常在高祖面前说太子的好话,讲秦王的短处。唐高祖听信宠妃的话,对李世民渐渐疏远起来。

李世民多次立功,建成和元吉更加嫉恨,千方百计想除掉李世民。有一次,建成请李世民到东宫去喝酒。世民喝了几盅,忽然感到肚子痛。别人把他扶回家里,他一阵疼痛,竟呕出血来。李世民心里明白,一定是建成在酒里下了毒,于是赶快请医服药,总算慢慢好了。

建成、元吉想害李世民,但是又怕世民手下勇将多,真的动起手来占不到便宜,就想先把这些勇将收买过来。建成私下派人送了一封信给秦王手下的勇将尉迟敬德,表示要跟尉迟敬德交个朋友,还给尉迟敬德送去一车金银。

尉迟敬德跟建成的使者说:"我是秦王的部下。如果私下跟太子来往,对秦王三心二意,我就成了见利忘义的小人。这样的人对太子又有什么用呢?"说着,他把一车金银原封不动地退了回去。

建成遭到尉迟敬德的拒绝,气得要命。当天夜里,元吉派了个刺客到尉迟敬德家去行刺。尉迟敬德早就料到建成不会放过他。一到晚上,故意把大门打开。刺客溜进院子,隔着窗户偷看,只见尉迟敬德斜靠在床上,身边放着长矛。刺客本来就知道他的名气,怕他早有防备,没敢动手,偷偷地溜回去了。

建成、元吉见一计不成,又生一计。那时候,突厥进犯中原,建成向唐高祖建议,让元吉代替李世民带兵北征。唐高祖任命元吉做主帅后,元吉又请求把尉迟敬德、秦叔宝、程咬金三员大将和秦王府的精兵都划归他指挥。他们以为把这些将士调开以后就可以放手杀害李世民了。

有人把这个秘密计划报告了李世民。李世民感到形势紧急,连忙找他大舅子长孙无忌和尉迟敬德商量。两人都劝李世民先发制人。李世民说:"兄弟互相残杀总不是件体面的事。还是等他们动了手,我们再来对付他们。"

尉迟敬德、长孙无忌都着急起来,说如果李世民再不动手,他们也不愿留在秦王府等死。李世民看他的部下十分坚决,就下了决心。

当天夜里,李世民进宫在李渊面前告了一状,诉说太子跟元吉怎么谋害他。唐高祖答应等第二天一早,叫兄弟三人一起进宫,由他亲自查问。

第二天早上,李世民叫长孙元忌和尉迟敬德带了一队精兵,埋伏在皇宫北面的玄武门,只等建成、元吉进宫。

没多久，建成、元吉骑着马朝玄武门来了，他们到了玄武门边，觉得周围的气氛有点反常，心里犯了疑。两人拨转马头，准备回去。

这时，李世民从玄武门里骑着马赶了出来，高喊说："殿下，别走！"

元吉转过身来，拿起身边的弓箭，就想射杀世民，但是心里一慌，连弓弦都拉不开来。李世民眼明手快，射出一支箭，把建成先射死了；紧接着，尉迟敬德带了 70 名骑兵一起冲了出来，尉迟敬德一箭，把元吉也射下马来。

东宫和齐王府的将士听到玄武门出了事全部出动，猛攻秦王府的兵士。李世民一面指挥将士抵抗，一面派尉迟敬德进宫。

唐高祖正在皇宫里等着三人去朝见，尉迟敬德手拿长矛气喘吁吁地冲进宫来，说："太子和齐王发动叛乱，秦王已经把他们杀了。秦王怕惊动陛下特地派我来保驾。"

高祖这才知道外面出了事，吓得不知道该怎么办才好。

宰相萧瑀等说："建成、元吉本来没有什么功劳，两人妒忌秦王，施用奸计。现在秦王既然已经把他们消灭了，这是好事，陛下把国事交给秦王就没事了。"

到了这步田地，唐高祖要反对也没用了，只好听左右大臣的话，宣布建成、元吉罪状，命令各府将士一律归秦王指挥。过了两个月，唐高祖让位给秦王，自己做了太上皇。李世民即位，就是唐太宗。

唐太宗通过兵变，杀死自己的兄弟夺取了皇位，但后人对他的这种做法极少指责，主要是因为这是他出于自卫被迫而实施的还击。虽然如此，但亲兄弟之间这样的结局总让人有些心存芥蒂，我们不得不承认中国历史有着很浓的血腥味儿，无毒不丈夫，用这句话形容王位的血腥争夺战是再合适不过的。

【名家论战】

草庐经略·果断

大将临戎制胜，未有不败于畏缩而成于刚决者，故曰："用兵之害，犹豫最大；三军之灾，生于孤疑。"或延揽忠告，或独撰神机，参伍详审，料敌设计，得策辄行，岂容留滞。是故不模棱而废可底之绩，不后事而失可赴之机。圜转迅发，决断如流，才明练达，称良将也。尝观刚愎自用者，亦未始不藉口于果断。彼其所谓断者，不度可否，不听良谋，作事愦愦，恣行胸臆，败所由来也。夫果断之道，托基在明，明则无不当矣。

孙膑兵法

下 编

十 阵①

【本篇主旨】

本篇内容较多,论述了古代战争的十种阵法,阐述其不同特点和作用。古书中关于古代阵法的记载很少,还往往蒙上阴阳迷信色彩。本篇的论述则比较系统、真实,在古代军事史的研究上价值很大。

【原文】

凡阵有十:有枋阵②,有圆阵,有疏阵,有数③阵,有锥行之阵④,有雁行之阵⑤,有钩行之阵⑥,有玄襄之阵⑦,有火阵,有水阵。此皆有所利。

枋阵者,所以剸⑧也。圆阵者,所以榑也⑨。疏阵者,所以吷⑩也。数阵者,为不可掇⑪。锥行之阵者,所以决绝⑫也。雁行之阵者,所以接射⑬也。钩行之阵者,所以变质易虑⑭也。玄(羽襄)之阵者,所以疑众难故⑮也。火阵者,所以拔⑯也。水阵者,所以伥固⑰也。

枋阵之法,必薄中厚方⑱,居阵在后⑲。中之薄也,将以吷也。重□其□,将以剸也。居阵在后,所以……

[圆阵之法]……

[疏阵之法],其甲寡而人之少也,是故坚。武者在旌旗,是人者在兵⑳。故必疏钜间㉑,多其旌旗羽旄,砥刃以为旁。疏而不可蹙,数而不可军者,在于慎㉒。车毋驰,徒人毋趋㉓。凡疏阵之法,在为数丑㉔,或进或退,或击或豚㉕,或与之征㉖,或要其衰㉗。然则疏可以取锐矣。

数阵之法,毋疏钜间,戚而行首积刃而信之,前后相保㉘,变□□□,甲恐则坐㉙,以声坐□,往者弗送,来者弗止,或击其迂,或辱其锐㉚,笄之而无间㉛,畈山而退㉜。然则数不可掇也。

锥行之阵,卑之若剑㉝,末不锐则不入㉞,刃不薄则不剸㉟,本不厚则不可以列阵㊱。是故末必锐,刃必薄,本必鸿㊲。然则锥行之阵可以决绝矣。

[雁行之阵],……中,此谓雁阵之任㊳。前列若雝,后列若狸㊴,三……阙罗而自存,此之谓雁阵之任。

钩行之阵,前列必枋,左右之和必钩㊵。三声㊶既全,五彩必具㊷,辨吾号声,知五旗。无前无后,无……

玄(羽襄)之阵,必多旌旗羽旄,鼓(羽非)(羽非)庄㊸,甲乱则坐,车乱则行㊹,已治者□,

楯橹啐啐⑮，若从天下，若从地出，徒来而不屈，终日不拙⑯。此之谓玄（羽襄）之阵。

火战之法，沟垒已成，重为沟堑，五步积薪，必均疏数⑰，从役有数，令之为属枇⑱，必轻必利，风辟……火既自覆，与之战弗克，坐行而北⑲。火战之法，下而衍以□⑳，三军之士无所出泄㉑。若此，则可火也。陵焱蒋□，薪荛既积㉒，营窟未谨㉓。如此者，可火也。以火乱之，以矢雨之㉔，鼓噪敦兵㉕，以势助之。火战之法……

水战之法，必众其徒而寡其车㉖，令之为钩错蓰（木且）贰辑□绛㉗皆具。进则必遂，退则不蹩，方蹩从流，以敌之人为招㉘。水战之法，便舟以为旗，驰舟以为使，敌往则遂，敌来则蹩，推攘因慎而饬之㉙，移而革之，阵而□之，规而离之。故兵有误车有御徒㉚，必察其众少，击舟（豕页）津，示民徒来㉛。水战之法也。七百八十七㉜。

【注释】

①十阵：十种阵法。本篇主要论述十种阵法的特点和作用。

②枋（方）阵：即方阵。

③数：密集。

④锥行之阵：战阵前锋像锥尖一样纵向伸展开的阵形。行，行列。

⑤雁行之阵：像雁阵一样横向排开的阵形，左右两边根据需要向前或向后排成人字。

⑥钩行之阵：左右两翼相互弯曲连接的阵形。

⑦玄襄之阵：字义不详，根据文义是一种迷惑敌人的阵形。

⑧剸：借为"专"，指便于将领统一指挥。

⑨圆阵者，所以槫也：圆阵用于圆转进攻。槫（tuán）：运转。此句因后文缺失文义不详，据孙膑的军事思想特点及其他可理解为圆阵为进攻阵形。

⑩吠：虚张声势。

⑪掇：本义是割取，这里引申为分割、击破。

⑫决绝：指割断敌人。

⑬接射：快速射击。椄：通"捷"，快速。

⑭变质易虑：指钩行阵可以变换敌人的攻击目标使敌人的部署混乱。质，目标。虑，谋虑。

⑮疑众难故也：使敌人产生疑惑，不容易困住我军。众，敌众，敌军。故，通"固"，"固"又通"锢"禁锢。

⑯拔：攻破、夺取。

⑰伥固：借助水之势以攻破敌人的坚固工事。伥：通"涨"。战国时赵、魏、韩水淹智伯和三国时关羽水淹七军都是借助大水攻破敌人的例子。

⑱必薄中厚方：兵力部署中间相对少而外围相对多。中，阵中。方，阵四边。

⑲居阵在后：暂时不用的阵放在后面。居阵：组成方阵的多个小阵中暂时不动的阵。

⑳武者在旌旗，是人者在兵：旌旗和武器可以用来显示军威。

㉑钜间：行列间距。钜，借为"距"。

㉒疏而不可蹙，数而不可军者，在于慎：列阵时要做到疏密恰当，这在于谨慎。

㉓车毋驰,徒人毋趋:战车和步兵都不要快跑。毋,不要。徒人,步兵。

㉔丑:群、类。这里指战斗群。

㉕或击或㔭:有的进攻有的防御。㔭:坚决抵御。

㉖征:伐,进攻。

㉗或要其衰:截击溃退的敌人。要:通"腰",截击。衰:败退的衰败疲乏的敌人。

㉘戚而行首积刃而信之,前后相保:数阵密集排列,命令队伍前排的人持兵器向外伸展,队伍前后互相照应保护。

㉙甲恐则坐:士兵恐惧就命令他们坐下,保持阵形不变。

㉚或击其迂,或辱其锐:击退迂回来犯之敌,挫败径直进攻之敌。迂:迂回进攻之敌。锐:径直来犯之敌。

㉛笲之而无间:阵容像鸟羽毛上的细毛一样密集而有序。笲:"羿"的别体字,指鸟羽毛上的细毛。

㉜畈山而退:撤退时如同山的移动。

㉝卑之若剑:比作像剑。卑:譬,比方。

㉞末不阅(锐)则不入:剑尖不锐利就难以突入。指战阵前锋必须是尖刀部队。末:尖。

㉟刃不溥则不剸:剑刃不锋利就不能割断,指战阵两翼必须战斗力极强。

㊱本不厚则不可以列阵:主力不够坚实就不足以列阵。

㊲鸿:大。

㊳任:作用。

㊴貍:一种猫。

㊵左右之和必钩:左右两翼一定勾连。和:军队的左右两翼。钩:勾连。

㊶三声:指军队中的金、鼓、笳笛。

㊷五彩:各色旗帜。

㊸鼓(羽非)(羽非)庄:鼓声雄壮。庄:借为"壮"。

㊹甲乱则坐,车乱则行:士兵混乱就用坐阵,战车混乱就排列成行。

㊺榼榼啐啐:军队发出的大的声音。

㊻徒来而不屈,终日不拙:步兵源源不断开来没有穷尽。

㊼重为沟堑,五步积薪,必均疏数:在沟垒外再挖宽五步的堑,柴草堆放要疏密均匀。堑,壕沟。

㊽属枇:用木头交叉制作,中间用长木连接,用来阻止人马。

㊾坐:不战。行:逃走。

㊿下而衍以□:敌人地处低地周围又长满野草。下:低下。衍:蔓延生长。□:野草。

(51)三军之士无所出泄:敌人全军没有地方可以逃脱。出泻:逃脱。

(52)陵猋蒋□,薪荛既积:敌军营地杂草迎风生长,柴草堆积完毕。陵:通"凌"。陵猋:凌风。蒋□:泛指杂草。薪荛:柴草。

(53)营窟未谨:敌军营寨防范不严。

(54)以矢雨之:用箭压住敌军。

(55)敦兵:敲击兵器。

(56)必众其徒而寡其车:增加步兵减少战车。

(57)钧、锴、蓯、(木且)、貣、辑、□、绛:八种水战工具。

(58)方戚从流,以敌之人为招:两条船并在一起顺流而下,把敌人作为箭靶子射击。招:箭靶。

(59)因慎而饬之:谨慎戒备。饬:戒备。

(60)故兵有误车有御徒:水战兵器中要有铧,战车土要有驾驭者,要有跟在战车后的步兵。误:"□"的借字,"□"即"铧",形状像今天的铁锹,本来是农具,这里用作水战的兵工器械。

(61)必察其众少,击舟(豕页)津,示民徒来:侦察敌军人数多少,一面攻击敌船,一面封锁渡口,通知兵民进入战备状态。

(62)本篇字数。

【译文】

阵法概括起来有十种:有方阵、有圆阵、有疏阵、有密阵、有锥行阵、有雁行阵、有钩行阵、有玄襄阵、有火阵、有水阵。这些阵都各有用处。

方阵,用来并合军队,便于将领统一指挥以击溃敌军。圆阵,用来圆转灵活地进攻敌人。疏阵,用以虚张声势,使敌畏惧。密阵,用来防止敌人各个击破。锥行阵,用来突破割裂敌人。雁行阵,用来进行弩战。钩行阵,用来变换敌人的攻击目标,打乱敌人的作战部署。玄襄阵,用来迷惑敌军使敌军难以围困我军。火阵,用火攻来攻占敌军的营寨。水阵,借助大水的涨势来攻破敌军的防御工事。

方阵的排列方法,必须中间兵力少而四周兵力多,暂时不用的阵列要放在后面。中间兵力较少,是为了扩大声势。重……,是为了使军队并合便于指挥。后备部队放在后面,是……

……因为装备和士兵少,所以要求部队特别坚强。显示军威在于旌旗和武器。所以一定要拉大队列间距,多张设旌旗羽旄,再在战阵的外侧排列锋利的兵刃。阵的疏密程度要恰到好处,可紧缩可屯驻,不至于给敌人以可乘之机,做到这些关键在于谨慎部署。战车和步兵都不能快跑。使用疏阵,要把军队分成几个战斗队列,各司其职,有的进有的退,有的攻有的守,有的正面进攻,有的截击残敌。做到这些疏阵就能够拿下精锐的敌人。

密阵运用的要领是:行列间距要小,密集排列,队伍前排人持兵器向外伸展,队伍前后互相保护,……如果士兵恐惧就命令部队坐下以保持阵形不乱,……不要主动攻击过往的敌人,而要攻击迂回而来的敌人,或挫败直接进攻的敌人,阵势密集如同鸟羽上的细毛无隙可乘,能像整座山一样全身而退,做到这些,密阵就不会被分割开了。

锥行阵好比是一把剑,前锋好比剑尖,不锐利就不易突入敌军;阵的两翼如同剑刃,不锋利就不足以割裂敌军;阵的主体也就是主力后续部队如同剑身,不雄厚就无法彻底撕裂敌阵。所以前锋一定要尖锐,两翼要像剑刃般锋利,阵的主体必须有力。只有这样锥行阵才能突破敌军。

……这就是雁行阵的作用。前队要像……，后队像狸猫一样蓄势待发，三……冲破罗网保全自己，这就是雁行阵的作用。

钩行阵前队要列成方阵，左右两翼向后弯曲勾连，指挥用的各种号角和各色旗帜要准备齐全，士兵能分辨各种号声是什么命令，知道各色旗帜是什么信号。无论前进还是后退……

玄襄阵的要领是要多竖旗帜，使鼓声雄壮，士卒混乱就使用坐阵保持阵形，战车混乱就排列成行。已经整顿好的部队……车马士卒声音鼓噪，像是从天而降，又像是从地底下冒出来，士兵来来往往，造成有无数军队源源不断开来的假象，以迷惑敌军。这就是玄襄阵。

火战法是在已经完工的沟垒以外，再加筑宽五步的壕堑，堆积柴草要疏密均匀，要有一定数量的夫役，命他们制作属枇，属枇要轻便，……大火烧了自己，再作战不能取胜，只好败走。火战法是如果敌军所处位置低下，又长满野草，士兵无处可逃的时候，就可以使用火攻。杂草迎风生长，柴草储备已经完备，而营寨驻扎不当，防范不严，对这样的敌军也可以使用火攻。火攻开始，纵火扰乱敌人，放箭压制敌人，士兵们呐喊敲击兵器，加大声势来扰乱敌军。火战法……

水战法：要增加步兵数量减少战车，制作钩、楫、莜、（木且）、贰、辑、囗、绛这些水战器具，要全都具备。前进时后队要跟上前队，后撤时不要互相拥挤，船只排成方阵顺流而下，把敌军人员作为目标射击。水战法是以轻便的船作为旗舰来指挥，以快艇来进行联络，敌人撤退就追击，敌人来犯就迎击，进退要谨慎戒备，敌阵移动时骚扰它，敌人列阵时要袭击分散它，敌人调整部署时要打乱它。水战兵器中要有铧，战车要有驾驶者和跟随的步兵。要了解敌军的多少，一面攻击敌船，一面封锁渡口，通知兵民进入战备状态。这就是水战的方法。

【故事论述】

南宋高宗十年的秋天，金国统军呼珊与迪布禄率精兵5万侵犯南宋边境，屯兵于刘家圈（今甘肃天水市东北）。南宋右护军统吴璘奉命统率精兵28000人迎敌。

吴璘带兵来到秦州城（天水市）下之时，老于用兵的呼珊和迪布禄已占据有利地形安营扎寨，前有高山峻岭作屏障，后有腊家城为护卫，布防十分严密。呼珊和迪布禄接到吴璘派人送来的挑战表后，忘乎所以地放声大笑道"有利地形已被我占领，明天宋军来战，无异于以卵击石！"因此，当天晚夜竟然不做一丝戒备。

吴璘派人送出挑战表后，立即召集众将，发布突袭命令。吴璘先委派将军姚仲、王彦连夜出击攻占山上高地，举火为号，袭击敌寨，又命令一将抄小路控制腊家城，以截断呼珊的退路。当天夜晚，恰逢大雾弥漫，姚仲、王彦率宋军悄悄占领了山间高地，呼珊等人这时还在做他们的春秋大梦呢。吴璘命人燃起火把，山岭之上一片火光；吴璘又派少数兵马在呼珊的大寨前挑战，诱敌出兵。迪布禄主张不予理睬，待天亮后再战，呼珊却自恃居高临下，不把吴璘放在眼里，大开寨门，冲杀出来。

吴璘治军有方，又统兵作战多年，天长日久，研究出了一种奇特的叠阵法。作战时，骑兵做两翼列阵于前，后面依次排列着长枪队、强弓队、强弩队，各队相互配合，一战再战，犹如一阵阵波浪向敌人压去，不给敌人以喘息还手之机。吴璘见呼珊冲下山来，立刻以叠阵法迎战。呼珊气势汹汹地向山下冲，吴璘先以强弩队迎战，强弩队万箭齐放，呼珊的兵马尚未逼

中国历代兵法精粹

近吴璘,兵马已倒下一片;待呼珊逼近时,强弩队退走,强弓队冲上前又是一阵乱箭齐发,呼珊又损失了一批兵马;双方短兵相接后,吴璘的骑兵奋勇当先;随后,步兵又冲杀出来,这样几次三番令敌莫支。

呼珊被吴璘的叠阵法"冲"晕了头,茫然不知如何迎战。呼珊的兵马死的死、伤的伤,王彦率领宋军向守卫大寨的迪布禄发起猛攻。迪布禄和呼珊见大势已去,弃寨落荒而逃,当时因为奉命堵截呼珊的宋将未能及时赶到腊家城,呼珊和迪布禄才得以带着残兵败将逃入腊家城,保住了性命。

秦州城一战,吴璘在形势对自己不利的情况下,果断定计,以奇阵破敌、擒敌、毙敌万多人,取得了决定性的胜利,极大地鼓舞了宋军的士气。

【名家论战】

草庐经略·习技艺

今日之操练,不教诸军以技艺,而第教以阵法,已非矣。况所谓阵者,又沿习久而易讹。即使尽善而无技艺,犹金弓玉矢,不可得而用也。一十八般武艺,人虽不能全习,亦当熟其一二,而弓弩枪刀则人人不可无,又人人不可不熟。教之者第无务用花法耳。盖花法者,进退回旋,止可饰观。而与敌相对,务宜前进,稍尔回转,敌必乘之,胜负之机,于兹决矣。故但当教以临阵正法,使之精熟。盖临阵对敌,非若暇豫从容,白刃交前,存亡系念,心手张皇,成法易忘,艺虽夙胜,到此能用其半,亦足以制敌矣。倘从前生疏,角刃之际,必将一技不施,安望执馘献俘也哉!是以教习之欲精也,一人教十,十人教百,百人教千。千人教万,时时按阅,评第高下,优者赏之,劣者罚之,令在必行,断无宽宥。罚者不惟罚其本军,亦罚及其教师;赏者不惟赏及其本军,亦赏及其教师。上专于此,日务其事。日务其事,庶人心鼓舞,武艺娴熟,三年之后,定为精卒。

十 问

【本篇主旨】

本篇包括十组问答,就敌我双方力量对比的不同情况,提出了攻击敌人各种阵形的方法。全篇体系完整、论述细致,为我们研究古代战术提供了宝贵资料。

【原文】

兵问曰:交和而舍①,粮食均足,人兵敌衡②,客主两惧③。敌人圆阵以胥④,因以为固,击之奈何? 曰:击此者,三军之众分而为四五,或傅而佯北⑤,而示之惧。彼见我惧,则遂分而不顾。因以乱毁其固。驰鼓同举⑥,五遂俱傅⑦。五遂俱至,三军同利。此击圆之道也。

交和而舍，敌富我贫，敌众我少，敌强我弱，其来有方⑧，击之奈何？曰：击此者，□阵而□之，规而离之，合而佯北，杀将其后，勿令知之。此击方之道也。

交和而舍，敌人既众以强，劲捷以刚，锐阵以胥，击之奈何？击此者，必三而离之，一者延而衡⑨，二者□□□□□恐而下惑，下上既乱，三军大北。此击锐之道也。

交和而舍，敌既众以强，延阵以衡，我阵而待之，人少不能，击之奈何？击此者，必将三分我兵，练我死士，二者延阵张翼，一者材士练兵⑩，期其中极⑪。此杀将击衡之道也。

交和而舍，我人兵则众，车骑则少，敌人十倍，击之奈何？击此者，当保险带隘⑫，慎避广易⑬。故易则利车，险则利徒。此击车之道也。

交和而舍，我车骑则众，人兵则少，敌人十倍，击之奈何？击此者，慎避险阻，决而导⑭之，抵诸易⑮。敌虽十倍，便我车骑，三军可击。此击徒人⑯之道也。

交和而舍，粮食不属⑰，人兵不足徒⑱，绝根而攻，敌人十倍，击之奈何？曰：击此者，敌人既□而守阻，我……反而害其虚。此击争□之道也。

交和而舍，敌将勇而难惧，兵强人众自固，三军之士皆勇而无虑，其将则威，其兵则武，而理强梁健⑲，诸侯莫之或待⑳。击之奈何？曰：击此者，告之不敢，示之不能，坐拙而待之，以骄其意，以惰其志，使敌弗识，因击其不□，攻其不御，压诸骄㉑，攻其疑。彼既贵既武，三军徙舍，前后不相睹，故中而击之，若有徙与。此击强众之道也。

交和而舍，敌人保山而带阻，我远则不接，近则无所㉒，击之奈何？击此者，彼敛阻移□□□□□则危之，攻其所必救，使离其固，以揆㉓其虑，施伏设援㉔，击其移庶㉕。此击保固之道也。

交和而舍，客主两阵，敌人形箕㉖，计敌所愿，欲我陷覆，击之奈何？击此者，渴者不饮，饥者不食，三分用其二，期于中极，彼既□□，材士练兵，击其两翼，□彼□喜□□三军大北。此击箕之道也。七百一十九。

【注释】

①交和而舍：和，军队两翼。本句意为两军对峙。

②人兵敌衡：指双方兵力和装备相当。敌，势均力敌。衡，均衡。

③客主两惧：攻守双方彼此害怕。客，进攻方。主，守御方。

④胥：等待。

⑤或傅而佯北：一接触就假装战败。傅，当读为"薄"，接触。佯，假装。北，败。

⑥驷鼓同举：兵车和战鼓同时行动。驷，战车，一辆战车配备四匹马称为驷。

⑦五遂俱傅：五支队伍都反攻而至。遂，指部队。

⑧其来有方：敌军排成方阵前来。

⑨延而衡：与下文"延阵以衡"同意，指把军阵延长，横着摆开。

⑩材士：有特长的士兵。练兵：精选的士兵。

⑪期其中极：指以敌人的要害部门为攻击目标。中极，要害。

⑫当保险带隘：指凭借险要地形。

⑬慎避广易：指要避开宽阔平展的地形。

⑭导：引导，引诱。

⑮抵诸易：指把敌人逼到平阔地带。抵，挤，推。

⑯徒人：步兵。

⑰属：接应，供给。

⑱恃：恃，依靠。

⑲理强梁健：读为"吏强粮接"，指军吏精明粮草接应充足。

⑳诸侯莫之或待：指其他诸侯国都不能抵御。待，抵御。

㉑驰：懈怠。

㉒我远则不接，近则毋所：我离敌远则打不到敌人，离敌近则无立足之地。

㉓揆：揣度。

㉔援：援军。

㉕移庶：移动的敌兵。

㉖敌人形箕：敌人把军队布置成簸箕形的阵势。

【译文】

就用兵的方法有人提出一系列问题：两军对垒，粮食都很充足，兵力、武器装备相当，攻守双方彼此害怕，敌人列成圆阵等待交战，很是稳固，我军该怎么打呢？ 答：对付这样的敌人，应该把全军分成四五个部分，与敌人一接触就假装败走，装作害怕敌人的样子。敌人见我军害怕，就分兵全力追击，这样一来就打乱了敌军的稳固部署。这时战鼓齐鸣，五个分队同时反扑。当五队聚齐后，全军合力进攻，最终夺取胜利。这就是击破圆阵的方法。

两军对垒，敌人后备充足，我方后备欠缺，敌众我寡，敌强我弱，敌人以方阵攻击，该怎样对付呢？ 答：对付这样的敌人……打乱敌人部署，一开始交战就假装败退，转而出其不意袭击敌人后方。这就是击破方阵的办法。

两军对垒，敌人在人数和战斗力上都占优势，而且行动迅速，士气顽强，又列成锐阵等待作战，该怎样对付这样的敌人呢？ 对付这样的敌人，应该把军队分成三部分，其中一支排成横阵对敌，另外两支……敌人指挥员恐惧，士兵慌乱，敌人上下混乱，全军大败。这就是击破锐阵的办法。

两军对垒，敌人人数多，而且战斗力强，排成长的横阵，我军也列阵等待，但兵力不足，难以抗衡，该怎样对付这样的敌人呢？ 对付这样的敌人，应该把我军分成三队，训练敢死队，其中的两支张成两翼，另外一支挑选出来的精锐集中进攻敌人居中指挥的将领。这就是杀死敌军主将击破横阵的办法。

两军对垒，我军步兵较多，战车和骑兵少，敌人的战车和骑兵是我军的十倍，该怎样对付这样的敌人呢？ 对付这样的敌人，应该占据险要的地势控制隘口，避免与敌人在宽阔的平地上交战。因为平地有利于战车，而险要地形有利于步兵作战。这就是对付战车的办法。

两军对垒，我军战车、骑兵多而步兵少，敌人步兵是我军十倍，该怎样对付这样的敌人呢？ 对付这样的敌人，应该避开险要地形，把敌人引诱到平阔的地方。虽然敌人是我军十倍，但地形上有利于我军战车和骑兵有效打击敌人。这就是对付步兵的办法。

两军对垒,我军粮食供给不足,兵力和武器装备不占优势,全力进攻,敌人兵力又是我军十倍,该怎样对付这样的敌人呢?答:对付这样的敌人,敌军既……而且占据险要地形,我军……反过来进攻它的虚弱的地方。这就是夺取……的办法。

两军对垒,敌军将领勇猛而且很难威吓,兵力强,人数多,内部团结,全军将士勇猛,没有顾虑,将士威武,军吏精明,粮草充足,各诸侯国都不是它的对手。该怎样对付这样的敌人呢?答:对付这样的敌人,要表现出我军不敢也没有能力打仗,保持低调,等待时机,让敌人产生骄傲思想,斗志松懈,使敌人错误估计形势。我军则乘机出其不意进攻,攻击它没有防御的部队,压着打它懈怠的部队,攻击其弱势部分。敌人妄自尊大,全军移动时前后难以照应,所以给敌人以拦腰攻击,向敌人显示我军人数多。这就是击破人数众多的强敌的办法。

两军对垒,敌人占据险要地势,我军离远了就打不到敌人,离近了又没有有利的地势可以利用,该怎样对付这样的敌人呢?对付这样的敌人,敌方既然占据险要的地势……就攻击它必须救援的要害,使它离开坚固的防御阵地,准确判断敌人的意图,设置伏兵和援军,攻击敌方移动的部队。这就是击破据险固守之敌的办法。

两军对垒,攻守双方都列阵完毕,敌人把军队布置成簸箕形状,估计敌人的意图是想围歼我军,该怎样对付这样的敌人呢?对付这样的敌人,我军将士渴了不喝水,饿了不吃饭,抓紧时间,用三分之二的兵力攻击敌人的要害,敌人……用挑选出来的精兵攻击敌人两翼……敌人全军大败。这就是击破簸箕阵的办法。

【故事论述】

公元前628年,也就是秦穆公三十二年,秦穆公再一次萌生了吞并郑国的念头,但苦于一时找不到适当的时机。正在这时,秦国驻守在郑国的使者杞子暗中派人带着一封给秦穆公的密信偷偷地回到了秦国。

秦穆公打开信一看,只见杞子在信上写道:"郑国人现在很相信我,让我掌管郑国城池的北门,这可是一个很好的机会。如果咱们的军队偷偷地开到郑国的北门下,到时我就会暗中把城门打开,这样一定能给郑国一个突然袭击,很快地占领郑国。"

秦穆公意外地得到了这一情报,心里非常高兴,他的脸上露出了一丝得意的笑容,心里想:这一次我绝不会放过郑国。

秦穆公立即下令,任命孟明视为大将军,西乞术、白乙丙分别为副将军,率领秦军东进,企图对郑国发起突然袭击。

12月,天气已经很冷了,西北风呼呼地刮着。孟明视率领秦军冒着严寒,日夜行军。第二年的2月,他们来到了河南偃师西南的一个当时被称为滑国的地方休息。

秦军向郑国进犯,这时的郑国却还不知道任何消息,情况已万分危急了。

郑国有一个叫弦高的牛贩子,他经常外出去做贩牛的生意。这弦高虽然是一个牛贩子,但却是一位聪明机智的爱国志士。这一天,他赶了差不多300头牛准备到洛阳去卖。当弦高走到黎阳津这个地方时,正好碰上了一位由秦国来的老朋友。

老朋友相见自然高兴得很,两人就在一个小酒店里一边喝着酒,一边聊了起来。从这位朋友的嘴里,弦高听到秦国要派兵进攻郑国的消息,并得知秦军已于去年12月出发,现在已行军到了滑国之地,不久就要到达郑国了。

弦高万分焦急。他急中生智竟想出对付秦军的办法来了。

他告别朋友后,先派人火速赶回郑国向国君报告这一消息;然后把自己装扮成郑国国君的一名使臣,精心挑选20头又肥又大的牛,带上4张特等牛皮,乘坐一辆马车,迎着秦军而去。

弦高急匆匆地赶到了滑国的延津,在这里他遇到了孟明视率领的秦国军队。面对人数众多的秦军,弦高表现得非常镇静。他按照使臣的礼节拜见了秦军主将孟明视。

孟明视看到郑国使者来见,感到十分奇怪,也按礼节接待了弦高。

刚一坐下,弦高就对孟明视说:"将军们辛苦了,我们国君早就听说贵国要派将军率军队从我们国土上经过,所以今天特意派我准备了一点薄礼,前来迎接和慰劳众将士们。你们即使在我们国土上只停留一天,我们也应该准备丰盛的饭菜来招待你们,也一定会保证你们的安全。这一切就请将军放心!"

弦高停了一下,又接着说:"虽然我们郑国是处在几个大国之间的一个小国,但由于不断遭受大国的侵犯,我们郑国时刻都厉兵秣马,边防将士更是常备不懈,枕戈待旦,丝毫不敢大意,所以还请你们看到这些情况后千万不要介意!"

孟明视听完弦高的这一番话,心中暗暗吃惊。这一次本想劳师远袭,可以出其不意、攻其不备,而现在看来,郑国早已知道秦军的来意,并做好了战争的各种准备,要偷袭已经不可能了。他收下了弦高送来的礼物,对弦高说:"我们并不是到贵国去的,你们何必这么费心。你就回去吧。"

弦高走后,孟明视对他手下的将军说:"郑国现在已有了防备,偷袭成功的希望不大。我们还是回国吧。"

秦军终于改变了突然袭击郑国的计划,只是顺手在滑国捞了些物资,便撤军回国向秦穆公交差去了。

机智是应付任何变化不可或缺的品质,我们很难精确地对其进行定义,而且这种品质很难通过后天教育的方式进行培养。但是,毫无疑问,对那些渴望在这个世界上成就一番事业的人来说,这种品质是必不可少的一个条件。

【名家论战】

草庐经略·尚秘

兵者,机事也。机不深藏,使士卒得窥其际,敌人闻之而预备矣。故兵之所加,兵不先知,且示安暇。侦敌无备,然后速进,此进师之秘也。至若阴谋奇计,梦寐之间犹恐宣泄。务令幽深玄远,莫可端倪,则鬼神不能窥,智者不能谋,然后惟吾之所为无不如意。有时秘藏如处女,有时飘忽如风雪,有时群言交非而我不求是,有时任怨任疑而我不求白。盖智在人先,机关难以告人也。或博访群帅,咨访金谋,亦不得彰明播露,阳弃阴收,颠倒不测。军士静以幽,其是之谓乎!

孙膑兵法

略　甲①

【本篇主旨】

本篇文字残缺严重,内容不连贯,难以看出主旨。据题目看,"略"指夺取,"甲"指甲士,估计本篇主要是讨论如何攻击敌方精装兵士的。

【原文】

略甲之法,敌之人方阵□□无……欲击之,其势不可,夫若此者,下之……以国章,欲战若狂,夫若此者,少阵……反,夫若此者,以众卒从之,篡中因之,必将……篡卒因之,必……

……左右旁伐以相趋,此谓钩击。……之气不藏于心,三军之众□循之知不……将分□军以□□□□寡而民……威□□其难将之□也。分其众,乱其……阵不厉,故列不……远揄之,敌倦以远……治,孤其将,荡其心,击……其将勇,其卒众……彼大众将之……卒之道……

【注释】

①略甲:打击强敌,战败精装兵力。

【译文】

因本篇严重缺损,故不译。

【故事论述】

南宋时期,刘锜与岳飞、韩世忠、张俊齐名,被人们合称为"南渡四将"。他特别精通射箭技巧,能以容器盛水,用箭射透容器,拔出箭杆,使水向外流,然后再以一箭射入原来的孔洞,将流水堵住,这简直神乎其神,在当时传为佳话。

绍兴十年(1140年),金人说是愿意将东、西、南"三京"(开封、洛阳、商丘)归还给南宋朝廷,刘锜被赵构任命为东京副留守,节制军马。他带着所部八字军37000人和殿司3000人从临安出发,前往开封就职。当他五月到达顺昌(今安徽阜阳县)时,金人又反悔了,重新进驻东京,并继续南侵。

顺昌知府陈规问刘锜打算怎么办,刘锜说:"如果顺昌城里有粮食,我可以同你一起固守。"陈规说:"城中有米数万斛。"刘锜说:"已经足够了。"

古代以十升为一斗,十斗为一斛;南宋末期方改为五斗为一斛,两斛为一石。无论是十斗一斛或五斗一斛,有米数万斛,确实不算少。

刘锜把将士们召集起来商量此事,许多人都说:"金兵人多气盛,看来是抵挡不住的;还是用精兵断后,让随军家属先走顺流而下回江南吧!"

刘锜对大家说:"我们本来是要到汴京去的,如今虽已不能去汴京了,军队并未受到损伤,有城可守,为什么要主动放弃呢?"

202

部将许清表示拥护刘锜的决定,说:"我们军人要走倒也容易,若要抛弃父母妻子那就不忍心了。带着家属一起走,一旦敌人发起攻击,打起仗来就嫌累赘,他们想逃也逃不掉了。还不如奋力守顺昌,于死中求生。"

刘锜听后十分高兴,下令将船只沉入水中,表示誓不后退。将自己的家属安置在一处寺庙中,门前堆积着柴草,吩咐守卫人员说:"一旦情况紧急便自己纵火焚烧,以免落入敌军手中。"

经刘锜亲自上城布置,历时六天,顺昌已成了一座设防城市,不但军中将士和城中民众斗志高昂,连妇女也动员起来了。大家都说:"平日里别人都很有些瞧不起咱八字军,这一回,咱八字军一定要为国家破贼立功,做出个样子来给他们看看。"

所谓的八字军,指的是南宋初期河北、河东地区人民抗金自卫的武装组织。王彦任河北制置使时,在太行山组织人民武装,许多人都在脸上刺着"誓杀金贼,不负赵王"八个字,故号八字军,后来八字军便成了人民武装的代称。

金人涉过颍河,企图包围顺昌,初战第一仗就中了刘锜预先设下的埋伏,千户阿黑等二人被俘。经过审讯,阿黑供认:"韩将军扎营白沙涡,距城30里。"

刘锜派出1000多人,连夜出发偷袭,韩将军根本未曾料到。战斗展开后,敌军伤亡惨重。敌将三路都统葛王和龙虎大王合兵直逼顺昌城下,刘锜下令将几处城门全部打开。敌人要围城了,反而大开城门,哪有这么个打法?金兵疑疑惑惑的,远远地便停下来了,不敢接近城门。

刘锜也确实并非毫无把握地冒险。原来,他在靠近城墙脚下,还筑了一圈羊马垣,守城将士都隐藏在垣内。敌方发射过去的箭,不是偏高射到了城墙上,就是直接扎在了羊马垣上。守军以破敌弓翼和神臂、强弩从城上和垣内向外发射,敌人因没处躲藏且距离较近,被射中了不少,只好往后撤退。刘锜乘势出动步兵突袭,破敌铁骑数千,许多人都掉进颍河淹死了。

顺昌被围四天后,金人驻营于距城20里处的东村。在一个风雨交加、电闪雷鸣的夜晚,刘锜挑选出数百名壮士前往掩袭,从电光中只要见到头上有辫发的便砍杀,闪电一过又重新隐蔽。敌人摸不清底细,既不知宋军来了多少人,也不知他们藏在何处,自相惊扰,一直乱了一夜。刘锜派出的人按照预先的约定,一听到暗号便集合起来转移了,既杀伤了不少敌人,又保全了自己。

金兀术在汴京听到了前线屡屡失利的消息,很是气恼,连续赶了七天路,亲自来到了顺昌。

刘锜召集将领们开会,又有人主张撤走。刘锜说:"朝廷养兵15年,正是为了在这样的紧急情况下使用,何况我们已经挫伤了敌人的锐气,建立起了声威,虽然人数比他们少,仗还是可以打下去的。两军营垒相接,金兀术又亲自来了,我们一走他就会跟上,倘若在追击中被他们打败,岂不是前功尽弃?让敌人占据了两淮,江、浙便震动了,我们的报国之志必将变成误国之罪,所以现在只能进不能退。"

于是大家又振奋起精神,表示一定听从他的指挥,坚持战斗下去。刘锜选派曹成等二人

孙膑兵法

到敌军中去用计，临行前教导他们说："我打算让你们直入敌营，事情办成后有重赏。只要能按照我的吩咐回答他们的问话，敌人是决不会杀害你们的。现在，先将你们编进巡逻队伍，遇到敌人后，假装从马背上不慎跌落下来，以便让敌人将你们捉住。倘若敌方首领问话，可以告诉他们：'刘锜嘛，他是沪川军节度使刘仲武的第九个儿子，特别喜欢声色歌伎，朝廷是因为两国讲和，派他到东京去享乐的。'只要能把这些话传扬出去，任务就算完成了。"

曹成等二人依计而行，被俘入敌营。他们有关刘锜的评价被金兀术知道后，金兀术十分高兴，说："如此说来，刘锜没有什么了不起，顺昌城很容易就能攻破。"于是便下令将鹅车炮具等攻城利器搁到一边，认为已不需起用了。

第二天刘锜在城楼上望见远远地来了两个人，拉上来一看，原来是曹成等二人，身上还带有一份金兀术的文书。刘锜当即将文书烧掉，连瞧也没有瞧一眼。

金兀术来到顺昌，严厉指责金军将领不应该打了那么多次败仗，损失了那么多的人。大家回答他说："南朝用兵，今非昔比啦！元帅如不相信，亲自到城下去看一看就知道了。"刘锜派耿训去下书约战，金兀术大怒说："他刘锜怎么还敢同我作战？我只需动一动靴尖，就能将顺昌城踏平。"耿训说："太尉（刘锜）不但要同太子战斗，还说太子绝对不敢过颖河呢！如果太子敢过河，他宁愿替你搭五处浮桥，待你们过河后再开战。"金兀术哪肯示弱，当即答允渡河作战，并说次日一定要在顺昌衙门里聚餐。

第二天，刘锜真的搭好了五座浮桥，听任敌人过河。刘锜预先派人在颖河上游和附近地区的野草上，都投放了毒药。下令自己的部队即使渴死也不准饮用颖河水。敌人气势汹汹，过河后排好阵势，准备大战一场。有人主张先打韩将军，刘锜说："韩将军并不紧要，就算把他打垮了，金兀术的精兵也还在，依然不好对付。按照兵法，应当先打金兀术才对，只要金兀术动摇了，别的人就稳不住了。"

时值大暑，天气炎热，敌方的人马过河呆了一阵以后，纷纷饮水止渴，结果毒性发作，一个个精神萎靡，全都振作不起来了。而刘锜让部队隐蔽在羊马垣下休息，将士们轮流进餐，一直待到太阳偏西了，方才派数百人出西门接战。敌军的注意力被吸引到西门后，再命数千人悄无声息地从南门突然杀出，直奔兀术精锐，在一阵乱砍乱杀下，金兵大败。金兀术将他的王牌"铁浮图"（重铠甲兵）和"拐子马"都用上了，亦未能扭转败势。恰好当晚暴雨骤降，平地水深尺余，金兀术呆也没处呆，只好往北撤；刘锜督军从后追袭，又杀敌万余人。战斗结束后，战场上"弃尸毙马，血肉枕藉，车旗器甲，积如山阜"。金兀术撤退到陈州，治了将领们的败军之罪，自韩将军以下全都挨了他的鞭打，然后便领兵返回开封去了。

赵构接获顺昌的捷报，不胜欣喜，特授刘锜为武泰军节度使、侍卫马军都虞侯、顺昌知府、沿淮制置使。陷入敌手的洪晧从敌人后方密奏南宋朝廷说，顺昌之捷简直使金人丧魂落魄，连燕京地区的重宝珍器也都开始往北运输了，如果形势进一步恶化就准备放弃整个燕南地区。所以后来许多人都认为，当时如果各路宋军能同时分道进兵，收复汴京是很有可能的。没想到朝廷反而下令迅速班师，结果坐失战机。7月，刘锜被任命为淮北宣抚判官。不久，秦桧命杨沂中退回到镇江，刘锜退回到太平州，岳飞则一直退到临安，这就根本谈不上什么克敌制胜了。

中国历代兵法精粹

顺昌之战，刘锜的战斗兵力不足 2 万人。金兵多达数十万，营垒连接，长达 15 里，每天黄昏时，鼓声震动山谷，军营内一片喧腾，整夜不息；他们派人到顺昌城下窃听，城内却静得出奇，连鸡鸣犬吠声也听不到。金兀术为确保安全，下令命帐前甲兵一层层手执兵器日夜警戒，骑兵轮番在马背上打瞌睡。刘锜的做法恰恰同他相反，开战前总是让士卒们得到充足休息，养精蓄锐，以逸待劳，故士气高昂，每战必胜。

【名家论战】

草庐经略·持重

"六术"有云：号令欲严以威；赏罚欲必以信；处舍欲周以固；徙举进退欲安以重，欲疾以速；窥敌观变，欲潜以深，欲参以伍；遇敌决战必行吾所明，无行吾所疑。此其说大率多持重也。否则，侥幸乘危，轻进而易退；锐于见敌，事至而周章；或矜己之长，而为人所诱；成忽人之计，而尝试其军；成变动无常，急遽无渐，儿戏无备；过险而不戒，布阵而不整，置垒而不坚，料敌而不审；虑事弗精，驭军弗严，决胜弗周。是数者，皆持重之反也。明于此而反其所为，则进不可御，退不可追，暗不可袭，明不可攻，何敌能谋而胜也哉！

孙膑兵法

客主人分

【本篇主旨】

本篇主要讨论战争理论问题，指出：作战时人众、粮多、武器精良等因素都不足凭恃，只有掌握战争规律，明了敌我双方情况，善于利用有利形势和良好地形，才是取得胜利的保证。

【原文】

兵有客之分，有主人之分①。客之分众，主人之分少。客倍主人半，然可敌也②。负（中间缺九字）定者也③。客者，后定者也，主人安地抚势以胥。夫客犯隘逾险而至，夫犯隘……退敢刎颈，进不敢拒敌④，其故何也？势不便，地不利也⑤。势便地利则民自……自退。所谓善战者，便势利地者也⑥。

带甲⑦数十万，民有余粮弗得食也，有余……居兵多而用兵少也，居者有余而用者不足。带甲数十万，千千而出，千千而□之……万万以遗⑧我。所谓善战者，善翦断⑨之，如□会兑者也。能分人之兵，能按人之兵，则锱[铢]⑩而有余。不能分人之兵，不能按人之兵，则数倍而不足。

众者胜乎？则投算而战耳⑪。富者胜乎？则量粟而战耳。兵利甲坚者胜乎？则胜易知矣。故富未居安也，贫未居危也；众未居胜也，少[未居败也]。以决胜败安危者，道⑫也。敌人众，能使之分离而不相救也，受敌者不得相……以为固，甲坚兵利不得以为强，士有勇力不得以卫其将,则胜有道矣。故明主、知道之将^⑬必先□,可有功于未战之前,故不失;可有之功于已战之后,故兵出而有功,入而不伤,则明于兵者也,五百一十四^⑭。

……焉。为人客则先人作……

……兵曰:主人逆^⑮客于境……

……客好事则……

……使劳,三军之士可使毕失其志,则胜可得而据也。是以按左抶右^⑯,右败而左弗能救;按右抶左,左败而右弗能救。是以兵坐而不起,避而不用,近者少而不足用,远者疏而不能……

【注释】

①兵有客之分,有主人之分:战阵中有进攻一方和防御一方。客,进攻方。主人,防御方。分,分量、比例。

②客倍主人半,然可敌也:进攻方面和防守方面的力量对比是二比一,这样才能抗衡。敌,抗衡。

③定者也:做好战斗准备。

④退敢刎颈,进不敢拒敌:士兵勇猛,甚至于自杀都不怕,但是没有有利地形作为凭依,就不敢抵抗敌人。

⑤势不便,地不利也:形势和地形不利。便,有利。

⑥所谓善战者,便势利地者也:所谓善战的人,就是能够灵活利用形势和地形使之有利于自己作战。

⑦带甲:穿戴盔甲的人,指军队。

⑧遗:送来,这里指敌军向我进发。

⑨翦断:截断,切断。

⑩镒、铢:都是古代的重量单位,这里借指极少量的物资消耗。

⑪算:古代计数用的算筹。

⑫道:战争的规律。

⑬明主、知道之将:圣明的君主和懂得战争规律的将领。

⑭本篇字数

⑮逆:迎战。

⑯安:牵制。抶:打击。

【译文】

作战有进攻的一方和防御的一方。进攻方的兵力多,防御方的兵力可以少一些。进攻一方的兵力是防御者的一倍,防御一方的兵力是进攻者的一半,这样的力量对比才能够相抗衡。

防御的一方先做好战斗准备,进攻的一方后做好战斗准备,防御者在自己的地盘上占据有利地形,先做好战斗准备,等待穿越关隘险阻的进攻者到来……士兵很勇敢,甚至敢自己抹脖子,但是没有地形优势就不敢抵抗敌人,这是什么原因呢?是因为形势和地势都不利于自己。形势和地势都占优势……所谓会打仗的人，其实就是能够使形势和地势有利于自己一方。

几十万的军队，即使百姓有余粮也供养不起，有余……养兵多而用兵少，养兵时感觉多余，用兵时感到不够。几十万的军队，成千成千地出征，成千成千地列阵补充……敌军成万成万地向我进攻。所谓会打仗的人，就是善于截断敌人……能分散敌人的兵力，能牵制敌人的兵力，即使是极少量的物资都显得多。如果不能分散敌人的兵力，不能牵制敌人的兵力，就是再多几倍的物资也显得不够。

如果人数多就能取胜，那用筹码计算兵力多少决定胜负就算了。如果物资雄厚就能取胜，那用容器计量粮食多少决定胜负就算了。如果武器装备好就能取胜，那胜利就太容易预知了。所以，国家富足不一定就绝对安全，国家贫穷不一定就必定危险；人数多未必就一定能取胜，人数少未必就一定会战败。决定胜败安危的是对战争规律的掌握和运用情况。敌人人数多，能使他们分散又无法互相救援，受到攻击，不能互相……武器装备再精良也不能发挥作用，士兵再勇敢有力也不能保卫主将，这样就掌握了取胜的规律了。所以，英明的君主，掌握并能充分利用战争规律的将领，一定在战前就……这样在战前就有了取胜的把握，因而开战后按照计划作战就不会失掉应得的战果，所以军队出征就会取胜，班师也不会使国家受到损失，这才是善于用兵的人。

……作为进攻方就要抢先行动……

……兵法上讲：防御的一方应该在边境迎击敌军……

……进攻者挑衅就……

……使敌人疲惫，使敌人全军丧失斗志，就能取得胜利。所以牵制敌人的左翼而打击它的右翼，右翼失败了左翼也不能救援；牵制敌人的右翼而打击它的左翼，左翼失败了右翼不能救援。这样使敌人军无斗志，士兵逃避战斗，近处的兵力不够，远处的部队散落……

【故事论述】

唐朝在经历了"安史之乱"后社会内部矛盾更加错综复杂，国力也日益衰弱，尤其是吐蕃统治集团早已对这块肥肉虎视眈眈。

没想到，一场叛乱却在这时掀起，引发叛乱的主要人物就是仆固怀恩。仆固怀恩曾经参与平定安禄山的叛乱，但是朝廷却没有赏赐他，他心里非常不满，就决定反叛。不久，他带领轻骑300多人逃往灵州，并发誓与唐朝势不两立。为了推翻唐朝政权，仆固怀恩便撒谎向吐蕃、回纥借来10万大军，从灵州向长安进攻。仆固怀恩的大军很快就到达奉天。长安受到严重威胁，朝内的文武百官，却都一筹莫展，政局又是一片混乱。皇帝惴惴不安，忙向大臣们问计。郭子仪说："仆固怀恩曾做过我的部将，我了解他。他虽是一员猛将，但他不爱惜士兵。士兵虽然跟着他，只是迫于无奈，但心里都想乘机重返家园，所以只要我们指挥得当，打败他并不困难。"皇帝听了郭子仪的话，就立即任命他为关内河东副元帅，让他率领10万大军去讨伐仆固怀恩。

10万大军在仆固怀恩率领下，横冲直撞，旁若无人，直朝奉天城而来。这恰好中了郭子仪诱敌深入的计策。他们刚要摆开阵势，就听见战鼓咚咚，杀声震天，奉天城外，唐军摆成一字阵势,非常严整,当中竖着一面帅旗,随风飘扬,旗上写一个"郭"字。仆固怀恩的将士一听郭令公的大名,都吓得丢盔弃甲,四散逃跑,郭子仪可以说是不战而胜。仆固怀恩只得带领残兵败将,又回到灵州。唐军取得了这次战役的胜利。

这次失败并没有让仆固怀恩死心,后来他又勾结吐蕃、回纥、吐谷浑共 10 万多人再次进犯长安。

为了阻挡各路叛军的进犯,郭子仪传令各地驻军,必须坚守要塞,抵制敌兵,不让敌兵前进一步。

郭子仪深知这场战争战必失败,退则被歼,只能"智取",不能"力敌",他决定寻找机会主动出击。

郭子仪召集所有的将领一起来商量退敌的策略。任命部将白孝德为副元帅,让他死守泾阳,等待援军;派牙将李光瓒去见回纥王,表示愿和回纥王联合平定吐蕃。回纥王听说郭子仪还健在,十分惊奇,半信半疑。他对李光瓒说:"郭令公真在人间,你不是欺骗我吧? 如果他还活着,我可以见见他吗?"

李光瓒把回纥王的这番话告诉了郭子仪。郭子仪是个足智多谋、不畏凶险的将领,为了劝退回纥兵,他决定一个人去见回纥王。他对将士们说:"敌强我弱,实力相差悬殊,很难用武力战胜。过去唐朝和回纥的关系密切,曾订过互不侵扰盟约。为今之计,我不如亲自去说服他们。兵不血刃,退回纥兵。"郭子仪要冒着生命危险,单枪匹马去回纥军营中与他们谈判,将士们都很担心他的安全,准备选拔 500 名精锐的骑兵随身保护他。郭子仪坚决拒绝,他说:"这样做,不但没有好处,反而让回纥王有更深的防范,说不定还会有误解。"

郭子仪正想动身,他的儿子郭晞前来阻拦说:"回纥兵像虎狼那样凶暴,父亲是国家的元帅,怎能轻易冒着生命危险,去回纥军营谈判呢?"郭子仪坚决地说:"如果唐军和回纥兵打起来,不但咱们父子生命难保,就连国家的命运也很危险。如果国家保不住,个人又哪里有存身的地方呢? 与其坐着等死,不如去同回纥王谈判,用道理去说服他们,也许还有成功的希望。要是万一不成功我就捐躯报国来实现我平生的大志。"说着扬起鞭子,打了他儿子的手,令他:"走开!"便和几个骑兵出了军营,朝着回纥的方向而去。

郭子仪事先做了安排,在他出军营后,让人连声高喊:"郭令公来了,郭令公来了!"回纥兵闻者丧胆,都情不自禁地放下了武器。回纥兵的统帅药葛罗立即拿起弓箭,准备应战。郭子仪来到回纥军营门前,不慌不忙地翻身下马,摘掉头盔,脱去铁甲,放下刀枪,勇敢沉着地向回纥营中走去。回纥兵都很吃惊,大眼瞪小眼,不约而同地说:"果真是郭令公呀!"药葛罗也放下弓箭,赶忙走过来迎接郭子仪。郭子仪握着药葛罗的手,非常严肃地说:"你们回纥替唐朝立过大功,唐朝万分感激,为什么违背盟约,向唐朝进攻? 你们丢掉过去的功劳,帮助叛臣仆固怀恩作乱,同唐朝结怨仇,是不明智的选择啊! 仆固怀恩叛唐弃母,被人唾骂,像他这样寡廉鲜耻的人,能为你们带来什么好处呢? 今天我独自一人来到这里早就把生死置之度外,如果你们真心同唐朝和好,应该马上撤兵。不然,我将传令三军,一气杀来,管叫你们片甲不留。如果你们现在敢把我杀死,唐军一定不会答应。"郭子仪的一番话,吓得药葛罗惊慌失措,连连说:"我们受了仆固怀恩的欺骗,他说皇帝已死,说你早已在阵前丧命,朝内一片混乱，没有主人，因此我们才敢跟仆固怀恩来进犯。现在我们知道皇帝仍然坐镇京城，又亲眼看到你，我们怎么还敢和唐军对抗呢，我们马上就撤军！"

看到事情成功，郭子仪心里十分高兴。为了粉碎回纥与吐蕃的联盟，他抓紧机会，又劝药葛罗说："吐蕃王不讲道义，反复无常，趁着唐朝内乱，便抢占土地，烧毁城市，破坏乡村，还掠去大批财物。假如你们肯帮助我们打退吐蕃，继续保持同唐朝的友好关系，唐朝就把吐蕃抢去的东西，全部送给你们，你们不要失去这个好机会啊！"药葛罗听了又感激又惭愧地说："令公的话，开导了我，我愿帮助唐军打退吐蕃兵，以便立功赎罪。不过，请你不要把仆固怀恩的儿子杀掉，因为他是我们王后的兄弟，杀了他，我们王后会很伤心的。"郭子仪答应了他的请求。

先前一直在旁边观望的回纥兵，这时稍稍转向前来，郭子仪的随从人员怕他们伤害郭子仪，也紧紧跟上几步，加强戒备。郭子仪却毫不惊慌，挥手叫部下退回。药葛罗一面喝退士兵，一面叫人摆出酒席，同郭子仪同饮共欢。药葛罗要试一下郭子仪是否有诚意请他举起酒杯发誓，郭子仪面对众多将士说："大唐天子万岁！回纥可汗万岁！谁若违背誓言，就叫他死在阵前！"药葛罗也照样发了誓。双方互相立了盟约后，郭子仪就领着几个部下，胜利地回到了唐营中。

不费一枪一卒，郭子仪就这样又平定了一场叛乱，并且还为唐朝争取到了一个盟友。

有时兵之主客是在心理，只有把握好心理上的优势才可以取得战争的胜利。

【名家论战】

草庐经略·主兵

强寇侵疆，势如风雨，可无御之之术乎？是当无求一战之利。盖敌之所欲惟速战，必坚守以避其锋，出奇以挠其谋。彼悬军深入，往还千里，就令人约轻赍，计日负食，势必疲劳，又有衣装军器，勤劳而至，未有不资之转运，与因粮于我者。法当收我邦畿之积，悉入城堡；远我居民，以免侵掠；据我前险，断彼后厄；分遣精兵，抄其谷食，焚其辎重；高城深池，坚壁不战。如藏九地，无隙可投。彼粮食不通，野无可掠，攻城不拔，求战不得。俟其饥绥，渐见引还，吾以奇兵击其旁，重兵蹑其后。乘其惰归，掩诸险阻，斯坐而获全胜矣。

善 者

【本篇主旨】

本篇文字比较完整，脱漏很少。"善者"，意指善战者。本篇主要论述善战者在作战时如何使自己处于主动而陷敌于被动。

【原文】

善者①,敌人军□人众,能使分离而不相救也,受敌而不相知也②。故沟深垒高不得以为固,车坚兵利不得以为威,士有勇力而不得以为强。故善者制险量阻③,敦三军④,利屈伸⑤,敌人众能使寡,积粮盈军能使饥,安处不动能使劳,得天下能使离,三军和能使柴⑥。

故兵有四路、五动:进,路也;退,路也;左,路也;右,路也。进,动也;退,动也;左,动也;右,动也;默然而处,亦动也。善者四路必彻⑦,五动必工⑧。故进不可迎于前,退不可绝于后,左右不可陷于阻,默[然而处],□□于敌之人。故使敌四路必穷,五动必忧。进则傅⑨于前,退则绝于后,左右则陷于阻,默然而处,军不免于患。善者能使敌卷甲趋远,倍道兼行⑩,倦病而不得息,饥渴而不得食。以此⑪薄敌,战必不胜矣。我饱食而待其饥也,安处以待其劳也,正静以待其动也。故民见进而不见退,蹈白刃而不还踵⑫。二百□□□

【注释】

①善者:善于作战的。本篇论述善于作战的人在战争中怎样使自己处于有利主动的地位,使敌人陷入不利被动的境地。

②受敌而不相知也:受到攻击而不能互通消息。受敌,受到敌人攻击。

③善者制险量阻:善战的人能够判断并且利用地形。

④敦三军:屯驻军队。敦,借为"屯",驻扎。

⑤利屈伸:有利于进退。屈,退。伸,进。

⑥柴:猜疑,猜忌。

⑦彻:通彻,畅通。

⑧工:工巧,巧妙。

⑨傅:狙击。

⑩倍道兼行:一天赶两天的路,昼夜行军。

⑪薄:迫近,指交战。

⑫还踵:掉转脚后跟,这里指后撤。

【译文】

善于用兵的人,即使敌人兵力强大人数众多,也能使它分散,不能互相救援,受到攻击也无法互通消息。所以敌人即使有深沟高垒这样的凭依也难于固守,有坚固的战车和锋利的兵器等精良装备也发挥不出威力,士兵勇猛也难成强势。所以善于用兵的人能够灵活利用地形,驻扎军队,使部队能够进退自如。敌人人数多,就能设法使它变得相对不足;敌人粮草充足,能想尽办法使它粮草供应不上;敌人驻扎不动,能用计调动使它疲于奔命;敌人富有天下,能使它分崩离析;敌人全军团结,能使它互相猜疑。

所以,用兵讲究"四路"、"五动":向前是路;后退是路;向左是路;向右是路。往前是动;往后是动;往左是动;往右是动;按兵不动也是动。善于用兵的人能使自己四路畅通,各种行动巧妙。所以进攻时敌人无法抵挡,后撤时敌人不能截断退路,向左右移动也不会陷入险阻,按兵不动时……所以要使敌人四路不通,行动不利。前进就被狙击,后撤又被截击,或左或右又会陷于险阻,按兵不动,也困难重重。

善于用兵的人,能使敌人背负装束进行长途急行军,日夜兼程加速行进,疲惫的队伍得不到休整,饥渴的士兵来不及饮食。这样的队伍投入战斗肯定不能取胜。我军则吃饱喝足以逸待劳,以静制动。这样一来,开战时士兵们就会勇往直前,冒着利刃进攻也不会后退半步。

【故事论述】

官渡之战后,曹操转弱为强,成为北方霸主。同时,孙权在江南接手了孙策的基业,对北方战事坐观成败,集中力量治理内政。荆州刘表虽兵精粮足,却无进取之心,而刘备一直都不能占有一块牢固的根据地。

刘备此时在荆州声望高、名气大,但是已届不惑之年的他却始终处于辗转依人的被动状态,他自己也很悲愤郁闷。由于曹操南侵的风声日紧,不安的情绪笼罩着荆州,很多人都把希望寄托在刘备身上,但他兵微将少,难以与曹操的大军抗衡。他回顾自己多年以来的经历,认识到之所以屡屡失败是因为身边没有运筹帷幄的人才辅佐,为此他特地拜访了当时的"水镜先生"司马徽。司马徽向刘备推荐了卧龙诸葛亮和凤雏庞统,并将刘备招揽人才的消息散开。

公元207年的冬天,在司马徽、徐庶等极力引荐下,刘备亲自带着关羽、张飞,冒着隆冬季节的严寒,接连三次前往隆中探访诸葛亮。

这期间,诸葛亮正在外游历,访友磋学。有关刘备请他出山之事,他已有所耳闻,也为此事犹豫不决。以当时形势,曹操已一统中原,声势日赫;孙权雄跨江东,国险民附;刘备半生争战,到头来寄人篱下,仅有新野小县,兵不过数千。当时许多名士认为曹操必能"匡济华夏",许多人都去投奔了曹操,但像诸葛亮那样具有正统观念的才俊,绝不会去投奔曹操的。刘备作为汉宗室后代而久负盛名,是他心目中理想的人物,他也深知刘备力挽狂澜、兴复汉室的事业是何等的艰巨。他心中常常在想,也不知刘备请自己出山仅是装点门面,还是竭诚以待,委以重任。出与不出,他举棋不定,若贸然而出,不但难成大业,且会自误才学。于是,他一面游历访友,一面思索是否应该出山。

刘备等不辞辛苦,三顾茅庐,诸葛亮终于被刘备这种虚心求教的精神、竭诚相待的态度所打动,终于答应出山辅其功业。

诸葛亮于是对刘备分析了当时天下的形势,说:"从董卓专权乱政以来,豪杰之士纷纷乘机起兵称雄一方,而地跨州郡的割据者多得数不胜数。曹操同袁绍相比,则是名望低微,兵力弱小,然而曹操终能战胜袁绍,由弱者变为强者,这不只是天时有利,也是人的谋划正确的结果。如今曹操已经拥兵百万,并且挟制皇帝而向诸侯发号施令,因而不可同他直接较量。孙权占有江东地区,其统治已历三世,那里地势险要,百姓归附,贤能之人都愿意辅佐他,这可以结为盟援,而不可以图谋他。荆州北有汉水、沔水作屏障,南至海边有丰富资源可供利用,东连吴郡、会稽郡,西通巴郡、蜀郡。这里是用兵的战略要地,但其统治者刘表却无力守住它。这大概是上天赐予将军的吧,将军可有意于此吗?"

"益州地势险要,土地肥沃广大,是块富饶之地,汉高祖(刘邦)就是靠这里而成就了帝业。现在，益州牧刘璋昏庸无能，张鲁又在北边与他作对，尽管这里人口众多、资源富庶，但因其不知爱抚民众，致使有才能的人都渴望得到英明的君主。将军既是汉室的后代，且又信义显扬四海，广交天下英雄求贤如饥似渴，倘若占领荆、益二州，控扼险要，西与诸族和睦为邻，南面抚绥边地人民，对外结盟孙权，对内修明政治；天下形势一旦发生变化，就伺机派遣一员大将率领荆州部队向南阳、洛阳地区进军，而将军则亲率益州之兵北出秦川，所过地区的百姓谁还不担着丰盛酒食来迎接将军嘛！如果确实能这样做的话，那么，统一大业就可以成功，汉朝统治就可以复兴了。"这就是历史上有名的《隆中对》。

诸葛孔明未出茅庐，已知天下三分，真是前无古人，后无来者！他站在比较客观的立场上，客观分析了当时进行斗争的各方政治势力的力量对比和相互关系。在当时势力差距悬殊的情况下，为刘备提供了一个比较切实可行的实现统一的战略决策。

诸葛亮一席弘阔之论，涉及政治、军事、经济、地理、外交诸方面，概括了汉末天下形势，预示了政局发展的前景，是一篇绝世之作。它体现了诸葛亮的远见卓识和超凡的政治才能，后来的历史发展，也证实诸葛亮在《隆中对》中对形势发展变化所做的分析和估计，总体上是正确的。《隆中对》从思想上武装了刘备，对刘备以后进行的统一事业产生了深远的影响和作用。

孔明根据对曹、刘、孙三方以及刘表等势力的政治、军事、经济、地理诸种条件的精辟分析，为刘备的生存与发展制定了"联孙抗曹"的总战略。为了实现这一战略计划，诸葛亮提出首先要向薄弱方向发展，夺取荆、益二州以建立稳固基地，安抚西南各族，联合孙权，整顿内政，加强实力；其后待条件成熟时，从荆、益两路北伐曹操，夺取中原，统一中国。显然，这是一个比较符合客观实际的既稳健而又有进取精神的战略构想。虽然刘备后来因条件所限未能实现一统天下的愿望，但在后来的战略部署上，基本上是按照诸葛亮这一方针来实行的。

【名家论战】

草庐经略·诡谲

兵者，谲之道也，以诈立，以利动者也。夫兵不出奇与正，奇之外，诡谲之名何自而立也？盖其为术小，而施之于用则巨。或以为外愚士卒，令入我彀中而不觉耳。是故敌交非诡不疑，敌情非谲不致，敌谋非诡不误，士众非谲不鼓。谁谓诡谲而可废也哉？若曰仁义之兵不用诡谲，此宋襄、成安之迹，安得不败也。第诡谲不用，须当度敌情，揣事机，达微暧，料始终。知情有所必至，机有所必应，暧有所必通，局有所必结。乘敌之隙，舞智弄术，圆而转之，神而用之。初若无奇，终知微妙。斯巧于谲者也。

五名五恭^①

【本篇主旨】

本篇文字完整,没有缺文。内容上可分两部分:前一部分论述用不同方法对付五种不同的敌军;后一部分论述军队进入敌境后的策略,主张将怀柔、施暴两种手段交替使用。

【原文】

兵有五名:一曰威强,二曰轩骄^②,三曰刚至^③,四曰(助)忌^④,五曰重柔^⑤。夫威强之兵,则屈软而待之^⑥;轩骄之兵,则恭敬而久之^⑦;刚至之兵,则诱而取之;鸱忌之兵,则薄其前,噪其旁,深沟高垒而难其粮;重柔之兵,则而恐之,振而捅之,出则击之,不出则回^⑧之。

兵有五恭、五暴^⑨。何谓五恭?入境而恭,军失其常。再举而恭,军无所粮^⑩。三举而恭,军失其事^⑪。四举而恭,军无食。五举而恭,军不及事。入境而暴,谓之客^⑫。再举而暴,谓之华^⑬。三举而暴,主人惧。四举而暴,卒士见诈^⑭。五举而暴,兵必大耗^⑮。故五恭、五暴,必使相错^⑯也。五恭二百五十六。

【注释】

①五名五恭:五名、五恭本来是两篇,今合为一篇。五名是分析五种敌军。五恭是分析进入敌境后的两种态度。

②轩骄:高傲、骄悍。

③刚至:刚愎自用。

④助忌:助读"冒"。冒,贪。忌,疑忌。

⑤重柔:犹豫软弱。

⑥屈软而待之:以屈软的态度向敌人示弱。

⑦恭敬而久之:以恭敬的态度和敌人持久周旋。

⑧回:包围。

⑨恭:循规蹈矩,这里指用怀柔政策。暴:暴力。

⑩粮:粮草储备。

⑪军失其事:军队中物资不够用,无法正常运转。

⑫客:进犯者、侵略者。

⑬华:不正、邪。

⑭见诈:被骗、受骗。

⑮耗:损失。

⑯相错:交替。

【译文】

敌军大致有五种:一是威武强大的,二是高傲剽悍的,三是刚愎自用的,四是贪婪多疑的,五是犹豫软弱的。对威武强大的敌军,就装作屈从向它示弱;对高傲剽悍的敌军,就恭敬对待,拖延到它失去锐气;对刚愎自用的敌军,就要诱敌深入,设法击破;对贪婪多疑的敌军,要从正面进行压制,在两翼加以骚扰,利用深沟高垒阻断它的粮道;对犹豫软弱的敌军,要用叫阵的声势威吓它,用威慑的方式惊动它,它敢于出战就攻击它,它不出战就围困它。

军队进入敌境有五恭、五暴。什么是五恭呢? 刚进入敌境就采取怀柔政策,军队就没有了应有的军威。再用怀柔政策,军队就征不到粮了。三次怀柔,军队的运转就不正常了。四次怀柔,军队就没有粮食吃了。五次怀柔的结果是军队将无法完成任务。军队一进入敌境就采取暴力措施征用物资,就被叫做侵略者。再次使用暴力就显得邪恶了。第三次使用暴力,就会引起被占领地区的恐慌。第四次使用暴力,将士会受骗,军队就陷入了非常孤立的境地。第五次使用暴力的结果是军队遭受重大损失。所以,五恭、五暴两种手段应该交替使用,也就是要做到恩威并用。

【故事论述】

西汉未年,大奸似忠的王莽毒死汉平帝,暗示其党羽为其"居摄皇帝"、"代理皇帝"制造篡权的舆论。太皇太后王政君竟下昭恩准王莽"居摄践祚",为王莽篡权铺平了道路。公元8年,王莽自立为帝,改国号为"新",激起了西汉宗室、贵族和广大农民的反抗。

公元9年,王莽诏告天下要把精通兵法的36家,约几百人,合在一起作为军官选入皇宫,训练禁卫军;征募勇猛之士充军,以镇压反对他的人。王莽的军队中旌旗和辎重车辆,延绵千里不断。当时有个巨人,身高一丈,腰粗十围,被任命为垒尉;此外,王莽的军队还驱赶老虎、豹子、犀牛、大象之类的猛兽行于阵前,用来壮大军威。秦、汉以来出师的盛况,还不曾有过这样壮观的。公元23年年初,绿林农民军推举汉王后裔刘玄为帝,恢复汉制,建立更始政权。为阻止王莽军南下,保障其主力部队顺利前进,派出大将王常、王凤、刘秀等率更始军迅速攻克昆阳(今河南省叶县)、郾县(今河南省郾城南)、定陵(今河南省舞阳北),与宛城的义军成掎角之势,为进一步进击洛阳和长安、彻底消灭王莽政权创造了有利条件。

王莽派出王寻、王邑统率四十三万号称百万大军南下攻打更始军。5月,王邑等与严尤等部队会合后,实力增强,迫使更始军刘秀从阳关退进昆阳城中,很多人惶恐不安,提心吊胆,又担心挂念着妻子儿女,军心不稳。刘秀分析道:"现在我军兵力、粮草都不多,而外寇实力强大,要是我军同心协力抗击敌军,或许还可能建立功业;如果想分散,势必不能保全。而且宛城尚未攻下,伯升那边不可能赶来相救,昆阳如果被攻破,一天之内,各部人马可能都会被莽军消灭。在现今的危急关头不同心协力建立功名,还想回去守卫妻儿财物吗?"众将怒气冲天地说:"刘将军怎么敢这样说!"刘秀笑着站起来,正好侦察敌情的骑兵回来报告说:敌军的大部队已到城北,长达几百里,看不见队尾。众将领急忙说道:"还是请刘将军拿主意吧。"刘秀重新策划了攻守的战略,众将领忧虑而紧张,都只有恭敬地回答:"是!"当时昆阳城中只有八九千人,刘秀就派王凤、王常坚守城池,自己乘夜深人静之时与大将宗佻、李轶等十三名骑兵,从南门杀出去,到郾城、定陵一带调集援兵。并让更始军在突围时沿途丢下一些珠宝,有人不解说:"丢弃这么多金子多可惜呀!"刘秀斥责道:"今天如果打败了敌人,可获万倍珍宝,建成大功;如果被敌军打败,脑袋都没有了,还要什么财物!"众将遂听从他的调遣。刘秀等冲出王莽百万大军的包围，到定陵一带调兵遣将以解昆阳之危。

这时，有人向王邑献策说："昆阳城虽小却防守坚固，现在假冒皇帝名号的刘玄在宛城，我们赶快用大部队去进攻，他们必定逃跑；宛城被攻破，昆阳守军自然就会投降。"王邑说："我以前围攻翟义，因没活捉敌将而获罪，如今率领百万大军，遇到这座城池没有攻下，怎么交代呢？"四十万叛军将昆阳层层包围，设置了几百个营垒，用于瞭望的楼车高达十几丈，居高临下，监视昆阳城中情况，军中旗帜漫山遍野，扬起的尘埃遮天蔽日，百里以外都可听到征鼓的声音。王邑命士兵挖掘通向城中的地道，用战车撞击城门，弓箭手万箭齐发，箭如雨下。城里的人只好背着门板出来打，仗打得十分艰苦，守城的王凤等人有点熬不住了请求投降，可是愚蠢的王寻、王邑不准，以为马上就能攻下昆阳城而得意洋洋。夜里有流星坠落在军营中，白天又有一大片云团像山崩一样，正对着营地降下来，离地面不到一尺的地方才散开，叛军士兵恐骇得趴在地上。6月，刘秀率更始军进军昆阳，他命一千多名步、骑兵，在离敌人五里远的地方列阵。此时，王邑的军队已经久战疲惫，锐气尽失。但仍骄狂轻敌，只派出几千人马迎战刘秀，刘秀一马当先，冲锋陷阵，直奔敌军，连斩数十人。各路将领看了惊喜道："刘将军平时胆子小，今天却如此胆大，如此勇敢，真是奇迹啊！让我们前去助战帮助他！"叛军节节后退，刘军乘胜前进，大破贼兵。忽然，有人拿着一封书信向昆阳守军大呼："宛城已破，援军来了！"那人还假装把信丢掉了，让敌人捡拾去。王寻等人看了信极为惊骇，刘秀见敌人中计，更始军士气大振，越战越强，无不以一当十。这时，刘秀组成一支三千人的敢死队，从城西渡水冲击敌中军帅营，敌军阵地立刻乱作一团，溃不成军。刘秀趁势杀了王寻，昆阳守军也及时杀了出来，内外人马合成一路，喊杀声震耳欲聋。王莽的队伍纷纷逃遁，相互践踏、死伤无数，大批辎重、粮草、兵器均被绿林军缴获。昆阳之战，叛军彻底完蛋，刘秀军大获全胜。

公元24年，绿林军攻入长安，将王莽杀死在未央宫渐台。刘秀建立东汉王朝，定都洛阳。一切政权的建立都要以正义为根本，若离开这个原则，无论多强大的武力都无济于事。

【名家论战】

草庐经略·约己

夫兵之兴也，国家扫境内以专属之将。主上宵旰，征人露处，而将顾可安乐肆志，矜修富贵容乎？三军之士必将偶语曰："吾曹千里从军，栉风沐雨。若怡怡然锦衣玉食，曾不以我为念，我何以为之死也！"如是，则将之陷心逸志，不几为忘身误国之阶乎？是以有投醪而味河水，有仗锸而亲土功；有暑不张盖，劳不坐乘，饥不求食，舍不平陇；朴橛盖之，以蔽霜露；躬身粮粮，过险必步。与士卒同甘苦，同劳瘁，同饥馁，而心忘其贵也。故军中感激，士卒用命，争为先登陷阵，身死而有所不悔矣。

兵 失①

【本篇主旨】

本篇文字脱落较多。篇中主要分析作战失利的各种因素，指出军队要行"起道"（即兴旺、胜利之道），同时避免耗兵、陵兵、速屈之兵等不利处境。

【原文】

欲以敌国之民之所不安，正俗所……难敌国兵之所长，耗兵②也。欲强多国之所寡③，以应敌国之所多，速屈之兵也④。备固，不能难敌之器用⑤，陵兵也⑥。器用不利，敌之备固，挫兵⑦也。兵不……明者也。

善阵，知背向⑧，知地形，而兵数困，不明于国胜、兵胜者也。民……兵不能昌大功，不知会者也⑨。兵失民，不知过者⑩也。兵用力多功少，不知时者也⑪。兵不能胜大患，不能合民心者也。兵多悔，信疑者也。兵不能见福祸于未形，不知备者也。兵见善而怠，时至而疑，去非而弗能居，止道也。贪而廉，龙而敬，弱而强，柔而[刚]，起道也。行止道者，天地弗能兴也。行起道者，天地……

……之兵也。欲以国……

……内疲之兵也。多费不固……

……见敌难服，兵尚淫天地……

……而兵强国……

……兵不能……

【注释】

①兵失：本篇题为后人根据内容所加，主要是分析作战失利的几种因素。

②耗兵：虚弱、衰竭的军队。

③强多：勉强增加。

④屈：穷尽、竭尽。

⑤备固不能难敌之器用：指防御坚固，却抵挡不住敌人进攻的器械。

⑥陵兵：受欺凌的军队。

⑦器用不利，敌之备固，挫兵也：攻城器械不够精良，而敌人的防御很坚固，这样的军队是容易受挫的军队。

⑧知背向：懂得行军布阵时的向背。

⑨会：计算、筹划。

⑩过：过错、错误。

⑪时：时机。

【译文】

想用敌国百姓不可能接受的事……对付敌国军队的长处,这样的军队就会损兵折将,使国家耗尽所有。想要勉强增加本国缺乏的东西,来对付敌国所富有的东西,这样的军队就是会很快失败的军队。防守措施不能有效抵御敌军的进攻器械,这样的军队就是受欺凌的军队。攻城器械不够精良,而敌人的防御很坚固,这样的军队是容易受挫的军队。

善于布阵(的人),懂得行军布阵时的所要面对的和所要依靠的,也会利用地形,但军队却总是陷于困境,这是不明白国家强盛和军队胜利之间的关系。……军队不能获得大的胜利,是因为不懂得计算和筹划。军队失去百姓的支持,是因为不知道自己所犯的过错。军队费了很大劲,成果却很少,这是因为不懂得抓住战机。军队打不败强敌,是因为不能顺应民心。军队常常遭受挫折是因为轻信了不确切的消息。军队不能预见战争胜败,是因为没有全盘考虑的缘故。军队在有利时却懈怠,有利战机出现却犹豫不决;能避免错误,也知道什么正确,但就是不能贯彻执行,这就是灭亡之路。贪婪变得廉洁,骄横变得恭敬,弱变强,柔变刚……这就是兴旺之路。走灭亡的路,连天地都不能帮其兴旺起来。走兴旺的路,连天地……

【故事论述】

公元前700年,楚国和相邻的小国绞(位于今湖北省郧县西北)发生了一场战争。两国军队相持在绞国城池的南门。

楚王认为,对付这样的小国很容易,只须投入少量的兵力参战,即可获取。大夫莫敖明白楚王的用意,献策说:"绞国虽然弱小,但很轻躁,没有什么谋略。我们先派出一些不带武器的士兵,化装成拾柴捡粪人的模样引诱绞兵上当。然后,聚而歼之!"楚王听了很满意。第二天,楚军派出30名士兵乔装好扮成捡柴拾粪的普通人,到南门外诱惑敌人。果然,绞军见楚人就抓,不分青红皂白就把他们抓走了。

次日,楚军派出40名化了装的士兵,又被绞军抓走。这样一连三天,绞兵都获胜了,绞国国君洋洋得意,放松了戒备。到了第四天,楚军一面继续派出化装拾柴、赶路的士兵迷惑敌人,一面派出阻击部队埋伏在绞城北门外,并在山里集结了大股兵力,形成口袋似的伏击圈。几天后,当绞兵又来抓拾柴推车人时,这些化了装的楚兵立即丢弃柴、车等东西,拼命往北门外跑,绞兵紧追不舍。当绞兵刚刚追进了山,道路两旁突然杀出一股楚兵,与绞兵打起来,楚兵边打边往山里退,不敢恋战。绞兵越打越上瘾,穷追不舍,绞国君在城门楼上督战,还以为楚军不堪一击,下令集中全部绞兵向山里追击楚军。结果,绞兵很快进入了楚军的伏击圈,只听一声炮响,万箭齐发、火光冲天,数千楚兵从四面八方杀将过来,好像天兵天将,勇猛无比。绞军方知中计,但为时已晚,终于抵挡不住勇猛无比的楚军,顷刻瓦解。战争的胜利就是时机与智慧的较量,所以不懂用兵之人就会失败。

草庐经略·受善

"集众思，广忠益"，古人之名言也。盖智者有千虑之一失，愚者有千虑之一得，矧将非明智，顾可轻物傲人，薄群策为不足询乎？苟其言可裨军政，佐胜算，即刍荛可采，安问从来？降虏可师，何嫌折节！参微言于利害，虚以受人；酌可否于胸中，务求允当。所由算无遗策，动有成功。脱若自矜智术，恣逞胸臆，漫行独断，无论谋士止而不来，即至而必去，知其不足与共功名。亦有独断于衷，不挠群议而立功名者，必其谋越众客，无过慎之思；明群情，有先事之察，原非懵懵然也。亦有因听人言而堕绩者，必所听非其人。听于近幸而违于正人，听于一二而违于金谋，听于浮论而违于至计。即有明智君子，列三策而陈之，或从其中策、下策，而违其上策，皆足以败事者也。昔人有言："谋之欲多，断之欲独。"窃以为断之欲明，方是真能受善也。

将　义①

【本篇主旨】

本篇论述了将帅应当具备的品质，包括义、仁、德、信、智五个要素。篇中指出义是为了立威严，使士卒效死；仁是为了克敌立功。因此，这里的"仁"、"义"与儒家的概念有所不同。

【原文】

将者不可以不义，不义则不严，不严则不威，不威则卒弗死②。故义者，兵之首也。将者不可以不仁，不仁则军不克，军不克则军无功。故仁者，兵之腹也。将者不可以无德，无德则无力，无力则三军之利不得。故德者，兵之手也。将者不可以不信，不信则令不行，令不行则军不槫③，军不槫则无名。故信者，兵之足也。将者不可以不智胜，不智胜……则军无□。故决者④，兵之尾也。

【注释】

①将义：将帅应该具备"义"的美德。

②卒弗死：士卒不肯效死。

③槫：读音是"专"，统一指挥。

④决：决断，果断。

【译文】

将帅不能不义，不义就法令不严明，不严明就没有威望，没有威望士兵就不会效全力。所以义对于军队，就好比人的头一样重要。

将帅不能不仁,不仁军队就不能克敌,军队不能克敌就没有作用。所以仁对于军队,就像是人的腹部。

将帅不能没有德,没有德就没有威望,没有威望全军的作用就无法发挥。所以德对于军队,好比人的手。

将帅不能不讲诚信,不讲诚信命令就无法执行,命令无法执行军队就不能统一行动,军队行动不统一就无法建功。所以信对于军中,就好像人的脚。

将帅不能不预见到胜利,不预见胜利……军队就……。所以决断是将帅指挥作战的最后要素。

【故事论述】

战国时期,韩国的大夫严遂一直受丞相韩傀的排挤,严遂当众揭发韩傀的错误,韩傀从此怀恨在心。以后,韩傀进行报复,当众呵斥严遂,严遂大怒拔剑刺杀韩傀,被众人劝住。从那以后,严遂罢官而逃,以防韩傀加害于他。

严遂弃官后四处游逛,希望找一个勇士为他报仇雪恨。一天,他来到齐国,打听到轵县市井里有一个名叫聂政的年轻人,非常勇敢果断,为人又很正直,只是家境贫寒而混迹于屠户之中。严遂开始暗地里找访聂政,并有意厚待他。聂政很过意不去,问:"你有什么地方需要我出力,就请讲吧!"严遂忙说:"不急,不急,我们认识才几天,我怎敢有所求呢?"严遂闻知聂政是孝子,家中只有一位高堂老母,便择吉日备办酒宴,向聂政的母亲献酒,并捧出一百两黄金送给聂母,为她祝福。聂政坚决不收,严遂再三恳请他收下,聂政仍然谢绝,说:"我以屠狗为职业,每天早晚可以得到些美味食品奉养母亲。现在我供养母亲的一切都齐全,我人虽穷志不穷,你的厚礼我不能收!"严遂避开众人,私下对聂政说:"我为了报仇逃亡在外,到过好几个国家都没有遇到像你这样的义士。因为你道德高尚,我才径直送上这百两黄金同你结交,这些不过是用来做老夫人粗茶淡饭的费用。这是我的一点心意,你一定要收下呀!"严遂再三请让,聂政还是不收。严遂只好尽了宾主之礼之后,撂下黄金,离开了轵县市井里。

过了很久以后,聂政的母亲去世。聂政服孝期也满了,想到自己不过是市井中一个平平庸庸的人,严遂是尊贵的一国大臣,他不远千里来结交我,我却对他很冷淡。为了供养我的母亲,他肯献上那么多的黄金,这一切足以说明他对我的了解和信任,他算是我的知己了。如今,母亲已去世,我要去为知己者出力了!想到这里,聂政毫不犹豫地收拾行装,告别了姐姐和乡亲,开始去寻找严遂。几年后,聂政终于找到了严遂,两人在魏国又见面了。严遂将自己的仇人告诉了聂政,说:"他是韩国国君的叔父韩傀,他们的宗族人多势众,住处的卫兵很多。我虽然多次派人行刺,都没有成功。现在幸亏你不抛弃我,我一定为你多准备些车马和助手。"聂政摇摇头,说:"不能去很多人,人一多目标就大,就会泄露机密。机密一泄露,岂不更危险了吗?"说完就告辞了。聂政经过深思熟虑的准备之后,独自一人走了。几天后,他手提宝剑来到了韩国。

这时,韩王正和其他诸侯国君在东孟约会,他的叔父韩傀等人也都在。聂政不顾一切地闯进去,走上台阶重刺韩傀。韩傀惊慌失措,一把抱住了韩王,聂政照直刺去,一同结果了他们两人的性命。左右卫士一齐冲上来刺杀聂政,聂政沉着应战,一连砍杀几十个士兵。接着,他用宝剑刺破自己的膛,挖出眼珠,剖腹掏出肠子,倒地而死。韩国人把他的尸体扔到大街上,以千金悬赏能认出他的人。很多天过去了,还是没有人来认领。聂政的姐姐闻讯后,毅然赶到韩国认尸,她看着血肉模糊的尸体,痛哭失声,说:"弟弟这样做完全是为了不连累我,如果我贪生怕死而埋没了弟弟的侠义英名,我是绝对不忍心的!"说完,抱着聂政的尸体大哭,并对众人说:"这是我的弟弟,轵县市井里的聂政!"说完,拔剑自刎在弟弟尸体旁。以恩信结于人,那人亦会以恩信报于你。

【名家论战】

草庐经略·忠义

操练之法既行,是有兵而有将矣。第将非忠义,何以为立功建绩之本,而使三军感动兴起乎?虽忠肝义胆,天植其性,臣子应当自尽,原非为鼓舞人心计。而军心之向背趋舍,事业之成亏兴废,实由此焉!此衷一定,断不回移。有时勋业光天壤,于素志固惬,即身与时屯,心随力尽,亦足洒此一腔热血,稍报君恩。倘图身念重,徇国心轻,受人之任,孤人之托,即万年以下,犹令人唾骂矣!

将 德①

【本篇主旨】

本篇简文残缺较多。内容主要是讨论将帅应具备的德行,如爱护士兵、不轻敌、赏罚及时等。

【原文】

……赤子,爱之若狡童②,敬之若严师,用之若土芥③,将军……不失,将军之智也。不轻寡④,不劫于敌⑤,慎终若始⑥,将军……而不御,君令不入军门⑦,将军之恒也。入军……将不两生,军不两存,将军之……将军之惠也。赏不逾日,罚不还面⑧,不维其人,不何……外辰⑨,此将军之德也。

【注释】

①将德:篇题为后人根据内容参考其他篇题所加。主要论述将帅应该具备的品德。

②狡:年少而美好。

③用之若土芥:将帅要舍得使用士兵。土芥,土块草芥,比喻轻微无价值的东西。

④不轻寡:不因敌人数量少而轻视它。

⑤不劫于敌:不为强大的敌人所威胁。

⑥慎终若始:坚持原则始终如一。

⑦君令不入军门：君主的命令不进入军队营门，意为君主不干涉军务。

⑧赏不逾日，罚不还面：赏赐立即兑现，惩罚立刻进行。不逾日，不超过当天。不还面，不转脸，意思是快速。

⑨不维其人，不何外辰：赏罚不论当事人和自己的亲疏贵贱，不屈服于外来权势的压力。何，读为"阿"，阿谀屈服。辰：借为"震"，权威，压力。

【译文】

……把士兵看作刚出生的孩子，爱护他们像爱护可爱的儿童，尊重他们像尊重严师，使用时应当像使用土块一样毫不顾惜，……

……将帅的明智。不因为敌人人数少而轻敌，不因为敌人强大而受威胁，自始至终谨慎对待……

……不受君主驾驭，将在外，君命有所不受，这是将帅应该始终坚持的原则。

……交战双方主将不会并存，军队也不会并存，……是将军的恩惠。奖惩及时，不论亲属贵贱，不屈服于外来压力，这就是将帅应有的品德。

【故事论述】

强调"庙算"和"谋攻"是孙子兵法的重要战略思想，汉高祖刘邦的大将韩信就是精于庙算的高手。

汉高祖元年（前206年），秦朝被各地起义军推翻后，项羽由于最有实力兵力，达40万，遂自立为西楚霸王，并撕毁与刘邦谁先入关谁为王的约定，封刘邦为汉王，管辖巴蜀和汉中，却将关中地区一分为三，封给秦朝的三个降将，用以防止刘邦东进。当时，项羽分封了18个诸侯国。连他自己在内，当时的中国被分成了19个小国。

项羽和刘邦及其领导的军队在推翻暴秦的过程中，起着决定性的作用。他们二人也都是胸怀大志之人，都希望天下听命于自己。项羽做了天下的霸主自然意气风发。刘邦也自然对封自己为汉王心有不甘，只是鉴于实力不及项羽，无奈地暂时听命于项羽罢了。

但是刘邦并没有消极地听从命运的安排。刘邦在进入汉中的路上，被萧何追回并极力推荐用以夺取天下的人才韩信为大将军。拜将之后，刘邦就向韩信问取天下的计策："丞相多次在我面前提到将军您，将军有什么高明的计策教导我？"韩信敬谢不敢，并反问刘邦："大王您要东向争取天下，对手难道不是项羽吗？"刘邦说："正是他。"

韩信又问："大王您自己考虑一下，您在勇敢、强悍、仁慈、实力等方面，比得上项王吗？"刘邦沉默思考了好久说："我哪一方面也不如他。"韩信听后，又一次拜贺说："就是我韩信也认为大王不如他。然而我曾经在项王手下做过事，我就说说项王的为人情况吧。项王发怒大喊，千人皆服，那是勇猛到了极点，却不能任用贤能的部将，这只不过是匹夫之勇。他对人恭敬慈爱，说话体贴，他人若生病，他就痛哭流涕，亲自端药喂饭，至于有人立功而应当封爵，即使官印在他手里都严重磨损了，他还强忍不封，不肯将印授予人，这是所谓的妇人之仁。现在项王虽然称霸天下，臣服了诸侯，不在关中建立都城，而建都于他自己的家乡彭城（今江苏徐州）。项王背弃了与楚义帝的誓约，而将自己亲信的人封王，因此诸侯们对此都深感不公正。各路诸侯见项王放逐义帝，并将他安置在江南，各路诸侯也纷纷效仿，驱逐他们原来的君主而自立为王。项王所到之处,什么残忍的事都做得出来,天下百姓对此多有抱怨,因此百姓也就不跟从,他们只不过都害怕他的威猛和实力罢了。项羽在名义上虽称霸天下,实际上却失去了天下的人心。所以说项王的强盛容易变得脆弱。现在大王您确实能反其道而实行如下的措施:任用天下的勇武之士,天下哪一个人不可以被您诛杀?用攻下的城邑分封给功臣,哪一个人不服从您?况且关中的那三个封王本是秦朝的降将,他们带领关中子弟多年了,死在他们手里的子弟是不可胜数,他们又欺骗部下从而投降了诸侯军,在新安,项王不信任秦人,遂坑杀了20多万投降的秦朝子弟,惟独章邯、司马欣、董翳他们三个人保住了性命,秦朝的父老对这三人怨恨到了极点,可以说是恨之入骨。项王以强大的威势封这三人为关中王,关中的秦人是没有人喜爱他们的。大王您进入武关后,秋毫不犯,废除秦朝的严刑酷令,并与秦人约定法律。虽只有那简单的三章,但关中的秦人没有不希望大王您来关中为王的。您入关之前,义帝与您及诸侯誓约:谁先入关谁就为关中王。大王您第一个入关,您应当被封为关中王,这一点关中的民众是都知道的。后来的结果却是,大王您失职不能为王关中,而去汉中为王,关中的秦民对此没有不痛心疾首的。现在大王您举起义旗挥师东下,关中地区仅仅发布一个檄文就能轻易取下。"

刘邦听后,十分高兴,与韩信有相见恨晚的感觉。刘邦自此以后按照韩信的计划,部署各个将领向东进发,逐步歼灭了项羽的军队,拉开了持续五年之久的楚汉战争,最终夺取天下,建立了汉朝。

韩信与刘邦的这一席话,周密地分析了刘邦和项羽各自的优劣长短,以及天下形势,对他们的得失胜负做了准确的判断,并做出了东进直取关中的战略决策,可谓是一个卓越的庙算,体现了多算胜少算的预先筹谋。

孙子曰:多算胜,少算不胜。进行一项伟大的事业,理想是必不可少的,假定它只是一个梦想也没关系,因为梦想是达成愿望前的一个出发点。如此伟大的理想若想得到实现,必须要有一个严谨的计划与方案,它必须一步步地来达成,并不是一蹴而就的事情。

【名家论战】

草庐经略·将让

《易》曰"劳谦",谓有功而能谦也。推有功而不居其功,故天下莫与争功,有能而不居其能,故天下莫与争能。盖功盖天下,不过了人臣职分,何必炫耀以施劳?况亟欲自鸣,反开谗者姜菲之门,岂保身之长策哉!故有归功于庙算,有委重于天威。有畅言群帅效力,而自视缺然;有方念士卒用命,而疮痍可悯;有引辜于平贼之晚,而俯首请诛;有负咎于縻费劳人,而功不赎罪。侧身修行抑损,似无所容;推功让能避誉,若将染已。遑言摧锋攘地之劳,发纵指示之妙,昂然作功臣之色,而冀分茅土之荣耶?

将　败①

【本篇主旨】

本篇列举了将帅品质上的种种缺点,这些缺点都会导致战争的失败。内容比较简短,仅列举了二十种缺点(或失败因素),没有展开论述。

【原文】

将败:一曰不能而自能②。二曰骄。三曰贪于位③。四曰贪于财。[五曰]□。六曰轻④。七曰迟⑤。八曰寡勇。九曰勇而弱。十曰寡信。十一[曰]……十四曰寡决。十五曰缓。十六曰怠。十七曰□。十八曰贼⑥。十九曰自私。廿曰自乱。多败者多失。

【注释】

①将败:将帅品质上的各种缺点。

②不能而自能:本来不能而自以为能。

③位:地位,官职。

④轻:轻率。

⑤迟:迟疑。

⑥贼:残暴。

【译文】

将帅在素质上的缺陷:一是本来没有能力却自以为是。二是骄傲。三是贪图官爵地位。四是贪财。……六是轻率。七是迟疑。八是缺乏勇气。九是有勇无谋。十是不讲信用。十一……十四是缺少决断。十五是行动缓慢。十六是懈怠。十七是……十八是残暴。十九是自私。二十是自乱阵脚。将帅的缺陷越多失败的可能性就越大。

【故事论述】

公元前 313 年,秦惠王派遣张仪到楚国以割地为诱饵,骗取楚怀王的信任,借以达到拆散齐楚联盟的目的。张仪来到楚国,在楚怀王面前巧言令色,油腔滑调地乱说一通,怀王目光短浅,不知他包藏着什么祸心。大夫屈原冷眼旁观,很快就识破了张仪的险恶用心,退朝之后,屈原劝楚怀王不要上张仪的当,说:"秦国以小利诱骗我们,妄图破坏我们与六国合纵,大王切不可让秦国的阴谋得逞!"但是怀玉不听忠告,反而对屈原产生不满。一直到楚齐绝交,秦国丧失信义,怀王才如梦方醒,出兵讨伐秦国,结果连战皆败。这时,怀王后悔莫及,重新起用主张整顿朝纲、举贤授能、修明法度、联齐抗秦的爱国诗人屈原,派他去齐国协商,打算重修两国的盟约。

这个消息传到了秦国,秦惠王害怕齐楚联盟,对自己不利。于是,为表示愿意退还失地,与楚国修好,再次派张仪到楚国,假意进行拉拢。张仪先以重金贿赂贪官上官大夫靳尚,又以珠宝拉拢怀王的宠妃郑袖。优柔寡断的楚怀王又改变了主意,不再听屈原的劝告。

公元前304年秦楚结盟,第二年,齐、韩、魏三国联兵伐楚。此时,屈原已被贬放逐,四处流浪。但他一颗强烈的爱国心始终如一。在流浪中,他目睹了楚国的危难和"民生之多艰",怀着满腔悲愤,创作了继我国第一部诗歌总集《诗经》之后的又一旷世绝笔:《离骚》,全诗共373句,2490个字。诗中表达了他对腐朽权利的愤慨,对故国的眷恋和对美政救国理想的追求。

几年之后,秦楚之间战争连续不断,楚兵屡遭失败。楚怀王三十年(公元前299年),秦昭王要楚怀王相会武关,重返朝廷的屈原再次劝谏怀王说:"秦,虎狼之国,不可信,不如毋行。"但楚怀王仍旧不听,结果被秦国劫持至咸阳,三年后死于秦国。

公元前298年,楚顷襄王即位,朝廷里的恶官小人排挤正直忠诚的屈原,并在顷襄王面前刻意中伤和诬蔑他,屈原横遭冤屈,再次被流放至偏远的汨罗江边(今湖南东北部)。屈原在那里熬过了二十个春秋,他曾热烈盼望顷襄王回心转意,召他重返朝廷主持大政。然而,顷襄王毫无悔改之意,反而投靠了秦国,成了秦王的女婿。这样,屈原的坚决抗秦和整顿改革的政治抱负彻底破灭了,满腔的爱国豪情亦付诸东流。顷襄王二十一年(公元前278年),秦军大举进攻,楚顷襄王仓皇出逃。绝望的屈原,不忍心看到国家的灭亡,在当年五月初五那天,抱石自沉于汨罗江。屈原一生写了许多诗歌,他的诗洋溢着挚诚的爱国精神,也蕴藏着深深的忧国伤时、愤世嫉俗和律己修身的情怀。

【名家论战】

草庐经略·责己

《司马》有言:"大败不诛,上下皆以不善在己也。上以不善在己,必悔其过;下以不善在己,必远其罪。"上下分罪,以能易危为安,转败为攻也。将惟自护其短,而以失归人,此众口所以呶呶,而三军之所以不用命。人非尧舜,安能尽善?惟不文己非,不难改悔,不吝责躬,若无所容,以示日月之无私焉。庶万众闻而仰之,悦而附之,失之东隅,而收之桑榆也。第责己之道,须出至诚,非徒腾颊,实取后图。苟虚词以希众,必取笑于三军。倘后效之无闻,将前愆为滋甚。故自怨与自艾交儆,心局与事局更新,然后诸军激劝,战无不胜矣。

将 失①

【本篇主旨】

本篇篇题为竹简整理者所加。内容主要是分析造成将帅失利的三十二种具体情况,与《将败》篇多有联系,学者怀疑它们可能原为一篇。

【原文】

将失：一曰，失所以往来②，可败也。二曰，收乱民而还用之，止北卒而还斗之③，无资而有资④，可败也。三曰，是非争，谋事辩讼⑤，可败也。四曰，令不行，众不壹，可败也。五曰，下不服，众不为用，可败也。六曰，民苦其师⑥，可败也。七曰，师老，可败也。八曰，师怀⑦，可败也。九曰，兵遁，可败也。十曰，兵□不□，可败也。十一曰，军数惊，可败也。十二曰，兵道足陷，众苦，可败也。十三曰，军事险固，众劳，可败也。十四[曰]，□□□备，可败也。十五曰，日暮路远，众有至气⑧，可败也。十六曰，……可败也。十七[曰]，……众恐，可败也。十八曰，令数变，众偷⑨，可败也。十九曰，军淮⑩，众不能其将吏⑪，可败也。廿曰，多幸，众怠⑫，可败也。廿一曰，多疑，众疑，可败也。廿二曰，恶闻其过，可败也。廿三曰，与不能⑬，可败也。廿四曰，暴露伤志，可败也。廿五曰，期战心分，可败也。廿六曰，恃人之伤气，可败也。廿七曰，事伤人，恃伏诈，可败也。廿八曰，军舆无□，[可败也。廿九曰]，□下卒，众之心恶，可败也。卅曰，不能以成阵，出于夹道⑭，可败也。卅一曰，兵之前行后行之兵，不参齐于阵前，可败也。卅二曰，战而忧前者后虚，忧后者前虚，忧左者右虚，忧右者左虚。战而有忧，可败也。

【注释】

①将失：篇题为后人根据内容参考其他篇题所加，主要论述了将帅作战失利的各种情况。

②失所以往来：指军队行动散漫不能统一指挥。

③收乱民而还用之，止北卒而还斗之：指招募乱民和败兵来打仗。

④无资而有资：本无实力而自以为有实力。

⑤是非争，谋事辩讼：指在是非问题上总是争执；在谋划大事时，总是辩论争吵，不能作出决定。

⑥苦：怨恨。

⑦怀：士兵怀念故乡和亲人。

⑧至气：怨恨。

⑨偷：敷衍。

⑩淮：读为"溃"，溃散。

⑪能：耐，得。

⑫幸：偏爱。

⑬与不能：任用无能之人。与，推举。不能，无能之辈。

⑭夹道：狭窄的山谷。

【译文】

将帅失败的原因：一、军队散漫无法统一调动会导致失败。二、集合乱民来使用，收罗散兵再作战，没有可凭借的实力却以为能够凭借，会导致失败。三、是非争论不休，谋划事情辩论不停却难于决定战略，会导致失败。四、军令不能贯彻执行，部队行动无法统一，会导致失败。五、下级不服气,士兵不尽力,会导致失败。六、百姓对军队不满,会导致失败。七、军队长时间在外征战,士气疲惫,会导致失败。八、军队产生思乡之情,会导致失败。九、士兵临阵逃跑,会导致失败。十、……会导致失败。十一、军队多次被惊扰产生恐慌情绪,会导致失败。十二、行军道路泥泞,人马陷入泥泞苦不堪言,会导致失败。十三、军队进行工事修筑,士兵劳累,会导致失败。十四、……会导致失败。十五、天快黑了行军的路还远,士兵因为疲惫产生抱怨,会导致失败。十六、……会导致失败。十七、……士兵恐惧,会导致失败。十八、命令多变,士兵敷衍了事,会导致失败。十九、军心溃散,士兵不服气将官,会导致失败。二十、将官办事不公,士兵懈怠,会导致失败。二十一、将帅多疑引得士兵产生疑惑,会导致失败。二十二、将帅不愿听批评意见,会导致失败。二十三、任用没有能力的人,会导致失败。二十四、军队长期在外作战,士气受挫,会导致失败。二十五、战事临近主将分心,会导致失败。二十六、侥幸敌人士气受损而取胜,会导致失败。二十七、使用士气受挫的士兵,依靠阴谋诡计,会导致失败。二十八、军车……(二十九)……下属,士兵们怨恨将帅,会导致失败。三十、不能以齐整的队伍通过狭窄的山谷,会导致失败。三十一、军队前后列的士兵,兵器配合不合理,阵前军容不整,会导致失败。三十二、作战列阵时,怕前面空虚而充实却使后面空虚,怕后面空虚而充实却使前面空虚,怕左翼空虚加以充实却使右翼空虚,怕右翼空虚而充实却使左翼空虚,作战时忧患太多,会导致失败。

【故事论述】

战国时期,为了统一六国,称霸天下,秦王政(秦始皇)广收人才。一天,他听说魏国有一个名叫缭的人很有才干,即聘为大臣,掌管全国的军事大权,人称国尉,又叫尉缭。尉缭与丞相吕不韦的门客李斯很熟,深知李斯能帮助秦王出谋划策,打乱六国部属,最终统一中国。于是,向嬴政举荐李斯,共同研究统一六国的策略。

一天,秦王政向他请教统一六国大计,尉缭说:"当今各国势力和强秦相比,犹如晋国,分散则容易灭亡,联合则难以攻击。例如,三晋联合,智伯瑶灭亡,这个教训大王不能不考虑。"秦王问:"怎样才可使列国散而不合?请先生赐教!"尉缭说:"国家大事,皆取决于权臣,这些人有几个能为国家尽忠效力,不过都想多得点财物贪图个安逸罢了。大王为取天下,就不要吝惜府库财物,要不惜重金贿赂各国有势力之重臣、权臣,以乱其谋。我掐指算了算,只需花费30万两黄金,各诸侯国即可灭亡。若天下尽归秦,何患府库无藏物。"秦王政听了非常高兴,拜尉缭为上宾、太尉,其弟子皆封为大夫。

从此,秦国拿出大量库存金钱,派遣宾客、使者,奔走各国,视其宠臣用事,以厚礼贿赂之,探测其国情,离间其君臣和各国之间的关系。嬴政依尉缭所列消灭六国顺序:韩、赵、魏、楚、燕、齐行事。一天,尉缭对秦王说:"大王可派遣王敖先去魏国,劝其向赵国求救兵。再用重金收买赵国宠臣郭开,劝赵王出兵。"尉缭认为,韩是小国,可先消灭,关键是赵、魏两国。先伐魏,只要赵国出兵,就可以此为罪名,移兵击赵。亡赵后再亡魏。秦王政点头称是:"这个主意好!"灭六国大政方针一定,秦王即向魏国发兵。同时,遣使王敖持黄金五万两,往魏国行事任其使用。王敖到了魏国,拜见魏王说:"秦伐魏,魏危在旦夕,大王不如割地给赵,求其援救。"魏王不相信赵国会出兵。王敖谎称:"赵国大权由郭开掌握,我与他素相友善,只要我去见他,讲明道理,我想不会有问题。"魏王信以为真,答应把邺城(今河北省临漳县与河南省安阳市的交界处)割让给赵国,还托王敖持国书到赵国求救兵。王敖用三千两黄金收买了赵国重臣郭开,令其卖国求荣,对赵王进谗言:"魏亡、赵危,今魏愿割邺城之地向我求救,大王应同意。"赵王听信谗言,不假思索地派出五万兵马去接收魏国邺城。秦王闻讯立刻移兵伐赵,两军在邺交战,赵军大败。秦兵乘胜追击,攻破邺城及其他九城池,这时赵王才慌了神,忙召集群臣商量对策。大家都主张启用大将廉颇抗秦,惟郭开反对,极力阻止赵王启用廉颇。王敖问:"你不担心赵国灭亡吗?为何不劝赵王起用廉颇为将?"他漫不经心地答道:"赵国亡不亡,与我何干?廉颇是我仇人,我怎能容他!"王敖知他是没有一点爱国心的人,遂串通说:"赵国灭亡后你可到秦国与我共事。"随后,又赠七千两黄金,希望他以后有事,还要多多关照。郭开手捧光灿灿的黄金,大笑道:"我受秦王厚赠,若不用心图报,何以为人?"

从此,这个奸臣施展浑身解数离间赵王和廉颇的关系,又离间赵王和大将李牧的关系,使赵军迅速瓦解。当秦兵直逼邯郸(今河北省邯郸市)之时,他甚至劝说赵王投降,公子嘉痛骂道:"你这混蛋!先王社稷怎可放弃!"他拔剑在手说:"覆国谗臣,再敢胡言,我让你身首两地!"说着就要杀之,被赵王劝住。一天,郭开趁士兵防守之隙,派心腹偷出城将密信一封送入秦营,信中说:"赵王已十分畏惧,若秦王大驾亲临,我将力劝赵王献城!"秦王大喜,立即亲自出兵包围邯郸,绣着"秦王"二字的大旗吓破了赵王的胆,郭开又趁机进谗言,让赵王以巡城为名,打开城门把投降书交给秦王,并下令在城楼上竖起降旗。

就这样,秦王不费任何将士、兵卒,很快灭了赵国。当秦国拜郭开为上卿时,赵王才醒悟,原来他是个内奸!但为时太晚了,赵王气得一病不起,死于房陵。当然,任何叛徒都是没有好下场的,没多久郭开就被李牧的门客劫杀了。

【名家论战】

草庐经略·将勤

《六韬》曰:"将不勤力,则三军失其势。"未有身膺明主之知,职任安危之责,而玩愒为务也。殚心毕虑,尚恐覆疏,投大遗艰,岂容儿戏!或一人之未察,或一事之偶失,或厌倦而旁诿他人,或惮改而姑待明日,肇端虽小,寸穴溃堤,渐至难图,悔之何及!此为将者所以惟日不足,弗遑宁处者也。营寨部队,躬为督视;军资器械,亲董其事,抚降驭下,情意恳恻;宾客游士,不妨折节,词讼听览,曲直欲明;簿书笺牍,校雠欲情;遴选众职,务得其人;赏罚群类,务服其心;外察敌人,欲详以审;内职军情,务密以精。千纲万目,无不瞻举。非有奇术,总由将勤。

孙膑兵法

雄牝城①

【本篇主旨】

本篇文字比较完整，但无题目，现题为整理者所加。内容主要就攻城战术进行论述，就不同的地形特点，将城分为难攻的雄城和易攻的牝城两大类，反映出战国时期攻城策略和技术的发展。

【原文】

城在淖泽②之中，无亢山名谷③，而有付丘④于其四方者，雄城也，不可攻也。军食流水⑤，[生水也，不可攻]也。城前名谷，背亢山，雄城也，不可攻也。城中高外下者，雄城也，不可攻也。城中有付丘者，雄城也，不可攻也。

营军趣舍⑥，毋回⑦名水，伤气弱志，可击也。城背名谷，无亢山其左右，虚城也，可击也。□尽烧者，死壤也，可击也。军食淖水⑧者，死水也，可击也。城在发泽中，无名谷付丘者，牝城也，可击也。城在亢山间，无名谷付丘者，牝城也，可击也。城前亢山，背名谷，前高后下者，牝城也，可击也。

【注释】

①雄牝城：篇题是后人所加，主要论述可以进攻和不能进攻的两类城的几种情况。雄城：难以攻下的城。牝城：容易攻取的城。

②淖泽：小泽。

③无亢山名谷：亢，高。名，大。

④付丘：小土山。

⑤流水：流动的水，活水。

⑥营军：安营。趣舍：行军一天后休息。

⑦回：环绕。名水：指大江大河。

⑧淖水：积水，与流水相对。

【译文】

城处在低洼地带，没有高山深谷可以作为凭依，但是周围小土丘连绵起伏，是雄城，不能进攻。敌军饮用流动的活水，……城前临深谷，背靠高山，是雄城，不能进攻。城处在高地，四周相对较低，是雄城，不能进攻。城中有连绵起伏的小土丘，是雄城，不能进攻。

敌军行军一天后安营扎寨，营寨周围没有大江大河环绕，有损士气，削弱斗志，可以攻击它。城背靠深谷，左右没有高山可以依傍，是虚城，可以进攻。土地被烧过，草木不生，是没有生命力的土壤，可以进攻驻扎在这里的敌人。敌军饮用洼地的积水，士兵容易生病，可以进攻。城处在长着水草的沼泽地，没有高山和小丘可以依傍，是雌城，可以进攻。城在高山之间,没有深谷和小山,是雌城,可以进攻。城前临高山,背靠深谷,前面高后面低,是雌城,可以进攻。

【故事论述】

公元前410年,吴起为鲁国大将。一天,他奉命率两万人马前去迎战来犯的齐军,因初为大将,很多人不太相信他的才干,相国公仪休却深知吴起,相信他定会不负众望。齐国的相国田和阴谋篡权夺取王位,于是,他发动势力强大的齐国,打击弱小的鲁国,企图用这样的方法壮大自己的力量。一天,齐国探子来报,鲁国大将吴起领兵前来迎战。田和冷笑道:"吴起杀妻投鲁,名声很坏,又从未打过仗,我们不要怕他!"于是,田和把齐兵开到鲁军附近,扎下营寨。又派人去鲁营探听虚实。探子回来报告说:"鲁军一点也没有准备打仗的样子,大将军吴起跟士兵一起坐在地上,谈得很起劲,还跟士兵们一块吃饭、喝水!"田和看到吴起没有一点将军的威严体统,更加瞧不起他了。他想愚弄吴起,命一个叫张丑的人当使者,到鲁军中去说要跟鲁军谈判,说齐国不想和鲁军打仗了。

张丑到了鲁营,把田和教给他的假话如此这般地说了一遍,吴起一听就知道这是敌人的鬼花招,就将计就计、假意逢迎说:"两军讲和,这比什么都好,请你们相国定个日子来谈判吧!"张丑以为吴起真的中计了,高高兴兴地回到了齐营,向田和甜言蜜语一番,田和听了非常欢喜,决定第三天向鲁军发动总攻击。谁知,第二天齐军营外就响起了一阵阵急促的战鼓声,田和竖起耳朵听,正想弄清楚是怎么回事,只见一个将领跌跌撞撞闯进来,报告说:"不得了,鲁国大军杀过来了!"话音刚落,鲁国兵马已滚滚而来,见了齐兵就乱砍乱杀,吓得田和、张丑拼命逃跑。转眼间,齐军营里血肉横飞,被杀死的、射死的、跌倒互相踩死的不计其数。齐国从大将到士兵都很轻敌,麻痹大意,一点防备也没有,而鲁军经过吴起的思想动员工作和充分的战前准备,同仇敌忾、冲锋陷阵,争先恐后杀敌立功。所以,鲁兵奋不顾身,越战越强,齐军彻底失败,被赶出了鲁国。吴起初战告捷。从此,鲁国的威望提高了,吴起的名声也在各国不胫而走。

【名家论战】

草庐经略·攻营

攻营之具,橹盾居前,刀斧随之,伺敌之懈,冲入营门。或越堑开栅,去其蒺藜,入其壁垒,短兵接战,纵横突击,锐不可当,则敌必不支。且入中军,取其元戎,元戎即遁,馀众自溃。此之妙在勇斗也。至于暮夜,我欲攻之,则敌不测我之虚实。须广其计,相机而动,厚募死士,乘间疾趋以惊其众,纵火以焚其垒。盖昏夜无知,变起仓卒,敌惧有伏,是以我进,彼不敢逆击;我退,彼不敢长追。况大众云屯,梦寐之间,一闻敌至,易以溃乱。故偏师锐卒,亦可成功。第恐敌先知,按伏以俟,更遣精卒,邀击于途,或乘势反袭吾垒,则攻人者,适以自攻也。故必审势料敌,攻其无备,出其不意。可以决胜。仍遣一师,随后策应。而大众复合营警备,以防不虞,斯为善矣。

五度九夺①

【本篇主旨】

本篇残缺严重,篇题为整理者所加。内容主要论述作战时应当尽量避免的不利因素,以及应当尽量争取的有利因素。

【原文】

……矣。救者至,又重败之。故兵之大数②,五十里不相救也。况近□□□□□数百里,此程兵之极也③。故兵曰:积弗如④,勿与持久。众弗如,勿与接和⑤。□[弗如,勿与□□。□弗如,勿]与□长。习弗如⑥,毋当其所长。五度既明⑦,兵乃横行。故兵……趋敌数⑧。一曰取粮。二曰取水。三曰取津。四曰取途。五曰取险。六曰取易。七曰[取□。八曰取□。九]曰取其所读贵⑨。凡九夺,所以趋敌也。四百二字

【注释】

①五度九夺:篇题为后人所加。主要论述战争中应该比较敌我力量扬长避短,还论述了作战中必须和敌人争夺什么。

②大数:原则,要略。

③程:衡量。极:限度。

④积:委积,指粮草等战备物资。

⑤接和:两军对垒进行阵地战。

⑥习:训练。

⑦五度:指积、众、习等五种比较。

⑧趋敌数:攻击敌人的要领。

⑨读贵:敌人的要害。

【译文】

……救兵到来,又被打败。所以用兵的普遍原则是如果相距五十里就不能救援。况且……数百里,五十里是衡量能否救援的一个限度。所以兵法上讲:战备不如对方就不要和它打持久战。人数不如对方,就不要和它进行阵地战。……训练不如对方,就不要和敌人拼它的长项。以上五种敌我对比明白之后,判明形势采取相应的对策,我方军队就不会受制于敌人。所以……攻击敌人的要领。一是夺得粮草。二是夺得水源。三是占据渡口。四是控制交通要道。五是占领有利地形。六是夺占开阔地势。七是……九是拿下敌人要害。以上所述九种要领,都是攻击敌人所用的。

【故事论述】

公元226年,诸葛亮任蜀国丞相,事无大小,亲自从公决断;因而,国泰民安,夜不闭户,

路不拾遗。一天，益州飞报蛮王孟获兴兵十二万，犯境侵掠。军情紧急，诸葛亮奏请后主刘禅，率兵前去擒剿蛮匪。

诸葛亮率军深入蛮地，调查研究，了解情况，指挥若定。一天，他升帐传令，命大将赵云、魏延、王平、马忠、张嶷、张翼各领精兵数千人，依计设下埋伏，以待敌军。孟获全然不知蜀军。结果，两军交锋，蜀将先斩了蛮将金环三结元帅的首级，孟获大怒，拨马来战蜀兵。蜀将王平迎战，不几回合佯装败退。孟获催马紧追，忽然喊声大起，左边杀出张嶷，右边杀出张翼，两路蜀兵截断了他的退路。这时，王平等重又杀回，孟获正想夺路而逃，忽前面又一彪军拦住，为首的正是蜀将常山赵子龙。孟获大骇，急忙向山谷中奔跑，不料又遇魏延五百步兵拦截，将其活捉。一擒孟获，遂告成功。

孟获被押进蜀军大营，诸葛亮升帐问话："吾今擒汝，汝心服否？"孟获说："不服。你若放我回去再整军马，共决雌雄，你若再擒住我才服！"孔明放了他，众将军不悦。诸葛亮笑着说："我擒此人如囊中取物，只要他心服口服才会平安无事。"就这样，诸葛亮一次次擒住孟获，又一次次放掉他，直到六次擒住时，孟获说："你第七次擒住，我方倾心归服，誓不反悔！"孔明说："再要擒住，必不轻饶！"孟获连忙称谢，抱头鼠窜。

孟获巢穴已破，于是投降乌戈国，来见君王兀突骨。孟要求兀突骨派兵为自己报仇雪恨，兀突骨说："我起本洞之兵，为你报仇！"孟欣然拜谢。第二天，兀突骨亲点三万精兵，在桃花水列阵以待孔明。这桃花水有毒，别国人饮了尽死，惟有乌戈国人饮了倍添精神。蜀军细作打听清楚后将此情况汇报诸葛亮，不久，孟获与兀突骨联手，率三万藤甲军来战。孔明提兵直进桃花渡口，他命士兵后退五里扎下营寨，留大将魏延守寨。第二天，诸葛孔明亲自去桃花水北岸山上去查看地形。他发现一山谷如长蛇，中间一条大路，土人向导说："这是盘蛇谷，出谷就是三江城大路，谷前是塔郎甸。"孔明十分高兴，说，这是非常好的地形。于是，他命马岱领10辆黑油柜战车、竹竿千条，守住盘蛇谷，密布战阵，不准走漏半点风声。又命魏延、赵云、张嶷、马忠等将军各引兵依计而行。

次日，两军交战，战不数回合，魏延败退，蛮兵怕有埋伏，不敢追击。第二天，战不数合，魏延又败退，蛮兵追了一阵子，见四下无动静，便在蜀军留下的空寨中住下。一连十五天，天天如此，蛮兵虽未得胜，却占了许多蜀寨。兀突骨认为诸葛亮计穷，没有什么可怕的了，便放松了警惕。到第十六天，魏延引败将带残兵来与藤甲军对敌，兀突骨挑枪来战，手指魏延大骂。魏延又走，引蛮兵转进了盘蛇谷，见有数十辆黑油柜车当路。蛮兵感到很奇怪，丢弃兵器、争相玩耍。待藤甲军全部入谷，蜀军点火烧柜，火光冲天，烈火熊熊，三万藤甲军被全部烧死在谷中。孟获赶来援救时却被在附近等候多时的张嶷、马忠两军截住。孟获大惊知又中计，夺路而逃，又被马岱擒住。押回蜀营。孔明不见，说再放他回去决一胜负，孟获感动得泪流满面说："丞相七擒七纵，古今未有。我虽粗蛮也还知礼义，如此下去我也太不知羞耻了。"于是，他领兄弟妻子和降兵败将，匍匐跪在帐下，脱掉上衣，露出身体请罪。孔明问："你今天还服不服？"孟获说："我子子孙孙都感谢丞相的再生之恩，安能不服？"从此，南方平定，蜀军凯旋。

孙膑兵法

草庐经略·禁暴

兵之兴也,所以遏乱安民也。暴而不禁,是滋之乱,而民愈不安,殊非从来征伐本意。故王者之师,倡仁而战,扶义而征,喜其来而悲其晚。良以拔诸水火,而厝之生全。师到之处,无暴神祇,无行田猎,无毁土坟,无燔墙屋,无焚林木,无掘丘坟,无取六畜、禾黍、器械,无掠妇女。见其老幼,慰归无伤。虽遇壮者,不可无敌。敌若伤之,医药归之。秋毫无犯,市肆不易。皆由主将禁戒之严,故其下奉命而不敢违也。由是仁风遐扬,士民欢呼鼓舞,有若更生,箪食壶浆迎降载道。敌虽暴令,不行于效顺之民;我即孤往,可藉力于新附之士。兵家所谓反客为主者,此其是矣。暴若弗禁,民必悉其所归,逃匿大城,与之竭力死守;或藏溪谷,踪迹无联。吾粮食无从得,攻取又无效。然则向之不戢其众者,宁非自害欤?

积　疏①

【本篇主旨】

本篇题目为整理者所加。内容主要讨论军事哲学方面的问题,阐述了积疏、盈虚、径行、疾徐、众寡、佚劳六对矛盾既对立又互相转化的关系,反映了朴素的辩证法思想。

【原文】

……[积]胜疏,盈胜虚,径胜行②,疾胜徐,众胜寡,佚胜劳。积故积之,疏故疏之③,盈故盈之,虚[故虚之,径故径]之,行故行之,疾故疾之,[徐故徐之,众故众]之,寡故寡之,佚故佚之,劳故劳之。积疏相为变,盈虚[相为变,径行相为]变,疾徐相为变,众寡相[为变,佚劳相]为变。毋以积当积,毋以疏当疏,毋以盈当盈,毋以虚当虚,毋以疾当疾,毋以徐当徐,毋以众当众,毋以寡当寡,毋以佚当佚,毋以劳当劳。积疏相当,盈虚相[当,径行相当,疾徐相当,众寡]相当,佚劳相当。敌积故可疏,盈故可虚,径故可行,疾[故可徐,众故可寡,佚故可劳]。……

【注释】

①积疏:篇题为后人所加。主要论述六对矛盾的相互关系。

②径:小路,指捷径。行:大道。

③积故积之,疏故疏之:敌人集中就任由它集中,敌人分散就任由它分散。

【译文】

……兵力集中的胜过兵力分散的,战备充盈的胜过战备不足的,捷径胜过大路,行动迅速胜过行动缓慢,人数多胜过人数少,休息充足的胜过疲倦不堪的。敌人聚集就由它聚集,敌人分散就由它分散,敌人充盈由它充盈,敌人空虚就由它空虚,敌人走捷径就由它走捷径,敌人走大路就由它走大路,敌人行动快就由它快,敌人行动慢就由它慢,敌人多就由它多,敌人少就由它少,敌人安逸就由它安逸,敌人疲惫就由它疲惫。集中和分散会相互转化,充盈和空虚会相互转化,捷径和大路会相互转化,快慢会相互转化,多少会相互转化,安逸和疲惫会相互转化。不要以集中对付集中,不要以分散对付分散,不要以充盈对付充盈,不要以空虚对付空虚,不要以安逸对付安逸,不要以疲惫对付疲惫。要以集中对付分散,要以充盈对付空虚,要以捷径对付大路,要以快制慢,要以多对少,做到以逸待劳。敌人集中可以使它变分散,敌人充盈可以使它变空虚,敌人走捷径可以使它走大路,敌人快(可以使它慢,敌人多可以使它变少,敌人安逸可以使它疲惫……)

【故事论述】

公元前61年,汉宣帝决定征讨犯境的羌族。满类将军赵充国,字翁孙,今兰州市永登县人。被汉宣帝任命为统帅,奉命讨伐犯境之敌。赵充国率一万人马来到黄河边,分三个小队依次偷渡黄河,侦察敌情。上岸后,汉军立即修筑滩头工事,为大军渡河做准备。待大军渡过黄河后,赵充国令骑兵去四望峡(今青海省乐都县南)这个险要地方了解敌情,并率军连夜占据了乐都山。羌族士兵不断挑战,汉军坚守不出,静观其变,促其离心。

为了选择有利时机破敌,汉军准备年底出击先零羌。这时,羌人已投降一万多人,敌人失败已成定局。赵充国打算撤出骑兵,留步兵屯田,等待敌人崩溃。他认为屯田御敌可以解决士兵给养的困难,也可以解决"千里馈粮,则内外之费"和"国之贫于师者远输,远输则百姓贫"的弊端。他上书汉宣帝说:"帝王的军队要以保全自己来获取全面胜利,所以更应重谋略而轻作战。即使百战百胜,也绝不是上策,重要的是造成不被敌人打败的条件,寻找战机打败敌人。现在敌人失去肥沃的土地和丰美的水草,寄居异乡,奔波远地,人心思动,圣明的君主如能及时撤回部队,停止用兵,留下万人屯田,这是适天时、用地利,伺机打败有可能被我们战胜的敌人。"此外,他还具体陈述了屯田御敌的12条好处。宣帝看了,回书说:"全胜之期究竟在什么时候?"赵复奏说:"先零羌的精兵只剩下不到七八千人,他们失去原来的土地,逃亡在外,受冻挨饿,不断有人回归本土。他们如说天子捕杀罪人可以得奖的命令,一定会发生内乱,自相抓捕,或告发对方。所以,敌人崩溃已指日可待了。敌人看到有一万汉兵留下来屯田,作彻底擒敌的准备,敌军瓦解投诚的日子也就不会太远了!"

朝廷虽然同意了赵充国屯田御敌的主张,但有些将领却仍然坚持出击。宣帝决定采取两手方针,一面命令破羌将军辛武贤和强弩将军许延寿及中郎将赵印带兵出征,一面采用赵充国的破敌之策。结果,破羌将军等虽收降了八千多敌人,自己也损兵折将。而赵充国不费一兵一卒就收降五千多敌人。事实证明,屯田御敌是对的。在事实面前,宣帝决定撤兵,只留赵充国屯田御敌。第二年夏,羌族五万大军投降汉军有三万多,死亡一万多,逃亡四千多。先零羌首领杨玉为部下所杀,其余的人全部归降汉军。从此,汉朝西部边界局势得以稳定。

孙膑兵法

草庐经略·尚整

军之常胜而无败者,以整故也。整则部阵肃齐,队伍森列,鼓之而往,无一人敢后者,是谓节制之兵,故战无不克。第其练习不可不豫,要在平日操之以阵:队与队相比,伍与伍相耦,人与人相傅,矩步之间不失尺寸。行则以此为序,居则以此为营,战则以此为阵。既无纵横不一,行止自由,或先而后,或后而先者,有诛无赦。以此而遇敌,俱依故法。号令一出,军阵立成,星罗棋布,敌人望之而气夺。然尚整之说,以正阵言也。即出奇制胜,难以拘常;分合进退,踪迹不测。要亦井井然条理自如,所谓"虽绝成阵,虽散成行"。就中切要之妙,总在分数。《孙子》曰:"治众如治寡,分数是也。"故韩信多多益善,止是分数之明。

奇 正①

【本篇主旨】

奇正是古代军事上的常用术语,也是古代兵家研究制敌取胜的一种专门理论。正指一般与正常,奇指特殊与变化。本篇专门探讨奇正的相互关系和变化,以及如何运用奇正原则来克敌制胜,是研究中国古代军事理论的宝贵资料。

【原文】

天地之理,至则反,盈则败,□□是也。代兴代废,四时是也②。有胜有不胜,五行是也③。有生有死,万物是也。有能有不能,万生是也④。有所有余,有所不足,形势是也。故有形之徒,莫不可名。有名之徒,莫不可胜。故圣人以万物之胜胜万物⑤,故其胜不屈⑥。

战者,以形相胜者也。形莫不可以胜,而莫知其所以胜之形。形胜之变,与天地相敝而不穷⑦。形胜,以楚越之竹书之而不足⑧。形者,皆以其胜胜者也。以一形之胜胜万形,不可。所以制形壹也,所以胜不可壹也⑨。故善战者,见敌之所长,则知其所短;见敌之所不足,则知其所有余。见胜如见日月。其错胜也,如以水胜火⑩。形以应形,正也;无形而制形,奇也。奇正无穷,分也。分之以奇数,制之以五行,斗之以□□。分定则有形矣,形定则有名[矣]。……同不足以相胜也,故以异为奇。是以静为动奇,佚为劳奇,饱为饥奇,治为乱奇,众为寡奇。发而为正,其未发者奇也。其发而不报,则胜矣。有余奇者,过胜者也。故一节痛,百节不用,同体也。前败而后不用,同形也。故战势,大阵□断,小阵□解。后不得乘前,前不得然后⑪。进者有道出,退者有道入。赏未行,罚未用,而民听令者,其令,民之所能行也。赏高罚下,而民不听其令者,其令,民之所不能行也。使民虽不利,进死而不旋踵,孟贲之所难也⑫,而责之民,是使水逆流也。故战势,胜者益之,败者代之,劳者息之,饥者食之。

故民见□人而未见死,蹈白刃而不旋踵。故行水得其理,漂石折舟;用民得其胜,则令行如流。四百八十七

【注释】

①奇正:一对相对的概念,正常情况就是正,不同于正常的就是奇。

②此处所缺二字疑是"日月"或"阴阳"。

③五行:指金、木、水、火、土。胜,相克。

④万生:各种人。

⑤故圣人以万物之胜胜万物:圣人用万物的特长来克制其他事物达到驾驭万物。

⑥屈:穷尽。

⑦与天地相敝而不穷:指万事万物相生相克的现象和天地共始终而无穷无尽。

⑧形胜,以楚越之竹书之而不足:这句是说事物互相克制无穷尽,写都写不完。楚越之竹,楚越地区盛产竹子,古人写字多用竹简。

⑨所以制形壹也,所以胜不可壹也:制胜的原则一样,但用来制胜的事物是不一样的。

⑩其错胜也,如以水胜火:胜券在握,取胜就像是用水灭火一样容易。错,操。错胜,指操胜算。

⑪然:践踏。

⑫孟贲:古代有名的勇士。

【译文】

天地之间的规律,事物发展到极致就会走向反面,事情发展到圆满时就会转向衰败,日月就是这样的。兴起废止更替,春夏秋冬四季更替就是这样的。有相克的有不相克的,五行就是这样。有生就有死,世间各种事物就是这样的。有能做到的有不能做到的,世上的众人就是这样。有有余的有不足的,战争中的攻守形势就是这样。所以凡是有形体的东西,就都能命名。凡是有名称的东西就都能够制服。所以圣明的人利用万物各自的特性互相克制,以此来驾驭万物,这样圣人就能够制服万物,他的胜利就没有穷尽。

战争是以某种事物克制另外的事物来取胜的。圣明的人所凭借的事物没有不能取胜的,但没有人知道圣人用以取胜的是什么具体的事物。事物相互克制的特点是和天地自然永远共存的。事物相互克制的特点变化无穷,再多的书简不能够记载完备。事物是因为自身特长取胜的。用一种事物来克制所有的事物是不可能的。所用来致胜的原则是一样的,但用来致胜的事物是多种多样的。所以善于指挥战争的人,看到敌人的长处,就知道它的短处;看到敌人的短处,就知道敌人的长处。预见胜利就像看日月一样清楚。取得胜利就像用水灭火一样容易。用有形对付有形是正,用无形对付有形是奇。奇正相生变化没有穷尽,但又对立共处。

按系统划分部队,各给以或奇或正的职分,按五行相克的原理来克制敌军,用……和敌人来斗争。部队职分一定,就是有形了,形定就有了名称,……平常的战法不能取胜,所以采用异常的战法。因而,静是动的奇,安逸为疲惫的奇,饱是饥的奇,治是乱的奇,众是寡的奇。奇暴露了就是正,没有暴露的是奇。出其不意的行动,没有被敌人发觉就会取胜。用奇过分

孙膑兵法

就不能取得全胜。所以身体的某个关节疼痛,其他关节就活动不便了,因为它们属于同一个整体。前面的行动失败了,后面的行动就没有了效力,这是因为它们属于同一个战事行动。所以说战斗的阵形,大阵的不能断,小阵不能分散。阵的后队不能超过阵的前队,阵的前队不能退却到压迫住后队。前进的应该有进路,撤退的应该有退路。赏罚没有施行士兵就听从命令的,这样的命令是士兵所能执行的。赏的重罚的轻,但士兵还是不听从命令的,这样的命令是士兵不能执行的。让士兵在不利的情况下冒死进攻而不后退,就是像孟贲一样的勇士也很难做到,这样苛求士兵就像是让水倒流一样不现实。所以,战争的形势,胜利的要增兵,失败的要更换部队,疲惫的要休整,饥饿的要让吃东西。这样士兵们就会只看到敌人而忘记了生死,就是脚下踩着利刃也不会后退。所以水按一定的规律流动,就能够漂起石头毁坏船只;使用士兵如果能顺应民心,就会使部队的行列像流水。

【故事论述】

公元 1642 年,李自成率数 10 万大军转战河南并包围了河南首府开封。崇祯皇帝急调左良、丁启睿、杨文岳等大将统率 40 万兵马去解开封之围。李自成闻讯后,抢先占领开封的重要门户——朱仙镇,截断沙河上流水道以断绝明军水源,又在西南要道上挖掘了深、宽各丈余的壕沟,环绕百余里,以截断明军逃往襄阳的道路。

左良玉、丁启睿和杨文岳率大军在朱仙镇东水波集会齐后,联营 20 余里,但三路人马各揣心腹之事,谁也不愿意首先出去。左、丁、杨派使者与开封守军取得联系,希望开封明军开城出战,夹击李自成,但开封明军唯恐李自成乘机攻入,不敢开城。明军与李自成对峙了数日之后,断水缺粮,左良玉率先下令南撤,丁启睿和杨文岳跟着也下令撤离朱仙镇。

左良玉的 10 万余兵马是明军中的精锐,撤退的路线恰是直奔襄阳。李自成的部将纷纷要求出击,李自成道:"左良玉有勇有谋,如果追击,必然死战,不如放其一条生路,以示我军怯弱,待他人困马乏,又无防备之时,再攻不迟。"于是,李自成任左良玉的步兵从容退走,不加追击;与左良玉的骑兵接战后,也是打不多时即自动退却。

左良玉果然中计,他错误地认为农民军不敢追击官军,便放心大胆地命令队伍向襄阳疾进。快到襄阳时,左良玉的大军行至李自成事先挖好的沟壕处。经过 80 余里的奔波,明军已经人困马乏;又遇到大沟深壕,人马拥挤,顿时乱作一团。紧跟在左良玉身后的李自成见时机已到。指挥大军,突然从后面杀向前去,明军官兵全无斗志,个个争先越壕逃命,人马互相践踏,你拥我挤,尸体几乎将丈余深的壕沟填平。左良玉侥幸越过壕沟,但早已埋伏在前方的农民军又截杀过来,左良玉的 10 万精锐部队全被歼灭,左良玉只带领几名亲信杀开一条血路逃入襄阳。

李自成全歼左良玉的明军后,乘风破浪,追歼丁启睿和杨文岳的明军。丁、杨仓惶逃窜连崇祯皇帝赐给的金印和尚方宝剑都丢失在亡命的路上,李自成的农民军声威大壮。

中国历代兵法精粹

草庐经略·奇兵

兵,险谋也。其所击之处:或缓,或速;或分,或合;或怯,或进;或左,或右;或前,或后;或隐,或显;或围,或解;或动九天,或藏九渊。因应投机,变故万端。大都故愚弄敌人,伺隙而发,攻其无备,出其不意。兵无奇不胜,故将非奇不战。所谓"胜兵先胜而后求战也,败兵先战而后求胜"者,是其将不知用奇,止争胜负于一战之间。即胜也,幸而胜耳!善用兵者,临阵出奇,因敌制胜,敌无常形势,自然之理也。

诸葛兵法

　　诸葛亮，字孔明，号卧龙，琅邪阳都人。他的先祖汉时为司隶校尉，父亲为汉末太山郡丞，他因很小就父母双亡而跟着叔父豫章太守诸葛玄生活。他叔父当时是在袁术手下当官，我们都知道那个时期很乱，过没多久诸葛玄又到刘表那去打工了。这也能看出一个问题，只要一个人有学问在哪里都能吃到饭。而诸葛亮的家学也可见一斑了，祖上就曾任武职，父亲一辈又是高官。既然诸葛玄到刘表那儿，诸葛亮自然也就跟去了。诸葛亮是一个早慧少年，他跟从刘备出来打拼时才二十七岁，而这时据史书记载他已在南阳躬耕陇亩已十年了。可我们知道三十六计中有一计为上房抽梯的主人公是诸葛亮和刘表的儿子刘琦，为了躲避后母的迫害，求助于诸葛亮为其指点活命的迷津，从这里我们可以推算出他当时也许只有十五六岁。他让刘琦跑到荆州避难，也为他后来佐刘备占荆州埋下了伏笔。但当时他可能不知道有刘备这样一个人。现在我们推想即使没有刘备，按历史的发展他也可以辅佐刘琦争雄天下，因为无论他是佐二刘中的哪一个都是恢复汉室正统。

　　诸葛亮的出山完全得益于徐庶，刘备见到徐庶已是惊为奇人，可徐庶却向刘备推荐了诸葛亮。当时刘备正求贤若渴，于是就有了历史上那著名的三顾茅庐，在那里诸葛亮分析了天下的形势，为刘备确定了方向，这就是隆中对。历史这两位英雄人物相互成就了对方。诸葛亮用他的才智把刘备推上了历史重要位置，刘备也因自己的无为而治，完全放权给诸葛亮而使这位卧龙先生成就了一世功名。刘备后把自己的儿子托付给了诸葛亮，但诸葛亮最终没能把这个历史上著名的阿斗扶起来，等他一死，阿斗就臣服于曹氏了。事实上历史因为有了诸葛亮才有了三国鼎立之势，才有了那个热闹的英雄辈出的时代。

　　诸葛亮通过实战，总结过去兵法经典著出了《将苑》一书，《将苑》也称《新书》或《心书》，是我国古代专门讲述行军作战的专著。全书共五十篇，约五千言。《将苑》一书，《三国志》、《隋书》、《唐书》中都无收录，及至南宋《遂初堂书目》始有记载，因此历史上对其真伪众说纷纭。直到今天，学术界对此问题仍无定论。但作为军事家的诸葛亮在行军作战中著述一些心得完全可能，所以本人认为其为诸葛亮所著。诸葛亮还就具体的一些阵法作了注释，成书为《八阵总述》。

　　诸葛亮的兵法博采众长，熔《孙子兵法》、《吴子》、《司马法》、《六韬》等优秀军事理论为一炉，提取精华，又结合自己的作战经验进行总结，由此形成了自己独特的军事理论。

兵　权

【本篇主旨】

本篇主要论述了作为三军统帅所肩负的重大责任，也正因这种责任重大，才要更好的掌握这种权势,要懂得权谋,因为全军将士的生命就掌握在他的手中,所以要灵活用兵,常使军队处于不败之地。

【原文】

夫兵权①者,是三军②之司命,主将之威势。将能执③兵之权,操兵之势④,而临群下,譬如猛虎,加之羽翼,而翱翔四海,随所遇而施之。若将失权,不操其势,亦如鱼龙脱⑤于江湖,欲求游洋之势,奔浪戏浪,何可得也。

【注释】

①兵权:这里指带兵、用兵作战的权谋和策略。

②三军:这里指周制天子六军,诸侯大国分为三军。一军为一万二千五百人。春秋时大国多设三军军,有的称上、中、下三军,有的为中、左、右三军等。

③执:这里指掌握的意思。

④势:这里指形势、趋势。

⑤脱:指脱离,离开。

【译文】

用兵作战的通便谋略,决定着军队的胜败存亡,这种权力可以显示主将的威力权势。主将如果很好地掌握权谋,把握形势,他所统率的军队会如虎添翼,能翱翔于天下,随着遇到的形势来灵活行事,妥善处理。如果将领不懂得权谋,不能把握主动权,就会像鱼离开水一般。要想在海洋里自由地邀游,在波涛中奔腾嬉戏,是无法做得到的。

【名家论战】

虎钤经·军谋

用兵之道,先正其礼,次渊其谋,次择其人。然后详天地之利害,审人心之去就,行赏罚之公,慎喜怒之理,择进退之地,张攻伐之权,明成败之图,度主客之用。能爱人之生者,可使人舍生而赴死,能亲人之身者,可使人捐身而犯难。是故先亲于人,俾人然后亲之;先胜于敌,就敌然后胜之。故用兵必以粮储为本,谋略为器,强勇为用,锋刃为备,禄位为诱,斩杀为威;强弱相援,勇怯相间,前后相趋,左右相赴,远近相取,利钝相蔽,步骑相承,长短相用(长兵短兵之用也)。敌欲坚阵,我则突其不意;敌欲直冲,我则备其所从。攻必先攻其所寡,击必先击其所动。薄者可突,长者可截,乱者可惑,疑者可胁。夫军之为政也,劳在乎役无度,怨在乎赏不均,弱在乎逼迫,穷在乎绝地,离在乎将失道,惧在乎将无勇,饥在乎远输,渴在乎穷井。军之为逸也,乐在乎安静,利在乎赏罚,当其死在乎军检正,成其功在乎战阵详。

逐 恶

【本篇主旨】

本中指出在军队国家之中有五种危害,对这五种五害不仅要认识到,还要与之疏远,这可以说是为将保持清醒头脑的措施。

【原文】

夫军国^①之弊,有五害焉:一曰,结党相连,毁谮^②贤良;二曰,侈其衣服,异其冠带^③;三曰,虚夸妖术,诡言神道;四曰,专察是非,私以动众;五曰,伺候^④得失,阴结^⑤敌人。此新谓奸伪悖德^⑥之人,可远而不可亲也。

【注释】

①军国:这里指军队和国家。

②毁谮:意思是说坏话诬陷、诬蔑别人。

③冠带:指帽子和腰带。古代的服制规定,身份不同的人使用的车马也不同,穿戴不同的服饰帽子。

④伺候:这里是指窥探、窥伺窥看。

⑤阴结:指偷偷结交。

⑥悖德:这里指违背道德。

【译文】

国家和军队的弊病的表现,主要有五种:一是拉帮结派,诽谤、诬陷忠良;二是崇尚奢侈,讲究穿戴享乐而超过了他的身份;三是鼓吹、夸大方士荒诞不经的迷信活动;四是专门惹事生非,因自己的私心而惊扰众人;五是窥伺自己内部的得失,暗地里与敌人串通一气。这些都是人们所说的奸诈虚伪、不道德的人,对他们必须疏远绝不可亲近。

【名家论战】

虎钤经·军令

大将既受命,总专征之柄,犒师于野,毕而下令焉,不从令者必杀之。夫闻鼓不进,闻金不止,旗举不起,旗低不伏,此谓悖军。如是者斩之。呼名不应,召之不到,往复衍期,动乖师律,此谓慢军。如是者斩之。夜传刁斗,怠而不振,更筹乖度,声号不明,此谓懈军。如是者斩之。多出怨言,怨其不赏,主将所用,倔强难治,此谓横军,如是者斩之。扬声笑语,若无其上,禁约不止,此谓轻军。如是者斩之。所学器械,弓弩绝弦,箭无羽镞,剑戟涩钝,旗纛凋敝,此谓欺军。如是者斩之。妖言诡辞,撰造鬼神,托凭梦寐,以流言邪说惑吏士,此谓妖军。

如是者斩之。奸舌利嘴,斗是攒丰,攒怨吏土,令其不协,此谓谤旱。如是者斩之。所到之地,陵侮其民,逼其妇女,此谓奸军,如是者斩之。窃人财货,以为己利;夺人首级,以为己功,此谓盗军,如是者斩之。将军聚谋,逼帐属垣,窃听其事,此谓探军。如是者斩之。或闻所谋及军中号令,扬声于外,使敌闻知,此谓背军,如是者斩之。使用之时,结舌不应,低眉俯首而有难色,此谓恨军,如是者斩之。出越行伍,争先乱后,言语喧哗,不驯禁令,此谓乱军。如是者斩之。托伤诡病,以避艰难,扶伤舁死,因而遁远,此谓诈军。如是者斩之。主掌财帛给赏之际,阿私所亲,使吏士结怨,此谓党军,如是者斩之。观寇不审,探寇不详,到而言不到,不到而言到,多言而少,少言而多,此谓误军,如是者斩之。营垒之间,既非犒设,无故饮酒,此谓狂军,如是者斩之。此令既令,吏士有犯之者,当斩断之时,大将以问,诸将曰罪当斩,遂令吏士扶于外斩之。

知人性

【本篇主旨】

本篇主要警诫为将者要知人善任,对于难于察觉的人性阴暗面给出了七种试探方法,这对于主宰着全军甚至是全国命运的将帅是非常重要的。

【原文】

夫知人之性①,莫难察焉。美恶既殊②,情貌不一,有温良而为③诈者,有外恭而内欺者,有外勇而内怯者,有尽力而不忠者。然知人之道有七焉:一曰,间④之以是非而观其志;二曰,穷之以辞辩而观其变⑤;三曰,咨⑥之以计谋而观其识;四曰,告之以祸难而观其勇;五曰,醉之以酒而观其性⑦;六曰,临之以利而观其廉;七曰,期之以事而观其信⑧。

【注释】

①人之性:指军人的品性。

②美恶既殊:美,在这里指善的意思;既,固然;殊,不同,差别。本句的意思是善恶固然相差悬殊。

③为:行为。

④间:原意指离间,这里的意思是试探。

⑤变:变通,这里是指一个人的应变能力。

⑥咨:指商量,咨询,询问。

⑦性:指人的品性,性情。

⑧信:诚信。

【译文】

要想识别人的品性,是最不容易的。善与恶固然相差悬殊,感情与相貌也互不一致。有外貌温厚而行为奸恶的,有外表恭敬而内心怀着欺诈的,有外表勇敢而内心怯懦的,有看起来办事十分尽力而并无诚心的。看透一个人有七种办法:一是故意用是非来考察他的志向;二是用言辞论辩来难为他,看他的应变能力如何;三是拿策略向他咨询,看他的判断力如何;四是把祸患灾难告诉他,看他是否勇敢;五是用酒把他灌醉,看他的真实品性如何;六是把财物放在他的面前,看他是否廉洁;七是让他按期完成事情,看他是否诚信。

【名家论战】

虎钤经·人用

今之世取人也,每务其多学而舍其偏技,非良术也。兵家所利,随其长短而用之也。是以善抚恤者勿频斗,虑其劳疲而无勇也;善保守者勿使进攻,虑其迟缓而不猛也;多方者勿使与于决事,虑其犹豫也;多勇者勿与谋敌,虑其过轻也。精悍者使斗;果敢者使攻也;沉毅而性执者,使据阻险;见小而贪财者,不可使守储蓄;智而善断者,可择其言;轻健者使诱敌;刚愎者使当锋;利口喋喋者使行间;善鼠窃狗偷者使盗号探敌;恶言多骂者使之扬毁訾訾;奇材异识者使预谈论;深识大度者使安众;倔强多力者使斩辟榛莽;善随地形者使度权营栅;怯懦者使辇运器用;老弱者使备炊汲;谙山川、择高下水泉之利者,使察地形;妖言诈辞善张皇鬼神之心、推引天命者,使扬声惑众以动敌心;善择地势平易险阻、知往来细大之蹊路者,使通粮储;奇辞伟辩、能架虚矜者,使奋振威德;耳目聪明、探察敌人情者,使伺候奸伪;敏才健美者,使主笺檄。明七曜休咎者,为历数之士;善占风云吉凶者,为候气之士;晓六壬遁甲者,为选日时之士;谙蓍龟者,为卜筮之士。是四人者,虽推验体测阴阳,各不可使相乱,贵其专一也。医药之人,二十人已上,以兵数增之。兽医亦如医人之数。大将军权通材者,与之参议可否。故我大众之内有善有恶,无弃人焉。人无所弃,斯不怨则动有功矣。

将　材

【本篇主旨】

本篇主要阐明为将者所应具备的九种才能,只有具备了仁德与爱心,才可能令士兵爱戴。也只有具备勇敢之精神,运筹之智慧才可以统率三军。

【原文】

夫将材①有九。道之以德②,齐之以礼,而知其饥寒,察其劳苦,此之谓仁将。事无苟免③,不为利挠,有死之荣,无生之辱,此之谓义将。贵而不骄,胜而不恃,贤而能下,刚而能忍,此之谓礼将。奇变莫测,动应多端,转祸为福,临危制胜,此之谓智将。进有厚赏,退有严刑,赏不逾时,刑不择贵④,此之谓信将。足轻戎马⑤,气盖千夫,善固疆场,长于剑戟,此之谓步将。登高履险，驰射如飞，进则先行，退则后殿⑥，此之谓骑将。气凌⑦三军，志轻⑧强虏，怯⑨于小战，勇于大敌⑩，此之谓猛将。见贤若不及，从谏如顺流，宽而能刚，勇而多计，此之谓大将。

【注释】

①将材：这里指有率兵才能的将领。材，同"才"，是指才能的意思。

②道之以德：指用德来教导士兵。道，即"导"，意思是教导、引导，开导。

③苟免：这里指只图眼前避免。

④刑不择贵：指处罚不分贵贱。择，这里指区分、区别。

⑤足轻戎马：指"足轻于戎马"，这里指脚步轻快胜过战马。

⑥后殿：后居行军之尾。殿，指行军的尾部。

⑦凌：这里是高出其上的意思。

⑧轻：藐视，蔑视。

⑨怯：这里指谨慎的意思。

⑩大敌：指大战。

【译文】

具有率兵打仗才能的人共有九种：用仁德来教导士兵的，用礼来统一部队的行为，关心士兵的饥寒，体察他们的疾苦，这样的将领就是仁将。办事不仅仅图眼前消灾避祸，不为名利引诱而屈服，宁可光荣献身，也不愿忍辱活着，这样的将领是义将。地位高贵而不骄矜，打了胜仗而不居功，贤德温良而且能平易谦和地对待部下，性格刚烈却能忍辱，这样的将领是礼将。战术变化奇妙，高深莫测，仍能随机应变，能变灾祸为福，能够临危制胜，这样的将领是智将。对冲锋陷阵的给予重赏，对于临阵退却的施以严刑，赏能及时，处罚不分贵贱，这样的将领是信将。行动迅速赛过战马，气魄豪壮能压倒千人，善于控制战场局势，擅长使用刀枪剑戟，这种将领是步将。登上高山，经历险境，骑马射击像飞的一般，进攻时冲锋在前，撤退时在后面掩护，这样的将领是骑将。高亢豪迈，威震三军，雄心大志而蔑视强敌，在小的战斗中能小心谨慎，在大的战斗中勇敢，这是猛将。见贤就希望能与之相匹敌，从谏如流，性格宽厚而刚强，行为勇敢而足智多谋，这样的将领被称之为大将。

【名家论战】

虎钤经·辨将

国家行师授律，生杀之柄，大将所主。将者，国之腹心，三军之司命也。可不慎于选乎？苟欲命将，预以精诚辨其可否有四：一曰貌，二曰言语，三曰举动，四曰行事。其一曰貌。凡眉上双骨横起而隆（山献）者，语言不纯者，目反仰视者，方坐内多虚惊者，行而瞪乎必照后者，目睛多白而有赤焰、瞻视不端者，此六者人有其一，斯人常蕴不臣之心，不可使之也。丰下锐上，神气安详者，重德而善安众人也；目黑多白少，点睛深而神气形相副者，机度沉厚，不可以诈动人也；目睛荧朗，五岳相照，燕颔虎颐者，心机疾速、勇而有断人也；龟背虎臆点睛深而朗彻者,为事沉毅而有谋,不可以名利诱人也;眉目瞻视详谛而神骨耸峭者,雄壮有智虑人也。是五者人有其一,可使之也。

将　器

【本篇主旨】

本篇主要分析了各级将领所应具备的能力。文章认为只有正确认识到不同的才能所应担任的职务,才可能管理好国家命运所系的军队。

【原文】

将之器①,其用大小不同。若乃②察其奸,伺其祸③,为众所服,此十夫之将。夙兴夜寐④,言词密察,此百夫之将。直而有虑,勇而能斗,此千夫之将。外貌桓桓⑤,中情⑥烈烈,知人勤劳,悉人饥寒,此万夫之将。进⑦贤进能,日慎一日,诚信宽大,闲⑧于理乱,此十万人之将。仁爱洽于下,信义服⑨邻国,上知天文,中察人事,下识地理,四海之内,如视家室,此天下之将。

【注释】

①器:指才能、才具。

②若乃:假设词。

③祸:祸害,危害,祸端。

④夙兴夜寐:指早起晚睡,勤奋不懈怠。夙,早晨;寐:睡觉。

⑤桓桓:这里指威武的样子。

⑥中情:人内在的思想感情。

⑦进:这里是推荐、选拔的意思。

⑧闲:通"娴",指娴熟、熟练。

⑨服:使动用法,使……佩服。

【译文】

将帅的才能,可以从其作用的大小来分类。如果能察觉到邪恶奸诈,能看到祸害祸端,被众信服,是能统领十人的小头目。早起晚睡,勤勉不息,言词周密而且很有深度,这是可以统领百人的将官。性格率直,遇事却能深思熟虑,勇敢而又很善战,这是统帅千人的将领。外表威严,而内在感情炽烈,了解士兵的疾苦,能体察士兵的饥寒,这是统帅万人的将领。能依靠贤人,举用能人,始终保持谦虚谨慎的态度,而且诚实守信,对人也宽鸿大度,善于治理纷乱的政务,这种人能做统率十万人的将领。把仁爱施与部下,与他们关系融洽,严守信用使邻国佩服,上知天文,中察人情世态,下识地理,把天下视作自己的家室,可以堪称国家的最高将领。

虎钤经·论将

《万机论》曰:虽有百万之师,恃吞敌在将者,恃将也。夫举国之利器以授之,苟非其人,是轻天下。将何以为? 谓小大者各有四焉。八者皆无,何足以谓之将乎? 其大者:一曰天将,二曰地将,三曰人将,四曰神将。其小者:一曰威将,二曰强将,三曰猛将,四曰良将。凡兴师举众列营结阵,视旌旗之动,审金鼓之声,揆日度时,以决吉凶;随五行运转,应神位出入,以变用兵,敌人不测其所来,以神用兵,我师不知其所为;动有度,静有方,胜负在乎先见,持天地鬼神之心以安士众;此之谓天将者也。

所至之境,详察地理,山泽远近、广狭险易、林薮之厚薄、溪涧之深浅,若视诸掌;战阵之时,前后无阻,左右无滞,步骑使其往来,戈戟叶其所用,指挥进退皆顺其情,人马无逼塞之困,攻守获储蓄之利,振野得水草之饶,使人马无饥渴之色,陷死地而能生,攻亡地而能存,逆地而顺用之,顺地而逆用之,不择险易皆能安而后动,动而决胜者:此谓之地将者也。

又若廉于财,节于色,疏于酒,持身以礼,奉上以忠,忧乐与士卒同,获敌之货赂而不蓄,得敌之妇女而不留,纳谋而能容,疑而能断,勇而不陵物,仁而不丧法,匿其小罪,决其大过;犯令者不讳其亲,有功者不忌其仇,老者扶之,弱者抚之,惧者宁之,忧者乐之,讼者决之,滥者详之,贼者平之,强者抑之,懦者隐之,勇者使之,横者杀之,服者原之,失者扶之,亡者逐之,来者爵之,暴者挫之,智者昵之,谗者远之;得我城不攻,得地不专;敌浅以待变,敌诡以顺会,逆势则观,顺势则攻,此之谓人将者也。

又若以天为表,以地为里,以人为用,举三将而兼之,此之谓神将者也。

行师之时,无失天时,无失地利,无失其人,无有勇怯,闻敌而即行,心无疑虑;犯令者罪无大小,必绳以刑,敌闻之即畏,当之即破,此谓之强将者也。

将 弊

【本篇主旨】

从题目上我们就可以看出本篇主要是说作为一个将领所不应该有的弊病。文中主要列举了八项,如果一个将领只占其中一条那他就有失为将之德了。

【原文】

夫为将之道,有八弊①焉:一曰贪而无厌②,二曰妒贤嫉能,三曰信谗好佞③,四曰料彼不自料④,五曰犹豫不自决⑤,六曰荒淫于酒色,七曰好诈而自怯,八曰狡言⑥而不以礼。

【注释】

①弊:原意指弊端,这里指坏的品性。

②无厌:没有限度。

③佞:这里指善于巧言献媚的小人。

④不自料:不料自,不自知。

⑤自决:这里指自作决断。

⑥狡言:花言巧语。

【译文】

作为一个将领,他的举止行为有八种坏品性要注意:一是贪心太大,永不知足;二是妒贤嫉能;三是轻信谗言,喜欢献媚的小人;四是只看到别人的不足之处,不知道自己的短处;五是处事优柔寡断;六是嗜酒好女色;七是性情奸诈,内心空洞怯懦;八是花言巧语不守礼仪法度。

【名家论战】

神机制敌太白阴经·术有阴谋

经曰:古之善用兵者,必重天下之权,而研诸侯之虑。重权不审,不知轻重强弱之称;揣情不审,不知隐匿变化之动静。重莫难于周知,揣莫难于悉举,事莫难于必成。此三者,圣人能任之。故兵有百战百胜之术,非善之善者也;不如不战而屈人之兵,善之善者也。夫太上用计谋,其次用人事,在下用战伐。用计谋者,荧惑敌国之主,阴移诡臣,以事佐之。惑以巫觋,使其尊鬼事神;重其彩色纹绣,使贱其菽粟,令空其仓庾;遗之美好,使荧其志;遗之巧匠,使起宫室高台,以竭其财,役其力,易其性;使改淫俗,奢暴骄恣,贤臣结舌,莫肯匡助;滥赏淫刑,任其喜怒,政令不行,信卜祠鬼,逆忠进谄,请谒公行,而无圣人之政。爱而与官,无功而爵,未劳而赏,喜则赦罪,怒则肆杀,法居而自顺,令出而不行,信蓍龟、卜筮、鬼神、祷祠、谗佞、奇技,乱行于门户,其所谓是者皆非,非者皆是,离君臣之际,塞忠谠之路。然后淫之以色,攻之以利,娱之以乐,养之以味,以信为欺,以欺为信,以忠为叛,以叛为忠,忠谏者死,谄佞者赏,令君子在野,小人在位,急令暴刑,人不堪命。

将 志

【本篇主旨】

文章主要阐述为将者所应具备的思想境界,可以说是上一篇的补充。

【原文】

兵①者凶器,将者危任②,是以器刚则缺③,任重则危;故善将者,不恃强,不怙④势,宠之而不喜,辱之而不惊,见利不贪,见美不淫,以身殉国,壹意⑤而已。

【注释】

①兵：指军队。

②危任：指危险的任职。

③缺：缺损。

④怙：依靠、凭借。

⑤壹意：同"一意"。

【译文】

军队于国家就是一种武器，将领是危险的职任。所以器物过于坚硬就容易缺损，责任过于重大就有危险。因此善于做将领的人，不逞强，不仗势，受到上级的宠爱却不沾沾自喜，受到屈辱、埋没也不畏缩不前，见到好处没有贪心，看到美女没有淫念，可以以身殉国，忠贞不二，死而后已。

【名家论战】

曾胡治兵语录·尚志

凡人才高下，视其志趣。卑者安流俗庸陋之规，而日趋污下；高者慕往哲隆盛之轨，而日即高明。贤否智愚，所由区矣。（曾国藩）

无兵不足深忧，无饷不足痛哭，独举目斯世，求一攘利不先、赴义恐后、忠愤耿耿者，不可亟得。或仅得之，而又屈居卑下，往往抑郁不伸，以挫，以去、以死。而贪饕退缩者，果骧首而上腾，而富贵，而名誉，而老健不死，此其可为浩叹者也。（曾国藩）

胸怀广大，须从平淡二字用功。凡人我之际，须看得平；功名之际，须看得淡，庶几胸怀日阔。（曾国藩）

军中取材，专尚朴勇，尚须由有气概中讲求。特恐讲求不真，则浮气、客气夹杂其中，非真气耳。（胡林翼）

兵事以人才为根本，人才以志气为根本。兵可挫而气不可挫，气可偶挫而志不可挫。（胡林翼）

方今天下之乱，不在强敌，而在人心。不患愚民之难治，而在士大夫之好利忘义而莫之惩。（胡林翼）

吾人任事，与正人同死，死亦附于正气之列，是为正命。附非其人，而得不死，亦为千古之玷，况又不能无死耶？处世无远虑，必有危机。一朝失足，则将以熏莸为同臭，而无解于正人之讥评。（胡林翼）

諸葛兵法

将 善

【本篇主旨】

本篇主要指为将者实地作战中所应具备能力和品质。一个统帅知道兵法理论固然重要，但镇静自若的品质更是难能可贵。

【原文】

将有五善四欲①。五善者，所谓善知敌之形势②，善知进退之道，善知国之虚实，善知天时人事，善知山川险阻。四欲者，所谓战欲奇，谋欲密，众欲静③，心欲一。

【注释】

①五善四欲：这里是五能四要。善：能，擅长。欲：要。

②形势：指敌人的企图和意向。

③众欲静：面对纷繁复杂的情况要保持镇定。众，众多，这里指情况复杂。静：镇定的意思。

【译文】

一个将领必须具备"五能"和"四要"。"五能"是指：要认清敌人企图和动向，要灵活掌握军队的进退规律，要了解国家力量的虚实，要适时把握天时和人心的向背，要熟知山川险阻等地形。"四要"指：作战能出奇制胜，计划谋略能考虑周到缜密，复杂的情况下能镇定自若，不为外界所干扰。

【名家论战】

曾胡治兵语录·诚实

天地之所以不息，国之所以立，圣贤之德业所以可大可久，皆诚为之也。故曰：诚者物之始终，不诚无物。人必虚中不着一物，而后能真实无妄，盖实者不欺之谓也。人之所以欺人者，必心中别着一物，心中别有私心，不敢告人，而后造伪言以欺人。若心中了不着私物，又何必欺人哉！其所以欺人者，亦以心中别着私物也。所知在好德，而所私在好色，不能去好色之私，则不能不欺其好德之知矣。是故诚者，不欺者也；不欺者，心无私着也；无私着者，至虚者也。是故天下之至诚，天下之至虚者也。（曾国藩）

用兵久即骄惰自生，骄惰则未有不败者。勤字所以医惰，慎字所以医骄，此二字之先，须有一诚字以为之本。立意要将此事知得透，辨得穿，精诚所至，金石亦开，鬼神亦避，此在己之诚也。人之生也直，与武员之交接，犹贵乎直。文员之心，多曲多歪，往往与武员不相水乳。必尽去歪曲私衷，事事推心置腹，使武人粗人坦然无疑，此接物之诚也。以诚为之本，以

勤字慎字为之用,庶几免于大戾,免于大败。(曾国藩)

破天下之至巧者以拙,驭天下之至纷者以静。众无大小,推诚相与。咨之以谋而观其识,告之以祸而观其勇,临之以利而观其廉,期之以事而观其信,知人任人,不外是矣。近日人心,逆亿万端,亦难穷究其既往,惟诚之至,可救欺诈之穷。欺一事不能欺诸事,事欺一时,不能欺之后时。不可不防其欺,不可因欺而灰心所办之事,所谓贞固足以干事也。(胡林翼)

吾辈不必世故太深,天下惟世故深误国事耳。一部《水浒》,教坏天下强有力而思不逞之民;一部《红楼》教坏天下堂官、掌印司官、督抚司道、首府一切红人。专意揣摩迎合,吃醋捣鬼,当痛除此习,独行其志。阴阳怕懵懂,不必计及一切。(胡林翼)

事上以诚意感之,实心待之,乃真事上之道,若阿附随声,非敬也。(胡林翼)

将 刚

【本篇主旨】

本篇论述为将者,不但要有刚毅的一面,更要有其柔和的一面,只有两种品质相融相济才是一个最佳将领。

【原文】

善将者,其刚不可折①,其柔②不可卷③,故以弱制强,以柔制刚。纯柔纯弱,其势④必削,纯纲纯强,其势必亡;不柔不刚⑤,合道之常⑥。

【注释】

①折:指折断,摧折。

②柔:指软、弱。

③卷:原意是指弯曲,这里指屈服。

④势:这里指力量、威力。

⑤不柔不刚:不纯柔、不纯刚,即刚柔相济。

⑥合道之常:符合事物的常规。合,符合,合乎。道,事物的规律。常,常规。

【译文】

善于统帅部队的将领,他的性格是刚强不可摧折的,柔韧不可屈服。因此这样的将领能以弱制强,以柔制刚。太柔太弱,其部队的战斗力必然会削弱;大刚太强,战斗力将丧失殆尽;既不过分的柔弱,又不过分的刚强,才符合用兵作战之法。

【名家论战】

曾胡治兵语录·勇毅

事会相薄,变化乘除。吾尝举功业之成败、名誉之优劣、文章之工拙,概以付之运气一囊之中,久而弥自信其说之不可易也。然吾辈自信之道,则当与彼赌乾坤于俄倾,较殿最于锱铢,终不令彼独胜而吾独败。国藩昔在江西、湖南,几于通国不能相容。六七年间,浩然不欲复闻世事。惟以造端过大,本以不顾生死自命,宁当更问毁誉。(曾国藩)

军事棘手之际,物议指摘之时,惟有数事最宜把持得定:一曰待民不可骚扰;二曰禀报不可讳饰;三曰调度不可散乱。譬如舟行,遇大风暴,只要把舵者心明力定,则成败虽未可知,要胜于他舟慌乱者数倍。(曾国藩)

不怕死三字,言之易,行之实难,非真有胆有良心者不可。仅以客气为之,一败即挫矣。(胡林翼)

天下事,只在人力作为,到水尽山穷之时,自有路走,只要切实去办。(胡林翼)

胆量人人皆小,只须分别平日胆小,临时胆大耳。今人则平日胆大,临时胆小,可痛也已!(胡林翼)

两军交绥,不能不有所损,固不可因一眚而挠其心,亦不可因大胜而有自骄轻敌之心。纵常打胜仗,亦只算家常便饭,并非奇事。惟心念国家艰难,生民涂炭,勉竭其愚,以求有万一之补救。成败利钝,实关天命,吾尽吾心而已。(胡林翼)

古今战阵之事,其成事皆天也,其败事皆人也。兵事怕不得许多,算到五六分,便须放胆放手,本无万全之策也。(胡林翼)

时艰事急,当各尽其心力所能,不必才之果异于人,事之果期于成也。遇事每谋每断,不谋不断,亦终必亡。与其坐亡,不如谋之。(胡林翼)

强毅之气,决不可无,然强毅与刚愎有别。古语云:自胜之谓强。曰强制,曰强恕,曰强为善,皆自胜之义也。如不惯早起,而强之未明即起;不惯庄敬,而强之坐尸立斋;不惯劳苦,而强之与士卒同甘苦,强之勤劳不倦,是即强也。不惯有恒,而强之贞恒,即毅也。舍此而求以客气胜人,是刚愎而已矣。二者相似,而其流相去霄壤,不可不察,不可不谨。日慎一日,以求事之济,一怀焦愤之念,则恐无成。千万忍耐,忍耐千万。(曾国藩)

将骄吝

【本篇主旨】

本篇主要阐述谦虚大度的品质,赏罚有信的德行对于一个将帅乃至一个国家的重要性。文中强调失礼则会令人不满而至众叛亲疏,而赏罚无信就会令士兵无效死命之心,这也会造成一个国家的悲剧。

【原文】

将不可骄,骄则失礼,失礼则人离[①],人离则众叛。将不可吝[②],吝则赏不行,赏不行则士[③]不致命[④],士不致命则军无功[⑤],无功则国虚[⑥],国虚则寇实[⑦]矣。孔子曰:"如有周公[⑧]之才之美,使骄且吝,其余不足观也已。"

诸葛兵法

【注释】

①离:离散,离去,离开。

②吝:这里指各啬小气。

③士:这里指士兵,兵卒。

④致命:舍弃生命的意思。

⑤无功:这里指没有战绩。

⑥国虚:国家的力量亏空、虚弱。

⑦寇实:敌人的强大、充实。寇,指敌人。

⑧周公:姓姬名旦,西周初年的政治家,周文王的第四子,周武王的弟弟。因采邑在周(今陕西省岐山北),所以被称为周公。曾帮助周武王灭商,多有建树。武王死后,成王年幼,他摄理政事。归政成王后,他主要致力于制礼作乐,建立章典制度,使奴隶制得到进一步的巩固。

【译文】

作为将领,不能骄傲。骄傲了,就会失礼;对人失礼,就容易使人心背离;人心背离就会导致众叛亲疏。作为将领,不能吝啬小气,吝啬小气,就不能公正地行赏,不能行赏就不会使士兵拼命作战,士兵不拼命作战,军队就没有战功,军队没有战功,国家的力量必定会虚弱。国家一旦虚弱,相对来说,敌人的力量就变得充实。孔子曾说:"一个人即便有像周公那样的美德和才能,如果既骄傲又吝啬,那么他的其他方面也就不值得一提了。"

【名家论战】

曾胡治兵语录·公明

大君以生杀予夺之权授之将帅,犹东家之银钱货物授之店中众伙。若保举太滥,视人君之名器,不甚爱惜,犹之贱售浪费,视东家之货财不甚爱惜也。介之推曰:窃人之财,犹谓之盗,况贪天之功以为己乎? 余略改之曰:窃人之财犹谓之盗,况假人君之名器,以市一己之私恩乎! 余忝居高位,惟此事不能力挽颓风,深为愧惭。(曾国藩)

窃观自大乱之世,必先变乱是非而后政治颠倒,灾害从之。屈原之所以愤激沉世而不悔者,亦以当日是非淆乱为至痛,故曰兰芷变而不芳,荃蕙化而为茅。又曰:固时俗之从流,又孰能无变化! 伤是非之日移日淆,而几不能自主也。后世如汉、晋、唐、宋之末造,亦由朝廷之是非先紊,而后小人得志,君子有遑遑无依之象。推而至于一省之中、一军之内,亦改有是非不揆于正,而后其政绩少有可观。赏罚之任,视乎权位,有得行,有不得行。至于维持是非之公道,则吾辈皆有不可辞之责。顾亭林先生所谓匹夫与有责焉者也。(曾国藩)

大抵莅事以明字为第一要义。明有二:曰高明,曰精明。同一境而登山者独见其远,乘域者独觉其旷,此高明之说也;同一物,而臆度者不如权衡之审,目巧者不如尺度之精,此精明之说也。凡高明者,欲降心抑志以遽趋于平实,颇不易易。若能事事求精,轻重长短一丝不差,则渐实矣,能实则渐平矣。(曾国藩)

举人不能破格,破格则须循名核实,否则人即无言,而心先愧矣。(胡林翼)

世事无真是非,特有假好恶。然世之循私以枉事者,试返而自问,异日又岂能获私利之报于所徇私利之人哉?盍亦返其本矣。(胡林翼)

天下惟左右习近不可不慎。左右习近无正人,即良友直言不能进。朝廷爵赏,非我所敢专,尤非我所敢吝,然必积劳乃可得赏,稍有滥予不仅不能激励人才,实足以败坏风俗。荐贤不受赏,隐德以及子孙。(胡林翼)

将　强

【本篇主旨】

本篇指出了为将者所应具备的五种德行和应该摒弃的八种缺点。一个尊兄敬老的将帅可以教化世人。因为讲信义并宽以待人,凡事身体力行起到表率作用就是一优秀的将领。而一个没有智谋、无礼又贪婪的将领则是一个军队的不幸。

【原文】

将有五强八恶①。高节可以厉俗②,孝弟③可以扬名,信义可以交友,沈虑④可以容众⑤,力行可以建功,此将之五强也。谋不能料⑥是非,礼不能任贤良,政⑦不能正⑧刑法,富不能济穷厄,智不能备未形⑨,虑不能防微密⑩,达⑪不能举所知,败不能无怨谤⑫,此谓之八恶也。

【注释】

①五强八恶:指五种优良品德,八种不足。强,这里指优点、长处。恶,这里指缺点、不足。

②厉俗:激励世俗。厉:这里是勉励、激励的意思。

③孝弟:孝顺父母,尊敬兄长。弟:也作"悌"。

④沈虑:指深思熟虑。

⑤容众:这里指容人。

⑥料:这里是忖度,估量的意思。

⑦政:施政、治理的意思。

⑧正:严明,这里作动词用。

⑨未形:在情况、事态尚未定形之前,就是事情发生之前。

⑩微密:指微小,细密。

⑪达:显贵,飞黄腾达。

⑫怨谤:这里是指怨天尤人。

【译文】

将领有五种优良品行,八种不足之处。五种优良品行指:一是高尚的节操,可以用它来勉励世俗;二是尊长爱幼,可以凭它名扬四海;三是要守信用,可以凭它结交朋友;四是深思熟虑,可以使自己心胸宽广容纳他人;五是身体力行,可以凭它建功立业。这就是将领的五种优良品德。八种不足之处指:一是在筹划策略上不忖度是非;二是在礼法上不任用贤良的人;三是在施政方面法纪不严明;四是富裕不能救济穷困之人;五是才智不能防患于未然;六是考虑问题不能防患于未然;七是地位显贵不能举荐自己所了解的有才之士;八是失败了怨天尤人。这就是所说的将领的八种不足之处。

【名家论战】

曾胡治兵语录·仁爱

带兵之道,用恩莫如用仁,用威莫如用礼。仁者,所谓欲立立人、欲达达人是也。待弁兵如待子弟之心,常望其发达,望其成立,则人知恩矣。礼者,所谓无众寡无小大无敢慢恩而不骄也。正其衣冠,尊其瞻视,俨然人望而畏之,威而不猛也。持之以敬,临之以庄,无形无声之际,常有凛然难犯之象,则人知威矣。守斯二者,虽蛮貊之邦行矣,何兵之不可治哉。(曾国藩)

吾辈带兵,如父兄之带子弟一般。无银钱无保举尚是小事,切不可使之因扰民而坏品行,因嫖赌洋烟而坏身体。个个学好,人人成材,则兵勇感恩,兵勇之父母亦感恩矣。(曾国藩)

爱民为治兵第一要义,须日日三令五申,视为性命根本之事,毋视为要结粉饰之文。(曾国藩)

大将以救大局为主,并以救他人为主,须有嘉善而矜不能之气度,乃可包容一切,觉得胜仗无可骄人,败仗无可尤人。即他人不肯救我,而我必当救人。(胡林翼)

必须谆嘱将弁,约束兵丁,爱惜百姓,并随时访查,随时董戒,使营团皆行所无事,不扰不惊,戢暴安良,斯为美备。(胡林翼)

长官之于属僚,须扬善公庭,规过私室。(胡林翼)

圣贤仙佛,英雄豪杰,无不以济物为本,无不以损己利人为正直。(胡林翼)

爱人之道以严为主,宽则心驰而气浮。(胡林翼)

古来义士忠臣,于曾经受恩之人,必终身奉事惟谨。韩信为王,而不忘漂母一饭之恩;张苍作相,而退朝即奉事王陵及王陵之妻如父母,终身不改。此其存心正大仁厚,可师可法。(胡林翼)

诸葛兵法

出 师

【本篇主旨】

本篇主要论述了国家危难之时国君对待将领的态度,就是完全放权给统帅,使之无后顾之忧,文中再一次提出了将帅品德于行军作战的重要性。

【原文】

古者国有危难，君简①贤能而任之，齐②三日，入太庙③，南面而立，将北面，太师进钺④于君。君持钺柄以授将，曰："从此至军，将军其裁⑤之。"复⑥命曰："见其虚则进，见其实则退。勿以身贵而贱人，勿以独见而违众，勿恃功能⑦而失忠信。士未坐，勿坐，士未食，勿食，同寒暑，等劳逸，齐甘苦，均危患，如此，则士必尽死，敌必可亡。"将受词，凿凶门⑧，引军而出。君送之，跪而推毂⑨，曰："进退惟时，军中事，不由君命，皆由将出。"若此，则无天于上，无地于下，无敌于前，无主于后⑩。是以智者为之虑，勇者为之斗，故能战胜于外，功成于内，扬名于后世，福流于子孙矣。

【注释】

①简：通"拣"，选择，选拔。

②齐：通"斋"，斋戒的意思。

③太庙：这里是指天子的祖庙。

④太师进钺：太师，官名，为三公（太师、太傅、太保）中最为尊贵的。钺：古代的青铜兵器。这里代表权力。

⑤裁：这里是指裁决、裁断。

⑥复：又，接着。

⑦功能：这里是指功绩与才能。

⑧凿凶门：古代出兵时举行的一种礼仪。将军出征时，要凿一扇向北的门，从此门出发，以示必死的决心。被凿的门，统称为凶门。

⑨毂：车轮中心的圆木，这里指车轮。

⑩无主于后：这里指没有君主在后面牵制。

【译文】

古时候，国家面临危难时，君主选择贤能的人来担任将领。斋戒三天后接着进入太庙。君主要面向南站着，将领要面向北站着，太师把斧钺交给君主，君主手持斧钺的柄授给将领，说："从现在起，在军中，全由你来裁断、统帅。"又命令说："见敌人空虚就攻击，则敌人强大就后退。不要因为自己地位尊贵就轻视别人，不要因为自己有了独立见解就与众人不和，不要恃功而失去忠信。士兵还没坐下，自己不要先坐，士兵们还没吃饭，自己就不要先吃，要与士兵同度寒暑，同劳同逸，甘苦与共，危难同当。如果能做到这些，士兵就能拼死作战，敌人就会被消灭。"将领接受命令，开凿"凶门"，率军出发。君主为出发的军队送行，跪在地上推着车轮，说："进退必须合乎时宜，军中的事情，不再由君主来决定，全由将领命令。"这样，则上不受制于天，下不受阻于地，前不惧怕敌人，后不受制于君主。所以，有才能智谋的人将会为国君尽思虑，出奇谋，有勇有力的人为国君能敢打敢拼，所以能在外作战取胜，在国内成就丰功伟业，扬名后世，福荫子孙。

曾胡治兵语录·和辑

祸机之发,莫烈于猜忌,此古今之通病。败国亡家丧身,皆猜忌之所致。《诗》称"不忮不求,何用不臧",忮求二端,盖妾妇婴兼而有之者也。(曾国藩)

凡两军相处,统将有一分龃龉,则营、哨必有三分,兵、夫必有六七分。故欲求和衷共济,自统将先办一副平恕之心始。人之好名,谁不如我,同打仗,不可讥人之退缩;同行路,不可疑人之骚扰。处处严于治己,而薄于责人,则唇舌自省矣。(曾国藩)

敬以持躬,恕以待人。敬则小心翼翼,事无巨细,皆不敢忽;恕则凡事留余地以处人,功不独居,过不推诿。常常记此二字,则长履大任,福祚无量。(曾国藩)

湘军之所以无敌者,全赖彼此相顾,彼此相救。虽平日积怨深仇,临阵仍彼此照顾;虽上午口角参商,下午仍彼此救援。(曾国藩)

军旅之事,以一而成,以二三而败。唐代九节度使之师,溃于相州,其时名将如郭子仪、李光弼亦不能免。盖谋议可资于众,而决断须归于一将。古来将帅不和,事权不一,以众致败者,不止九节度使相州一役。(胡林翼)

为大将之道,以肯救人固大局为主,不宜炫耀己之长处,尤不宜指摘人之短处。(胡林翼)

兵无论多寡,总以能听号令为上。不奉一将之令,兵多必败;能奉一将之令,兵少必强。(胡林翼)

沅弟谓雪声色俱厉。凡目能见千里不能自见其睫,声间笑貌之拒人,每苦于不自见,苦于不自知。雪之厉,雪之不自知;沅之声色,恐亦未始不厉,特不自知耳。(曾国藩)

择　材

【本篇主旨】

本篇也就是考察为将者的洞察力和组织能力。文中强调要把那些技能性格相似的人组成不同的编组,这样就可以因材施用,使作战处于有序状态。

【原文】

夫师①之行②也,有好斗乐战,独取强敌者,聚为一徒③,名曰报国之士④;有气盖三军,材力⑤勇捷者,聚为一徒,名曰突阵之士;有轻足善步,走如奔马者,聚为一徒,名曰搴旗⑥之士;有骑射如飞,发无不中者,聚为一徒,名曰争锋⑦之士;有射必中,中必死者,聚为一徒,名曰飞驰⑧之士;有善发强弩⑨,远而必中者,聚为一徒,名曰摧⑩锋之士。此六军⑪之善士,各因其能而用之也。

256

【注释】

①师：指军队。

②行：指行列、编组。

③聚为一徒：编为一队。聚，集合，集中的意思。徒，同类的人，这里引申为队。

④报国之士：这里指为报效国家不惜牺牲自己生命的人。

⑤材力：四肢有力。

⑥搴旗：夺取指挥旗。搴，拔取、夺取。

⑦争锋：通过争斗来分胜负。锋，指古代军阵的正面前端，也是双方作战首先接触的部分。

⑧驰：这里指车马疾行。

⑨弩：用机栝发箭的弓。

⑩摧：指挫败，摧毁的意思。

⑪六军：指朝廷的军队。古代军制，王有六军、大诸侯国有三军，其次有两军、一军。

【译文】

对军中的士卒，要根据他们各自的特长来编组。有喜欢格斗、乐于争战的，能够独自攻取强敌的，可以把他们编在一起，称之为报国之士；有气冠三军，身强力壮，既勇猛又敏捷的，可以编在一起，称之为突阵之士；有脚步轻捷迅疾，跑得快如奔马的，可以编在一起，称之为搴旗之士；有骑马射箭如飞，百发百中的，可以编在一起，称之为争锋之士；有射箭必中，中箭者必死的，可以编在一起，称之为飞驰之士；有善使强弩，又远又准的，可以编在一起，称为摧锋之士。上面讲的六种是军中有特长的人，都要根据他们不同的特长来使用。

【名家论战】

虎钤经·教战

诸教战阵，每五十为队，从营缮缉抢蟠，教场左右厢各依队次解幡立队。伍相去各十步，分布使均。其驻队塞空，去前队二十步。列布讫，诸营士卒一时即向大将麾下听令。每隔一队，定（一作一）战队，即出向前各进五十步。听角声第一声绝，诸队即一时散立；第二声绝，诸队一时捺枪、张弓、卷幡、拔刀；第三声绝，诸队一时举枪；第四声绝，诸队一时跪膝笼枪坐，目看大将黄旗，耳听鼓声。黄旗向前亚，鼓声动，齐喝"呜呼"（并去声），齐向前到中间，一时齐喝，声杀齐人。贼退败讫，可趁行三十步。审知贼徒丧败，马军从背逐北。闻金钲动，即须听去行。膊上架枪，侧行回身，本处散立。第一声绝，一时捺枪便解幡旗；第二声绝，一时举枪；第三声绝，一时旗队。一看大将处两旗交，即五队合为一队，即是二百五十人为一队。其队法及卷幡、举枪、旗队、斗战法并依前。一看大将处五旗交，即十队为一队，即是五百人合为一队。其队法及卷幡、举枪、旗队、斗战法如前。听第一声角绝，即散二百五十人为一队。如此凡三度，即教毕，诸士卒一时听大将赏罚进止。第三声角绝，即从头引队伍还军。

智　用

【本篇主旨】

本篇主要论述天时、地利、人和对于作战的意义。文章认为一个高明的将帅绝不会违背这三者中的任何一项。

【原文】

夫为将之道，必顺天①，因时②，依人③，以立胜也④。故天作⑤时不作而人作，是谓逆时；时作天不作而人作，是谓逆天；天作时作而人不作，是谓逆人。智者不逆天，亦不逆时，亦不逆人也。

【注释】

①顺天：顺应天道。

②因时：把握好时机。因：凭借，利用。时，时机。

③依人：这里指依据众人的意愿。

④立胜：这里指取得胜利。

⑤作：成全，促成的意思。

【译文】

为将之道，一定要顺应规律、把握时机、合乎民意来取得胜利。因此，合规律、合人心而时机不成熟，就叫做违背时机；合时机、合民意而不合规律，就叫做违背天道；合规律、合时机而不合人心，就叫做违背人意。明智的将领在指挥战斗时，不违背天道，不违背时机，也不会违背人意。

【名家论战】

虎钤经·先胜

孙子曰：胜兵先胜。谓先定必胜之术而后举也。何谓必胜？许洞曰：先务三和，次务三有馀，次务三必行。何谓三和？曰：和于国，然后可以出军；和于军，然后可以出阵；和于阵，然后可以出战。国不和，则人心离；军不和，则教令乱；阵不和，则行列不整。不先务此三和之道，何其可战耶？何谓三有馀？曰：力有馀，食有馀，义有馀也。力无馀，则困于斗；食无馀，则怠于时；义无馀，则吏士怨。不务三有馀之术，师其可动耶？何谓三必行？曰：必行其谋，则奸机不成；必行其赏，则好功者不爱死；必行其罚，则有过者不归咎。不务三必行之道，人其可用耶？是以知善务和者，公无私，舍小惠务大惠；善务有馀者，力诸事而不自息；善务必行者，兴勇断，去犹豫之谓也。举是九者，务令预定之于前，则万变千机然后动乎其中矣。

率此以御敌,未有不胜者也。故曰:胜兵先胜者,胜在我也。其在《易》曰先天不违之义也。

不 陈①

【本篇主旨】

本篇强调兵者为国家之凶器,不到万不得已时千万不要使用它。所以一个拥有国家的人不会轻易动用武力,他拥有军队是为了保卫民众,而不是为了侵略,是谓善师。一个真正的军事家就是要做到不战而屈人之师。而一个国君即使真的面对失掉国家的危险也要处乱不惊,找到一条不被灭亡的途径。

【原文】

古之善理②者不师③,善师者不陈,善陈者不战,善战者不败,善败者不亡。昔者,圣人之治理也,安其居,乐其业,至老不相攻伐,可谓善理者不师也。若舜④修典刑⑤,咎繇⑥作士师⑦,人不干⑧令,刑无可施,可谓善师者不陈。若禹⑨伐有苗⑩,舜舞干⑪羽⑫而苗民格⑬,可谓善陈者不战。若齐桓⑭南服强楚⑮,北服山戎⑯,可谓善战者不败。若楚昭⑰遭祸,奔秦求救,卒能返国,可谓善败者不亡矣。

【注释】

①陈:同"阵",原意指交战时的战斗队形。这里指兴兵。

②理:这里是治理的意思。

③师:原指军队,这里指兴兵作战。

④舜:传说中的有虞氏部落长,炎黄联盟首领,也称虞舜。

⑤典刑:即刑法。典:制度;刑,处罚的总称。

⑥咎繇:相传远古时东夷族的首领,曾经被舜任命为掌管刑法的官。

⑦士师:古时掌握刑、狱的官职。

⑧干:这里是冒犯的意思。

⑨禹:夏后氏部落长,炎黄联盟首领,是夏朝的建立者。传说中他治水有功。

⑩有苗:远古时的一个部落,也称作三苗。

⑪干:指盾牌。

⑫羽:雉羽。

⑬格:通"归",指归顺。

⑭齐桓:即齐桓公(? —前643年),春秋时齐国国君,襄公之弟。襄公死后,他夺取君位,任用管仲进行改革。在"尊王攘夷"的旗帜下,北伐山戎,南抑强楚,不断树立盟主的威信,成为春秋第一霸主。

⑮楚:指楚国。

⑯山戎:我国古代北方民族,也叫北戎。

⑰楚昭:楚昭王。

【译文】

古代善于治理国家的人不统兵,善于统兵的人不兴兵,善于兴兵的人不轻易作战,善于作战的人不会失败,善于处理败局的人不会灭亡。远古时,圣贤治理国家,使各部落都安居乐业,长久和睦相处,互不侵犯,这就是所谓的善于治理国家的人不治兵。比如虞舜在位时,制定刑法,任命咎繇为司法官,各部落不冒犯政令,刑法也无处施用,这就是善于治兵的人不兴兵。又如大禹率兵征伐有苗部落,虞舜让士兵用盾牌和雉羽齐舞,有苗部落的百姓就归顺了,这就是所谓善兴兵的人不会轻易作战。又如齐桓公向南征服强大的楚国,向北战胜北方的北戎,这就是善于作战的人不会失败。再如楚昭王时,面对被进攻的灾祸,到秦国请来救兵,终于又收复了国都,这就是善于处理败局的人不会遭到灭亡。

【名家论战】

苏洵书论集·权书·心术

为将之道,当先治心。泰山崩于前而色不变,麋鹿兴于左而目不瞬,然后可以制利害,可以待敌。

凡兵上义;不义,虽利勿动。非一动之为害,而他日将有所不可措手足也。夫惟义可以怒士。士以义怒,可与百战。

凡战之道,未战养其财,将战养其力,既战养其气,既胜养其心。谨烽燧,严斥堠,使耕者无所顾忌,所以养其财。丰犒而优游之,所以养其力。小胜益急,小挫益厉,所以养其气。用人不尽其所欲为,所以养其心。故士常蓄其怒,怀其欲而不尽。怒不尽,则有余勇;欲不尽则有余贪。故虽并天下,而士不厌兵,此黄帝之所以七十战而兵不殆也。不养其心,一战而胜,不可用矣。

凡将欲智而严,凡士欲愚。智则不可测,严则不可犯,故士皆委己而听命,夫安得不愚?夫惟士愚,而后可与之皆死。

凡兵之动,知敌之主,知敌之将,而后可以动于险。邓艾缒兵于蜀中,非刘禅之庸,则百万之师可以坐缚,彼固有所侮而动也。故古之贤将,能以兵尝敌,而又以敌自尝,故去就可以决。

凡主将之道,知理而后可以举兵,知势而后可以加兵,知节而后可以用兵。知理则不屈,知势则不沮,知节则不穷。见小利不动,见小患不避。小利小患,不足以辱吾技也,夫然后可以支大利大患。夫惟养技而自爱者,无敌于天下。故一忍可以支百勇,一静可以制百动。

諸葛兵法

将　诫

260

【本篇主旨】

本篇还是强调一个为将者对待下属要有谦虚的态度。只有这样才会令天下众贤来归，士兵以死相报。再一次强调了人心向背的重要性。着重指出军纪于军队的作用，并对如何获取人心提出了建议。

【原文】

书①曰："狎侮②君子，罔③以尽人心，狎侮小人④，罔以尽人力。"故行兵之要，务揽⑤英雄之心，严赏罚之科⑥，总文武之道，操刚柔之术，说⑦礼乐而敦⑧诗书⑨，先仁义而后智勇；静如潜鱼，动若奔獭，丧⑩其所连⑪，折其所强。耀以旌旗，戒⑫以金鼓，退若山移，进如风雨，击崩若摧，合战⑬如虎；迫而容之⑭，利而诱之，乱而取之，卑而骄之，亲而离之，强而弱之；有危者安之，有惧者悦之，有叛者怀⑮之，有冤者申之，有强者抑之，有弱者扶之，有谋者亲之，有馋者覆⑯之，获财者与之；不倍兵⑰以攻弱，不恃众以轻敌，不傲才以骄人，不以宠而作威；先计而后动，知胜而始战；得其财帛不自宝，得其子女⑱不自使。将能如此，严号申令，而人愿斗，则兵合刃接，而人乐死⑲矣。

【注释】

①书：指《尚书》，是我国现存最早的关于上古文献典章的汇编。相传曾由孔子及其弟子编选，四书之一，为儒家经典。

②狎侮：轻慢、轻侮。

③罔：没有。

④小人：这里指士兵。

⑤揽：招揽。

⑥科：指法律条文。

⑦说：通"悦"。

⑧敦：忠厚。

⑨诗书：即《礼》、《乐》、《诗经》、《尚书》，都是儒家经典。

⑩丧：丧失、破坏。

⑪连：古代十个诸侯国为连。此处是联合的意思。

⑫戒：号令、命令的意思。

⑬合战：即迎战、交战。

⑭迫而容之：意思既紧逼敌人，又不要让其困兽犹斗。容，这里是宽容。

⑮怀：安抚。

⑯覆:审察。

⑰倍兵:意思是几倍的兵力。

⑱子女:指女子。

⑲乐死:拼死效命。

【译文】

《尚书》里说:"轻慢贤能之士,就没有人尽心,轻慢士兵,就没有人尽力。"所以,用兵的关键在于,一定要收揽英雄之心,严遵赏罚条例,全面掌握文武相济之道并且要很好地运用刚柔相济之术,深究诗书礼乐,仁义在先,智勇在后。静的时候,就像潜在水底的鱼,动的时候,就像突跃飞奔的獭,破坏敌人的联合,挫败敌人的精锐。以旌旗显耀威力,以金鼓统一行动,撤退如山移动,前进似暴风骤雨。攻打敌人如摧枯拉朽,迎战如猛虎下山。对被围的敌人,不要太过于逼迫,用利益来诱惑敌人,见敌阵乱了就及时攻取,敌人谦卑就要使他骄傲,见敌人团结就离间他们,见敌人强大就要削弱他。见自己人处境危险的,要使他们安全;有害怕的,要使他们镇定;有叛变之心的,要安抚他们;有冤情的,要为他伸冤;个性太强的,要适当抑制他们;个性懦弱的,要尽力扶助他们;对有谋略的人要亲近,对进谗言的人要审察揭露;缴获财物的,要赏给他们。不以几倍的兵力去攻打弱小的敌人,不凭人多而轻敌,不依仗有才能而对人骄傲,不因自己受器重而逞威风。先谋而后动,有必胜的把握才战斗,缴获了财物不占为己有,俘虏了女子自己不役使。将领能做到这些,再严明号令,士兵就愿意战斗,即使是短兵相接,他们也乐意去拼死效力。

【名家论战】

苏洵书论集·权书·法制

将战,必审知其将之贤愚。与贤将战,则持之;与愚将战,则乘之。持之,则容有所伺而为之谋;乘之,则一举而夺其气。虽然,非愚将勿乘。乘之不动,其祸在我。分兵而迭进,所以持之也;并力而一战,所以乘之也。

古之善军者,以刑使人,以赏使人,以怒使人,而其中必有以义附者焉。不以战,不以掠,而以备急难。故越有君子六千人。韩之战,秦之斗士倍于晋,而出穆公于渫者,赦食马者也。

兵或寡而易危,或众而易叛。莫难于用众,莫危于用寡。治众者法欲繁,繁则士难以动;治寡者法欲简,简则士易以察。不然,则士不任战矣。惟众而繁,虽劳不害为强。以众人险阻,必分军而疏行。夫险阻必有伏,伏必有约。军分则伏不知所击,而其约携矣。险阻惧蹙,疏行以纾士气。

夫能静而自观者,可以用人矣。吾何为则怒,吾何为则喜,吾何为则勇,吾何为则怯?夫人岂异于我!天下之人,孰不能自观其一身?是以知此理者,途之人皆可以将。

平居与人言,一语不循故,犹且愕而忌。敌以形形我,恬而不怪,亦已固矣。是故智者视敌有无故之形,必谨察之勿动。疑形二:可疑于心,则疑而为之谋,心固得其实也;可疑于目,勿疑,彼敌疑我也。是故心疑以谋应,目疑以静应。彼诚欲有所为邪,不使吾得之目矣。

诸葛兵法

戒　备

【本篇主旨】

本文主要论述军备对于一个国家的重要性,这也是一个为帅者所应日夜思虑的重要事情。国家兴亡有时就在喘息之间。如果不能防患于未然,而国家突然遭受到侵略就会阵脚大乱,所以说国家不可以无备。

【原文】

夫国之大务①,莫先于戒备。若夫,失之毫厘,则差若千里②,覆军杀将,势不逾息③,可不惧哉! 故有患难,君臣盱食④而谋之,择贤而任之。若乃居安而不思危,寇至不知惧,此谓燕巢于幕⑤,鱼游于鼎⑥,亡不俟夕矣! 传⑦曰:"不备不虞⑧,不可以师。"又曰:"预备无虞,古之善政。"又曰:"蜂虿⑨尚有毒,而况国乎?"无备,虽众不可恃也。故曰:有备无患。故三军之行,不可无备也。

【注释】

①大务:最重要的事务。

②失之毫厘,则差若千里:意思是相差虽然微小,可是造成的误差却很大。毫、厘,都是很小的计量单位。

③逾息:形容形势瞬息万变,比喘口气还快。逾,超过;息,喘息。

④盱食:意思是很晚才吃饭。盱,晚、迟的意思。

⑤燕巢于幕,比喻处境十分危险。幕,指帐篷的顶布。

⑥鱼游于鼎:比喻危亡在即。鼎,古代烹煮用的器物。

⑦传:指《左传》。

⑧虞:预料,推测。

⑨蜂虿:指蜂与蝎子。泛指毒虫。

【译文】

国家最重要的事务,没有比戒备更重要的了。戒备有一点差错,就会造成严重的后果,军队覆没,将领被杀,形势瞬息万变,这难道不可怕吗? 所以,当国家有了灾难,君臣日夜谋划,很晚才吃饭,选择贤能的人,委以重任。如果居安不思危,敌人来了还不知道危险,这就好像是燕子在帐篷的顶上筑巢,鱼在沸锅中游走,灭亡就在旦夕之间了。《左传》中说:"不事先做好准备,不分析预测敌情,就不可以出兵。"又说:"能预备未预料到的情况,才是古代圣明的政治。"又说:"蜂和蝎还有毒刺以防备侵犯,何况国家呢?"没有准备,即使人再多也不可依恃。所以说有准备就没有忧患。因此三军的行动,不可以没有准备。

苏洵书论集·权书·攻守

古之善攻者，不尽兵以攻坚城；善守者，不尽兵以守敌冲。夫尽兵以攻坚城，则钝兵费粮而缓于成功；尽兵以守敌冲，则兵不分，而彼间行，袭我无备。故攻敌所不守，守敌所不攻。

攻者有三道焉，守者有三道焉。三道：一曰正，二曰奇，三曰伏。坦坦之路，车毂击，人肩摩，出亦此，入亦此。我所必攻，彼所必守者，曰正道。大兵攻其南，锐兵出其北，大兵攻其东，锐兵出其西者，曰奇道。大山峻谷，中盘绝径，潜师其间，不鸣金，不挝鼓，突出乎平川，以冲敌人心腹者，曰伏道。故兵出于正道，胜败未可知也；出于奇道，十出而五胜矣；出于伏道，十出而十胜矣。何则？正道之城，坚城也；正道之兵，精兵也。奇道之城，不必坚也；奇道之兵，不必精也；伏道，则无城也，无兵也。攻正道而不知奇道与伏道焉者，其将亦木偶人是也。

今夫盗之于人，抉门斩关而入者有焉，他户之不扃键而入者有焉，乘坏垣、坎墙趾而入者有焉。抉门斩关，而主人不之察，几希矣；他户之不扃键，而主人不之察，太半矣；乘坏垣坎墙趾而主人不之察，皆是矣。为主人者，宜无曰门之固，而他户墙隙之不恤焉。夫正道之兵，抉门之盗也；奇道之兵，他户之盗也；伏道之兵，乘垣之盗也。所谓正道者，若秦之函谷，吴之长江，蜀之剑阁是也。

习　练

【本篇主旨】

本篇强调了练兵的重要性。用孔子语证明即不教而战，是谓弃之。文中以儒家观点来阐述，强调礼义之教化对于军队的作用，也是为将者的依恃。使兵士有忠义之心，教之以戎，然后才可以陈兵列阵。

【原文】

夫军无习练①，百不当一；习而用之，一可当百。故仲尼曰："不教而战，是谓弃之②。"又曰："善人③教民七年，亦可以即戎④矣。"然则即戎之不可不教，教之以礼义，诲之以忠信，诫之以典刑，威之以赏罚。故人知劝⑤，然后习之，或陈⑥而分之，坐而起之，行而止之，走而却之，别而合之，散而聚之。一人可教十人，十人可教百人，百人可教千人，千人可教万人，可教三军，然后教练而敌可胜矣。

【注释】

①习练：意思是反复、经常训练。

②不教而战，是谓弃之：意思是不经训练而使其去作战，等于是让他们去送死。弃，抛

弃、舍弃。

③善人：意思是有道德的人。

④即戎：指参加战斗。即，就，此处引申为参加。戎，战争，战斗。

⑤劝：劝勉、鼓励。

⑥陈：同"阵"。

【译文】

军队不经常的训练士兵，一百个人也不能抵挡一个人。经常训练，一个人就可以抵挡住一百个人。所以孔子说："用未经训练的老百姓去作战，就等于是让他们去送死。"又说："有德行的人，教导老百姓七年，就能够让他们作战了。"然而，已能参如战斗的人，也不能不再教导。要教他们明礼义，教他们明白忠信，还要用法令来规戒他们，用赏罚来威服、感召他们。所以，一个人只有在能听从教导和劝勉的情况下才能接受训练。训练他们列阵，训练他们步伐，训练他们集合解散。一个人可以教十个人，十个人可以教一百个人，一百人可以教一千人，一千人可以教一万人，一万人可教全军，这样反复训练之后就可以战胜敌人了。

【名家论战】

曾胡治兵语录·勤劳

练兵之道，必须官弁昼夜从事，乃可渐几于熟。如鸡伏卵，如炉炼丹，未可须臾稍离。（曾国藩）

百种弊端，皆由懒生。懒则弛缓，弛缓则治人不严而趋功不敏。一处弛则百处懒矣。（曾国藩）

治军之道，以勤字为先。身勤则强，逸则病；家勤则兴，懒则衰；国勤则治，怠则乱；军勤则胜，惰则败。惰者暮气也，常常提其朝气为要。（曾国藩）

治军以勤字为先，由阅历而知其可易。未有平日不早起，而临敌忽能早起者；未有平日不习劳，而临敌忽能习劳者；未有平日不能忍饥耐寒，而临敌忽能忍饥耐寒者。吾辈当共习勤劳，始之以愧厉，继之以痛惩。（曾国藩）

每日应办之事，积搁过多，当于清早单开本日应了之件，日内了之。如农家早起，分派本日之事，无本日不了者，庶几积压较少。（曾国藩）

军旅之事，非以身先之劳之，事必无补。古今名将，不仅才略异众，亦且精力过人。（胡林翼）

将不理事，则无不骄纵者；骄纵之兵，无不怯弱者。（胡林翼）

凡兵之气，不见仗则弱，常见仗则强。久逸则终无用处，异日则必不可临敌。（胡林翼）

兵事如学生功课，不进则退，不战则并不能守。敬姜之言曰：劳则思，逸则淫。设以数万人屯兵境上，无论古今无此办法。且久逸则筋脉皆弛，心胆亦怯，不仅难战，亦必难守。（胡林翼）

淫佚酒色，取败之媒；征逐嬉娱，治兵所戒。金陵围师之溃，皆由将骄兵惰，终日酗嬉，不

中国历代兵法精粹

以贼匪为念。或乐桑中之喜，或恋家室之私，或群与纵酒酣歌，或日在赌场烟馆，淫心荡志，乐极忘疲，以致兵气不扬，御侮无备，全军覆没，皆在宣淫纵欲中来也。夫兵犹火也，不戢则焚；兵犹水也，不流则腐。治军之道，必以苦其心志，劳其筋骨为典法。（胡林翼）

军　蠹①

【本篇主旨】

本篇主要讲出了军中的九大祸害。为将者要善识这九种不利军心的情况，要及时制止，否则后果将不堪设想。

【原文】

夫三军之行，有探候不审，烽火失度②；后期③犯令，不应时机，阻乱师徒④；乍前乍后⑤，不合金鼓；上不恤下，削敛无度；营私徇己⑥，不恤饥寒；非言妖辞⑦，妄陈⑧祸福；无事喧杂，惊惑将吏；勇不受制，专而陵上，侵竭府库⑨，擅给⑩其财。此九者，三军之蠹，有之必败也。

【注释】

①军蠹：指蠹虫，柳宗元有《五蠹》之文，这里指损害军队的人。蠹，蛀虫。

②失度：这里的意思是不详察实情就妄发报警信号。

③后期：即落后于规定的日期，意思是误期来迟。

④师徒：军队。

⑤乍前乍后：意思是忽而前忽而后。乍，忽然。

⑥徇己：为私情而做的事。

⑦妖辞：指惑人心之语。

⑧妄陈：乱说。

⑨府库：官府储藏财货的地方。

⑩给：供给。

【译文】

三军的行动，侦察人员不详察实情，烽火报警信号不按规定就妄发；延误军期，违犯了禁令，不合时机，阻碍和扰乱了军队；忽而前忽而后，队列杂乱，不听从金鼓号令；上级不体恤下级，搜刮盘剥没有限度；谋求私利，为己徇私，不体恤、同情下级的饥寒；流言蜚语，妖言惑众，胡乱预言祸福吉凶；无故喧哗吵闹，惊扰、迷惑将吏；勇悍但不受管制，专横而蔑视上级；随便消耗官库的财物，擅自发给部下。以上九种人，是三军的祸害，有了这些人，必败无疑。

神机制敌太白阴经·主有道德

经曰:古者,三皇得道之统,立于中央,神与化游,以抚四方,天下无所归其功。五帝则天法地,有言有令,而天下太平,君臣相让其功。道德废,王者出而尚仁义;仁义废,伯者出而尚智力;智力废,战国出而尚谲诈。圣人知道不足以理,则用法,法不足以理则用术,术不足以理则用权,权不足以理则用势。势用,则大兼小、强吞弱。周建一千八百诸侯,其并为六国。六国连兵结难,战争方起。六国之君,非疏道德而亲权势。权势用,不得不亲;道德废,不得不疏其理然也。唯圣人能反始复本,以正理国,以奇用兵,以无事理天下。正者,名法也;奇者,权术也。以名法理国,则万物不能乱;以权术用兵,则天下不能敌;以无事理天下,则万物不能挠。不挠则神清。神清者,智之原;智者,心之府。神清智平,乃能形物之情。人主知万物之情,裁而用之,则君子、小人不失其位。夫德厚而位卑者谓之过,德薄而位尊者谓之失。宁过于君子,无失于小人。过于君子,则人阙其理;失于小人,则物罹其殃。故曰人不鉴于流水,而鉴于止水,以其清且平也。人主之道清平。则任人不失其才,六官各守其职。四封之内,百姓之事,任之于相;四封之外,敌国之事,任之于将。

腹　心

【本篇主旨】

本文指出为将者要有自己的心腹亲信之人。这些人就如同暗夜的光,让将帅可以在对敌作战中立于不败之地。

【原文】

夫为将者,必有腹心①、耳目②、爪牙③。无腹心者,如人夜行,无所措手足;无耳目者,如冥④然而居,不知运动;无爪牙者,如饥人食毒物,无不死矣。故善将者,必有博闻多智者为腹心,沉审谨密者为耳目,勇悍善敌者为爪牙。

【注释】

①腹心:指心腹,亲信。

②耳目:指侦察、谍报人员。

③爪牙:这里指得力的助手。

④冥:昏暗的意思。

【译文】

做将领的,一定要有自己的亲信、侦察人员和得力的助手。没有心腹,就像人走夜路,手足无措。没有耳目，就像处在黑暗的地方，不知道怎样去行动。没有得力的助手，就像饥饿的人吃有毒的食物，没有不死的。所以，善于做将领的人，必定有博闻多智的人作心腹，一定有仔细谨慎、思考周密的人作耳目，一定有勇敢凶悍，善于对敌的人作助手。

【名家论战】

神机制敌太白阴经·将有智谋

经曰：太古之初，有柏皇氏，至于容成氏，不令而人自化，不罚而人自齐，不赏而人自劝；不知怒，不知喜，俞然若赤子。庖牺氏、神农氏，教而不诛；轩辕氏、陶唐氏、有虞氏，诛而不怨。盖三皇之政以道，五帝之政以德。夏、商衰，汤、武废道德，任智谋。秦任商鞅、李斯之智而并诸侯；汉任张良、陈平之智而灭项籍；光武任寇恂、冯异之智而降樊崇；曹公任许攸、曹仁之智而破袁绍；孙权任周瑜、鲁肃之智而败魏武；刘备任诸葛亮之智而王西蜀；晋任杜预、王浚之智能平吴；苻坚任王猛之智而定八表之众；石勒任张宾之智而生擒王凌；拓跋崔浩之智而保河朔之师；宇文任李穆之智而挫高欢之锐；梁任王僧辨之智而戮侯景；隋任高颖之智而面缚陈主；太宗任李靖之智而败颉利可汗。有国家者，未有不任智谋而成王业也。故曰将军之事以静正理，以神察微，以智役物。见福于重关之内；虑患于杳冥之外者；将之智谋也。

谨　候

【本篇主旨】

本文论述让军队招致失败的十五种原因。只要按着文中所提示的十五种行军统率法则行事，就一定会建设好一支强大的军队。反之，则可能是兵家之大患。

【原文】

夫败军丧师，未有不因轻敌而致祸者，故师出以律①，失律则凶。律有十五焉，一曰虑②，间谍③明也；二曰诘④，谇候⑤慎也；三曰勇，敌众不挠也；四曰廉，见利思义也；五曰平⑥，赏罚均也；六曰忍，善含耻也；七曰宽，能容众也；八曰信，重然诺也；九曰敬，礼贤能也；十曰明，不纳馋也；十一曰谨，不违礼也；十二曰仁，善养士卒也；十三曰忠，以身徇国也；十四曰分⑦，知止足⑧也；十五曰谋，自料知他也。

【注释】

①律：法则，纪律。

②虑：这里的意思是明察。

③间谍：秘密的侦察敌情。

④诘：诘问，检查。

⑤诤候:诤,告诫。候,指侦察人员。诤候意思是告诫侦察人员。

⑥平:公平、公正。

⑦分:安分,本分。

⑧止足:知足,不求名利。

【译文】

军队失败或被消灭,这种祸患没有不是因为轻敌而招致的,所以,一定要按纪律来出兵,违背了纪律就必然招来祸患。军队可致胜的法则有十五种,一是明察,对敌情侦察得明明白白;二是检查,告诫侦察、警戒人员要谨慎从事;三是勇敢,面对众多的敌人不屈不挠;四是廉洁,看见利益先想到礼仪;五是公平,赏罚要公平公正;六是容忍,要忍辱负重;七是宽容,能够容纳众人;八是守信用,重视承诺;九是恭敬,尊敬贤能的人;十是贤明,不听信谗言;十一是恭谨,不违背礼法;十二是仁爱,善养士兵;十三是忠贞,以身徇国;十四是安分、知足,行为有分寸;十五是谋略,能知己知彼。

【名家论战】

神机制敌太白阴经·数有探心

经曰:古者邻国烽烟相望,鸡犬相闻,而足迹不接于诸侯之境,车轨不结于千里之外。以道存生,以德安形,人乐其居。后世浇风起而淳朴散,权智用而谲诈生。邻国往来用间谍,纵横之事,用櫜括之人矣。徐守仁义,社稷丘墟;鲁尊儒墨,宗庙泯灭。非达奥微,不能御敌;不劳心苦思,不能原事;不悉见情伪,不能成名;材智不明,不能用兵;忠实不真,不能知人。是以鬼谷先生述捭阖、揣摩、飞箝、抵戏之篇以教苏秦、张仪游说于六国,而探诸侯之心。于是术行焉。夫用探心之术者,先以道德、仁义、礼乐、忠信、诗书、经传、子史、谋略、成败浑而杂说,包而罗之,澄其心,静其志,伺人之情有所爱恶、去就,从欲而攻之。阴虑阳发,此虚言而往,彼实心而来。因其心,察其容,听其声,考其辞。言不合者,反而求之,其应必出。既得其心,反射其意,符应不失,契合无二,胶而漆之,无使反覆。如养由之操弓,逢蒙之挟矢,百发无不中。

机 形

【本篇主旨】

所谓机形,就是战机和形势,为将者只要抓住有利时机,看准有利形势就可取得胜利。本文从事件、形势、士气三种战机加以分析。

【原文】

夫以愚克智,逆也①;以智克愚,顺也;以智克智,机也。其道有三,一曰事②,二曰势③,三曰情④。事机⑤作而不能应,非智也;势机⑥动而不能制⑦,非贤也;情机⑧发而不能行,非勇也。善将者,必因机而立胜⑨。

【注释】

①逆:违背,这里指违背常情。

②事:这里指事情的变化。

③势:这里指形势的变化。

④情:这里指士气。

⑤事机:事件变化中的战机。

⑥势机:形势变化中的战机。

⑦制:裁断、决断。

⑧情机:士气变化中的战机。

⑨立胜:取胜。

【译文】

愚蠢之人战胜聪明的人,是违背常情的;但聪明人战胜愚蠢者,则是顺理成章的;聪明战胜聪明,是依靠战机。识别战机有三个方面:一是事情的变化,二是形势的变化,三是士气的变化。事情变化中战机已经出现,而不能采取应对之策,不是聪明之举;形势变化中战机已经萌动,而不能当机立断,不能算有才能;士气变化中战机已经产生,而不能顺势利用,不是勇敢的表现。善于用兵的人,一定会凭借战机而取得胜利。

神机制敌太白阴经·沉谋

经曰:善用兵者,非信义不立,非阴阳不胜,非奇正不列,非诡谲不战。谋藏于心,事见于迹。心与迹同者败,心与迹异者胜。兵者,诡逆也。能而示之不能,用而示之不用。心谋大,迹示小;心谋取,迹示与。惑其真,疑其诈。真诈不决,则强弱不分,湛然若玄元之无象,渊然若沧海之不测。如此则阴阳不能算,鬼神不能知,术数不能穷,卜筮不能占,而况于将乎? 夫善战者,胜败生于两阵之间。其谋也,策不足验;其胜也,形不足观。能言而不能行者,国之害;能行而不能言者,国之用。故曰:至谋不说,大兵不言,微乎! 神乎! 故能通天地之理,备万物之情。是故贪者利之,使其难厌;强者卑之,使其骄矜;亲者离之,使其携贰。难厌则公正阙,骄矜则虞守亏,携贰则谋臣去。

重　刑

【本篇主旨】

本文强调军令的重要性,从题目可以看出作者是把它当做一种刑法来看待的。

【原文】

吴起曰:鼓鼙金铎①,所以威耳;旌帜,所以威目,禁令刑罚,所以威心。耳威以声,不可不清;目威以容,不可不明;心威以刑,不可不严。三者不立,士可怠也。故曰:将之所麾,莫不心移;将之所指,莫不前死矣。

【注释】

①鼓鼙金铎:都指的是古代军中的号令工具。

【译文】

吴起说,击鼓鸣铎,是让士兵听到号令,威服士兵的耳朵;旌帜是用来威服士卒的眼睛,禁令刑罚则是用来威服士兵的内心。用金鼓的声音威服士兵的耳朵,不能不清晰;用威严的阵容威服士兵的眼睛,不能不严明;用刑罚威服士兵的心,不能不严厉。这三方面不实行,士兵就会松懈。所以说,将军向哪里指挥,士兵的心没有不跟向那里的;将军向哪里挥动,士兵没有不拼命向前的。

神机制敌太白阴经·刑赏

经曰:有虞氏画衣冠,异章服,以州辅牧,而奸不犯,其人醇。汤、武凿五刑,伤四肢,以缪辅刑,而奸不止,其人淫。有虞非仁也,汤、武非异也,其道异者,时也。古之善治者,不赏仁,赏仁,则争为施而国乱;不赏智,赏智,则争为谋政乱;不赏忠,赏忠,则争为直而君乱;不赏能,赏能,则争为功而事乱;不赏勇,赏勇,则争为先而阵乱。夫莅众以仁,权谋以智,事君以忠,制物以能,临敌以勇,此五者,士之常。赏其常则致争,致争则政乱,政乱则非刑不治。故赏者,忠信之薄,而乱之所由生;刑者,忠信之戒,而禁之所由成。刑多而赏少,则无刑;赏多而刑少,则无赏。刑过则无善,赏过则多奸。王者以刑禁,以赏劝,求过而不求善,而人自为善。赏,文也;刑,武也。文武者,军之法,国之柄。明主首出,庶物顺时,以抚四方,执法而操柄,据罪而制刑,按功而设赏。赏一功而千万人悦,刑一罪而千万人慎。赏无私功,刑无私罪。是谓军国之法,生杀之柄。故曰:“能生而能杀,国必强;能生而不能杀,国必亡。能生死而能赦杀者,上也。刑赏之术无私,常公于世以为道。”

善　将

【本篇主旨】

本篇重点说明兵士大多是无知的,只有聪明的将帅善于以禁、礼、劝、信这四条军令来统领他们,使他们行动有方向有目的。这也是用兵取胜的法宝,否则就会招致灭亡。

【原文】

古之善将^①者有四,示之以进退,故人知禁^②;诱之以仁义,故人知礼;重^③之以是非,故人知劝;决^④之以赏罚,故人知信^⑤。禁、礼、劝、信,师之大经^⑥也。未有纲^⑦直而目^⑧不舒^⑨也,故能战必胜,攻必取。庸将^⑩不然,退则不能止,进则不能禁,故与军同亡;无劝戒^⑪则赏罚失度,人不知信,而贤良退伏,谄顽^⑫登用^⑬,是以战必败散也。

【注释】

①善将:善于领兵的将领。

②知禁:懂得军法禁令。

③重:反复的意思。

④决:判断、决断。

⑤信:信义。

⑥大经:大纲。

⑦纲:提网的绳子叫纲。

⑧目:网的孔眼叫目。

⑨舒:意思是展开、张开。

⑩庸将:与前文所说的"善将"相对,是指平庸、无能的将领。

⑪劝戒:劝勉告诫。

⑫谄顽:指那些狡猾、谄媚的人。

⑬登用:重用。

【译文】

古代善于统兵的将领有四种表现:把进退的法则向士兵明示,所以人们懂得遵守军法禁令;用仁义诱导士兵,所以人们懂得礼节;用是非道理反复劝诫士兵,因此人们懂得规劝之语;用赏罚来判断人所行事,因此人们懂得守信用。"禁"、"礼"、"劝"、"信",是统领军队的大纲,没有绷紧挺直的绳子,网眼就不能张开。正因为有纲才能够战无不胜,攻无不克。平庸无能的将领则不是这样,退不能控制,进也不能节制,所以与军队一同被消灭。没有用是非正邪来训诫士兵,赏罚失去了限度,士兵就不会信服,并且有才能的人退避起来,狡猾谄媚的小人被重用,所以作战时必然会失败、溃逃。

【名家论战】

神机制敌太白阴经·子卒

经曰:古者用人之力,岁不过三日,籍敛不过什一。公刘好货,居者有积仓,行者有裹粮。太王好色,内无怨女,外无旷夫。文王作刑,国无冤狱。武王行师,士乐其死。古之善率人者,未有不得其心而得其力者也,未有不得其力而得其死者也。故国必有礼信亲爱之义,然后人以饥易饱;国必有孝慈廉耻之俗,然后人以死易生。人所以守战至死不衰者,上之所施者厚也。上施厚，则人报之亦厚。且士卒之于将，非有骨肉之亲，使冒锋镝、突干刃、死不旋踵者，以恩信养之，礼恕导之，小惠渐之，如慈父育爱子也。故能救其阽危，拯其涂炭，卑身下士，齐勉甘苦，亲临疾病，寒不衣裘，暑不操扇，登不乘马，雨不张盖。军幕未办，将不言坐；军井未通，将不言渴；妻子补绽于行间，身自分功于役作。箪醪之馈，必投于河；挟纩之言，必巡于军。是以人喜金铎之声，勇鼓鼙之气者，非恶生而乐死，思欲致命而报之于将也。故曰视卒如婴儿，故可与之赴深溪；视卒如爱子，故可与之俱死。厚而不能使，爱而不能令，乱而不能理，譬如骄子，不可用也。

审　因

【本篇主旨】

本篇主要论述一个明智的将领会审因度势，只有在必胜的条件下才会发兵讨伐，这也是成就四海豪杰的根本原因。

【原文】

夫因人之势①以伐恶，则黄帝②不能与争威矣。因人之力以决胜，则汤③、武④不能与争功矣。若能审因⑤而加之以威胜⑥，则万夫之雄将可图，四海之英豪受制矣。

【注释】

①势：趋势，这里指人心向背的趋势。

②黄帝：传说为中原各族的共同祖先。据《史记》记载，黄帝姓公孙，名轩辕。

③汤：即商汤，是商朝的开国君主。原商部族首领。

④武：即周武王，是周朝的开国君主。据《史记·周本纪》记载，商纣王暴虐不仁，百姓怨声载道，诸侯叛离。武王继承其父周文王的遗志，联合庸、蜀等国伐纣，率兵与商朝军队大战于牧野。商朝军队倒戈，纣王自焚而死。周武王于是建立周朝为天子。

⑤因：指顺应人心、人力。

⑥威胜：意思是用武力去战胜。

【译文】

如果能顺应人心向背的趋势去讨伐邪恶，那么黄帝也不能与他争威势；如能依靠民众的力量来决定胜负，那么商汤、周武王也不能与他争功绩；若能进一步审度人心、人力而施用武力去战胜敌人，那么有万人之中的英雄也可以谋取，天下的英雄豪杰也都会受他的制约。

【名家论战】

虎钤经·三才应变

《易》曰：见机而作，不俟终日。故用兵之术，知变为大。军虽气锐时胜(一作遇天时)，而行列散溃，旌旗紊乱，金鼓不节，击之可也。或曰：彼得天时，讵可破乎？许洞曰：天之所佑，正也。恬天时而戾军政，与天违也。天人相违，不凶何俟？故兵利以顺应顺也。顺而逆应之，必凶之兆也。或曰：军乘天时，跨有地利，将吏骄怠，谋划不精，军阵散乱，如之何？洞曰：可击。彼获天地之利，如何击之？曰：人者，天地之心也，苟心不正，虽有其表，将焉用乎？或曰：军违天时、逆地利，大将深谋沉毅，部伍清肃，进退有节，如之何？许洞曰：未可击也。曰：不获天地之利，奚何谓可乎？曰：正则可以率天地之用，草寇可为王矣。或曰：彼如是也，我之动将之如何？许洞曰：先以人，次以地，次以天，然后攻之，必克敌也。曰：先后如之何？曰：利为主。何谓主？曰：动为客，静为主。观敌之动何如，乃应之（夫书言动者，不必战阵时，敌人先动为客也。但密构敌人所为之事谓之动，则我以机应之必胜焉）。先胜而后举，神明之道也。

兵　势

【本篇主旨】

本篇再次强调天时、地利、人和之于兵家的重要性，虽有迷信色彩，但其中更强调了地形与人心向背的重要性，也就是说顺人心者昌的道理。

【原文】

夫行兵之势有三焉，一曰天，二曰地，三曰人。天势者，日月清明，五星合度①，彗悖②不殃③，风气④调和。地势者，城峻重崖⑤，洪波千里，石门幽洞⑥，羊肠曲沃⑦。人势者，主圣将贤，三军由礼，士卒用命⑧，粮甲坚备。善将者，因天之时，就地之势，依人之利，则所向者无敌，所击者万全矣。

【注释】

①五星合度：指五星运行正常。五星，指金、木、水、火、土五星，又称五曜、五纬。

②彗悖：即彗星，俗称"扫帚星"。

③殃：祸患、灾难。

④风气：指气候。

⑤重崖：高高的山崖。

⑥石门幽洞：指石门这个地方深邃隐蔽的洞穴。石门：地名，在汉中，其它还有多处同名的地方。

⑦羊肠曲沃：古地名。羊肠：即羊肠坂。曲沃：即曲沃城，在今河南。

⑧命：命令。

【译文】

用兵的有利形势有三个方面，一是天，二是地，三是人。天所出现的有利形势，是日月清朗、明亮,金、木、水、火、土五星正常运行,彗星没有灾难的征兆,风调雨顺。地形所造成的有利形势,就是城墙险峻、悬崖重重,洪波千里、水面开阔,如石门、幽洞、羊肠、曲沃那样有利于攻守的地形。在人这一方面,就是君主圣明,将帅贤能,三军遵循礼法,士卒听从命令,粮草富足、武器精良。好的将领,就是能够凭借有利的天时、地势和人和,就会所向无敌,进攻万无一失。

【名家论战】

虎钤经·三才随用

天著吉凶,以阴阳辨也;地布险易,以山川章也;人包勇怯,以战阵见也。苟(作有)欲阴阳之顺,险易之利,勇怯之用,在于闲暇可得而择也。当彼我相逢,各出不意,忽然交合,曷能择所利而用哉?或曰:两师不期逼于险地,天地震晦,雨雪交积,山川不辨,当此之际,何以御之?许洞曰:大将止众坚阵,严肃号令,虽敌来攻,勿与交战。俟天变少罢,观弱强之势,而后进退之。曰:我既安矣,彼自惊挠,则如之何?曰:以积兵乘之。又曰:仓卒之际,大将以何术即能坚行阵、严号令,使士卒不自惊乱?许洞曰:善用兵者,有动必备。预择轻勇者二十四人,八方各三骑,相去一里,昼以旗,夜以鼓(过山川委曲,丛林茂密,昼亦鸣鼓,恐不见旗)。

胜 败

【本篇主旨】

本文主要列举了导致军队胜利和失败的原因。事实也就是强调了将德对于兵士的慑服作用。让人各尽其才,才居其位,这样才会使三军有凝聚力。若上无礼少信,则下不畏法,那军队的不幸就会出现。

【原文】

贤才居上,不肖①居下,三军悦乐②,士卒畏服,相议以勇斗,相望③以威武,相劝以刑赏,此必胜之征也。士卒惰慢,三军数④惊,下无礼信,人不畏法,相恐以敌,相语以利,相嘱以祸福,相惑以妖言,此必败之征也。

【注释】

①不肖:不贤。

②悦乐:欢喜,这里指内部关系融洽。

③望:期望,这里引申为崇尚。

④数:屡次、多次。

【译文】

贤能的人才担任要职，不贤的人身处低位，三军关系融洽，士卒敬畏，服从指挥，相互谈论的是勇猛争战，共同崇尚的是威武精神，相互用罚赏勉励劝诫，这是军队必胜的征兆。士兵懒惰散漫，三军经常被惊动，下属不守礼法、信义，人们不惧怕法律，却都害怕敌人，在一起相互谈论的是利，相互嘱咐的是如何躲祸求福，相互拿不正当的邪说来迷惑思想，这些都是必败的征兆。

【名家论战】

虎钤经·胜败

用兵之术，战胜不可专，专胜有必败之理；战败不可专，专败有反胜之道。战胜而败者有五：急难定谋狐疑不决，一败也；机巧万端失于迟后，二败也；机事不密，三败也；似勇非勇，似怯非怯，四败也；主将不一，五败也。此五者皆战胜而反败也。战胜而欲必胜者，定谋贵决，机巧贵速，机事贵密，进退贵审，兵权贵一也。势败而反胜者有四：吏士饥渴，割所爱啖之（割所爱者，谓在急难之中，杀所乘骏马、爱妾以啖吏士也），众有饱之用矣；吏士恐惧，奋身先之，众有勇之用矣；期应不到，杀其所昵（所昵者，谓所嬖幸或子弟诸姻同在军中，若有主守者犯命则杀之也），众有惧之用矣；人有疑惑，阴为鬼诈（鬼诈者，谓诈为狐鸣丛祠中之类也，或假托卜筮，百端不一），众有天之用也（天谓天所授也）。如是者，以败为胜也。胜败之术，非勇决神智，安能行之耶？

假　权

【本篇主旨】

文章强调了为君者要放权给将军，使将军对于军事决策有自主权，本文中心思想就是孙子所说的"将在外君命有所不受"。

【原文】

夫将者，人命之所县①也，成败之所系也，祸福之所倚也，而上不假之以赏罚，是犹束猿猱②之手，而责③之以腾捷，胶离娄④之目，而使之辨青黄，不可得也。若赏移在权臣，罚不由主将，人苟自利，谁怀斗心？虽伊⑤、吕⑥之谋，韩⑦、白⑧之功，而不能自卫也。故孙武曰："将之出，君命有所不受。"亚夫⑨曰："军中闻将军之命，不闻有天子之诏。"

【注释】

①县：是"悬"的本字。
②猿猱：泛指猿猴。猱，猴类动物。

③责:要求。

④离娄:相传为古代黄帝手下一名目力极强的人,"能视百步之外,见秋毫之末。"

⑤伊:即伊尹,是商汤的大臣,名挚,原是商汤之妻陪嫁过来的奴隶,后受汤赏识擢用,帮助商汤灭了夏桀,被用为阿衡(即宰相)。

⑥吕:即吕尚,商末姜姓部族族长,名尚,字望,一说字子牙。俗称其为姜太公。

⑦韩:即韩信(? —前196年),淮阴(今江苏清江西南)人,在楚汉战争中协助刘邦统一天下,被封为齐王。

⑧白:即白起(? —前257年),一称公孙起,郿(今陕西眉县)人,战国时的秦国名将。韩信、白起经常并称韩、白。

⑨亚夫:即周亚夫(? —前143年),西汉名将,沛县(今江苏省沛县)人。汉文帝时,匈奴率军袭汉,他领兵驻防在细柳(今陕西省咸阳西南),军纪严明。景帝时任太尉,因平定吴楚等七国之乱有功,升为丞相。

【译文】

三军统帅,关系着士兵们的生死、战争的胜败和国家的祸福。然而如果君主不把赏罚的大权交给他,就像是捆缚了猿猴的手脚,却要求它跳跃飞奔;蒙住了离娄的眼睛,却要求他分辨青黄,这都是不可能做到的。如果军中的赏罚大权在权臣手中,而不由主将来决定,人们就都想自己的私利,谁还想着去作战呢? 这种情况下,即使有古代伊尹、吕尚的雄才大略,有韩信、白起的丰功伟绩,也不能自保其身。所以孙武说:"将军出兵在外,对君主的命令可以不执行。"周亚夫也说:"在军中只知道将军的命令,不知道皇帝的诏书。"

【名家论战】

虎钤经·出将

王者既审定大臣之可否以将之,于是居正殿召之,曰:"今某地不臣,愿烦将军应之,社稷安危,亦在将军。"乃使太史择吉日,授之斧钺。王入太庙,西面而立,王操钺持其首,授之柄,曰:"从是以上至天者,将军制之。"复操其柄,授之以刃,曰:"从是以下至地者,将军制之。"将既受命,拜而报曰:"臣闻国不可以从外理,军不可以中御,二心不可以共济,疑心不可以应敌。臣既受命,专斧钺之威,臣不敢生还。"乃辞而行,凿凶门而出。是以将之行也,不问妻子,示其忠于国;君之命将,不敢轻其礼,示其崇于用。将之于外也,君命有所不受,唯逐便利国家是务。其于己也洁,其于人也至。是故将拒谏则英雄散,策不从则谋者去;善恶等则贤愚混,赏罚乱则纲纪散;多喜则不威,多怒则人心离,多言则机泄,多好则智惑,宽则众懈,暴则众怨;将专权则下归咎,将自善则无功,将纳逸则正人离,将好赂则士卒盗,将内顾则士卒淫。贬声挥色,所以自洁;避嫌远疑,所以自持;沉机远虑,所以不失;委时顺变,所以逮功;恕物笃行,所以归爱;昵善斥逸,所以来远;先度后作,所以应卒;先信后言,所以伏下;信赏必罚,所以正人;明今鉴古,所以照众;卑色贵人,所以保终;去私循公,所以存国。其神欲正,其形欲端,动欲如风(取其顺健也),止欲如山,斗欲如雷电,机欲如鬼神,思欲如照影,令欲如雪霜(取其必杀也)。苟有此者,可以当国之大命矣。

哀 死

【本篇主旨】

本篇可谓是一个善于用兵之人的攻心所为,与孙膑所言杀士是一个意思,就是如何以自己的德行使得兵士可以为将军战死而无悔。

【原文】

古之善将者,养人①如养己子,有难,则以身先之;有功,则以身后之;伤者,泣而抚之;死者,哀而葬之;饥者,舍食②而食③之;寒者,解衣④而衣⑤之;智者,礼而禄之;勇者,赏而劝之。将能如此,所向必捷矣。

【注释】

①养人:这里的意思是培养、教育。

②食:食物。

③食:使动用法,"使……吃"的意思。

④衣:衣服。

⑤衣:使动用法,"使……穿衣"的意思。

诸葛兵法

【译文】

古代善于用兵的将领,教育、培养士兵如同教育、培养自己的儿子,遇到危难,自己就身先士卒;有了功劳,自己退居在后;对待受伤的士兵,含泪抚慰;对待阵亡的士兵,亲自哀悼送葬;对吃不饱的士兵,把自己的食物送给他们;对于寒冷的士兵,把自己的衣服脱下来给他们穿上;对于有才能的人,以礼相待,用高官厚禄重用;对于勇敢的人,奖赏鼓励他们。将领能够这样,所到之处,必然获胜。

【名家论战】

神机制敌太白阴经·贵和

经曰:先王之道,以和为贵。贵和重,人不尚战也。《春秋左氏传》曰:"君若以德绥诸侯,谁敢不服君? 若以力,楚国方城以为城,汉水以为池,虽军之众,无所用也。"是故晋悼公使魏绛和戎,以正诸华,八年之间九合诸侯,如乐之和,无所不谐,羌戎亦归。晋惠公内不侵不叛之臣,于是有崤之师。譬如捕鹿,晋人角之,戎人掎之。夫有道之主能以德服人,有仁之主能以义和人,有智之主能以谋胜人,有权之主能以势制人。见胜易,知胜难。语曰:先王耀德不观兵。兵戢而时动,动则威。观则玩,玩则无震。故有衣冠之会,未尝有歃血之盟,有革车之会,未尝有战阵之事。兵者,不祥之器,不得已而用之。古先帝王所以举胜人,成功出于众者,先文德以怀之;怀之不服,饰玉帛以啖之;啖之不来,然后命上将,练军马,锐甲兵,攻其无备,出其不意。所谓叛而必讨,服而必柔。既怀既柔,可以示德。《书》曰:"戒之用休,董之用威。"莫如是,则四夷不足吞,八戎不上庭也。

三　宾

【本篇主旨】

本篇主要强调幕僚对于军队取得胜利的作用。这里把幕僚分成三个等级,一个优秀的将领最重要的是要明了哪种人应处在什么样的位置,这是成就将帅功名的关键所在。

【原文】

夫三军之行也,必有宾客①。群议得失②,以资将用。有词若县流③,奇谋不测,博闻广见,多艺多才,此万夫之望④,可引为上宾。有猛若熊虎,捷若腾猿,刚如铁石,利若龙泉⑤,此一时之雄,可以为中宾。有多言或中,薄技小才,常人之能,此可引为下宾。

【注释】

①宾客:即幕僚,指在军中为主帅出谋划策的人,没有官职。
②得失:这里指事情的成败、优劣、利弊等。
③县流:即瀑布,悬流。县同悬。
④望:期望,这里引申为敬仰。
⑤龙泉:宝剑名。据晋《太康地记》记载,西平县(在今河南省)有龙泉水。可用于淬炼刀剑,非常锋利,相传春秋时楚王的龙渊剑即取用此水制成。龙泉后来泛指宝剑。

【译文】

军队的行动,一定要有出谋划策的幕僚,与之共同议论成败得失,作为将领决策时的参考。有的人口若悬河,奇谋妙计高深莫测,博闻广记,多才多艺,这是万人所敬仰的,可作为上等幕僚。有的人勇猛如熊虎,轻捷若腾猿,刚强如铁石,锋利似宝剑,这是一时的英雄,可作为中等幕僚。有的人,建议很多有对的时候,有一些技能,但只是一般人的能力,这样的人可作为下等幕僚。

【名家论战】

神机制敌太白阴经·善师

经曰:兵非道德仁义者,虽伯有天下,君子不取。周德既衰,诸侯自作礼乐,专征伐,始于鲁隐公。齐以技击强,魏以武卒奋,秦以锐士胜。说者以孙、吴为宗。唯荀卿明于王道而非之,谓齐之技击是亡国之兵,魏之武卒是危国之兵,秦之锐士是干赏蹈利之兵。至于齐桓、晋文之师,可谓入其域而有节制矣。故齐之技击不可遇魏之武卒,魏之武卒不可敌秦之锐士,秦之锐士不可当桓、文之节制,桓、文之节制不可当汤、武之仁义。故曰善师者不阵,善阵者不战,善战者不败,善败者不亡。黄帝独立于中央而胜四帝,所谓善师者不阵也。汤武征伐,陈师誓众,放桀擒纣,所谓善阵者不战也。齐桓南服强楚,使贡周室;北伐山戎,为燕开路,所谓善战者不败也。楚昭王遭阖闾之祸,国灭出亡,父兄相与奔秦请救,秦人出兵,楚王反国,所谓善败者不亡也。凡兵,所以存亡继绝,救乱除害。故伊、吕之将,子孙有国,与殷、周并,下至末代。苟任诈力贪残,孙、吴、韩、白之徒皆身被诛戮,子孙不传于嗣。盖兵者,凶器,战者,危事。阴谋逆德,好用凶器。非道德、忠信不能以兵定天下之灾,除兆民之害也。

后　应

【本篇主旨】

　　本文的中心思想就是运筹帷幄之中,决胜千里之外。难事要从易处着手,大事要从小处开始谋划,如果仅凭短兵交接而小有所胜,这不是一个优秀将领所为。

【原文】

　　若乃图难于易,为大于细①,先动②后用③,刑于无刑④,此用兵之智也。师徒⑤已列,戎马交驰,强弩才临,短兵又接,乘威布信,敌人告急,此用兵之能也。身冲矢石⑥,争胜一时,成败未分,我伤彼死,此用兵之下也。

【注释】

①为大于细:意思是成就大的事情要从小处着手。

②动:鼓动,激励。

③用:指用兵,作战。

④刑于无刑:意思是刑罚要在不用刑罚中显示出来。

⑤师徒:军队。

⑥身冲夫石:意思是冒着箭和石头往前冲击,矢,箭。

【译文】

　　谋取比较困难的事情要从容易的地方思考,成就大事要从小处开始谋划,先激励士气,而后作战,刑罚要能在不用刑罚中显示出来,这才是用兵的智慧。军队阵势已经列开,战马交相奔驰,强弩开始发射,短兵相接,乘着威力施行诚信,敌人就会溃败而告急,这是用兵的才能。冒着箭和石头向前冲击,以决暂时的高低,结果胜负不分,彼此就伤亡惨重,这是用兵的下策。

诸葛兵法

练兵实纪·习武艺

一物一事,有象有则,况乎五兵制器尚象,自有用使之法。法即彀也,在艺中得法者,谓之入彀。为将者身司统率,似不必以技艺为高。但士卒全以器械为爪牙,古人有言:"器械不利,以卒予敌。"利之一字不专为锋利用之,便利亦此利也。欲用之利,必习之精。习矣,而不得正彀大阵之中,稍有失误,或进退转跳间,前行未动,后行先误。若夫以少击众,人疏分击,尤贵于艺精。为将者,己不先学,何以倡人?己不知花法、实法之辨,何以辨别士卒所习之高下?如凭教师而高下之,人不服矣。谚云:"艺高人胆大。"将军者,将军于前,使无技艺在身,安得当前不惧?且身当前行,恃我之技可当二三人,左右勇健,密密相随,人人胆壮,惟看将军气色。气色系于胆,胆系于武艺,是所关非小小也。欲为全才之将,凡种种武艺,皆稍习之,在俱知而不必俱精。再须专习一二种,务使精绝,庶有实用,庶可练兵。肯专心致志,不过一月可熟一种。各种教师置于左右,每日饮食之余,无所消遣,则用一教师习之,以为消遣之地。他功不妨,而武艺自精。

便　利

【本篇主旨】

本章主要论述了在不同地形,不同时间,所应采取的战术,要利用一切可以为我所用的机会来取得有利战机。

【原文】

夫草木丛集,利以游逸①;重塞山林,利以不意②;前林无隐,利以潜伏;以少击众,利以日莫③;以众击寡,利以清晨;强弩长兵④,利以捷次⑤;逾渊隔水,风大暗昧,利以搏前击后。

【注释】

①游逸:意思是隐伏移动。游,流动。逸,隐伏。

②不意:出其不意的意思。

③莫:通"暮",日落时分。

④长兵:指远距离的杀伤武器,如弓箭。

⑤捷次:意思是快速依次交替地射箭。

【译文】

那些草木丛生的地方,利于军队隐伏流动;重重关塞有山有林的地方,宜出其不意地攻击敌人;树林前方没有隐蔽的地方,宜潜伏袭击;在日落时分,适于以少量的兵力打击众多的敌人;在清晨,宜以多数兵力打击少数敌人;强弓利箭,宜快速依次交替的射杀敌人;敌人被江河阻隔和风大天暗的时候,有利于前后夹击敌人。

【名家论战】

神机制敌太白阴经·地势

经曰:善战者,以地强,以势胜。如转圆石于千仞之溪者,地势然也。千仞者,险之地;圆石者,转之势也。地无千仞,而有圆石置之窳塘之中,则不能复转;地有千仞,而无圆石投之方棱偏匾,则不能复移。地不因险,不能转圆石;石不因圆,不能赴深溪。故曰:兵因地而强,地因兵而固。

夫善用兵者,高丘勿向,背丘勿迎,负阴抱阳,养生处实,则兵无百病。是故,诸侯自战于地,名曰散地;入人之境不深,名曰轻地;彼此皆利,名曰争地;彼我可往,名曰交地;三属诸侯之国,名曰衢地;深入背人城邑,名曰重地;山林沮泽险阻,名曰圮地;出入迂隘,彼寡可以击吾众,名曰围地;疾战则存,不战则亡,名曰死地。故散地无战,轻地无留,争地无攻,交地无绝,衢地无合,重地则掠,圮地则行,围地则谋,死地则战。是故城有所不攻,计不合也;地有所不争,未见利也;君命有所不听,不便事也。凡地之势,三军之权。良将行之,智将遵之。而族将非之,欲幸全胜,飞龟舞蛇,未之有也。

应　机

【本篇主旨】

本篇主要论述了战机之于胜败的重要。而把握战机的只能是那些足智多谋的人,这也从另一侧面警示了为将者应该选用那些足智多谋的人来做自己的辅佐。

【原文】

夫必胜之术,合变之形,[①]在于机也。非智者孰能见机而作乎? 见机之道,莫先于不意。故猛兽失险[②],童子持戟以追之;蜂虿发毒,壮士彷徨而失色。以其祸出不图[③],变速[④]非虑[⑤]也。

【注释】

①合变之形:军队部署集中与分散的变化。

②失险:意思是处于危险境地。

③不图:意料不到,意外。

④变速:变化突然。

⑤非虑:没有考虑。这里的是指来不及考虑。

那些一定会取胜的谋略,军队部署分散与集中的变化,都在于战机的掌握和运用。不是足智多谋的人谁能见机而行事呢?见机行事的办法,最首要的是出其不意。所以猛兽陷入危险境地,连小孩子也可以拿着戟去追赶它。蜂蝎螫人,壮士也会惊慌失措,因为那灾祸出乎意料之外,变化太突然,来不及考虑对策。

【名家论战】

神机制敌太白阴经·作战

经曰:昔之善战者,如转木石。木石之性,圆则行,方则止。行者非能行,而势不得不行;止者非能止,而势不得不止。夫战人者自斗于其地则散,投之于死地则战。散者非能散,势不得不散;战者非能战,势不得不战。行止不在于木石,而制在于人;散战不在于人,而制在于势。此因势而战人也。

夫未见利而战,虽众必败;见利而战,虽寡必胜。利者,彼之所短,我之所长也。见利而起,无利则止。见利乘时,帝王之资。故曰时之至间不容息,先之则太过,后之则不及。见利不失,遭时不疑。失利后时,反受其害。疾雷不及掩耳,卒电不及瞑目,赴之若惊,用之若狂。此因利之战人也。

夫战者,左川泽,右丘陵,背高向下,处生击死。此平之战人也。逼敌地无近于水,彼知不免,致死拒我,困兽犹斗,蜂虿有毒,况于人乎?令其半济而击之,前者知免,后者慕之,蔑有斗心。敌逆水而来,迎之于水内,此水上之战人也。左右山陵,溪谷险狭,与敌相遇,我则金鼓蔽山,旗帜依林,登高远斥,出没人马,此山谷之战人也。势利者,兵之便;山水平陆者,战之地。夫善用兵者,以便胜,以地强,以谋取,此势之战人也。如建瓴水于高宇之上,泰然而无滞留。又如破竹,数节之后,迎刃自解,无复著手。

揣　能

【本篇主旨】

题目之意就是揣度双方之能力之意,但也有具有这种能力的人。一个优秀的将领应该在未用兵之前就应知道双方胜负的可能结果。而且一个将领也应该具备这种能力。

【原文】

古之善用兵者,揣①其能而料其胜负。主②孰圣也?将孰贤也?吏孰能也?粮饷孰丰也?士卒孰练也?军容孰整也?戎马孰逸③也?形势孰险也?宾客孰智也?邻国孰惧也?财货孰多也?百姓孰安也?由此观之,强弱之形,可以决矣。

【注释】

①揣:揣度。

②主:君主。

③逸:奔跑。

【译文】

古代善用兵的人,只要揣度敌对双方的力量,就能预料到胜负。君主,哪一方的圣明?将领,哪一方的贤能?官吏,哪一方的能力强?粮草供给,哪一方的充足?士卒,哪一方训练得好?军容,哪一方的严整?战马,哪一方跑得快?地理形势,哪一方的险要?幕僚,哪一方的足智多谋?邻国,更害怕哪一方?财物,哪一方的富裕?百姓,哪一方的安定?从这些方面来评估一下,强弱的形势就可以断定了,胜败也就可知了。

【名家论战】

神机制敌太白阴经·选士

经曰:统六军之众,将百万之师,而无选锋,浑而杂用,则智能者无所施其谋,辨者无所施其说,勇者无所奋其敢,力者无所著其壮。无异独行中原,亦何所取于胜负哉?故孙子曰:"兵无选锋曰北。"

夫选士以赏,赏得其进;用士以刑,刑慎其退。古之善选士者,悬赏于中军之门。有深沉谋虑出人之表者,以上赏而取之,名曰智能之士。有辞纵理横,飞箝捭阖,能移人之性、夺人之心者,以上赏而礼之,名曰辩说之士。有得敌国君臣间间请谒之情性者,以上赏而礼之,名曰间谍之士。有知山川、水草、次舍、道路迂直者,以上赏而礼之,名曰乡导之士。有制造五兵、攻守利器、奇变诡谲者,以上赏得而厚之,名曰技巧之士。有引五石之弓,矢贯重札,戈矛剑戟便于利用,陆搏犀兕,水攫鼋鼍,佻身捕虏,搴旗撼鼓者,以上赏得而抚之,名曰猛毅之士。有立乘奔马,左右超忽,逾越城堡,出入庐舍,而亡形迹者,上赏得而聚之,名曰矫捷之士。有往返三百里不及夕者,上赏得而聚之,名曰疾足之士。有力负六百三十斤,行五十步者,上赏得而聚之;或二百四十斤者,次赏得而聚之,名曰巨力之士。有步五行、运三式,多言天道、阴阳、诡谲者,下赏得而存之,名曰技术之士。夫十士之用,必尽其才,任其道。计谋,使智能之士;谈说,使辩说之士;离亲间疏,使间谍之士;深入诸侯之境,使乡导之士;建造五兵,使技巧之士;摧锋捕虏、守危攻强,使猛毅之士;掩袭侵掠,使矫捷之士;探报计期,使疾足之士;破坚陷则,使巨力之士;诳愚惑痴,使技术之士。此谓任才之道,选士之术也。三王之后,五伯之辟,得其道而兴,失其道而亡。兴亡之道,不在人主聪明文思,在乎选能之当其才也。

轻　战

【本篇主旨】

本篇主要论述如何使士兵不畏战。包括武器装备,侦察情报和将帅的才德三方面。只要这三方面都达到最佳,那士兵就没有惧战的了。

【原文】

螫虫之触①,负②其毒也;战士能勇,恃其备也。所以锋锐甲坚,则人轻战③。故甲不坚密,与肉袒同;射不能中,与无矢同;中不能人,与无镞④同;探候不谨,与无目同;将帅不勇,与无将同。

【注释】

①触:触觉。这里指毒虫的毒刺。

②负:凭借、倚仗。

③轻战:这里的意思是不怕作战。

④镞:箭头。

【译文】

用毒刺螫人的虫子,凭的是它的毒;战士勇敢,凭他的武器。武器锋利,甲胄坚硬,士兵就不怕打仗。所以,铠甲不坚密,就如同赤膊上阵一样;箭不能射中,就与没有箭一样;射中而不能射入,就和没有箭头一样;侦察不够仔细、谨慎,就和人没有眼睛一样;将帅不勇敢,就和没有将帅一样。

【名家论战】

商君书·立本

凡用兵,胜有三等。若兵未起则错法,错法而俗成,而用具。此三者必行于境内,而后兵可出也。

行三者有二势,一曰辅法而法行,二曰举必得而法立。故恃其众者谓之葺,恃其备饰者谓之巧,恃誉目者谓之诈。此三者恃一,因其兵可擒也。故曰:强者必刚,斗其意;斗则力尽,力尽则备,是故无敌于海内。治行则货积,货积则赏能重矣。赏一则爵尊,爵尊则赏能利矣。故曰:兵生于治而异,俗生于法万转,过势本于心而饰于备势。三者有论,故强可立也。是以强者必治,治者必强;富者必治,治者必富;强者必富,富者必强。故曰:治强之道三,论其本也。

地　势

【本篇主旨】

本篇主要论述何种地形适合何种作战方法。只有充分利用好地势才有可能取得作战的胜利。

【原文】

夫地势者,兵之助也。不知战地而求胜者,未之有也。山林土陵,丘阜①大川,此步兵之地。土高山狭,蔓衍相属,此车骑之地。依山附涧,高林深谷,此弓弩之地。草浅土平,可前可后,此长戟之地。芦苇相参②,竹树交映,此枪矛之地也。

【注释】

①丘阜:小土山。

②相参:丛生、参次。

【译文】

那些利于作战的地形,是用兵打仗的辅助条件。不懂得利用战场地形而取得胜利的情况,是从来没有过的。山林、土丘、大河,这是步兵用武的有利地形。地高山狭,绵延不断,这是用战车和骑兵的有利地形。背靠高山,面临深涧,上有茂林,下有深谷,这是用弓箭作战的有利地形。草浅地平,可以进攻也可以后退,这是用长戟作战的有利地形。芦苇丛生,竹林交映,这是用枪、矛作战的有利地形。

【名家论战】

卫公兵法辑本

《军志》云:失地之利,士卒迷惑,三军困败。饥饱劳逸,地利为宝,不其然矣?是以彼此俱利之地,则让而设伏,趋其所爱,而傍袭之;彼此不利之地,则引而佯去,待其半出而邀击之。平易之所,则率骑而与阵;险隘之处,则励步以及徒。往易归难,左险右阻,沮洳幽秽,垣坎沟渎,此车之害地也。有入无出,长驰回驱,大阜深谷洿泥堑泽,此骑之败地也。候视相及,限壑分川,斯可以纵弓弩;声尘相接,深林盛薄,斯可以奋矛铤。芦苇深草,则必用风火;蒋潢翳荟,则必率其伏。平垣则方布,污斜则圆形,左右俱高则张翼,后高前下则锐冲。凡战之冬,以地形为主,虚实为佐,变化为辅,不可专守险以求胜也,仍须节之以金鼓,变之以权宜,用逸待劳,掩迟为疾。不明地利,其败不旋踵矣。

情　势

【本篇主旨】

文中分析了作为军中核心人物不应有的弱点,如果这些弱点为敌军中人所有,那就采取相应的对策来使其失利。

【原文】

夫将有勇而轻死者,有急而心速者,有贪而喜利者,有仁而不忍者,有智而心怯者,有谋而情缓者。是故勇而轻死者,可暴①也;急而心速者,可久也;贪而喜利者,可遗②也;仁而不忍者,可劳也;智而心怯者,可窘③也;谋而情缓者,可袭也。

【注释】

①暴:使动用法,意思是"使……暴躁"。

②遗(wèi):赠送。这里是贿赂、引诱的意思。

③窘:使动用法,意思是"使……窘迫"。

【译文】

敌军将领中,有勇敢不怕死的,有性急心里急躁的,有贪财好利的,有过于心慈手软的,有虽然聪明但很怯懦的,有足智多谋但性情缓慢的。因此,对于勇敢不害怕死的,可激怒他使其暴躁;对求胜心切性情急躁的,可以用持久战来使他倦怠;对贪财好利的可以贿赂他;对于心慈手软的,可以使他劳累;对于有智谋但怯懦的,可以使他认识到危险;对于有谋略但性情迟缓的,可以袭击他。

【名家论战】

武经总要·料敌将

夫敌国治戎,交和而舍,不以冥冥决事,必先探其将能否而后战。因形用权,则不劳而功举。左右既震,则敌虽众,必擒其将。故其将愚而信人者,可诱而诈;贪而忽右者,可货而赂;轻变无重者,可劳而困;上富而骄、下贫而怨者,可离而间(可用间也)。凡两军相望,而患不知其将者,当令贱而勇者,将吾轻锐之众,犯而挑之,观敌之来:一坐一起,其政以理;其追北佯为不及,见利佯为不知,此智将也,勿遽与战;若其众喧哗,旗幡纷乱,其卒自行自止,其兵或纵或横,其追北恐不及,见利恐不得,此愚将也,虽众可败。又若两军相持,未战未挑,欲知敌将之谋也,何以能之? 曰:彼士马骁雄,反示我以羸弱;阵伍齐整,反示我以不战;见小利佯为不敢争,必奇兵诱以奔北;内实严备,而外为弛慢,频使谍来,托以忠告;或执使以相忿,或厚赂以相悦;移军则减灶,合营则偃旗;非得地而不舍,非全军而不侵;以多举少,必候晨朝,以寡击众,必候日暮。如此,则兵多诡伏,将有深图,理须曲为防备也。兵法曰:知彼知己,百战不殆;不知彼而知己,一胜一负;不知彼不知己,每战必殆是也。

击　势

【本篇主旨】

文章强调用兵作战一定要认清形势,如果一切有利的形势都在敌方,那就只能等其有隙时再作打算。若其穷兵黩武,怨声载道,这就是天赐之机,不取是谓有违天意。

【原文】

古之善斗者,必先探敌情而后图之。凡师老①粮绝,百姓愁怨,军令小习②,器械不修,计不先设,外救不至,将吏刻剥③,赏罚轻懈④,营伍失次⑤,战胜而骄,可以攻之。若用贤授能,粮食羡余⑥,甲兵坚利,四邻和睦,大国应援,敌有此者,引而计之⑦。

【注释】

①师老:意思是军队疲劳。老:衰老,引申为衰竭疲倦。

②小习:不注重训练,小,轻视,小看。习,训练。

③刻剥:剥削。

④轻懈:轻视,懈怠。

⑤营伍失次:意思是部队队列失去了秩序。指军队出现混乱。

⑥羡余:充足丰裕。羡,剩余,有余的意思。

⑦引而计之:意思是引敌而来,谋而攻之。引,意思是拉开弓不发箭。

【译文】

古代善于作战的人,一定会先摸清敌情而后才考虑怎样取胜。凡是军队士卒疲惫不堪粮草供应不上,百姓怨声载道,轻视训练,武器机械也没有人修理,事先不考虑对策,在被围的情况下外无救兵,将官剥削士兵、赏罚不明,部队出现混乱情况,打了胜仗就骄傲,这样的军队,要进攻它。若对方任用贤能之士,粮草充足,武器精良,与周边国家和睦相处,大国也愿意援助它,敌人有这些条件,要做好准备,再伺机谋取它。

【名家论战】

卫公兵法辑本

夫决胜之策者,在乎察将之才能,审敌之强弱,断地之形势,观时之宜利,先胜而后战,守地而不失,是谓必胜之道也。若上骄下怨,可离而间;营久卒疲,可掩而袭;昧迷去就,士众猜疑,可振而走;重进轻退。遇逢险阻,可邀而取。若敌人旌旗屡动,士马屡顾,其卒或纵或横,其吏或行或止,追北恐不利,见利恐不获;涉长途而未息,入险地而不疑,劲风剧寒,剖冰济水,烈景炎热,倍道兼行,阵而未定,合而未毕。若此之势,乘而击之,此为天赞我也,岂有不胜哉!

整　师

【本篇主旨】

文章论述了行军作战时号令军法的重要性。将帅应以严肃的法纪,统一的号令来使兵士明确作战的规则。再一次强调赏罚有信对将之威德的辅助作用。

【原文】

夫出师行军,以整^①为胜。若赏罚不明,法令不信,金之不止,鼓之不进,虽有百万之师,无益于用。所谓整师者,居则有礼,动则有威,进不可当,退不可逼,前后应接,左右应旄^②,而不与之危,其众可合^③而不可离^④,可用而不可疲矣。

【注释】

①整:统一、整齐。

②应旄:指听从指挥。旄,是古代作战,用毛牛尾系在杆头上做饰的旗帜,用来指挥战斗。

③合:协同作战。

④离:离间。

【译文】

行军打仗,靠号令统一来取胜。如果赏罚不严明,法令没有威信,鸣金不能使兵卒停止,击鼓不能使兵卒前进,即使有百万部队,也没有什么用处。所谓法令统一的部队,驻兵有礼法,行动有威风,前进势不可当,后退不可追击,前后接应有序,左右彼此呼应,听从指挥,因而不会有什么危险。这样的部队,士兵可以同心协力,而不会受敌人离间,使其力战则不会使其疲怠不堪。

【名家论战】

神机制敌太白阴经·政有诛强

经曰:夫国有乱军者,士卒怯弱,器械柔钝,政令不一,赏罚不明,不预焉。所谓乱军者,豪家、权臣、阉寺、嬖昵。为之军吏权军之势,擅将之威,公政私行,私门公谒;上发谋,下沮议;上申令,下不行;猛如虎,狠如狼,强不可制者,皆谓之乱军,各宜诛之。文宣诛少正卯于两观而鲁国清,田穰苴斩庄贾于表下而军容肃,魏绛戮杨干而诸侯服,项籍斩宋义而天下怖。

288

夫诛豪者益其威,戮强者增其权。威权生于豪强之身,而不在于士卒之庸。豪强有兼才者,则驾而御之,教而导之。如畜鸷鸟,如养猛虎,必节其饥渴,剪其爪牙,绊其足,獥其舌,呼之而随,嗾之而走,牢笼其心,使驯吾之左右。豪强无兼才者,则长其恶,积其凶,纵其心,横其志,祸盈于三军,怨结于万人,然后诛之,以壮吾气。故曰不善人者,善人之资。为将帅者,国之师,不诛豪强,何以成三军之威哉?

厉　士

【本篇主旨】

本篇论述如何才能充分发挥属下的特长,使之为自己效死力。文中强调除了要给其尊贵的爵位和丰厚的钱财外,更要以诚信、仁德来争取他们的爱戴之心。

【原文】

夫用兵之道,尊之以爵①,瞻②之以财,则士无不至矣;接之以礼,厉③之以信,则士无不死矣;畜恩不倦④,法若画一⑤,则士无不服矣;先之以身,后之以人,则士无不勇矣;小善必录,小功必赏,则士无不劝⑥矣。

【注释】

①尊之以爵:意思是加封……爵位使之地位高贵。尊之:使动用法,意思是使……地位高。

②瞻:应为"赡",赡养的意思。

③厉:鼓励、勉励。厉通"励"。

④畜恩不倦:意思是不断地施以恩惠。畜,通"蓄",积蓄。

⑤画一:严明、统一的意思。

⑥劝:努力。

【译文】

统兵御人之道,加封官爵使他地位尊贵,用钱财赡养他们,这样,士卒就没有不来投奔归顺于你的;待人以礼,以诚信激励人,这样士卒就没有不为你拼死效力的;长期地给人以恩惠而从不厌倦,法纪严明统一,这样,士卒就没有不服从的;凡事身先士卒,然后再要求别人,这样,士卒没有不勇敢的;别人有小的优点一定要记录下来,有了小的功劳也一定要予以奖赏,那么,士卒就没有不努力的。

【名家论战】

卫公兵法辑本

古之善为将者,必能十卒而杀其三,次者十杀其一。三者,威振于敌国;一者,令行于三军。是知畏我者不畏敌，畏敌者不畏我。如曰：尽忠益时、轻行重节者，虽仇必赏；犯法怠惰、败事贪财者，虽亲必罚；服罪输情、质直敦素者，虽重必舍；游辞巧说、虚伪狡诈者，虽轻必戮。善无微而不赞，恶无纤而不贬，斯乃励众劝功之要术。昔马谡军败，诸葛亮对泣而行诛；乡人盗笠，吕蒙先涕而后斩；马逸犯麦，曹公割发而自刑；两椽辞屈，黄盖诘问而俱戮。故知威克其爱，虽小必济；如爱胜其威，虽多必败。盖赏罚不在重，在必行；不在数，在必当。故《尉缭子》曰："吴起与秦人战，战而未合，有一夫不胜其勇，乃怒而前，获首而返，吴起斩之。军吏曰：此壮士也，不可斩。吴子曰：虽壮士，然不从令者，必斩之。"故须劝之以重赏，威之以严刑，随时而与之移，因机而与之化，可谓不滥矣。凡人耳目，不可以视千里之外；因人耳目而视听之，即无善不闻，无恶不见。故目贵明，耳贵聪，心贵智，三者并进，则明不可蔽。如能赏罚不欺，明于察听，则千里之外，隐蔽之事，莫不阴变而为忠信。若赏罚直于耳目之前，其不闻见者，谁肯用命哉！故上无疑令，则下不二听；动无疑事，则众不二志。由是言之，则持军之急务，莫大于赏罚矣。

自　勉

【本篇主旨】

文章题目就有告诫之意，即自我劝勉。文中指出古代圣贤之人所具有的品德，而作为一个将领只有把这些优良品质作为自己为人行事的准则，才可能取得不世功勋。

【原文】

圣人则天[1]，贤者法地[2]，智者则古[3]。骄者招毁，妄者稔[4]祸，多语者寡信，自奉[5]者少恩，赏于无功者离，罚加无罪者怨，喜怒不当者灭。

【注释】

①则天：意思是以客观规律为法则、准则。则，这里作动词用，意思是"以……为法则"。

②法地：意思是以客观实际为法则。

③古：指古训。

④稔（ren 忍）：原意指庄稼成熟，此处引申为酿成。

⑤自奉：意思是只图个人享受。

【译文】

圣人以自然规律为准则，贤人以客观实际为准则，智者以古代的圣贤为榜样。骄傲的人会招致毁灭，狂妄的人酿成灾祸，夸夸其谈的人缺少信义，只图个人享受的人缺少恩德，奖赏没有功劳的人，人心就会涣散，惩罚没有罪责的人，就会引起怨恨，喜怒无常的人就会自取灭亡。

中国历代兵法精粹

苏洵书论集·审势

　　天下之势有强弱，圣人审其势而应之以权。势强矣，强甚而不已则折；势弱矣，弱甚不已则屈。圣人权之，而使其甚不至于折与屈者，威与惠也。夫强甚者，威竭而不振；弱甚者，惠亵而下不以为德。故处弱者利用威，而处强者利用惠。乘强之威以行惠，则惠尊；乘弱之惠以养威，则威发而天下震栗。故威与惠者，所以裁节天下强弱之势也。然而不知强弱之势者，有杀人之威而下不惧，有生人之惠而下不喜。何者？威竭而惠亵故也。故有天下者，必先审知天下之势，而后可与言用威惠。不先审知其势，而徒曰我能用威，我能用惠者，末也。故有强而益之以威，弱而益之以惠，以至于折与屈者，是可悼也。

战　道

【本篇主旨】

本篇可以说是"地势"篇的补充，也是强调在各种地形中所应采取的战术。

【原文】

　　夫林战之道，昼广旌旗，夜多金鼓，利用短兵，巧在设伏，或改于前，或发于后。丛战之道，利用剑楯①，将欲图之，先度②其路，十里一场，五里一应③，偃戢④旌旗，特严⑤金鼓，令贼无措手足。谷战之道，巧于设伏，利以勇斗，轻足之士凌其高，必死之士殿其后，列强弩而冲之，持短兵而继之，彼不得前，我不得往。水战之道，利在舟楫，练习士卒以乘之，多张旗帜以惑之，严弓弩以中之，持短兵以捍之，设坚栅以卫之，顺其流而击之。夜战之道，利在机密，或潜师以冲之，以出其不意，或多火鼓，以乱其耳目，驰而攻之，可以胜矣。

【注释】

①楯：通"盾"，指盾牌。

②度：揣测、推算。

③应：策应。

④偃戢：收藏的意思。偃，停止。戢，收藏。

⑤严：急，紧急。

【译文】

　　在树林里作战的方法是，白天要多用旗子，夜晚则多用锣鼓，便于使用短小兵器，巧妙的地方在于可以设置伏兵，或者从前面进攻，或者从后面发兵。在有丛林的地方作战，利于用剑和盾。要想获胜，首先要揣度路线，十里一场，五里策应，收藏好旗帜，只急速地敲击金鼓，令敌人手足无措。在山谷中作战的方法是,要巧设埋伏,这样有利于勇猛地冲杀。跑得快的士卒占据高处,有赴死之心的士卒殿其后,安排强弩利箭,并冲击敌人,接着以短兵相接,使敌人不能前来,我军也不必冲入谷底。水上作战的方法,优势在于船楫,要训练士兵能乘舟作战,多树立旗帜来诱惑敌人,以强弩射击敌人,操短兵器来继续攻击,并设坚固的栅栏来防卫,顺流攻击敌人。夜战的办法,有利之处在于能机密行事,或者派潜军队偷袭敌人,出其不意地打击他们,或者多明火击鼓,以扰乱敌人的耳目,迅速攻击就可以取得胜利。

【名家论战】

虎钤经·十可击

敌人信鬼多祈祷者,必怀疑惧,不能任人故也,一可击也。敌惟务天时,择其方位,观其云气,不顾地形之险易,不详人心之逆顺,二可击也。敌止以地利为择,不能整肃号令严戒行伍,三可击也。结营分阵,时多动移者,此多疑恐,四可击也。军发言无诚实,事多利己,吏士怨怒,五可击也。将吏淫怠,六可击也。结营之地,四要无防(四要者,四面间道也),七可击也。将驭人无礼,八可击也。赏罚颠倒,九可击也。将士多轻,十可击也。苟欲击之,先令细人密构其实而我乘之,然后行击,必中矣。我师亦宜以此自为戒焉。

和　人

【本篇主旨】

本文强调了人和对于军队作战取胜的作用。一个上下不和,相互猜疑的军队,上无威则下无畏,这样就会给敌人留下可乘之机。

【原文】

夫用兵之道,在于人和①,有和则不劝而自战矣。若将吏相猜,士卒不服,忠谋不用,群下谤议,馋愿②互生,虽有汤、武之智,而不能取胜于匹夫,况众人乎。

【注释】

①人和:指军队内部的人际关系和顺、团结,齐心一致。和,和顺,谐和。

②馋愿:指恶言恶语。愿,邪恶。

【译文】

用兵打仗的方法,要靠全军上下团结一心。部队团结了,士兵即使不动员、鼓励,也会自行勇敢作战。若将官之间互相不信任、乱猜测,而士兵又不服从命令,忠心耿耿并且有谋略的人得不到重用,士兵中会出现背后议论,恶语馋言不断的局面,这样即使有商汤、周武王的才智,也难于战胜一个平平常常的人,更何况是对付敌国部队呢。

武经总要·定惑

夫万众之聚,事变不一,起为哗乱,不可不虑。或士卒未信,下轻其上;或妖异数起,众情生畏。主将当修德改令,缮砺锋甲,勤诚誓众,以祗天诫。复择吉时,具牲牢盛馔,震鼓铎之音,以祭牙旗,精意虔请,以观祥应。若人马喜跃,旌旗皆前指高陵,金铎之音扬以清,鼙鼓之音宛以鸣,此得神灵之助,当示众以安其心;否则矫说善祥而布之于下,乃可定也。虽云任贤使能则不占而事利;令明法审则不筮而计成,然而智者以权佐政,古称有五助焉:一曰助谋,二曰助势,三曰助怯,四曰助疑,五曰助地。兵家之机,不可不察也。

察　情

【本篇主旨】

本章告诫为将者,要通过现象看本质。从动静、行为、自然现象,来揭示敌情变化。本篇节选自《孙子兵法·行军篇》。

【原文】

夫兵起而静者,恃其险也;迫①而挑战者,欲人之进也;众树动者,车来也;尘土卑②而广者,徒来也;辞强而进驱者,退也;半进而半退者,诱也;杖而行者,饥也;见利而不进者,劳也;鸟集者,虚也;夜呼者,恐也;军扰③者,将不重④也;旌旗动者,乱也;吏怒者,倦也;数赏者,窘也;数罚者,困也;来委谢者,欲休息也;币重而言甘者,诱也。

【注释】

①迫:这里指逼近。

②卑:指低、低下的意思。

③扰:这里指混乱,杂乱。

④重:这里指敬重、重视。

【译文】

发动进攻之后如果敌人仍然镇静,其中必定会有险诈的行为;敌人被逼近,却出来挑战,那是想诱我军前进;树林摇动,必定是有车队前来;尘土扬得不高却很广,那一定是步兵来了;敌人如果言词强硬,声称要进攻,那是要退却了;敌人半进半退,那就是在诱惑我军;敌兵手拄着拐杖行军,是因为太饥饿了;看见有利可图仍然不前进,那一定是很劳累了;飞鸟在军营上空盘旋,营房一定是空虚的;敌人夜间呼喊,一定是因为惧怕;敌营内混乱的,一定是将领不被士卒敬重;敌人旗帜乱动的,必定是阵势混乱了;敌军官容易动怒,必定是部队疲惫了;赏得次数过多,必定是情况窘迫;罚的次数多,必定是处境困难了;来推辞谢罪的,必定是需要休整;敌人礼厚言辞却很美好的,必定是在引诱我方。

【名家论战】

神机制敌太白阴经·兵形

经曰:夫兵之兴也,有形有神。旗帜金革依于形,智谋计事依于神。战胜攻取,形之事,而用在神;虚实变化,神之功,而用在形。形粗而神细,形无物而不监,神无物而不察。形诳而惑事其外,神密而圆事其内。观其形不见其神,见其神不见其事。以是参之,曳柴扬尘,形其众也;减灶灭火,形其寡也;勇而无刚,当敌而速去之,形其退也;斥山泽之险,无所不至,形其进也;油幕冠树,形其强也;偃旗卧鼓,寂若无人,形其弱也。故曰兵形象陶人之埏土,冶氏之冶金,为方为圆,或钟或鼎。金土无常性,因工以立名;战阵无常势,因敌以为形。故兵之极至于无形,无形则间谍不能窥,智略不能谋。因形而措胜于众,众不能知。人皆知我所以胜之形,莫知我所以制胜之形。形不因神,不能为变化;神不因敌,不能为智谋。故水因地而制形,兵因敌而制胜也。

将　情

【本篇主旨】

本篇也是论述为将者所应具有的品质,若想让兵士效死命,一定要在生活起居上不搞特殊化,要和他们同甘共苦。

【原文】

夫为将之道,军井未汲①,将不言渴;军食未熟,将不言饥;军火未然②,将不言寒;军幕未施,将不言困;夏不操扇,雨不张盖③,与众同也。

【注释】

①汲:从井里取水。这里指掘井引水。

②然:"燃"的本字。

③盖:避雨遮阳的工具。

【译文】

一个为将者应有的品质是,军井还没有掘好,将领不能说渴;军中的饭还没煮熟,将领不能说饿;军中的火还没有燃起,将领不能说冷;军中的帐篷还没有搭好,将领不能说疲倦;夏天不用扇子,下雨不张开篷盖,与士兵的一切都相同。

神机制敌太白阴经·将军

经曰:三军之众,万人之师,张设轻重,在于一人,不可不察也。一人大将军,智信仁勇、严谨贤明者任。二人副将军,智信仁勇、严毅平直者任,一人主军粮,一人主征马。四人总管,严识军容者任,二人主左右虞候,二人主左右押衙。八人子将,明行阵,辨金革,晓部署者任。八人大将军别奏,十六人大将军僚,一十六人总管僚,八人子将别奏,一十六人子将僚,忠勇骁果、孝义有艺能者任。一人判官,沉深谨密、计事精每者任,濡钝勿用。一人军正,主军令,斩决罪隶,及行军、礼仪、祭祀、宾客、进止。四人军典,谨厚明书算者任。

威 令

【本篇主旨】

本文还是强调军中法令的重要。一个将帅所以能让百万之众俯首听命是因为有赏罚有信的法度。如果军无法纪,则将帅不保。文中以夏桀商纣来举例说明了这一严肃的问题。

【原文】

夫一人之身,百万之众,束肩敛息①,重足俯听②,莫敢仰视者,法制使然也。若乃上无刑罚,下无礼义,虽贵有天下,富有四海,不能自免者,桀纣之类也。夫以匹夫之刑令以赏罚,而人不能逆其命者,孙武、穰苴③之类也。故令不可轻,势不可通④。

【注释】

①束肩敛息:意思是收肩屏气。束肩,收肩,垂手。敛息,屏住呼吸。

②重(chong)足俯听:意思是双足并立,俯下身下听命。重足,双足并拢。俯听,俯首听命。

③穰苴:战国时齐国名将。通兵法,善治军,打了不少胜仗。

④通:《心书》上作"逆"为"逆"较妥当,疑此处有误。

【译文】

将帅一人,能让百万士卒垂肩屏气,双足并立恭恭敬敬地俯首听命,没有人敢与其对目,这是法令使士兵这样做的。将领如果没有刑罚制度,下属不讲礼义,即使他尊贵而拥有天下,富裕而占有四海,也不能自免其祸,就像夏桀和商纣之类的样。即使是一个普通人如果制定法令,奖善罚恶,也没有人违抗他的命令,就像孙武、穰苴一类的人一样。因此,将帅的命令不可轻视,威势不能逆反。

神机制敌太白阴经·誓众军令

经曰:陶唐氏以人戒于国中,欲人强其命也。有虞氏以农教战,渔猎简习,故人体之。夏后氏誓众于军中,欲人先其虑也。殷人誓众于军门之处,欲人先意以待事也。周人将交白刃而誓之,以致人意也。夏赏于朝,赏善也。殷戮于市,戮不善也。周赏于朝,戮于市,兼质文也。夫人以心定言,以言出令。故须振雄略,出劲辞,锐铁石之心,凛风霜之气,发挥号令,申明军法。

东　夷

【本篇主旨】

本篇和以下四篇都是讲述少数民族之人性特质的,也对其所居环境做了概括。通过了解民风特质来采取应对措施。

【原文】

东夷①之性,薄礼少义,捍②急能斗,依山堑海③,凭险自固,上下和睦,百姓安乐,未可图也。若上乱下离,则可以行间,间起则隙生,隙生则修德以来之④,固甲兵而击之,其势必克也。

【注释】

①东夷:古时对四方边境的少数民族统称为夷狄。东边的叫东夷,南边的叫南蛮,西边的叫西戎,北边的叫北狄。统称夷狄。

②捍:强悍。捍通"悍"。

③依山堑海:以山为屏障,以大海为掩护。堑,战壕。

④来之:使动用法,"使……来"使……归顺。

【译文】

东夷人的特性,轻视礼教,不重视道义,生性强悍凶残、急躁而好斗,他们以山为屏障,以江河为掩护,凭着险要的地形,得以安定、稳固,内部上下和睦,百姓安居乐业,因此他们是不能轻易去攻打、谋取的。如果上层混乱,百姓离心离德就可以采取离间活动,离间则能使他们内部产生纷争,有了纷争就可用德政使其归顺,同时用武力进攻,这样,就一定能战胜他们。

草庐经略·备边

　　备边之策:坚城垒,浚沟堑,扼险要,谨斥堠,广侦探,多间谍,远将帅,练士卒,积粮饷,明赏罚,精器械,示恩信,开屯田,搜弊蠹,禁启衅。兹十余策,从古论边者所不废也。今世闻者则鄙为常谈,而非奇策。究竟谁能按常谈而行,使无遗缺也? 即孙、吴再作,非此数者,不能备边。而选将帅为尤急,将能,则举行无遗,而边患息矣。天下不患有难为之事,而患无了事之人;不患无了事之人,而患无晓事之人。平居而知某也当为,某也当急为,灼然洞晰其利害得失伸缩之妙,则任事而可更与振惰、补弊、起废,隐然万里长城矣。

南　蛮

【本篇主旨】

　　本文主要对南方少数民族展开分析,分析了他们的起居习性、气候特点,告知领兵者此民族不适合长久作战。

【原文】

　　南蛮①多种,性不能教,连合朋党②,失意则相攻。居洞依山,或聚或散,西至昆仑,东至海洋,海产奇货,故人贪而勇战,春夏多疾疫,利在疾战,不可久师也。

【注释】

　　①南蛮:中国古代对南方各民族的泛称。
　　②朋党:指共同目的勾结在一起的同类人。

【译文】

　　南蛮有很多种族,且本性不能教化,各部落之间朋以为奸,不合就互相攻击。他们多依山居洞而住,有分散的,有集中的,西到昆仑山,东到大海,拥有海产奇货,所以人心贪而且作战勇猛,春夏之际多有瘟疫流行,对他们适于速战速决,不能长期持久作战。

【名家论战】

草庐经略·平蛮

　　蛮人兵力固强敌,亦无远志,即称兵犯顺,仅亦流毒附近边疆,肆为抄掠,广其境土耳!
　　缘土官大率袭先业,饱富贵,远慕则离巢亦远;以兵袭之,远大未得,而根本先倾,进退失据,自取灭亡。故虽有跳梁之图,亦只作守户之犬。惟恃毒弩长标,凭山依险,出没为寇,叛

諸葛兵法

服不常。而所以致之使叛者，复缘不善驭之也，非有以长其桀骜，则有以令其危疑。用是蠢动诸巢，转相煽惑。惟有广恩信以示招徕，励威武以张挞伐，顺者抚之，逆者诛之。俾善恶分别，劝惩普著。麾兵进剿，须得其路径，穷其巢穴，防其伏兵，招其诸屯，散其党羽。悬岸狭谷，线路萦回，兵难整列；守前截后，邀之旁击。俾彼欲守，则所处卑隘而地不利；欲战，则置身似束，而势不敌。夫天陷、天狱，非兵之地，南蛮之中触处皆是。险扼徙绝，彼必据守；宜用奇计，无与力争，恐伤士伍。毋嗜杀，以坚其守志；毋轻信，以堕其诡计；毋延缓，以坐困瘴疫。惟且诛且抚，恩威显行，设奇用智，毋以蛮轻之，使既畏且悦。是平蛮之上策也。诸葛芳轨，宁非后人之所当法耶？

西　戎

【本篇主旨】

　　本篇主要分析西戎人的性格特点，生活规律，居处环境，并强调了征服他们的方法，只能是伺机而动。

【原文】

　　西戎①之性，勇悍好利，或城居，或野处，米粮少，金贝多，故人勇战斗，难败。自碛石②以西，诸戎种繁，地广形险，俗负强狠，故人多不臣③，当候之以外衅④，伺之以内乱，则可破矣。

【注释】

　　①西戎：指古时候居住在我国西部地区的少数民族。

　　②碛石：指积石山。大积石山在今青海西宁西南，小积石山在甘肃夏河西北。

　　③不臣：指不愿称臣、不肯服从。

　　④外衅：向外发动战争。

【译文】

　　西戎人的个性，勇猛强悍而且贪财好利。有的住在城郭之中，有的住在山野郊外，粮食少，金银财宝多，所以个性都勇于战斗，很难打败他们。自积石山以西，西戎的部落繁多，地域广阔，地势险要，人们习惯于恃强行凶，所以多不肯服从他人，俯首称臣。应当等待他们对外发动战争，或内部出现了矛盾与混乱，那么就可以趁机打败他们了。

【名家论战】

草庐经略·御戎

　　御戎之法，慎无侥幸野战。谓中国之马力与驰射皆非彼敌也，况以弱当强？宜据险出奇，不宜浪战。故张睢阳、李光弼皆即其城下以破敌；而思明再败，常恨其不得与李光弼野战也。善用兵者,以所长击所短,不以所短击所长。宜以强弩劲弓,乘城捍御,坚壁险阻,伺隙出战,因敌变化,虑胜而动。不角长于易地,不贪利以穷追。易地之战,广造战车,制其驰突,使千乘万乘,杂以步骑,彼进,则合势以遏其骄横;彼退,则邀击以遮其惰归。此守法也,亦胜算也。更练土人,以佐官兵。彼其生长边陲,其地熟谙,其性耐寒,其勇悍强鸷,逾于客戍。皆其风土使然。且备悉彼情,洞究虚实。倘宽其徭役,予以生业,立之长卒,抚之以恩,使安居富乐:无事耕牧,则为吾民;寇至策应,以壮声势。彼且欲完其家室,欲固其生业,其力战自倍于官军。至于招携怀远之略,则有可言者。彼种落原自不一,其性争相雄长,易合易离。吾以恩信结之,诡谲间之,令其猜忌,以彼攻彼,中国之势也。

北　狄

【本篇主旨】

本篇介绍北部少数民族的生活特点和顽劣品性。分析了不能与之交战的原因。这里特别指出了自己的弱点,可以说是做到了知己,只能是守住边疆不被侵犯,使自己富足充实才有可能收服他们。

【原文】

北狄①居无城郭,随逐水草,势利则南侵,势失则北遁,长山广碛②,足以自卫,饥则捕兽饮乳,寒则寝皮服裘,奔走射猎,以杀为务,未可以道德怀之,未可以兵戎服之。汉不与战,其略有三,汉卒且耕且战,故疲而怯,虏③但牧猎,故逸而勇,以疲敌逸,以怯敌勇,不相当也,此不可战一也。汉长于步,日驰百里,虏长于骑,日乃倍之,汉逐虏则赍④粮负甲而随之,虏逐汉则驱疾骑而运之,运负之势已殊,走逐之形不等,此不可战二也。汉战多步,虏战多骑,争地形之势,则骑疾于步,迟疾势县⑤,此不可战三也。不得已,则莫若守边。守边之道,拣良将而任之,训锐士而御之,广营田而实之,设烽堠⑥而待之,候其虚而乘之,因其衰而取之,所谓资不费而寇自除矣,人不疲而虏自宽⑦矣。

【注释】

①北狄:指古时游猎于北地区的少数民族。

②碛:沙漠。

③虏:对敌人的蔑称。

④赍:带着、携带。

⑤县:同"悬"。

⑥烽堠:烽,烽火,古代边疆在高台上烧柴或烧狼粪来报警。堠,古代探望敌情的堡垒。

⑦宽:放宽,放松的意思,这里引申为松懈。

【译文】

北狄人居不设城,哪里有水草,他们就随逐而居。形势有利,他们就向南侵犯,形势不利,他们就向北逃窜。众多的山岭,辽阔的沙漠,使他们足可以自卫。饥饿时,他们就捕食野兽,饮乳汁;寒冷时,他们就睡兽皮,穿皮衣,四处游猎,以此为生存主业,所以既不能用仁德道义来安抚他们,也不能用武力来征服他们。汉军不可与他们作战的原因有三个:汉军士卒边种田边打仗,所以疲惫而怯懦,北狄人只是放牧游猎,所以精力充沛而勇敢。以疲劳的士卒对付精力充沛的敌人,以怯懦的士兵对付勇敢的士兵,形势和力量是不对等的,这是不能与其交战的第一个原因。汉军善于步行,日行百里,北狄人擅长骑马,每天行军速度是汉军的几倍。汉军追逐他们需要随身携带粮食和武器,而北狄人追逐汉军则是驱快马驮运,驮运与背负优劣已很悬殊,人快走与马跑情形更不一样,这是不可与之战的第二个原因。汉军作战多用步兵,北狄人多用骑兵,争夺有利地形,骑兵快于步兵,快慢相差悬殊,这是不可与其对抗的第三个原因。正是基于以上三点,汉军只能守住边防,使之不敢来犯就心满意足了。守边的办法是,挑选良将委以重任,训练精锐的部队来防御,多耕田积粮充实补给,多设烽火台来警戒,等待敌人露出破绽的时候乘机攻打,趁他们衰弱的时候来攻取,这就是所谓的不耗费资财而敌人自我消亡,不用让士兵疲倦就能让敌人松懈。

【名家论战】

草庐经略·平羌

今日之羌,非汉、唐、宋之羌也。自正德中,北卤亦不剌一种,南据青海,其地南邻松潘,北邻甘肃,则卤与羌为一矣。昔汉人西通三十六国,以断匈奴右臂,故彼势遂逆。今彼居有定之巢穴,而兼以富强之种落,逾秦陇,则可以窥关中;出阶、文,则可以伺剑外。幸而未动,是可不为之豫筹哉? 当循国初旧制,縻其爵赏,啖以茶利,推广恩信,使诸羌内附之心益坚。计令北卤,使还故土,以杜羌卤合势之祸。至练兵选将、修险积粮,弹压以威,使慑不敢动,与诸备御之法,兵有常谈,所不待言者。倘舍恩信,而第议征诛,羌急投卤,为患滋大,又不可不深虑也。

八阵总述

【内容总括】

八阵之名,最早见于《孙膑兵法》,本书内容是从《握奇经》一书推衍而来,而《握奇经》这本书据说是由黄帝大臣风后所撰。周时姜太公加以引申,汉代的公孙弘也为之注解。所以说这是一本集众人智慧于一体的书。《握奇经》主要是用五行八卦思想来阐释八阵,并以奇正之说来讲述战术的变化。

本书文后把《握奇经》一文,还有将这些阵法的具体分布的书《握奇经续图》一文附在文后,也有助于读者更好的理解诸葛亮的《八阵总述》。

中国历代兵法精粹

【本篇主旨】

本篇是全书的纲,也是贯穿诸葛亮治军、治国思想的总旨,那就要守信遵礼,下则守法效忠,而在实战中他强调战无常规,讲究千变万化,运筹帷幄,出人意料。

【原文】

治兵以信,求胜以奇。信不可易,战无常规。

可握则握,可施则施。千变万化,敌莫能知。

【译文】

管理军队要讲忠信礼法,在作战中要以奇胜为最高境界。忠信之道不可以随意破坏,作战没有固定不变的模式。在该守时就要守,该攻时要攻,在千变万化中使敌人无法知道我们的计谋。

匹阵赞

【本篇主旨】

本篇主要论述如何充分发挥全军的能动性,动静之间,奇正则已变化。

【原文】

动则为奇,静则为阵。陈者阵列,战则不尽。

分苦均劳,佚轮辄定。有兵前守,后队勿进。

【译文】

军队行动起来就是奇兵,静止下来就如同列阵。阵兵列阵,在临战之时循环往复而无穷尽。使全军劳苦分配均匀,那就会让大家都得到休息。如果前边有兵把守那后面的军队就不要前去干扰。

天阵赞

【本篇主旨】

本篇主要讲述了天阵这一阵法的形式和其作用。

【原文】

天阵十六,内方外圆。四面风冲,其形像天。

为阵之主,为兵之先。潜用三军,其形不偏。

【译文】

天阵之队列形状应是中间为方形，外面为圆形。四面以风阵来防御，就像天一样。这是行军作战的主要阵形，也是对敌首先要考虑的。让三军悉心练习，这种阵形就不会有大的差错。

地阵赞

【本篇主旨】

本篇主要为我们描述了地阵之一阵形的形状和对敌作战的特点。

【原文】

地阵十二，其形正方。云生四角，其轴相当。

其体莫测，动用无疆。独立不可，配之于阳。

【译文】

地阵的阵形应该是方形的，四角多强防卫，对中心点的兵力布署相等。但其具体的形状应是不为人知的，行动起来没有边际。但这种阵法不要独立使用，要配上阳阵来使用。

风阵赞

【本篇主旨】

本篇论述风阵阵形的特点，此阵像蛇，令人胆怯。

【原文】

风无正形，附之于天。变而为蛇，其意渐玄。

风能鼓动，万物惊焉；蛇能围绕，三军惧焉。

【译文】

风是没有具体形状的，它是附属于天的。突然变化为蛇形，那就让人害怕了。风能吹动万物，使万物惊动起来；而蛇又能缠绕，三军因此而心生畏惧。

云阵赞

本篇介绍了云阵的变化特点。

【原文】

云附于地,则知无形。变为翔鸟,其状乃成。

鸟能突击,云能晦冥。千变万化,金革之声。

【译文】

云如果附于地上,就没有办法知道它的形状。突然变化为飞鸟,我们就能看到它的样子。鸟能突然发起攻击,云能变幻明灭。千变万化之中就有了战场上的兵戈相交之声。

飞 龙

【本篇主旨】

本篇主要介绍龙阵的特点。这种阵形要"潜则不测,动则无穷",这也是兵家所追求的最高境界。

【原文】

天地后冲,龙变其中。有手有足,有背有胸。

潜则不测,动则无穷。阵行亦然,象名其"龙"。

【译文】

天阵与地阵做后卫,龙形阵就产生了。这种神物有手有脚,有背有胸。当它静下来时谁也不能了解它,而若动起就会变化无穷。而布阵也应像这样,因而取名为龙。

翔 鸟

【本篇主旨】

文中主要讲述如何像猛禽一样布阵。强调要做到"一夫突击,三军莫当。"

【原文】

鸷鸟击搏,必先翱翔。势凌霄汉,飞禽伏藏。

审而下之,下必有伤。一夫突击,三军莫当。

【译文】

凶猛的大鸟想要攻击时,一定会先在高空翱翔。那气势侵冲天宇让其他的飞禽都害怕的藏起来。在天空中察看一番后就直冲下来,下来就会有所击伤。所以作战中应是一人突然发起攻击,三军兵士也不能抵挡。

蛇 蟠

【本篇主旨】

本篇主要讲行军布阵应如常山之蛇一样能前后救助,围困敌人自如。此阵是由风阵变化而来。

【原文】

风为蛇蟠,蛇吞天真。势欲围绕,性能屈伸。

四季之中,与虎为邻。后变常山,首尾相因。

【译文】

风阵变为蛇蟠阵,就会变得十分可怕。当它形成围绕之势时还是能够收放自如。一年中总是与虎为伴。最后就会变得如常山灵蛇一样,能做到首尾呼应。

虎 翼

【本篇主旨】

本篇主要介绍了这一阵法的威力。从文中可知韩信用过此阵并使,项羽兵败而死于垓下。

【原文】

天地前冲,变为虎翼。伏虎将搏,盛其威力。淮阴用之,变化无极。垓下之会,鲁公莫测。

【译文】

天阵与地阵作为护卫队,就像老虎添了翅膀。一只隐藏的老虎将要出击,它的威力是非常强大的。淮阴侯韩信用此法作战变化无穷，在垓下最后的决战中，就连盖世英雄项羽也无法琢磨透这一阵法。

奇兵赞

【本篇主旨】

本篇主要论述古代奇兵与现代奇兵的不同。在这里指出了奇兵所应具备的能力。能合而为一，离而为八。要在不同地形下有不同的适应性。

【原文】

古之奇兵，兵在阵内。今之奇兵，兵在阵外。兵体无形，形露必溃。审而为之，百战不昧。合而为一，离而为八。合而为一，平川如城。散而为八，逐地之形。混混沌沌，如环无穷。纷纷纭纭，莫之所终。合则天居两端，地居其中。散则一阴一阳，两两相冲。勿为事先，动而辄从。

【译文】

古时用奇兵作战，兵士是在阵中的。而今天用这种战法，兵士是在阵外的。阵列应变化于无形，形一旦为敌所察就一定会失败。仔细谋划再行动就不会有困惑。聚合起来就如一人，分散开来就分为八个方向，就如同一座坚固的城池。随着地形分散为八个部分。在混混沌沌中如同一个环没有起点也没有终点。纷纷纭纭，不知其具体的目的。聚合起来就如同天包围着大地。分散开来就如同阴阳两极相辅相成。千万不可妄动而使自己处在被动地位。

游　军

【本篇主旨】

这可能是最早的游击队的命名。中国革命的胜利就是靠的这种战法。这种作战方式就是可以随时变幻阵法。

【原文】

游军之形，乍动乍静。避实击虚，视赢挠盛。
结陈趋地，断绕四径。后贤审之，事无常定。

【译文】

游动作战的军队是突然出动突然安静。避开强敌袭击敌人的弱点。察看敌人的薄弱环节骚扰兵力众多的地方。布成阵列迅速冲击敌人的领地,断开就分成四路人马。后来长于军事的人仔细研究了一下,发现这是一种不拘常法的作战方式。

金 革

【本篇主旨】

本篇主要论述金鼓对于作战的作用。只要掌握了何时鸣金何时擂鼓并能让士兵懂得其中含义就可掌握作战的主动权。

【原文】

金有五,革有五。退则听金,进则听鼓。

鼓以增气,金以抑怒。握其机关,战不失度。

【译文】

鸣金有五种方式,擂鼓有五种方式。鸣金是用来撤退的,擂鼓是用来进攻的。鼓声可以鼓舞士气,鸣金可以抑制怒气而不妄动。掌握其中的奥秘,打起仗来就不会乱了阵脚。

鞈 鼓

【本篇主旨】

文中主要讲述鞈鼓在两军交战已处于白热化状态下的作用。

【原文】

红尘战深,白刃相临。胜负未决,人怀惧心。

乍奔乍背,或纵或擒。行伍交错,整在鞈音。

【译文】

两军交战已处于短兵相接的状态。但胜负还不能确定,但士兵已心怀畏惧,有的没了方向乱跑,有的临阵跑掉或被敌活捉,在这种杂乱的情况下,只有鞈鼓之音才能把军队集合起来。

麾　角

【本篇主旨】

文中主要说明麾旗和号角这两种指挥工具的作用。

【原文】

麾法有五,光目条流。角音有五,初警未收。麾者指挥,
角者警觉。临机变化,慎勿交错。

【译文】

麾旗有五种,在光亮下流动闪耀。号角之声有五种,只是用来发起警报的。麾旗用来指挥,号角提醒人注意。看准时机而发起不同的信号,一定不要弄错了。

兵　体

【本篇主旨】

本篇是后记,讲了最基本的用兵原则。文中主要继承了孙子的思想,强调"上兵伐谋",尽量在不流血的情况下取得战争的胜利。

【原文】

上兵伐谋,其下用师。弃本逐末,圣人不为。利物禁暴,随时禁衰,盖不得已。圣人用之,英雄为将,夕惕乾乾,其形不偏;乐与身后,劳与身先。小人偏胜,君子两全。争者逆德,不有破军,必有亡国。握机为陈,动则为贼。后贤审之,勿以为感。"夫乐杀人者,不得志于天下。"圣人之言,以戒来者。

【译文】

最好的用兵策略是在谋划上战胜敌人,而出师征战则是下等的谋略。放弃根本而去追逐细枝末节,这是圣人所不为的。好处不可以以暴力谋取,要随时想到坏处,这是不得已的事。圣人如果用兵,一定会选出英雄般的将领,早晚都处在警惕之中,不敢有半点闪失。有好事就在别人的后面,但有劳累之事就跑在前面。小人只考虑到胜利,但君子却会把有利与不利都考虑在内。喜欢争斗就会违背仁德,那不是兵败就是国亡。把握时机整肃军队,妄动就会处于不利地位。后来的贤人经过研究,没有不受到启发的。所谓"喜欢杀人的人,是不会得到天下人的爱戴的。"这是圣人所说的话,后来之人一定要以此为戒。

握奇经

经曰:八阵,四为正,四为奇,余奇为握奇,或总称之。

先出游军定两端,天有衡圆,地有轴,前后有冲,风附于天,云附于地。衡有重列各四队,前后之冲各三队。风居四维,故以圆。轴单列各三队,前后之冲各三队。风居四角,故以方。天居两端,地居中间,总为八阵。阵讫,游军从后蹑敌,或惊其左,或惊其右,原音望麾,以出四奇。

天地之前冲为虎翼,风为蛇蟠,围绕之义也;虎居于中,张翼以进;蛇居两端,向敌而蟠以应之。天地之后冲为飞龙,云为鸟翔,突击之义也;龙居其中,张翼以进;鸟掖两端向敌而翔以应之。虚实二垒,皆逐天文气候、向背山川利害,随时而行,以正合,以奇胜。天地以下,八重以列。或曰:握机望敌,即引其后,以掎角前列不动,而前列先进以次之。或合而为一,因离而为八,各随师之多少,触类而长。

天或圆而不动,前为左,后为右,天地四望之属是也。天居两端,其次风,其次云,左右相向是也。地方布,风云各在后冲之前,天居两端,其次地居中间,两地为比是也。纵布天一,天二次之;纵布地四,次于天衡亡后;纵布四风,挟天地之左右。天地前冲居其右,后冲居其左,云居两端。虚实二垒,则此是也。

握奇经续图

角音二:初警众,末收众。

革音五:一持兵,二结阵,三行,四趋走,五急斗。

金音五:一缓斗,二止斗,三退,四背,五急背。

麾法五:一玄,二黄,三白,四青,五赤。

旗法八:一天玄,二地黄,三风赤,四云白,五天前上玄下赤,六天后上玄下白,七地前上玄下青,八地后上黄下赤。

阵势八:天,地,风,云,飞龙,翔鸟,虎翼,蛇蟠。

二革二金为天,三革三金为地,二革三金为风,三革二金为云,四革三金为龙,三革四金为虎,四革五金为鸟,五革四金为蛇。

其金革之间加一角音者,在天为兼风,在地为兼云,在龙为兼鸟,在虎为兼蛇。加二角音者,全师进东。加三角音者,全师进南。加四角音者,全师进西。加五角音者,全师进北。鞞音不止者,行伍不整。金革既息而角音不止者,师并旋。

三十二队天冲,十六队风,八队天前冲,十二队地前冲,十队地轴,八队天后冲,十二轴地后冲,十六队云。

以天地前冲为虎翼,天地后冲为飞龙,风为蛇蟠,云为翔鸟。

历代兵制·八阵图赞(并序)

夫八阵图者,蜀汉丞相、武乡侯诸葛亮之所作也。图之可见者三:一在沔阳之高平旧垒,一在广都之八阵乡,一在鱼腹永安宫南江滩水上。在高平者,自郦道元已言倾圮难识。在广都者,隆土为魁基,四门、二道、六十四魁,八八成行,两阵俱立,阵周四百七十二步,其魁百有三十。在鱼腹者,因江为势,积石凭流,前蔽壁门,后却郤月。纵横皆八魁,间二丈。郤月内面,九六鳞差。广都旧无闻焉,惟见于李膺《益州记》。其言魁行皆八,裁举其半。赵抃《成都记》称耆老之说,以为江石数魁,应六十四卦,则知两阵二道之意,以体乾坤门户法象之所由生也。然其阵居平地,束于门壁,营阵之法具而奇正道蕴。鱼腹阵于江路,因水成形,七八以为经,九六以为纬,体方八阵,形圆却月。壁门可以观营阵之制,却月可以识奇正之变。故虽长江东注,下流湍驶,轰雷奔马不足以拟其势,回山卷石不足以言其怒。峨峨八阵,实濒其冲。石子如拳,滩沙攸积,而历年千数,未尝回挠。隐若敌国,屹若长城,故桓温以为常山之蛇,杜甫伟其江流而石不转也。若夫四头八尾,隅落钩连,队阵相容,触处为首,则广都、鱼腹之图,其法皆八阵也。居则修诸营垒,出则备其行阵,虽有奇正之变,一生于正而已。先王寓兵于农,而制之以丘井;折冲樽俎,而舞之以行缀。经国有途轨之制,画地有遂乡之法。文事、武备,未列为二途。民可使知之,故显仁而藏用尔。在《易》先天之象,天圆地方,八卦相重,皆六十四。阴阳相错,刚柔相交,而天文、地理备焉。先天之文,遇于八阵见之矣。八阵之作,宁武侯私智自营之乎?风后握奇,有天地、风云、龙鸟、蛇虎之名,明八卦之象也。

汉法:大司马常以立秋日斩牲,祠白帝,肆孙吴六十四阵,则六十四卦之象。中兴罢群国都肆,而阵势浸亡。非有王佐之才,明于天人之奥,则八阵之变化,其谁能嗣之?愚以为八阵之施,非徒教战而已。

《文中子》曰:"诸葛亮而无死,礼乐其兴乎!"非虚言也。观古怀人,敬为先赞曰:

堂堂八阵法,法地之经。端如置棋,维纵与横。左右有行,后先有列。错综相成,钩连互设。孰知其首,孰测其端?直道如绳,循之如环。八八相乘,阵间容阵。在翼斯张,在前斯奋。阵虽形八,天七攸存。四辕转队,虚实斯分。亦有握奇,列于阵后。辟阖乾坤,混融六九。风云天地,体则阴阳。熊骑虎旅,龙旗鸟章。奇正相生,方员递出。混沌纷纭,杳冥恍惚。其辟无方,其阖有仪。幽若鬼神,夫谁知之?辕门之设,实司启闭。无键而关,视之孔易。行而为阵,居则为营。坚重如山,能疾而轻。我则通途,平平坦坦。致敌天罗,莫知端返。显允武侯,经之营之。可衡天汉,以作六师。君子所谓,众人不识。曰易胜哉,七擒孟获。先王体国,丘甲作兵。干戚之容,万舞于庭。四头八尾,文成井字。旁睐斜窥,孰知其自?易有八卦,洪范九章。天道昭昭,曰惟典常。在帝有熊,其臣风后,爰作握奇,蚩尤是讨。六十四阵,演自孙吴。岂其妄作,文本河图。三代往矣,汉豂都肆。谁其兴之,天启明智。惟此武侯,器宏管乐。龙隐隆中,云蒸巴蜀。先王遗法,尚克兴之。汉家余业,岂不成之。营头下坠,苍苍叵测。心腹奇才,叹兴勍敌。广都之垒,云守储胥。匪石凌矼,神物攸居。甘棠古木,尚云无败。此图之存,其何能坏?率然之蛇,无头无尾。易象先天,于乎不已!

三十六计

　　三十六计最早出现在《南齐书》中(479—502)，著者为萧子显(489—537)。《南齐书》中有政治家王敬则的传记。根据传记记载，王敬则曾提到"檀公三十六策，走是上计"。

　　这里的檀公指的是南朝宋将檀道济(？—436)。在《南史》第十五卷《檀道济传》中有这样一段情节：檀道济任远征军统帅，挥师北上，向济河杀去。他打败了一支强大的魏国军队并占领了滑台城(今河南省滑县境内)。此后他同魏军交战了三十余次，大部分都取得了胜利。在部队打到历城时，粮草眼看就要没了，在这种情况下他只好准备撤军。而这时一些被敌军抓到的兵士又告诉敌人宋军粮草不足，士气十分低落，这给已是败退之军的敌人以一些希望，敌军想趁机反攻，于是就追了上来。檀道济一见这种情形，知道跑是没用了只有以智取胜了，就命令兵士在夜里开始称沙子，并大声唱出称得的分量，然后把所剩不多的稻米撒在沙上冒充粮食。这样到天蒙蒙亮时，敌方看到伪装的粮堆，以为宋军依旧粮草充足，便不敢再追击。而报信的降卒被认为是谎报军情而遭斩首。当时宋军与敌人相比，因为远征兵员上已处于劣势，现在又粮草殆尽，因此人心惶惶。檀道济知道硬拼是不可能取胜的，就命令全体士兵披挂整齐，他自己则身穿白衣，乘一辆战车，绕军营缓缓而行。魏军看到檀道济这样从容，害怕中埋伏，不敢冒险追逼，最后只得撤走了。尽管檀道济没能占领河南，但却用"唱筹量沙"的计谋，把军队全部带回了国内。由此他威名远扬，也令魏国军队一听到他的名字就为之色变。

　　这个故事中我们可以看到檀道济用了空城记、无中生有计、借刀杀人计、正是因为檀道济巧用计谋，才使他的军队成功地逃离险境。不知当时是否就已有"三十六计"这样一种计谋之书？这在写于一千五百多年前的《南齐书》和《南史》中均无记载。

　　流传至今的关于三十六计的注解中，有这样的解释：三十六计中的"三十六"这个数字源自《易经》。《易经》内容包括比较古老的《经》，和晚一些的《传(十翼)》两部分。《传》的核心思想之一是阴阳学说，即对两种不同的、互相对立的力量的阐述。阴也是与"计"有关的。根据《易经》，阴的成数是六和八，而六是阴数之极。这样看来，三十六似乎是阴数之极的平方。因此，王敬则所说的三十六计，只是表示有很多的计谋。

　　第一次把三十六计编成一套计谋口诀的，是据传成立于1674年的洪门帮会，这套口诀以"洪门哲学"的名称而著名。而洪帮的宗旨是反清复明。它所归纳的三十六计条目被看作是目前流行的三十六计版本的原始蓝本。但是1941年人们发现了一个有关三十六计的更古老的渊源，那是一本写于明末的讲述三十六计的小册子。

　　三十六计整个条目的字数只有138个。138除以36不足4，因为有的计只有三个字。所以，每个计的语言表达都很简约。但正是这种语言上的简约，为各种各样的解释、说明提供了广阔的余地。

第一套　胜战计

第一计　瞒天过海

【本篇主旨】

瞒天过海是一种示假隐真的疑兵之计,在战争中,它是一个利用人们存在常见不疑的心理状态,进行战役伪装。隐蔽军队集结和发起进攻企图,以期达到出其不意的目的。

【原文】

备周则意怠①,常见则不疑。阴在阳之内,不在阳之对②。太阳,太阴。

【注释】

①备,防备。周,周密、完备。意,意志,注意力。怠,懈怠。本句意为因为防备周密就会放松警惕。

②阴,秘谋。阳,公开行动。对,对立面。本句意为秘密的谋略就隐藏在公开的行动中,而不是与其对立。

【译文】

当防备十分周密的时候,就容易麻痹大意:平时看惯的,往往就不再怀疑了,把秘密诡计隐藏在公开的行动中。而不是和表面的现象相排斥,非常公开的往往隐藏在非常机密的事物里。

【故事论述】

公元 583 年,陈叔宝当了陈朝皇帝。他整日吃喝玩乐,不理朝政,奸臣乘机为非作歹,欺压百姓,搞得民不聊生,陈朝危在旦夕。

当时,隋文帝统一了北方,国力强盛,斗志正旺。他分析局势,深知陈朝国力空虚,已不堪一击,便派兵南下,想一举攻灭陈朝。

可是,隔着一条滔滔长江,如何进攻才能万无一失?老臣高颖悄悄向他献了一条妙计。

隋文帝依着高颖的计策,一声令下,几路大军浩浩荡荡一齐进攻,首先切断了长江上游与中下游军的联络,使他们不能相互照应。

与此同时,隋朝大将贺若弼率大队人马向陈朝国都建康进军。兵马来到长江北岸驻扎下来。只见帐篷林立,军旗飘扬,人喊马嘶,一派战前景象。

江南陈朝将领见这阵势,以为隋军即将渡江攻城,顿时紧张起来,召集全部人马,抖擞精神,准备与隋军决一死战。

谁知剑拔弩张地等了几天,隋军不但没有渡江攻城,反而撤了回去,渡口只留了一些破旧小船。陈朝将士以为隋军水上力量不足，不敢轻易进攻，上上下下都松了口气。

可是不久，隋军又集结江北，安营扎寨。陈军慌忙再度备战。这样反复折腾了几次，弄得陈军人困马乏，加上粮食又被隋军间谍烧毁，陈军更是人心惶惶，进退两难。就在这时，隋军突然发起总攻。浩浩长江之上，万船齐发，金鼓震天，陈军哪里还有还击之力？连陈后主也乖乖地当了俘虏。

隋文帝笑逐颜开，重奖有功将士。他夸赞高颖道："好一个瞒天过海之计！若不是如此麻痹敌军，我们怎会不费吹灰之力轻易取胜？姜，到底还是老的辣嘛！"

现代战争中最成功用此计的就是日军偷袭珍珠港。1941 年 10 月 8 日，日本军阀首领东条英机正式登上了首相宝座，并且兼任陆军大臣、内务大臣，集军政大权于一身。他上台后的第一件事就是极力加快"南侵"步伐。一面与德、意两国签订同盟条约；另一方面则积极筹划向美国开战，其进攻的第一个目标就是珍珠港，希图通过对美国这一最大军事基地的集中打击，使美国在军事上处于被动地位。

首先，日本利用美国当时的全球战略方针着重点是对付德国法西斯，因而想极力避免太平洋地区短期内发生战争的心理，竭力制造种种和平假象。1941 年 8 月 7 日，日本政府主动提出建议，希望日美首脑在火奴鲁鲁直接会谈，以解决两国争端。8 月 26 日，日本内阁又写信给美国总统罗斯福，表示"日本渴望维持太平洋的和平"，并再次希望日美首脑会晤，以便消除相互间的猜疑和误会，"阐明双方见解"。11 月 4 日，只派出特使来栖前往华盛顿协助日驻美大使野村与美国政府就和平解决两国争端问题进行谈判。甚至到 12 月 4 日，日本政府仍让野村、来栖将谈判继续下去，还特别警告他们不能使美方产生谈判将会破裂的印象。

可是就在美国为这和平的美景兴奋的时候，日本政府正紧锣密鼓地策划着巨大的军事阴谋：11 月 5 日，日本天皇召集御前紧急会议，预定 12 月 8 日以袭击珍珠港为起点，正式对美国开战。接着，日本内阁便任命山本五十六大将为偷袭珍珠港联合舰队最高指挥官。11 月 15 日前后，规模庞大的日军联合航队采取化整为零、分散行进的办法进行结集；以"赤诚号"旗舰为首的四艘大型航空母舰分别驶离基地，依照不同的航线，向单冠湾悄悄进发；与此同时，攻击珍珠港的机动部队也陆续开往单冠湾待命。为了防止舰队行踪暴露，在上述行动中，各舰都选择远离商船航道的航线。同时，在舰队已经结集于单冠湾后，又特意派出一条靶船行驶于西南群岛方向，收发模拟的无线电通讯，以造成日舰没有离开日本海的错觉。

当然，日军这一切隐蔽的军事行动也并不是完全不被察觉的。其实 12 月 2 日早晨，美国驻菲律宾的海上侦察机在南中国海先后发现日本潜艇，并在金兰湾内发现大型日本运兵船 20 余艘。为这事，美国政府曾向日本政府提出质问，要求说明在印度支那增兵的理由。日本政府便欺骗美国说，增兵是为了"防备中越边境中国军队的活动"。又比如，12 月 6 日上午，美国驻英大使又传来英国海军部的一份重要情报，说是发现一支庞大的日本舰队，由驱逐舰和轻型巡洋舰护航，正穿过暹罗湾驶向拉克地海峡，如此等等。尽管日军入侵行踪一再暴露，但因美国政府对日本政府抱有幻想，轻信和平的许诺，最终丧失警惕，甚至到 12 月 7 日（即偷袭珍珠港的前一天），美国总统罗斯福还给日本天皇发电："希望美国总统和日皇共同驱散天空的乌云"。而实际上，这时，日本的特遣舰队、机动部队已经"瞒天过海"，逼近珍珠港所在地——瓦胡岛了。

1941年12月8日上午7时40分,这是一个令美国人民永世难忘的时刻,日军第一批183架攻击机从特遣舰队的六艘航空母舰起飞,到达瓦胡岛上空,拉开了偷袭珍珠港的序幕,紧接着又是171架水平轰炸机和俯冲轰炸机的轮番轰炸。当天正是星期天,驻岛美军毫无防备,故而损失极为惨重:4艘主力舰1艘受重创,3艘被炸伤;10余艘巡洋舰、驱逐舰,以及其它舰艇被炸沉或炸伤;240架飞机被炸毁;陆海军官兵死伤达4500余人;美国太平洋舰队几乎全军覆没。这次美国海军所遭受的损失超过了美国海军在第一次世界大战中所受损失的总和。

【计名典故】

本计的计名出自一个传说。相传唐贞观十七年(公元643年)唐太宗李世民率军三十万御驾亲征高丽国。这一日,太宗来到海边,对怎样才能渡过大海发起愁来了。前部总管张士贵见状,赶忙与众将商议对策,只有部将薛仁贵于情急之中,想出了一个主意,说道:皇上担心大海阻隔,难于征伐高丽,我今有一计,定叫大军平安渡过大海,取得东征的胜利。

几天后,张士贵领着薛仁贵一道拜见唐太宗,奏道:今有一位老人,精通干海之术,能将海水变干可帮助我军东征成功。太宗听说有此神奇老人,十分高兴,立即命张、薛二人带路,前去会见老人。于是君臣三人,在薛仁贵引领下,穿过一条用帷幕遮蔽的通道,来到一个处所,只见这里绣幌锦彩,茵褥铺地,百官迎候。太宗召见了老人,夸奖了他的作法,并且大张筵席,召集群臣与老人一道饮宴作乐……过了许久,忽闻风声四起,涛声如雷,杯盏倾倒,周围一片摇晃,太宗询问缘由,近臣便揭开帷幕让太宗看,只见大海茫茫,水天一色。太宗问道:这是什么地方?为何如此波涛汹涌?这时,张士贵、薛仁贵才从实奏道:这是为臣用的"瞒天过海"计,得一风势,三十万大军已经渡过大海到达东岸了。这就是传说薛仁贵用的"瞒天过海"计。可见,这里所说的"天",本意是指的天子,所谓"瞒天过海"是指哄瞒着天子在不担惊受怕的情况下,平安地渡过大海。以后,人们把"瞒天过海"作为用兵打仗三十六计中的第一计。

第二计　围魏救赵

【本篇主旨】

此计主要是用于解围的。它的特点是:以迂为直,避实就虚,攻敌所必救,以解除敌军的围困。具体地说,就是:当本军某部遭敌围困不得突围时,救援的军队不是直接进攻围困的敌军,而是以迂为直,选择敌方防守相对空虚而又地处要害的地区进行攻击,以迫使敌方撤围回援,并趁敌军在回援途中,发起奇袭,以克敌制胜。

【原文】

共敌不如分敌[①],敌阳不如敌阴[②]。

【注释】

①共敌、分敌：这里是指集中的敌人与分散的敌人。

②敌阳、敌阴：敌，攻打。阳，这里是指公开、正面、先发制人；阴，这里是指隐蔽、侧面、后发制人。敌阳不如敌阴，指正面攻敌，不如从侧面攻敌。

【译文】

攻打集中之敌，不如攻打分散之敌。从正面攻敌，不如从侧面攻打防守相对薄弱之敌。

【故事论述】

这个计谋在古代有过精彩的运用，现代也不乏精彩案例。革命家黄兴就曾用过一回，1911年4月，孙中山领导黄花冈起义前，为了收集武器弹药，黄兴押运一条装有武器弹药的商船到了广州码头。当时清政府盘查得很严，几个稽查员上船打开了几个箱子，里面是香蕉、衣物，但如果再往下查，武器弹药就要大白于天下了。关键时刻黄兴急中生智：他让两名船员扛起两个箱子就往岸上跑，稽查人员以为是违禁物品，赶忙追上去，打开箱子一看，却只是两箱满满的外国好酒。黄兴赶上前去，故意骂船员是"不要命的酒鬼"，又殷勤地把两箱好酒敬献给了稽查。事后，又去酒馆请稽查饱餐了一顿。这顿饭吃了好几个小时，等稽查醉醺醺地返回时，船上的武器弹药早已搬走。黄兴以"虚"化"实"的计谋，巧妙地运用了"围魏救赵"之声东击西的计策，从而化险为夷。

【计名典故】

本计出自《史记》记载的齐魏桂陵之战。计名则见于明罗贯中《三国演义》第三十回。

第三计 借刀杀人

【本篇主旨】

通过利用矛盾，借敌方内部的力量，或者是盟友的力量，削弱或消灭敌对势力。而其关键所在，则是善于捕捉和利用敌方的矛盾，包括敌方内部的矛盾以及敌方与盟友的矛盾，想方设法使这些矛盾扩大、激化。直至引起敌方自相争斗，或者是引起敌方与盟友的争斗，以达到削弱或消灭敌方实力的目的。因此，在军事上，此计的运用多是与使用间谍相联系的。

【原文】

敌已明，友未定①，引友杀敌②，不自出力。以《损》推演③。

【注释】

①敌已明，友未定：指打击的敌对目标已经明确，而盟友的态度却一时尚未明确。

②引友杀敌：引，引诱。引友杀敌，即引诱盟友的力量，去消灭敌人。

③以《损》推演：根据《损卦》"损下益上"、"损阳益阴"的逻辑去推演。

【译文】

敌人已经明确,盟友的态度尚在犹豫之中,这时应极力设法诱使盟友去攻打敌人,而无需自己出力。这是从《损卦》卦义的逻辑推演出来的。

【故事论述】

很久很久以前,中国有一段非常著名的时期,那个时代百家争鸣,畅所欲言,那就是春秋时代。那时候我们的孔圣人还没有得到他应有的地位,还在到处谋职求官。当时和他一样有名的并且已经人生得意的晏子是齐国的谋臣。这个故事就是关于历史上这个著名的矮人的。这个故事有一个响亮的名字就是二桃杀三士。

齐景公手下有三个勇士:公孙接、田开疆和古冶子。他们的勇敢无人可比,他们的力气无人可及,甚至可以空手降服猛虎。

一天,齐国正卿晏子碰到这三名武士,可他们没有一个人离开自己的座位向他施礼。这一不礼貌的举动令晏子非常气愤。于是他来见齐景公,报告这一他认为对国家有危害的现象:"这三个人勇而无礼,目中无上,一旦到了国家需要他们的时候,还能指望他们能做到对内制止暴虐,对外勇敢杀敌吗? 我认为那是不可能的,所以我建议:愈早除掉他们愈好!"

从这一段话我们可以看出,这三位勇士是因为对贵为公卿的晏子不礼貌才让晏子非常恼火的。那是一个礼的时代,如果谁有违礼法那是大逆不道的,而且一个国家的武士如果不能对国家的公卿有礼,在晏子看来是非常危险的。这也是千百年来固有的传承,因为一个武士最终总是会死在一个政治家的手中。

晏子的提议让齐景公很为难,因为这三个人也是为国家立下汗马功劳的人,但又不能得罪他的谋臣晏子。景公叹口气,面露难色地说:"这三人都是作战英雄,要想降服或杀死他们几乎是不可能的,这如何是好?"因为一个国君杀死为国家效命的功臣是不义的,何况在那个群雄争霸的时代,哪一个国君不想为自己培养一些将才呢。

可晏子好像一定要杀死这三个对自己不礼貌的人,用他自己的话说,就是能对我无礼,那他就是瞧不起当今的国君,因为他是国君的要人。于是晏子思索片刻后道:"我有个主意,派一使者,带两只桃子给这三个人,并告诉他们:三位可以计功而食桃,谁的本事最大,谁就可以得到一只桃子。"

于是景公按计行事。果不其然,三个勇士各言其功,开始相互比较他们的本领了。公孙接首先道:"有一次,我空手制服了一头野猪;另一次我捉住了一只猛虎。凭我的本事,我应该得到一只桃子。"于是他拿过一只桃子。接着,田开疆说:"有两次,我手持长矛,打跑了一整队敌人。凭我的本领,我也应该得一只桃子。"说完他也拿了一只桃子。古冶子看到桃子都被拿走,没有他的份了,就怒气冲冲地说道:"有一次我跟随主公渡黄河,一只巨鼋抢走了我的左骖之马,窜进湍急的河水中。我潜到水中,在河底潜行,逆流百步,顶流九里,最后找到巨鼋并杀了它,救回了左骖之马。当我左手提着骖尾,右手提着鼋首从水中跳出来时,岸边的人都当我是河神呢。凭这本事,怎么说也该配得一只桃子吧? 难道你们当中就没有谁想把自己的桃子让给我吗?"说着,他拉出宝剑站了起来。

这时公孙接和田开疆发现他们的同伴发怒了,不由感到惭愧。他们说道:"我们的勇猛都比不上你,我们的本事也不能和你相提并论。我们拿了桃子却没把它留给你,说明我们两人有贪心。今天若不以死来表达我们对自己贪心的忏悔,那我们岂不是胆小鬼吗?"随后,两人把桃子拿出来,然后拔出宝剑自刎而死。

古冶子面对两具尸体,良心受到深深的谴责。他自言道:"两个伙伴已死,只我一个还活着,这是不仁;用言语羞辱他人,而吹嘘自己,这是不义;对自己的行为感到厌恶而不去死,这是不勇。假如他们两个把一个桃子分成两半,他们就都可以得到与他们的本领相称的一部分,我也就可以得到我应该得到的一个桃子了。"

说完,他扔掉桃子,同样自刎而死了。使者回报景公:"他们都已经死了。"

后人有诗叹道:步出齐城门,遥望荡阴里。里中有三坟,累累正相似。问是谁家冢?田疆古冶子。力能排南山,文能绝地理。一朝被谗言,二桃杀三士。谁能为此谋?国相齐晏子。

上面这首诗为诸葛亮所作,他赞颂了三位勇士,斥责了晏子借刀杀人。晏子没有胆量直接处死三个失礼的猛士,却利用"英雄人物往往易于激怒,因为他们特别注重自己的名声、荣誉和自尊心"这一点,在他们中间散布嫉恨的种子。最后,借他们自己的手杀了他们。

历史上还有许多借刀杀人的典故,因为太多人想除去自己的绊脚石又不想落得个不义的名声,于是就会用别人性格过激的特点造就一个杀人犯。东汉末年,有一个著名的天才少年叫祢衡,他少有才辩,文思敏捷,他不仅精通诗文,而且通音律,尤其善于击鼓。但是这个人却有个坏毛病,就是有点恃才傲物。当时曹操想提拔他,但被他拒绝了,这让这个挟天子以令诸侯的人实在恼火,就让他当了军中的击鼓手。在一次宴会上曹操想羞辱祢衡一下,不想却反被祢衡羞辱了一番。曹操当时憋着这口气没有发作,因为他不想落个杀贤人的名声。过些时候他对孔融说:"祢衡这个刻薄的家伙,竟在众人面前骂我,但他又是一代才子,我若杀了他,那天下的人就会说我不能容人。我决定把他送到荆州刘表那里,刘表是个性格暴躁、气量狭小的人,他到那里很快就会没命的。"

可曹操的这次估计是错误的,因为祢衡太有名了,就连刘表也不敢杀他,而是又把他送到自己的大将黄祖手中。这一次祢衡没那么幸运了,因为黄祖实在无法容忍他的坏脾气,而且也似乎领会了曹刘的意图,就把他给杀了。

其实曹操把祢衡送到刘表手中,不仅仅是想借刘之手杀掉这个骂自己的人,更想让刘表得一个杀名士的恶名而让天下人唾骂刘。但刘似乎识破了曹的这一诡计,没让曹的连环计得逞,但终归是他帮曹杀了祢衡。

【计名典故】

本计内容在春秋战国的史书中多次可见,而"借刀杀人"一语,则见于明代戏剧《三祝记》"这所谓借刀杀人,又显得恩相以德报怨,此计何如"一语。这出戏是写范仲淹的政敌企图让他任军队统帅——环庆路经略招讨使,去平息西夏赵元昊,企图借西夏人的刀杀害范仲淹的故事。

第四计　以逸待劳

【本篇主旨】

本篇强调要把握战场的主动权,以引诱敌人,"调动"敌人,使敌人疲劳,然后抓住战机,克敌制胜。《损》卦的说法,就是:以静制动,损刚益柔。

【原文】

困敌之势①,不以战。损刚益柔②。

【注释】

①势:情势、趋势。这里指态势。

②损刚益柔:语出《易·损·蒙》:"……损刚益柔有时……"损卦为兑下艮上,是由泰卦乾下坤上变来的。泰卦的九三变为损卦的上九,而泰卦的上六则变为损卦的六三,说明由泰卦变为损卦是损乾益坤、损刚益柔的结果。但这种损刚益柔只要因时也会吉利。

【译文】

迫使敌人处于困难的局面,不一定用直接进攻的手段(而可采取疲惫、消耗敌人的手段)。这是从《周易》损卦象辞中"损刚益柔有时"一语中悟出的道理。

【故事论述】

三国时,蜀将关羽围困魏地樊城、襄阳,曹操惊慌,想迁都避开关羽的威胁。司马懿和蒋济力劝曹操说,刘备、孙权表面上是亲戚,骨子里却是疏远的。关羽得意,孙权肯定不愿意。可以派人劝孙权攻击关羽的后方,并答应把江南地方分给孙权。曹操采纳了他们的计谋,关羽最终兵败麦城。

孙权中了曹操的借刀杀人之计杀了关羽,还把关羽的头送给了曹操。刘备怒不可遏,亲自率领七十万大军伐吴。蜀军从长江上游顺流进击,居高临下,势如破竹。举兵东下,连胜十余阵,锐气正盛,直至彝陵、哮亭一带,深入吴国腹地五六百里。孙权命青年将领陆逊为大都督,率五万人迎战。

陆逊深谙兵法,正确地分析了形势,认为刘备锐气始盛,并且居高临下,吴军难以进攻。于是决定实行战略退却,以观其变。吴军完全撤出山地,这样,蜀军在五六百里的山地一带难以展开,反而处于被动地位,欲战不能,兵疲意阻。相持半年,蜀军斗志松懈。

陆逊看到蜀军战线绵延数百里,首尾难顾,在山林安营扎寨,犯了兵家之忌。时机成熟,陆逊下令全面反攻,打得蜀军措手不及。陆逊一把火,烧毁蜀军七百里连营,蜀军大乱,伤亡惨重,慌忙撤退。陆逊创造了战争史上以少胜多、后发制人的著名战例。

看来只要有足够的时间、足够的财力,只要等到敌军人困马乏就可取胜。这也是为什么说"师不袭远"的道理。只要远行就会补给不足,而这一不足就会给人以可乘之机。

春秋时期的荀莹也曾用此计大获全胜。公元前 559 年，一天，晋悼公问荀莹说："怎样才能使郑国臣服呢？"可见人的心是多么的不容易满足，本已是侯王，却还是想去争服其他的侯王。见自己的主人问这样的话，荀莹就回答："郑国之所以屡服屡叛，是因为有楚国作它的后盾。我们只有削弱楚国的力量，郑国自然就会真正归服了；但是，要想削弱楚国在军事要用'以逸待劳'之计。这对于郑国来说无异于釜底抽薪。"晋悼公接着又问："什么叫'以逸待劳'？"荀莹解释说："军队不可以连续多次征战，多战就会疲劳；诸侯国不可以连结多次地役使，否则就会招来怨恨。这样，'见疲外急'，要想对付楚国，是不可能取胜的。因此，我请求把晋国的军队分成上、下、新三军，每次同楚国作战，只动用一军人马，三支军队轮番使用；而且还应采取烦扰战法，等楚军进时，我军即退，等楚军退时，我军就进。要弄得楚军求战不得战，求安不得安，往来奔跑，疲惫不堪。而我军却有两支军队经常处在休整状态，这样就是以逸待劳，终有一天会战胜楚国，使郑国失去后台而归顺我国了。"晋悼公听了荀莹这番话，非常赞赏，当即任命荀莹为中军主帅，把全国军队按荀莹的意见分成了三军。第一次由上军出战，第二次由下军出战，第三次由新军出战，荀莹则统帅中军分别接应。如此轮番对楚国出战，果然搞得楚军疲惫不堪，这时荀莹见时机已到，发起突然攻击。晋军士气正盛，逼得楚王最后不得不忍痛"让郑于晋"，任凭晋国进攻郑国，使之归降于晋国了。

【计名典故】

本计语出《孙子兵法·军争篇》："以近待远，以佚待劳，以饱待饥，此治力者也。"《虚实篇》也说："凡先处战地而待敌者佚，后处战地而趋战者劳。故善战者，致人而不致于人。"

第五计　趁火打劫

【本篇主旨】

本计的主要特点是，趁敌人处于危险、混乱的时机，坚决果断地攻击敌人，从中取利。

【原文】

敌之害大①，就势取利，刚决柔也②。

【注释】

①敌之害大：害，指遇到严重灾难，处于困难、危险的境地。

②刚决柔也：决，冲开、去掉，这里引申为摈弃、战胜。王夫之《周易内传》卷三曰："夫之为言决也，绝而摈之于外，如决水者不停贮之。决而任其所往。"全句意为乘刚强的优势，坚决果断地战胜柔弱的敌人。

【译文】

如果敌人正处在艰难境地，那我方就正好乘此有利时机出击，坚决果断地打击敌人，以取得胜利。这是从《周易》卦象辞"刚决柔也"一语中悟出的道理。

【故事论述】

努尔哈赤、皇太极都早有入主中原的打算,只是直到去世都未能如愿。顺治帝即位时,年龄太小,只有七岁,朝廷的权力都集中在摄政王多尔衮身上。多尔衮对中原早就有攻占之意,想在他手上建立功业,已遂父兄未完成的入主中原的遗愿。他时刻虎视眈眈地注视着明朝的一举一动。

明朝末年,政治腐败,民生凋敝。崇祯皇帝宵衣旰食,倒想振兴大明。可是,他猜疑成性,贤臣良将根本不能在朝廷立足,他一连更换了十几个宰相,又杀了名将袁崇焕,他的周围都是些奸邪小人,明朝崩溃大局已定。

这似乎是中国历史的通病,只要一个大将的功劳过大,就会惹来杀身之祸。所以一个聪明的将帅一定要牢记功高不可盖主。春秋时代的文种就因不识时务而被勾践杀掉了。

正是因为崇祯有这样一种可怕的心理,才有了李自成的攻入京城。公元 1644 年,李自成率农民起义军一举攻占京城,建立了大顺王朝。可惜农民进京之后,立足未稳,首领们就渐渐腐化堕落。这些阶级弟兄虽然抗战了很多年,但多是斗大字不识一箩筐的人,当他们看到京都的花花世界又怎能把持得住呢? 不是说"将相宁有种乎吗?"但将相之种却因见多了太多的繁华就能守住得来的政治资本,但如何能让这些农民见了宝贝而不为所动呢,他所想要的不就是手中的东西吗? 他们怎么能知道如何去管理一个国家? 他们注定不会拥有贵族所拥有的东西。

李自成竟是如此的目光短浅,竟把明朝名将吴三桂的爱妾陈圆圆给掳走了。可能他真的没有皇帝之命,如果一个国家都是自己的了,难道还愁没有美女吗? 他为什么要得罪一个前朝把守国家险地的将军呢? 其实他如果不这样做,吴三桂就会归顺于他了,因为吴三桂本是势利小人,惯于见风使舵。他看到明朝大势已去,李自成自立为大顺皇帝,本想投奔李自成巩固自己的实力。而李自成胜利之后,滋长了骄傲情绪,没把吴三桂看在眼里,抄了他的家,扣押了他的父亲,掳了他的爱妾。本来就朝三暮四的吴三桂,"冲冠一怒为红颜",决定投靠满清,要借清兵势力消灭李自成。多尔衮闻讯,欣喜若狂,认为时机成熟,可以实现多年的愿望了。吴三桂也打开了山海关的大门,让清军长驱直入,只用了几天的时间就攻入北京城,李自城最后是江山没得到,美人也没得到。这吴三桂的一怒只是凭白让满人得了好处,多尔衮在两个汉人的怒火中得到了万里江山。

近代也有例子。阎锡山的一生一直把"中"字看作是做人的原则,这一人生哲学决定了他处世圆滑,善于在夹缝处生存。但他一旦看准了目标,看准了形势,也是很会"趁火打劫"的。他曾以趁火打劫为谋计,成功地打败了直系军阀吴佩孚。

辛亥革命后,阎锡山一直在夹缝中生存。但他练就了看风使舵的本领。当时,对阎锡山有直接影响的军事力量有以张作霖为首的奉系军阀,以段祺瑞为首的皖系军阀,以吴佩孚为首的直系军阀等。第一次直皖战争结束后,直系军阀打败了皖系军阀。曹锟和吴佩孚掌握了北京权力,阎锡山急忙通电表示支持,曹锟落选,山西方面也给报销五十万元巨资。1924年 9 月又爆发了第二次直奉战争,在这次战争快要结束的时候,阎锡山加入了反直阵线。

阎锡山为什么要加入反直阵线呢? 他是要趁火打劫。战争开始之前,张作霖、段祺瑞、吴佩孚三方都派代表到山西与阎联络,阎只是应付,不作和任何一方联合的表示。并且告诫部下:"无论哪方面的代表来了,都不要说太肯定的话。我不表示意见,你们也不要表示。"

1924 年 9 月 5 日,张作霖发表通电,正式向直系宣战,他把军队编成六个军,总兵力达十七万,进犯山海关。第二次直奉战争爆发了。9 月 22 日,直系军队的前沿阵地朝阳被奉军攻破,奉军乘胜追击,直逼凌源。26 日,直奉两军在建平展开激战,直军死伤共有两千余人。奉军张宗昌部攻克了凌源。9 月 8 日,奉军第一军副军长韩麟春率敢死队三千人脱去上衣,赤膊督战,与直军白刃拼杀。双方伤亡惨重,三千人中战死两千多人。9 月 9 日奉军攻占赤峰。17 日,又攻下石门寨。吴佩孚向秦皇岛败退,而直系后方仍有强大的军事力量可沿平汉线增援。19 日,冯玉祥在滦平发动政变。阎锡山看时机已经成熟了,他要借机趁火打劫了。

当时,直系在河南有五万大军,还有湖北的萧耀南的队伍,他们如果率部沿平汉线北上增援的话,吴佩孚则很可能转败为胜。而阎锡山以前屈从在吴佩孚的手下,认为吴佩孚"逼人太甚",在他底下干事,"困难很很"。如今吴佩孚兵败如山倒,正是倒戈趁火打劫的好时机。于是阎锡山派兵进驻石家庄,切断了平汉线,使直系援军难以北上,最后以彻底惨败而告终。

【计名典故】

本计出自《孙子兵法》"乱而取之"的思想,计语最早见于明代吴承恩的小说《西游记》中。唐玄奘法师离开大唐国,往西天取经。一天晚上,他和大弟子孙悟空来到一座小庙投宿。这座庙有上下房间共七十多间,僧客二百多人。庙中老方丈命人敬茶。闲谈间,问唐僧有何宝物,可以让他开开眼。于是,悟空把带来的袈裟拿出来炫耀。方丈一见,顿生歹念,假托老眼昏花,看不清楚,要求当夜借袈裟到后房仔细看看。就这样骗得了袈裟。晚上,方丈和手下僧人商议,将禅堂放火烧毁,把睡在里面的师徒两人一起烧死,以便将袈裟据为己有。可晚上悟空并未睡着,方丈的阴谋被他听到了,便变成一只小蜜蜂飞出禅堂,一个筋头翻进南天门,向广目天王借了"避火罩",回去罩住了唐僧和白马。到了半夜,和尚们果然放火烧禅堂,火愈烧愈旺,把观音院烧得通红,惟有唐僧所在禅堂安然无恙。这时,观音院正南面一座山,有一黑风洞,洞中妖怪被火光惊醒,他与观音院方丈素有交情,便纵起云头去帮众僧救火。火光中,见前后大殿被烧成断垣残壁,惟有方丈室案上有一青毡包袱,里面透出一道道霞光彩气,打开一看,是一件锦袈裟,乃佛门宝贝。妖怪一见此宝,也就不再想救火了,拿着袈裟,径直回到了黑风洞。

第六计　声东击西

【本篇主旨】

以假象造成敌人的错觉,采用灵活机动的军事行动。忽东忽西,不攻而攻,攻而不攻,似可为而不为,似不可为而为,伪装攻击方向,出其不意,夺取胜利。

这一计的使用就是让人摸不清意图,和围魏救赵有些类似,但只是一种假象,而不是真的要去攻占什么地方,但围魏救赵却是如果不救助被攻对象,那就有被攻占的危险。不同之处重点一个在救,一个在击,两者的目的是不同的。

【原文】

敌志乱萃①,不虞②,坤下兑上之象③,利其不自主而攻之④。

【注释】

①敌志乱萃:萃,野草丛生。全句意为敌人神志慌乱,失去明确的主攻方向。

②不虞:虞,预料。不虞,意料不到。

③坤下兑上之象:《易经》萃卦下卦为坤,上卦为兑。此卦三阴聚于下,二阳聚于上,各依其类以相保,群阴虽处致用之地,高居最上之位,也都为了保阳,所以萃卦六爻都说"无咎"。如果使这种群阴保阳的局面受到扰乱,就将祸乱丛生,有意料不到的困难与危险。

④利其不自主而攻之:不自主,即不能自主地把握自己的前进方向和攻击目标,全句意为在敌人不能把握自己前进方向的情况下,对我方有利,应乘机进攻打击敌人。

【译文】

敌人神志慌乱,不能正确预料和应付突发事件和复杂局面,正如坤下兑上的萃卦受到扰乱一样。要利用敌人这种不能自我控制前进方向的时机,对敌人发起攻击。

【故事论述】

东汉时期,班超出使西域,其主要用意是联合西域各国共同抗击匈奴。为此,必须首先打通南北通道。这时地处大漠西边的莎车国,却煽动周边小国归附匈奴,以反对汉朝。

班超决定首先平定莎车国,莎车国王遂向龟兹国求援。龟兹国王遂率五万人马前来援救莎车国。班超于是联合于阗等国,但只募集兵力二万五千人,敌众我寡,难以力克,必须智取。于是班超遂定下声东击西之计,以迷惑敌人。班超派人在军中散布对他的不满言论,制造不敢与龟兹较量,准备立即撤退的假象,并且故意让莎车国的俘虏听得一清二楚。一天的黄昏之时,班超命于阗大军向东撤退,自己率部向西退却,还显得慌乱异常,故意让俘虏趁机逃脱。俘虏逃回莎车国后,急忙报告汉军慌忙逃脱的消息。龟兹王大喜过望,误以为班超此举是因惧怕而慌忙逃窜,想借此机会,前去追杀班超,他立即下令兵分两路,追击汉军。龟兹王亲自率一万精兵向西追杀班超。

而班超却胸有成竹,趁夜幕笼罩沙漠之机,撤退仅有十里地,大队便就地隐蔽。龟兹王求胜心切,率领追兵从班超隐蔽处飞驰而过。班超立即集合队伍,与事先约定的东路于阗人马,迅速回师,杀向莎车追兵。

班超的队伍如同从天而降,杀得莎车军猝不及防,于是迅速被瓦解。而莎车王惊魂未定,逃脱不了,只得请降认输。而龟兹王气势汹汹地追赶一夜,却未见班超队伍的踪影,又听到莎车已被平定的消息,只好收拾残部,悻悻地回到龟兹去了。

在现代战争中这一计也常被使用。粟裕大将,善于用兵,精通诈术,虚虚实实,真真假假,令敌畏怯。他的用兵格言是:"对敌多施欺诈手段,应该极尽欺诈之能事。"在解放战争著名的莱芜战役中他成功地运用"声东击西"谋计,把老谋深算的对手陈诚打得一败涂地。

当时,陈诚是国民党军的最高指挥官。他采用南北夹击战术,命欧震率领八个整编师,由南向北,命李仙洲率三个师由北向南,妄图把我军夹击于"沂蒙山区"。

粟裕决定先把北线的敌人吃掉。为此要制造假象,迷惑敌人,他命令第二、第三两个纵队在临沂及其以南地区扩大正面防御,构筑三线阵地,摆出决战的架势。,以造成我军主力仍在临沂一带的假象,引诱敌人进行节节阻击。

粟裕的这种"声南"的计谋,迷惑了国民党军政要员,国民党中央宣传部长彭学诚声称:"攻占临沂为国民军在鲁南决战的空前大胜。"

粟裕还亲自部署兖州附近的地方武装,积极进逼兖州。并在运河上架设桥梁,声言要与刘邓的中原部队会合,造成我军马主力西渡运河的态势。

敌军攻下临沂之后,陈诚在徐州说:"陈毅残部(陈粟兵团)迭经重创,已无力与国民军决战,企图偷渡运河,欲与刘邓会合。国民军正在追剿中,山东大捷指日可待。"

陈诚完全被粟裕制造的假象迷惑了,我军向北运动,被他看作是继临沂失守之后的大遣逃。陈诚完全中了"声东击西"之计。

坐镇山东济南的王耀武是一只老狐狸,他看出我十几万大军向西北方向运动的意图,生怕被我军歼灭,慌忙调整部署,急令北线部队后缩。为了进一步迷惑陈诚,粟裕命令我军先头部队不要打击正在后缩的王耀武部队。

陈诚对王耀武不听从他的指挥十分恼火。他电令王耀武把已经后缩的部队立即转向莱芜、新泰一线。王耀武不敢违抗军令,于是,已经逃出我军包围圈的敌军,又钻进我军预设的口袋阵里。结果,粟裕一声令下,把敌人打得全面溃败。

战争有时比拼的不仅是实力,更多的则是智力的较量。

【计名典故】

声东击西计,出自杜佑(公元735—812年)所著《通典》第153卷《兵六》一章:"声言击东,其实击西。"其实,《孙子兵法》早有"攻其不备"的思想。《淮南子·兵略训》更把"将欲西而示之以东"作为重要的"用兵之道",《韩非子·说林上》也说:"今荆人起兵将攻齐,臣恐其攻齐为声,而以袭秦为实也。不如备之,戍东边,荆人辍行。"

第二套　敌战计

第七计　无中生有

【本篇主旨】

本计的特点是,制造一种假象,有意让敌人识破,使之失去警惕,然后又化无为有,化假为真,化虚为实;真的攻击敌人了,而敌人却仍然以为是假的,不作防备,从而为我所乘,战而胜之。

【原文】

诳也,非诳也①,实其所诳也②。少阴、太阴、太阳③。

【注释】

①诳也,非诳也:诳,欺骗,迷惑。全句意为虚假之事,又非虚假之事。

②实其所诳也:实,实在,真实。实其所诳,是说把真实的东西充实到假象之中。

③少阴、太阴、太阳:原指《易经》中的兑卦(少阴)、巽卦(太阴)、震卦(太阳)。这里少阴是指稍微隐蔽的军事行动,太阴是指大的秘密军事行动,太阳则是指大的、公开的军事行动。全句意为在稍微隐蔽的行动中隐藏着大的秘密行动。大的秘密行动,也许正是在非常公开的、大的行动掩护下进行。

【译文】

用虚假情况迷惑敌人,但又不完全是虚假情况,因为在虚假情况中又有真实的行动。在稍微隐蔽的军事行动中,隐藏着大的军事行动;大的隐蔽的军事行动,又常常在非常公开的、大的军事行动中进行。

【故事论述】

战国末期,七雄并立。实际上,秦国兵力最强,楚国地盘最大,齐国地势最好。其余四国都不是他们的对手。当时,齐楚结盟,秦国无法取胜。秦国的相国张仪是著名谋略家,他向秦王建议,离间齐楚,再分别击之。秦王觉得有理,遂派张仪出使楚国。

张仪带着厚礼拜见楚怀王,说秦国愿意把商于之地六百里(今河南淅川、内江一带)送与楚国,只要楚能绝齐之盟。怀王一听,觉得有利可图:一得了地盘,二削弱了齐国,三又可与强秦结盟。于是不顾大臣的反对,痛痛快快地答应了。怀王派逢侯丑与张仪赴秦,签订条约。二人快到咸阳的时候,张仪假装喝醉酒,从车上掉下来,回家养伤。逢侯丑只得在馆驿住下。过了几天,逢侯丑见不到张仪,只得上书秦王。秦王回信说:既然有约定,寡人当然遵守。但是楚未绝齐,怎能随便签约呢?

逢侯丑派人向楚怀王汇报,怀王哪里知道秦国早已设下圈套,立即派人到齐国,大骂齐王,于是齐国绝楚和秦。

这时,张仪的"病"也好了,碰到逢侯丑,说:"咦,你怎么还没有回国?"逢侯丑说:"正要同你一起去见秦王,谈送商于之地一事。"张仪却说:"这点小事,不要秦王亲自商定。我当时已说将我的奉邑六里,送给楚王,我说了就成了。"逢侯丑说:"你说的是商于六百里!"张仪故作惊讶:"哪里的话!秦国土地都是征战所得,岂能随意送人?你们听错了吧!"

逢侯丑无奈,只得回报楚怀王。怀王大怒,发兵攻秦。可是现在秦齐已经结盟,在两国夹击之下,楚军大败,秦军尽取汉中之地六百里。最后,怀王只得割地求和。

下面这个故事更能说明无中生有在中国有它特殊的意义。

战国时期,魏国和赵国结成联盟。按照协约,魏国要把王子作为人质送往赵国。魏王让他最亲近的大臣庞葱陪伴王子赴赵。庞葱担心,在他出国期间,某些大臣会在大王面前中伤他,于是临行前同魏王谈了一次话:"如果有人向您禀报,都城街上有一只老虎在游荡,您会信吗?"

"不,怎么可能有这样的事呢?"

"如果又来一个人向您禀报同样的事,您会不会信呢?"

魏王思考片刻,然后答道:"不,就算有两个人来说,我也不会相信。"

"可假如第三个人来说在街上看见一只老虎,您会不会信他呢?"

"那我就会相信他,如果三个人都说有这回事,那这件事肯定就是真的了。"

对此庞葱说道:"都城街上没虎,但是三个人说有虎,就成了有虎。现在我要陪伴王子到遥远的赵国去。在我去赵国期间,要陷害我的肯定不止三个人。我希望,大王明察。"

魏王点头应道:"我明白你的意思,你放心地去吧。"

后来果如庞葱所料的一样,许多大臣在魏王面前说庞葱的坏话。开始,魏王充耳不闻。可对庞葱的诬陷活动愈演愈烈,魏王便开始疑心了。最后,他确信庞葱是个不可靠的人。庞葱回来后,发现他已失去了魏王的信任。而这一切仅仅是因为谎言说的次数多了,也就变成了"事实"。这就是历史上有名的三人成虎的故事。所以这一计是一个阴暗的计谋。

【计名典故】

本计语出中国古代哲学家老子的《道德经》第40章:"天下万物生于有,有生于无"。老子揭示了万物的有与无相互依存,相互变化的规律。我国古代军事家尉缭子把老子的辩证法思想运用到军事上,进一步分析虚无与实有的关系。《尉缭子·战权》中说:"战权在乎道之所极,有者无之,安所信之?"主张用无的假象迷惑敌人,乘敌人对"无"习以为常之际,化无为有,以虚为实,出其不意,打击敌人。

第八计 暗度陈仓

【本篇主旨】

将真实的意图隐藏在不令人生疑的行动背后,将奇特的、非一般的、非正规的、非习惯的行动隐藏在普通的、一般的、正规的习惯的行动背后,迂回进攻,出奇制胜。明修栈道表示公开的行动,暗度陈仓表示隐藏的真实意图。

【原文】

示之以动①,利其静而有主②。益动而巽③。

【注释】

①示之以动:动,行动,动作,这里是指军事行动。全句意为把佯攻的行动故意显示在敌人面前。

②利其静而有主:静,平静。主,主张。全句意为利用敌人已决定固守的时机。

③益动而巽：益、巽，都是《易经》的卦名。《易经·益·象》说："益：动而巽，日进无疆。"是说益卦下卦为震、为动，上卦为巽，为风、为顺。意思是说，行动合理、顺理，就会天天顺利，无有止境。又解：益，收益。巽，为动、为前进。联系本计，意为表面上，努力使行动合乎常情，暗地里，主动迂回进攻敌人，必能有所收益。

【译文】

故意采取佯攻行动，利用敌人已决定固守的时机暗地里迂回到敌后进行偷袭，乘虚而入，出奇制胜。

【故事论述】

公元前207年，项羽在巨鹿（今河北平乡西南）与秦军作战，取得了决定性的胜利。之后，他与各路起义军首领、主要是与沛公刘邦争夺天下，历时四年，史称"楚汉战争"。

前206年，项羽率四十万大军挺进关中，意欲攻下咸阳。这里土地肥沃，是秦王朝的核心地区，所以秦兵把守得很牢。进至函谷关时，他才获悉，刘邦的十万大军早已攻占了咸阳城，并自立为关中王了。因为当时农民起义军领袖楚怀王曾许诺：反秦的起义军中，谁第一个攻下咸阳，谁就为关中王。

刘邦的自立为王激怒了项羽，因为在反秦的战斗中他是主力。于是他率兵逼进关中，在鸿门（今陕西省临漳东面）扎下营寨，并宣称要消灭刘邦。这时，刘邦在兵力上处于劣势，不能与项羽正面对抗。所以他亲赴鸿门想稳住项羽。项羽设宴招待刘邦。席间，项羽的谋士范增示意项羽的堂弟项庄在刘邦座前舞剑，企图乘机刺杀他。因为在范增看来，今后刘邦必将是项羽的劲敌。但由于张良和樊哙的保护，刘邦在终席前以"如厕"为借口，逃离了项羽的营寨。这就是历史著名的不怀好意的"鸿门宴"，成语"项庄舞剑意在沛公"就是由此而来。项羽的不幸也在这次鸿门宴后开始了。这样一个性情中人怎能斗得过一个政治家？他见不得搞政治的那套把戏，赶走了他身边的谋士，而刘邦却招募大量的谋士为其服务，他不杀刘但却不保证刘不杀他，而识时务的刘邦趁机把咸阳和关中让给了项羽。项羽则在前206年自封"西楚霸王"。他的势力范围在今江苏、安徽、山东、河南地区，并定都彭城（今江苏徐州市）。中国其余地区被分为十八个封地。项羽希望刘邦离他愈远愈好。于是就把汉中封给了刘邦，也就是今四川东部和西部地区以及陕西的西南部地区，再加上湖北一小部。刘邦也就因此获得"汉中王"的称号。自此也就有了汉朝的国号和年号。

为了防止刘邦今后有非分之想，项羽把与汉中相邻的关中分成了三部分，分别封给三个秦朝降将。直接与刘邦相接的雍王就是原秦将章邯。

这样一来，刘邦不得不离开关中。在从关中迁往汉中途中，他命人将途中的一条一百多里长的栈道烧毁。此举一方面可以防止诸侯、特别是章邯军队的入侵，另一方面也可以迷惑项羽，似乎刘邦再也无意回关中了。

过了不久，还是在前206这一年，没有得到项羽分封的田荣在原先齐国地区起兵反对项羽。刘邦命韩信（？—前196）作好进攻关中的准备。为了蒙骗敌人，韩信派一些士兵前去修复栈道。章邯得知，觉得十分好笑，说："想用这么几个人把栈道重新修好，简直像儿戏一般。"其实韩信并非真的打算从栈道进攻关中。就在重修栈道开始后不久，他已率领刘邦军队的主力从一条小路,即故道(今陕西凤翔西北)迂回到了陈仓。章邯仓促应战,结果大败。暗度陈仓是刘邦与项羽一系列战役的开端。这些战役直到前202年方告结束,汉朝最终统一了天下。

三国时期是一段非常热闹的历史时期,当时有太多杰出人物,也可以说那是一个英雄可以寻梦的时代。最让人兴奋的是一个自称为汉皇后裔的卖草鞋的人出现在了中国历史的舞台上,并使用计谋夺得了本属于吴国的荆州(今湖北、湖南以及河南、贵州、广东、广西等省的部分地区)。于是一段斗智斗勇的故事开始了。

吴王孙权(182—252)意欲从刘备(161—223)手中夺回荆州。他把这个任务交给大将吕蒙(178—219)。吕蒙获悉,荆州关羽在北上讨伐曹操时,并未忘记南线的防守,他派重兵加强了南线的防守,还命人沿江造起了烽火台。为麻痹关羽,吕蒙借口染病,交出帅印。他推荐年少的陆逊接替自己,但暗中却在作攻打荆州的准备。吕蒙病退的消息蒙骗了关羽,他犯了一个武将可能犯的错误,认为陆逊年少无知,不足为敌,因而把本来防守南线的部队调到北方去攻打曹操了。这时,吕蒙认为时机已到,他组织了一支船队,把一部分士兵藏在船仓中,另一部分士兵穿上白衣,扮成商人模样,向荆州进发。这支船队混过哨卫,到达目的地后,士兵们跳出船仓,很快就占领了荆州。于是关羽陷于北曹、南吴两面夹攻之中。

吕蒙称病隐退,由一个少年将领接替他,整个看来这是一件极为平常的事,就同韩信重修栈道一样。可是暗地里,吕蒙却在秘密部署进攻关羽。就像韩信暗度陈仓,突然袭击了章邯一样,装病退辞的吕蒙率领"商船队"白衣渡江,突然袭击了关羽。

事实上刘备占有荆州是有点趁火打劫的意思,又被吴将用暗度陈仓之计给夺回来了。这也是为什么说如果一个人熟读《三国》就可能成为一个阴谋家的原因。

【计名典故】

本计全称为"明修栈道,暗度陈仓",出自司马迁《史记·淮阴侯列传》。

第九计　隔岸观火

【本篇主旨】

隔岸观火,意同"坐山观虎斗",使用的正确方法是静止不动,让他们互相残杀,力量削弱甚至自行瓦解。但隔岸观火要根据具体情况运用,观,并不等于消极的观,除了观之外,还要想办法让火烧得更大,甚至还要趁火打劫,从中渔利。

【原文】

阳乖序乱,阴以待逆①。暴戾恣睢②,其势自毙,顺以动豫,豫以顺动③。

【注释】

①阳乖序乱,阴以待逆:阳、阴,指敌我双方两种势力。乖,分崩离析。逆,混乱,暴乱。

全句意为:敌方众叛亲离,混乱一团时,我方应静观以待其发生大的变乱。

②暴戾恣睢:穷凶极恶。

③顺以动豫,豫以顺动:语出《易·豫·象》:"豫,刚应而志行,顺以动豫。豫顺以动,故天地如之,而况建侯行师乎?"豫即喜悦。豫卦坤下震上。顺以动,坤在下,是顺。震在上,是动。意思是说阴阳相应,天地之间也能任你纵横,何况建诸侯国、出兵打仗呢?这些目的一定能达到。用在本计上,即以欣喜的心情,静观敌方发生有利于我方的变动,以便顺势而制之。

【译文】

当敌人内部产生争斗、秩序混乱时,我方应静观待其发生变乱。敌人穷凶极恶,自相仇杀,必然自取灭亡。顺应时势而行动,就能像《豫》卦所说的那样,要达到令人喜悦的目的,必须顺应时势行动,不宜操之过急。

【故事论述】

东汉末年,袁绍兵败身亡,他的几个儿子为争权夺利而展开勾心斗角的争斗。曹操决定用计谋击败袁氏兄弟。

袁尚、袁熙兄弟二人投奔了乌桓,曹操便派兵打败了乌桓。而袁氏兄弟又投奔了辽东太守公孙康。诸将向曹操进言,要一鼓作气,平定辽东,捉拿二袁。曹操听后哈哈大笑,说:"你等勿动,公孙康会把二袁的头颅送上门来的。"于是,下令班师,开回许昌,静观辽东局势的变化。

公孙康听说二袁来降,心存疑惑。袁家父子一向都有夺取辽东的野心,现在二袁兵败,如同丧家之犬,无处存身,投奔辽东而来,实属迫不得已。此时收留他们,必生后患,而且此举肯定会得罪势力强大的曹操。如果曹操来攻辽东,那只能收留二袁,以利于共同抗击曹军。现在,曹操已经回师许昌,并无进攻辽东之意,收留二袁就有害无益了。于是,他预设伏兵,召见二袁,一举将他们擒住,割下他们的首级,派人送给了曹操。

曹操笑着对众将说,"公孙康向来惧怕袁氏吞并他,这次二袁亲自登门请降,他顿生疑心。如果此时我们急于用兵,反会促成他们合力对抗。此时我们退守,反倒会促使他们自相残杀。而这结果,果然不出我的意料。"

其实曹操这次所以能料到公孙康会杀掉袁氏兄弟是因为他完全了解他们之间的利害关系以及他们的为人,所以说兵家所争有时就在一念之间。

而在两国交战中,如果能使强大的一方内部出现火拼,那无疑是最好的自救之出路。

战国后期,秦将武安君白起在长平一战,全歼赵军四十万,赵国国内一片恐慌。白起乘胜连下赵国十七城,直逼赵国国都邯郸,赵国指日可破。赵国情势危急,平原君的门客苏代向赵王献计,愿意冒险赴秦,以救燃眉。赵王与群臣商议,决定依计而行。

苏代带着厚礼到咸阳拜见应侯范睢,对范睢说:"武安君这次长平一战,威风凛凛,现在又直逼邯郸,他可是秦国统一天下的头号功臣。我可为您担心呀!您现在的地位在他之上,恐怕将来您不得不位居其下了。这个人不好相处啊。"苏代巧舌如簧,说得应侯沉默不语。过了好一会儿,才问苏代有何对策。苏代说:"赵国已很衰弱,不在话下,何不劝秦王暂时同

三十六计

意议和。这样可以剥夺武安君的兵权，您的地位就稳如泰山了。"

范雎立即面奏秦王。"秦兵劳苦日久，需要修整，不如暂时宣谕息兵，允许赵国割地求和。"秦王果然同意。结果，赵国献出六城，两国罢兵。

白起突然被召班师，心中不快，后来知道是应侯范雎的建议，也无可奈何。

两年后，秦王又发兵攻赵，白起正在生病，改派王陵率十万大军前往。这时赵国已起用老将廉颇，设防甚严，秦军久攻不下。秦王大怒，决定让白起挂帅出征。白起说："赵国统帅廉颇，精通战略，不是当年的赵括可比；再说，两国已经议和，现在进攻，会失信于诸侯。所以，这次出兵，恐难取胜。"秦王又派范雎去动员白起，两人矛盾很深，白起便装病不答应。秦王说："除了白起，难道秦国无将了吗？"于是又派王陵攻邯郸，五月不下。秦王又令白起挂帅，白起伪称病重，拒不受命。秦王怒不可遏，削去白起官职，赶出咸阳。这时范雎对秦王说："白起心怀怨恨，如果让他跑到别的国家，肯定会是秦国的祸害。"秦王一听，急派人赐剑白起，令其自刎。可怜为秦国立下汗马功劳的白起，落到这个下场。

当白起围邯郸时，秦国国内本无"火"，可是苏代点燃范雎的妒忌之火，制造秦国内乱，文武失和。赵国隔岸观火，使自己免遭灭亡。

这一计还有另外一种说法即坐山观虎斗。它的起源要追溯到司马迁《史记》中描述秦惠王时的一个故事。

韩、魏两国连年交战不止。秦惠王起初想从中进行调解。他把自己的打算告诉了大臣们，大臣们有的赞同，有的反对，惠王也拿不定主意。此时陈轸恰巧来到秦国，于是惠王就向陈轸问计。陈轸想了一下说："大王知不知道卞庄子刺虎的故事？有一次，卞庄子发现有两只老虎在争相撕食一头牛，他抽出宝剑想去刺虎。一个童仆阻止了他，说：'两只老虎正在吃牛，尝出美味来就一定要争夺，争夺就一定要厮斗，厮斗的结果是力气大的老虎受伤，力气小的老虎死亡。这时你再去追赶受伤的老虎，这样，你就可以一举而擒获两只老虎了。'卞庄子认为童仆的话有道理，就站在那里等待老虎争斗。过了一会儿，两只老虎果然厮打起来，力气大的老虎受伤，力气小的老虎死亡。卞庄子追赶受伤的老虎，刺死了它。现在韩魏两国相互争战，长年相持，不分胜负，这样下去，结局一定是强国受损，弱国失败。而后你再出兵进攻受损之国，这样，你就可以像卞庄子刺虎那样，一举而从两国得到好处。大王您不会有什么不同的看法吧？"惠王说："好。"于是，他继续缓兵待机，坐山观虎斗，后来果然魏国受损，韩国失败。秦国发兵进攻魏国，取得了大胜。

这一计的使用怎么看都不够仁义，而这样的计谋一定会出自一个下人，可见这是一个弱者的计谋。但这一计谋如果让强者应用则会让两个弱者遭殃。

【计名典故】

本计名最初见于唐代僧人乾康的诗"隔岸红尘忙似火，当轩青嶂冷如冰。"而其思想，最早见于《战国策·燕策二》"鹬蚌相争，渔翁得利"的故事：蚌张开壳晒太阳时，长嘴鸟去啄它的肉，被蚌夹住了嘴，互相争持不下，结果被渔翁一起捉住了。此计的特点是：以静观变，随变而动，使敌人内部自相残杀、自相削弱。当两股敌对势力相争时，既不援助，也不鲁莽干涉，静观其变，直到事情发展到有利于自己的地步，才相机行动，及时出击，坐收渔利。

中国历代兵法精粹

第十计　笑里藏刀

【本篇主旨】

表面上看似友好、善良和美丽的言词、举止其实都是假象,暗里可能隐藏阴险毒辣的用心和企图。在军事谋略上,一般指通过政治外交手段,欺骗麻痹对方,以掩盖其突然的或重大的军事行动。

这一计的使用必须是以友情为代价,因为有了这样的一个计谋让人们开始互相怀疑。

【原文】

信而安之,阴以图之①;备而后动,勿使有变②。刚中柔外也③。

【注释】

①信而安之,阴以图之:阴,暗地里。图:图谋。全句意为表面上使对方深信不疑,让其安下心来,暗地里却另有图谋。

②备而后动,勿使有变:备,这里是指充分准备。变,这里指发生意外的变化。

③刚中柔外也:表面上软弱,内里却很强硬,表里不相一致。

【译文】

表面上要做得使敌人深信不疑,从而使其安下心来,丧失警惕;暗地里却另有图谋。一定要做好充分准备,然后才可以采取行动,不要发生不测的变故。这就是外表上柔和、骨子里却要刚强的谋略。

【故事论述】

战国时期,秦国为了对外扩张的需要,要夺取地势险要的黄河崤山一带,便命公孙鞅为大将,率兵前去攻打魏国。公孙鞅率部直抵吴城(在今河南省)。这座吴城是魏国名将吴起苦心经营的,地势险要,工事坚固,很难从正面攻下。

公孙鞅苦心思考攻城的计策,他探知魏国守将是曾与自己有过交往的公子行,心中暗自高兴。于是,他马上写了一封信函,主动与公子行套近乎。在信里说,虽然现在我俩各为其主,但回想起我们过去的交情,还是两国罢兵,订立和约为好。怀旧之情,溢于言表。他还建议约定时间会谈议和之事。信送出去,公孙鞅还故意摆出主动撤军的姿态,命令秦国的前锋部队立即撤回。

公子行看罢来信之后,又见秦军撤退,非常高兴,马上回信约定会谈日期。公孙鞅见公子行已经钻入圈套,便暗自在会谈地设下伏兵。会谈那天,公子行带了三百名随从到达会谈地点,他见到公孙鞅带来的随从很少,而且全都没带兵器,就更加相信对方的诚意了。会谈的气氛十分融洽,把过去陈芝麻烂谷子的事说了一通,这陈年往事把公子行内心里所有的柔情都勾起来了。会谈结束后,公孙鞅还以个人身份请公子行吃饭。

但是,正当公子行兴冲冲入席,还未坐稳之时,忽听一声令下,伏兵从四面包抄过来,公子行和他的三百名随从措手不及,就全部束手就擒了。公孙鞅利用被俘的随从,去骗吴城之门卫,顺利地占领了吴城。魏国只得割让河西一带,向秦国求和。秦国公孙鞅满怀卑鄙的柔情轻取崤山一带。

春秋时代虽然没有三十六计,但那个时代却是用计最多的时代,这就实在让人怀疑"礼"是否真的存在过。难道那时的"礼"仅仅是为了治丧? 下面这个故事竟是以婚姻为诱饵,这样的"笑"谁还会防备呢?

春秋时代,郑武公(前770—前744)打算吞并胡国(在今安徽省),但他的军事装备有限,所以不敢直攻,而采用本计。为了讨好胡国国君,使胡国不加防备,郑武公把自己漂亮的女儿嫁给胡国国君为妻,这样,郑国也就与胡国结为了儿女亲家。这还不够,为进一步使胡国丧失警惕,郑武公又把大臣们召集起来问道:"我打算用兵兴国。你们看,攻打哪个国家最有利?"

大臣关其思认为攻打胡国最为合适。武公一听愤怒地叫了起来:"啊! 你居然建议我向已与我们结亲的兄弟国家胡国发动战争,这是什么意思!"为此关其思被杀了头。这个可怜的关其思,成了这个计中的一个道具。

胡国国君得知此事后,认为郑国对自己非常亲善友好,就再也不对郑国作什么防范了。就在这以后不久,郑国对胡国发动了突然进攻,并在没有任何抵抗的情况下消灭了胡国。在此后很长一段时间里,郑国都是势力强盛的国家,直到公元前375年才为韩国所灭。

这是第十计在军事上应用的一个典型事例。为使他的敌人放松警惕,郑武公不惜牺牲自己的亲生骨肉和平白无故地杀死一个大臣。这一切都是为了让对方相信自己对他们怀有诚意和友好的愿望,使对方因受蒙骗而解除戒备之心。这可能是为什么到后世汉人再用和亲之计来缓解外族和亲而不奏效的原因,因为那些鲁莽的胡人不再相信汉人的诚意。这有时会让汉人赔了夫人又折兵。

【计名典故】

本计语出唐白居易诗《天可度》"笑中有刀潜杀人",是白居易对唐高宗宠臣李义府为人的评价。《旧唐书》载:"义府貌状温恭,与人语必嬉怡微笑,而褊忌阴贼。既处权要,欲人附己,微忤意者,则加倾陷。故时人言:义府笑中有刀。"《资治通鉴》评李林甫"口有蜜,腹有剑",也与此义相近。

第十一计　李代桃僵

【本篇主旨】

李代桃僵在军事上指敌我双方势均力敌,或者敌优我劣的情况下,用小的代价,换取大的胜利的谋略。在政治斗争中,则表现为了整体和长远的利益,必须放弃局部的利益,要勇于作出牺牲。

【原文】

势必有损^①，损阴以益阳^②。

【注释】

①势必有损：势，局势。必，一定，已经。损，损失。

②损阴以益阳：阴，这里是指局部利益。阳，这里是指全局利益。全句意为舍弃某一部分利益，使全局得到增益。

【译文】

当局势发展到损失已不可避免的时候，要舍弃局部的利益，以保全局的利益。

【故事论述】

还是在春秋时期，好像这个时期就是一个耍诡计的时代。当时晋国大奸臣屠岸贾鼓动晋景公灭掉于晋国有功的赵氏家族。屠岸贾率三千人把赵府团团围住，把赵家全家老小，杀得一个不留。幸好赵朔之妻庄姬公主已被秘密送进宫中。屠岸贾闻讯必欲赶尽杀绝，要晋景公杀掉公主。景公念在姑侄情分，不肯杀公主。公主已身怀有孕，屠岸贾见景公不杀她，就定下斩草除根之计，准备杀掉婴儿。公主生下一男婴，屠岸贾亲自带人入宫搜查，公主将婴儿藏在裙内，躲过了搜查。屠岸贾以为婴儿已被偷送出宫，立即悬赏缉拿。

赵家忠实门客公孙杵臼与程婴商量救孤之计：如能将一婴儿与赵氏孤儿对换，我带这一婴儿逃到首阳山，你便去告密，只有让屠贼搜到那个假赵氏遗孤，方才会停止搜捕，赵氏嫡脉才能保全。程婴的妻子此时正生一男婴，他决定用亲子替代赵氏孤儿。他以大义说服妻子忍着悲痛让公孙许臼把儿子带走。程婴依计，向屠岸贾告密。屠岸贾迅速带兵追到首阳山，在公孙杵臼居住的茅屋，搜出一个用锦被包裹的男婴。于是屠贼摔死了婴儿。他认为已经斩草除很，便放松了警戒。在忠臣韩厥的帮助下，一个心腹假扮医生，入宫给公主看病，用药箱偷偷把婴儿带出宫外。程婴已经听说自己的儿子被屠贼摔死，强忍悲痛，带着孤儿逃往外地。过了十五年后，孤儿长大成人，知道自己的身世后，在韩厥的帮助下，兵戈讨贼，杀了奸臣屠岸贾，报了大仇。

程婴见赵氏大仇已报，陈冤已雪，不肯独享富贵，拔剑自刎，他与公孙许臼合葬一墓，后人称"二义冢"。他们的美名千古流传。

另外，北宋时期有一个著名的将领狄青（1008—1057），他在幼小时就已是一个多智的孩子。

狄青从小失去双亲，一直与哥哥狄素相依为命。狄素是个贫穷、正直的庄稼汉。一天，狄青去给在田里干活的哥哥送午饭。半路上，一个女子匆匆跑来告诉狄青：他哥哥同铁罗汉在河边动手打起来了。

铁罗汉是个游手好闲之徒。这天他喝醉了酒，就跑到田里找碴儿打架。他从一个老实农民手中抢过一个馍，这个农民想夺回自己的馍，于是两人便厮打起来。个头矮小的农民被铁罗汉摔倒在地。一直坐在一边的狄素此时再也按捺不住，上去就给了铁罗汉一拳，于是狄素和铁罗汉也打了起来。那个女子正去送饭，见此情景，便马上跑回来喊人。等狄青赶到出事地点，争斗早已结束，狄素正眉头紧锁地坐在一块石上喘粗气；只见不识水性的铁罗汉正在河中挣扎。他是被狄素一脚踹进河里的。狄青心想：若是这家伙淹死了，哥哥就要大祸临头了。按宋朝法律，杀人要偿命。于是狄青立即跳下河去救铁罗汉。这时，铁罗汉已经扑腾得精疲力尽了。突然间，他发现来了救星，便使尽全力伸出手，一把死死抓住狄青破衣衫的领子。只听"嘶"地一声——铁罗汉把狄青的衣领拉了下来。狄青赶忙揪住他的头发，把他拖向岸边。与此同时，他在铁罗汉耳边低声说道："俺狄素救你一命。"

铁罗汉喝了很多水，神志已经不清。他无法搞清究竟是谁救了自己。将近岸边时，他便失去知觉，躺在那儿像个死人一般。

"俺把他打死了，"狄素对弟弟说，"俺得偿命。你管这闲事干吗？"说着流下了眼泪。

"哥，你放心，他只是一时失去知觉，不会死的。"狄青安慰哥哥道。

"可我在光天化日之下将人打伤，凭这一点，衙门就会让我赔钱的。"

这时，村民们从四面八方赶了过来，他们纷纷安慰狄素："别担心，我们会为你说情的。"

村长此刻也赶到了出事地点，他喝道："狄素！朝廷有法，不准斗殴。谁惹事打死人，谁就要偿命。"

狄素呆呆地站在那儿，等着被抓。

"等一等！"狄青挺身而出。

"小子，你敢反对？"村长沉着脸对他道。

狄青大声说道："你全弄错了，事情明摆着，铁罗汉欺负一个弱小村民，我出于旁观者的责任感，一怒之下帮了弱者。这个流氓（指铁罗汉）自己不小心，差一点淹死，是我哥哥把他拉上岸救了他。"

村长看着他将信将疑，又看看众人。几个村民马上大声说道："没错，我们可以作证。"

狄青附和道："你瞧，他手里还抓着我的衣领呢！"村长蹲下身去扳开铁罗汉的手，果然那破衣领还被他紧紧捏着呢。村长想让人把狄青绑起来，可狄青又叫了起来："还不知铁罗汉是死是活呢？"

"好吧，现在就搞清楚。"村长无可奈何。

狄青敏捷地跑到铁罗汉身边，骑在他身上，开始揉铁罗汉的肚子。很快，铁罗汉张开了嘴，大口大口地吐黄水。又过了一会儿，他醒了过来。狄青趁机俯身在他耳边低语了几句。

铁罗汉摇摇晃晃爬起来，步履蹒跚地走向狄素。他双膝跪倒作揖，口中念道："多谢你的救命之恩……"一连说了几遍。

狄素觉得非常意外，一场暴风雨本来已到自己头上，现在却一下子云开雾散了。看热闹的人见没事了，也就各自散去。

在回家的路上，狄素问弟弟："铁罗汉为什么要感谢我救了他的命？"

狄青答道："铁罗汉抢人馍馍，又和你们打架。他喝醉了，对这些事根本记不清。后来我救他时，位置是在他身后，我对他说：'我狄素救你一命。'当他从昏迷中醒来，我又轻声告诉他：'你应该去感谢狄素。'他真的就这么做了。"

狄素深为赞赏狄青的机智,帮自己躲过了一场大难。此时的狄青只有15岁。从这里我们可以看到,狄青日后能成为一名善于用计的著名将军,是毫不奇怪的。

【计名典故】

本计语出《乐府诗集·鸡鸣》。诗中说:"桃生露井上,李树生桃旁。虫来啮桃根,李树代桃僵。树木身相代,兄弟还相忘?"此诗的本意是比喻兄弟休戚与共的情谊。后人借"李代桃僵"的成语,表示为借助某种手段,以一事物的损失、牺牲,来换取另一事物的安全、成功,以局部的牺牲换取全局的转危为安的谋略。

第十二计　顺手牵羊

【本篇主旨】

顺手牵羊是想充实自己的力量,其方式是和平攫取,比趁火打劫稍为高明些。但毕竟和平攫取的机会不常有,想创造机会的英雄也不会寄希望于和平。不管是明贪暗贪,暗动明动,方法不同,但目的却是一致的,即把别人的利益据为己有。

【原文】

微隙在所必乘,微利在所必得①。少阴,少阳②。

【注释】

①微隙、微利:微隙,指微不足道的间隙或疏忽;微利,指微小的利益。

②少阴,少阳:阴,这里指疏忽、过失;阳,指胜利、成就。

【译文】

敌人出现微小的疏忽与漏洞,一定要及时利用,发现微小的利益,也一定要争取到。即使是敌人的微小疏忽、过失,也要利用来为我方的微小胜利服务。

【故事论述】

在中国乃至世界航海史上郑和下西洋都可以说是一个伟大的创举。但对郑和为什么下西洋却一直是史学家们所关注的问题。要知道中国一直不是航海大国,无论过去和现在都不是,在明朝当然就更不是,那为什么明朝的皇帝会费这么多的财力去做这样的事呢?

据史学家考,原来郑和这次远下西洋,而且不是一次而是七次的远游是和不知所终的明惠帝有关。明惠帝在1398年登基之后,就定策削藩,这就使得一些藩王成为了庶人,等于伤害了所有王族的利益。最后只剩下燕王朱棣几人了。朱棣见此情景决定举兵造反,这次战争只用了三年时间,最终以朱棣攻进南京城,放火烧宫而结束。可是惠帝却不见了踪迹。传说他和皇后一同烧死在了宫中,还有一种说法说他跑到国外去了。其实第二种说法实在不可信。就这样燕王朱棣登上了皇位,帝号是成祖。

明成祖在位期间最为突出的成就是任用生于昆明的宦官郑和出海考察。在1405到

1433 年间，郑和七下西洋。第一次出航时，郑和率领三百多艘船，二万七千多名水手，先后到了越南南海岸、爪哇岛、马来西亚、锡兰山以及加里库特。这期间，郑和还干涉了一起爪哇王国王储的纠纷事件。在以后的航海过程中，郑和又使加里库特、柯枝、锡兰山王国成了明帝国的盟国。真不知道明帝国要这样一些蛮夷小国做同盟的意图是什么，这可能也是人们认为惠帝在国外的证据。并且郑和所领之军队也干涉了苏门达腊王国的内部事务。这也可见当时的中国之强大。郑和尽可能的到了他所能到达的最远处，在 1417 到 1419 年间他竟到了阿拉伯半岛及东非海岸。

过去的历史书中说郑和下西洋是明成祖为了显威东亚，而最新的考证是这一名声是明成祖"顺手牵来的羊"。原来郑和出海的目的主要是要找到下落不明的惠帝并杀掉他。因为只要一天不看到惠帝的尸体朱棣的这个皇位就坐地不踏实。

其实，惠帝不可能跑到国外去，就是跑他也只能往东洋跑，所以说朱棣这次出海一定还有别的目的。但郑和出海是为显威这一观点是绝对靠不住的。因为让一个国家扬名是由将军出征而决不会是让一个宦官来完成这个目的。

中国历史上最大的一只羊是被刘邦牵走的，在项羽忙着攻打田荣之际，退守汉中的刘邦乘齐楚大战之机，由韩信暗度陈仓，顺势进入咸阳，还定三秦。因为刘邦牵走了这只大羊，于是他开启了一个时代。

【计名典故】

本计语出《草庐经略·游失》："伺敌之隙，乘间取胜。"后人以顺手牵羊，形象化地比喻乘敌人的疏忽，向敌人的薄弱处发展，创造和捕捉战机的一种行为。关汉卿的杂剧《尉迟恭单鞭夺槊》台词中，就出现了本计计名。《水浒传》第九十九回写道："前面马灵正在飞行，却撞着一个胖大和尚，劈面抢来，把马灵一禅杖打翻，顺手牵羊，早把马灵擒住。"战争史上"顺手牵羊"之计，不乏其例。如春秋时，晋献公途经虞国灭掉虢国，回师途经虞国时，又乘其不备，灭掉虞国；秦穆公攻打郑国，兵至滑国时，知郑人已有戒备，灭郑没有希望，就顺手灭滑国，然后班师回秦，都是典型的例子。这里，"顺手牵羊"的"羊'，指防守有间隙、有薄弱环节的地区。在不影响进攻主要目标、完成主要任务的前提下，利用时机，出动小股部队，神出鬼没地发动攻击获得意外的、原先未料到的战果，就叫"顺手牵羊"。

第三套　攻战计

第十三计　打草惊蛇

【本篇主旨】

本计的使用一定要使对方感到惊惧，人因惊就会心神不定，方寸大乱，而用计一方正可利用这一间隙攻破防线。这也是一个疑兵之计。

【原文】

疑以叩实①，察而后动。复者②，阴之媒也③。

【注释】

①叩实：叩，询问，查究。叩实，问清楚、查明真相。

②反复：一次又一次地。

③阴之媒：阴谋的媒介。

【译文】

真相不明就应查实，洞察了实情之后再采取行动；反复侦察，是实施隐秘计谋所必需的媒介。

【故事论述】

春秋战国时期，中山国君王的两个爱妃：阴姬和江姬都想做王后，私下里勾心斗角，争夺十分激烈。两个妃子之间的争斗对中山王的谋臣司马喜来说，是一个谋求个人发展的良好机缘。他暗中求见阴姬父亲，对他说："争夺王后并不是一件轻松好玩的事，事若成，则为国中第一夫人，有土地，有子民；事若不成，则恐怕连自家性命都保不住。所以，要么让她放弃这个念头，要么就好好地把它做成功。要做成此事，微臣或许可以助她一臂之力，何不要她同微臣见见面呢？"阴姬父亲拜谢了司马喜，并把他的话转告了阴姬。

阴姬暗地里拜访了司马喜，司马喜帮她出谋划策，议定了一个妥当的计划。阴姬感谢地说："若此计成功，我必定厚报先生。"当然，阴姬此次来访已为他带来了一份厚礼。

阴姬走后，司马喜即按计行事。他先写了一份奏章给中山王，说他有一个加强本国、削弱赵国的计划。中山王看后大喜，当即召见司马喜。司马喜请求让他以使者身份去一趟赵国，目的是了解赵国的山川地形、军事设施、人民贫富、君臣好坏，然后加以研究比较，提出一个详尽的方案。中山王准许了他的请求，派他带着礼物去了赵国。

司马喜到了赵国，同赵王谈过公事之后，便转入闲谈。他对赵王说："微臣听人说赵国是天下出美女的地方，现在来到赵国，进入都邑，可至今无缘见上一面。看到很多赵国妇女，觉得她们容貌颜色，没有特别出色的。微臣成年周游各处，跑过的地方多了，美女也见多了，但从未见过一个能与我国阴姬相比的。在微臣看来，她就像天女下凡，她的美貌是没法用言语形容、笔墨描绘的。她的容貌颜色，简直超过绝代美人了。"

赵主一听，禁不住心跳加速，忙问道："有没有可能把她要过来？"司马喜思索片刻，说："微臣因为看到阴姬美丽过人，情不自禁地说了这些话。如果大王要她，微臣可作不了主。尽管她只是个嫔妃，可我们大王却爱如珍宝。请大王千万别把我与大王说过的话传出去，否则我会有杀身之祸的。"赵王狡黠地一笑，暗示他将不惜一切代价把这个女子据为己有。

司马喜回国后向中山王汇报情况，他说："赵王不是贤明君主，他荒淫无耻，不好道德，而好女色；不好仁义，而好武力。微臣还听说他私下里正在打阴姬的主意，想把她要到赵国去做他的妃子。"

"这个无耻的东西!"中山王不禁大骂。

司马喜劝中山王息怒,说:"眼下赵国比我们强大,若赵王来要阴姬,恐怕我们也只好送给他。如果我们不从,赵王就会发兵来攻打我们。但若将阴姬送给他,诸侯肯定又会讥笑我们懦弱,连大王的爱妃也拱手送人。"中山王问:"这可如何是好?"司马喜不慌不忙地说:"只有一个办法,就是大王立阴姬为王后,以绝赵王之念。世间还从没有听说过抢别国王后为妻的事情呢!""太好了!"中山王说。于是,阴姬顺利地登上了王后的宝座。

在这个故事里,司马喜用话激起赵王对阴姬的占有欲就仿佛是"打草",恼怒不安的中山王恰似"惊蛇"。为了国家的尊严,但又不能武力与赵抗衡,于是只能把阴姬正式立为王后,断了赵王无礼的念头。

在《三国演义》第五十四和五十五回中有这样一段情节:

东吴孙权遣鲁肃去见刘备,想讨回荆州。荆州是刘备乘孙曹赤壁大战之时夺到手的。赤壁之战孙刘曾联合拒曹,但两家矛盾甚深。刘备自视汉室宗亲,一直以复兴汉朝统治为己任。鲁肃此行并未得到归还荆州的明确答复,只带了一纸"暂借荆州,将来交还"的文书返回东吴。而文书并未写明归还荆州的具体时间。过了不久,传来刘备之妻甘夫人去世的消息。周瑜马上想出了一个夺回荆州之计,他授计与鲁肃,遣人去荆州为媒,假意将吴主孙权之妹孙尚香嫁与刘备,并请刘备入赘东吴;他一到东吴,就将其扣押起来,以为人质,讨回荆州。

孙权批准了周瑜的美人计,派吕范为特使前去荆州与刘备为媒。孔明识破了周瑜的阴谋,并将计就计,要刘备应允婚事。公元209年(建安十四年),刘备在大将赵云的陪伴下前去东吴结亲。临行前,孔明将三个内藏妙计的锦囊交与赵云,并一一作了交代。到了东吴,赵云按孔明第一个锦囊妙计行事,分派随行五百军士俱披红挂绿,进入东吴都城南徐买办物件,散布刘备入赘东吴的消息,又叫刘备先去拜见乔国老。乔国老乃东吴美女二乔之父,大乔是孙策夫人,小乔是周瑜夫人。刘备备礼前往拜见乔国老,细说吕范为媒,来娶孙权之妹为夫人之事。乔国老见了刘备之后,便去见孙权之母吴国太,向她贺喜。

"有何喜事?"国太问。国老答:"令嫒已许刘玄德为夫人,今玄德已到,何故相瞒?"

"老身不知此事!"国太惊道。她马上派人去请孙权问话,又派人前去城中探听是否有此事。派去的人很快回来报告,说乔国老所言皆为实情,"女婿已在馆驿安歇,五百随行军士都在城中买猪羊果品,准备成亲"。国太大吃一惊。过了一会儿,孙权进内堂来见母亲,只见母亲捶胸大哭。孙权忙问:"母亲何故烦恼?"国太答道:"你真如此将我看成无物!我姐姐临危之时,盼咐你什么话来?"孙权惊惶地问道:"母亲有话明说,何苦如此?"国太道:"'男大须婚,女大当嫁',古今常理。我为你母亲,事当禀命于我,你招刘玄德为婿,为何瞒我?女儿须是我的!"孙权忙问:"哪里得这话来?"国太说:"若要不知,除非莫为。满城百姓,哪一个不知?你倒瞒我!"乔国老也插言道:"老夫已知多日了,今特来贺喜。"孙权道:"非也。此是周瑜之计,因要取荆州,故将此为名,引刘备来拘因在此,要他拿荆州来换。若其不从,先斩刘备。此是计策,非实意也。"

国太一听,更是怒不可遏,大骂周瑜:"汝做六郡八十一州大都督,凭这条计策去取荆州,却将我女儿为名,使美人计! 杀了刘备,我女儿便是望门寡,明日再怎的说亲? 须误了我女儿一世! 你们好做作!"乔国老道:"若用此计,便得荆州,也被天下人耻笑。此事如何行得!"

孙权被说得默默无言。吴国太还是不住口地骂周瑜,乔国老劝道:"事已如此,刘皇叔乃汉室宗亲,不如真个招他为婿,免得出丑。"

就这样,刘备真的与孙权之妹成了亲,后来又把她带回了荆州。周瑜带兵追赶,却又中了孔明设下的埋伏,吴军大败。这个故事便是成语"赔了夫人又折兵"的由来。

"打草"即向吴国太揭露周瑜所策划的美人计,"惊蛇"就是吴国太的恼怒使得孙权这条"蛇"胆战心惊,他的阴谋至此也就宣告破产。

【计名典故】

计名"打草惊蛇",原是借用了一句民间俗语来喻指某种军事谋略。原意是蛇在草丛中,草被搅动,蛇便受惊而走。也有人认为,"打草惊蛇"一语,源出宋代郑文宝《南唐近事》:"王鲁为当涂令,渎物为务,会部民连状诉主簿贪,鲁乃判曰:汝虽打草,吾已惊蛇"。意思是说:南唐时,有个叫王鲁的人,在任当涂(属今安徽省)县令时,把主要精力放在为自己捞取钱物上。一天,老百姓联名控告他手下的主簿有贪污,王鲁因自己屁股不干净,胆怯心虚,故而在看状纸时,便下意识地信手在状纸上写了"汝虽打草,吾已惊蛇"八个字。这里的"吾已惊蛇"是吾已成惊蛇之意。此后,"打草惊蛇"一语便逐渐流传开了。

第十四计　借尸还魂

【本篇主旨】

借尸还魂的涵义是自己在失败之后,要凭借或利用某种力量,以图东山再起。用在军事上、政治上,即扶弱国,继绝世的豪举,这在东周列国时代比比皆是。这种现象发生在商场上最多,最普遍的是生意已面临危机,重新召新股或贷款扩张。

【原文】

有用者,不可借①;不能用者,求借②。借不能用者而用之,匪我求童蒙,童蒙求我③。

【注释】

①有用者,不可借:意为凡自身可以有所作为的人就不会甘愿受别人利用。

②不能用者,可借:意为那些自身难以有所作为的人,却往往有可能被人借以达到某种目的。

③匪我求童蒙,童蒙求我:语出《易·蒙》卦辞。蒙卦为周易六十四卦的第四卦,也是阴阳相交后的第二卦(因第一卦乾为纯阳,第二卦坤为纯阴,皆无阴阳相交之象)。在这里,蒙字本义,指事物在初生之时,蒙昧而不明白。蒙卦的卦象是下坎上艮,艮象山,坎象水:山下

有水,是险的象征;人处险地而不知避,便是蒙昧了。童蒙,幼稚而蒙昧。此句意为不需要我去求助蒙昧的人,而是蒙昧的人有求于我。

【译文】

凡是自身能有所作为的人,往往难以驾驭和控制,因而不能为我所用;凡是自身不能有作为的人,往往需要依赖别人求得生存和发展,因而就有可能为我所用。将自身不能有作为的人加以控制和利用,这其中的道理,正与幼稚蒙昧之人需要求助于足智多谋的人,而不是足智多谋的人需要求助于幼稚蒙昧的人一样。

【故事论述】

这一计的使用在历史上更有巫祝的色彩,过去的人是比较怕鬼的,而他们也更相信天意,事实上许多天意都是人为的。

秦二世元年,陈胜、吴广被征发到渔阳(今北京市密云县西南)去戍边。当这些戍卒走到大泽乡(今安徽省宿县东南刘村集)时,因连降大雨,道路被淹没,眼看无法按期到达渔阳了。秦法规定,凡是不能按期到达指定地点的戍卒,一律处斩。陈胜、吴广深知,即使到达渔阳,也会因误期而被问斩的。与其等死,不如一搏,寻求一条活路。他们也深知同去的戍卒也都有这种想法,这正是举行起义的大好时机。

但是,陈胜又想到,自己地位低下,恐怕没有什么号召力。当时有两个名人深受百姓的爱戴,一个是秦始皇的长子扶苏,他敦厚贤明,早已被阴险狠毒的秦二世伙同李斯和赵高给谋害了,但老百姓却不知情;另一个是楚将项燕,他功勋卓著,爱护将士,威望极高,而在秦灭六国之后不知去向。于是陈胜,便借这两人之"尸",公开打出他们的旗号,以期得到大家的拥护。他们还利用当时人们的迷信心理,巧妙地作了其他的安排。

有一天,士兵做饭时,在鱼肚子里发现一块丝帛,上写"陈胜王"(即陈胜称王)三个字,士兵看后大惊,此事便暗中传开了。吴广又在夜深人静之时,在旷野荒庙中学狐狸叫,这时,士兵们听到隐隐地从夜空里传来"大楚兴,陈胜王"的叫喊声。他们便以为陈胜非同凡人,肯定是上承"天意"来拯救大家的。陈胜、吴广见时机已到,便率领戍卒杀死了朝廷派来的将尉。陈胜登高振臂一呼,众人便揭竿而起。他说:"我们反正活不成了,不如和他们拼个你死我活;就是死,也要死出个样儿来!"

于是,陈胜自号为将军,吴广为都尉,一举攻占了大泽乡。天下云集响应,所向披靡,连连获胜。后来,部下拥立陈胜为王,国号定为"张楚"。为什么陈胜就能想到用这种办法来与命运抗争呢?这的确和一个人的理想有关系,因为陈胜从少年时就有大鹏之志,正是这种理想让他不甘心受人鱼肉,让他能在危急时刻有自救之法。

这种方法多次被用于推翻前朝的统治,因为人们相信一个国王一定是天子。春秋时期,中国大地上有一百七十多个小国。到了战国时期,还有大约二十多个国家。想想那时是多么的热闹,也可以想见一个国家会是多么的小。其中,包括秦、楚在内的七个国家最为强大。它们为称霸中国混战不休。而最终,秦国打败了其他国家,并在前223年,征服了楚国。楚国当时是地域最辽阔的国家。

前210年,秦始皇病死。21岁的次子胡亥继承皇位。他沉溺于花天酒地的生活之中,加重了贫困百姓的负担。在他登基的第一年,陈胜、吴广就在原先的楚地揭竿而起。从这件事中人们可能就觉得秦始皇就不是龙种,要不为什么才到二世就江山就保不了呢? 这也使人们相信他就是那个商人吕不韦的儿子,而一个商人的后人当然就不可能占有一个国家了。

尽管陈胜在前 208 年被杀,但他的起义引发了全国百姓的奋起。当时大部分义军是从过去楚国地域起事的,这决非偶然。因为在楚国被秦国灭亡之前,楚推行的政策相对来说还是比较宽容、自由的。另外,楚国百姓对秦国怀有根深蒂固的仇恨,因为楚怀王在前 299 年被诱骗至秦国,后遭杀害。这一耻辱一直铭记在楚人心中。

起义者中,有楚人项梁和其侄项羽。项梁是楚国一位名将之子。当时,一支义军若能找到一个楚国贵族后裔做领袖,就很有号召力。谋士范增(前 277—前 204)建议项梁:找一位真正的楚国王室后代,立他为王。一旦这件事办成,项梁就可以把原先楚国的百姓吸引到自己麾下,而且还可以获得原楚国地区其他义军的支持。

项梁听从了这个建议。他派人四处寻访,终于找到了楚怀王的一个孙子,名叫熊心,是个牧童。不知项梁是怎样证明他的身份的,可能仅仅凭着这个孩子的异相吧? 因为一个人若长着双瞳孔毕竟是奇怪的。他被项梁推立为楚王,号楚怀王。新楚怀王的出现,激起了楚国百姓对秦朝的反抗情绪。从此,项梁和项羽的人马愈益壮大,在反秦斗争中,取得了辉煌战绩。

在这一例中,楚怀王之孙、牧童熊心,相当于被借的"尸"。由于楚国早已被秦国灭亡,他的政治生命原已结束了。但是他毕竟是过去楚国王室的合法后裔。于是项梁和项羽就把楚王朝的亡灵寄托在他的身上。这样一来,88 年前死于秦国的楚怀王就重新有了生命。楚地人民对秦王朝的仇恨也被重新激发了起来。项梁和项羽将反秦的起义,变成了一场似乎是恢复一个过去曾受到百姓爱戴的王朝的合法斗争。在历史上,每当改朝换代的时候,都纷立亡国之君的后代,打着前朝的旗号去号令天下,是企图利用人们的正统观念来借尸还魂。最近的一次借尸还魂的闹剧是末代皇帝溥仪(1906—1967)来演的。1932 年,他被日本关东军推上伪满洲国皇帝的宝座,其实他不过是日本人的傀儡罢了。最终日本人没有成功。

这一计同样令人想起了王莽复古的诡计。他于公元 8 年到 23 年在位。为维护自己及其追随者的权益,他把古文经典用做为自己篡权服务的工具。

秦始皇在公元前 213 年焚毁了大量儒家著作。秦灭亡后,人们想重新编制过去的儒家经典。汉武帝时(前 140—前 87),人们意外地从孔子旧宅的夹墙内,发现了一批用一种古老的蝌蚪形文字写成的儒家典籍。

整理这些儒家典籍的人,被称为"古文经派"。这些典籍的真实性很值得怀疑,很多学者都不太相信它是真迹。王莽和他的拥护者却特别支持"古文经派"。古文经典被重新翻印,同时,又偷偷往里面充塞了一些文字。当然这一切都是为了配合王莽的政治计划。另外,还有一些古代的文章也被重新翻印,当然也被篡改过了。

王莽使出这些手段,是想给人这样的印象,即他是古代圣贤的继承者,他的王朝与古书记载中的太平盛世完全一样;他的新法,只不过是古时盛世法律的再生;他所做的一切都是以古代书籍为依据的。其实他所说的这些"古"法以前从未实施过,王莽只不过是从古书中断章取义，或者篡改其中相应的解释。毫无疑问，王莽及其追随者一开始就有意对古文经典进行伪造和欺骗。随着时间的推移，王莽自己也开始相信这些欺骗是真实的。当事情发展到这种情境时，当王莽失败时他的悲哀就可想而知了。他是借到了"尸"但最终却没还好魂。

【计名典故】

计名"借尸还魂"可能源于一个有关"八仙"之一的铁拐李得道成仙的传说。相传铁拐李原名李玄，曾遇太上老君得道。一次，其魂魄离开躯体，飘飘然游玩于三山五岳之间。临行前，曾嘱咐徒弟看护好遗体，但李玄魂魄四处游山玩水，流连忘返。徒弟们等待久了，见师父的遗体老是僵在那里，总也醒不过来，便误以为他已经死去，便将其火化了。待李玄神游归来时，已不见了自己的躯体，魂魄无所归依。恰好当时附近路旁有一饿死的乞丐，刚刚断气不久，尸体还算新鲜，李玄于慌忙之中，便将自己的灵魂附在了这具乞丐尸体之上。借尸还魂后的李玄，与原来的李玄已面目全非。蓬头垢面，袒腹露胸，并跛一足。为支撑身体行走，李玄对着原乞丐用的一根竹杖喷了一口仙气，竹杖立即变为铁杖，借尸还魂后的李玄也因此被称为铁拐李，而原来的名字却反被人们忘却了。铁拐李借尸还魂的故事还见于元代岳伯川所写杂剧《吕洞宾度铁拐李岳》，后《东游记》也有记载，只是情节不尽相同罢了。借尸还魂这一带有迷信色彩民间传说，后来被人们喻指某些已经死亡的东西，又借助某种形式得以复活的现象；有时也可以用来喻指某些新的事物或新的力量借助某种旧的事物或旧的形式求得发展的现象。在上述两种情况下，所谓"尸"、"魂"、"借"、"还"的喻意便都不尽相同了。

第十五计　调虎离山

【本篇主旨】

调虎离山是打虎计策之一，目的在于削弱对方的抵抗力，减少自己的危险。在军事上指如果敌方占据了有利的地势，并且兵力众多，这时我方应把敌人引出坚固的据点，或者把敌人诱入对我军有利的地区，这样才可以取胜。在政治斗争中，这一计用得最多，且一代又一代，亦渐神化。从其应用中可见，此计是一个阴险的谋略。

【原文】

待天以困之①，用人以诱之。往蹇来返②。

【注释】

①待天以困之：天，指天时、地理等客观条件。困，作动词用，困扰、困乏。全句意为等待不利的客观条件去困扰它。

②往蹇来返：语出《易·蹇》九三爻辞。原文为"往蹇，来返。蹇卦的卦象为艮下坎上。艮象山，坎象水。王弼注曰："山上有水，蹇难之象。"故在此处，"蹇"有难的意思。返，李镜

池《周易通义》注:返,犹反,广大美好貌。往寒来返意为去时艰难,来时美好。

【译文】

利用不利的天时地利条件困扰敌人,用人为的方法诱惑敌人。主动进攻有危险,诱敌来攻则有利。

【故事论述】

郑武公(前770—前744年在位,郑在今河南一带)有两个儿子。大儿子寤生是个难产儿。他出生时双脚先出来,使其母武姜饱受了痛苦。所以,母亲十分讨厌他。相反,小儿子共叔段却很受母亲的宠爱,母亲想立他为郑武公的继承人。但郑武公不允,因为大儿子没犯过什么错误。因此,寤生被立为世子,而共叔段只得到了小小的俸职。武公死后,寤生做了国君,他就是郑庄公(前743—前701年在位)。

武姜对心爱的小儿子小小的俸职十分不满,就向庄公提出:把制地封给其弟。庄公没答应,因制地地势险要,关系到国家的安危。于是,武姜又为小儿子讨封京地。

谋士祭仲对此持反对意见,他说:"依照先王制度:大都的城不得超过国城的三分之一。分封京地不合此制度。"祭仲认为天不可二日,国不可二君。京地地处要冲,城区大,人口多,在政治、军事上几乎与国都同处重要地位。另外,共叔段又是武姜最喜爱的儿子。若给了他此地,终有一日他会成为第二个君主,这可不管人们愿意不愿意,而这样也就会使天下大乱。

可郑庄公为难地回答:"这可是母亲的命令啊!"于是就把京地封给了共叔段。武姜在段临行之前同他见了一面,要他做好准备,寻机夺取君位。到这里就让人怀疑,为什么同样是儿子而一个母亲要有如此的偏爱。难道仅仅是生产的不顺利?

后来,共叔段又企图让郑国西、北边邑的百姓归附于他,还把这些土地收为自己所用。就这样,他日益强大起来。

这些情况传到了朝中,郑庄公置若罔闻。谋士公子吕劝说郑庄公尽早除掉共叔段。郑庄公说:"除他实可不必,将来他自然会得到报应。"

公子吕认为在关键时刻踌躇不定,就会变小害为大害,一旦祸害临头,再后悔就来不及了。

庄公说:"唉,我早想过这事了。段的确是想谋取君位,但他至今没有公开造反。如果我现在就处置他,那母亲就会以此中伤我,别人听了就会认为我是个不讲兄弟情分、不孝敬母亲的人了。我现在要做的,就是装作什么都不知道,让他肆无忌惮地去做反叛我的准备,直到有一天,他真的有谋反行动了,那我就会有充分的证据证明他犯罪。"关于这一段孔子于《春秋》中给了一大段笔墨,这也是孔子所谓一字寓褒贬的原因。在《春秋》中称庄公为郑伯,这一个伯字就带有不敬之意了。孔子认为庄公这样做是不对的,明知其有反心,却不教育,一定让自己的弟弟犯下谋反之罪才去诛杀,这实在是有违仁义之心。

公子吕听完庄公的话就说:"虽说你的想法是对的,但段的势力与日俱增,总有一天,他会比你强大。假如我们能尽早给他个机会,引他暴露其造反意图,这样就可以比较顺利地将他除掉,如何?"还有人在助长庄公的不仁之心。

接着,公子吕提出了如下的计策:长久以来,郑庄公因担心其弟要阴谋而没离开过他的

三十六计

国家。现在，他不妨去朝见一次周天子。他的外出必将诱使其弟前来攻打国都。而公子吕则在京地附近埋伏下军队，一旦其弟带着军队离开京地，他们就攻而占之。只要使其弟失去了根据地，再制服他也就不困难了。

郑庄公同意了公子吕的计策。他任命祭仲在他出国期间代理政事。庄公的母亲武姜觉得夺权谋国的好时机到了。她派人送了一封密信给段，信中与段约定了攻占国都的时间，以便里应外合。公子吕捉住并杀掉了这个送信人，信被交到郑庄公手中。公子吕派人扮成武姜的送信人，把一封内容相同的信送到了段那里。段又让这个送信人带了一封回信给武姜，信中定下了发动政变的具体时间。这封信自然也落到了公子吕手中。他又把这封信送给武姜。

这时，郑庄公手中有了他希望得到的证据。他告别了母亲，在一支仪仗队陪同下，浩浩荡荡地前去朝拜周天子了。与此同时，公子吕已在京附近一个隐蔽处布置好了军队，就等着"老虎"出"山"了。

果然，野心勃勃的共叔段集合起了全部人马，借口要在其兄出国期间保卫国都安全，赶奔都城而来。这样京城便空虚了。公子吕事先在城中安插的破坏分子此时就放起火来，趁着城中一片大乱，公子吕率军占据了城池。

段在半路上得知京地失陷，急忙命令部队返回。他在城外扎下营地，准备夺回城池。但军心已经动摇。公子吕又派间谍混进军营，传播段要谋反的消息，结果，段的军队一夜之间逃走了将近一半。

段想带着一部分忠于他的士兵逃往鄢地，但此地也已被郑庄公军队占据了。最后，段只得逃到共国去。但郑庄公的军队也跟踪而至。共国是个小国，无法抵御郑庄公的军队。段见到大势已去，只好自杀。这个共叔段看起来就是个废物，他根本不是一个老虎，倒像一个失去了家园的野猫。他今天这样的下场更多是由于其母亲的教唆。但一个孩子怎能抵得住别人不停的诱惑呢？

本计在东汉时期也有过一次漂亮的应用。东汉末年，幅员辽阔的中国大地被不同的军阀豪强割据。控制长江和淮河地区主要有两人：今江苏省东南地区为会稽太守孙策（175—200）管辖，今安徽省地区则为庐江太守刘勋统治。

这两股势力为争夺江淮地区的统治权而勾心斗角。到了199年，刘勋的势力范围日渐扩大，已直接威胁到孙策。

孙策的一些将军谋士都主张直接同刘勋兵戎相见，以一场决战彻底消灭刘勋。但另有几位将军谋士主张智取。他们认为直接与这个强敌发生正面军事冲突是很危险的。周瑜（175—210）认为要消灭这只虎，先要调虎离山。随后，他说出一条计谋，孙策听从了。他深知刘勋志大才疏，嗜财如命，又十分昏庸。于是孙策派遣一名特使，带了一封书信和大量珠宝，前去拜访刘勋。

在去往刘勋所在的庐江城路上，使者发现了很多营寨。看上去像是为大战做准备的态势。使者走到刘勋面前，向他递交了孙策的书信。信中写道："我们对太守的威望十分敬仰，愿与太守结好。只因连年战事匆忙，无暇拜访太守。现因上僚经常派军队侵凌弱小的江南地区。我们力单势孤,无力远征。特备礼上书,恳求太守出兵讨伐,降服上僚。如果太守能答应我们的要求,那就是对江南弱国莫大的帮助和支援。"

接着,使者献上了孙策的礼物。刘勋对孙策信中表现出来的诚意深信不疑。他也多次听说上僚地区十分富有,占有了这个地区,便可以强国富民。现在,孙策来请求支援,还送来了如此之多的珍宝礼物,他真是喜出望外。为招待来使,他举办了一次盛大的宴会。席间,使者一再举杯,祝愿刘勋征伐上僚旗开得胜。刘勋的部属们也纷纷为刘勋祝贺,只有一个名叫刘晔的文官满面愁容。宴会结桌后,刘勋问他为什么无精打采,刘晔答道:"上僚虽小,但城坚池深,易守难攻,不是一下可以攻下来的。我担心这是孙策对我们使用的'调虎离山'计,要我们兵疲于外,他则乘我们内部空虚袭击我们。"

刚愎自用的刘勋一听很不高兴,说道:"别讲了!要是孙策真的想和我较量,他就不会派使者来了。"众将也同声附和。就这样,决定对上僚出兵讨伐。上僚得知刘勋来犯,立即作好防守准备。刘勋率领部队长途跋涉来到上僚,把城池包围了起来。接着,刘勋命令士兵从四面攻城。士气高昂的守军则以逸待劳,与来犯之敌展开了激战。只见箭如飞蝗,滚木擂石向爬墙攻城的敌军倾泻而下。刘勋的进攻以失败而告终,士兵们垂头丧气。

在刘勋发兵攻伐上僚的同时,孙策作好了袭击庐江的准备。当他闻报刘勋大军已走,防守庐江的只是些老弱残兵时,就对部属说:"现在'老虎'已被调离出'山'。我们可以先攻占他的老窝,再给他致命打击。"

于是,孙策亲率大军水陆并进,如狂风般杀向庐江。庐江守军没作多少抵抗就投降了。占领庐江之后,孙策又率领大军向刘勋杀去。刘勋的士兵得知庐江失守,早已无心再战。所以两军一经接触,刘勋即被打得溃不成军。面对彻底失败的局面,刘勋心灰意冷。他绝望地说道:"我为什么不听刘晔的话呢?我是中了孙策'调虎离山'计,才落此下场啊!"最后,这只丢了老窝的"虎"只得投奔了曹操。从此,孙策占据了整个江东,为吴国的建立奠定了基础。

【计名典故】

"调虎离山"一语源于《管子·形势解》该篇中有一段这样的话:"虎豹,兽之猛者也,属深林广泽之中则人畏其威而戴之。人主,天下之有势者也,深居则人畏其势。故虎豹去其幽而近于人,则人得之而易其威。人主去其门而迫于民,则民轻之而做其势。故曰:'虎豹托幽而威可裁也。'"意思是说,虎豹,是兽类中最威猛的。当它们居住在深山大泽之中时,人们就会因惧怕其威风而敬畏它们。君王是天下最有势力的人,如果深居简出,人们便会害怕他的势力。虎豹若是离开他们所居的深山幽谷而走近人类居住的地方,人们就可以将它捕捉而使之失去原有的威风。做君王的若是离开王宫的门而与普通的人混在一起,人们就会轻视他而以傲慢的态度看待他。所以说,虎豹只有不离开它们居住的幽谷深山,其威风才会使人感到畏怯。这里虽然尚未使用"调虎离山"一语,但已经包含只有将老虎调离深山,才能将其制服的意思。后来在民间语言、文学作品中便逐渐出现了"调虎离山计"的说法。如明代吴承恩的《西游记》第五十三回写孙大圣对如意真仙说"才然来,我是个调虎离山计,哄你出争战,却着我师弟取水去了。"清代钱彩著《说岳全传》第三十四回也写着:"吉青道:'我前日在青龙山,中了这番奴调虎离山之计。'"

第十六计　欲擒故纵

【本篇主旨】

古人有"穷寇莫追"的说法,实际上不是不追,而是看怎样去追。把敌人逼急了,它只得集中全力,拼命反扑。不如暂时放松一下,使敌人丧失警惕,然后再伺机而动,歼灭敌人。因此,使用欲擒故纵之计,必须有过人的忍耐力和不惜牺牲的决心,表面上做得干脆利落,骨子里却要磨刀霍霍。但在一个尖锐复杂的战斗场面,手到擒来而又顺手放走,有时又有纵虎归山的危险,自己也会吞食恶果。

【原文】

逼则反兵①,走则减势②。紧随勿追,累其气力③,消其斗志④,散而后擒,兵不血刃⑤。"需⑥,有孚,光。"

【注释】

①反兵:回师反扑。

②走:逃走。势:气势。

③累:消耗。

④消:瓦解。

⑤兵:兵器。血刃:血染刀刃,即作战。

⑥需,有孚,光:语出《易·需》。需卦的卦象为乾下坎上,乾象刚、健、坎象水、险。需,有等待之意。以刚健遇水险,故须等待,不要急进,以免陷入险境。孚,信用、信服;有孚,有信用,有诚意,为人所信服。光,光明、通达。此句意为身处险境要善于等待,如果有诚信,就会前途光明,大吉大利。

【译文】

如果把敌军逼得太紧,对方就会回师反扑。如果让敌军逃跑,就可以削减其气势。追击敌人,只需紧随其后而不要过于逼迫它,以消耗其体力,瓦解其斗志,等到其溃散时再捕捉他,就可以避免流血。这是从《周易》需卦卦辞"需,有孚,光……"一语中悟出的道理。

【故事论述】

历史上用此计最多最有名的人就是诸葛亮,先主刘备死后,魏国君主曹丕认为:此时蜀国无主,正是起兵攻伐的有利时机,统一中国指日可待了。谋士司马懿献计:广结盟友,借其之力,五路夹攻蜀国。蛮王孟获是魏国盟友之一。他是彝族首领,占据着蜀国南部地区,即今天的云南一带。

五路人马将要来犯的消息传到蜀汉,新主刘禅大惊,刘备后世竟是这样一个无能之人,也可怜了诸葛亮要辅佐这样一个无用之人。一样的消息传到丞相诸葛亮那里他却表现得镇定自若,他已有一套周密的计策对付曹丕。他首先将曹丕第三路盟友东吴孙权争取到了自己的一边,去除了东面的危险。就在此时,有消息传来,说蛮王孟获率十万蛮兵入侵蜀国。建宁太守雍闿乃汉朝大臣雍齿之后,这时却勾结蛮人造了反。牂柯郡太守朱褒、越嶲郡太守高定,已献城投降。现三名蜀汉叛贼正协助孟获攻打永昌。永昌太守王伉死守城池,情况十分危急。

诸葛亮分析了一下形势,认为这个南蛮孟获对其很有威胁,于是在公元225年,他就亲领大军,前去征讨。

三名蜀汉叛贼听说诸葛亮亲自率领人马来讨伐,就各引五六万人马迎击。高定令鄂焕为前部先锋,率兵迎敌。在益州界口,鄂焕与蜀军前部先锋魏延相遇,两军摆开阵势,魏延出马大骂道:"反贼早早受降!"鄂焕毫不理会,手舞一杆方天戟冲向对手,两人战在一处。战了数合,魏延佯败逃走。鄂焕不知其中有诈,拍马紧追不舍。走不数里,喊声大震,一支蜀军从暗中杀出,生擒了鄂焕。他被带到了诸葛亮帐中。

诸葛亮为行使"欲擒故纵"之计,便令人为鄂焕松绑,并以酒菜相款待。诸葛亮说:"吾知高定乃忠义之士,今为雍闿所惑,以致如此。吾今放汝回去,令高太守早早归降,免遭大祸。"

鄂焕见可以不死自是感动涕零,拜谢而去。见到高定,他就陈述孔明宽厚有德,待己甚善等等。高定听后自是感动非常。这时他感情的天平就开始倾斜了。

第二天,雍闿来见高定,问鄂焕怎又被放回来了。高定说:"诸葛亮以义放之。"

雍闿说:"此乃诸葛亮反间之计。欲令我两人不和,故施此谋。"看来这人雍大人还是比较了解用兵之法的。但这样的话对一个得到不死的人那里又有多少份量呢?对雍闿的话,高定半信半疑。

过了几天,高定、雍闿兵分两路,来攻蜀军。但孔明早已布下埋伏。叛军被伏兵杀伤大半,还有无数士兵被生擒。这些俘虏被押解到蜀军大寨之中。雍闿和高定手下的人各自关押。孔明令军兵传谣说:"高定部下免死,雍闿部下尽杀。"俘虏们一传十、十传百,皆闻此言。随后,孔明把雍闿的部下押到帐前问话。"汝等皆是何人部下?"他问。众人当然全都回答是高定的部下。

孔明就赦免了这批人。令人以酒食招待,然后放他们回去。

随后,高定部下被带进来。孔明又问其同样问题。

这些人都回答自己才是高定的真正部下。

诸葛亮又赦免众人,又以酒食招待。扬言道:"雍闿今日使人投降,要献汝主并朱褒首级以为功劳,吾甚不忍。汝等既是高定部下军,吾放汝等回去,再不可背反。若是再有一次抓到你们,决不轻饶。"

众人拜谢而去。回到本寨,人见高定,述说他们听到的有关雍闿之事。为探听虚实,高定派密探前往诸葛亮寨中。此人被伏兵抓获,带去见孔明。孔明故意把他当做雍闿之人,唤到近前问:"你家元帅既约下献高定、朱褒二人首级,因何误了日期?你做事这样的不精细,怎能做得了密探呢!"此人含糊答应。孔明以酒食相待。然后写了封密信交给此人,说:"你持此书付雍闿,教他早早下手,不要耽误了大事。"

密探拜谢而去。见了高定,呈上孔明密信。高定看罢此信,不禁火冒三丈,说:"吾以真心待之,他却反欲害吾,这实在是情理难容!"他马上叫鄂焕来议事。后者对孔明早已十分折服,就说:"孔明乃仁人,与他对抗实在是不祥。我等谋反作恶,皆雍闿之故:不如杀了雍闿以投孔明。"

事情就这样定了下来。高定杀了雍闿和朱褒,投降了诸葛亮。诸葛亮任命他做了益州太守。

诸葛亮此番取胜,当然不仅仅是用了欲擒故纵之计,他还使用了反间计和"借刀杀人"计。

【计名典故】

计名"欲擒故纵",它的哲理源头,可追溯到《老子》三十六章:"将欲歙之,必固张之;将欲弱之,必固强之;将欲夺之,必固兴之;将欲夺之,必固与之"。又《鬼谷子·谋篇》:"去之者纵之,纵之者乘之。"中国军事史上成功运用此计,并对此计的定名有重大影响的,当属诸葛亮率蜀军远征南蛮时,七擒七纵蛮王孟获。对诸葛亮来说,七擒七纵皆手段,而目的只有一个:征服南蛮首领和百姓的"心"。因而这一战役胜利的意义,不仅是军事上的,更重要的是政治上的,是诸葛亮在当时历史条件下所实行的民族政策的胜利。

第十七计　抛砖引玉

【本篇主旨】

"抛砖"就是利用人们贪小便宜的弱点,先给一点甜头,诱人上当,然后再慢慢把"玉"引出来。此计使用的范围很广,不受时空限制,小施小效,大施大效。

【原文】

类以诱之①,击蒙也②。

【注释】

①类:类似,同类。

②击蒙:击,打击;蒙,蒙昧。语出《易·蒙卦》上九爻辞:"击蒙,不利为寇,利御寇。"蒙卦的卦象为坎下艮上。其上九爻,为阳爻处于蒙卦之终,按王弼的解释、其喻意为"外蒙之终,以刚居上,能击去童蒙,以发其昧也。故曰'击蒙'也。故'不利为寇,利御寇'也"。大意是,上九爻以阳刚之象居于前五爻之上,所以能给蒙昧者以开导、启迪。为盗寇之人,自然属于蒙昧者之列,所以,如果占卦时占到本爻,则对为盗寇者不利,而对防御盗寇者有利。此处借用此语,意思是,打击那因受我方诱惑而处于蒙昧状态的敌人。

【译文】

用相类似的东西来引诱敌人,在他思绪迷乱混沌时去打击他。

【故事论述】

这一计谋用在兵家相争上那就一定是要以一芝麻换得一个西瓜才可以。而这样的以小换大的事情大都发生在春秋战国时代,只有那个时代的人才相信别人许下的诺言。因为那时各个城邦之间的头系是兄弟关系,有时还没有出五世,但这并不影响他们的欺骗。

战国时代,秦国欲攻打魏国。为此,它先和赵国结成了联盟,并对赵国许诺:打败魏国之后,将把原属魏国的邺城(今河南安阳一带)割给赵国。

面对两面受敌的威胁,魏王惊恐异常。他召集大臣们前来议事。然而这些大臣谁都想不出好主意。最后,魏王问大将芒卯。此人一向诡计多端,他说:"此事不值得忧虑。秦赵之间向来关系不好。目前它们采取军事上的联合,不过是为了瓜分我国土地扩大自己的领域。虽然联合的作用很大,但两个盟友却各怀目的,所以这样的联盟很容易被破坏。在这个联盟中,秦国是主角,赵国只是个帮凶。我们只要给赵国一点好处,那么它就会很轻易地断绝与秦的联盟。"

芒卯又进一步提出分化赵秦的计策。魏王听罢连连称赞。他先派了一位使者去赵国,对赵王说:"在目前形势下,邺城本来就难以保全,早晚都要失陷。你们与秦国联合攻打我国,无非是为得到此城罢了。为了避免战争,魏王决定不必交兵而将邺城作为礼物献给大王,希望大王接纳。"

赵王大喜,问魏王为何如此决定。使者大声答道:"这很简单。战争是一件可怕的事。它涂炭生灵,毁坏田地。魏王出于仁爱的考虑。不想再使百姓遭受战争之苦。所以,他决定用和平的方式解决这个问题。"

赵王问:"若寡人接受了此礼,那魏王对寡人又有什么期望呢?"

使者回答:"我王期望寻求的是和平解决问题的途径,而不是投降。就是在最困难的形势下,他也懂得权衡利弊。魏赵两国早先曾为盟友,关系一直很友好。相反,魏秦之间却素有敌意。秦国乃虎狼之国,秦兵皆如猛兽一般。我们想,与其让野蛮的秦兵掠夺我们的疆土,倒不如把它托付给老朋友来得好。这个道理是不难理解的吧! 如果您想同敝国结好,那魏王就期望您能断绝与秦的联盟。然后,您就可以得到象征友谊的礼物——邺城。若您不接受这一赠礼,敝国将不惜城毁人灭,与侵略者战斗到底。"

当夜,赵王又与其宰相商议此事,宰相建议接受此礼。因为如果能不动刀兵就得到邺城,那何必还要发动战争呢?此外,若魏国被打败,秦国就将更加强大,也许其锋芒就要指向赵国。因而,我们应该抓住魏国提供的这个有利机会一方面将魏国变成自己的朋友,一方面抑制秦国的扩张,这样就可以加强自身的安全了。

于是,赵王接受了魏国的条件,立即宣布与秦国断交,关闭那里的边境通道。秦王闻知此讯大怒。他马上停止了攻打魏国的准备,反过来将战争的矛头指向了赵国。

而赵王此时正想兑现与魏国使者签订的协定,他派了一支军队前往邺城。邺城守将正是芒卯。他把赵军挡在边界外,赵将出示了魏、赵有关割让邺城的协议书。

"荒唐！"芒卯暴跳如雷地说，"我奉命守城，怎能就这样不动干戈，简简单单地把城交出去呢？"

"这是私下谈好的外交协定，魏王已经同意了。"赵将解释。

"什么私下协定？是魏王亲自同意的吗？他本人签字了吗？请把文书拿给我看看！"

赵将急了："难道魏王使者的话不算数吗？"

芒卯冷笑一声："哪个使者？那你就去找那个使者吧！魏王没下过命令，所以我不能把城交出去。你若想得到此城，那就去求得我王准允。我现在警告你，如果你们不马上离开此地我将断了你的退路，然后攻击你！"

赵将无可奈何，只得退兵回去，向赵王作了报告。赵王此时才明白：他上了魏王的当。就在这时，他又听说秦国正在为联魏攻赵而频繁活动。这更令赵王惶惶不可终日。他立即召集大臣们，与他们商讨对策。最后他决定，甘愿把五座赵城割让给魏国，以争取魏国与自己联合，共同抗秦。

"砖"是割让邺城的口头许诺。而秦国掉转攻击矛头，和赵国割让给魏国五座城池，便是魏国抛"砖"后引出的"玉"。其实魏国也没想到能得到这么大一块肥肉。

下面再说一个发生在春秋时的故事。春秋时期，由于上卿管仲（？—前645）治理有方，使得齐国在当时的一百七十多个封国中强大起来。公元前681年，齐桓公进攻南面的邻国鲁国。鲁庄公在连吃败仗之后，被迫求和。为此，鲁国必须把齐桓公侵占的土地割让给齐国。就在鲁庄公在柯地与齐桓公会盟割地之时，他的大将曹沫突然起席冲至齐桓公身边，用匕首劫持齐桓公说："要么全部归还侵地，要么你我死在一起！"

齐桓公没有别的选择，只好答应放弃那块即将到手的土地。曹沫便放了他，回到了自己的席位上。

事后，齐桓公对这次意外的袭击十分恼火。他打算派人去杀掉曹沫并讨回那块本该割让给他的土地。这时，管仲就对他说："虽然君侯的保证是被迫作出的，但这是君侯和鲁国在一次公开会盟中作出的。若君侯现在食言，并派人杀了鲁国之人，这会被认为是背信弃义。如此，君侯之怒虽可平息，天下诸国之怒却难平息。这对齐国是不利的。君侯须三思而行。"

齐桓公听了管仲的话，遵照在曹沫面前许下的诺言，将侵占的土地归还给鲁国。这个消息一下子就传遍了诸侯国，诸侯们佩服桓公如此遵守信义，从此对他非常信任。两年之后，齐桓公被各国诸侯推为盟主。这样齐国就成了那个时代的第一个称霸之国。其实齐国的称霸是以其强大的军事实力为基础的。若仅仅是守信义，齐国是不足以称霸的。因为鲁国更是一个礼仪之邦。司马迁曾说："桓公欲背曹沫之约，管仲因而信之，诸侯由是归齐。故曰：'知与之为取，政之宝也'。"

齐桓公舍弃了一个小城，得到盟主的地位，这才是真正的以玉换砖。这一计谋用老百姓的话说就是舍不得孩子套不到狼。

【计名典故】

"抛砖引玉"一语，其来源说法不一。一种说法是相传唐代诗人赵嘏甚有诗名，求诗者盈门。诗人常建慕其名，想求其诗，却不得其门而入。赵嘏游苏州时，常建料他必游灵岩寺，便先于寺壁题诗两句。赵嘏来到寺中见壁上此诗尚未写完,就补了两句,成为一首绝句。后人因赵嘏补的两句优于常建的前两句,便说常建是"抛砖引玉"。然而,常建是唐玄宗开元十五年(公元727年)中的进士,而赵嘏是唐武宗会昌二年(公元842年)中的进士,两人相距一百一十五年。可见赵嘏补诗一说是不可能的。然而由这个有悖历史事实的说传,引出一个有关"抛砖引玉"一词来源的说法,却已是一个历史事实。另一种说法出自宋真宗景德年间(公元1004—1007年)高僧道原所编《景德传灯录·从谂禅师》:师云:比来抛砖引玉,却引得子。指砖坯。这句话也来源于一个佛门故事。传说活了120岁的唐代禅师从谂,一天晚上,同弟子们一同参禅悟道。刚入座,从谂便宣布:今晚要你们回答问题,谁对禅学已有深刻理解,可以跨前一步。众僧皆息虑凝心,静座参禅,惟有一个小和尚大胆跨步向前,躬身一揖。从谂见了,缓缓地说:刚才我是抛砖引玉,不想却引来一块土砖坯子。此语后来还见于元代贯云石(公元1286—1324年)所作《斗鹌鹑·佳偶》曲:"见他眉来眼去,俺早心满愿足;他道是抛砖引玉,俺却道因祸致福。"

第十八计　擒贼擒王

三十六计

【本篇主旨】

俗话说"打蛇打七寸",就是说在打蛇的时候要朝它的要害处下手,如不击中其要害,势必被反咬一口。首领(王)是握有实际大权而且具有广泛影响力的人物,他是一个组织团结的核心,是集体行动中的一个枢纽。如能"擒王"即可捣乱其组织,破坏其活动系统,最起码也能使它的内部发生变化。

【原文】

摧其坚,夺其魁^①,以解^②其体。龙战于野,其道穷也^③。

【注释】

①夺:抢夺、抓获。魁:第一、大,此处指首领、主帅
②解:瓦解。体,躯体、整体、全军。
③龙战于野,其道穷也:语出《易坤·上六象辞》。坤,卦是坤下坤下,为纯阴之象。上六爻是本卦的最终爻、为纯阴发展到极盛阶段之象。坤卦上六爻的爻辞是:"龙战于野,其血玄黄。"龙,本为乾坤(纯阳之卦)的象征物,为什么作为纯阴之象的坤卦,其上六爻却以原本属纯阳之象的"龙"为象征物呢?按照朱熹《周易本义》的解释是:"阴盛之极,至与阳争。"《易·文言》在阐释坤卦上六爻辞时则说:"阴疑于阳必战。为其嫌于无阳也,故称龙焉。"按照《周易》物极必反的矛盾转化思想,上六爻表示纯阴已发展到极盛故必然向阳转化。虽然此时尚处于转化前夕,但却已急于以阳自比,以龙自称了。故有"龙战于野,其道穷也"之说。野,郊野。道,道理;道穷,无路可走。群龙战于郊野,相互杀伤,血渍斑斑,以至陷入穷

途末路。本计引用此语,其意当为:贼王被擒,群贼无首,其战必败。

【译文】

溃击敌人的主力,抓获其首领,便可瓦解其全军。好比群龙无首战于郊野,必然陷于穷途末路。

【故事论述】

魏文侯时(前445—前396),看看这个时间段又是战国时期。西门豹被任命为邺县(在今河南临漳县西)县令。他一到任,就去看望当地长者,询问当地百姓有什么疾苦。长者说:"最苦的是给河伯娶妻,这件事把我们害苦了。"

西门豹询问详情。他得知:县中的三老、廷掾和地方豪长等每年向百姓征收捐税。他们搜刮的钱财有数百万之多,其中二三十万被用来为河伯娶妻,其余的就与祝巫们分掉,中饱私囊。到了河伯娶亲之时,祝巫们就去看哪一家有漂亮的姑娘,然后说:"这个姑娘应该做河伯的妻子。"当即就下了聘礼。姑娘要换上新做的丝绸衣服,独居斋戒。在河岸边,为她造起斋宫一座,四面围挂黄红丝织帐帷,姑娘就住在里面。牛肉酒食准备停当。约十天之后,姑娘被打扮一新。然后,人们让她躺在一张席床上,将它放入水中,漂流数里之后,就沉入河底与河伯成亲。那些有漂亮女儿的人家,因为害怕孩子长大,被祝巫选中做河伯之妻,所以大多数都带着女儿逃往偏远之地去了。于是城中人丁日益减少,贫困加剧,这事由来已久了。民间有句俗话:"若不给河伯娶媳妇,河水就要淹没土地,溺死百姓。"

西门豹说:"若是河伯下次娶妻,望三老、祝巫、父老们前去河边与女子告别。我也将前去送行。"众人都答:"是。"

娶亲之日到了,西门豹也到了河边。在场的有三老、官属、地方上有权势者以及乡里的长者,加上围观的共二三千人。女巫是个年约七十的老太婆,身后还跟着十来个女徒弟。她们都穿着丝绸做的单衣,站在女巫后面。(不知这段历史是否有记录错误,因为那个时代巫祝都是由男人来做的。)

西门豹说:"把河伯媳妇叫过来,让我看看她漂亮不漂亮。"

被选中的女子当即被人从斋宫中带了出来。西门豹审视了一番,回头对三老、祝巫、父老们说:"这个女子不漂亮,所以烦请大巫下河向河伯通报一声,他应该娶个更漂亮的媳妇,过几天我们就给他送去。"随后,他命令手下的差役,把老巫婆扔到了河里。

过了片刻,西门豹说:"大巫如何去了这么久还不回来,徒弟应该下去催催她。"说完,一个女徒弟又被扔进了河里。

又过了一会儿,西门豹说:"徒弟怎么也是一去不回了? 再派个徒弟去催一催。"于是,又一个女徒弟被扔进了大河之中。就这样,一连扔了三个女徒弟。

西门豹又说:"大巫及其徒弟都是女流,不能把事情说清楚。还是烦请三老替我下河通报一下吧。"于是,三老也被扔进了河中。

西门豹躬着腰,恭恭敬敬地面向大河站立了良久,我们知道他这是装的。长老、廷掾以及围观之人都非常惊恐。最后,西门豹回头问道:"大巫、她的弟子和三老都没回来。这该怎么办呢?"

他打算再让人把廷掾和地方豪长各一人扔进河中,以催促前几位快些回来。此时,这些人早已吓破了胆,他们纷纷跪倒在地,不停地冲着西门豹叩头,乞求饶命。直到头上碰出了血,他们的脸色已同死灰一般。西门豹说:"好吧,暂且再等一会儿吧。"其实这些地方豪长们知道那些人是不可能见到河伯的,他们往河里扔人家的女儿时也知道,但他们只是不关自己的利益而是以神的名义让人去死,他们也是不会阻拦的。

看到他们也知道害怕了,西门豹就说:"起来吧,看样子河伯留客还要很久,你们不必下去了,都回去吧!"

从此,邺县的廷掾和地方豪长们胆战心惊,再也没人敢提为河伯娶妻这件事了。

河伯娶妻是邺县地方小集团利用群众的迷信心理,聚敛钱财的欺骗手段。仅用言语进行解释,是不能真正拆穿这个鬼把戏的。但当这个小集团的头儿老巫婆和她的同谋者一起被扔进大河,即被除掉之后,迷信也就连同这些被淹死者一起,永远消失了滔滔河水之中。

【计名典故】

"擒贼擒王"一语,现今可见的最早且影响较大的文字记录,则是唐代"诗圣"杜甫的五言古诗《前出塞》:"挽弓当挽强,用箭当用长。射人先射马,擒贼先擒王。杀人亦有限,列国自有疆。苟能制侵陵,岂在多杀伤?"从当时历史背景看,此诗原本寓含对唐玄宗李隆基无节制地对外用兵的讽谏之意。玄宗开元十八年(公元 730 年),西域吐蕃在数败于唐军之后,遣使求和,在玄宗李隆基勉强允准后吐蕃人撤走了边境的驻军,双方恢复了和平。七年后,玄宗利用吐蕃人没有防备,又派兵入侵吐蕃,重创吐蕃,深入敌境 2000 里。公元 739 年(玄宗开元二十七年),金城公主(中宗景龙四年,即公元 710 年,奉命与吐蕃赞普弃隶缩缵联姻)去世,吐蕃遣使报丧,并乘便求和,而玄宗却不许。一年后,吐蕃军攻占唐边境重镇石堡(在今青海省会西宁西南)。玄宗天宝七年(公元 748 年),唐遣陇右节度使、大将哥舒翰统军三万三千人与吐蕃军激战。石堡收复了,此役唐军战死者数以万计。杜甫的《前出塞》诗,大约是针对此一情况,有感而发的。意思是说,只要能够制服敌国的首领,保住本国的疆土,防止异国的入侵就可以了,何必杀人太多。诗中"射人先射马"、"擒贼先擒王"等警句,体现了诗人杜甫对我国古代某种军事经验的概括和他个人的军事眼光,因而成为后世脍炙人口的名言,常为众多军事家、政治家以至各色人物所引用。

第四套　混战计

第十九计　釜底抽薪

【本篇主旨】

"釜底抽薪"是预防事件爆发或爆发后寻求彻底整顿的一种手段,是一种治本的办法。

在斗争中,釜底抽薪又是一种"兜底战术",主要是从对方的幕后去下功夫,侧面暗算,扯其后腿,拆其后台,使它不知不觉间变成了一个泄气的皮球。

【原文】

不敌其力①,而消其势②,兑下乾上之象③。

【注释】

①敌:对抗,攻击。力:强力、锋芒。

②消:削弱、削减。势:气势。

③兑下乾上之象:兑下乾上为《周易》六十四卦中的履卦。兑不泽,为阴柔之象,乾为天、为阳刚之象。整个卦象为阴胜阳、柔克刚。其卦辞为"履虎尾,不咥人,亨。"履,小心蹑足前进。咥,咬。亨,通达顺利。其寓意是:虎为凶猛阳刚之兽,但只要以阴柔克之,小心谨慎行事,即使踩着了虎的尾巴,它也不会咬人。若占得此卦,预示事情将经历险阻而后通达,终于顺利。此处借用此卦,意在说明,遇到强敌,不要去与之硬碰,而要用阴柔的方法消灭刚猛之气,然后设法制服他。

【译文】

不要迎着敌人的猛劲去与之硬拼,而要设法削弱敌方的气势,采取以柔克刚的策略制服他。

【故事论述】

公元前501年孔子在东奔西走的游说谋职中终于被封了官,他当时是司寇,但他可以行使宰相的职权,那是孔子仕途最得意的时期。那时的鲁国名义上是鲁定公(前509—前495)当政,可实际上是由鲁桓公的后代大夫季桓掌权。孔夫子曾当过委吏(管会计)和乘田(管牛羊)等下级小吏,而今腾达为主管刑法的司寇,用现代的话说就是司法部长。到了公元前496年,他所肩负的责任已是形同宰相。他为政不到三个月,鲁国的面貌便大为改观:男人买卖牛羊和猪崽不再漫天要价,就地还钱;大街小巷,男女有别,各走各的路,互不相扰;路上有人丢了东西,捡到的人也不会据为己有;外邦人来到鲁国,也不再找官府求助,因为即使外邦人也会受到公正的对待。

孔子治理鲁国短期即大见成效的消息传到齐国,齐国公卿大为震惊。他们便对齐景公(前547—前490)说:孔子执政,鲁国必会称霸。鲁国一旦成为霸主,必定并吞紧邻的齐国,为抚慰鲁国,我们何不将一部分领土割让给鲁国呢? 可是齐国大夫黎钼说道:"请先试一试阻止它强大的办法;不能阻止它称霸,再送给他们土地,这难道还算迟吗?"

众所周知,孔子坚守西周初期所制定的礼。他对祭礼予以特别的重视,按等级、性别和年龄所制定的各式礼节也是奉之不渝。对孔子来说,不仅仅是外表礼仪重要,而且还要有相应的内在的道德修养。孔子希望鲁定公和季桓大夫要言行如一、信奉道义、疏远拍马屁的小人、摒弃奢侈浪费的生活方式和过度的感官享受。在他看来,这都是和周礼相违背的。齐国的人对鲁定公和大夫季桓还是有所了解的,知道他们对于感官享受决不会反感。齐国的当权者便实施"美人计",从齐国挑选了美女八十人,都穿上华丽的服装,教她们伴乐起舞。又备好装饰豪华的马车三十驾，一起送给鲁君。

齐国先安置女子乐队、漂亮马车在鲁城南面的高门外进行表演，季桓穿着便装再三前往观看，连国家事务也懒得去管理了。子路见此情景便说："老师，我们可以离开这里了吧！"孔子说："鲁国现在还要在郊外祭祀，如果能按礼法分给大夫烤肉，那我还可以留下来不走。"桓子终于接受了齐国送来的女子乐队，鲁君一连三天不理国事；在郊外举行祭祀，又不赠给大夫烤肉和礼器。孔子于是失望地离开了鲁国，在屯这个地方过夜。鲁国大夫师已赶来送行说："先生是没有过错的。"孔子说："我唱个歌可以吗？"歌词大意是："美人的一张嘴啊，可以把亲信和大臣赶走；亲近那妖艳的美人，可以使国破身亡。悠闲啊悠闲，我只有这样度过岁月！"当时的士大夫把懂音乐作为一种身份的象征，而且这在当时也是他们必修的课程，所以孔子不仅是一个教育家，而且还是个音乐家。因为当时只有殷之后裔掌握着大量的知识。孔子是商汤的后人。

师已返回后，桓子问他说："孔子说了些什么？"师已如实相告。桓子深深叹口气说："先生是怪罪我接受了一群婢女的缘故呀！"

事实上，从此以后，孔子再也没有获取实现其政治抱负的机会。曾有人说："连我们的圣人孔子也在这个'釜底抽薪'计下栽了一跤，要流亡国外尝尝行乞生活，可见仁义道德之化身，经不起六壬一扭。也由此证明，诡计使用对象，最见效的还是那些道学先生。"

这里还要提到一点齐国是姜太公的封地，而鲁是周公旦的封地。姜太公是以用计而得用于周王的。而周公旦一生也没到过鲁地，他一直在保护着周王室而呆在朝廷。鲁地一直是由一群懦弱的儒士统治着。所以齐国人施此计就不足为怪了。

因而在这个世界上只做一个道德家还是远远不够的，看穿阴谋诡计，并加以粉碎，至少同样重要。齐国君要是以直接的方式阻挠孔子，恐怕难以得逞。孔子的力量就在于和季桓子与鲁定公有着良好的关系。可这种良好的关系被齐国赠送的八十个美女和一百二十匹高头大马所破坏。孔子极度失望，不得不离开鲁国，鲁国君臣从而失去了使鲁国崛起称霸的脊梁。齐国成功地施用了"釜底抽薪"之计，使孔子离开了鲁国，也就等于除掉了齐国的一块心病。

如果孔子除了精通西周之礼和崇高的道德学说之外，还对计谋有所了解，比如像其对于黎钼那样会实施"釜底抽薪"之计的话，难道他还会挂冠而去吗？

所以凡事只能从根本上解决问题，在技术改进上要做到一劳永逸，在军事上更要做到这一点，所以只要出现战争，人们第一个就会想到要把对方的补给给破坏掉。曹操就曾火烧乌巢粮草，而使袁绍大败。

官渡，在今天河南中牟县北。公元200年曾是丞相曹操（155—220）和地方割据势力袁绍（死于202）两军交战的战场，后者占有今天山东、河北和山西等北方广大的地区。袁绍拥兵十万，而曹操只有两万人，且粮草很少。袁绍军轻敌，警惕性不高，曹操利用这一点，点起五千人马，皆打着袁军旗号，军士皆束草负薪，人衔枚，马勒口，夜袭袁军粮草辎重之地乌巢。曹军一把大火烧了乌巢粮草。把守乌巢的将官被擒，操命割去其耳鼻手指，缚于马上，放回绍营以辱之。袁绍大军闻讯，惊恐万状，四散逃窜。曹操军队奋勇杀敌，袁绍十万大军四处溃逃,所剩无几。经此一败,袁绍卧床不起,很快便一命归西。曹操起初力量处于劣势,可他施用了"釜底抽薪"之计,取得了胜利。粮草被烧,袁军全然丧失了战斗力,数量上的优势尽失。曹操利用本计所取得的胜利为其后来平定北方打下了基础。

【计名典故】

"釜底抽薪"计的策略思想渊源,可追溯到战国时代成书的《尉缭子》。该书《战威第四》说:"民之所以战者,气也。气实则斗,气虚则走,""讲武料敌,使敌之气失而师散,虽形全而不为之用,此道胜也"。这些话的意思是:部队所赖以作战的是勇气,士兵勇气旺盛就敢于战斗,勇气丧失就会溃逃。讲究武备,判明敌情,设法促使敌人丧失勇气而军心涣散,使敌军虽然结构形式完整却不能作战,这就是靠的政治谋略取胜。《尉缭子》在这里提出了一个采用某种谋略,以削减、削弱敌方的气势和斗志,然后战而胜之的策略思想。后世提出的"釜底抽薪"计,应当说,正是在这种策略思想基础上发展和形成的。继《尉缭子》之后,相继提出或提到类似思想的,有西汉《淮南鸿烈》:"故以汤止沸,沸乃不止;诚知其本,则去火而已矣。"东汉董卓《上何进书》:"臣闻扬汤止沸,莫若去薪。"北齐史学家魏收《为侯景叛移梁朝文》:"若抽薪止沸,剪草除根。"至明代以后,便在更多的书面语言中出现了"釜底抽薪"这一更为概括、简明的语言。如明代嘉靖年间戚元佐《议处宗藩疏》:"谚云:扬汤止沸,不如釜底抽薪。"清代吴敬梓著《儒林外史》第五回:"如今有个道理,是釜底抽薪之法:只消差个人去,把告状的安抚住了,众人递个拦词,便歇。"可见,明清以后,"釜底抽薪"已成为广泛使用的民间语言,其策略思想已在许多场合下被使用。

第二十计　混水摸鱼

【本篇主旨】

在浑浊的水中,鱼儿辨不清方向,在复杂的战争中,弱小的一方经常会动摇不定,这里就会有可乘之机。由于乱生于内,而形于外。因此,设谋乱敌,最有效的办法就莫过于去钻进敌人营垒之内,乘机搅浑水,以便从中摸鱼。但更多的时候,这个可乘之机不能只靠等待,而应主动去创造。一方主动去把水搅浑,一旦情况开始复杂起来,就可以借机行事了。

【原文】

乘其阴乱①,利其弱而无主。随,以向晦入宴息②。

【注释】

①乘其阴乱:阴,内部。全句意为乘敌人内部发生混乱。

②随,以向晦入宴息:语出《易·随》卦。随,卦名。本卦为震下兑上。上卦为兑为泽;下卦为震为雷。言雷入泽中,大地寒凝,万物蛰伏,故此卦名"随"。随,顺从之意。《随卦》的《象》辞说"泽中有雷,随。君子以向晦入宴息。"意思是说,人要顺应天时去作息,向晚就当

中国历代兵法精粹

入室休息。本计运用这一卦理，是说打仗时要善于抓住敌方的可乘之隙，随机行事，乱中取利。

【译文】

乘看敌方内部发生混乱，利用他力量虚弱又没有主见，使他顺随于我，就像《周易》随卦象辞说的"人到夜晚，必须入室休息"一样。

【故事论述】

自公元150年，东汉朝廷日益衰微，对边远地区已无力管辖，代之而起的骄兵悍将唱起了主角。他们一个个觊觎中央政权，180年后便相互混战起来。每个军阀都想挟天子以令诸侯。184年黄巾起义，割据群雄将黄巾军剿灭，其中曹操战功卓著。后来孙权和刘备也相继崛起，成了曹操两个最强大的对手。这三人中，起初刘备最弱。开始时就战败，差一点丢了性命。他痛切感到，他最急需的乃是一个有能力的军师。通过各种渠道，就听说了诸葛亮的大名，此人号称"卧龙"，字孔明，有经天纬地之才。于是使束装就道，请他出山。

据史书记载刘备跑去了三次才见到了诸葛亮。两位人杰相见自是相见恨晚。诸葛亮见刘备是如此的有诚意就对其纵论天下大势，这一段对话历史上称为"隆中对"，它为刘备集团的兴起奠定了基础。这是一个战略性的对话。诸葛亮在"隆中对"是这样分析天下大势的：

"今曹操在北方拥兵百万，'挟天子以令诸侯'，此诚不可与争锋。孙权据有江东，已历三世，国险而民附，此可用为援而不可图也。荆州北据汉、河，利尽南海，东连吴会（会稽），西通巴蜀，此用武之地，非其主不能守。是殆天所以资将军，将军岂有意乎？益州（属于今天的云南和四川省）险塞，沃野千里，天府之国。今刘璋暗弱，民殷国富而不知存恤。若将军跨有荆益，保其岩阻，西和诸戎，南抚彝越，外结孙权，内修政理。诚如是，则大业可成。先取荆州为家，后即取四川建基业，然后可图中原也。"

听完诸葛亮这番话，刘备高兴自己终于找到了一个杰出的人才，一个卓越的政治顾问，一位伟大的国务活动家。在诸葛亮的筹划下，刘备取得一个又一个的胜利，一步步登上了皇帝的宝座。

第一步是夺取荆州，这是五百年前成书的《三十六计（秘本兵法）》为第二十计"混水摸鱼"所列举的唯一例证。为了更好地理解这一例证，在叙述刘备如何施用第二十计之前，看来还需要追忆一下当时的背景。

在遇到诸葛亮前，刘备和曹操对阵，吃了大败仗，只得投奔坐镇荆州九郡的同宗远房兄弟刘表。刘备到荆州，刘表待之甚厚。为表其感恩之悱，刘备自告奋勇，要去剿灭横行于江夏（今湖北）之间的一股土匪。刘表大喜，就点三万兵士与刘备前去。刘备果然肃清了贼寇，使边境重新恢复了安宁和秩序，得胜回到荆州。蔡瑁是经常给刘表出主意的人，眼见得自己受到刘备排挤，便说动嫁给刘表的姐姐，离间刘表和刘备的关系。说刘备在荆州日益受到爱戴，久必为患，蔡氏对夫君刘表悄悄进言。这个多疑的刘表于是将刘备调出政治中心荆州，令其前往新野（今河南）。207年刘备到新野又是一番大干，政治一新，军民也很爱戴。

忽一日刘表请刘备赴荆州相会。两人在后堂宴饮密谈，说到继承人时刘表面有戚色。

长子刘琦，为前妻所生，本应立他，可他为人虽贤，却柔懦不足成事。后妻蔡氏所生少子琮，颇备才华，因之委决不下。刘备立即表示应立长子，没想到蔡氏在屏风后面窃听他们的谈话。闻刘备如此说话，心甚恨之。刘备也自知语失。在接下来的谈话中，刘备不小心表露出他在政治上的野心，刘表对之不得不加以警惕。刘表之妻蔡氏和其弟商议对策。蔡瑁策划了两个杀害刘备的方案。可在最后时刻总是有人向刘备报信，使他两次都逃脱了暗杀。后遇隐士庞统先生，继而又遇到诸葛亮，像是命运的安排。刘备不仅遭到刘表的猜忌，后来他也遭到曹操的猜忌，也曾遭到曹的谋害，但都让他给逃脱了。

在此期间，孙权已成了吴国的国君，并向刘表的辖地攻击，占领了江夏。然他以为，孤城不可守，遂弃江夏。料想刘表必来报仇，以逸待劳，必败刘表，而后乘势攻之，将其彻底打垮，可得整个荆襄地区。就是在这种情势下，刘表差人请已回新野的刘备赴荆州议事。诸葛亮劝其从之。在荆州，刘备和他新得的军师诸葛亮受到刘表的款待。刘表问计于刘备，如何对付孙权。可刘备认为当前之大敌乃曹操。此后，刘备在诸葛亮的协助下，施用计谋，多次小胜曹操。

刘表病重而亡，病中所立遗嘱，令刘备辅佐长子刘琦为荆州之主。可刘表的老婆却改了遗嘱，证刘表十四岁的儿子刘琮为荆州之主，这样蔡氏家族便掌握了荆州大权，这也给刘备夺取荆州以借口。长子刘琦驻扎江夏，刘备在新野，刘表之死竟不讣告他们。此时曹操率大军，立马横刀于家门口。为保性命和爵位，荆州新的当权者决计不战而降曹操。蔡瑁和张允被曹操封为水军头领，从此效劳曹操，之所以当时不杀这二人是因为曹操是汉人，急需懂得水战的将领。但他们最后还是被周瑜用反间计而让曹操杀了，即使周瑜不用反间计他们两个也会被曹操杀掉的，只是早晚的问题。曹操后来还是杀了刘表的第二个儿子和其母蔡氏。

之后，曹操要与荆州相邻的吴国之主孙权"会猎"，共击刘备。孙权的众多谋士意欲归顺曹操。曹操檄文送来之前，刘备已向孙权表示结盟之意。诸葛亮往见孙权，施用激将法说动孙权和其军事首领周瑜，与刘备结盟，共同对付曹操。继而于208年发生了赤壁大战，曹操大败。赤壁之战后，周瑜率领军队又和曹操为着仍被曹操占据的具有战略价值的荆州地区进行了大大小小无数次战斗，其实力已消耗殆尽。刘备这时是"坐山观虎斗"，不费吹灰之力而据有荆襄地区。刘备取得荆州可以说有点趁火打劫的意思，他是在这场混战中坐收了渔翁之利。诸葛亮在"隆中对"所说的第一步战略取得了成功。

刘备后来又乘益州的刘璋集团内部的分裂，于公元214年夺取了益州的全部地区，建立了根据地，同魏、吴形成了三国鼎立的局面。

在混乱中有很多好处，如在吃大锅饭时代，可能滥竽充数是最早的吃大锅饭的案例。

齐王喜欢听竽，他一下招了三百人为其吹竽。南郭先生不会吹竽，但他可是一个聪明的人。他也请求加入吹竽的乐队中去。齐王没有进行任何考查便欢迎他参加，并付给他和其他三百人一样的薪水。齐王死了，而新继位国王喜欢听独奏，南郭先生便脚底抹油溜走。

三百人的合奏真可谓是"混水"，南郭先生便大胆"摸鱼"。他压根就不会吹竽，可没人发觉这一点。

这一计的使用必须是一个胆大心细的人，他要有胆量去"摸鱼"，并且还要能知道当时的情况是不是"混水"。

【计名典故】

"混水摸鱼"一词,起初可能是渔民们从捕鱼实践中摸索、总结出来的一句经验性俗语。后来逐渐被移植到社会生活的其他领域,以至被兵家和军事指挥员们用来作为表述某种军事谋略的军事术语。原意是,把水弄混浊了,鱼儿会晕头乱窜,此时乘机捕捉,往往易于得手。比喻乘混乱之机,谋取某种意外的利益。在军事上指有意给敌方制造混乱,或乘敌方混乱之机,消灭敌人,夺取胜利。在战场上,冒充敌人而蒙混过关是此计常用的计法。

第二十一计　金蝉脱壳

【本篇主旨】

金蝉脱壳是危急存亡时的脱身之计。施行此计时,形势已万分危急,本身已处于极端不利的地位。拼不得,退不得,不能不行险设谋突出重围,以便寻找机会东山再起。但不论是转移还是撤退,决不是惊慌失措,消极逃跑,而是保持原来的形式,抽走内容,稳住对方,使自己脱离险境,达到己方的战略目的。

【原文】

存其形,完其势^①。友不疑,敌不动。巽而止,蛊^②。

【注释】

①存其形、完其势:保存阵地已有的战斗阵容,完备继续战斗的各种态势。

②巽而止,蛊:语出《易·蛊》。蛊卦为巽下艮上。艮为山、为刚,为阳卦;巽为风、为柔,为阴卦。故"蛊"的卦象是"刚上柔上",意即高山沉静,风行于山下,事可顺利。又,艮在上,为静;巽为下,为谦逊,故又是"谦虚沉静"、"弘大通泰"是天下大治之象。此计引本卦《象》辞:"莫而止,蛊。"其意是暗中谨慎地实行主力转移,稳住敌人;乘敌不疑之际,脱离险境。"蛊"有顺的意思。

【译文】

保存阵地原有的战斗阵容,造成强大的声势。使友军不怀疑,敌人也不敢贸然进犯。这是从蛊卦《辞》:"巽而止,蛊"一语中悟出的道理。

【故事论述】

中国历史上用此计最出神入化的就是南宋将军毕再遇。当时毕再遇和金兵对垒,当时南宋方面是兵少力单,只要一开战是必败无疑,于是毕再遇决定撤退。可他又怕敌人从后面来追,于是他在营地上插了很多旗帜,又将数千只羊后腿绑起来倒挂到树上,这样羊的前蹄就会拼命的乱蹬,他又在羊下面放了很多鼓。这样羊一踢蹬则鼓声隆隆。被风吹得呼呼作响的旗帜声加上隆隆的鼓声使得金军以为南宋将士还在营地练兵备战呢。一连几天,金兵都不敢越雷池一步,等发觉情况有些不对时,南宋军早就安全撤离了。

想要逃跑上厕所是一个最好的办法,看下面这些人是如何以此为借口而跑掉的。

汉朝开国皇帝刘邦(前250—前195),他在鸿门宴中,为避免被杀就声称内急离席而去,从而逃脱了杀身之祸。而三国时的刘备也是借口如厕而逃脱了蔡瑁的谋杀。蔡瑁在襄阳(今湖北省襄樊)大摆宴席,招待刘备,席间一友人低声谓曰:"请更衣",于是借机逃跑。过去在公众场合称上厕所就说更衣。云南都督蔡锷(1882—1916)也是以如厕为计,才得以保全性命。1913年,当时中国的权势人物袁世凯(1859—1916)令其来京,对其严加看管。一天蔡锷带一女子去逛公园,两人到园中茶室坐下,蔡锷故意引人注目地将钱包放在桌子上。并将其名贵的巴拿马草帽脱下,最后脱下长衫,搭在椅子靠背上。他和女友饮茶聊天,两个便衣就坐在离他们不远的地方,观察着蔡锷的一举一动。蔡锷突然高声向女友说道:"你等一下,我去厕所即回来。"口含香烟而去。两个便衣警察看他上身只穿了件衬衫,长衫和草帽都还在,而且钱包也在桌子上,便没有起什么疑心。蔡锷神不知鬼不觉地离开了公园,跑到一位朋友那里,朋友将他化装成一个富婆,乘上火车,就这样离开了北京。

【计名典故】

金蝉脱壳原是一种生物现象,指蝉类昆虫在其生命进程中发生的一种蜕变。秋蝉从本体脱壳而去,却将蝉衣留在枝头。古人便用这种现象来喻指人类社会生活中的某些事物。如《史记·屈原列传》说:"濯淖污泥之中,蝉蜕于浊秽,以浮游尘埃之外,不获世之滋垢,皭然泥而不滓者也。"又《淮南子·精神训》:"蝉蜕蛇解,游于太清。"佛家道家也常用以喻指得道者之死乃弃尸登仙,有如蝉之脱壳。至于从何时开始将"金蝉脱壳"一语用来喻指某种军事计谋,目前尚难确证,但至少在元代以前就有了。如元惠施《幽闺记·文武同盟》中写道:"曾记得兵书上有个金蝉脱壳之计。"后来在各类文章、作品中使用此语的就更多了。如元马致远《三度任风子》:"天也,我几时能够金蝉脱壳,可不道家有老敬老,有小敬小。"关汉卿《谢天香》:"便使尽些伎俩,干愁断我肚肠,觅不得个脱壳金蝉这一个谎。"明吴承恩《西游记》第二十回:"这个叫做'金蝉脱壳计':他将虎皮盖在此,他却走了。"至于在军事实践中使用此计则更早。如三国时,诸葛亮第六次出祁山,病死五丈原军中。为避免蜀军撤退时遭司马懿袭击,诸葛亮临终前向杨仪授以密计,即在他死后,要秘不发表,对外严密封锁消息。又找来工匠造了他的一座木像,仍穿戴上他生前的衣物,坐于行军的车中,同时在撤军前,让一部分兵士对魏军发动一次佯攻。在蜀军撤军时,魏军见蜀军军容整齐,且诸葛亮仍稳坐车中,疑为诱兵之计,也就不敢追了。

第二十二计　关门捉贼

【本篇主旨】

关门捉贼,是对弱小敌军采取的四面包围、聚而歼之的谋略。如果让敌人得以逃脱,情况就会变得十分复杂。穷追不舍,一怕它拼命反扑,再者又怕中了诱兵之计。所以对于"贼",不能让它逃跑,而是要截断他的后路,聚而歼之。当然,如果此计运用得好,还可以围歼敌军的主力部队,古今都不乏这方面的经典战例。

【原文】

小敌围之。剥,不利有攸往①。

【注释】

①剥,不利有攸往:语出《易·剥》。剥卦为坤下艮上。上卦为艮、为山。下卦为坤、为地。意即广阔无边的大地在吞没山岳,故卦名曰"剥"。"剥"落也。剥卦的卦辞说"剥,不利有攸往"意思是说当万物呈现剥落之象时,如有所往,则不利。此计引此卦辞,是说对小股敌人要即时围歼,而不应去急追或者远袭。

【译文】

对弱小的敌人要加以包围、歼灭。(如果纵其逃去而又穷追远赶,那是很不利的。)这是从剥卦卦辞"剥,不利有攸往"一语中悟出的道理。

【故事论述】

这一计和关门打狗是一个意思。在春秋时代,郑国名将就施用此计想把鲁军困于城中来个关门打狗,可惜他的这一计划被孔子的父亲给破坏了。

孔子的父亲叔梁纥(?—前548)是鲁国(今山东省)的一员虎将。儒家经典《左传》曾描述了他于公元前563年的一个英雄之举。当时晋悼公(前572—前559)一心要成就霸业,他调集鲁国等九个附属国的军队,讨伐郑国,进而征服楚国。鲁国的军队由孙蔑率领,孔子的父亲作为军中一名将领协助其作战。在战役中,鲁国应从北面袭击楚国领土上的逼阳城。这时郑国名将妘斑——策划了一个"诱敌深入""关门打狗"的计策。首先大开城门,指派一些小喽罗出城佯装迎战,之后再败回城内。鲁军"果然中计"。两位上将带领部下冲进城内,叔梁纥当时是跟在后面。当他冲到城楼下时,只见一道悬门盖顶压来,叔梁纥知道是中计了,急忙扔下手中的兵器,高举双臂撑住了下落的悬门,高声呼喊:"鲁军弟兄赶快出城,我们中计啦!"

叔梁纥的机智果断和力量,使鲁军在生死关头得以脱逃。后来,逼阳城被攻陷。因为这件事晋悼公亲赐叔梁纥一辆战车,一副盔甲,以资嘉奖。

如果不是《左传》这段记录谁又能想到我们的孔圣人父亲竟是这样一个孔武有力之人呢!

中国历史上另外一次围歼战却成功了,这次是以秦国的胜利和赵国四十万将士的死来证明了关门捉贼之计的伟大。

公元前259年,赵国和秦国的军队在长平(今山西省)对峙。与宰相蔺相如以及大将廉颇同等级别的赵国大将赵奢早已病亡,而蔺相如这时也是身患重病,赵王即委任大将廉颇抵抗秦军。但廉颇却多次战败,于是便带领赵军驻守长平,从此避免任何战斗,对秦军的反复挑衅也置之不理。廉颇在长平坚守了三年。这时的秦军是远征,如果这样耗下去对他们是很不利的。这时秦国通过密探散布谣言："秦最怕已故赵奢将军的儿子赵括掌握军权。"这等于就是一个反间计。可这个赵王就听信了谣言，让赵括取代廉颇为将。蔺相如告诫赵王："王以名使括，若胶柱而鼓瑟耳。括徒能读其父书传，不知合变也。"赵王没有听他的劝告，仍然坚持对赵括的任命。

赵括从小就研习兵法，讨论战事。他坚信，天下无人能与他相比。一次他和父亲谈论战术，父亲也说不过他。然而父亲还是不承认儿子懂兵法。赵括的母亲问其原由，父亲回答："兵，死地也（作战，是生死之事），而括易言之（可赵括却是认为很容易）。使赵不将括则已（赵王不任命他则罢了），若必将之，破赵军者必括也（毁了赵军的一定就是赵括）。"就在儿子临去作战之前，其母致书赵王，说她儿子无论在业务上还是道义上都远在其父之下，决不能委任他担此重任。然而赵王决心已定。

这样赵括就代替了老将军廉颇，并立即改变了廉颇的部署，在指挥结构上也做了彻底的人事变动。秦将白起闻知赵军变化的全过程，安排一支奇袭部队进入阵地，佯装撤退了他的主力部队。赵括立刻带军离开长平，紧追白起。而这时，白起的奇袭部队在后面断了赵军的补给，由此赵军被切割开来，主力部队与后备部队相分离。赵括率领的被围困的部队不满情绪开始增加，围困持续了四十多天，赵括的士兵忍饥挨饿。赵括集中精兵，亲自出马与秦军作战，中箭身亡。赵军大败。据司马迁《史记》记载，赵国有"数十万之众遂降秦，秦悉坑之。赵前后所亡凡四十五万"。

在中国的计书中，长平之战是成功使用第二十二计的一个例子。赵括不切实际的用兵，被视为愚蠢行动的典型代表，他是"纸上谈兵"这一成语的主人公。

与长平之战相似的事例是，在此之前几个世纪发生的城濮之战。在中国战争史上，它是一个以弱胜强的著名战例。公元前633年，楚成王联合其他国家的军队围攻宋国。宋国君主求助于晋国。第二年，晋楚两国军队在城濮相遇。晋军首先弄清楚楚军的薄弱环节，并由此先摧毁其由陈国和蔡国军队组成的右翼。同时晋国主力佯装撤退，引诱楚军左翼前来追赶。很快，假装逃跑的晋军来了一个180度大转弯，与其余部队一起钳制住楚军，并将其消灭。楚军中路主力部队被迫撤退。这样，晋文公战胜了优于自己的敌人。这一计在使用中和釜底抽薪类似。

【计名典故】

"关门捉贼"是流传已久的民间俗语，其义不言自明。它与另一民间俗语"关门打狗"的意思相近。后来人们把日常生活中的这种小智谋移用于战争，便有了不同凡响的意义。在军事实践中，它与军事家和军事指挥员们常讲或常用的围歼战、口袋阵等大体上是一回事。古今中外战史上使用此计的，比比皆是。

第二十三计　远交近攻

【本文主旨】

远交近攻的谋略,不只是军事的谋略,它实际上更多地是指国家领导者采取的政治战略。远交近攻是战略方面的运用,不是具体的战术运用。其主要目的是为了分化瓦解敌人的联合阵线,防止敌人联合行动,这样就有利于我方将敌人各个击破。

【原文】

形禁势格①,利从近取,害以远隔。上火下泽②。

【注释】

①形禁势格:禁,禁锢、限制。格,阻碍。全句意为受到地势的限制和阻碍。

②上火下泽:语出《易·睽》。睽卦为兑下离上。上卦为离为火,下卦为兑为泽。上火下泽,是水火相克;水火相克则又可相生,循环无穷。又"睽":离违,即矛盾。本卦《象》辞说"上火下泽,睽。"意为上火下泽,两相违离、矛盾。此计运用上火下泽相互违离的道理,说明采取远交近攻的不同做法,使敌相互矛盾、违离,而我则可各个击破。

【译文】

凡是受到地理形势的限制时,就要从附近的地方求取利益;攻击远隔的敌方,就有害。这是从睽卦象辞"上火下泽,睽"一语中悟出的道理。

【故事论述】

魏国的范雎在齐国遭到诬陷,几乎丧命。公元前271年他到达秦国(今陕西中部和甘肃东南部)。那儿的统治者昭王(前306—前251)已连续三十六年执掌政权。他占领了南部楚国(今湖北、安徽、广西等地)的一些地区,并将楚怀王一直幽禁到死。在东部他打败了齐国。昭王对像范雎这样的四处游说评价很不好,因而不相信这些游说者。

那时是穰侯任丞相。公元前268年,他计划攻打属于齐国的纲(今山东省宁阳县东北)和寿(今山东省东平县西南),想把它们并入自己的封地陶(今山东省肥城县西北)。但秦军在这次只为个人目的而准备进行的远征中,必须穿过相邻的两个国家,即魏和韩。而这时,在贫困的境遇下已在秦国都城耐心等待了一年多的范雎,还未得到昭王的召见。他利用这次出征之机,用巧妙的措辞上奏昭王,请求他倾听他的意见。他的奏章是这样结束的:"一语无效,请伏斧质。"他通过自己的恩人王稽将奏折呈给昭王。范雎是王稽在出使魏国时从魏国带到秦国来的。一到秦国,王稽便将他推荐给昭王,然而却没有让其得到重用。昭王只是让人把范雎安排到一个馆舍住下,并未拿他当回事。然而范雎的奏章却打动了昭王,他请王稽用车将范雎接到他那里去。

在范雎和昭王进行谈话的第一阶段,范雎先让昭王请教了他三次,他这才开始讲话。

他首先提到周文王姬昌，他见到当时只是垂钓江上的姜尚还向他请教，也正因周文王乐于听取直言，而成为天下霸主。然后范雎让昭王明白，他是冒着死的危险，以一个昭王不熟悉的异乡人的身份，谈论秦国国事及皇亲国戚的。"臣知今日言之于前，而明日伏诛于后，然臣不敢避也……死者，人之所必不免也。……臣之所恐者，独恐臣死之后，天下见臣之尽忠而身死，因以是杜口裹足，莫肯乡（向）秦耳。……"接着范雎回到正题，"足下上畏太后之严，下惑于奸臣之态；居深宫之中，不离阿保之手；终身迷惑，无与昭奸。大者宗庙灭覆，小者身以孤危，此臣之所恐耳。若夫穷辱之事，死亡之患，臣不敢畏也……"

昭王跪下来说："夫秦国辟远，……寡人得受命于先生，此天所以幸先生……事无小大，上及太后，下至大臣，愿先生悉以教寡人，无疑寡人也！"范雎、昭王相互再拜。接着范雎开始赞扬秦国得天独厚的客观条件，自成屏障的地势，拥有上千辆战车的百万大军和勇于作战的人民，可以说是地利人和。秦王的霸业可成。"而群臣莫当其位，至今闭关十五年，不敢窥兵于山东者，是穰侯为秦谋不忠，而大王之计有所失也。"

昭王再次跪下说"寡人愿闻失计"，现在可以说是昭王唯范雎话是听了。

范雎回答说，穰侯打算穿过韩魏两国占领齐国的纲和寿是错误的。"王不如远交而近攻，得寸，则王之寸；得尺，亦王之尺也。今释此而远攻，不亦谬乎？"

昭王对范雎所说深信不疑，他说："寡人敬闻命矣。"（我现在全听你的了）昭王于是任命范雎为客卿，并开始实施他的计谋。从此以后秦王放弃为攻打远处目标进行的远征。秦国"利用六国之间的矛盾和恐秦心理"。要么一再收买其重臣，以离间其君，使其君臣上下分化；要么麻痹领导层，使其丧失警惕。当秦国进攻邻近各国时，总能通过外交手段让对方潜在的盟国保持中立。特别是齐国，它是离秦国最远的沿海国家，四十年的长治久安，使齐王田建相信，他可以安然无恙地"坐山观虎斗"。但齐国忽视了一点：群虎相争必有胜者，等到发现就只剩下一个孤立的齐国时，他们竟是不战就臣服于秦国了。秦国竟得了一个"不战而屈人之兵"的结果。

与范雎谈话后，秦王首先孤立了与自己直接相邻的两个国家韩和魏，并一再攻打它们，唯一的目的就是吞食它们的领土。在运用范雎的计谋以后的前十年，受害最大的是韩国。其实当初范雎采取这个计策也有报私仇的心理。因为他是被魏国的大夫须贾陷害而差点没命。如果不是为私仇，他又怎么可能让秦国去攻打自己的祖国呢？

接着秦把矛头转向赵国，赵国在长平一战大败，再也无法恢复元气。范雎以其"极具战略眼光"的计谋，为秦国不断扩张领土指明了一条道路。后来统一中国的秦始皇继承了早就行之有效的这个"远交近攻"的战略方针。自公元前230年到公元前221年期间并吞了所有的参战国。秦用范雎之计，破坏了东方六国的合纵，先灭韩，次灭赵，再灭魏、楚、燕，最后灭齐，统一了中国。历史的书写有时竟是因为两个人的恩怨。魏国的国君至死都不会明白是因须贾才给这个国家招来了灭顶之灾。但也因为范雎才结束了战国的历史。

这一计却并不是范雎的首创，在春秋初期，周天子的地位实际上已经架空，群雄并起，逐鹿中原。郑庄公在此混乱的局势下，巧妙地运用此计，取得了霸主的地位。

当时，与郑国接壤的宋国和卫国与郑国有很深的矛盾，郑国时刻都有被夹击的危险。

于是,郑国在外交上采取与较远的邾、鲁等国结盟的策略,很快又与更远的实力强大的齐国建立了外交关系。

公元前719年,宋、卫联合陈、蔡两国共同攻打郑国,鲁国也派兵助战。将郑都东门围攻了5天5夜。虽未攻下,但郑国已感到本国与鲁国的关系出现了问题,便想尽办法要与鲁国重新修好,共同对付宋、卫。

公元前717年,郑国以帮邾国雪耻为名攻打宋国。同时,向鲁国积极发动外交攻势,主动派使臣到鲁国,商议把郑国在鲁国境内的访枋交归鲁国。这一决定让鲁国与郑国恢复了邦交关系。当时的大国齐国出面调解宋、郑两国的关系,郑庄公这时又给了齐国面子,暂时与宋国修好。这样也就使齐国对郑国有了好感。

可是到了公元前714年,郑庄公以宋国不朝拜周天子为由,代周天子发令攻打宋国。这样郑、齐、鲁三国大军很快就攻占了宋国的大片土地。这时宋卫军队避开联军锋芒,乘郑国精兵在外而进攻郑国。这时郑庄公就把占领的宋国的土地全都送给了齐、鲁两国,回师大败宋卫大军。郑国击败宋国,卫国也被迫求和。这样郑庄公就奠定了自己的霸主地位。

【计名典故】

远交近攻,语出《战国策·秦策》:范雎曰:"王不如远交而近攻。得寸,则王之寸;得尺,则王之尺也。今舍此而远攻,不亦谬乎?"就是因为秦昭王采纳了范雎的建议,此后,远交近攻便成为秦逐步并吞六国的基本国策并由此最终达到了统一天下,建立秦帝国的目的。

第二十四计　假道伐虢

【本篇主旨】

处在敌我两国中间的小国,当受到敌方武力胁迫时,某方常以出兵援助的姿态,把力量渗透进去。当然,对处在夹缝中的小国,只用甜言蜜语是不会取得它的信任的,一方往往以"保护"为名,迅速进军,控制其局面,使其丧失自主权。然后再乘机突然袭击,就可以轻而易举地取得胜利。此计在军事、外交、政治上都是"以假示真"法,真真假假施计于人,方可取胜。所以这一计的实践,在古今中外的历史上都不罕见,而且总有新意。

【原文】

两大之间,敌胁以从,我假以势①。困,有言不信②。

【注释】

①假:假借。

②困,有言不信:语出《易·困》困卦为坎下兑上。上卦为兑、为泽、为阴;下卦为坎、为水、为阳。卦象表明,本该容纳于泽中的水,现在离开泽而向下渗透,以致泽无水而受困;同时,水离开泽流散无归也是困,所以卦名为"困"。"困"为困乏的意思。困卦的卦辞说"困,

有言不信。"大意是说:处在困乏境地,难道还能不相信强者的话吗? 本计运用此卦理,是说处在两个大国中的小国,面临着受人胁迫的境地。这时,若说要去援救他,他在困境中能会不相信吗?

【译文】

处在敌我两个大国中间的小国,当敌方强迫它屈服的时候,我方要立刻出兵,显示威力,给予援救,这是不会不取得小国信任的。这是从困卦卦辞"困,有言不信"一语中悟出的道理。

【故事论述】

公元前658年,晋国士大夫荀息向晋献公提出请求:以屈产之乘与垂棘之璧假道于虞以伐虢。公曰:"是吾宝也。"对曰:"若得道于虞,犹外府也。"公曰:"宫之奇存焉。"对曰:"宫之奇之为人也,懦而不能强谏。且少长于君,君昵之;虽谏,将不听。"(晋国的荀息请求用屈地出产的马匹和垂棘出产的玉璧向虞国借路以攻打虢国。晋献公说:"这是我的宝贝啊!"荀息回答说:"如果向虞国借到了路,东西放在虞国就好像放在外库里一样。"晋献公说:"宫之奇在那里。"荀息回答说:"宫之奇的为人,懦弱而不能坚决进谏,而且从小就和虞君在宫里一起长大,虞君对他亲昵,虽然进谏,虞君不会听从。")

于是晋献公派荀息去虞国借路(乃使荀息假道于虞)。荀息向虞公呈上礼物,并对他说:"冀为不道,入自颠岭(虞坂),伐冥三门。冀之既病,则亦为君故。今虢为不道,保于逆旅,以侵敝邑之南鄙。敢请假道,以请罪于虢。"(冀国无道,从颠岭入侵,攻打虞国冥邑的三面城门。敝国伐冀而使冀国受到损伤,也是为了君王的缘故。现在虢国无道,在客舍里筑起堡垒,以攻打敝国的南部边境。谨敢请求贵国借路,以便到虢国去问罪。)虞公许之,且请先伐虢。宫之奇谏,不听,遂起师。晋里克、荀息帅师会虞师,伐虢,灭下阳。(虞公答应了,而且自己请求先去攻打虢国。宫之奇劝阻,虞公不听,就起兵攻打虢国。晋国的里克、荀息领兵会合虞军,攻打虢国,攻陷了下阳)。

三年以后,即公元前655年,晋侯复假道于虞以伐虢。宫之奇谏曰:"虢,虞之表也;虢亡,虞必从之。晋不可启,寇不可狎。一之谓甚,其可再乎?谚所谓'辅车相依,唇亡齿寒'者,其虞、虢之谓也。"公曰:"晋,吾宗也,岂害我哉?吾享祀丰洁,神必据我。"弗听,许晋使。宫之奇以其族行,曰:"虞不腊矣。在此行也,晋不更举矣。"八月甲午,晋侯围上阳。冬十二月丙子,朔,晋灭虢。师还,馆于虞,遂袭虞,灭之。荀息牵马操璧而报献公。献公说曰:"璧则犹是也,虽然,马齿亦益长矣。"(晋侯再次向虞国借路去攻打虢国。宫之奇劝阻说:"虢国是虞国的外围,虢国灭亡,虞国必定跟着倒霉。不能助长晋国的野心,让外国军队进来不能当儿戏。一次已经很过分,难道还可以有第二次吗?俗话所说的'辅车相依,唇亡齿寒',说的就是虞国和虢国的关系。"虞公说:"晋国是我的宗族,难道会害我吗? 我祭祀的祭品丰盛而清洁,神灵必定依从我。"虞公不听宫之奇之劝谏,答应了晋国使者的要求。宫之奇带领他的族人出走,说:"虞国过不了今年的腊祭了。就是这一次,晋国用不着再次发兵了。"八月某日,晋侯包围上阳。冬十二月初一日,晋国灭亡虢国。晋国军队回国,住在虞国,乘机袭击虞国,灭亡了它。荀息牵着马匹,拿着玉璧去向献公汇报。献公高兴地说:"玉璧还和从前一

中国历代兵法精粹

样,虽然马的牙齿已经长长了")。

在上述这个由晋公的谋士荀息策划和执行的计谋中,值得注意的两个先后进行的步骤是:第一步荀息用贵重的礼物和巧妙的言词在虞国和其近邻虢国之间挑拨离间。贪婪而轻信的虞公不仅让晋国借道攻打虢国,而且还自己出兵相助。荀息将第一次远征严格限制在与虢国的战斗上。作为实施计谋第一阶段的对象,虞国安然无恙。荀息暗中对虞策划的计谋还未被虞国发现。相反,荀息在这一阶段尽了一切努力赢得虞国统治者的信任。而荀息在第一次出征之前与晋公进行谈话时就预计到,最后会把送给虞的宝物再收回来,这证明他这时已经有了一个长远计划,他的计谋不仅具有战术性,也是具有战略性的。在计谋第一次实施以后三年又开始实施第二次,虞公第二次又允许借道,有了第一次没有任何坏处的经验,他有什么理由不允许晋国第二次借道通过呢?然而这一次荀息真正的意图终于暴露了。因为本来晋国的目的就是要消灭虞国,只是当时的力量还不够。只能用计谋取胜。正是由于虞国国君的轻信,最终导致了国家的灭亡。在本计的使用中,用计者甲方有两个目的。第一个为中间目的,第二个是最终目的。中间目的是通向最终目的的桥梁。要达到最终目的,甲方只能通过中间目的并借助于乙方。甲方向乙方摊出的牌仅仅是有关他的第一目的。对第二目的则保持沉默。对乙方来说,第一目的就足够重要和具有说服力了,他怎么能想到甲方还会有别的企图呢?这样乙方便被向他求助的甲方套住了。在事情发生的第一阶段,在实现中间目的时,乙方未受损害。直到事情进行到第二阶段,乙方才成为中计者。

这一计在三国时期也被周瑜使用了一次,但是没有成功,因为他的对手是诸葛亮。

赤壁之战后,刘备先占领了荆州、南郡和襄阳,紧接着又借助于大将赵云和张飞夺取零陵、桂阳、武陵和长沙。这样便占领了荆州的大部分地区。同时吴王孙权在与曹操的军队作战时遭到惨败,并失去了两名最好的将领。原荆州都督刘表的长子刘琦突然病故。当刘备夺取了荆州后,曾向吴国使者鲁肃说明,他只是替刘琦代管。同时还答应,如刘琦不在了,便将荆州归还东吴。不久鲁肃前来为刘琦吊唁,可以预见,他是借机为归还荆州的许诺而来。

在此期间,诸葛亮已准备好巧妙的言词来回绝鲁肃的要求。但他还是不得不交给鲁肃一份由刘备亲笔写成、诸葛亮作保、鲁肃签押的文书,其中刘备说明只是暂借荆州,等他得了别的地方,就把荆州归还给孙权。刘备想要得到的地方是益州(今四川省),当时它还在刘璋手里。

鲁肃回去后,把文书呈给吴军都督周瑜看,周瑜气得不得了,骂道:"名为借地,实为混赖。"过了数日,细作回报,刘备让人在荆州城为其过世的妻子修建坟墓。这时周瑜认为他找到了要回荆州的办法。他让人邀请丧妇的刘备来吴国,答应把吴王孙权的妹妹许配给他。事实上这只是一个计谋。这个妹妹只是一个诱饵。刘备一到东吴就会被抓起来除掉,东吴继而就可占领荆州。然而周瑜的计划失败了。刘备带着新婚的妻子安然回到荆州。

这之后不久,鲁肃又来向刘备索要荆州。这次刘备的反应是放声大哭,引起鲁肃的同情。诸葛亮协助刘备深切地描述了令他伤怀的困难处境。益州的刘璋本是刘备的同宗弟弟,都是皇族的骨肉,因此刘备若去攻打他,会遭到外人的唾骂。但如果刘备归还了荆州,却没有占到别的地方,又无处安身。若保留荆州,又会招致吴国的不满。鉴于这种两难的境地,刘备才那样失声痛哭。鲁肃又软下心来,在他离开荆州时,诸葛亮请求他告知吴侯,将荆州再留些时候给刘备。

鲁肃去见吴军都督周瑜,周瑜十分生气,认为鲁肃又受了诸葛亮的愚弄。不过他倒有一个计谋,认为一定会获得成功。为此鲁肃应再去一趟荆州,向刘备提出以下建议:他,刘备和吴侯孙权既然结了亲,便是一家人。既然刘备不忍去荆州西面的益州攻打刘璋,东吴愿意替刘备去攻打。这样东吴就可借攻打益州的理由,行军通过荆州,刘备必然会出来迎接吴军。乘此机会便可以杀了他,夺取荆州。

于是,鲁肃向刘备陈述了东吴愿提供的帮助,刘备在诸葛亮的鼓励下接受了他们的好意,并答应在吴军经过时,提供粮草,亲自出面迎接。鲁肃满意地回去了。

可周瑜的意图被诸葛亮看穿了。诸葛亮这边于是布下陷阱,等周瑜上当。当周瑜来到荆州城下,请求进入时,城上的人问他是何人。"吾替汝主取西川,汝岂犹未知耶?"得到的回答是:"孔明军师已知都督'假途灭荆'之计。"周瑜明白自己中了计,旧疮复发,死时仅三十六岁。他临终所说的话是:"既生瑜,何生亮!"最后这句话是罗贯中替周瑜说的。

【计名典故】

假道伐虢,事见《左传·僖公》中的两章。就是前面讲到的晋国借虞之道先灭虢再灭虞的故事。这一计是以同名战争而命名,是真正的实至名归。

第五套　并战计

第二十五计　偷梁换柱

【本篇主旨】

偷梁换柱是用偷换的方法,暗中改变事物的本质和内容,以达到蒙混欺骗的目的。此计中包含尔虞我诈、乘机控制别人的权术,所以在历代的政治、经济、外交等活动中,常被用作奇谋妙计,来战胜敌人,解决矛盾,平息事端。它常常能迷住敌人的眼睛,致敌于死地。

【原文】

频更其阵①,抽其劲旅②,待其自败,而后乘之③。曳其轮也④。

【注释】

①频:频繁、不断地。其:指示代词,这里指的是友军。阵:古代作战时用的阵式。

②劲旅:精锐部队、主力部队。

③乘之:乘,乘机。乘之,这里是指乘机加以控制。

④曳其轮:曳,拖住。这句话出自《易·既济·象》:"曳其轮,义无咎也。"意思是说:只

要拖住了车轮便能控制车的运行,这是不会有差错的。

【译文】

采取频繁措施变更友军的阵式,藉以暗暗从阵中的要害处抽换其主力部队,等到它自趋失败,然后再来加以控制。这就像《周易·既济·象传》所说的:要控制住车的运行,必须拖住车的轮子。

【故事论述】

中国最著名的用此计的故事是宋真宗时"狸猫换太子"的故事。当时真宗的皇后没有孩子。可是皇后的侍女却因和真宗多次同房而有了身孕。这可不是一件小事情,在过去那个时代很多妃子是母凭子贵,又处在阴谋诡计的中心后宫中,这实在是招皇后的忌恨。其实我们也能理解为什么有很多皇后会处死那些生有儿子的妃子,因为有很多妃子因为自己生了儿子就想作乱。历史上这样的事情很多。而这样的妃子如果一旦得势第一开刀的就是皇后。所以当真宗皇后得知这个侍女已有龙种时,开始为了自己的利益想坏主意了。

她首先把一个枕头塞在衣服里头,假装成也有身孕的的样子。这个故事现代人可能想不通,作为丈夫的真宗怎么可能发现不了皇后的作假呢?我们可以这样设想,皇后因为多年才怀上了龙种,她可以以保护胎儿为名拒绝和皇帝同房。当然这还有一个可能,可能事实也是如此,因为皇后已过了花季,皇上已对其失去了兴趣,正乐得去找别的女人,听皇后有此借口自是暗喜。若是皇后不失宠这个计谋还不能得以实施呢。

皇后派一些宫女监视着那个侍女,随着时间的推移,怀孕的侍女的肚子是一天天地变大,而皇后的枕头也跟着换了一个又一个。这也可以证明皇上已有九个月当然可能更长时间没有临幸皇后了。一个被男人冷落的女人有什么不能做出来呢?她在那样一个没有快乐的宫廷里,只有争得权力才可能平抚一下她那变态的心吧。

终于,她等来了侍女的分娩,她买通了接生婆,也可能是威胁,用一只刚出世的、肉乎乎的、血淋淋的野猫换走了侍女生的男孩并据为己有。这也看出女人不是弱者,当她意识到自己的权力和地位可能会受到伤害时,这种恐惧可以让她做出任何事情。历史上的武则天,因为要得到权力不惜亲手杀死自己的儿女,更近一些的是慈禧,她几乎杀了皇上爱的所有女人。接着说这个故事,当真宗听说侍女生了怪物时,就把她驱逐出皇宫。关于此计的运用到这里就完了,可故事并没完,皇后这个变态的女人,把这个孩子当成自己生的一样给照顾大了。当然这个孩子也被立为了太子。皇后也把所有的知情人尽可能的都杀掉了,但她没能杀掉孩子的母亲,后来故事的发展我们可以想见,当孩子终于登上了王位时,他那潜藏在民间的母亲就出现了。这其中有一个非常有名的历史人物包公,他是故事中必不可少的人物,因为他上可以见天子下可以见民妇。于是当今皇上的母亲找到他并把这一切讲给他听。结果自然是皇后为她前半生造的孽用后半生来偿还。最后是母子相认,这是所有老百姓都愿意看到的结局。

中国历史上还有一件事到现在还是一个谜,据说也是用了此计。

这件事就是关于雍正是如何得到他的皇位的猜测。康熙当时有十五个儿子,他们都可能是王位的继承人。雍正是他的第四个儿子,康熙当时并不是十分喜欢他,康熙当时虽已年迈,但继位的事还没有定下来。直到临终时他才写下遗书,"传位十四皇子"。雍正在密室中偷听到了遗嘱内容,乘人不备时把遗诏改为"传位于四皇子",这事直到现在还是人们饭后谈资的历史谜团。这可以说是中国历史上最大的偷梁换柱之举。其实这件事最大的不可信是过去的"于"字是写为"於"的,所以改遗诏的事不可信。但老百姓喜欢传奇,所以人们就一直争论下去。

最早的一次改遗诏的事情发生在两千多年前,这是一次名副其实的改诏。秦始皇在最后一次出巡时得了病,于公元前 210 年死在了河北商丘。本来秦始皇临死前让他的得意太监赵高给他的大儿子扶苏写了一封信,在信中指定扶苏为法定继承人。可还没等信送出去,秦始皇就死了。扶苏与大将蒙恬十分要好,可赵高与蒙恬兄弟的关系却非常得糟糕。赵高如果让扶苏继承王位对自己十分不利。在这次出巡中秦始皇的小儿子胡亥随行,这个拍马屁的赵高和胡亥相处得非常好。于是他和宰相李斯就伪造了一份皇帝的遗诏,指定胡亥为继承人,而让扶苏自尽。令人不可思议的是扶苏为了维护道德就真的自杀了。如果秦王朝由他来继续统治,那秦王朝绝不会只存了两世。

无能的胡亥登上王位,更多的人对他登上王位心存怀疑,认为他是不合法的,所以就得不到一些大臣的忠心。而这个把他推到王位上的赵高又是如此的一个奸佞小人,当时的政权是由他一手把持的。这次的偷改遗诏使好不容易才统一起来的中国又变得四分五裂。

【计名典故】

偷梁换柱,原是一句成语。一般认为,它是来源于商纣王"托梁换柱"的传说。据传,商纣王的父亲帝乙一次领着纣王及文武百官游览御花园,欣赏牡丹花开。行至飞云阁处,见到阁上塌了一梁,心中很是不高兴。纣王见状,竟凭其力大无比,"托梁换柱",把一座飞云阁修好了。又《红楼梦》第九十七回描述王熙凤设计以薛宝钗冒充林黛玉与贾宝玉成婚时,也说过"偏偏凤姐想出一条偷梁换柱计"。

按照前人的解释,此计的本意是在同友军一道作战时,乘友军战斗失利之机,将其主力并将过来,加以控制。但也有人认为,此计也可理解为:在与敌军作战时,设法将其主力调开,然后抓住其弱点,进行攻击,战而胜之。同时还有人认为,此计运用于政治斗争中,与人们通常所说的"调包计"相似。

第二十六计　指桑骂槐

【本文主旨】

指桑骂槐是在和自己有关或激于义愤,对不能不骂的人、而又在不能公开骂的环境里,为排泄胸中的愤激,借着一件事物或虚构什么。表面上是骂这件事物,骨子里却骂那个人。它属于一种骂人的艺术,用的是不作正面冲突,而是旁敲侧击的手法,介乎批评与谩骂之间,其态度没有批评那样冷静,也不像谩骂那样泼辣;就是骂也骂得高明,纵使令人听了咬牙切齿,却也抓不到反抗的把柄。这是一种奴隶的语言,但也可以说是一条实现自由的人权之路。

【原文】

大凌小者①,警以诱之②。刚中而应,行险而顺③。

【注释】

①大凌小:大,强大。小,弱小。凌,凌驾、控制。全句意为势力强大的控制势力弱小的。

②警以诱之:警,警戒。这里是指使用警戒的方法。诱,诱导。全句意为用警戒的方法进行诱导。

③刚中而应、行险而顺:语出《易·师·彖》"师,众也;贞,正也。能从众正,可以王矣。刚中而应,行险而顺。以此毒天下而民从之,专又何咎矣。"这段话的意思是说:军队是由为数众多的人组成的。人数众多,必是良莠不齐,必须以正道使之统一、方可称王于天下。师卦为坎下坤上,九二为阳、为刚,处于下坎之中位,又与上坤的六五相应,象征着主帅得人并受到信任,叫做"刚中而应"。但坎卦又为水、为险,坤卦则为地、为顺,象征着为帅者需用险毒之举,方可使士兵顺从,这叫做"行险而顺"。以险毒之举使全军将士归之于正,乐于顺从,其结果必将是只有好处而不会有过错。

【译文】

凭借强大的实力去控制弱小者,需要用警戒的方法去进行诱导。这就像师卦所说的:适当地运用刚猛阴毒的办法可以赢得人们的归顺,获得最后的成功。

【故事论述】

周朝的诸侯国吴国和楚国自称为王,而实际上只有势力日渐削弱的周朝统治者才是名正言顺的"王"。公元前632年,晋文公召集天下诸侯以及周王到践土(今河南原阳西南部)会盟,从而确立了自己的霸主地位。这可能是最早的一次挟天子以令诸侯。

孔子在几十年的东奔西走中也没有实现他的理想,可这样一个满腹经纶的人又怎么会让这些学问进到棺材里去呢?而且他又是如此的心中充满怨气,于是在他带学生之余就开始在家作《春秋》。而孔子毕竟不是一个太史,他有着文人的浪漫,所以他所写出的东西很有一些个人情绪在里面。按理说对史实的记载是以事实为依据的,根本就不会有个人的感情在里面。可孔子就不是这样。

《春秋》是孔子所撰的以记录他的家乡鲁国在公元前722年至前481年间的编年史,其中也记载了发生在其他诸侯国的重大事件。在《春秋》中,对那些自称为"王"者,孔子一律不承认其为"王",他认为他们的德行不够。一个王者最起码的是要仁,而这些诸侯却打打杀杀,所以他就称他们为"公",这才是他们应得的称谓。

按照史实,周王在公元前632年参加了由他统治下的一个诸侯在践土召开的大会。可孔子却不顾史实地写道:"先王狩于河阳"(今河南孟县西)。一个王被逼着去狩猎了。孔子就是以这种方式对某些事件加以记录,却又把某些事件轻易地放过了。如果孔子能对当时的历史给以忠实的记录,那我们现在所能知道的历史就会更丰富,但他没这样做。而当时只有很少数的人读书识字,如果他这样的人不加以记录,那别人就是想记录也没有这个本事。

孔子遵循"微言大义"的标准,对自己不喜欢的事实进行删减,这表明他用传统的价值观念对历史事件加以评判的态度。他不仅想斥责过去的单个事件和个人,而且照本计的意思看来,孔子也想批评那些失礼忘道的同时代的人。《春秋》这种联系现实的批评手法可在儒家第二位重要的思想家孟子的话中找到证明:"世道衰微,邪说暴行有作,臣弑其君者有之,子弑其父者有之。孔子惧,作《春秋》。"(《孟子·滕文公下》)他想通过对古代的事例进行评价从而对将来发生的事施加影响。援引司马迁《史记》中的话说,孔子要让后世的乱臣贼子知道害怕。孔子这种以教育为目的对历史事件进行阐述的方法被人们称作"春秋笔法"。孔子回顾古代的圣明君主统治的黄金时代,是为了说明,他同时代的人却是沉沦至深。

时至今日,孔子的这一高雅的"骂"还为世人所称道。

中国土地上建立前第一个中央集权的国家是秦朝。在秦朝统治下,法家的思想得以推行全国。首先,要教化百姓使其懂得纪律和顺从,成为皇帝和官吏手中称心如意的工具。而最适合作工具的当数目不识丁、上税缴租的农民阶层了。学者和思想家如果没有直接为国家效力的话,那么他们是不受欢迎的人群。儒家的书籍尤其受到压制,因为它使人们对已被取代的奴隶主记忆犹新,它宣扬的是刚被摧毁的旧的奴隶主伦理观。如果人们不想使国家分裂,不想使中央集权削弱的话,就绝不允许这种旧的伦理观死灰复燃。

公元前213年,按照皇上之命,所有那些议古非今的学者连同他们的家族一起都要被斩草除根。秦始皇果于公元前212年将都城咸阳(今陕西咸阳市北二十里)的四百六十多名儒生活埋。这之前,他于公元前213年已将除医、农、卜巫之外的所有儒家书籍一律焚毁。看来秦始皇不太了解人性,你可以烧毁圣人的书,但毁不掉圣人留下来的智谋。

【计名典故】

本计计名出自一句民间谚语,比喻一种间接对别人进行批评、指责的方法。《红楼梦》第十六回描写王熙凤向贾琏发牢骚时说:"你是知道的,咱们家所有的这些管家奶奶,哪一个是好缠的?错一点儿,他们就笑话打趣,偏一点儿,他们就指桑骂槐……"但是,"指桑骂槐"用到军事上,则是指一种"惩一戒百"、"杀鸡儆猴"的谋略,利用它来保证号令统一,军纪严明,令行禁止,以提高部队的战斗力。而最早的也是最文雅的骂则是前面提到的孔子的《春秋》之骂。

第二十七计 假痴不癫

【本篇主旨】

假痴不颠,重点在一个"假"字。这里的"假"字意思是装聋作哑,痴痴呆呆,而内心却特别清醒。此计作为政治谋略和军事谋略,都算高招。用于政治谋略,就是韬晦之术,在形势不利于自己的时候,表面上装疯卖傻,以免引起政敌的警觉。而暗地里却在做积极的准备,等待时机。军事上用此计可以麻痹敌人,并伺机给敌人以措手不及的打击。这种方法,关键是表演要逼真,不露破绽,否则被对手识破则非常危险。

【原文】

宁伪作不知不为[①],不伪作假知妄为。静不露机[②],云雷屯也[③]。

【注释】

①伪作:假装、佯装。

②静不露机:静,平静、沉静。机,指心机。

③云雷屯:语出《易·屯·象》:"云雷,屯,君子以经纶。"茅草穿土初出叫做"屯"。屯卦为震下坎上,坎为雨,为云,震为雷,云在雷上,说明茅草初出土时,即遇雷雨交加。屯卦又是九五陷于二阴之中,并为上六所覆蔽,有阴阳相争不宁之象,更意味着事物生长十分艰难。所以说"屯,难也"。面临这样的艰难局面,人们必须冷静处置,认真调理,周密策划。要"经纶运于一心"而不动声色,要"'盘桓'安处于下"而以屈求"伸",要因势利导,伺机而动。

【译文】

宁肯装作无知而不采取行动,不可装作假聪明而轻易妄动。要保持沉静而不泄露任何心机。这是从屯卦象辞"云雷,屯,君子以经纶"一语中悟出的道理。

【故事论述】

"内忌而外宽,猜忌多权变。"这是房玄龄(579—648)在与人合著的《晋书》中对司马懿的描述。后者一生中曾效忠于四位统治者,其中三位是魏朝(220—265)的皇帝,司马懿最终成为魏朝的最高统帅。明帝(227—239)死后,他8岁的养子曹芳(240—253)继承皇位。明帝临死前嘱司马懿和大将军曹爽(?—249)辅佐幼主曹芳。按年龄算,曹爽可以作司马懿的儿子。在共同辅佐年幼的曹芳的过程中,出生于魏国大功臣之家的曹爽开始还是比较尊重司马懿的,避免任何可能得罪司马懿的行为。可随着年龄的增长,曹爽越来越自信了。他手下也提醒他提防司马懿的野心会威胁他的地位。从未喜欢过司马懿的曹爽开始为难司马懿,最终假借一次提升司马懿的机会将他排挤出朝廷。司马懿遭此排挤,别无他法,只得装病不出。

公元248年冬,曹爽的心腹李胜被任命为荆州刺史。临行前他向司马懿辞行,意在亲自打探司马懿之虚实。可老奸巨滑的司马懿早就料到李的来意,这在《三国演义》中有着十分精彩的描述。

李胜径到太傅府中,早有门吏报入。司马懿谓二子曰:"此乃曹爽使来探吾病之虚实也。"乃去冠散发,上床拥被而坐,又令二婢扶策,方请李胜入府。胜至床前拜曰:"一向不见太傅,谁想如此病重。今天子命某为荆州刺史,特来拜辞。"

懿佯答曰:"并州近朔方,好为之备。"胜曰:"任荆州刺史,非并州也。"懿笑曰:"你方从并州来?"胜曰:"汉上荆州耳。"懿大笑曰:"你从荆州来也!"胜曰:"太傅如何病得这等了?"左右曰:"太傅耳聋。"胜曰:"乞纸笔一用。"左右取纸笔与胜。胜写毕,呈上。懿看之,笑曰:"吾病得耳聋了。此去保重。"言讫,以手指口。侍婢进汤,懿将口就之,汤流满襟,乃作哽咽之声曰:"吾今衰老病笃,死在旦夕矣。二子不肖,望君教之,君若见大将军,千万看觑二子!"言讫,倒在床上,声嘶气喘。李胜拜辞仲达,回见曹爽,细言其事,爽大喜曰:"此老若死,吾无忧矣!"

司马懿见李胜去了,遂起身谓二子曰:"李胜此去,回报消息,曹爽必不忌我矣。只待他出城畋猎之时,方可图之。"

此后曹爽及心腹始觉心安。公元249年正月曹爽同众心腹随魏主曹芳出城祭祀先帝。司马懿伺机起兵攻克洛阳。曹爽引兵屯于洛水对岸。老谋深算的司马懿占据优势。懿遣使谓曹爽曰:"太傅别无他事,只是削汝兵权而已。"曹爽信其言,令将印送去。懿传令,教曹爽兄三人,且回私宅,余皆发监,听候敕旨。曹爽兄弟三人回家之后,懿用大锁锁门,令居民八百人围守其宅。司马懿将曹爽仆役捉下问罪,曾有一太监送给曹爽一宫女。懿令人将其捉下,拷问之后,取了供词,称三月间欲反。懿遂押曹爽兄弟并一干人犯,皆斩于市曹,灭其三族。

所以这个世界一定是弱者把强者给骗了,林语堂曾说过一句话,"我宁愿相信一个傻子,也不愿和一个律师作朋友。"因为我们都相信一个傻子是不会有太多心计的。可对一个令诸葛亮都头疼的人物,曹爽怎么能对其放松警惕呢?他这一疏忽招来的却是灭门之灾。

公元251年司马懿死后,他的儿子司马师和司马昭继承了他的权位。司马懿的孙子司马炎于265年称帝,建立西晋。280年晋武帝司马炎灭东吴,统一中国。

装痴就是要扮演一个弱者,这对一个曾是强者的人来说将是一个巨大考验。凡是用到装痴了,那将要发生的事情可能是十分严重的,也唯有这一计才可能让过去的强者活下去或得到想得到的。

范雎,魏国人(魏国包括今河南省北部和山西省南部)。他周游列国,虽善雄辩,却没能在任何君王手下谋得一官半职。这是那个时代所有知识分子的命运。我们的孔圣人也曾像他一样,在没有得到官职之前是靠教学生来赚生活费的。后来范雎向魏王谋求职位,但没有得到重用。本来他想离开,但他很穷,于是先在魏国的中大夫须贾手下做事,并陪同他出访齐国(今山东省北部)。过去了好多天,齐王也没有接见须贾。后来齐王听说范雎很有辩才,很想将他收为自己的手下。他派人赠与范雎黄金、牛肉和美酒。范雎不敢接受。须贾知道了这件事,大为生气。他认为一定是范雎向齐国出卖了魏国的机密。但是他还是让范雎收下牛肉和美酒,退还了黄金。

回到魏国后,须贾一直对范雎怒气未消,便向丞相魏齐报告了此事。魏齐听了此事后也非常气愤,便命仆人鞭笞范雎。他们打断了他的肋骨,打落了他的牙齿。范雎于是就装死。当时的情境他也只能装死了。仆人将他裹在草席里扔进茅坑。丞相当时正在宴客,那些喝醉了酒的宾客们将小便撒在范雎身上。他们故意用这种方式污辱他,以警告那些活着的人不要轻率地胡言乱语。草席里的范雎偷偷地恳求一个看守:"如果你能将我救出,日后一定重谢。"于是看守请求将草席里的"尸体"拖出去扔了,醉酒的丞相表示同意。范雎死里逃生,他先化名张禄隐居起来,后来设法引起秦国使节王稽对他的注意,并同他一起到了秦国。他在秦国使用远交近攻的外交政策使秦国逐渐强大起来,可以说是因为秦国服范雎才有了后来的统一中国。

其实范雎在成了秦王的丞相之后还戏弄了让他遭受侮辱的须贾一次。

范雎化名张禄做了秦国的丞相。魏国没人知道张禄究竟何许人也。魏国人以为范雎早死了。魏王听说秦要攻打韩和魏，于是派遣须贾前往秦国。

范雎知道须贾到了秦国，便穿上一件破衣裳，步行来到须贾的下榻处。须贾一见到他，惊讶地叫道："范叔，你还活着！"范雎应道："是的"。须贾假惺惺笑道："你现在是秦王的谋士了吧？"范雎回答说："非也，我失宠于魏丞相后，就逃到这里来了。我怎么敢向秦王献计呢？""那你在此作什么？"须贾问。"我只不过是个仆人。"范雎答。

须贾装作可怜起他来的样子，邀他坐下共同进膳："没想到你竟落魄到如此境地。"须贾赠送给他一件华丽的衣服，然后问他："你可认识秦国的丞相张禄？我听说他深得秦王宠信，重大国事全由他决定。我能否在此完成使命，全都取决于他。你可认识他周围的人？"范雎说："我的主人与他交往颇深，即使我这个仆人也可以去谒见他。我可以安排你与张大人见面。""我的马病了，车轴也断了，没有一驾气派马车，我无法去拜谒张大人。"范雎安慰他说："我会向我的主人为你借一驾四匹马拉的大车。"

过了不多久，范雎驾了一驾马车回来。他亲自驾车送须贾去丞相的府邸。府中的仆役见了范雎纷纷回避，须贾对此非常纳闷。他们径直来到丞相府的门口。范雎对须贾说："稍候，我替你通报一声。"须贾在马车里等了好一会儿，便问门卫："范叔何在？""此地没有范叔。""刚才驾车送我到此的是何人？""那是我们的丞相张禄。"须贾如梦初醒，方才意识到自己中了圈套。他于是祖露肩膀跪着爬到范雎脚下。范雎张起了富丽的帐缦，一群仆役伺候左右。须贾磕头求饶："我想不到先生有朝一日能如此飞黄腾达……我罪有应得，该下油锅……我的生死全在先生手中。"

范雎历数须贾的三大罪状：第一须贾错误地怀疑他串通敌国，并在魏国丞相面前诬告他；其二须贾听任他被扔进茅坑而无动于衷；第三须贾醉酒后在他身上撒尿。尽管如此，范雎还是放他一条生路，毕竟他还送给他一件好衣服，没忘旧日之情。说着范雎让他离去，并向昭王建议让须贾回魏国。

【计名典故】

本计计名是从民间俗语"装疯卖傻"、"装聋作哑"等转化而来。在日常生活中，人们为了回避某种矛盾，或者为了渡过某种危难，或者为了对付某个势力强大的对手，在一定时期内，故意装作愚蠢、呆痴，行"韬晦"之计，以求保存自己，然后等待时机，战胜对手。传说中的箕子佯狂就是运用此计的一个典型。殷商时期，纣王的太师箕子因无法劝说纣王放弃暴政，便佯装痴傻。一次，纣王作长夜之饮，喝得酩酊大醉，连年月日也忘记了，问左右的人，大家因畏惧纣王凶残，都跟着说不知道。于是，便派人去问箕子，箕子想了一下，也说自己不知道。左右的人感到奇怪，便问箕子道：你明明知道，为什么也说不知道呢？箕子回答说：纣王是天，他终日沉溺酒色，连年月日都搞不清了，这说明殷朝快要亡国了；一国的人因害怕纣王凶残无道都说不知道的事情，独独我说知道，那我的性命不是危在旦夕了吗？所以，我也假装酒醉说搞不清啊！这便是箕子使的"假痴不颠"计。以后，人们把它运用于军事上，主要有两种用法：一是用于举行兵变，主要是作为一种苦难，麻痹对手，以便自己积蓄力量，等待时机，发起攻击的计谋。二是作为一种愚兵之计。在孙子理论中"能而示之不能"也是这一计的意思。

第二十八计　上屋抽梯

【本文主旨】

上屋抽梯首先是一种诱敌之计，它自有其高明之处。敌人一般不是容易上当的，所以应当先给它安放好"梯子"，也就是故意给他方便。等敌人"上屋"，也就是进入已布置好的口袋之后，即可拆掉梯子，将其歼灭。其中，安放梯子，有很大的学问，要根据实际情况，巧妙地安放梯子，才能使敌人中计。

【原文】

假之以便①，唆之以前②，断其应援，陷之死地。③遇毒，位不当也④。

【注释】

①假：假给。便：便利。

②唆：唆使，这里引申为诱使。

③死地：中国古代兵法用语，指一种进则无路，退亦不能，非经死战难以生存之地。

④遇毒，位不当也：语出《易·噬嗑·象》。噬嗑卦为震下离上。震为雷，离为火、为电。雷电交加，有威猛险恶之象。又，噬嗑卦为以柔居刚，故不当位，更显形势严峻。噬嗑的本意为食干肉，"干肉虽小而坚，不易噬者也。强欲食之，则不听命而必相害"。把它运用于军事上就是，因贪图小利而盲目进军是有很大的危险的，如果硬要强行进军，必将陷于危险的死地。

【译文】

假给敌方以某种便利，诱使它（盲目）前进，然后再截断其应援之路，就能陷敌军于死地。这是从噬嗑卦象辞"遇毒，位不当也"一语中悟出的道理。

【故事论述】

这一计和破釜沉舟类似，只是没有那种绝决的气氛。

项梁扛起已灭亡的楚国的旗帜奋起反抗秦朝，他要为自己的国家而战了。他被刚开始的胜利冲昏了头，公元前208年在定陶（今山东西南）与秦军的战斗中失败了，他本人战死。项梁的侄子项羽继任最高统帅。率领秦军打过很多胜仗的将军章邯认为在定陶大捷之后，无需害怕楚军余部。为了向北进发攻打与楚结盟的赵国，他率兵横渡黄河，成功地消灭了赵国的军队。赵王逃亡巨鹿（今河北省平乡县）。章邯令两部将围住该城，他则将部队驻扎在城南，赵军统帅陈余率几万兵力屯于城北。

为了解救巨鹿,项羽派遣当阳君和蒲将军率兵两万抢渡漳河,但是没有成功。陈余向项羽请求增援,项羽率全部兵力渡过漳河。过漳河后,他下令将所有的船沉没,所有的锅砸碎,所有的营地烧毁,只带三天的口粮。根据司马迁的《史记》记载,项羽“以示士卒必死,无一还心”,他以此向盟军和官兵表示了自己奋死一战、丝毫不考虑后退的决心。经过九次激战后秦军被彻底消灭。此间还有各国反秦的十余支军队为了解救巨鹿也汇聚于此,他们在城门外驻扎下来,但不敢轻举妄动。当楚军与秦军交战时,那些将领只是站在他们的防御工事里张望等待,坐山观虎斗。楚军以一当十,将士的喊叫声响彻云霄,使每个旁观的盟军官兵惊恐不已。项羽胜利后召见各盟军的将领。他们来到项羽帐前,跪在地上,爬到项羽脚下,不敢抬头看项羽的眼睛。于是项羽成为多国部队总指挥,成为所有反秦的国家和诸侯的上将军。

这一计谋在韩信那里就变成了背水一战,总之是不给将士留有退缩的余地。

李世民也曾用此计,使其父亲不得不反隋。

隋炀帝(605—618)是一个专横、残暴、好战而且昏庸的统治者。在他的统治下,隋朝很快灭亡。就像所有的朝代一样,农民起义爆发,皇室的军队也开始不服从命令。在越来越混乱的局势中,不满20岁的李世民意识到隋朝的日子不多了,他有了雄心勃勃的计划:取隋朝的江山而代之。他悄悄地进行着他的计划。但是光靠他一人力量太弱,他需要父亲李渊的支持。李渊当时是太原留守,负责抵抗游牧民族。李世民对父亲是否愿意完全没把握。

于是李世民与裴寂商量如何使其父李渊起兵反隋。裴寂是李渊的好友,负责守卫太原的一座皇宫。两人密谋给李渊设下圈套,裴寂送给李渊几个宫女,供其私用。后来李渊找裴寂喝酒,裴寂假借微醉,向李渊透露了李世民要造反的计划,李渊听后非常恐惧。《新唐史》中记载,裴寂马上对李渊说:“正为宫人奉公,事发当诛,为此耳!”意思是说:“宫女本应为宫廷使用,你私用宫女,罪该杀,因此只得造反。”正在这时李世民进来了,他细述了自己的计划。李渊别无他法,只得站在儿子一边,决定谋反。

李世民正是用此计逼使他父亲走到这一步的。他用计让父亲接受宫女,犯下死罪,不觉之中李渊已上了“屋顶”。他所犯的欺君之罪随时都可能被皇上知道,因此李渊在“屋顶”的灭亡在所难免。他无法挽回已发生的事情,他没有可供撤退的“梯子”,没有退路,只能前进。这里可以知道李世民知道他父亲是一个好色之徒。

617年李渊谋反,攻占了当时的都城长安,并在那里建立了唐朝,自命为高祖。后来李世民继位,称太宗。李世民造成其父之骑虎之势,拉开了李唐王朝的历史帷幕。

【计名典故】

东汉末年,荆州刺史刘表的儿子刘琦因不容于继母,恐遭陷害,向刘备求救。刘备要诸葛亮为他想出解脱之计。这天,诸葛亮来到刘琦家中,刘琦哀求诸葛亮说:继母屡次设法陷害我,务欲置我于死地而后罢休,目下我的处境十分险恶,还请先生相救一二。诸葛亮说:此事关系离间母子之情,恐将来说将出去,多有不便,表示拒绝。刘琦便强邀请诸葛亮进入密室之中,一边饮酒,一边仍缠住诸葛亮不放。可诸葛亮还是不愿答应刘琦的请求。这时,刘琦见再三恳求无效,便掉转话头,对诸葛亮说:我的住室楼上藏有一部古籍,请先生观赏一番如何？诸葛亮听说有古籍观赏,当然是高兴非常,急求一见。于是便跟随刘琦登上一间小楼,到了楼上,见四壁皆空,并无藏书设置,便问刘琦书在何处。这时刘琦便双膝跪下,承认自己是事出无奈才把诸葛亮骗上楼来,务请指点出路。诸葛亮埋怨刘琦不该施行欺骗,便要下楼离去,可不料楼梯已被抽走了。这时刘琦便又再三哀求说:先生最担心的是事情泄露,现在,这里上不着天,下不着地,出君之口,入琦之耳,再没有别人知晓,您应该可以赐教了,说着又要拔剑自刎。诸葛亮见刘琦如此情景,便给他讲了一条计策,叫他借鉴历史上"申生在内而亡,重耳在外而安"的经验。利用黄祖新亡,江夏一时无人守御的机会,向刘表请求屯兵江夏,如此便可离开继母,脱离危险了。刘琦按照诸葛亮的计谋行事,果然灵验。后人便把这件事叫做"上屋抽梯。"

第二十九计　树上开花

【本文主旨】

树上本来没有开花,但可以用彩色的绸子剪成花朵粘在树上,做得和真花一样,不去仔细看,就难辨真假。此计的使用,关键在于善于借某种因素制造假象,以此来壮大自己的声势。纵观古今,许多风云人物都是靠此计起家的,他们从一打入宫门开始,便运用诡计奇谋去制造矛盾,利用矛盾,到了解决矛盾时,自己就水涨船高了。可见,这"树上开花"的策略是斗智的最高原则,但要达此目的,还必须配合其他计谋。

【原文】

借局布势①,力小势大②。鸿渐于陆,其羽可用为仪也③。

【注释】

①借局布势:局,骗局。势,阵势。全句意为借助某种假的阵势设骗局。

②力小势大:力,力量。这里是指军队的兵力。势,这里是指声势。全句意为兵力小而声势却造得很大。

③鸿渐于陆,其羽可用为仪:此语出自《易·渐》上九爻辞:"鸿渐于陆,其羽可用为仪也,吉。"渐卦为艮下巽上。艮为山、巽为风、为木。该卦象辞说:"山上有木,渐,君子以居贤德善俗。"意思是说树木在山上渐渐地生长,象征着君子应该逐日修养自己良好的德行,并影响周围的人,形成一种善美的风俗。而此卦上九爻辞所说的"鸿渐于陆,其羽可用为仪"这里的鸿指的是大雁。渐指的是渐进。陆与"遥"通,这里是指天际的云路。羽是指鸿雁美丽的羽毛。仪是指的效法。全句意为大雁在高空的云路上渐渐飞行,它那美丽丰满的羽毛,使它更显得雄姿焕发,这是值得人们效法的。把它用于军事上,就是用"树上开花"计使本来实力弱小的军队显得声势浩大,这正是从渐卦上九爻辞所获得的启发。

【译文】

利用铺陈的阵势来设骗局,使本来力量小的部队变得声势浩大。这是从《易·渐》中上九爻辞"鸿渐于陆,其羽可用为仪也"一语中所得的启发。

【故事论述】

这一计谋就是要给一个繁华的假象,在没有的基础上来一个盛大的伪装。

《战国策》记载了这样一个故事:楚考烈王(前262—前238)没有儿子,宰相春申君很忧愁。他已经向楚王进献了许多美女,可楚王却始终没能得到儿子。这时赵国人李园想把自己的妹妹献给考烈王,但又担心假如妹妹不生子就会失去考烈王的宠幸。于是他把妹妹献给了春申君。妹妹得到春申君的宠爱,并很快有了身孕,李园便和她商量好一个计策。

根据这一计,李园妹妹对春申君说:"君王宠信你,其亲兄弟也不如你受宠。可是楚王还没有儿子。等到楚王死后,大臣们势将拥立其兄弟为王。你出任宰相已二十多年,难免对大王兄弟有许多失礼的地方。将来大王兄弟如果真登上王位,那灾祸就会降临到你身上。现在臣妾已经知道自己怀有身孕,旁人却谁也不知。臣妾受你的宠幸还不算久,假如能凭你的高贵身份把臣妾献给楚王,楚王必然会宠幸臣妾。如果臣妾能得上天的保佑而生个儿子,那岂不是你的儿子成了楚王的继承人?到那时楚国的各种封赐都可到手,这和面对不可预知的危险相比,哪一个更好呢?"

春申君认为这话很对,就把李园的妹妹献给了楚王,楚王很快就喜欢上了她。后来她果真生了个儿子,也自然的被立为太子。考烈王也很重用李园,因而李园也就掌握了朝政。李园深恐春申君泄漏内幕。考烈王生病了,有人提醒春申君要对李园保持警惕。而春申君认为李园是一个儒弱之人,而且自己对他不薄,对这样的话根本就听不进去,所以并不怀疑李园。那个提醒春申君的人一见春申君不听,恐遭不幸,就跑了。过了十七天考烈王驾崩,李园果然先入宫中,在棘门内埋伏下刺客。当春申君经过棘门时,李园的刺客当场把春申君杀死,然后李园又派人杀死他的全家。李园的妹妹因先怀了春申君的儿子,而后入宫,生下的孩子被立为王,史称楚幽王。

李园先找到春申君这棵树,然后让他的妹妹在这棵树上萌芽。她通过他而怀孕,后来她把果实却结在了一棵枯树上,也就是楚考烈王。最后这个国家就落到了李园的手中。

其实使用这样的手法而得到好处的最有名的是秦始皇的父亲吕不韦,他认为当时在赵国为人质的秦公子子楚是"奇货可居"。当然说这样的话是因为吕不韦是一个商人,所以他把所有他投资的事物都认为是一货品。他供给当时在秦国不受重视,在赵国穷困的子楚大量的财物。史书记载他对这件"奇货"的投资是把所有的家当都卖了。他跑到秦国去找到受秦王宠爱的华阳夫人,对其没有子嗣表示了极大的担心。认为当今秦王如果一旦先走一步,那对于如华阳这样一个曾是秦王宠妃的人来说后果是非常可怕的。华阳夫人一听也害怕了,就请教吕不韦有何办法,吕不韦就让华阳认子楚为儿子,再说动秦王立子楚为太子。华阳夫人凭自己的美貌办成了这件事。

吕不韦又跑回赵国,请子楚来家里做客,然后献上了已怀有身孕的爱妾。所有的这一切让子楚感激涕零。许下诺言,将来自己登上王位之时,秦国要与吕不韦共享。其实就是子楚不答应这样的条件,秦国也可以说是吕不韦的了,因为自己的孩子会成为这个国家的继承人。后来果然如吕不韦所料,他的老婆真生了个儿子,也真的被子楚立为了太子,这个人就是秦始皇。但他没想到的是会死在自己儿子的手中。

吕不韦的这笔生意,是中国历史上最大的一笔生意,他所见到的繁花生树也是最壮观的一次。

在战场上若有此计就是虚张声势,因为用虚夸的外表才可以震慑住敌人。

而这一计竟然被三国时的粗莽之人张飞很好的用了一次。刘表死后,势力强大的曹操就开始攻打荆州。这就使刘备陷入了危险的境地。好在刘备一生主要靠逃亡生存,这一次他又带着十万余老百姓一同逃亡。曹操对刘备是早想除之而后快,于是就紧追不舍。刘备的生死兄弟张飞只率二十余骑兵断后,当他跑到长坂坡的桥上时,发现桥东面有一片树林,他知道这样逃下去不是办法,必须要吓住追兵。于是他心生一计,这就是人们常说的急中生智。他命这二十多名骑兵砍下树枝,系在马尾上,让马在树林里来回奔跑,于是尘土飞扬,看上去像有千军万马埋伏其中似的。张飞独自立于桥头,手持长矛,准备迎战。曹操率兵追到,见张飞如此架势,又见树林中尘土飞扬,怕有伏兵就不敢近前。张飞更是把这一虚架势发挥到极致,这就更令曹操疑心大增。赶紧率军撤退,等到他醒悟过来时,张飞早已断桥而去,这也为刘备赢得了时间,使他得以逃到夏口。

【计名典故】

本计计名来自古时一些战例。所谓"树上开花"在军事上一般是指,在敌强我弱,遭到敌军攻击压力的形势下,我军采取某些方法,制造种种假象来壮大自己的声势,以迷惑敌军,或将其引走,或将其击退,或将其歼灭。战国时期,田单大摆火牛阵,击溃燕军,以及南朝宋文帝时,檀道济用唱筹量沙的计谋,假装军粮充足,骗过了北魏大军,最终安全突围,都是用的这类计谋。后人把这些计谋的共同特点加以概括,就叫做"树上开花",意思是说:树上本来没有花,却可以人为地制造一些彩花粘在树上,让人一眼看去,真假难辨。

第三十计　反客为主

【本文主旨】

反客为主就是处于被动地位的要设法争取主动权与控制权,使主受客的支配与摆布。无数事实早已证明,只有掌握主动权与控制权,才可以夺取胜利。

【原文】

乘隙插足,扼其主机[1],渐渐进也[2]。

【注释】

①主机:主要的关键之处,即首脑机关。

②渐渐进也:语出《易·渐·象》:"渐渐进也,女归吉也,进得位,往有功也"。按《易经增注·下经·渐》的解释:天下事动而躁则邪,静而顺则正。渐则进而得乎贵位,故行有功。

中国历代兵法精粹

意思是说天下的事情,凡是行动盲目而急躁,就会走入歧途;凡是冷静而顺乎客观规律,就会登上正道。一步一步地循序渐进达到显要的地位,便会行而有功。

【译文】

乘着对方的空隙,插足其中,以致最后掌握其首脑机关,这是循序渐进的结果。

【故事论述】

这一计谋在中国用兵史上屡见不鲜。隋炀帝大业三年,李渊联合突厥,率兵三万从太原出发,打着尊立代王的旗号,兴起义师,向关中进军。大队人马行至贾湖堡处,因遇大雨不能行军,只得暂时驻扎下来。这时,李渊接到军报,说是魏公李密领众数十万,历数隋炀帝十大罪恶,布告天下,起兵反隋。李渊听知这一消息,不禁大吃一惊,便与儿子李世民商量对策。世民说道:李密兵多势大,不宜与之对敌,不如暂且与他联络,也可使我军免除东顾之忧。李渊同意了世民的计策。即命记室温大雅给李密写信,希望结成同盟,共图大事。信送去不久,便收到李密回信。李密信中言词十分傲慢,虽然表示愿意结为同盟,但李密自称是盟,并要李渊亲自去河内缔结盟约。李渊父子二人看了李密的回信,心中很是不满。但李渊转念考虑到双方势力悬殊,还是忍让为好,便又对李世民说道:“李密狂妄自大,即使订了盟约也未必实行。但我们现在正进军关中,如果断然拒绝结盟,与他绝交,只怕又增加一个敌人。倒不如暂忍一时,先以卑谦之词对他大大颂扬一番,让他更加志气骄盈,稳住他的心。这样既可以利用他为我军挡住河洛一线,牵制隋军,又可以使我军专意西征,岂不是两全其美? 待到我军平定关中后,便可“据险养威”,看着他与隋军鹬蚌相争,让我军坐收渔人之利,岂不更好!”李世民非常赞成父亲的用计,于是便再要温大雅给李密写信,大意是说:现在天下大乱,亟需有统一之主,魏公您功高望重,这统一之主自然非您莫属。我李渊年事已高,对您表示诚心拥戴,只求您登位之后,仍然封我为唐王就行了……李密收到李渊的复信,心里甜滋滋的,别提有多高兴了,满口答应李渊的要求。这样,李渊就免除了东顾之忧,便挥军西进了。一路上,攻霍邑、临汾,直取长安,把一个13岁的代王侑拥立为皇帝,并且改元义宁。到第二年,隋炀帝被弑,李渊自立为帝,称唐高祖。

再看李密自与李渊结盟后,率兵东进,所到之处,攻城掠地,节节胜利,除东都一地被隋将王世充坚守受阻外,其余如永安、义阳、弋阳、齐郡等地,以及赵魏以南、江淮以北所有揭竿诸军都望风归附。于是,李密继续强攻东都,与王世充做最后决战。这时,已自立为唐高祖的李渊也派李世民领兵来到东都,名为援兵,实际上是来争地盘的。李密进攻,李世民派兵从中阻挠,以致东都久攻不下。

俗话说:物极必反。正当李密踌躇满志,决心攻下东都自立为王时,却因他骄傲自大,刚愎自用,不听贾润甫、裴仁基与魏征等人的再三忠言劝告,以致两次中了王世充的诡计。东都城下之战,竟然大败,走投无路,数十万大军只剩下两万人马跟随李密惶惶退入关内投奔唐王李渊。当时李密还想,李渊会念昔日结盟之情和灭隋之功,给自己封以台阁之位,或许有朝一日,还能东山再起吧! 可谁知这时已处主导地位的唐主李渊却只封他一个光禄卿的闲职,另外还赐了一个邢国公的空头爵号,这使得李密大失所望。

且说李密降唐以后未得重用,心中很是不满。这一切李渊都心中有数,但表面上却格外亲热,称李密为弟,并把舅女独孤氏嫁给李密为妻。当然这一切都只是想稳住他的心,可这些并不能满足李密的欲望。没过多久,他便与王伯当勾结,起兵反唐,结果被唐将彦师打败,全军覆没,李密、王伯当也都被杀死。

【计名典故】

本计计名出处有三种说法,其一是,据《李卫公问对》载:"臣较量主客之势,则有变客为主,变主为客之术"。其二是,杜牧注《孙子兵法》载:"我为主,敌为客,则绝其粮道,守其归路。若我为客,敌为主,则攻其君主"。其三是,《三国演义》第七十一回法正对黄忠讲的一段话:"夏侯渊为人轻躁,恃勇少谋。可激励士卒,拔寨前进,步步为营,诱渊来战而擒之。此乃'反客为主'之法。"

从上述资料以及前人对本计的按语来看,所谓"反客为主",从军事上说,主要包含两方面意义:一是对同盟者(包括将要从敌军中争取的同盟者)来说,本来是同盟者为"主",我为"客",经过运用计谋,使我得以插足其中,并在同盟者中逐渐掌握了领导权、支配权。这便是"反客为主"了。二是对敌军而言,我方实力小,处于被动,是为"客"。经过运用计谋进行斗争,我方逐渐由被动变为主动,这也是"反客为主"了。

第六套　败战计

第三十一计　美人计

【本文主旨】

用美色或其他财物诱惑敌人,尤其是敌方的将帅,消磨其斗志,分裂其核心。使其部队丧失战斗力,从而乘机取胜。

【原文】

兵强者,攻其将;将智者,伐其情①。将弱兵颓,其势自萎。"利用御寇,顺相保也"②。

【注释】

①将智者,伐其情:将智者,指足智多谋的将帅。伐其情:即从感情上加以进攻、靡化,抓住敌方思想意志的弱点加以攻击。《六韬·文伐》中就主张以乱臣、美女、犬马等手段攻其心,摧毁其意志上的屏障。

②利用御寇,顺相保也:语见《易·渐·象》。御,抵御。寇,敌人。顺,顺利。保,保存。全句意为此计可用来瓦解敌人,顺利保存自己。

【译文】

对强大的敌军,要对付它的将领;对英明多智谋的将领,要设法动摇他们的斗志。将领斗志衰退,士气消沉,战斗力自然萎缩。就像渐卦象辞所启示的,要利用敌人的弱点抵御敌人,顺利地保存自己。

【故事论述】

古人对强大敌人的作战计划曾有过这样的说法,也可以理解为对此计的一种说明。敌军强大而且其将也非常明智,千万不可对它擅自作战,形势所迫必须暂时假意应付敌人。应付的方式很多:割地是不可取,这可使敌人的势力更加壮大;向敌人赠送财货亦不可取,因为这样可以增加敌人的财富。那么唯一可取的办法就是送美女给敌方的头领,这样可以腐蚀其意志,穷尽其物质资源。而且由于头领花天酒地的生活也会招致下级的不满。越王勾践就是这样对付他的敌人吴王夫差的。

勾践对夫差施用了此计,西施是关键人物。西施是中国四大美女之一。在中国,"西施"是美女的代名语,若说哪个女性貌若西施,那是对她的最大赞誉。西施自然还是众多文学书籍和艺术所描摹的对象,特别是许多剧目中的人物。

越国大夫文种向越王勾践提出灭吴九术,其中第四术是这样说的:"遣美女以惑其心,而乱其谋。"其实这些计谋都是范蠡想到的,但他让文种去告诉越王,因为他怕盛名之下惹来杀身之祸。事实上当勾践成了霸主之后果然就杀了向他献计的文种。

前三术施行了之后,勾践便派探子四处寻找美女,最后在苎萝山(今天浙江诸暨)下找到两个绝代佳人,一个叫西施,一位叫郑旦。她们的父亲都以打柴为生。两位女子被送到都城,换上华丽的衣服;并派人教会她们得体的行为举止,还教习歌舞,使其逐步习惯城市的生活。培训三年之后,勾践便委派相国范蠡将两位美人进献给吴王。吴王喜不自胜:"越贡二女乃勾践之尽忠于吴之证也。"大臣伍子胥加以劝谏,要他拒绝这样的礼物。他举出以前有多少君王因贪图淫乐而致亡国:"陛下如接受这两个妇人,定会引起祸端。我听说,越王日以继夜苦读各种典籍,征召数万名敢死之士加以训练。此人若是不死,定会实现他的目标。他任贤用能,从谏如流。为锻炼其意志,他夏天着冬装,而在冬天穿夏天的衣服。我听人说,能臣乃为国家的财富,而美女则是国家的祸水。"吴王执意不听,对两位美人乐而受之。可人们对郑旦的了解也就限于此了。这也成了一个历史谜团。

越王勾践听说吴王受了礼,知道自己的美人计就可成功了,内心的喜悦无法形容。夫差和美丽的西施终日淫乐,政事慢慢也懒得问了。为取悦于西施,夫差派人建造起美轮美奂的馆娃宫,他和他的美人在宫殿享乐,百姓死活不闻不问。国家的安危也放诸脑后。馆娃宫建造在苏州附近的灵岩山上,今天还可以看到馆娃宫的遗迹。吴国逐渐衰落,公元前475年越王勾践对吴发动突然袭击,灭了吴国,夫差自杀。

后来西施和范蠡离开了越国,泛舟江湖去了。关于越灭吴的史书记载中,并没有出现西施这个人物。史学家认为这可能是一种传说,但也有人认为历史上确实有西施这个人物。

这个故事是历史上著名的关于美人计的故事,虽然在各个时期都有人使用此计,但没有哪一个美人如西施这样有名。

美人计是一充满情欲的计谋,也就是说如果能挑起一个人的情欲,那都可以算是对此计的使用。《金瓶梅》可以算是中国最著名的色情小说,到现在人们也不知其真正的作者是谁。但又一说法认为是文人王世贞所作。原来王的父亲因为一幅名画而被奸相严嵩害死了。在中国杀父之仇不共戴天,可作为一个文弱书生的王世贞能怎样呢? 他决定向严嵩的儿子下手。王知道严嵩的儿子特别爱看色情读物,就写下了这本书,并在每页纸的下角涂上了毒药。严嵩之子读完之后也就死了。原来过去的人读书有一个不好的习惯,翻纸页时总是舔一下手指,这就让毒一点点进到了肚子里。

所以一切让人沉迷其中的事物都可置人于死地。

【计名典故】

美人计出自《韩非子·内储说下》"遗人……女乐二人,以荣其意而乱其政。"说的是公元前658年,晋献公派兵攻打虢国,而虞国是必经之道。晋军欲向虞国借路伐虢,怕虞君不肯,晋献公采纳大夫荀息的建议,把晋国屈地出产的良马和垂棘出产的美玉及女乐二人送给虞君。虞君生性贪婪,不顾宫之奇的反对,同意借道给晋国。晋国灭掉虢国,回师途中,轻而易举地灭掉虞国,捉住了虞君。"假道伐虢"是三十六计的第二十四计,但这一计是在美人计的成功基础上实施的。《六韬·文伐》中说,对于直接用武力不能征服的敌国,应"养其乱臣以迷之,进美女、淫声以惑之……"说的就是美人计。

第三十二计　空城计

【本文主旨】

空城计是在形势特别危急的情况下而布置的疑阵,借以迷惑敌人,渡过险关。它采用的是一种心理战术,此计使用的关键是要清楚地了解并掌握敌方将帅的心理状况和性格特征。敌方指挥官越是小心谨慎多疑,所得的效果就会越好。这种方法多是在兵力不足的情况下所采取的一种应急措施,如果被敌人识破,敌军乘虚而入,那是非常危险的。

【原文】

虚者虚之①,疑中生疑②。刚柔之际③,奇而复奇④。

【注释】

①虚者虚之:第一个虚字,空虚,与实相对指军事力量不敌对方。第二个虚字,动词,显示虚弱的样子。全句意为劣势的军队面临强敌,却还故意显示空虚。

②疑中生疑:第一个疑字,可疑的形势。第二个疑字,怀疑。意为面对可疑的形势更产生了怀疑。

③刚柔之际:敌我双方悬殊的时刻。

④奇而复奇:奇妙之中更加奇妙。

【译文】

本来兵力空虚,又故意把空虚的样子暴露在敌人面前,令敌人不知道底细,怀疑我方有实力。在敌我力量悬殊的情况下,采用这种计谋,显得更加奇妙。

【故事论述】

春秋时期,楚国令尹公子元,在他哥哥楚文王死去之后,非常想占有他漂亮的嫂子文夫人。他用各种方法去向她讨好,而文夫人却仍然无动于衷。于是,他想建功立业,显显自己的能耐,以此讨得文夫人的欢心。

公元前666年,公子元亲自率军车六百乘,浩浩荡荡,前去攻打郑国。楚国大军一路连下几城,直逼郑国国都。郑国国力较弱,都城内更是兵力空虚,无法抵挡楚的进犯。

郑国危在旦夕,群臣惶恐,有的主张纳贡请和,有的主张拼死决战,有的主张固守待援。而这几种主张在当时都难以解除危局。上卿叔詹说:"请和与决战都不是上策。固守待援,倒是可取的方案。当年,郑国和齐国订有盟约,而今我们有难,齐国会出兵相助的。只是空谈固守,恐怕也难守住。公子元伐郑,实际上是为了邀功图名,用以讨好文夫人。他一定急于求成,又特别害怕失败。我有一计,可以用来使楚兵撤退。"

于是,郑国就按照叔詹的计策,在城内作了安排。命令士兵全部埋伏起来,不让敌人看见一兵一卒。令店铺照常开门,百姓往来如常,不准露出一丝慌乱之色。大开城门,放下吊桥,摆出了完全不设防的样子。

楚军先锋到达郑国都城城下,见此情景,便起了疑心:莫非城内设下埋伏,诱我中计?于是,不敢轻举妄动,只等公子元前来决断。公子元赶到城下,见状,也觉得好生奇怪。他率众将到城外高地暗望,见城中确实空虚,但又隐隐约约看到了郑国的旌旗甲士。于是,公子元便认为其中必定有诈,不可贸然进攻,先派人进城探听虚实,再做决断。

这时,齐国接到了郑国的求援信,立即联合鲁、宋两国发兵救郑。公子元闻报后,知道三国援军开来,楚军不能取胜。好在已经打了几次胜仗,还是赶快撤退为妙。而他又害怕撤退时郑国军队会出城追击,于是,下令全军连夜撤走,人衔枚,马裹足,不出一点声响。所有营寨都不拆走,旌旗照旧飘扬。

第二天清晨,叔詹登城一望,便说道:"楚军已经撤走了。"众人见敌营陈设一切如旧,便不信此言是真。叔詹说:"如果营中有人,怎会有那么多的飞鸟盘旋上下呢?他们也用空城计欺骗了我们,急忙撤兵了。"

这就是中国历史上第一个使用空城计的战例。

西北边境太守李广,领军同异族匈奴进行了七十多场战争。有一次他带着百名骑兵,发现不远处草原上有几千名匈奴兵,感到非常惊愕。鉴于汉军人数甚少,匈奴部将怀疑这支部队是为大部队诱敌的前锋,于是匈奴首领让大部队驻扎在一座山丘附近。李广百来名骑兵见敌众我寡,万分恐慌,想一逃了之。但李广认为他们离自己的大部队有几十里,逃只会死路一条,等待他们的必是悲剧。"如果我们按兵不动",他说,"那么匈奴人疑心我们是大军的诱敌者,他们就决不敢向我们进攻。"他下令士兵到距离敌阵二里地光景的地方下马休息,于是全体士兵卸马躺到草地上。敌军的一名探子骑马观阵路过时,李广与十多个骑兵拦住他的去路将他杀掉。这些情景令躲在不远处观望的匈奴人感到不寒而栗,他们不敢贸然行动。天黑后,匈奴人面对眼前的形势不知如何是好。至午夜,他们深恐汉军会从埋伏处向他们袭击,便率军撤退。

  李广这一史实记载在司马迁的《史记》里,它被中国智谋著作誉为成功运用空城计的范例。同样受到赞誉的是张守珪瓜州(今甘肃安西县)保卫战。张守珪作为瓜州的新刺使,他的第一道告示就是重修破损的城墙。就在他们的修复工作尚未完工之际,吐蕃于727年向该城发动进攻。张守珪对手下的将领说,面对优势敌军,我们不能通过武器而要利用智谋反击。据《新唐史》记载,张守珪在已成的城墙上大摆宴席,伴以音乐歌舞。此外,他让人把城门打开。来敌以为城内必有埋伏,重新撤退,张守珪军尾随敌人一举打败了他们。

  其实历史上用此计最有名的是诸葛亮的空城计,诸葛亮的成功使这一计名成了一戏剧的名字。其实这一计有点像树上开花,只是前者装强后者示弱罢了。

【计名典故】

  空城计计名见于《三国志·蜀志·诸葛亮传》:诸葛亮派魏延领各路兵马东进,攻打司马懿,只留万人驻守阳平。司马懿率二十万人与诸葛亮对抗,与魏延军错开了道路,毫无阻挡地直逼诸葛亮驻地阳平。司马懿军距阳平只有六十里了,探马报告说,诸葛亮在城中,兵少力弱。诸葛亮也知道司马懿很快就会打到阳平,魏延率领的大部队相距已远,救援是来不及了。守城将士惊慌失措,诸葛亮却表现得很从容,命军队偃旗息鼓,不准随便出帐营,又令人大开城门,叫几个老兵在街上打扫。司马懿知道诸葛亮十分谨慎稳重,此时见城中毫无声响,疑有伏兵,便带领大军离开了阳平了。后来,司马懿知道诸葛亮这次摆的是个空城计,非常后悔。

第三十三计　反间计

【本篇主旨】

  《孙子兵法》中有"知己知彼,百战不殆"的名言,知己就是要清楚自己的实力和任务,知彼就是要了解敌人的实力和企图。了解自己的情况比较容易,要了解敌人的情况就很困难,除了从外围调查外,其主要手段就是通过谍报人员来获取。

【原文】

  疑中之疑①。比之自内,不自失也②。

【注释】

  ①疑中之疑:疑,怀疑。全句意为疑阵中更布置疑阵。

  ②比之自内,不自失也:语出《易·比·象》:"比之自内,不自失也。"比,亲比、辅助、援助、勾结、利用。此句可以理解为利用敌人派来的间谍为我服务,可以有效地保全自己,攻破敌人。

【译文】

在敌人怀疑、犹豫的情况下，再给敌人布疑阵。勾结、利用敌方派来的间谍为我服务，可以收到保全自己，争取胜利的好结果。

【故事论述】

这一计就是要让敌人派进来的奸细成为被我利用的工具。

三国时期，赤壁大战前夕，周瑜巧用反间计杀死了精通水战的叛将蔡瑁、张允，就是这方面的有名事例。

当时曹操率领号称八十万大军，准备渡过长江，占据南方。孙、刘联合抗曹，但他们的兵力要比曹军少得多。

曹操的军队都是由北方士兵组成的，善于陆战，而不善于水战。正好有两名精通水战的降将蔡瑁、张允可以为曹操训练水军。曹操把这两个人当成宝贝，厚待有加。一次，东吴主帅周瑜见对岸曹军在水中摆阵，井井有条，十分在行，心中大惊。他便产生了一定要除掉这心腹之患的念头。

曹操一向爱惜人才，他深知周瑜年轻有为，是个军事奇才，便很想拉拢他。曹营谋士蒋干自称与周瑜曾是同窗好友，愿意过江劝降，曹操就立即派蒋干过江去说服周瑜。

周瑜见蒋干前来，一个反间计谋就已经酝酿成熟了。他热情款待蒋干。酒席上，周瑜让众将作陪，炫耀武力，并相约只叙友情，不谈军事，堵住了蒋干的嘴巴。

周瑜佯装大醉，约蒋干同床共眠。蒋干因周瑜不让他提及劝降之事，心中非常不安，哪里能够入睡？于是，他便偷偷下床，见周瑜的案头上放着一封信。他偷看了那封信，原来是蔡瑁、张允写来的，信中约定与周瑜里应外合，以击败曹操。正在这时，周瑜说着梦话，翻了翻身子，吓得蒋干连忙上床。又过了一会儿，忽然有人要见周瑜，周瑜便起身和来人谈话，还装作故意看看蒋干是否睡熟了。蒋干便装作沉睡的样子，只听周瑜同那个来人小声谈话，听不清说了些什么，只听见提到蔡、张二人。于是，蒋干对蔡、张二人同周瑜里应外合的计划，就更加确信无疑了。

蒋干便连夜赶回曹营，让曹操看了那封信，曹操顿时火冒三丈，立即将蔡、张二人问斩。待冷静下来之后，曹操方知是中了周瑜的反间之计，连连叫苦不迭，但也只能是无可奈何了。

公元547年东魏丞相高欢死后，大将军侯景叛变起兵，向高欢的继任者高澄发起进攻，但被高澄挫败，于是侯景投奔西魏。高澄成功运用离间计，使得西魏统治者反对侯，侯景别无选择，只好逃往南梁。南梁皇帝武帝萧衍任他为大将军，目的是用他征服北方，统一中国，并封他为河南王。梁武帝命侯景攻打东魏，但侯景溃不成军，于是梁武帝同东魏讲和。梁武帝此时收到一封来自东魏新丞相高澄委派魏收送来的移文，此移文的目的是挑起武帝和侯景之间的矛盾。

武帝本不想向东魏求和，不过这移文以及其他来自东魏的信号促使武帝在朝廷上商讨向东魏求和。只有一位官员分析出了东魏的策略，反对同东魏求和，他说，高澄搬出一系列所谓友善建议，无非是要引起侯景猜忌。要是侯景嗅到威胁，定会作乱，给南梁帝国造成的是不堪设想的后果。同东魏讲和就是自投罗网，中他的反间计。大多数官员都主张向东魏求和,而皇帝也反对用兵,看起来梁和魏的和平就要在牺牲侯景的基础上进行了。

　　侯景担心梁武帝会将自己交给东魏,同梁宗室萧正德结成联盟,于548年起兵攻打梁的都城建康(今江苏省南京市),这就是持续四年时间、历史上称为"侯景之乱"的事件。侯景占领都城后拥立萧正德,使其自称新帝,新皇帝任侯景为宰相,并将自己的女儿许给侯景为妻。此后侯景削弱了新皇帝的权力,不久就让人将他杀掉。有一段时间侯景挟梁武帝的名义行事。武帝被侯景折磨而死,侯景又拥立一新皇帝,551年侯景废掉这位皇帝,重新拥立第三个皇帝。仅仅过了一个月侯景又废掉他,自己登上皇帝的宝座,当时的借口是他的前任将皇位让给了他。这样一来,梁朝忠实的皇室人员奋起反对这位佞臣,于552年将侯景杀死。

　　如果武帝没有接受东魏的讲和,是不是能避免"侯景之乱"的局面? 人们无法下结论,但在此值得注意的是梁武帝的一位大臣考虑到了反间计,对东魏的假求和表示了怀疑。

　　武帝因为没听这位大臣的意见就惹来了杀身之祸。

【计名典故】

　　《孙子兵法·用间篇》:"反间者,因其敌间用之。"意思是说,反间这种计谋,就是利用或收买敌方派来的间谍,使其为我所用。我国另一部兵法《长短经·五间》说到:"陈平以纵反间于楚军,间范增,楚王疑之,此用反间者。"可见,反间计很早就被运用于军事、政治斗争了。

第三十四计　苦肉计

【本篇主旨】

　　苦肉计就是先把自己折磨一番,利用血泪去争取接近敌人,而暗地里却进行阴谋颠覆活动。对阵的双方,无论哪一方都想争取敌将归降,如果没有降将的血泪作保证,便很难得到对方的信任。此计挨打仅仅是开始,若一旦被对方识破,不仅白挨打,而且还有丧命的危险。因此使用此计时一定要慎重,否则就会弄巧成拙。

【原文】

　　人不自害,受害必真;假真真假,间以得行。"童蒙之吉,顺以巽也①。"

【注释】

　　①童蒙之吉,顺以巽也:出自《易·蒙·巽》:"童蒙之吉,顺以巽也。"意思是说不懂事的孩子单纯幼稚,顺着他的特点逗着他玩耍,就会把他骗得顺从而听话。

【译文】

　　人一般都不会自我伤害,自我伤害必定会被认为是真实的;但如能以假作真,并使敌人深信不疑,就能施行离间计了。这是汲取了《周易》"蒙"卦的思想。从《周易·蒙卦·象传》:"童蒙之吉,顺以巽也。"一语中获得的启示。

【故事论述】

春秋时期,吴王阖闾杀了吴王僚而夺得王位。但他十分惧怕吴王僚的儿子庆忌为父报仇。庆忌正在卫国扩大势力,准备攻打吴国,以夺取王位。

阖闾整日提心吊胆,要大臣伍子胥替他设法除掉庆忌。伍子胥向阖闾推荐了一个智勇双全的勇士,名叫要离。阖闾见要离矮小瘦弱,便说:"庆忌人高马大,勇力过人,你如何杀得了他?"要离说:"刺杀庆忌,要靠智力,不靠武勇。只要能接近他,事情就好办。"阖闾说:"庆忌对吴国防范甚严,怎么能够接近他呢?"要离说:"只要大王砍断我的右臂,杀掉我的妻子,我就能取信于庆忌。"阖闾不肯答应。要离说:"为国而亡家,为主而残身,我心甘情愿!"

于是,吴都忽然流言四起:阖闾弑君篡位,是无道昏君。吴王下令追查,原来那流言是要离散布的。阖闾下令捉住了要离和他的妻子,要离当面大骂昏王。阖闾假借追查同党,未杀要离,而只是斩断了他的右臂,把他夫妻二人关进监狱。

几天后,伍子胥令狱卒放松看管,让他寻机逃走。阖闾听说要离逃走了,就把他的妻子杀掉了。

这件事不仅传遍了吴国,其邻国也都知道了。不久,要离便逃至卫国,求见庆忌,请求庆忌为他报断臂杀妻之仇,庆忌接纳了他。

要离果然接近了庆忌,他劝说庆忌伐吴。要离成了庆忌的亲信。在庆忌乘船向吴国进发时,要离乘庆忌不备,从他的背后用矛狠狠刺了过去,穿透了庆忌的胸膛。庆忌的卫士要捉拿要离,庆忌却说:"敢杀我的也是个勇士,放他去吧!"庆忌因失血过多而死。

要离完成了刺杀庆忌的任务,家毁身残,也自刎而死。

中国历史上还有几个著名的使用苦肉计的故事。楚国贵族春申君的妾余非常恨他的原配夫人甲。有一天她抓破自己的身体,哭着跑到春申君面前,说是甲欺负她。后来,她又撕破自己的衣服诬告甲的儿子非礼她。春申君听信了余的话,杀了自己的原配夫人和儿子。这样余就顺理成章地被扶正了。

武则天(624—705)早年,她还是宫女的时候曾勒死自己的亲生女儿,并嫁祸于她的对手——当时的皇后。果不其然,皇后就因此而被杀。武则天的行为在当时是大逆不道的,因为她所杀的女儿,其实是皇族的成员。

苦肉计的关键在于自我牺牲。这种牺牲应该是毫无顾虑地做出的,不然,整个计策就不会成功。应该精确计算好牺牲的程度,尺度适中为宜。牺牲如果太小的话,会引起对方怀疑,而太大的话,代价又太高。

【计名典故】

苦肉计出自《吴越春秋》卷二《阖闾内传·第四》:要离自愿断右臂,取得吴王僚的儿子庆忌的信任,得以接近庆忌,最后杀死庆忌,为吴王阖闾除去一大障碍。这是典型的以自残自害的方式,取"信"于敌以达到自己的战略目的。古时也还有王佐断臂和周瑜打黄盖,一个愿打,一个愿挨的故事。

苦肉计的特点是,为了取"信"于敌人(其实是欺骗敌人),进行自我残害,以夺取战争全局性胜利的计谋。

三十六计

第三十五计　连环计

【本篇主旨】

事物都是相互联系的，只要抓住了要害的一点就会引起连锁反应。连环计是一种权术，主要是让敌方互相拖累、互相牵制，或者通过巧妙的方法使敌人不战自败，减弱敌人的力量，或乘机进攻，或乘机撤退。此计的关键是要使敌人"自累"，让它背上包袱，不能自由行动。这样，就给围歼敌人创造了良好的条件。

一般来说，连环计不管是两计相扣也好，还是多个计谋相配合，其功能无非是两个：一个是让敌人互相钳制；一个是更有效、迅猛的攻击敌人。二者相辅相成，用兵就如得天神相助一样。

【原文】

将多兵众，不可以敌，使其自累①，以杀其势②。"在师中吉，承天宠也"③。

【注释】

①自累：指自相拖累，自相钳制。

②以杀其势：杀，减弱、削弱、刹住。势，势力、势头。杀其势，这里是指减弱、刹住敌军来势汹汹的势头。

③在师中吉，承天宠也：语见《易·师·象》："在师中吉，承天宠也。"师卦九二以一阳而统群阴，处于险中，然而刚而得中，得制胜之道，所以吉利，无咎，犹如秉承上天赐命一样得宠。

【译文】

敌军兵强势大，不能与他硬拼，应当设法使他们互相钳制，以削弱它的势头。正如《易经》师卦所说：将帅处于险象时，刚而得中，指挥巧妙得当，就能如同天神相助一样吉利。

【故事论述】

宋朝将领毕再遇，就曾巧施连环计，打了一场漂亮仗。经过认真分析，他认为，金兵强悍，骑兵尤其勇猛。在这种形势下，如果与敌正面交锋，定会给己方造成重大的伤亡，要付出沉重的代价，且难以取胜。所以，他主张用兵交战时，要抓住敌人的致命弱点，设法钳制敌人，寻找良好战机，一举取胜。

一次，与金兵遭遇，他命令部队不得与敌正面交锋，可采取游击流动战术。敌人前进，他就命令队伍后撤；待敌人刚刚安顿下来，他则下令出击；等金兵全力反击时，他又率部逃得无影无踪。就这样，退退进进，打打停停，神出鬼没，把金兵搞得疲惫不堪。金兵想打又打不着，想甩又甩不掉。

到了夜晚，金兵人困马乏，正准备回营休息。毕再遇命人准备了许多用香料煮好的黑豆,偷偷地撒在阵地上。然后,又突然袭击金兵。金军无奈,只得尽力反击。毕再遇率部与金军战不几时,又全军败退下来。金军气愤至极,就乘胜追击。谁知,金军的战马一天东追西跑,又渴又饿,正在这时,闻到地上那香喷喷的味道,用嘴一探,才知道那是可以填饱肚子的粮食散发出的香气。战马便一口一口地只顾抢着吃,任你用鞭子怎么抽打,也不肯迈步。就这样,金军调不动战马,在黑夜中,一时没了主意,显得十分混乱。

就这样毕再遇这时调集全部兵力,从四面包抄过来,直杀得金军人仰马翻,横尸遍野。

就这样,毕再遇巧施连环计,打了一场大胜仗。

在人们的印象中女人是柔弱的代名词,可一个女人在为自己的利益开动脑筋时,也决不会比男人差。在中国古代有很多这样美丽又聪明的女人。

"魏王遗荆王美人。荆王甚悦之。夫人郑袖知王悦爱之,亦悦爱之,甚于王,衣服玩好,择其所欲为之。王曰:'夫人知我爱新人也,其悦爱之甚于寡人,此孝子所以养亲、忠臣之所以事君也。'夫人知王之不以己为妒也,因谓新人曰:'王甚悦爱子,然恶子之鼻,子见王,常掩鼻,则王长幸子也。'于是新人从之,每见王,常掩鼻。王谓夫人曰:'新人见寡人常掩鼻,何也?'对曰:'不已知也。'王强问之,对曰:'顷尝言恶闻王臭。'王怒曰:'劓之!'夫人先诫御者曰:'王适有言,必可从命。'御者因揄刀劓美人。"

这则轶闻中,为楚王所宠幸的新人危及郑袖的地位。为了自身的安危,郑袖必须有所谋划。她别无选择,不可能求助于法律。美女乃是新的妃子,而夫人郑袖则是其前辈兼王后。于是,她以一个强者的姿态介入其中。按照"通常"的做法,她会对新人百般刁难。可是,郑袖旨在排挤新人,重新赢得楚王的欢心。公开与新人作对并非明智之举,因为新人深得楚王宠幸,那样只会令楚王迁怒于郑袖。所以,若要除掉新人,郑袖的手段须得高明。

她对新人非常友善,这是一笑里藏刀之计,新人见她对己如此友好,自是非常感激。一旦赢得新人的信任,便给后者出了一个馊主意,让新人掩鼻以讨好楚王。而楚王感动于郑袖与新人交好,因为后宫女人不争宠可以让楚王少许多的烦心事,也就对她更加信任,这又中了她设下的圈套。他听信郑袖的谎言,却不知郑袖意在离间他和新人的关系。当楚王问及新人为何总是掩鼻时,郑袖先对之以"不知",拒绝作答。待楚王再次追问时,她才说是因为新人不喜欢他的体味。一开始,郑袖假作为难之色(假痴不癫),刻意让楚王心生疑窦,令其了解真相的心情更为迫切。在楚王的追问之下,郑袖这才假意颇不情愿地说出原因,这又用的是欲擒故纵计,先是让楚王变得烦躁不安,这样他就会越发坚信她说出的事实确凿无疑。

郑袖计划得非常周密,此前她已关照侍从要绝对顺从。这里用的则是顺手牵羊计。郑袖事先已料到楚王闻此定会怒火冲天,并会吩咐侍从对新人下手。于是充分利用这个机会以达到自己的目的。她要求侍从绝对顺从,以防错失良机,自己却并不动手。这又是用了借刀杀人之计。细细分析,可以看到郑袖运用了一连串的智谋,而这些智谋又全都互相交织,围绕着一个目的,形成一个连环套。

看完这则故事可以知道一个女人为了得到一个男人的爱,她可能是一个天生的计谋家。

【计名典故】

本计名见于《元曲选》中《锦云党暗定连环计》杂剧。《三国演义》第八回也有《王司徒巧

三十六计

使连环计》。《兵法圆机·迭》说："大凡用计者,非一计之可孤行……百计迭出,算无遗,虽智将强敌,可立制也。"认为采用两个以上计谋,环环相扣,缜密无遗地作好决策,那么即使智谋再高、力量再强的敌人也能制服。在三国时的赤壁大战中,刘备的谋士庞统诈降曹营,而后怂恿曹操把战船用铁索勾连起来。表面上是帮助魏军克服不习惯于水上作战的弱点,实际上是让这些船只在遭到火攻时无法逃脱。后来周瑜又用苦肉计派黄盖诈降,火烧赤壁,这一个个计谋套用,成为完整的谋略链条,显示了连环计的鲜明特色。

第三十六计　走为上计

【本篇主旨】

在敌我力量悬殊的不利形势下,采取有计划的主动撤退,避开强敌,然后再寻找战机,以图东山再起,这在谋略中也应是上策。因为无论哪一种战斗,谁都没有常胜的把握。在瞬息万变的战斗过程中,不机警就不能应付,不变通就不能达权,所以退却并非怯懦的表现,也不是英雄末路。只有采取适当的权宜之计,才能有重振雄风的可能。

【原文】

全师避敌①,左次无咎,未失常也②。

【注释】

①全师:师,指军队。全,保全。保存军事力量。避敌:避开敌人。

②左次无咎,未失常也:《易·师·象》说:"左次,无咎,未失常也"。左次,是指军队向后撤退。古时兵家尚右,右为前,指前进;左为后,指退却。全句意为部队后撤,以退为进,不失为常道。

【译文】

为了保全部队的实力,实行撤退也没有什么罪责,因为它并没有违背用兵的常道。

【故事论述】

这是一个逃亡的计策,是最无奈的一个选择,但却是一个最奏效的计策,大有老子之无为而治的胜利思想。

孟尝君是战国时齐国(今山东北部)的宰相,手下养着几千门客,供他驱使,当然其中不乏一些吃白食的无能之辈。孟尝君贴出一张告示,问门下诸客:"谁习计会,能为文收责于薛者乎?"冯谖署曰:"能。"……约车治装,载券契而行,辞曰:"责收毕,以何市而返?"孟尝君曰:"视吾家所寡有者。"

驱而至薛,使吏召诸民当偿者,悉来合券。券偏合,起,矫命,以责赐诸民,因烧其券,民称万岁。

长驱到齐,晨而求见。孟尝君怪其疾也,衣冠而见之,曰:"责收毕乎? 来何疾也!"曰:

"收毕矣。""以何市而反？"冯谖曰："君云视吾家所寡有者，臣窃计，君宫中积珍宝，狗马实外厩，美人充下陈，君家所寡有者以义耳。窃以为君市义。"孟尝君曰："市义奈何？"曰："今君有区区之薛，不拊爱子其民，因而贾利之。臣窃矫君命，以责赐诸民，因烧其券，民称万岁。臣所以为君市义也。"孟尝君不说，曰："诺，先生休矣。"

后期年，齐王谓孟尝君曰："寡人不敢以先王之臣为臣。"孟尝君就国于薛。未至百里，民扶老携幼，迎君道中。孟尝君顾谓冯谖："先生所为文市义者，乃今日见之。"

冯谖曰："狡兔有三窟，仅得免其死耳；今君有一窟，未得高枕而卧也。请为君复凿二窟。"孟尝君予车五十乘，金五百金，西游于梁，谓惠王曰："齐放其大臣孟尝君于诸侯，诸侯先迎之者，富而兵强。"于是，梁王虚上位，以故相为上将军，遣使者，黄金千金，车百乘，往聘孟尝君。冯谖先驱，诚孟尝君曰："千金，重币也；百乘，显使也。齐其闻之矣。梁使三反，君固辞不往也。"

齐王闻之，君臣恐惧。遣太傅黄金千斤，文车二驷，服剑一，封书谢孟尝君曰："寡人不祥，被于宗庙之祟，沉于谄谀之臣，开罪于君。寡人不足为也，愿君顾先王之宗庙，姑反国统万人乎！"冯谖诚孟尝君曰："愿请先王之祭器，立宗庙于薛！"庙成，还报孟尝君，曰："三窟已就，君姑高枕为乐矣。"

"孟尝君为相数十年，无纤芥之祸也，冯谖之计也。"

孟尝君的三窟便是：在齐国之外的某一国任职的机会，因百姓的忠心拥戴和王室祠堂而得以巩固的封地，以及他在齐国重新取得的宰相职位。如果其中一个甚至两个都不保，他仍然随时都可以找到藏身之所。所谓"狡兔三窟"的谚语说的就是这种基于战略思想、从全局的角度部属的智谋。这一格言劝勉人们最好为自己多留几条后路，以便随时都能为逃亡做最好的准备。

冯谖为孟尝君设计的三条后路，是因为在那个时代可以说是人人自危，所以说应该为自己留有撤退的可能性。本来孟尝君已被驱逐了，但因有冯谖为其设计，才没有落下可悲的下场。

清朝末年，时局混乱，朝廷进退两难。为了平定四川的叛乱，先是任命岑春煊前去调解。四川民众对这位岑先生印象颇好，因为这位前任川督执法严明，对贪官污吏毫不留情。可是不久之后，满人端方又受封为四川大将军，奉命将两支湖北驻军调往四川，镇压起义。清廷企图"恩威并济"。岑春煊启程之前，先有一封致四川父老子弟的文告，在文中直呼己名，措词巧妙，对四川满含深情，全文不过五六百字。文告马上在四川传播开来，对成都的围攻甚至都自发中断了一两天，全省的起义者都开始着手撤回部队。岑春煊深谙如何用文告打动百姓之道，并且毫不讳言自己的身份和目的。寥寥数百字，抵过百万兵。这里他先在心理上求得胜利，所谓"不战而屈人之兵"。

郭沫若曾在他的回忆录中写道：倘若只有岑春煊只身赴川，那里的局势倒是可以平定。可是朝廷却走了一条败亡之路。它一面派岑春煊去四川谋求和平局势，一面又着端方用武力血腥镇压叛乱。这说明，朝廷对哪一方都不信任，结果则是抽了自己釜底的薪，陷调解人于尴尬境地。

岑春煊最后只得到汉口,端方却示威一般率师挺进四川,炫耀自己强军统帅的威风。抵达之前,他也发了一封文告,风格却和岑春煊的《告四川父老子弟书》有着天壤之别。满纸的威胁语言,若四川民众不与合作,他将"剿灭四川"。四川民众被逼无奈,奋起抗争。起义烽火最终竟绵延至外地。1911年10月10日,武汉爆发起义,直到如今,台湾仍然以"双十节"来纪念当年帝制的崩溃和中华民国的建立。当年,上海的报纸曾刊登了一幅讽刺岑春煊的漫画题为:《岑三少割须弃袍》。

岑春煊受命入川调解,却未抵达四川,是因为他尚未得到明确的授权,故而滞留在汉口,在那里亲历了革命军的起义。他除了另寻出路,已别无他法,只能离开了。这是一个十分明智的选择。端方的情形却完全两样。他自以为能带兵横扫四川。然而他抵达重庆之日,便是自断后路之时。当时城中革命气氛高涨,他的部下身处其中,也开始军心动摇。假如他能像岑春煊那样聪明,索性把胡子剃了换了装扮,只身溜走,倒还能保得性命一条。在《百战奇略》中对此则有更详尽的描述:"凡与敌战,若敌众我寡,地形不利,力不可争,当急退以避之,可以全军。"

这是一个识时务者要选的计谋,一个只想逞匹夫之勇的人很少选用此计。所以说一个智慧之人不仅仅是那些能得到什么的人,更是那些知道放弃什么的人。

【计名典故】

三十六计,走为上计,语出自《南齐书·王敬则传》:"檀公三十六计,走为上计"。檀公指南朝名将檀道济,相传有《檀公三十六计》,但未见刊本。

此外,我国古代其他兵法也有论述。《淮南子·兵略训》:"实则斗,虚则走。"实是指力量强大,虚是指寡不敌众。也是强调在无把握取胜时,要使用一个"走"字。我国另一部兵书《兵法圆机·利》也有:"避而有所全,则避也"。避,指主动回避、撤退;全,是保全。意思是说撤退能保全力量,就应该撤退。《吴子·料敌》也说:"凡此不如敌人,避之勿疑;所谓见可而进,知难而退也。"

由此可见,三十六计,走为上计,是指在我不如敌的情况下,为保存实力,主动撤退。所谓上计,不是说"走"在三十六计中是上计,而是说在敌强我弱的情况下,我方有几种选择:一、求和;二、投降;三、死拼;四、撤退。四种选择中,前三种是完全没有出路的,是彻底的失败。只有第四种,撤退,可以保存实力,以图卷土重来,这是最好的抉择。因此说,"走"为上。

中国历代兵法精粹